Grenzen der staatlichen Strafgewalt

Grundlagen Gesamte Strafrechtswissenschaft

Herausgegeben von Regina Harzer

Band 5

PETER LANG
Frankfurt am Main · Berlin · Bern · Bruxelles · New York · Oxford · Wien

Nikolaus Wrage

Grenzen der staatlichen Strafgewalt

Überlegungen zu einer Renaissance des materiellen Verbrechensbegriffes

PETER LANG
Internationaler Verlag der Wissenschaften

Bibliografische Information der Deutschen Nationalbibliothek
Die Deutsche Nationalbibliothek verzeichnet diese Publikation in der Deutschen Nationalbibliografie; detaillierte bibliografische Daten sind im Internet über <http://www.d-nb.de> abrufbar.

Zugl.: Frankfurt (Oder), Europa-Univ., Diss., 2009

D 521
ISSN 1862-667X
ISBN 978-3-631-58672-3

www.peterlang.de

Vorwort der Reihenherausgeberin

Der gegenwärtige Zustand des Strafrechts in Deutschland ist bedauerlich. Er ist insbesondere geprägt durch gesetzliche Orientierungslosigkeit trotz sicherheitspolitisch geführter Debatten, ängstliche und unsichere Strafpraxis und durch eine teils zerstrittene, teils an aktuellen gesellschaftlichen Veränderungen desinteressierte und sich auf dogmatische Arbeitsfelder zurückziehende Strafrechtswissenschaft. Strafgesetzgebung und Strafpraxis orientieren sich deshalb an einer irrationalen Kriminalpolitik, die sie zu ihrem eigentlichen Terrain erklären. Die Lage der Strafrechtswissenschaft ist demgegenüber unklar geworden: Sie hat an Selbstbewusstsein verloren; sie hat keinen oder bloß marginalen Einfluss auf Inhalt und Verfahren der Strafgesetzgebung; Bemühungen um wissenschaftliche Erkenntnisse bleiben in Gesetzgebung und Praxis unberücksichtigt; innovative Standortbestimmungen werden nicht vorgenommen. Gesetzgeberische und praktische Kriminalpolitik können mit diesem Zustand der deutschen Strafrechtswissenschaft gut leben und Auseinandersetzungen mit einer kritisch-rechtsstaatlich orientierten Strafrechtswissenschaft werden nicht geführt. Auseinandersetzungen sind allerdings dringend erforderlich. Ein neuer Strafrechtsdiskurs muss geführt werden. Ausgangspunkt für einen solchen Diskurs könnte sein, Veränderungen strafrechtlicher Aufgabenfelder ausfindig zu machen, sie zu analysieren und unter Einbeziehung der „gesamten Strafrechtswissenschaft" zu diskutieren. Das alte Konzept, das 1881 maßgeblich zur Begründung der „Zeitschrift für die gesamte Strafrechtswissenschaft (ZStW)" geführt hat, bedarf der Reformulierung, Rekonstruktion und Modifikation. Die Herausgeber und Begründer der Zeitschrift *Adolf Dochow* und *Franz von Liszt* hatten ein ganz unkritisches Anliegen: Das alte Konzept entwarf ein Strafrecht der flexiblen Handhabung, ein auf Prävention ausgerichtetes kontingentes Strafrecht, das als staatliches Machtinstrument Verbrechensbekämpfung mit gelegentlicher Anwendung der Strafgesetzlichkeit betreibt. *Karl Binding* schreibt den ersten Beitrag in der Erstausgabe der ZStW und trägt dieses Konzept mit.

„*Gesamte* Strafrechtswissenschaft", d.h. ein Konzept rechtsstaatlichen Strafrechts zu verfolgen unter Einbeziehung aller strafrechtlichen Disziplinen sowie den Grundlagen des Rechts. Strafrecht und die Umsetzung von Strafrecht müssen heute als ein Rechtsgebiet begriffen werden, das mit konzentrierten Spezialisierungen allein nicht mehr vermittelt werden kann. Gleichbedeutend stehen neben rechtsdogmatischer Arbeit im materiellen Strafrecht und im Strafprozessrecht die Grundlagenfächer: Philosophie, Geschichte, Soziologie des Strafrechts sowie

Theorien des Strafens und Theorien des Strafrechts. Praxis- und Folgenorientierung werden von der theoretischen Strafrechtswissenschaft ebenso eingebunden wie von empirisch-kriminologischen Disziplinen. Diese Konzeption beruht auf der gedanklichen „Einheit des Strafrechts". Erscheinungsformen von Kriminalität und abweichendem Verhalten sowie Fragen nach den Ursachen von Kriminalität sind Teile einer Realität des Unrechts, in der sich diese Einheit wieder findet. Aus ihr heraus muss Strafe in einem Rechtsstaat legitimiert werden können. Kontinuierliche Legitimationsverpflichtung zeichnet rechtsstaatliches Strafrecht aus. Das gilt sowohl für strafrechtsdogmatische Aspekte als auch für den Umgang mit Straftätern und Opfern von Straftaten innerhalb des Strafverfahrens. Bezugsdisziplinen sind ebenfalls integriert: Strafrechtliche Sanktionen, Jugendstrafrecht, Strafvollzug. Es geht nicht nur um nationales Strafrecht, sondern um supra- und transnationale, insbesondere um europäische Diskurse rechtsstaatlichen Strafrechts.

„*Grundlagen* Gesamte Strafrechtswissenschaft" vermittelt rechtsstaatliches Strafrecht über kritische Standortbestimmungen. Kritische Strafrechtswissenschaft will aufklären, will aus der Unmündigkeit kriminalpolitischer Prägung und Dominanz herausführen. Kritische Strafrechtswissenschaft will Alternativen anbieten gegenüber Legitimationsmüdigkeit, gegenüber Systemeinbrüchen in der Dogmatik aufgrund übereilter und konturenloser Präventivmaßnahmen, gegenüber strafgesetzlich verfehlten Reformbemühungen, gegenüber ineffektiven und kontraproduktiven Strafgesetzen, gegenüber „feindstrafrechtlichem" Denken und Handeln. Kritische Strafrechtswissenschaft sieht modernes Strafrecht in der Übernahme von Verantwortung. Kriminalpolitik als rational geführter Diskurs ist durchaus möglich. Kritische Strafrechtswissenschaft integriert aber nicht populistische Aufgeregtheiten. Es muss endlich begriffen werden, dass „Verbrechensbekämpfung" eine gedanklich zu einfache Konstruktion ist, simplifiziert und banalisiert sie doch Hintergründe veränderter Gesellschaftssituationen. Das führt zu Fragen der Relativierung staatlicher Souveränität; das führt dazu, kriminalpolitische Strafgesetzgebungen zu kontrollieren; diese Kontrolle beinhaltet Strafgerechtigkeit im weitesten Sinne. Das Konzept „Grundlagen Gesamte Strafrechtswissenschaft" ist an politik- und zweckfreiem Strafrecht orientiert.

Schwerpunktmäßig wird die vorliegende Reihe Grundlagen des Rechts als innovativen und gleichbedeutsamen Bestandteil kritischer Strafrechtswissenschaft ausweisen und deshalb vor allem aus grundlagenorientierten strafrechtlichen Arbeiten bestehen: Dissertationen; Tagungs- und Sammelbände; Monographien. Der Marginalisierung strafrechtlicher Grundlagenprobleme soll so entgegen gewirkt werden. Ein wachsendes Interesse an wissenschaftlich fundierten, d.h. kritischen Arbeiten besteht auch deshalb, weil sich aufgrund von Umstrukturierungen in der Juristinnen-Ausbildung ein „Strafrechts-Boom" im Studium der strafrechtlichen Schwerpunktbereiche abzeichnet. Dies führt zu steigenden Zahlen beim strafrechtlich interessierten wissenschaftlichen Nachwuchs, der einen Anspruch hat auf die Vermittlung kritischer Strafrechtslehren. In einer Zeit, in der die Grundlagenfächer aus Prüfungsinhalten der Ersten und Zweiten Juristischen Staatsprüfung nahezu verschwunden sind, kann das Konzept „Grundlagen Gesamte Strafrechtswissenschaft" darüber hinaus die Vermittlung der Grundlagen des Rechts aufrechterhalten und fortentwickeln.

Bielefeld im Mai 2007 R. H.

Danksagung

Die vorliegende Arbeit wurde im Wintersemester 2008/2009 von der Juristischen Fakultät der Europa-Universität Viadrina in Frankfurt (Oder) als Dissertation angenommen.

Zunächst gilt mein ganz besonderer und herzlicher Dank meinem Doktorvater, Herrn Professor Dr. *Gerhard Wolf*. Die Tätigkeit als wissenschaftlicher Mitarbeiter an seinem Lehrstuhl in den Jahren 1995 bis 1999 war für mich in vielerlei Hinsicht lehrreich; ich profitiere bis heute davon. Diese Arbeit hätte ich ohne sein Wohlwollen und seine Geduld im Promotionsverfahren nicht zum Abschluss führen können.

Zu danken habe ich auch Herrn Professor Dr. *Jan C. Joerden*, der die Mühen des Zweitgutachtens auf sich genommen hat sowie Frau Professorin Dr. *Regina Harzer* für die sehr freundliche Aufnahme der Arbeit in ihre Schriftenreihe.

Darüber hinaus habe ich aus meinem persönlichen Umfeld über die Jahre von vielen Menschen Zuspruch und Unterstützung erfahren dürfen. Den Freunden und Familienangehörigen, vor allem meiner Mutter, gilt hierfür mein herzlicher Dank!

Schließlich möchte ich *Beatrice* danken – für ihr Dasein und für den sehr bereichernden Gedankenaustausch. Mehr als einmal hat mich ihr ebenso kluges wie verständnisvolles Wesen geerdet. Ich widme ihr diese Arbeit.

Berlin im August 2009 Nikolaus Wrage

Inhaltsverzeichnis

ABKÜRZUNGSVERZEICHNIS XXIII

EINFÜHRUNG 1

I. Die Funktion des materiellen Verbrechensbegriffs 1

II. Begriffsvielfalt 3

III. Begriffliche Abgrenzung 4

IV. Gang und methodischer Ansatz der Untersuchung 5

TEIL 1: KRITISCHE BESTANDSAUFNAHME MATERIELLER BEGRENZUNGSKONZEPTE IM STRAFRECHT 9

I. Absolute Theorien 9

A. Formell-absolute Theorie: der Ungehorsam 9

1. *Kant* 9

2. *Fichte* 13

3. *Feuerbach* 16

4. *Binding* 19

5. Würdigung 20

B. Materiell-absolute Theorien: naturrechtliche Ansätze 21

1. neminem laedere 21

2. Sittengesetz 23

3. „Vorgegebene Ordnung" 24

4. Kernbereich 25

5. „Echte Verbrechen" 27

6. Würdigung 30

C. Zusammenfassung 34

II. Relative Theorien 35

A. Zum intuitiv-offenen Grundverständnis von Sozialschädlichkeit 35

1. Allgemeines 35
2. „Klassiker" des Sozialschädlichkeitsgedankens 36
a. *Beccaria* 36
b. *Liszt* 38
3. Das Grundproblem des intuitiv-offenen Sozialschädlichkeitsverständnisses 41
B. Rechtsgutsverletzung als Typisierungsversuch 42
1. *Birnbaum* als Ausgangspunkt 42
2. Systemimmanente und systemtranszendente Funktion des Rechtsguts 45
3. Zur „Systemkritik" der systemtranszendenten Rechtsgutsfunktion 46
4. Zur „Systemkritik" durch die systemimmanente Rechtsgutsfunktion 47
5. Einheitlicher Rechtsgutsbegriff? 48
6. Systemkritik durch Interessenschutz? 49
7. Systemkritik durch die sog. personale Unrechtslehre? 50
8. Rechtsgutsbeispiele 51
9. Keine systemkritische Funktion der Rechtsgutslehre 53
10. Tradierte Fehldeutungen 56
C. Begrenzungsversuche zur Rechtsgutslehre als Korrekturmöglichkeit? 61
1. Ansätze zur Typisierung qualifizierter Rechtsgutsverletzungen 61
2. Würdigung 64
D. Ergebnis 66

III. Weitere Typisierungsversuche 67
A. Strafwürdigkeit 67
1. Der Ansatz von *Sax* u. a. 67
2. Würdigung 68
B. „Nicht-Straftat-an-sich" 69
1. Der Ansatz von *Lampe* 69
2. Würdigung 72
C. Kulturnormen 72
1. Der Ansatz von *M. E. Mayer* 72
2. Würdigung 74
D. Gesellschaftsanschauung 75

1. Der Ansatz von *Wohlers* u. a. 75
2. Würdigung 77
E. Aktwerte 78
1. Der Ansatz von *Welzel* 78
2. Würdigung 79
F. Lebenswerte 80
1. Der Ansatz von *Eb. Schmidt* 80
2. Versuch der Positivierung im Wirtschaftsstrafgesetz 1949 81
3. Würdigung 82
G. Gerechtigkeitssinn 83
1. Der Ansatz von *Kindhäuser* 83
2. Würdigung 85
H. Fairness 85
1. Der Ansatz von *Alwart* 85
2. Würdigung 86
I. Risiko 87
1. Der Ansatz von *Prittwitz* 87
2. Würdigung 89
J. Soziologische Theorie 90
1. Der Ansatz von *Müssig* u. a. 90
2. Würdigung 93
K. Zwei-Legitimationen-Theorie 95
1. Der Ansatz von *Goldschmidt* 95
2. Würdigung 97
L. Drei-Staatswerte-Theorie 98
1. Der Ansatz von *E. Wolf* 98
2. Würdigung 102
M. Zwei-Strafrechte-Theorie (sog. Feindstrafrecht) 103
1. Der Ansatz von *Jakobs* 103
2. Würdigung 107
N. Resümé: Typisierungsansätze materiell nicht begrenzbar 111

IV. Neue Erkenntnisse durch die „Harm Principle"- und „Mediating Principles"-Diskussion? 113

A. „Harm Principle" 113

B. „Mediating Principles" 114

C. Würdigung 115

D. „Mediating principles" und der neuere Deliktstypendiskurs 117

V. Neuere hegelianisch inspirierte Konzepte 119

A. Die Urlehre 119

1. Der Ansatz von *Hegel* 119

2. Würdigung 122

B. Suspendierung der konstitutiven Grundannahmen 126

1. Der Ansatz von *Herzog* 126

2. Würdigung 127

C. Formaler Sollenswiderspruch 128

1. Der Ansatz von *Lesch* 128

2. Würdigung 130

D. Verletzung des Basisvertrauens 131

1. Der Ansatz von *Wolff* 131

2. Würdigung 135

E. Verletzung rechtlicher Selbständigkeit 136

1. Der Ansatz von *Köhler* 136

2. Würdigung 140

F. Zusammenfassung 141

VI. Verfassungsrechtliche Ansätze 143

A. Art. 26 Abs. 1 Satz 2 GG als Sonderregelung 143

B. Die Position des Bundesverfassungsgerichts 143

1. Eckpunkte: Unrechtsabstufungen, Verhältnismäßigkeitsprinzip, Beurteilungsspielraum und judicial self restraint 143

2. Der ältere Prüfungsmaßstab: BVerfGE 80,182 146

3. Der neuere Prüfungsmaßstab: BVerfGE 90, 145 146

4. Beispiele materieller Überprüfungen von Strafnormen 149

a. Abstrakte Gefährdungsdelikte: BVerfGE 28, 175 149

b. Verfassungswidrigkeit von § 218a StGB: BVerfGE 39, 1 149

c. Entkriminalisierungsverbot und Pönalisierungsgebot zum Schutz des nasciturus: BVerfGE 88, 203 151

d. „Verfassungskonforme Reduktion“ von § 261 Abs. 2 Nr. 1 StGB: BVerfGE 110, 226 152

e. Glücksspielstrafrecht: BVerfGE 115, 276 154

f. Strafbewehrung des Geschwisterinzests: BVerfGE 120, 224 155

5. Würdigung 158

C. Verfassungsorientierte Ansätze in der Literatur 164

1. *Paulduro* 164

2. *Lagodny* 166

3. *Appel* 168

4. *Stächelin* 174

5. Würdigung 178

D. Verhältnismäßigkeitsprinzip als mögliches materielles Begrenzungskonzept im Strafrecht? 180

1. Geeignetheit 180

2. Erforderlichkeit: das Mildere-Mittel-Dilemma 181

3. Verhältnismäßigkeit im engeren Sinn 182

a. Kritische Übermaßprüfung durch das „Prinzip des überwiegenden Interesses“? 182

b. Kritische Übermaßprüfung ohne materiellen Verbrechensbegriff? 183

4. Fazit: Praktisch kaum materiell begrenzendes Potenzial des Verhältnismäßigkeitsprinzips 183

E. Verhältnismäßigkeitsprinzip als Ordnungsbegriff 184

F. Zusammenfassung 185

VII. Zwei historische Exkurse 187

A. Nationalsozialismus 187

1. Die Diskussion ab 1933 187

2. *Kerrls* Denkschrift „Nationalsozialistisches Strafrecht“ 190

3. *Larenz:* „Vertrag und Unrecht“ 193

4. Pflichtverletzung als zentraler Gedanke 195

5. Zusammenfassung 196
B. DDR 197
1. Die „Grundsätze des sozialistischen Strafrechts“ 197
2. Die Legaldefinitionen im DDR-StGB und OWG 198
3. Würdigung 200
C. Zusammenfassung 202

VIII. Ergebnis der Bestandsaufnahme **203**

TEIL 2: EIGENE AUFFASSUNG **205**

I. Vorüberlegungen **205**
A. Materieller Verbrechensbegriff und Demokratieprinzip 205
B. Der materielle Verbrechensbegriff als mögliches Korrektiv zur Praxis der Strafgesetzgebung 207
1. Erhöhung der Publizität 207
2. Stärkung des mittelbaren Demokratieprinzips 212
3. Ausgleich zu einer widersprüchlichen Gewaltenteilungspraxis 214
4. Durchsetzungsfähigere Strafrechtswissenschaft 217
5. Unterstützung der Legislative 219
6. Fazit 220
C. Trennung von Recht und Moral 221
D. Abkehr vom intuitiv-offenen Sozialschädlichkeitsverständnis 223
1. Intuitiv-offenes Sozialschädlichkeitsverständnis und die Freiheit des Individuums 224
2. Einbruchstelle für Moralvorstellungen 224
3. Strukturkonservatismus 226
4. Faktische Unwirksamkeit des Ultima-Ratio-Prinzips und Beliebigkeit der Formwahl (Straf- oder Ordnungswidrigkeitenrecht) 227
5. Nähe zum Täterstrafrecht 228
6. Paradigmenwechsel: vom intuitiv-offenen zum idealtypisch-geschlossenen Sozialschädlichkeitsverständnis 231
E. Dekonstruktion des rechtsgutsbasierten Präventionsgedankens 231

1. Rechtsgutsprävention durch Repression: Skizzierung der allgemeinen Auffassung 231
2. Festhalten am Rechtsgutsparadigma? 233
a. Kein kritisches Potenzial 233
b. Dominanz der Form über den Inhalt 234
c. Von der Kritikresistenz zur Kritikimmunisierung 235
d. Fazit 236
3. Prävention durch Strafrechtsnormen? 237
a. Vorüberlegung: bekannte und unbekannte Strafnormen 237
b. Unmittelbar präventive Wirkweise einer bekannten Strafnorm? 238
c. Mittelbare präventive Wirkweise einer bekannten Strafnorm? 238
(1) Spezialpräventive Funktion: Abschreckung des Täters? 238
(2) Negativ generalpräventive Funktion: Abschreckung Aller? 240
(3) Positiv-generalpräventive Funktion durch Primärnormbildung? 241
(4) Positive Generalprävention durch Vertrauensbestätigung? 244
d. Zur unmittelbaren bzw. mittelbaren Wirkweise unbekannter Strafnormen 246
e. Fazit: Präventive Funktion von rechtsgutsbasierten Strafrechtsnormen nicht hinreichend plausibel belegbar 246
4. Paradigmenwechsel: von der positiv generalpräventiven Rechtsgutslehre zum positiv generalpräventiven materiellen Verbrechensbegriff 247
F. Zum Umgang mit dem Kumulationsgedanken 248

II. Herleitung des materiellen Verbrechensbegriffes 251
A. Ineinandergreifen von Ultima-Ratio-Gedanken und materiellem Verbrechensbegriff 251
B. Idealtypisch-geschlossenes Sozialschädlichkeitsverständnis: die Kernwertentscheidung als Grundlage materiellen Strafrechts 252
1. Zentrale Rolle des Grundgesetzes 252
2. Kernwertentscheidung und verfassungsrechtliche Identitätsgarantie (Art. 79 Abs. 3 GG) 254
C. Zur Kernwertfunktion von Art. 1 i. V. m. Art. 79 Abs. 3 GG 256

1. Normierung eines Ideals 256
2. Art. 1 Abs. 1 GG als Grundrecht mit unmittelbarer Drittwirkung 256
3. Zur „Handhabbarmachung" des Menschenwürdebegriffs 258
a. Konkreter Inhalt durch den Begriff „Menschenbild"? 259
b. Konkreter Inhalt durch den Begriff des „Geistwesens"? – der Ansatz von *Hösle* 261
(1) Darstellung der Auffassung 261
(2) Würdigung 263
(3) Neues durch biologische bzw. ontologische Varianten? 264
c. Konkretisierung der Menschenwürde durch die sog. Objektformel 266
(1) Allgemeine Lesart des Anwendungsbereichs: Verhältnis zwischen Staat und Individuum 266
(2) Die Objektformel im Verhältnis der Individuen untereinander 267
d. Moralische Autonomie und rechtliche Autonomie 268
e. Handhabbarmachung des Begriffs Menschenwürde für die äußere Sphäre der Rechtsverhältnisse zwischen Personen: rechtliche Autonomie und Objektformel 269
4. Zur Identitätsnorm Art. 20 i. V. m. Art. 79 Abs. 3 GG 271
a. Inhalt der Identitätsnorm 271
b. Verhältnis Art. 20 GG zu Art. 1 GG 272
5. Kernwert: rechtliche Autonomie 273
D. Rechtliche Autonomie und die Ziele der Staatstätigkeit 273
E. Rechtliche Autonomie und die Funktion des Strafrechts 275
F. Rechtliche Autonomie und Ultima-Ratio-Prinzip zwischen Staatsaufgaben und der Funktion des Strafrechts: vom horizontalen zum vertikalen Verständnis 277
G. Rechtliche Autonomie und die dreistufige Täter-Opfer-Nähe 279
1. Vorüberlegungen 279
2. Wahrnehmung der rechtlichen Autonomie 280
3. Drei Stufen der Täter-Opfer-Näheverhältnisse am Maßstab der Opferindividualisierung 281
a. Vertragsbereich 281
b. Nichtvertragsbereich mit Individualisierungsmöglichkeit 282

c. Nichtvertragsbereich ohne Individualisierungsmöglichkeit 282

H. Materielles Verbrechen auf den drei Täter-Opfer-Nähestufen 283

1. Rechtlicher Autonomieverlust im Vertragsbereich (Stufe 1) 283

a. Autonomie und Vertragsschluss 283

b. Anforderungen an den Selbstschutz 284

(1) Selbstschutz im Vertragsbereich und materiell verbrecherische Nötigungshandlungen 284

(2) Selbstschutz im Vertragsbereich und materiell verbrecherische Täuschungshandlungen 285

α) Konkludente Täuschungshandlungen 285

β) Ausdrückliche Täuschungshandlungen 287

γ) Wesentlicher Vertragsgegenstand 289

c. Ausdehnung der Prinzipien des Vertragsbereiches auf Störungen in der Vertragsabwicklung? 289

d. Zusammenfassung: Materielles Verbrechen im Vertragsbereich 291

2. Rechtlicher Autonomieverlust im Nichtvertragsbereich mit Individualisierungsmöglichkeit (Stufe 2) 292

a. Rechtliche Autonomie im Nichtvertragsbereich 292

b. Anforderungen an den Selbstschutz 292

(1) Offensiver Selbstschutz – „Handelnsollen“ des Opfers zur Verhinderung der Verletzung eigener rechtlicher Autonomie? 293

(2) Defensiver Selbstschutz – Ertragenmüssen von Handlungen gegen die Regeln des optimalen Zusammenlebens in der Gesellschaft 296

(3) Rechtliche Autonomie und Einwilligung 299

(4) Einwilligung und Moral 299

(5) „Staatlicher Paternalismus“? Die Aufforderung zur eigenen Tötung als Sonderfall der Autonomie 302

c. Zusammenfassung: Materielles Verbrechen im Nichtvertragsbereich mit Individualisierungsmöglichkeit 305

3. Rechtlicher Autonomieverlust im Nichtvertragsbereich ohne Individualisierungsmöglichkeit (Stufe 3) 306

a. Entmaterialisierter Bezug zur individuellen rechtlichen Autonomie 306

b. Rematerialisierung des Individualbezugs 309

(1) Rematerialisierung des Individualbezugs durch einen Angriff auf den Bestand staatlicher Institutionen i. S. d. Art. 20 GG 309

α) Originäre Zuständigkeit einer staatlichen Institution und Ungehorsam im Über-Unterordnungs-Verhältnis 311

β) Angriffe auf den Bestand einer Behörde: die Rematerialisierung des Individualbezugs durch Art. 20 GG 313

γ) Wertungswidersprüche? Ergänzende Überlegungen 315

(2) Rematerialisierung des Individualbezugs durch das Nothilfeprinzip 315

α) Die Quasi-Nothilfehandlung 315

β) Weniger intensive Konstellationen 318

γ) Zur Gefahr illegitimer Strafrechtsausdehnung. Ergänzende Überlegungen 319

(3) Systemgerechtigkeit 320

f. Zusammenfassung: Materielles Verbrechen im Nichtvertragsbereich ohne Individualisierungsmöglichkeit 323

4. Gesamtdefinition des materiellen Verbrechensbegriffs 323

I. Vorschlag für Art. 103 Abs. 3 GG de lege ferenda 323

III. Skizzierung der Konsequenzen **325**

A. Zur grundsätzlichen Limitierungsfunktion von Art. 103 Abs. 3 GG in der vorgeschlagenen Fassung 325

B. Die Limitierungsfunktion von Art. 103 Abs. 3 GG in der vorgeschlagenen Fassung im Vergleich mit *Roxins* 9-Punkte-Liste 326

1. Limitierungshypothese *Roxins*: „Willkürliche“, „rein ideologisch motivierte“ oder „gegen Grundrechte verstoßende“ Strafgesetze sind unzulässig 326

2. Limitierungshypothese *Roxins*: „Umschreibung gesetzlicher Zielvorstellungen“ kein „tatbestandslegitimierendes Rechtsgut“ 328

3. Limitierungshypothese *Roxins*: keine Rechtsgutsverletzung bei „Unmoral, Unsittlichkeit oder sonstiger Verwerflichkeit eines Verhaltens“ 328

4. Limitierungshypothese *Roxins*: Verstöße gegen „eigene Menschenwürde“ oder „Würde der Menschheit“ kein hinreichender Bestrafungsgrund 330
5. Limitierungshypothese *Roxins*: „Schutz von Gefühlen kann nur bei Bedrohungsgefühlen als Rechtsgut anerkannt werden“ 332
a. Zur Beleidigung, § 185 StGB 333
b. Zur Aufforderung zu Straftaten, § 111 StGB 335
c. Zur Belohnung und Billigung von Straftaten, § 140 StGB 336
d. Zur Beschimpfung von Bekenntnissen, Religionsgesellschaften und Weltanschauungsvereinigungen gemäß § 166 StGB 337
e. Störung der Religionsausübung § 167 StGB 338
f. Zusammenfassung 339
6. Limitierungshypothese *Roxins*: keine legitime Strafdrohung bei „bewusster Selbstschädigung, deren Ermöglichung und Unterstützung“ möglich 340
7. Limitierungshypothese *Roxins*: „Überwiegend symbolische Strafrechtsnormen sind abzulehnen“ 342
8. Limitierungshypothese *Roxins*: „Tabus sind keine Rechtsgüter“ 344
9. Limitierungshypothese *Roxins*: „Schutzobjekte von ungreifbarer Abstraktheit sind keine Rechtsgüter“ 347
10. Zusammenfassung 348
C. Weitere Konsequenzen 349
1. Vorsatz und Fahrlässigkeit 349
2. Versuch 351
3. Unterlassen 353
4. Die „Gefährdung“ als materielles Verbrechen 355
5. Pönalisierung von Handlungen gegen die „Allgemeinheit“ bzw. entmaterialisierte überindividuelle Interessen? 359
6. Materielle Eigenständigkeit des Ordnungswidrigkeitenrechts 361
7. „Bagatellen“ und „Pönalisierungspflichten“ 363
8. Materieller Verbrechensbegriff und transnationales Strafrecht 364

ABSCHLUSSBETRACHTUNGEN 369

I. Zusammenfassung der Arbeit 369

A. Zur kritischen Bestandsaufnahme der materiellen Begrenzungsversuche im Strafrecht 369

B. Zur eigenen Auffassung 370

II. Schlussbewertung und Ausblick 375

LITERATURVERZEICHNIS XXVII

Abkürzungsverzeichnis

a. A.	anderer Ansicht
a. a. O.	am angegebenen Ort
ABlEU	Amtsblatt der Europäischen Union
Abs.	Absatz
AE-StB	Alternativ-Entwurf Sterbebegleitung
AE-Sterbehilfe	Alternativentwurf eines Gesetzes über Sterbehilfe
Alt-StGB	Alternativkommentar zum StGB
Anm.	Anmerkung
AnwBl	Anwaltsblatt (zitiert nach Jahr und Seite)
AöR	Archiv für öffentliches Recht (zitiert nach Band (Jahr) und Seite)
ARSP	Archiv für Rechts- und Sozialphilosophie (zitiert nach Jahr und Seite)
Art.	Artikel
AT	Allgemeiner Teil
BFH	Bundesfinanzhof
BGB	Bürgerliches Gesetzbuch
BGBl	Bundesgesetzblatt
BGH	Bundesgerichtshof
BGHSt	Entscheidungen des Bundesgerichtshofs in Strafsachen (zitiert nach Band und Seite)
BSG	Bundessozialgericht
BT–Drs.	Bundestags-Drucksache
BtMG	Betäubungsmittelgesetz
BVerfG	Bundesverfassungsgericht
BVerfGE	Entscheidungen des Bundesverfassungsgerichts (zitiert nach Band und Seite)
BVerwGE	Entscheidungen des Bundesverwaltungsgerichts (zitiert nach Jahr und Seite)
bzgl.	bezüglich
cic	culpa in contrahendo
d. h.	das heißt
DRiZ	Deutsche Richterzeitung (zitiert nach Jahr und Seite)
DStR	Deutsches Steuerrecht (zitiert nach Jahr und Seite)
Einl.	Einleitung
EMRK	Europäische Konvention für Menschenrechte
EStG	Einkommensteuergesetz
f. / ff.	folgende / fortfolgende
FAZ	Frankfurter Allgemeine Zeitung

Fn	Fußnote
GA	Goltdammer's Archiv für Strafrecht (zitiert nach Jahr und Seite)
GG	Grundgesetz
ggf.	gegebenenfalls
grds.	grundsätzlich
i. E.	im Ergebnis
insb.	insbesondere
i. Ü.	im Übrigen
i. V. m.	in Verbindung mit
JA	Juristische Arbeitsblätter für Ausbildung und Examen (zitiert nach Jahr und Seite)
JR	Juristische Rundschau (zitiert nach Jahr und Seite)
Jura	Juristische Ausbildung (zitiert nach Jahr und Seite)
JuS	Juristische Schulung (zitiert nach Jahr und Seite)
JZ	Juristenzeitung (zitiert nach Jahr und Seite)
KK	Karlsruher Kommentar
krit.	kritisch
LK	Leipziger Kommentar
LMBG	Lebensmittel- und Bedarfsgegenständegesetz
LSG	Landessozialgericht
MDR	Monatschrift für Deutsches Recht (zitiert nach Jahr und Seite)
MüKo	Münchener Kommentar zum Strafgesetzbuch
n. F.	neue Fassung
N. F.	Neue Folge
NJW	Neue Juristische Wochenschrift (zitiert nach Jahr und Seite)
NStZ	Neue Zeitschrift für Strafrecht (zitiert nach Jahr und Seite)
NStZ-RR	Neue Zeitschrift für Strafrecht Rechtsprechungsreport (zitiert nach Jahr und Seite)
OLG	Oberlandesgericht
OWG	Ordnungswidrigkeitengesetz (DDR)
OWiG	Gesetz über Ordnungswidrigkeiten
pFV	positive Forderungsverletzung
RB	Rahmenbeschluss
RGBI	Reichsgesetzblatt
Rn	Randnummer
Rspr.	Rechtsprechung
(R)StGB	Reichsstrafgesetzbuch

SJZ	Süddeutsche Juristenzeitung (zitiert nach Jahr und Spalte)
SK-StGB	Systematischer Kommentar für das Strafrecht
s. o.	siehe oben
sog.	sogenannte
StÄG	Strafrechtsänderungsgesetz
std. Rspr.	ständige Rechtsprechung
StGB	Strafgesetzbuch
StPO	Strafprozessordnung
StrRG	Gesetz zur Reform des Strafrechts
StV	Der Strafverteidiger (zitiert nach Jahr und Seite)
StVollzG	Strafvollzugsgesetz
s. u.	siehe unten
TierschG	Tierschutzgesetz
u. a.	und andere
u. U.	unter Umständen
UWG	Gesetz gegen den unlauteren Wettbewerb
vgl.	vergleiche
VereinsG	Vereinsgesetz
VersammlG	Versammlungsgesetz
Vorbem.	Vorbemerkung
VStGB	Völkerstrafgesetzbuch
WiStG	Wirtschaftsstrafgesetz
wistra	Zeitschrift für Wirtschafts- und Steuerstrafrecht (zitiert nach Jahr und Seite)
WStG	Wehrstrafgesetz
z. B.	zum Beispiel
ZRP	Zeitschrift für Rechtspolitik (zitiert nach Jahr und Seite)
z. T.	zum Teil
ZStW	Zeitschrift für die gesamte Strafrechtswissenschaft (zitiert nach Band (Jahr) und Seite)

Literaturverzeichnis

Achenbach GA 2008.
Hans Achenbach: „Ahndung materiell sozialschädlichen Verhaltens durch bloße Geldbuße? Zur Entwicklung und Problematik „großer“ Wirtschafts-Ordnungswidrigkeiten“, in: GA 2008, S. 1-17.

Achenbach StV 2008.
Hans Achenbach: „`Ordnungsfaktor Wirtschaftsstrafrecht´“, in: StV 2008, S. 324-327.

Aden AnwBl 2009.
Mareke Aden: „Die große Koalition und ihre Strafrechtsreformen – viele Gesetze, wenig Lösung“, in: AnwBl 2009, S. 270-271.

AK (Bearbeiter).
Alternativkommentar zum Strafgesetzbuch, Band 1, Redaktion: *Kurt Seelmann*, Neuwied 1990.

Akademie für Rechtswissenschaft, DDR-StrR AT.
Akademie für Staats- und Rechtswissenschaft der DDR: Strafrecht Allgemeiner Teil, bearbeitet von einem Autorenkollektiv, Berlin 1989.

AE-StB.
Alternativ-Entwurf Sterbebegleitung (*AE-StB*). Von *Heinz Schöch* und *Torsten Verrel*, gemeinsam mit *Britta Bannenberg* et. al., in: GA 2005, S. 553-586.

Altpeter.
Frank Altpeter: Strafwürdigkeit und Straftatsystem, Frankfurt (Main) 1990.

Alwart JZ 2006.
Heiner Alwart: Wirtschaftsstrafrecht im Übergang“, in: JZ 2006, S. 546-548.

Amelung, Begriff des Rechtsguts.
Knut Amelung: „Der Begriff des Rechtsguts in der Lehre vom strafrechtlichen Rechtsgüterschutz“, in: Die Rechtsgutstheorie, herausgegeben von *Roland Hefendehl, Andrew von Hirsch* und *Wolfgang Wohlers*, Baden-Baden 2003, S. 155-182.

Amelung, Rechtsgüterschutz.
Knut Amelung: Rechtsgüterschutz und Schutz der Gesellschaft, Frankfurt am Main 1972.

Anastasopoulou.
Ioanna Anastasopoulou: Deliktstypen zum Schutz kollektiver Rechtsgüter, München 2005.

Androulakis ZStW 108 (1996).
Nikolaos K. Androulakis: „Über den Primat der Strafe“, in: ZStW 108 (1996), S. 300-332.

Appel.
Ivo Appel: Verfassung und Strafe. Zu den verfassungsrechtlichen Grenzen staatlichen Strafens, Berlin 1998.

Arleff.
Wilfried Peter Arleff: Die Prostitution im geltenden und zukünftigen Strafrecht. Zugleich ein Beitrag zur Bestimmung der Grenzen staatlicher Strafbefugnis. Diss. iur., Köln 1973.

Arzt.
Gunther Arzt: „Der Besondere Teil des materiellen Strafrechts“, in: Einführung in das Strafrecht und Strafprozeßrecht, herausgegeben von *Claus Roxin, Gunther Arzt* und *Klaus Tiedemann*, 3. Auflage, Heidelberg 1994, S. 61-112.

Bacigalupo, Festschrift für *Jakobs*.
Enrique Bacigalupo: „Rechtsgutsbegriff und Grenzen des Strafrechts“, in: Festschrift für *Günter Jakobs* zum 70. Geburtstag, herausgegeben von *Michael Pawlik* und *Rainer Zaczyk*, Köln, Berlin, München 2007, S. 1-14.

Baumann, Gedächtnisschrift für *Noll*.
Jürgen Baumann: „Strafe als soziale Aufgabe“, in: Gedächtnisschrift für *Peter Noll*, herausgegeben von *Robert Hauser, Jörg Rehberg* und *Günter Stratenwerth*, Zürich 1984, S. 27-36.

Beccaria.
Cesare Beccaria: Über Verbrechen und Strafe. Ausgabe von 1766 in der Übersetzung von Wilhem Ahlf, Frankfurt (Main), 1966.

Becker.
Ulrich Becker: Das „Menschenbild des Grundgesetzes“ in der Rechtsprechung des Bundesverfassungsgerichts, Berlin 1996.

Berner, Lehrbuch.
Albert Friedrich Berner: Lehrbuch des deutschen Strafrechts, 18. Aufl., Leipzig 1898 (Neudruck Aalen 1986).

Beulke, Festschrift für *Otto*.
Werner Beulke: „Opferautonomie und Strafrecht. Zum Einfluss der Einwilligung auf die Beurteilung der einverständlichen Fremdgefährdung“, in: Festschrift für *Harro Otto* zum 70. Geburtstag, herausgegeben von *Gerhard Dannecker, Winfried Langer, Otfried Ranft, Roland Schmitz* und *Joerg Brammsen*, Köln u. a. 2007, S. 207-218.

Binding, Handbuch.
Karl Binding: Handbuch des Strafrechts, Leipzig 1885 (Neudruck Aalen 1991).

Binding, Normen I.
Karl Binding: Die Normen und ihre Übertretung, Band 1: Normen und ihre Strafgesetze, 4. Aufl. Leipzig 1922 (Neudruck Aalen 1991).

Birnbaum ArchCrim 1834 N. F.
Birnbaum: „Ueber das Erforderniß einer Rechtsverletzung zum Begriffe des Verbrechens, mit besonderer Rücksicht auf den Begriff der Ehrenkränkung", in: ArchCrim Neue Folge 1834, S. 149-194.

Birnbaum ArchCrim 1836 N. F.
Birnbaum: „Bemerkungen über den Begriff des natürlichen Verbrechens und die römischen Begriffe von Delictum Juris Civilis, Delictum Juris Gentium und probrum natura", in: ArchCrim 1836 N. F., S. 560-598.

Bloch.
Ernst Bloch: Naturrecht und menschliche Würde, Frankfurt am Main 1972.

Böse.
Martin Böse: „Grundrechte und Strafrecht als 'Zwangsrecht'", in: Die Rechtsgutstheorie, herausgegeben von *Roland Hefendehl, Andrew von Hirsch* und *Wolfgang Wohlers*, Baden-Baden 2003, S. 89-95.

Bottke, Festschrift für *Kohlmann*.
Wilfried Bottke: „Doping als Straftat?", in: Festschrift für *Günter Kohlmann*, herausgegeben von *Hans Joachim Hirsch*, *Jürgen Wolter* und *Uwe Brauns*, Köln 2003, S. 85-109.

Bottke, Festschrift für Schwind.
Wilfried Bottke: „Bemerkungen zur Kriminalprävention", in: Festschrift für *Hans-Dieter Schwind* zum 70. Geburtstag, herausgegeben von *Thomas Feltes, Christian Pfeiffer* und *Gernot Steinhilper*, Heidelberg 2006, S. 791-804.

Breuer, Festschrift für *Isensee*.
Rüdiger Breuer: „Betrachtungen zur Lage der Gesetzgebung", in: Staat im Wort. Festschrift für *Josef Isensee*, herausgegeben von *Otto Depenheuer, Markus Heintzen, Matthias Jestaedt* und *Peter Axer*, Heidelberg 2007, S. 345-362.

Brox.
Hans Brox: Allgemeiner Teil des BGB, 29. Aufl. Köln u. a. 2005.

Bunzel.
Michael Bunzel: „Die Potenz des verfassungsrechtlichen Verhältnismäßigkeitsprinzips als Grenze des Rechtsgüterschutzes in der Informationsgesellschaft", in: Die Rechtsgutstheorie, herausgegeben von *Roland Hefendehl, Andrew von Hirsch* und *Wolfgang Wohlers*, Baden-Baden 2003, S. 96-118.

Byrd/Hruschka JZ 2007.
B. Sharon Byrd, Joachim Hruschka: „*Kant* zu Strafrecht und Strafe im Rechtsstaat“, in: JZ 2007, 957-964.

Calliess NJW 1989.
Rolf-Peter Calliess: „Strafzwecke und Strafrecht“, in: NJW 1989, S. 1338-1343.

Cherkeh/Momsen NJW 2001.
Rainer T. Cherkeh, Carsten Momsen: „Doping als Wettbewerbsverzerrung?“, in: NJW 2001, S. 1745-1752.

Clemens.
Björn Clemens: Der Begriff des Angriffskrieges und die Funktion seiner Strafbarkeit. Berlin 2005.

Dahm ZStaatsW 95 (1935).
Georg Dahm: „Verrat und Verbrechen“, in: ZStaatsW, Band 95 (1935), S. 283-310.

Deckers/Heusel ZRP 2008.
Rüdiger Deckers, Johanna Heusel: „Strafbarkeit terroristischer Vorbereitungshandlungen – rechtsstaatlich nicht tragbar“, in: ZRP 2008, S. 169-173.

Demandt.
Alexander Demandt: Über die Deutschen. Eine kleine Kulturgeschichte. Berlin 2007.

Denninger JZ 1975.
Erhard Denninger: „Freiheitsordnung – Wertordnung – Pflichtordnung“, in: JZ 1975, S. 545-550.

Depenheuer.
Otto Depenheuer: Selbstbehauptung des Rechtsstaates, Paderborn 2007.

Dewitz.
Clivia von Dewitz: NS-Gedankengut und Strafrecht. Berlin 2006.

Di Fabio NJW 2008.
Udo Di Fabio: „Sicherheit in Freiheit“, in: NJW 2008, S. 421-425.

Dreher NJW 1952.
Eduard Dreher: „Was ist Strafrecht i. S. des Art. 74 Nr. 1 GG?“, in: NJW 1952, S. 1282-1283.

Dreier, FAZ 2008 vom 30. August 2008.
Horst Dreier: „Die Freiheit des Andershandelnden", in: Frankfurter Allgemeine Zeitung vom 30. August 2008, S. 8.

Dürig AöR 81 (1956).
Günter Dürig: „Der Grundsatz von der Menschenwürde", in: AöR 81 (1956), S. 117 ff

Eisenberg.
Ulrich Eisenberg: Kriminologie, 6. Aufl. München 2005.

Ellbogen ZRP 2007.
Klaus Ellbogen: „Strafbarkeit des Beischlafs zwischen Verwandten. Ein Relikt aus der Vergangenheit", in: ZRP 2007, S. 190-192.

Ellmer.
Manfred Ellmer: Betrug und Opfermitverantwortung, Berlin 1986.

Enders.
Christoph Enders: Die Menschenwürde in der Verfassungsordnung. Zur Dogmatik des Art. 1 GG, Tübingen 1997.

Erbs/Kohlhaas (*Bearbeiter*).
Georg Erbs, Max Kohlhaas: Strafrechtliche Nebengesetze, Bd. 1-4. Begründet von *Georg Erbs* und vormals herausgegeben von *Max Kohlhaas*, aktuell herausgegeben von *Friedrich Ambs*, Loseblattsammlung, 166. Ergänzungslieferung, Stand: Mai 2007.
Registerband. Zugleich Lexikon des Nebenstrafrechts. Begründet von *Erich Göhler, Hans Buddendiek* und *Karl Lenzen*, bearbeitet von *Jörg Rutkowski*, Loseblattsammlung, 30. Ergänzungslieferung, Stand: Januar 2007.

Fabricius, Festschrift für *Schwind*.
Dirk Fabricius: „Generalprävention oder: Die beste Kriminalpolitik ist eine gute Rechtspolitik", in: Festschrift für *Hans-Dieter Schwind* zum 70. Geburtstag, herausgegeben von *Thomas Feltes*, *Christian Pfeiffer* und *Gernot Steinhilper*, Heidelberg 2006, S. 269-287.

Feuerbach.
Paul Johann Anselm Feuerbach: Lehrbuch des gemeinen in Deutschland gültigen peinlichen Rechts, 4. Aufl., Gießen 1808.

Feuerbach/Mittermaier.
Paul Johann Anselm Feuerbach: Lehrbuch des gemeinen in Deutschland gültige peinlichen Rechts, 14. von *C.J.A. Mittermaier* bearbeitete und herausgegebene Auflage, Gießen 1847.

Fichte.
Johann Gottlieb Fichte: Grundlage des Naturrechts nach Principien der Wissenschaftslehre, Jena und Leipzig 1796, Neudruck auf der Grundlage der zweiten von *Fritz Medicus* herausgegebenen Auflage von 1922 (2., verbesserter Nachdruck 1967), Hamburg 1980.

Fischer.
Thomas Fischer: Kommentar zum Strafgesetzbuch. 56. Aufl. des von *Otto Schwarz* begründeten, in der 23. bis 37. Aufl. von *Eduard Dreher* und in der 38. bis 49. Aufl. von *Herbert Tröndle* bearbeiteten Werkes, München 2009.

Folkerts ARSP 2001.
Horst Folkerts: „Menschenwürde“, in: ARSP 2001, S. 328-337.

Frank.
Reinhard Frank: Das Strafgesetzbuch für das Deutsche Reich, 18. Aufl., Tübingen 1931.

Freisler, Denkschrift.
Roland Freisler: „Gedanken zur Strafrechtserneuerung“, in: *Hanns Kerrl*: Nationalsozialistisches Strafrecht. Denkschrift des Preußischen Justizministers, Berlin 1933, S. 6-9.

Freisler, Festschrift für *Schlegelberger.*
Roland Freisler: „Der Heimweg des Rechts in die völkische Sittenordnung“, in: Festschrift für *Franz Schlegelberger* zum 60. Geburtstag, Berlin 1936, S. 28-44.

Frisch, Festschrift für *Stree/Wessels.*
Wolfgang Frisch: „An den Grenzen des Strafrechts“, in: Festschrift für *Walter Stree* und *Johannes Wessels* zum 70. Geburtstag, herausgegeben von *Walter Küper* und *Jürgen Welp*, Heidelberg 1993, S. 69-106.

Frisch, Legitimation staatlichen Strafens.
Wolfgang Frisch: „Rechtsgut, Recht, Deliktsstruktur und Zurechnung im Rahmen der Legitimation staatlichen Strafens“, in: Die Rechtsgutstheorie, herausgegeben von *Roland Hefendehl, Andrew von Hirsch* und *Wolfgang Wohlers*, Baden-Baden 2003, S. 215-238.

Frisch, Straftat.
Wolfgang Frisch: „Straftat und Straftatsystem“, in: Straftat, Strafzumessung und Strafprozeß im gesamten Rechtssystem, herausgegeben von *Jürgen Wolter* und *Georg Freund*, Heidelberg 1996, S. 135-210.

Frisch, Toleranz.
Wolfgang Frisch: „Toleranz als Prinzip der Strafrechtsbegrenzung?“, in: Mediating Principles. Begrenzungsprinzipien bei der Strafbegründung, herausgegeben von *Andres von Hirsch, Kurt Seelmann* und *Wolfgang Wohlers*, Baden-Baden 2006, S. 83-96.

Funcke-Auffermann.
Niklas Funcke-Auffermann: Symbolische Gesetzgebung im Lichte der positiven Generalprävention, Berlin 2007.

Gaede.
Karsten Gaede: „Kraft und Schwäche der systemimmanenten Legitimationsfunktion der Rechtsgutstheorie am Beispiel des Subventionsbetruges“, in: Die Rechtsgutstheorie, herausgegeben von *Roland Hefendehl, Andrew von Hirsch* und *Wolfgang Wohlers*, Baden-Baden 2003, S. 183-195.

Gallas, Gründe und Grenzen.
Wilhelm Gallas: „Gründe und Grenzen der Strafbarkeit - Gedanken zum Begriff des Verbrechens“, in: Beiträge zur Verbrechenslehre, herausgegeben von *Wilhelm Gallas*, Berlin 1968, S. 1-18.

Gallas, Festschrift für *Gleispach.*
Wilhelm Gallas: „Zur Kritik der Lehre vom Verbrechen als Rechtsgutsverletzung“, in: Festschrift für *Graf W. Gleispach* zum 60. Geburtstag, S. 50-69.

Gallwas MDR 1969.
Hans-Ullrich Gallwas: „Strafnormen als Grundrechtsproblem“, in: MDR 1969, S. 892-895.

Geddert-Steinacher.
Tatjana Geddert-Steinacher: Menschenwürde als Verfassungsbegriff. Aspekte der Rechtsprechung des Bundesverfassungsgerichts zu Art. 1 Abs. 1 GG, Berlin 1990.

Gercke/Wollschläger wistra 2008.
Björn Gercke, Sebastian Wollschläger: „Das Wettbewerbserfordernis i. S. d. § 299 StGB“, in: wistra 2008, S 5-10.

Gierhake ARSP 2008.
Katrin Gierhake: Feinbehandlung im Recht?, in: ARSP 2008, S. 337-361.

Gierhake ZStW 120 (2008).
Katrin Gierhake: „Das Prinzip der Weltrechtspflege nach § 1 Völkerstrafgesetzbuch und seine prozessuale Umsetzung in § 153f der Strafprozessordnung“, in: ZStW 120 (2008), S. 375 ff.

Glaser/Dahlmanns JR 2007.
Andreas Glaser, Dominique Dahlmanns: „Zur Strafbarkeit heimlicher Vaterschaftstests“, in: JR 2007, S. 316-321.

Göppinger.
Hans Göppinger (Begr.), *Michael Bock* (Hrsg.): Kriminologie, 6. Aufl., München 2008.

Goldschmidt.
James Goldschmidt: Das Verwaltungsstrafrecht. Eine Untersuchung der Grenzgebiete zwischen Strafrecht und Verwaltungsrecht auf rechtsgeschichtlicher und rechtsvergleichender Grundlage. Berlin 1902.

Goll ZRP 2008.
Ulrich Goll: „Verbot organisierter Sterbehilfe?“ – PRO, in: ZRP 2008, S. 199. (→ zu *Saliger*)

Gropp.
Walter Gropp: Strafrecht Allgemeiner Teil, 3. Aufl., Berlin u. a. 2005.

Guckelberger JuS 2003.
Annette Guckelberger: „Die Drittwirkung der Grundrechte“, in: JuS 2003, S. 1151 ff.

Häberle.
Peter Häberle: Die Menschenwürde als Grundlage der staatlichen Gemeinschaft, in: Handbuch des Staatsrechts der Bundesrepublik Deutschland, herausgegeben von *Josef Isensee* und *Paul Kirchhof*, Band II: Verfassungsstaat, 3. Aufl., Heidelberg 2004, § 22, S. 317 ff.

Hälschner GS 1869.
Hugo Hälschner: „Die Lehre vom Unrecht und seinen verschiedenen Formen“, in: GS 1869, S. 11-36 und 81-114.

Haffke, Festschrift für *Roxin.*
Bernhard Haffke: „Die Legitimation des staatlichen Strafrechts zwischen Effizienz, Freiheitsverbürgung und Symbolik“, in: Festschrift für *Claus Roxin*, herausgegeben von *Bernd Schünemann, Hans Achenbach, Wilfried Bottke, Bernhard Haffke* und *Hans-Joachim Rudolphi*, Berlin und New York 2001, S. 957-973.

Haft.
Fritjof Haft: Strafrecht Allgemeiner Teil, 9. Aufl., München 2004.

Hamann NJW 1962.
Andreas Hamann: „Der ‘Staatsschutz‘ im Strafgesetzentwurf und das Grundgesetz“, in: NJW 1967, S. 1845-1849.

Hamann, Strafgesetzgebung.
Andreas Hamann: Grundgesetz und Strafgesetzgebung, Neuwied und Berlin 1963.

Hanssen/Otto ZRP 2002.
Christian Hanssen, Martin Otto: „Das Freiheitsprinzip als Grenze inflationärer Strafnormsetzung“, in: ZRP 2002, S. 318-320.

Hardwig GA 1957.
Werner Hardwig: „Der Versuch bei untauglichem Subjekt", in: GA 1957, S. 170-176.

Harzer, Naturzustand.
Regina Harzer: Der Naturzustand als Denkfigur moderner praktischer Vernunft. Zugleich ein Beitrag zur Staats- und Rechtsphilosophie von *Hobbes* und *Kant*, Frankfurt am Main 1994.

Harzer, Unterlassene Hilfeleistung.
Regina Harzer: Die tatbestandsmäßige Situation der Unterlassenen Hlfeleistung gemäß § 323c StGB. Ein Beitrag zu einer Theorie des Besonderen Teils des Strafrechts, Frankfurt am Main 1999.

Hassemer, Festschrift für *E. A. Wolff.*
Winfried Hassemer: „Interkulturelles Strafrecht", in: Festschrift für *E. A. Wolff*, herausgegeben von *Rainer Zaczyk, Michael Köhler* und *Michael Kahlo*, Berlin u. a. 1998, S. 101-123.

Hassemer, Grundlinien.
Winfried Hassemer: Grundlinien einer personalen Rechtsgutslehre, in: Festschrift für *Arthur Kaufmann*, herausgegeben von *Scholler/Philipps*, Heidelberg 1989, S. 85 ff.

Hassemer JZ 2008.
Winfried Hassemer: „Politik aus Karlsruhe?", in: JZ 2008, S. 1-10.

Hassemer, Sicherheit durch Strafrecht.
Winfried Hassemer: „Sicherheit durch Strafrecht", in: Jenseits des rechtsstaatlichen Strafrechts, herausgegeben vom Institut für Kriminalwissenschaften und Rechtsphilosophie Frankfurt am Main (*Peter-Alexis Albrecht* u. a.), Frankfurt am Main 2007, S. 99-137.

Hassemer, Straftaten ohne Rechtsgut?
Winfried Hassemer: „Darf es Straftaten geben, die ein strafrechtliches Rechtsgut nicht in Mitleidenschaft ziehen?", in: Die Rechtsgutstheorie, herausgegeben von *Roland Hefendehl, Andrew von Hirsch, Wolfgang Wohlers*, Baden-Baden 2003, S. 57-64.

Hassemer, Theorie.
Winfried Hassemer: Theorie und Soziologie des Verbrechens, Frankfurt am Main 1973.

Hassemer, Verhältnismäßigkeitsprinzip.
Winfried Hassemer: „Der Grundsatz der Verhältnismäßigkeit als Grenze strafrechtlicher Eingriffe", in: Mediating Principles. Begrenzungsprinzipien bei der Strafbegrundung, herausgegeben von *Andres von Hirsch, Kurt Seelmann* und *Wolfgang Wohlers*, Baden-Baden 2006, S. 121-127.

Hassemer, Vielfalt und Wandel.
Winfried Hassemer: Vielfalt und Wandel eines interkulturellen Strafrechts, Anhang zu: *Otfried Höffe*: Gibt es ein interkulturelle Strafrecht?, Frankfurt (Main) 1999, S. 157-180.

Hassemer, Warum Strafe sein muss.
Winfried Hassemer: Warum Strafe sein muss. Ein Plädoyer, Berlin 2009.

Hassemer wistra 2009.
Winfried Hassemer: „Die Basis des Wirtschaftsstrafrechts", in: wistra 2009, S. 169-174.

Hassemer ZRP 1992.
Winfried Hassemer: „Kennzeichen und Krisen des modernen Strafrechts", in: ZRP 1992, S. 378-383.

Hattenhauer.
Hans Hattenhauer: Grundbegriffe des Bürgerlichen Rechts. Historisch-dogmatische Einführung, 2. Aufl., München 2000.

Hefendehl, Angepunkt einer Strafnorm.
Roland Hefendehl: „Das Rechtsgut als materialer Angelpunkt einer Strafnorm", in: Die Rechtsgutstheorie, herausgegeben von *Roland Hefendehl, Andrew von Hirsch* und *Wolfgang Wohlers*, Baden-Baden 2003, S. 119-132.

Hefendehl GA 2007.
Roland Hefendehl: „Mit langem Atem: Der Begriff des Rechtsguts", in: GA 2007, S. 1-14.

Hefendehl, Kollektive Rechtsgüter.
Roland Hefendehl: Kollektive Rechtsgüter im Strafrecht, Köln u. a. 2002.

Hefendehl, Perspektive eines Rechtsgutsbefürworters.
Roland Hefendehl: „Die Tagung (*Anm.: zur Rechtsgutstheorie im April 2002 in Moritzburg*) aus der Perspektive eines Rechtsgutsbefürworters", in: Die Rechtsgutstheorie, herausgegeben von *Roland Hefendehl, Andrew von Hirsch* und *Wolfgang Wohlers*, Baden-Baden 2003, S. 286-290.

Hefendehl, Technische Prävention.
Roland Hefendehl: „Äpfel und Birnen oder Steine statt Steine: Die technische Prävention und das Strafrecht", in: Mediating Principles. Begrenzungsprinzipien bei der Strafbegründung, herausgegeben von *Andrew von Hirsch, Kurt Seelmann* und *Wolfgang Wohlers*, Baden-Baden 2006, S. 48-53.

Hegel, Rph.
Georg Wilhelm Friedrich Hegel: Grundlinien der Philosophie des Rechts oder Naturrecht und Staatswissenschaft im Grundrisse, Berlin 1821, Nachdruck Baden-Baden 1986.

Hegel, Rph (Mitschrift *Wannemann*, 1817/18).
Georg Wilhelm Friedrich Hegel: Die Philosophie des Rechts. Die Mitschrift von *Wannemann* (Heidelberg 1878/18), herausgegeben von *Karl-Heinz Ilting*, Stuttgart 1983.

Hegel, Rph (Vorlesung 1821/22).
Georg Wilhelm Friedrich Hegel: Die Philosophie des Rechts. Vorlesung Berlin 1821/22, herausgegeben von *Hansgeorg Hoppe*, Frankfurt am Main 2005.

Heger ZStW 117 (2005).
Martin Heger: „Diskussionsbeiträge der Strafrechtslehrertagung in Frankfurt (Oder)“, in: ZStW 117 (2005), S. 665-888.

Heinrich ZStW 121 (2009).
Bernd Heinrich: „Die Grenzen des Strafrechts bei der Gefahrprävention“, in: ZStW 121 (2009), S. 94-130.

F. Herzog, Nullum Crimen.
Felix Herzog: Nullum Crimen Sine Periculo Sociali oder Strafrecht als Fortsetzung der Sozialpolitik mit anderen Mitteln“, in: Modernes Strafrecht und ultima-ratio-Prinzip, herausgegeben von *Klaus Lüderssen, Cornelius Nestler-Tremel* und *Ewa Weigend*, Frankfurt (Main), Bern, New York, Paris 1990, S. 105-127.

F. Herzog, Prävention.
Felix Herzog: Prävention des Unrechts oder Manifestation des Rechts. Bausteine zur Überwindung des heteronom-präventiven Denkens in der Strafrechtstheorie der Moderne, Frankfurt/Main, Bern, New York 1987.

R. Herzog.
Roman Herzog: „Ziele, Vorbehalte und Grenzen der Staatstätigkeit“, in: Handbuch des Staatsrechts, herausgegeben von *Josef Isensee* und *Paul Kirchhof*, Band IV: die Aufgaben des Staates, 3. Aufl., Heidelberg 2006, § 72, S. 81 ff.

Hilgendorf JZ 2009.
Eric Hilgendorf: „Strafrecht und Interkulturalität. Plädoyer für eine kulturelle Sensibilisierung der deutschen Strafrechtsdogmatik“, in: JZ 2009, S. 139-144.

Hinüber/Tegtmeyer.
O. L. von Hinüber/Werner Tegtmeyer: Strafrecht unter Berücksichtigung des kommenden Rechts, 9. Aufl., Leipzig 1944.

Hippel.
Robert von Hippel: Deutsches Strafrecht, Band 2, Berlin 1930 (Neudruck Aalen 1971).

Hirsch, Rechtsgutsbegriff.
Andrew von Hirsch: „Der Rechtsgutsbegriff und das 'Harm Principle'", in: „Die Rechtsgutstheorie", herausgegeben von *Roland Hefendehl, Andrew von Hirsch* und *Wolfgang Wohlers*, Baden-Baden 2003, S. 13-25 (ebenfalls in: GA 2002, S. 2-14).

Hirsch, Toleranz.
Andrew von Hirsch: „Toleranz als Mediating principle ", in: Mediating Principles. Begrenzungsprinzipien bei der Strafbegründung, herausgegeben von *Andres von Hirsch, Kurt Seelmann* und *Wolfgang Wohlers*, Baden-Baden 2006, S. 97-108.

Hirsch/Seelmann/Wohlers.
Andrew von Hirsch, Kurt Seelmann, Wolfgang Wohlers: „Einführung: Was sind Mediating principles?", in: Mediating Principles. Begrenzungsprinzipien bei der Strafbegründung, herausgegeben von *Andres von Hirsch, Kurt Seelmann* und *Wolfgang Wohlers*, Baden-Baden 2006, S. 13-17.

Hirsch/Wohlers.
Andrew von Hirsch/Wolfgang Wohlers: „Rechtsgutstheorie und Deliktsstruktur – zu den Kriterien fairer Zurechnung", in: Die Rechtsgutstheorie, herausgegeben von *Roland Hefendehl, Andrew von Hirsch* und *Wolfgang Wohlers*, Baden-Baden 2003, S. 196-214.

Hirsch/Neumann GA 2007.
Andrew von Hirsch/Ulfried Neumann: „'Indirekter' Paternalismus im Strafrecht am Beispiel der Tötung auf Verlangen", in: GA 2007, S. 671-694.

Höffe.
Otfried Höffe: Gibt es ein interkulturelles Strafrecht? Frankfurt am Main 1999.

Höfling JuS 1995.
Wolfram Höfling: „Die Unantastbarkeit der Menschenwürde – Annäherungen an einen schwierigen Verfassungsrechtssatz", in: JuS 1995, S. 837 ff.

Hörnle, Grob anstößiges Verhalten.
Tatjana Hörnle: Grob anstößiges Verhalten. Strafrechtlicher Schutz von Moral, Gefühlen und Tabus, Frankfurt am Main 2005.

Hörnle NJW 2008.
Tatjana Hörnle: „Das Verbot des Geschwisterinzests – Verfassungsrechtliche Bestätigung und verfassungsrechtliche Kritik", in: NJW 2008, S. 2085-2088.

Hörnle, Schutz.
Tatjana Hörnle: „Der Schutz von Gefühlen im StGB", in: Die Rechtsgutstheorie, herausgegeben von *Roland Hefendehl, Andrew von Hirsch* und *Wolfgang Wohlers*, Baden-Baden 2003, S. 268-280.

Hörnle, Subsidiarität.
Tatjana Hörnle: „Subsidiarität als Begrenzungsprinzip - Selbstschutz“, in: Mediating Principles. Begrenzungsprinzipien bei der Strafbegründung, herausgegeben von *Andres von Hirsch, Kurt Seelmann* und *Wolfgang Wohlers*, Baden-Baden 2006, S. 36-47.

Hösle.
Vittorio Hösle: „Was darf und was soll der Staat bestrafen? Überlegungen im Anschluss an *Fichtes* und *Hegels* Straftheorien“, in: Schriften zur Transzendentalphilosophie, Band 9: Die Rechtsphilosophie des deutschen Idealismus, herausgegeben von *Gerhard Funke, Klaus Hammacher* und *Reinhard Lauth*, Hamburg 1989, S. 1-55.

Hohmann, GA 1992.
Olaf Hohmann: „Von den Konsequenzen einer personalen Rechtsgutsbestimmung im Umweltstrafrecht“, in: GA 1992, S. 76-87.

Horsch JR 2008.
Andreas Horsch: „Das Bundesverfassungsgericht, die Ähnlichkeit im Sinne des § 86a Abs. 2 Satz 2 StGB oder: Zeit für die Entdeckung der Lebenswirklichkeit“, in: JR 2008, S. 99-104.

Hoppe.
Hansgeorg Hoppe: Einleitung zu *Hegels* „Die Philosophie des Rechts“. Vorlesung Berlin 1821/22, herausgegeben von *Hansgeorg Hoppe*, Frankfurt am Main 2005, S. 7-28.

Huber Jura 1998.
Peter Huber: „Das Menschenbild im Grundgesetz“, in: Jura 1998, S. 505-511.

Hufen, JZ 2004.
Friedhelm Hufen: „Erosion der Menschenwürde?“, in: JZ 2004, S. 313-318.

Humberg, ZRP 2007.
Andreas Humberg: „Die Aufnahme des Sports in das Grundgesetz“, in: ZRP 2007, S. 57-60.

Jäger.
Herbert Jäger: „Strafrechtspolitik und Wissenschaft“, in: Sexualität und Verbrechen, herausgegeben von *Fritz Bauer, Hans Bürger-Prinz, Hans Giese* und *Herbert Jäger*, Frankfurt am Main und Hamburg 1963, S. 273-298.

Jakobs, AT.
Günther Jakobs: Strafrecht Allgemeiner Teil. Die Grundlagen und die Zurechnungslehre, 2. Aufl., Berlin und New York 1991.

Jakobs ZStW 97 (1985).
Günther Jakobs: „Kriminalisierung im Vorfeld einer Rechtsgutsverletzung", in: ZStW 97 (1985), S. 751-785.

Jakobs ZStW 117 (2005).
Günther Jakobs: „Terroristen als Personen im Recht?", in: ZStW 117 (2005), S. 839-851.

Jarass/Pieroth.
Hans D. Jarass, Bodo Pieroth: Grundgesetz für die Bundesrepublik Deutschland. Kommentar, 9. Aufl., München 2007.

Jellinek.
Georg Jellinek: Allgemeine Staatslehre, 3. Aufl. (unveränderter Nachdruck des fünften Neudrucks von 1928), Darmstadt 1960.

Jescheck/Weigend.
Hans-Heinrich Jescheck/Thomas Weigend: Strafrecht. Allgemeiner Teil, 5. Aufl., Berlin 1996.

Joerden ARSP 1988.
Jan C. Joerden: „Drei Ebenen des Denkens über Gerechtigkeit", in: ARSP 1988, S. 307-330.

Jung GA 2006.
Heike Jung: „Wider die neue `Straflust´!", in: GA 2006, S. 724-736.

Kahlo.
Michael Kahlo: „Über den Zusammenhang von Rechtsgutsbegriff und objektiver Zurechnung im Strafrecht", in: Die Rechtsgutstheorie, herausgegeben von *Roland Hefendehl, Andrew von Hirsch* und *Wolfgang Wohlers*, Baden-Baden 2003, S. 26-38.

Kaiser, Festschrift für *Roxin.*
Günther Kaiser: „Kriminalpolitik in der Zeitenwende", in: Festschrift für *Claus Roxin*, herausgegeben von *Bernd Schünemann, Hans Achenbach, Wilfried Bottke, Bernhard Haffke* und *Hans-Joachim Rudolphi*, Berlin und New York 2001, S. 989-1000.

Kaiser, Strategien.
Günter Kaiser: Strategien und Prozesse strafrechtlicher Sozialkontrolle, Freiburg 1972.

Kant, KpV.
Immanuel Kant: Kritik der praktischen Vernunft. Königsberg 1788, in: *Kants* gesammelte Schriften, herausgegeben von der *Königlich Preußischen Akademie der Wissenschaften*, Band V, Berlin 1913.

Kant, MdS.
Immanuel Kant: Metaphysik der Sitten. Königsberg 1797, in: *Kants* gesammelte Schriften, herausgegeben von der *Königlich Preußischen Akademie der Wissenschaften*, Band VI, Berlin 1907.

Kant, Nachlass VI.
Immanuel Kant: Kant's handschriftlicher Nachlass, Band VI, in: Kant's gesammelte Schriften, herausgegeben von der Preußischen Akademie der Wissenschaften, Band XIX, Berlin und Leipzig 1984.

Kargl NStZ 2007.
Walter Kargl: „Begründungsprobleme des Dopingstrafrechts", in: NStZ 207, S. 489-496.

Kargl, Vertrauen.
Walter Kargl: „Vertrauen als Rechtsgutsbestandteil", in: „Personale Rechtsgutslehre und „Opferorientierung im Strafrecht", herausgegeben von *Ulfried Neumann* und *Cornelius Prittwitz*, Frankfurt am Main u. a. 2007, S. 41-84.

Kauder ZRP 2009.
Siegfried Kauder: „Strafbarkeit terroristischer Vorbereitungshandlungen", in: ZRP 2009, S. 20-22.
(→ Erwiderung auf *Deckers/Heusel*)

Kerrl.
Hanns Kerrl (Gesamtleitung): Nationalsozialistisches Strafrecht. Denkschrift des Preußischen Justizministers, Gesamtbearbeitung durch *Freisler, Crohne, Klee, Rietzsch, Krug, Haacke*, Berlin 1933, S. 10-143.

Kindhäuser, Gefährdung als Straftat.
Urs Kindhäuser: Gefährdung als Straftat. Rechtstheoretische Untersuchungen zur Dogmatik der abstrakten und konkreten Gefährdungsdelikte, Frankfurt am Main 1989.

Kindhäuser, Strafrechtsgut.
Urs Kindhäuser: Strafe, Strafrechtsgut und Rechtsgüterschutz, in: *Lüderssen, Klaus/Nestler-Tremel, Cornelius/Weigend, Ewa* (Hrsg.): Modernes Strafrecht und Ultima-Ratio-Prinzip, Frankfurt (Main) u. a.1990, S. 29-37.

Kirchhof.
Paul Kirchhof: „Die Identität der Verfassung", in: Handbuch des Staatsrechts der Bundesrepublik Deutschland, herausgegeben von *Josef Isensee* und *Paul Kirchhof*, Band II: Verfassungsstaat, 3. Aufl., Heidelberg 2004, § 21, S. 261 ff.

Kirchhof FAZ vom 10. Mai 2008.
Paul Kirchhof: „Ein Viertel für den Staat", in: FAZ vom 10. Mai 2008, S. 13.

KK-OWiG (Bearbeiter).
Karlsruher Kommentar zum Gesetz über Ordnungswidrigkeiten, herausgegeben von *Lothar Senge*, 3. Aufl., München 2006.

Klug, Probleme.
Ulrich Klug: „Rechtsphilosophische und rechtspolitische Probleme des Sexualstrafrechts", in: Sexualität und Verbrechen, herausgegeben von *Fritz Bauer, Hans Bürger-Prinz, Hans Giese* und *Herbert Jäger*, Frankfurt am Main und Hamburg 1963, S. 27-47.

Koch.
Arnd Koch: Die Entkriminalisierung im Bereich der fahrlässigen Körperverletzung und Tötung, Berlin 1998.

Köhler, AT.
Michael Köhler: Strafrecht Allgemeiner Teil, Berlin, Heidelberg und New York 1997.

Köhler ZStW 114 (2002).
Michael Köhler: „Buchbesprechung zu *Lesch*: Der Verbrechensbegriff", in: ZStW 114 (2002), S. 182-187.

Kohlrausch, Festschrift für *Schlegelberger.*
Eduard Kohlrausch: „Vermögensverbrechen im Wandel der Rechtsprechung und der Gesetzgebung", in: Festschrift für *Franz Schlegelberger* zum 60. Geburtstag, Berlin 1936, S. 203-223.

Krack, Festschrift für *Otto.*
Ralf Krack: Legitimationsdefizite des § 16 Abs. 2 UWG, in: Festschrift für *Harro Otto* zum 70. Geburtstag, herausgegeben von *Gerhard Dannecker, Winfried Langer, Otfried Ranft, Roland Schmitz* und *Joerg Brammsen*, Köln u. a. 2007, S. 609-621.

Kräupl, Festschrift für *Schwind.*
Günther Kräupl: „Alltagsvorstellungen von Strafrecht, Sanktionszwecken und Strafjustiz – Die rationalisierende Perspektive öffentlicher Kriminalitätswahrnehmung", in: Festschrift für *Hans-Dieter Schwind* zum 70. Geburtstag, herausgegeben von *Thomas Feltes, Christian Pfeiffer* und *Gernot Steinhilper*, Heidelberg 2006, S. 87-101.

Krause.
Peter Krause: Verfassungsrechtliche Möglichkeiten unmittelbarer Demokratie, in: Handbuch des Staatsrechts, herausgegeben von *Josef Isensee* und *Paul Kirchhof*, Band III (Demokratie – Bundesorgane), 3. Aufl., Heidelberg 2005.

Krüger.
Matthias Krüger: Die Entmaterialisierungstendenz beim Rechtsgutsbegriff, Berlin 2000.

Kudlich JA 2007.
Hans Kudlich: „An den Grenzen des Strafrechts", in: JA 2007, S. 90-95.

Kühl, AT.
Christian Kühl: Strafrecht Allgemeiner Tei. 5. Aufl., München 2005.

Kühl, Festschrift für *Jakobs*.
Kristian Kühl: „Der Abschied des Strafrechts von den guten Sitten", in: Festschrift für *Günter Jakobs* zum 70. Geburtstag, herausgegeben von *Michael Pawlik* und *Rainer Zaczyk*, Köln, Berlin, München 2007, S. 293-309.

Kühl, Festschrift für *Otto*.
Christian Kühl: „Strafrecht in Anlehnung an Ethik/Moral", in: Festschrift für *Harro Otto*, herausgegeben von *Gerhard Dannecker, Winfried Langer, Otfried Ranft, Roland Schmitz* und *Joerg Brammsen*, Köln u. a. 2007, S. 63-78.

Kühl, Festschrift für *Spendel*.
Christian Kühl: „Naturrechtliche Grenzen strafwürdigen Verhaltens", in: Festschrift für *Günter Spendel*, herausgegeben von *Manfred Seebode*, Berlin, New York 1992, S. 75-98.

Kühl GA 1977.
Kristian Kühl: „Wertordnung oder Freiheitsordnung? Zur Bedeutung der Rechtsphilosophie für die Kriminalpolitik", in: GA 1977, S. 353-365.

Kühl NJW 1986.
Kristian Kühl: „Landfriedensbruch durch Vermummung und Schutzbewaffnung?", in: NJW 1986, S. 874-881.

Kugelmann.
Dieter Kugelmann: Polizei- und Ordnungsrecht. Berlin, Heidelberg, New York 2006.

Kuhlen, Deliktstypen.
Lothar Kuhlen: „Rechtsgüter und neuartige Deliktstypen", in: Mediating Principles. Begrenzungsprinzipien bei der Strafbegründung, herausgegeben von *Andres von Hirsch, Kurt Seelmann* und *Wolfgang Wohlers*, Baden-Baden 2006, S. 148-156.

Kuhlen, Strafrechtsbegrenzung.
Lothar Kuhlen: „Strafrechtsbegrenzung durch einen materiellen Straftatbegriff?", in: Straftat, Strafzumessung und Strafprozeß im gesamten Rechtssystem, herausgegeben von *Jürgen Wolter* und *Georg Freund*, Heidelberg 1996, S. 77-97.

Kunz.
Karl-Ludwig Kunz: Das strafrechtliche Bagatellprinzip, Berlin 1984.

Lackner/Kühl.
Karl Lackner/Kristian Kühl: Kommentar zum Strafgesetzbuch, 26. Aufl., München 2007.

Lagodny, Strafrecht als Prüfstein.
Otto Lagodny: „Das materielle Strafrecht als Prüfstein der Verfassungsdogmatik", in: Die Rechtsgutstheorie, herausgegeben von *Roland Hefendehl, Andrew von Hirsch* und *Wolfgang Wohlers*, Baden-Baden 2003, S. 83-88.

Lagodny, Strafrecht vor den Schranken.
Otto Lagodny: Strafrecht vor den Schranken der Grundrechte, Tübingen 1996.

Lampe, Festschrift für *R. Schmitt.*
Ernst-Joachim Lampe: „Gedanken zum materiellen Straftatbegriff", in: Festschrift für *Rudolf Schmitt* zum 70. Geburtstag, herausgegeben von *Klaus Geppert, Joachim Bohnert* und *Rudolf Rengier*, Tübingen 1992, S. 77-94.

Langer, Festschrift für *Otto.*
Winrich Langer: „Die tatbestandsmäßige Strafwürdigkeit", in: Festschrift für *Harro Otto* zum 70. Geburtstag, herausgegeben von *Gerhard Dannecker, Winfried Langer, Otfried Ranft, Roland Schmitz* und *Joerg Brammsen*, Köln u. a. 2007, S. 107-121.

Larenz.
Karl Larenz: Vertrag und Unrecht, 1. Teil: Vertrag und Vertragsbruch, Hamburg 1936.

Last.
Ulrich Martin Last: Die Staatsverunglimpfungsdelikte: §§ 90-90b StGB, Regensburg 2000.

Lazzari.
Alessandro Lazzari: „`Eine Fessel, die nicht schmerzt und nicht sehr hindert.´ *Fichtes* Begründung des Strafrechts nach den Prinzipien der Wissenschaftslehre", in: *Johann Gottlieb Fichte* – Grundlage des Naturrechts, herausgegeben von *Jean-Christophe Merle*, Berlin, 2001, S. 173-186.

Lesch.
Heiko Hartmut Lesch: Der Verbrechensbegriff. Grundlinien einer funktionalen Revision, Köln u. a. 1999.

Lisken/Denniger (Bearbeiter)
Hans Lisken, Eberhard Denninger (Hrsg.): Handbuch des Polizeirechts, 4. Aufl. München 2007

Liszt, Grenze.
Franz von Liszt: Die Grenzgebiete zwischen Privatrecht und Strafrecht. Kriminalistische Bedenken gegen den Entwurf eines Bürgerlichen Gesetzes für das Deutsche Reich, Berlin und Leipzig 1889.

Liszt, Lehrbuch.
Franz von Liszt: Lehrbuch des Deutschen Strafrechts, 7. Aufl., Berlin 1896.

Liszt, Verbrechen.
Franz von Liszt: „Das Verbrechen als sozial-pathologische Erscheinung“, in: Strafrechtliche Aufsätze und Vorträge, Band 2, Berlin 1905 (Neudruck Berlin 1970), S. 230-250.

Liszt ZStW 3 (1883).
Franz von Liszt: „Der Zweckgedanke im Strafrecht“, in: ZStW Band 3 (1883), S. 1-47.

LK (Bearbeiter).
Burkhard Jähnke, Heinrich Wilhelm Laufhütte, Walter Odersky (Hrsg.): Leipziger Kommentar zum Strafgesetzbuch, Band 1 (§§ 1-31), 11. Aufl., Berlin 2003.

Lüderssen, Festschrift für *E. A. Wolff.*
Klaus Lüderssen: „Über das Irrationale im Strafrecht“, in: Festschrift für *E. A. Wolff*, herausgegeben von *Rainer Zaczyk, Michael Köhler* und *Michael Kahlo*, Berlin u. a. 1998, S. 325-335.

Lüderssen, Kriminologie.
Klaus Lüderssen: Kriminologie. Einführung in die Probleme, Baden-Baden 1984.

Luhmann.
Niklas Luhmann: Das Recht der Gesellschaft, Frankfurt am Main 1993.

Lüttig ZRP 2008.
Frank Lüttig: „`Begleiteter Suizid durch Sterbehilfevereine: Die Notwendigkeit eines strafrechtlichen Verbots“, in: ZRP 2008, S. 57-60.

Lyon.
Thea Lyon: Der Verbrechensbegriff in der Strafrechtswissenschaft der DDR. Bonn 1960.

Maier-Weigt.
Bernhard Maier-Weigt: Der materiale Rechts- und Verbrechensbegriff von der französischen Aufklärung bis zur Restauration, Frankfurt/Main u. a. 1987.

Marx.
Michael Marx. Zur Definition des Begriffs 'Rechtsgut', Köln, Berlin, Bonn, München 1972.

Maunz/Dürig/Herzog/Scholz (Bearbeiter).
Roman Herzog, Rupert Scholz, Matthias Herdegen, Hans H. Klein (Hrsg.): Grundgesetz. Kommentar, begründet von *Theodor Maunz* und *Günter Dürig*, Loseblattsammlung, Stand: 51. Lieferung, Dezember 2007.

Maurach/Zipf.
Reinhart Maurach / Heinz Zipf: Strafrecht. Allgemeiner Teil, Teilband 1, 8. Aufl., Heidelberg 1992.

H. Mayer, Strafrecht.
Hellmuth Mayer: Das Strafrecht des Deutschen Volkes, Stuttgart 1936.

H. Mayer, AT.
Hellmuth Mayer: Strafrecht Allgemeiner Teil, Stuttgart, Berlin, Köln, Mainz 1967.

M. E. Mayer.
Max Ernst Mayer: Rechtsnormen und Kulturnormen, Breslau 1903, unveränderter Nachdruck: Darmstadt 1965.

Mayer-Maly.
Theo Mayer-Maly: Rechtsphilosophie, Wien, New York 2001.

Matussek Kriminalistik 1977.
Hans Matussek: „Zum Inhalt des gegenwärtigen Verbrechensbegriffes", in: Kriminalistik 1977, S. 335-338.

Merkel, DRiZ 2002.
Reinhard Merkel: „Embryonenschutz, Grundgesetz und Ethik. Über verfassungsrechtliche Missverständnisse und moralische Grundlagen im Streit um die Forschung mit embryonalen Stammzellen", in: DRiZ 2002, S. 184 ff.

Meurer.
Dieter Meurer: Grundkurs Strafrecht II. Allgemeiner Teil, 4. Aufl., Marburg 1999.

Mittermaier ZStW 44 (1924).
W. Mittermaier: „Über den Begriff Verbrechen", in: ZStW, Band 44 (1924), S. 2-15.

Moos.
Reinhard Moos: Der Verbrechensbegriff in Österreich im 18. und 19. Jahrhundert, Bonn 1968.

Morguet.
Geraldine Louisa Morguet: Feindstrafrecht – eine kritische Analyse, Berlin 2009.

MüKo (Bearbeiter).
Wolfgang Joecks/Klaus Miebach (Hrsg.): Münchner Kommentar zum Strafgesetzbuch. Band 1, §§ 1-51 StGB, München 2003.

Müller-Dalhoff.
Gernot Müller-Dalhoff: Zur Abgrenzung von Straftaten und Ordnungswidrigkeiten am Beispiel des Lebensmittelrechts, Freiburg (Breisgau) 1993.

Müller-Dietz, Festschrift für *R. Schmitt.*
Heinz Müller-Dietz: „Aspekte und Konzepte der Strafrechtsbegrenzung", in: Festschrift für *Rudolf Schmitt* zum 70. Geburtstag, herausgegeben von *Klaus Geppert, Joachim Bohnert* und *Rudolf Rengier*, Tübingen 1992, S. 95-115.

Müller-Dietz, Strafe und Staat.
Heinz Müller-Dietz: Strafe und Staat, Frankfurt am Main 1973.

Müller-Emmert GA 1976.
Adolf Müller-Emmert: „Sozialschädlichkeit und Strafbarkeit", in: GA 1976, S. 291-302.

Müssig.
Bernd J. A. Müssig: Schutz abstrakter Rechtsgüter und abstrakter Rechtsgüterschutz. Zu den materiellen Konstitutionskriterien sog. Universalrechtsgüter und deren normtheoretischem Fundament – am Beispiel der Rechtsgutsbestimmung für die §§ 129, 129a und 324 StGB, Frankfurt am Main u. a. 1994.

Murrmann.
Uwe Murrmann: Die Selbstverantwortung des Opfers im Strafrecht", Berlin und Heidelberg 2005.

Nagler GS 103 (1933).
Johannes Nagler: „Staatsidee und Strafrecht", in: GS Band 103 (1933), S. I-XL.

Naucke, Einführung.
Wolfgang Naucke: Strafrecht. Eine Einführung, 10. Aufl., Neuwied, Kriftel, Berlin 2002.

Naucke, Grundlinien.
Wolfgang Naucke: Grundlinie einer rechtsstaatlich-praktischen allgemeinen Straftatlehre, Wiesbaden 1979.

Naucke, *Kant* und *Feuerbach.*
Wolfgang Naucke: *Kant* und die psychologische Zwangstheorie *Feuerbachs*, Hamburg 1962.

Naucke, Sozialphilosophie.
Wolfgang Naucke:“ Die Sozialphilosophie des sozialwissenschaftlich orientierten Strafrechts“, in: Fortschritte im Strafrecht durch die Sozialwissenschaften?, von *Winfried Hassemer, Klaus Lüderssen* und *Wolfgang Naucke*, Heidelberg 1983, S. 1-35.

Naucke, Verbrechensbegriff.
Wolfgang Naucke: Der materielle Verbrechensbegriff im 19. Jahrhundert, in: Naturrecht im 19. Jahrhundert, Band 1, S. 269-291, herausgegeben von *Diethelm Klippel*, Goldbach 1997.

Naucke, Wechselwirkung.
Wolfgang Naucke: Die Wechselwirkung zwischen Strafziel und Verbrechensbegriff, Stuttgart 1985.

Naucke/Harzer.
Wolfgang Naucke, Regina Harzer: Rechtsphilosophishe Grundbegriffe, 5. Aufl. des von *Wolfgang Naucke* begründeten und von *Regina Herzer* fortgeführten Werkes, München 2005.

Navarrete, Festschrift für *Jakobs.*
Miguel Polaino Navarrete: „Die Funktion der Strafe beim Feindstrafrecht“, in: Festschrift für *Günter Jakobs* zum 70. Geburtstag, herausgegeben von *Michael Pawlik* und *Rainer Zaczyk*, Köln, Berlin, München 2007, S. 529-552.

Neubacher Jura 2000.
Frank Neubacher: „Materieller Verbrechensbegriff und Rechtsgutsverletzung – Die Rechtsgüterschutzlehre J. M. F. Birnbaums (1797-1877) und die moderne Strafrechtsschule“, in: Jura 2000, S. 514-518.

Neumann, Alternativen.
Ulfried Neumann: „>>Alternativen: keine<< - Zur neueren Kritik an der personalen Unrechtslehre“, in: „Personale Unrechtslehre“ und „Opferorientierung im Strafrecht“, herausgegeben von *Ulfried Neumann* und *Cornelius Prittwitz*, Frankfurt am Main u. a. 2007, S. 85-96.

Neumann ARSP 1998.
Ulfried Neumann: „Die Tyrranei der Würde“, in: ARSP 1998, S. 153-166.

Neumann, Verhältnismäßigkeitsprinzip.
Ulfried Neumann: „Das Verhältnismäßigkeitsprinzip als strafrechtsbegrenzendes Prinzip“, in: Mediating Principles. Begrenzungsprinzipien bei der Strafbegründung, herausgegeben von *Andres von Hirsch, Kurt Seelmann* und *Wolfgang Wohlers*, Baden-Baden 2006, S. 128-137.

Otto, AT.
Harro Otto: Grundkurs Strafrecht. Allgemeine Strafrechtslehre, 7. Aufl., Berlin und New York 2004.

Otto MSchrKrim 1980.
Harro Otto: „Strafrecht als Instrument der Wirtschaftspolitik“, in: MSchrKrim 1980, S. 397-407.

Paulduro.
Aurelia Paulduro: Die Verfassungsgemäßheit von Strafrechtsnormen, insbesondere der Normen des Strafgesetzbuches, München 1992.

Pawlik, Festschrift für *Küper.*
Michael Pawlik: „Der Strafgrund der Bekenntnisbeschimpfung“, in: Festschrift für *Wilfried Küper* zum 70. Geburtstag, herausgegeben von *Michael Hettinger, Jan Zopfs, Thomas Hillenkamp, Michael Köhler, Jürgen Rath, Franz Streng, Jürgen Wolter*, Heidelberg 2007 S. 411-428.

Perez del Valle, Festschrift für *Jakobs.*
Carlos Perez del Valle: „Zur rechtsphilosophischen Begründung des Feindstrafrechts“, in: Festschrift für *Günter Jakobs* zum 70. Geburtstag, herausgegeben von *Michael Pawlik* und *Rainer Zaczyk*, Köln, Berlin, München 2007, S. 515-528.

Peters ZStW 77 (1965).
Karl Peters: „Beschränkung der Tatbestände im Besonderen Teil“, in: ZStW, Band 77 (1965), S. 470-505.

S. Peters NStZ 2009.
Sebastian Peters: „Der Tatbestand des § 238 StGB (Nachstellung) in der staatsanwaltlichen Praxis, in: NStZ 2009, S. 238-243.

Pietzcker, Festschrift für *Dürig.*
Jost Pietzcker: „Drittwirkung – Schutzpflicht – Einwirkung“, in: Das akzeptierte Grundgesetz – Festschrift für *Günter Dürig*, herausgegeben von Hartmut Maurer unter Mitwirkung von *Peter Häberle, Walter Schmitt-Glaeser* und *Wolfgang Graf Vitzthum*, München 1990, S. 345-363.

Preisner NJW 2009.
Mareike Preisner: „'Schwarz-Rot-Senf' – Aufregung angebracht?“, in: NJW 2009, S. 897-898.

Prittwitz.
Cornelius Prittwitz: Strafrecht und Risiko, Frankfurt am Main 1993.

Prittwitz, Festschrift für *Hamm.*
Cornelius Prittwitz: „Kriminalpolitik in der Mediengesellschaft“, in: Festschrift für *Rainer Hamm* zum 65. Geburtstag, herausgegeben von *Regina Michalke, Wolfgang Köberer, Jürgen Pauly* und *Stefan Kirsch*, Berlin 2008, S. 575-585.

Pufendorf.
Samuel von Pufendorf: Über die Pflicht des Menschen und des Bürgers nach dem Gesetz der Natur, Ausgabe von 1682 in der Übersetzung von Klaus Luig, Frankfurt am Main und Leipzig 1994.

Puig GA 2006.
Santiago Mir Puig: „Rechtsgüterschutz durch dialogisches Strafrecht", in: GA 2006, S. 667-677.

Putzke, Festschrift für *Schwind*.
Holm Putzke: „Was ist gute Kriminalpolitik?", in: Festschrift für *Hans-Dieter Schwind* zum 70. Geburtstag, herausgegeben von *Thomas Feltes, Christian Pfeiffer* und *Gernot Steinhilper*, Heidelberg 2006, S. 111-122.

Ramb.
Michael Ramb: Strafbegründung in den Systemen der Hegelianer, Berlin 2005.

Reinbacher/Wincierz ZRP 2007.
Tobias Reinbacher/Andrej Wincierz: „Kritische Würdigung des Gesetzentwurf zur Bekämpfung von Kinder- und Jugendpornographie", in: ZRP 2007, S. 195-198.

Rönnau JuS 2009.
Thomas Rönnau: „Grundwissen – Strafrecht: Der strafrechtliche Rechtsgutsbegriff", in: JuS 2009, S. 209-211.

Roxin, AT/1.
Claus Roxin: Strafrecht Allgemeiner Teil, Band 1, 4. Aufl., München 2006.

Roxin, Festschrift für *Küper*.
Claus Roxin: „Selbständigkeit und Abhängigkeit des Strafrechts im Verhältnis zu Politik, Philosophie, Moral und Religion", in: Festschrift für *Wilfried Küper* zum 70. Geburtstag, herausgegeben von *Michael Hettinger, Jan Zopfs, Thomas Hillenkamp, Michael Köhler, Jürgen Rath, Franz Streng, Jürgen Wolter*, Heidelberg 2007 S. 489-504.

Roxin JuS 1966.
Claus Roxin: „Sinn und Grenzen staatlicher Strafe", in: JuS 1966, S. 377-387.

Roxin/Arzt/Tiedemann.
Claus Roxin, Gunther Arzt, Klaus Tiedemann: Einführung in das Strafrecht und Strafprozessrecht, 5. Aufl., Heidelberg 2006.

Rössner, Kriminalrecht.
Dieter Rössner: Kriminalrecht als Kontrollinstitution, Anhang zu: *Otfried Höffe*: Gibt es ein interkulturelle Strafrecht?, Frankfurt (Main) 1999, S. 121-139.

Rössner, Festschrift für *Schwind.*
Dieter Rössner: „Normlernen und Kriminalität“, in: Festschrift für *Hans-Dieter Schwind* zum 70. Geburtstag, herausgegeben von *Thomas Feltes, Christian Pfeiffer* und *Gernot Steinhilper*, Heidelberg 2006, S. 1129-1140.

Rüthers ZRP 2008.
Bernd Rüthers: „Gesetzesbindung oder freie Methodenwahl? – Hypothesen zu einer Diskussion“, in: ZRP 2008, S. 48-51.

Sachs, GG (Bearbeiter).
Michael Sachs (Herausgeber): Kommentar zum Grundgesetz, 4. Aufl., München 2007.

Saliger ZRP 2008.
Frank Saliger: „Verbot organisierter Sterbehilfe?“ – CONTRA, in: ZRP 2008, S. 199. (→ zu *Goll*)

Sander.
Lisa Kathrin Sander: Grenzen instrumenteller Vernunft im Strafrecht, Frankfurt am Main 2007.

Sánchez, Festschrift für *Jakobs.*
Bernardo Feijoo Sánches: „Positive Generalprävention, Gedanken zur Straftheorie Günter Jakobs'“, in: Festschrift für *Günter Jakobs* zum 70. Geburtstag, herausgegeben von *Michael Pawlik* und *Rainer Zaczyk*, Köln, Berlin, München 2007, S. 75-95.

Satzger.
Helmut Satzger: Internationales und Europäisches Strafrecht, 2. Aufl., Baden-Baden 2008.

Sax, Grundsätze.
Walter Sax: „Grundsätze der Strafrechtspflege“, in: Die Grundrechte. Handbuch der Theorie und Praxis der Grundrechte, Band III, 2. Halbband: Rechtspflege und Grundrechtsschutz, herausgegeben von *Karl August Bettermann, Hans Carl Nipperdey, Ulrich Scheuner*, Berlin 1959, S. 908-1014.

Sax JZ 1976.
Walter Sax: „Tatbestand und Rechtsgutsverletzung (I)“, in: JZ 1976, S. 9-16.

Schaffstein.
Friedrich Schaffstein: Politische Strafrechtswissenschaft, Hamburg 1934.

Scheffler, Festschrift für *Schwind.*
Uwe Scheffler: „Freund- und Feindstrafrecht“, in: Festschrift für *Hans-Dieter Schwind* zum 70. Geburtstag, herausgegeben von *Thomas Feltes, Christian Pfeiffer* und *Gernot Steinhilper*, Heidelberg 2006, S. 123-146.

Schenke.
Wolf-Rüdiger Schenke: Polizei- und Ordnungsrecht, 5. Aufl., Heidelberg 2007.

Schiemann, JuS 1989.
Gottfried Schiemann: „Das allgemeine Schädigungsverbot: alterum non laedere“, in: JuS 1989, S. 345 ff.

Schild, Festschrift für *E. A. Wolff.*
Wolfgang Schild: „Die staatlichen Zwangsmaßnahmen als Symbol der Strafwürdigkeit. Zur Verbrechens- und Strafphilosophie von *Immanuel Kant*“, in: Festschrift für *E. A. Wolff*, herausgegeben von *Rainer Zaczyk, Michael Köhler* und *Michael Kahlo*, Berlin u. a. 1998, S. 429-441.

Schlehofer GA 1999.
Horst Schlehofer: „Die Menschenwürdegarantie des Grundgesetzes – absolute oder relative Begrenzung staatlicher Strafgewalt?“, in: GA 1999, S. 357-364.

Schlegel, BSG-Festschrift.
Rainer Schlegel: „Die Indienstnahme des Arbeitgebers in der Sozialversicherung“, in: 50 Jahre Bundessozialgericht, Festschrift, herausgegeben von *Matthias von Wulffen* und *Otto Ernst Krasney*, Köln 2004, S. 265-288.

Schlegel/Voelzke (Bearbeiter).
Rainer Schlegel/Thomas Voelzke: Sozialgesetzbuch Viertes Buch. Praxiskommentar, Saarbrücken 2006.

Schlink JZ 2007.
Bernhard Schlink: „Abschied von der Dogmatik. Verfassungsrechtsprechung und Verfassungsrechtswissenschaft im Wandel“, in: JZ 2007, S. 157-162.

Schlüchter.
Ellen Schlüchter: Grenzen strafbarer Fahrlässigkeit, Thüngersheim und Nürnberg 1996.

Schmidhäuser, AT.
Eberhard Schmidhäuser: Strafrecht Allgemeiner Teil, 2. Aufl., Tübingen 1984.

Eb. Schmidt, Festschrift für *Arndt.*
Eberhardt Schmidt: „Straftaten und Ordnungswidrigkeiten. Erinnerungen an die Arbeiten der Wirtschaftsstrafrechtskommission (1947-1949)“, in: Festschrift für *Adolf Arndt*, herausgegeben von *Horst Ehmke, Carlo Schmid, Hans Scharoun*, Frankfurt am Main 1969, S. 415-435.

Eb. Schmidt SJZ 1948.
Eberhardt Schmidt: „Probleme des Wirtschaftsstrafrechts“, in: SJZ 1948, Sp. 225-236.

Schmidt-Bleibtreu (Bearbeiter).
Bruno Schmidt Bleibtreu und *Franz Klein* (Begr.)/*Hans Hofmann* und *Axel Hopfauf* (Hrsg.): Kommentar zum Grundgesetz, 11. Aufl., Köln und München 2008.

Schmitt.
Carl Schmitt: Das internationalrechtliche Verbrechen des Angriffskrieges und der Grundsatz „Nullum crimen, nulla poena sine lege". Gutachten, Berlin im August 1945, Nachdruck, herausgegeben von *Helmut Quaritsch*, Berlin 1994.

Schönke/Schröder (Bearbeiter).
Kommentar zum Strafgesetzbuch. Bearbeitet von *Theodor Lenckner, Albin Eser, Walter Stree, Jörg Eisele, Günter Heine, Walter Perron, Detlev Sternberg-Lieben, Ulrike Schnittenhelm*, 27. Aufl. des von *Adolf Schönke* begründeten, von *Horst Schröder* fortgeführten und von *Peter Cramer von der 18. bis 26. Auflage* mitkommentierten Werkes, München 2006.

Schoreit GA 1967.
Armin Schoreit: „Die sogenannten Ordnungswidrigkeiten", in: GA 1967, S. 225-237.

Schroeder, Festschrift für *Otto.*
Friedrich Christian Schroeder: „Das Strafgesetz zwischen Tatvergeltung und Verhaltensverbot", in: Festschrift für *Harro Otto* zum 70. Geburtstag, herausgegeben von *Gerhard Dannecker, Winfried Langer, Otfried Ranft, Roland Schmitz* und *Joerg Brammsen*, Köln u. a. 2007, S. 165-178.

Schünemann, Rechtgüterschutzprinzip als Fluchtpunkt.
Bernd Schünemann: „Das Rechtsgüterschutzprinzip als Fluchtpunkt der verfassungsrechtlichen Grenzen der Straftatbestände und ihrer Interpretation", in: Die Rechtsgutstheorie, herausgegeben von *Roland Hefendehl, Andrew von Hirsch* und *Wolfgang Wohlers*, Baden-Baden 2003, S. 133-154.

Schünemann, Verrückbare Grenzen.
Bernd Schünemann: „Rechtsgüterschutz, ultima ratio und Viktimodogmatik – von den verrückbaren Grenzen des Strafrechts in einem liberalen Rechtsstaat", in: Mediating Principles. Begrenzungsprinzipien bei der Strafbegründung, herausgegeben von *Andres von Hirsch, Kurt Seelmann* und *Wolfgang Wohlers*, Baden-Baden 2006, S. 18-35.

Schürch.
Gerhart Schürch: Der strafrechtliche Schutz der öffentlichen Ordnung, Bern 1936.

Schütz.
Carsten Schütz: Strafe und Strafrecht im demokratischen und sozialen Rechtsstaat, Sinzheim 1997.

Schwind.
Hans-Dieter Schwind: Kriminologie, 17. Aufl., Heidelberg 2007.

Seelmann, Festschrift für *E. A. Wolff*.
Kurt Seelmann: „Gefährdungs- und Gefühlsschutzdelikte an den Rändern des Lebens", in: Festschrift für *E. A. Wolff*, herausgegeben von *Rainer Zaczyk, Michael Köhler* und *Michael Kahlo*, Berlin u. a. 1998, S. 481-493.

Seelmann, Strafwürdigkeitskriterien.
Kurt Seelmann: „Rechtsgutskonzept, `Harm Principle´ und Anerkennungsmodell als Strafwürdigkeitskriterien", in: Die Rechtsgutstheorie, herausgegeben von *Roland Hefendehl, Andrew von Hirsch* und *Wolfgang Wohlers*, Baden-Baden 2003, S. 261-267.

Seelmann, Verantwortungsstreuung.
Kurt Seelmann: „Verantwortungsstreuung als Strafbegrenzung", in: Mediating Principles. Begrenzungsprinzipien bei der Strafbegründung, herausgegeben von *Andres von Hirsch, Kurt Seelmann* und *Wolfgang Wohlers*, Baden-Baden 2006, S. 138-147.

Seher, Aporien.
Gerhard Seher: „Kann Strafrecht „subsidiär" sein? Aporien eines „unbestrittenen" Rechtsgrundsatzes", in: Mediating Principles. Begrenzungsprinzipien bei der Strafbegründung, herausgegeben von *Andres von Hirsch, Kurt Seelmann* und *Wolfgang Wohlers*, Baden-Baden 2006, S. 70-82.

Seher, Strafnormlegitimation.
Gerhard Seher: Prinzipiengestützte Strafnormlegitimation und der Rechtsgutsbegriff, in: Die Rechtsgutstheorie, herausgegeben von *Roland Hefendehl, Andrew von Hirsch* und *Wolfgang Wohlers*, Baden-Baden 2003, S. 39-56.

Sieber ZStW 121 (2009).
Ulrich Sieber: „Die Zukunft des Europäischen Strafrechts", in: ZStW 121 (2009), S. 1-67.

Siegert.
Karl Siegert: Grundzüge des Strafrechts im neuen Staate, Tübingen 1934.

Sina.
Peter Sina: Die Dogmengeschichte des strafrechtlichen Begriffs 'Rechtsgut', Basel 1962.

SK-StGB (Bearbeiter).
Hans-Joachim Rudolphi und Jürgen Wohlers (Gesamtredaktion): Systematischer Kommentar zum Strafgesetzbuch, München/Unterschleißheim, Loseblattsammlung, Stand: 111. Lieferung (November 2007).

Stächelin.
Gregor Stächelin: Strafgesetzgebung im Verfassungsstaat. Normative und empirische materielle und prozedurale Aspekte der Legitimation unter Berücksichtigung neuerer Strafgesetzgebungspraxis, Berlin 1998.

Stegbauer JZ 2009.
Andreas Stegbauer: Anmerkung zu BGH JZ 2009, 161 (Keltenkreuz als Kennzeichen i. S. d. § 86a Abs. 1 StGB), in: JZ 2009, S. 164.

Steinbach JR 2006.
Armin Steinbach: „Die Beschimpfung von Religionsgesellschaften gemäß § 166 StGB – eine Würdigung des Karikaturenstreits nach deutschem Strafrecht", in: JR 2006, S. 495-499.

Stemmler.
Thomas Stemmler: Das „Neminem-laedere-Gebot", Zur Frage des Begriffs und der Existenz schutzbereichsimmanenter Grenzen der Freiheitsgrundrechte im Unterschied zu den so genannten verfassungsimmanenten Schranken, Frankfurt am Main u. a. 2005.

Stern, Festschrift für *Wiedemann.*
Klaus Stern: „Probleme der Ausstrahlungswirkung der Grundrechte auf das Privatrecht", in: Festschrift für Herbert Wiedemann, herausgegeben von *Rolf Wank, Kaspar Frey, Holger Fleischer* und *Gregor Thüsing*, München 2002, S. 133-154.

Stern, Staatsrecht I.
Klaus Stern: Das Staatsrecht der Bundesrepublik Deutschland, Band I: Grundbegriffe und Grundlagen des Staatsrechts, Strukturprinzipien der Verfassung, 2. Aufl., München 1984.

Stern, Staatsrecht III/1.
Klaus Stern: Das Staatsrecht der Bundesrepublik Deutschland, Band III/1: Allgemeine Lehren der Grundrechte, München 1988.

Stern, Staatsrecht IV/1.
Klaus Stern: Das Staatsrecht der Bundesrepublik Deutschland, Band IV/1: Die einzelnen Grundrechte, München 2006.

Sternberg-Lieben, Freiheit des Strafgesetzgebers.
Detlev Sternberg-Lieben: „Rechtsgut, Verhältnismäßigkeit und die Freiheit des Strafgesetzgebers, in: Die Rechtsgutstheorie, herausgegeben von *Roland Hefendehl, Andrew von Hirsch* und *Wolfgang Wohlers*, Baden-Baden 2003, S. 65-82.

Sternberg-Lieben, Objektive Schranken.
Detlev Sternberg-Lieben: Die objektiven Schranken der Einwilligung im Strafrecht, Tübingen 1997.

Stratenwerth, Kollektivrechtsgüter.
Günter Stratenwerth: „Kriminalisierung bei Delikten gegen Kollektivrechtsgüter“, in: Die Rechtsgutstheorie, herausgegeben von *Roland Hefendehl, Andrew von Hirsch* und *Wolfgang Wohlers*, Baden-Baden 2003, S. 255-260.

Stratenwerth, Verhaltensdelikte.
Günter Stratenwerth: „Zur Legitimation von `Verhaltensdelikten'“, in: Mediating Principles. Begrenzungsprinzipien bei der Strafbegründung, herausgegeben von *Andres von Hirsch, Kurt Seelmann* und *Wolfgang Wohlers*, Baden-Baden 2006, S. 157-165.

Stratenwerth/Kuhlen.
Günter Stratenwerth/Lothar Kuhlen: Strafrecht Allgemeiner Teil I, 5. Aufl., Köln, Berlin, München 2004.

Stübinger.
Stephan Stübinger: Das „idealisierte“ Strafrecht. Frankfurt am Main 2008.

Telp.
Jan Telp: Ausmerzung und Verrat. Zur Diskussion um Strafzwecke und Verbrechensbegriffe im Dritten Reich, Frankfurt am Main 1999.

Thommen.
Marc Thommen: „Toleranz & Anti Social Behaviour“, in: Mediating Principles. Begrenzungsprinzipien bei der Strafbegründung, herausgegeben von *Andres von Hirsch, Kurt Seelmann* und *Wolfgang Wohlers*, Baden-Baden 2006, S. 109-120.

Tiedemann.
Klaus Tiedemann: Verfassungsrecht und Strafrecht, Heidelberg 1991.

Vogel, Festschrift für *Jakobs*.
Joachim Vogel: „Wertpapierhandelsstrafrecht – Vorschein eines neuen Strafrechtsmodells?“, in: Festschrift für *Günter Jakobs* zum 70. Geburtstag, herausgegeben von *Michael Pawlik* und *Rainer Zaczyk*, Köln, Berlin, München 2007, S. 731-746.

Waldhoff, Festschrift für *Isensee*.
Christian Waldhoff: „Der Gesetzgeber schuldet nichts als das Gesetz“, in: Staat im Wort. Festschrift für *Josef Isensee*, herausgegeben von *Otto Depenheuer, Markus Heintzen, Matthias Jestaedt* und *Peter Axer*, Heidelberg 2007, S. 325-343.

Walter.
Tonio Walter: Der Kern des Strafrechts, Tübingen 2006.

Weber ZRP 2008.
Christian Weber: „Strafbarkeit der Holocaustleugnung in der Europäischen Union“, in: ZRP 2008, S. 21-24.

Weber-Hassemer, Festschrift für *Hamm*.
Kristiane Weber-Hassemer: „Menschliche Gattung als Rechtsgut? Menschenbilder im Recht“, in: Festschrift für *Rainer Hamm* zum 65. Geburtstag, herausgegeben von *Regina Michalke, Wolfgang Köberer, Jürgen Pauly* und *Stefan Kirsch*, Berlin 2008, S. 829-839.

Weigend, Kolloquium für *Jescheck*.
Thomas Weigend: „Strafrecht und Zeitgeist“, in: Strafrecht und Kriminologie unter einem Dach – Kolloquium zum 90. Geburtstag von *Hans-Heinrich Jescheck*, Berlin 2006, S. 44-65.

Weißer JZ 2008.
Bettina Weißer: „Der 'Kampf gegen den Terrorismus' – Prävention durch Strafrecht?, in: JZ 2008, S. 388-395.

Weißer ZStW 121 (2009).
Bettina Weißer: „Über den Umgang des Strafrechts mit terroristischen Bedrohungslagen“, in: ZStW 121 (2009), S. 131-161.

Welzel, Festschrift für *Kohlrausch*.
Hans Welzel: „Über den substantiellen Begriff des Strafgesetzes“, in: Probleme der Strafrechtserneuerung (gleichzeitig Festschrift für *Eduard Kohlrausch* zum 70. Geburtstag), Berlin 1944, S. 101-119.

Welzel, Naturrecht.
Hans Welzel: Naturrecht und materiale Gerechtigkeit, Göttingen 1962.

Welzel, Strafrecht.
Hans Welzel: Das deutsche Strafrecht. 11. Aufl., Berlin 1969.

Welzel, Strafrecht AT.
Hans Welzel: Der Allgemeine Teil des deutschen Strafrechts, 3. Aufl., Berlin 1944.

Wesel.
Wesel, Uwe: Geschichte des Rechts, 3. Aufl., München 2006.

Wessels/Beulke.
Johannes Wessels/Werner Beulke: Strafrecht. Allgemeiner Teil, 37. Aufl., Heidelberg 2007.

Wittig.
Petra Wittig: „Rechtsgutstheorie, 'Harm Principle' und die Abgrenzung von Verantwortungsbereichen“, in: Die Rechtsgutstheorie, herausgegeben von *Roland Hefendehl, Andrew von Hirsch* und *Wolfgang Wohlers*, Baden-Baden 2003, S. 239-243.

Wohlers, Deliktstypen.
Wolfgang Wohlers: Deliktstypen des Präventionsstrafrechts – zur Dogmatik „moderner" Gefährdungsdelikte, Berlin 2000.

Wohlers, Perspektive eines Rechtsgutsskeptikers.
Wolfgang Wohlers: „Die Tagung (*Anm.: zur Rechtsgutstheorie im April 2002 in Moritzburg*) aus der Perspektive eines Rechtsgutsskeptikers", in: Die Rechtsgutstheorie, herausgegeben von *Roland Hefendehl, Andrew von Hirsch* und *Wolfgang Wohlers*, Baden-Baden 2003, S. 281-285.

Wohlers, Ultima Ratio.
Wolfgang Wohlers: „Strafrecht als ultima ratio – tragender Grundsatz eines rechtsstaatlichen Strafrechts oder Prinzip ohne eigenen Aussagegehalt?", in: Mediating Principles. Begrenzungsprinzipien bei der Strafbegründung, herausgegeben von *Andres von Hirsch, Kurt Seelmann* und *Wolfgang Wohlers*, Baden-Baden 2006, S. 54-69.

G. Wolf JuS 1991.
Gerhard Wolf: „Falsche Aussage, Eid und eidesgleiche Beteuerung", in: JuS 1991, S. 177-184.

G. Wolf JuS 1996.
Gerhard Wolf: „Befreiung des Strafrechts vom nationalsozialistischen Denken?", in: JuS 1996, S. 189-195.

E. Wolf, Festgabe für *Frank*.
Erik Wolf: „Die Stellung der Verwaltungsdelikte im Strafrechtssystem", in: Festgabe für *Reinhard Frank* zum 70. Geburtstag, Band II, Tübingen 1930, S. 516-588.

Wolf/Wolf.
Ernst Wolf, Gerhard Wolf: Rechtsphilosophie – ein Irrweg, Marburg 2002.

Wolff.
Ernst Amadeus Wolff: „Die Abgrenzung von Kriminalunrecht zu anderen Unrechtsformen", in: Strafrechtspolitik, herausgegeben von *Winfried Hassemer*, Frankfurt (Main), Bern, New York 1987, S. 137-224.

Zaczyk, Strafrecht.
Rainer Zaczyk: Das Strafrecht in der Rechtslehre *J. G. Fichtes*, Berlin 1981.

Zimmermann ZRP 2009.
Frank Zimmermann: „Wann ist der Einsatz von Strafrecht auf europäischer Ebene sinnvoll?", in: ZRP 2009, S. 74-77.

Zaczyk, Selbstverantwortung.
Rainer Zaczyk: Strafrechtliches Unrecht und die Selbstverantwortung des Verletzten, Heidelberg 1993.

Zipf, Kriminalpolitik.
Heinz Zipf: Kriminalpolitik. Ein Lehrbuch, 2. Aufl., Heidelberg und Karlsruhe 1980.

Zipf MDR 1969.
Heinz Zipf: „Kriminologischer und strafrechtlicher Verbrechensbegriff", in: MDR 1969, S. 889-892.

Zypries FAZ vom 31. Januar 2008.
Brigitte Zypries: „Null Privatheit?", in: Frankfurter Allgemeine Zeitung vom 31. Januar 2008, S. 8.

Einführung

I. Die Funktion des materiellen Verbrechensbegriffs

Dem modernen Strafrecht kann Konjunktur bescheinigt werden. Es hat die Tendenz, zunehmend in Bereiche vorzudringen, die jenseits seiner „klassischen“ Regelungsfelder liegen.[1] Der Ausbau des Systems abstrakter Gefährdungsdelikte, des Umwelt-, Betäubungsmittel- oder Wirtschaftsstrafrechts sind nur einige Beispiele hierfür.[2] Dabei trägt Strafrecht für den Einzelnen auch heute noch existenzbedrohende Züge in sich. Andererseits ist seine Wirksamkeit in Bezug auf Verhaltensbeeinflussung im weitesten Sinne nach wie vor ungeklärt. Vor diesem Hintergrund hat sich der Begriff der „Krise des Strafrechts“[3] mittlerweile in der Diskussion etabliert.[4] Ein grundlegendes Problem ist in diesem Zusammenhang, dass die Grenze der staatlichen Strafgewalt bis heute nicht eindeutig bestimmt ist.

In Ermangelung einer Legaldefinition gibt es – abgesehen von Art. 26 Abs. 1 GG (Pflicht zur Pönalisierung des Angriffskrieges[5]) – für den Strafgesetzgeber in Deutschland keine spezielle gesetzliche Grundlage, an der er sein Handeln materiell ausrichten kann. Inwieweit Vorgaben auf europäischer Ebene Einfluss auf die nationale Strafgesetzgebung haben, lässt sich gegenwärtig nur schwer abschätzen.[6] Der materielle Verbrechensbegriff hat vor diesem Hintergrund die Funktion, der staatlichen Strafgewalt eine abstrakt-generelle Grenze zu ziehen.

Die Intensität der Diskussion um diese Grenze oszilliert seit den Anfängen des „modernen Strafrechts“ vor etwa 250 Jahren. Zu Beginn des

---

[1] *Weigend*, Kolloquium für *Jescheck*, S. 44 (57), spricht von „Expansion des Strafrechts“, die auch *Weißer* ZStW 121 (2009), S. 131, „im Hinblick auf terroristische Bedrohungslagen“ für „zunehmend salonfähig“ hält; ebenso *Seher*, Strafnormlegitimation, S. 39.

[2] *Sternberg-Lieben*, Freiheit des Strafgesetzgebers, S. 65 (70).

[3] Statt Vieler: *Gropp*, § 1 (S. 34 ff.) mit zahl. weit. Nachw.

[4] *Weigend*, Kolloquium für *Jescheck*, S. 44 (62): „Was mir zur Sorge Anlass gibt, ist einerseits eine zunehmende Instrumentalisierung, andererseits eine – damit einhergehende – Marginalisierung des Strafrechts.“ (mit zahlr. weit. Nachw.).

[5] S. u. Teil 1 VI. A.

[6] Zu den gegenwärtig noch nicht abschließend zu beurteilenden möglichen Auswirkungen der Richtlinie 2008/99/EG vom 19. November 2008, in der erstmals von Pönalisierungspflichten für die Mitgliedsstaaten die Rede ist, vgl. unten Teil 2 III. C. 8.

21. Jahrhunderts scheint das Thema in Deutschland wieder größere Beachtung zu finden. Die Tagungsbände zweier Symposien aus der jüngeren Vergangenheit spiegeln den derzeitigen Stand der lebhaften Diskussion auf knappem Raum wider.[7] Zahlreiche Dissertationen und Habilitationen – etwa von *Lagodny*, *Hefendehl*, *Wohlers* oder *Hörnle* – runden das Bild einer nach den Grenzen der staatlichen Strafgewalt suchenden Strafrechtswissenschaft ab.

Auffällig ist jedoch, dass der Terminus „materieller Verbrechensbegriff" kaum noch verwendet wird.[8] Das mag zum einen daran liegen, dass er älteren Ursprungs ist. Seine Wurzeln werden in der Epoche des aufgeklärten Absolutismus′ verortet[9] und die historisch wichtigste Phase wird der Zeit zwischen französischer Revolution und dem Ende der Restaurationsepoche zugeschrieben.[10] Bedeutender dürfte jedoch der Umstand sein, dass mit dem materiellen Verbrechensbegriff traditionell nach einer abschließenden abstrakt-generellen Grenze für die staatliche Strafgewalt gesucht wird. Die neueren Begrenzungskonzepte ringen demgegenüber hinsichtlich mehrerer Aspekte um Antworten auf die Frage nach der legitim ausgeübten staatlichen Strafgewalt (z. B. Rechtsgut, Sozialschädlichkeit, ultima ratio).

Die Suche nach *einer* abstrakt-generellen Grenze für den Strafgesetzgeber, gleichsam der „großen Lösung", mag für manchen der Komplexität einer modernen Gesellschaft nicht gerecht werden. Ob dieser Einwand trägt, ist die entscheidende Frage, die im Zuge der Untersuchung um die mögliche Renaissance des materiellen Verbrechensbegriffes beantwortet werden soll.

---

[7] Vgl. *Roland Hefendehl, Andrew von Hirsch, Wolfgang Wohlers* (Hrsg.): Die Rechtsgutstheorie. Legitimationsbasis des Strafrechts oder dogmatisches Glasperlenspiel?, Baden-Baden 2003, sowie *Andrew von Hirsch, Kurt Seelmann, Wolfgang Wohler* (Hrsg.): Mediating Principles. Begrenzungsprinzipien bei der Strafbegründung, Baden-Baden 2006.

[8] In den Tagungsbänden „Die Rechtsgutstheorie" und „Mediating Principles" (s. o. Fn 7) wird der materielle Verbrechensbegriff von keinem der Autoren in das Zentrum der Überlegungen gesetzt. Immerhin widmet *Roxin* dem materiellen Verbrechensbegriff in seinem Lehrbuch zum Allgemeinen Teil des Strafrechts ein ganzes Kapitel (§ 2); allerdings wird unter der Überschrift eher eine umfassende Darstellung aller kriminalpolitischen Limitierungsbemühungen gegeben.

[9] Hierzu auch *Stächelin*, S. 36 mit weit. Nachw.

[10] *Maier-Weigt*, S. 2.

II. Begriffsvielfalt

Zum Gedanken des „materiellen Verbrechens“ hat sich eine gewisse terminologische Vielfalt entwickelt, vielleicht deshalb ist der Terminus „Verbrechensbegriff“ selbst auch schon als schillernd bezeichnet worden.[11] Es wird auch vom „materialen Verbrechensbegriff“,[12] dem „eigentlichen Unrecht“,[13] den „sachlichen, dem Gesetz vorgegebenen Kriterien“ eines Verbrechens,[14] dem „Wesen des Verbrechens“[15] bzw. dem „Wesen der Straftat“[16] gesprochen. Weitere Umschreibungen sind: die „besondere Natur des Verbrechens“[17], das „allen Verbrechen Gemeinsame“[18], der „sachliche Gehalt der Straftat“[19], die „seelische und gesellschaftliche Herkunft“ des Verbrechens[20] oder das „Verbrechen im rechtsphilosophischen Sinne“.[21] Schließlich wird der materielle Verbrechensbegriff umschrieben als „kriminalpolitischer Maßstab“ für den Gesetzgeber bei der Frage, „was er bestrafen darf und was er straflos lassen soll“[22] bzw. „welche Verhaltensweisen der Gesetzgeber mit Strafe bedrohen darf“[23] oder auch „was in unserer derzeitigen Rechts- und Sozialordnung bei Strafe verboten werden darf“[24]. Noch andere Umschreibungen für den materiellen Verbrechensbegriff sind: die „für eine bestimmte Rechts- und Sozialordnung gültige Auffassung vom Verbrechen“[25], die „Grenze zwischen dem verfassungsrechtlich unbedenkli-

---

[11] Ob diese Einschätzung von *Matussek* (Kriminalistik 1977, S. 335) zutrifft, mag dahinstehen.

[12] Vgl. die Dissertation von *Maier-Weigt*; *Schönke/Schröder* (*Eser*), § 12 Rn 18.

[13] *Hegel*, Rph, § 90, Zusatz: „Das eigentliche Unrecht ist das Verbrechen.“ *Hegel* verwendet zwar nicht den Terminus „materieller Verbrechensbegriff“, meint aber dasselbe, wenn er im Folgenden das „eigentliche Unrecht“ bestimmt.

[14] *Lackner/Kühl*, Vor § 13 Rn 2.

[15] *Schönke/Schröder (Lenckner)*, Vorbem. §§ 13 ff. Rn 8; *Mittermaier* ZStW 44 (1924), S. 2 (4); *Zipf*, Kriminalpolitik, S. 106: „Im materiellen Verbrechensbegriff schlägt sich die Auffassung über das Wesen des Verbrechens nieder.“; auch *Gallas* (Gründe und Grenzen, S. 1) verwendet den Terminus „Wesen des Verbrechens“.

[16] *Frisch*, Straftat, S. 135; *Naucke*, Grundlinien, S. 7.

[17] *H. Mayer*, AT, S. 51.

[18] *Langer*, S. 77.

[19] *Otto*, AT § 1 Rn 21, S 5.

[20] *Mittermaier* ZStW 44 (1924), S. 2 (4).

[21] *Feuerbach/Mittermaier*, § 21, Note des Herausgebers (*Mittermaier*).

[22] *Roxin*, AT/1, § 2 Rn 1.

[23] *Jescheck/Weigend*, § 7 I. 1. (S. 50.).

[24] *Maurach/Zipf*, § 13 Rn 6.

[25] *Zipf*, Kriminalpolitik, S. 106.

chen und dem verfassungswidrigen Pönalisieren“[26], die „verfassungsrechtliche Grenze des strafrechtlichen Unrechts“,[27] die „Leitlinie für das legislative Ermessen“[28], das „Gewissen der positiven Strafrechtsordnung“[29] oder schlicht „der gesamte Spielraum menschlichen Fehlverhaltens“[30].

III. Begriffliche Abgrenzung

Die folgende Untersuchung stellt den Terminus „materieller Verbrechensbegriff“ in den Mittelpunkt, denn dies ist die wohl älteste Kennzeichnung für das Problem und bildet auch sprachlich in geeignet erscheinender Weise die vorstrafrechtliche Ebene ab. Der Untersuchungsbereich liegt also an der materiellen Schwelle zwischen dem strafbaren und dem straflosen Verhalten innerhalb eines Rechtssystems.

Dem materiellen Verbrechensbegriff steht der formelle Verbrechensbegriff gegenüber; letzterer kann in zweierlei Weise aufgefasst werden. Zum einen werden damit die Straftaten bezeichnet, für die als Mindeststrafe eine Freiheitsstrafe von einem Jahr vorgesehen ist (§ 12 StGB); dies soll der formelle Verbrechensbegriff *im engeren Sinne* sein. Weiterhin kann das formelle Verbrechen sprachlich den Unrechtsbereich umfassen, der positiv-rechtlich überhaupt unter Strafe gestellt ist (also alle Vergehen und Verbrechen); dies ist das formelle Verbrechen *im weiteren Sinne.* In der vorliegenden Untersuchung wird der materielle Verbrechensbegriff gegenüber dem formellen Verbrechensbegriff *im weiteren Sinn* abgegrenzt. Die inhaltliche Untersuchung der Unterscheidung nach Vergehen und Verbrechen steht hier nicht im Fokus, denn diese Frage folgt der Entscheidung, welches Verhalten überhaupt legitimerweise mit Strafe bedroht werden darf.

---

[26] *Gallwas* MDR 1969, S. 892 (893). *Gallwas* nennt diese Umschreibung zwar nicht „materieller Verbrechensbegriff“ (von dem er seine Ausführungen sogar abgrenzt), sondern „Kriterien“; er stellt in diesem Zusammenhang aber fest, dass der materielle Verbrechensbegriff dem Strafrechtsgesetzgeber die Richtung weist (a. a. O., S. 895).

[27] *Sax*, Grundsätze, S. 929.

[28] *Zipf*, Kriminalpolitik, S. 106.

[29] *Zipf*, Kriminalpolitik, S. 106.

[30] *Matussek*, Kriminalistik 1977, S. 335 (338).

IV. Gang und methodischer Ansatz der Untersuchung

Teil 1

Im ersten Teil der Arbeit erfolgt eine kritische Bestandsaufnahme der materiellen Begrenzungskonzepte im Strafrecht.

Zunächst werden die absoluten Theorien untersucht (I.); diese lassen sich in die schon ältere formal-absolute Theorie vom Ungehorsam einerseits (I. A.) und in verschiedene Spielarten der materiell-absoluten naturrechtlichen Ansätze (I. B.) andererseits unterteilen.

Daran schließt sich die Darstellung der heute mehrheitlich vertretenen relativen Theorien an (II.). Nach einer Einführung zum Prinzip der Sozialschädlichkeit als zentralem Begriff (II. A.), erfolgt im nächsten Schritt eine kritische Analyse der Rechtsgüterschutzlehre, mit welcher der allgemeine Sozialschädlichkeitsgedanke weiter typisiert wird; hierbei wird der Schwerpunkt auf die dem Rechtsgut zugeschriebene strafrechtslimitierende Funktion gelegt (II. B.). Dabei wird der Blick auch auf modifizierende Ansätze erweitert (II. C.).

Weitere Theorien zur Typisierung des Sozialschädlichkeitsgedankens werden untersucht (III.) – von „Strafwürdigkeit“ (III. A.) über die „Nicht-Straftat-an-sich“ (III. B.), „Kulturnormen“ (III. C.), „Gesellschaftsanschauung (III. D.), „Aktwerte“ (III. E.), „Lebenswerte“ (III. F.), „Gerechtigkeitssinn“ und „Fairness“ (III. G., H.), „Risiko“ (III. I.) und der „Soziologischen Theorie“ (III. J.) bis hin zur „Zwei-Legitimationen“-, „Drei-Staatswerte“- und „Zwei-Strafrechte“-Theorie (III. K., L., M.).

Im Anschluss daran wird erörtert, ob die neueren Ansätze aus dem anglo-amerikanischen Rechtskreis zum „Harm Principle“ bzw. den „Mediating Principles“ für die hiesige Diskussion fruchtbar gemacht werden können (IV. A. und B.). In diesem Zusammenhang wird auch der neuere Deliktstypendiskurs thematisiert (IV. D.).

Es folgt eine Untersuchung neuerer hegelianisch inspirierter Begrenzungskonzepte (V.), wobei zunächst *Hegels* eigener Standpunkt dargestellt wird (V. A.). Zusammen mit den neuhegelianischen Modellen „Suspendierung konstitutiver Grundannahmen“ (V. B.), „Formaler Sollenswiderspruch“ (V. C.), „Basisvertrauensverletzung“ (V. D.) sowie „Verletzung der rechtlichen Selbständigkeit“ (V. E.) wird damit der Bogen über eine knapp 200jährige Traditionslinie geschlagen.

Im vorletzten Schritt der kritischen Bestandsaufnahme werden die verfassungsrechtlichen Implikationen des materiellen Verbrechensbegriffes beleuchtet (VI.). Nach einer kurzen Darstellung von Art. 26 Abs. 1 Satz 2 GG als Ausnahmevorschrift (VI. A.) werden zunächst die Grundlagen der Rechtsprechung des Bundesverfassungsgerichts zu den materiellen Grenzen des Strafrechts vorgestellt (VI. B.); hierbei werden sechs Urteile einer eingehenderen Betrachtung unterzogen (VI. B. 4.). Es folgt die kritische Analyse der verfassungsrechtlich orientierten Ansätze in der Literatur (VI. C.), bevor sich die Untersuchung der Bedeutung des Verhältnismäßigkeitsprinzips als möglicher materieller Grenze für die staatliche Strafgewalt zuwendet (VI. D. und E.).

Der erste Teil der Analyse schließt mit zwei knappen historischen Exkursen zum materiellen Verbrechensbegriff (VII.) im Nationalsozialismus (VII. A.) und in der DDR (VII. B.) ab.

Zuletzt wird das Ergebnis der kritischen Bestandsaufnahme vorgestellt; gemessen an der langen Dauer der Diskussion um materielle Begrenzungskonzepte im Strafrecht fällt das Fazit ernüchternd aus (VIII.).

Die methodische Darstellung der bisherigen Ansätze im ersten Teil der Arbeit orientiert sich – bis auf die Exkurse zum materiellen Verbrechensbegriff im Nationalsozialismus und in der DDR – an den Inhalten und nicht an der historischen Entwicklung. Der historischen Perspektive sollte hier kein gesonderter Raum gegeben werden, weil *Maier-Weigt*[31] für Deutschland und *Moos*[32] für Österreich auf diesem Feld bereits weitgehend erschöpfend gewirkt haben. Wichtig ist lediglich herauszustellen, dass der materielle Verbrechensbegriff in vorkonstitutioneller Zeit als Limitierungsbegriff eingeführt wurde, um der Machtfülle des absolutistischen Herrschers Einhalt gebieten zu können. Dies mag zusammengefasst aus geschichtlicher Sicht genügen.

Da es auch nicht um die ethymologische Entwicklung des materiellen Verbrechensbegriffs geht, ist der Blick auf alle materiellen Begrenzungskonzepte erweitert, die als mögliche Bestandteile eines später neu zu formulierenden materiellen Verbrechensbegriffs in Betracht kommen können.

---

[31] *Bernhard Maier-Weigt*, Der materiale Rechts- und Verbrechensbegriff von der französischen Aufklärung bis zur Restauration.

[32] *Reinhard Moos*, Der Verbrechensbegriff in Österreich im 18. und 19. Jahrhundert.

Der skizzierte inhaltliche Umfang des ersten Teils ist damit erheblich, denn es wird im Wesentlichen der Versuch unternommen, die Entwicklung des materiellen Verbrechensbegriffs seit den Anfängen des modernen Strafrechts geordnet zu präsentieren. Setzt man – wenn auch vereinfachend – *Beccaria* an den Anfang der Moderne im Strafrecht, so liegen etwa 250 Jahre Diskussion schon hinter uns. Eine absolut lückenlose Darstellung der bisherigen Theorien kann vor diesem Hintergrund nicht gelingen. Bei dem Versuch einer Annäherung an die Kernfrage des Strafrechts auf begrenztem Raum war also von vornherein klar, dass Kompromisse in Kauf genommen werden mussten. Auch die Verarbeitung der Literatur kann Ansprüche, die an eine Bibliographie gerichtet würden, schlechterdings nicht erfüllen. In der Darstellung einzelner Ansätze mögen zudem Vereinfachungen vorkommen; die Interpretationen von *Kant, Hegel* und *Fichte* (I. A.) werden den anspruchsvollen Anforderungen der jeweiligen spezialisierten Forschungszweige möglicherweise nicht genügen können. Es bleibt an dieser Stelle nur die Hoffnung, dass für den kritischen Leser im Zuge der Ordnung der Stofffülle ein gangbarer Mittelweg in der Darstellung gefunden wurde.

Teil 2

Im zweiten Teil der Arbeit wird die eigene Auffassung zum materiellen Verbrechensbegriff entwickelt. Dafür werden im ersten Schritt Vorüberlegungen angestellt, die als Prämissen für das Verständnis des zu entwickelnden Ansatzes notwendig sind (I.). Dies beginnt mit der Erörterung, warum die Frage nach dem materiellen Verbrechensbegriff auch in der Demokratie geboten ist (I. A.). Es folgt die Darlegung der möglichen Funktion des materiellen Verbrechensbegriffs als rechtsstaatliches Korrektiv zur Praxis der Strafgesetzgebung (I. B.). Daran schließt sich das Bekenntnis an, dass Recht und Moral stets getrennt werden müssen (I. C.). Es folgen zwei Aspekte, auf denen der Lösungsansatz maßgeblich basiert: zum einen die Abkehr vom intuitiv-offenen Sozialschädlichkeitsverständnis (I. D.), zum anderen die Dekonstruktion des rechtsgutsbasierten Präventionsgedankens (I. E.). Die Vorüberlegungen schließen mit Erörterungen zum Umgang mit dem Kumulationsgedanken bei Kriminalisierungsprozessen (I. F.).

Auf dieser Basis erfolgt die konkrete Herleitung des materiellen Verbrechensbegriffes (II.). Ausgehend von der Überlegung, dass der Ultima-Ratio-Gedanke und der materielle Verbrechensbegriff ineinander greifen (II. A.), wird das Konzept eines idealtypisch-geschlossenen Sozialschädlichkeitsverständnisses am Maßstab der Kernwertentscheidung des Grundgesetzes vorgestellt (II. B.). Im Weiteren wird die Kernwertfunktion von Art. 79 Abs. 3 GG in Verbindung mit Art. 1 GG und Art. 20 GG nachgezeichnet; im Ergebnis steht die rechtliche Autonomie des Individuums im Zentrum der Rechtsordnung – dies ist der äußere (rechtliche) Bestandteil der Menschenwürde (II. C.). Im Folgenden wird der Grundsatz der rechtlichen Autonomie mit den Zielen der Staatstätigkeit, der Funktion des Strafrechts und der Aufgabe des Ultima-Ratio-Prinzips ins Verhältnis gesetzt (II. D., E., F.). Schließlich wird die rechtliche Autonomie des Individuums im Zusammenhang mit dem materiellen Verbrechensbegriff auf eine dreistufige Täter-Opfer-Nähestruktur bezogen – den Vertragsbereich, den Nichtvertragsbereich mit Individualisierungsmöglichkeit und den Nichtvertragsbereich ohne Individualisierungsmöglichkeit (II. G. und H.); hierbei wird aus Darstellungsgründen mit Beispielen gearbeitet. Die Ausführungen münden schließlich in einen Vorschlag zur Neuformulierung von Art. 103 Abs. 3 GG (II. I.).

Die Vorstellung der eigenen Auffassung schließt mit einem Blick auf die Konsequenzen dieses Ansatzes (III.) und damit zunächst einmal mit allgemeinen Überlegungen zum materiellen Mehrwert eines in die Verfassung aufgenommenen materiellen Verbrechensbegriffes (III. A.). Daran anknüpfend erfolgt ein Wirkungsvergleich zwischen dem hier erarbeiteten materiellen Verbrechensbegriff und *Roxins* neun Punkte umfassender Aufzählung von gängigen Limitierungshypothesen aus seinem aktuellen Lehrbuch zum Strafrecht AT/1; im Ergebnis setzt sich der hier entwickelte Ansatz durch (III. B.). Weiterhin werden die Auswirkungen auf „Vorsatz und Fahrlässigkeit“, „Versuch “ sowie die Aspekte „Unterlassung“ und „Gefährdung“ dargestellt (III. C. 1. bis 4.). Danach werden die Auswirkungen der eigenen Auffassung auf Handlungen nachgezeichnet, die nach heutiger Lesart „gegen die Allgemeinheit“ gerichtet sind (III. C. 5.). Schließlich werden die Konsequenzen für die neue Rolle des Ordnungswidrigkeitenrechts sowie den Umgang mit sog. „Bagatellen“ erörtert und die Frage nach einer etwaigen Pönalisierungspflicht beantwortet (III. C. 6. und 7.). Die Passage schließt mit einem Blick auf die Relevanz der Diskussion für die Ebene des transnationalen Strafrechts (III. C. 8.).

In den Abschlussbetrachtungen werden zunächst die Ergebnisse der vorliegenden Arbeit thesenartig zusammengefasst (I.); schließlich wird im Rahmen des zusammenfassenden Punktes „Schlussbewertung und Ausblick“ ein Fazit der Untersuchung gezogen (II.).

Teil 1: Kritische Bestandsaufnahme materieller Begrenzungskonzepte im Strafrecht

I. Absolute Theorien

A. Formell-absolute Theorie: der Ungehorsam

Einer älteren Ansicht zufolge ist der Ungehorsam gegen eine vorgegebene Norm der zentrale Punkt des materiellen Verbrechens; als Vertreter sind u. a. *Kant*, *Fichte*, *Feuerbach* sowie *Binding* zu nennen.

1. *Kant*

Kant vertritt noch kein geschlossenes System eines materiellen Verbrechensbegriffs als Grenze für den Gesetzgeber – zumindest nicht im Rahmen einer einheitlichen Darstellung, etwa in der Rechtslehre der Metaphysik der Sitten (MdS).[33] Dementsprechend finden sich Ansatzpunkte seiner Auffassung hierzu verstreut in seinem Gesamtwerk und zum Teil in seinem Nachlass – ein Umstand, der die Interpretation erschwert.[34]

Ein vorpositiver Verbrechensbegriff scheint *Kant* fremd zu sein: „Maleficia im statu naturali sind nicht Verbrechen."[35] Sein Ausgangspunkt ist die Unterscheidung von Rechtslehre und Tugendlehre in der „Metaphysik der Sitten" und damit die Trennung von Recht und Moral. Unter Recht versteht *Kant* den „Inbegriff der Bedingungen, unter denen die Willkür des einen mit der Willkür des anderen nach einem allgemeinen Gesetz der Freiheit zusammen vereinigt werden kann";[36] damit sei nur das äußere, praktische Verhältnis der „frei betrachteten" Willkür einer Person gegen die freie Willkür einer anderen betroffen, nicht das Verhältnis von Willkür des einen auf den Wunsch („das bloße Bedürfnis")

---

[33] Grundlegend zur Strafphilosophie *Kants*: *Schild*, Festschrift für *E. A. Wolff*, S. 429 ff. (einschließlich der Analyse klassischer Missverständnisse); *Kühl*, Festschrift für *Spendel*, S. 75 ff.

[34] Mitunter muss hierbei auch auf Vorlesungsmitschriften seiner Schüler beziehungsweise seinen Nachlass Rückgriff genommen werden.

[35] *Kant*, Naturrecht *Feyerabend* (Akademie-Ausgabe, Band XXVII), S. 1390.

[36] *Kant*, MdS, Einleitung in die Rechtslehre, § B (Akademie-Ausgabe, Band VI), S. 230.

des anderen.[37] In Anwendung dieses Rechtsbegriffs ordnet *Kant* beispielsweise die „Selbstbetäubung durch Unmäßigkeit im Gebrauch der Genieß- oder Nahrungsmittel“[38] oder den Grundsatz, „anderen Menschen in Nöthen zu ihrer Glückseligkeit, ohne etwas dafür zu hoffen, (...) beförderlich zu sein“[39] dem Bereich der Tugend (Moral) zu; demgegenüber gilt ihm aber der Suizid („Selbstentleibung“) als „Verbrechen“, weil damit „die Sittlichkeit selbst ihrer Existenz nach“ aus der Welt „vertilgt“ würde, wodurch wiederum „die Menschheit abgewürdigt“ werde.[40]

Das Verbrechen im materiellen Sinn ordnet *Kant* der Rechtslehre zu; erst durch das positive Recht könne ein bestimmtes Handeln zum Verbrechen werden – dann aber auch theoretisch jedes Handeln gegen alle gesetzlichen Bestimmungen. *Kant* knüpft grundsätzlich diese weite Konsequenz an den Begriff des „öffentlichen Gesetzes“, worunter rein formal jede Norm zu verstehen sei, die allgemein bekannt gemacht

---

[37] *Kant*, MdS, Einleitung in die Rechtslehre, § B (Akademie-Ausgabe, Band VI), S. 230.

[38] *Kant*, MdS, Ethische Elementarlehre, 1. Teil, § 8 (Akademie-Ausgabe, Band VI), S. 427 f.; allerdings weist Kant auf die Möglichkeit des Verbots im Zusammenhang mit dem Arzneimittelrecht hin (*Kant*, ebenda: „Der Gebrauch des Opium und Branntweins sind als Genießmittel der Niederträchtigkeit näher, weil sie bei dem geträumten Wohlbefinden stumm, zurückhaltend und unmittheilsam machen, daher auch nur als Arzneimittel erlaubt sind.“).

[39] *Kant*, MdS, Ethische Elementarlehre, 2. Teil, § 30 (Akademie-Ausgabe, Band VI), S. 435; hierzu *Joerden* ARSP 1988, S. 307 (320 f.); *Kühl*, Festschrift für *Spendel*, S. 75 (92).

[40] *Kant*, MdS, Ethische Elementarlehre, 1. Teil, § 6 (Akademie-Ausgabe, Band VI), S. 422 f.: „Die Selbstentleibung ist ein Verbrechen (Mord). (...) Daß der Mensch sich selbst beleidigen könne, scheint ungereimt zu sein (volenti non fit iniuria). Daher sah es der Stoiker für einen Vorzug seiner (des Weisen) Persönlichkeit an, beliebig aus dem Leben (als aus einem Zimmer, das raucht), ungedrängt durch gegenwärtige oder besorgliche Übel, mit ruhiger Seele hinaus zu gehen: weil er in demselben zu nichts mehr nutzen könne. (...) Der Persönlichkeit kann der Mensch sich nicht entäußern, so lange von Pflichten die Rede ist, folglich so lange er lebt, und es ist ein Widerspruch die Befugniß zu haben, sich aller Verbindlichkeit zu entziehen, d. i. frei so zu handeln, als ob es zu dieser Handlung gar keiner Befugnis bedürfte. Das Subjekt der Sittlichkeit in seiner eigenen Person vernichten, ist eben so viel, als die Sittlichkeit selbst ihrer Existenz nach, so viel an ihm ist, aus der Welt vertilgen, welche doch Zweck an sich selbst ist; mithin über sich als bloßes Mittel zu dem beliebigen Zweck zu disponiren, heißt die Menschheit in seiner Person (homo noumenon) abwürdigen, der doch der Mensch (homo phaenomenon) zur Erhaltung anvertraut war.“

worden ist:[41] „Das Recht zu strafen gründet sich nicht auf ein pactum, sondern unmittelbar aufs Gesetz. Denn alle Gesetze sind Strafgesetze."[42] Allerdings schränkt *Kant* das Verbrechen im materiellen Sinn auf vorsätzliches Handeln ein; Strafe „erleide" jemand, der eine „strafbare Handlung gewollt" habe:[43] „Nur wo eine vorsetzliche Uebertretung des Gesetzes ist, findet eine Strafe statt. Laesio dolosa ist das Uebel, welches gestraft wird."[44]

Kant unterscheidet zwar begrifflich das *crimen* vom *crimen publicum*, nicht aber in der Sache: „Diejenige Übertretung des öffentlichen Gesetzes, die den, welcher sie begeht, unfähig macht, Staatsbürger zu sein,[45] heißt V e r b r e c h e n schlechthin (*crimen*), aber auch ein öffentliches Verbrechen (*crimen publicum*)".[46]

Damit stellt nach *Kant* prinzipiell jede vorsätzliche Verletzung eines öffentlichen Gesetzes, und damit jeder Ungehorsam, ein materiell verbrecherisches Unrecht dar; eine andere Frage ist, ob der Souverän auch jeden Ungehorsam unter Strafe stellen *sollte*.

Diese Konsequenz würde mit Blick auf die „Klugheit der Politik" wahrscheinlich nicht mitgetragen,[47] denn trotz des absoluten Ansatzes, jeden Ungehorsam gegen ein öffentliches Gesetz zum materiell verbrecheri-

---

[41] *Kant*, MdS, Rechtslehre, 2. Teil, 1. Abschnitt, § 43 (Akademie-Ausgabe, Band VI), S. 311: „Der Inbegriff der Gesetze, die einer allgemeinen Bekanntmachung bedürfen, um einen rechtlichen Zustand hervorzubringen, ist das öffentliche Recht."

[42] *Kant*, Nachlass VI, Eintrag 8036 (Akademie-Ausgabe, Band IXI), S. 588.

[43] *Kant*, MdS, Rechtslehre, 2. Teil, 1. Abschnitt, § 49 E. I. (Akademie-Ausgabe, Band VI), S. 335.

[44] *Kant*, Naturrecht *Feyerabend* (Akademie-Ausgabe, Band XXVII), S. 1379.

[45] Anmerkung: *Kants* [MdS, Rechtslehre, 2. Teil, 1. Abschnitt, § 46 (Akademie-Ausgabe, Band VI, S. 314)] Verständnis vom Staatsbürger ist das einer privilegierten Person: Nur Staatsbürger sind legitimiert, am demokratischen Willensbildungsprozess teilzunehmen – an die Staatsbürgereigenschaft ist also die „Fähigkeit der Stimmgebung" geknüpft („Die Fähigkeit zur Stimmgebung macht die Qualifikation zum Staatsbürger aus."). Daraus ergibt sich, dass das „Verbrechen schlechthin" nach *Kant* – rein formell – eine Übertretung allgemein bekanntgemachter Gesetze ist, wobei als Rechtsfolge der Verlust der Stimmfähigkeit vorgesehen ist.

[46] *Kant*, MdS, Rechtslehre, 2. Teil, 1. Abschnitt, § 49 E. I. (Akademie-Ausgabe, Band VI), S. 331.

[47] *Kant*, Nachlass VI, Eintrag 8035 (Akademie-Ausgabe, Band XIX), S. 587 f. zum Maßstab der Zielbestimmung des Strafrechts, die im Ermessen des Souveräns liege.

schen Handeln erklären zu können, wird durchaus die dahinter liegende Bedeutung des Schadens als relativierendes Element hervorgehoben: „Criminell ist dasjenige, wodurch die öffentliche Sicherheit lädirt wird.“[48]

In Anwendung dieser Grundsätze umreißt *Kant* die möglichen Eckpunkte der Überlegungen, die der Souverän anstellen könne, um zu entscheiden, welcher Ungehorsam unter Strafe zu stellen sei. Werde ein „*delictum publicum*“ begangen, so dürfe dieses nicht ungestraft bleiben („nicht verziehen werden“), da „das Recht oder die Sicherheit des Volkes nicht weggegeben werden“ könne. Die Tat („die laesio“) gegen den Staat sei als „*delictum publicum*“ so geartet, dass dadurch „der ganze Staat“ betroffen („lädirt“) sei.[49] Demgegenüber sei es beim „*delictum privatum*“ vertretbar, wenn dieses ungesühnt bliebe („verziehen werde“), da dies in erster Linie eine Sache zwischen Täter und Opfer sei.[50]

Insgesamt verbleibt es nach *Kant* aber ausschließlich in der Befugnis des Souveräns zu entscheiden, ob der Ungehorsam gegen ein öffentliches Gesetz unter Strafe gestellt wird oder nicht; eine gewisse Beliebigkeit als Folge dieses weiten Beurteilungsspielraums nimmt *Kant* in Kauf: „Potestas legislatoria hat potestatem sanciendi legis poenales. Steht aber der Grund und die Beschaffenheit der Strafen in des summus imperantis Willkür? Gesetze sind auch willkührlich.“[51]

Die Klugheit der Politik dürfe aber auch hinsichtlich der Ausgestaltung der Strafe die gesellschaftlichen Anschauungen nicht außer Acht lassen.[52] Zwar vertritt *Kant* in seinem Insel-Gleichnis das Prinzip der Widervergeltung als Ausdruck einer „reinen und strengen Gerechtigkeit“ der Strafe (punitur quia peccatum est);[53] allerdings folge aus dem Be-

---

[48] *Kant*, Nachlass VI, Eintrag 7856 (Akademie-Ausgabe, Band XIX), S. 536.

[49] *Kant*, Nachlass VI, Eintrag 8033 (Akademie-Ausgabe, Band XIX), S. 587.

[50] *Kant*, Nachlass VI, Eintrag 8033 (Akademie-Ausgabe, Band XIX), S. 587: „Ein *delictum privatum* kann verziehen werden. Daher ist es demjenigen, der dadurch leidet, einerley, wie der laedens ihn befriedige und er kan es ignorieren, weil es eine Sache zwischen ihm und andern privatleuten ist...“

[51] *Kant*, Naturrecht *Feyerabend* (Akademie-Ausgabe, Band XXVII), S. 1390.

[52] *Kant*, Nachlass VI, Eintrag 8040 (Akademie-Ausgabe, Band XIX), S. 589: „Der *summus imperans* kann nicht eine Strafe vor die andere setzen sondern muß hiebey das Urtheil des Ganzen zu Rathe ziehen. Er muß strafen nach dem Maaße als die Unterthanen selbst Werth worin setzen.“

[53] *Kant*, MdS, Rechtslehre, 2. Teil, 1. Abschnitt, § 49 E. I. (Akademie-Ausgabe, Band VI), S. 333: „Selbst wenn sich die bürgerliche Gesellschaft mit aller Glieder Einstimmung auflöste (z. B. das eine Insel bewohnende Volk beschlösse,

griff der Strafwürdigkeit, dass bei der Konkretisierung der Strafe auch andere Gesichtspunkte als die Gerechtigkeit zur Anwendung gelangen können (etwa die „Gütigkeit“, auf die aber „der Strafwürdige nach seiner Aufführung nicht die mindeste Ursache sich Rechnung zu machen“ könne).[54] Auch der Gedanke der Prävention wird gesehen.[55] In *Kants* Nachlass findet sich eine Passage über die Aufgabe der Strafgerichtsbarkeit, worin die Gesellschaftsbezogenheit des Strafrechts hervorgehoben wird. Wenn auch nicht hinsichtlich der Frage, ob eine vorgesehene Strafe überhaupt verhängt werden soll (was *Kant* aus Gerechtigkeitsgründen eher bejahen würde[56]), so berücksichtigt er zur konkreten Strafausgestaltung einen relativierenden Ansatz (punitur ne peccetur): „Die iustitia punitiva hat zu Absicht: 1. Den Unterthan aus einem schlimmen in einen besseren Bürger umzuwandeln; 2. Durch warnende Beyspiele andere abzuhalten; 3. Unverbesserliche aus dem Gemeinen Wesen, es sey durch deportation, exilium oder Tod wegzuschaffen (ob durch Gefängnis). Aber alles dieses ist nur Klugheit der politick.“[57]

2. *Fichte*

Johann Gottlieb Fichte trennt in seiner „Grundlage des Naturrechts nach Principien der Wissenschaftslehre“ Ende des 18. Jahrhunderts wie *Kant* streng das Recht von der Moral; in den Corollaria am Ende von § 4 führt er aus, beide „Wissenschaften“ seien „schon ursprünglich und ohne unser Zutun durch die Vernunft geschieden, und sich völlig entgegengesetzt“.[58]

Zwei Säulen sind für den materiellen Verbrechensbegriff nach *Fichte* von hervorgehobener Bedeutung: zum einen sein Verständnis von

---

auseinander zu gehen und sich in alle Welt zu zerstreuen), müßte der letzte im Gefängniß befindliche Mörder vorher hingerichtet werden, damit jedermann das widerfahre, was seine Taten werth sind, und die Blutschuld nicht auf dem Volk hafte, da auf diese Bestrafung nicht gedrungen hat: weil es als Theilnehmer an dieser öffentlichen Verletzung der Gerechtigkeit betrachtet werden kann.“

[54] *Kant*, KpV, 1. Teil, 1. Buch, 1. Hauptstück, § 8, Anmerkung II (Akademie-Ausgabe, Band V), S. 37.

[55] *Byrd/Hruschka* JZ 2007, S. 957 (959) mit weiteren Nachweisen; kritisch *Schünemann*, Rechtsgüterschutzprinzip als Fluchtpunkt, S. 133 (139), der bei *Kant* „im Grunde überhaupt keine spezifische Einschränkung des Strafrechts zu erkennen“ vermag.

[56] Hierzu *Byrd/Hruschka* JZ 2007, S. 956 (960 ff.).

[57] *Kant*, Nachlass VI, Eintrag 8035 (Akademie-Ausgabe, Band XIX), S. 587 f.

[58] *Fichte*, S 54.

Recht, zum anderen die Annahme eines „Staatsbürgervertrages“ in § 17, der wiederum einen „Abbüßungsvertrag“ zur Folge habe (§ 20).

Der Rechtsbegriff wird als „Begriff eines Verhältnisses zwischen Vernunftswesen“ interpretiert, wobei dieses nur „durch Handlungen, Äußerungen ihrer Freiheit, in der Sinnenwelt“ im Sinne „reeller Wechselwirkungen“ möglich sei. Folglich schließt *Fichte* „Rechte auf die Natur, auf Grund und Boden, auf Tiere usf.“ und alles „im Innern des Gemütes“ als „nichtig“ für das Recht aus und verortet diese Erscheinungsformen der „Gewissens“tätigkeit in die Sphäre der „Moral“; zwischen Menschen, deren „Wirkungssphären“ gänzlich voneinander getrennt seien, seien ebenfalls keine Rechtsverhältnisse möglich, deshalb könne auch nicht von den Rechten „Längstverstorbener“ gesprochen werden.[59]

Der „Staatsbürgervertrag“ steht auch im Mittelpunkt seiner Überlegungen „Über die peinliche Gesetzgebung“ in § 20.[60] „Thesis“ bei der „peinlichen Gesetzgebung“ sei, dass derjenige, der diesen Bürgervertrag vorsätzlich („mit Willen“) oder fahrlässig („aus Unbedachtsamkeit“) verletze, „alle seine Rechte als Bürger und als Mensch“ verliere und „völlig rechtlos“ werde.[61] *Fichte* vertritt vom Grundsatz her, dass jedes Unrecht den Täter vom Staat ausschließt, die Person damit „vogelfrei“ werde.[62] Dies sei u. a. Konsequenz aus dem Staatsbürgervertrag, wonach alle Rechte eines Bürgers nur unter der Bedingung gewährt würden, dass „die Rechte aller übrigen Bürger vor im sicher“ seien.[63] Dies sei der entscheidende Rechtfertigungsgrund für das Existieren des Staates überhaupt.[64] Daraus leitet *Fichte* auch die Schlussfolgerung ab, dass alles Unrecht entweder mittelbar (bei Angriffen auf bzw.

---

[59] *Fichte*, S. 54 f. „Nur wenn mit mir zugleich ein anderer auf dieselbe Sache bezogen wird, entsteht die Frage vom Rechte auf die Sache, als eine abgekürzte Rede, statt der, wie sie eigentlich heißen sollte, vom Rechte auf den anderen, ihn vom Gebrauche dieser Sache auszuschließen.“

[60] *Fichte*, S. 253; *Fichtes* Rechtslehre aus dem Jahr 1812 wird demgegenüber hinsichtlich der Fragestellung des materiellen Verbrechensbegriffes als nicht weiterführend angesehen, vgl. *Hösle*, S. 1 (8).

[61] *Fichte*, S. 253.

[62] Nach *Zaczyk*, Strafrecht S. 90 f., „scheine“ es nur so, dass jede Rechtsverletzung bei *Fichte* „strafwürdiges Unrecht“ sei; *Zaczyk* zieht den Schluss, dass „*Fichte* nur die wirklich schwerwiegenden Verletzungen“ für das Strafrecht reservieren möchte. *Fichtes* Wortlaut der dialektischen Thesis-Antithesis-Struktur in § 20 des Naturrechts spricht indes dagegen.

[63] *Fichte*, S. 254.

[64] *Fichte*, S. 263: „Der einzige Zweck der bürgerlichen Bestrafung, der einzige Maßstab ihrer Größe, ist die Möglichkeit der öffentlichen Sicherheit.“

Schädigungen der Bürger) oder unmittelbar (bei Rebellion oder Hochverrat) gegen den Staat gerichtet ist.[65]

Damit gilt bei *Fichte* jeder Ungehorsam (im weiteren Sinne) gegen den Staatsbürgervertrag einschließlich Fahrlässigkeit als materiell verbrecherisches Unrecht. Allerdings muss sich der Ungehorsam in der Rechtssphäre („Verhältnis zwischen Vernunftwesen") abspielen, weshalb der Ungehorsamsgedanke nicht auf den Bereich der Moral ausgedehnt ist.

Eine innere Korrektur dieser Auffassung erfolgt als „Antithesis"[66] auf der Rechtsfolgenseite; tragende Gedanken sind danach, dass die „Strafe nicht absoluter Zweck" sei und zwischen Staat und den in ihm lebenden Individuen ein Vertrag mit dem Ziel der Sicherheitsgewährleistung für die Letztgenannten bestehe, was zur Folge habe, dass dem Staat viel „an der Erhaltung seiner Bürger gelegen" sei. *Fichte* geht daher von einem „Abbüßungsvertrag" „Aller mit Allen" aus, wonach zwischen den Bürgern vereinbart sei, dass „sie, inwiefern dies mit der öffentlichen Sicherheit vereinbar ist, um ihrer Vergehungen willen nicht vom Staat" ausgeschlossen würden, sondern es ihnen „verstattet" sei, die Strafe anderweitig abzubüßen.[67]

Selbst bei schwersten Straftaten (mit „formaliter bösem Willen"[68], wer „um des Schadens willen geschadet hat"[69]) gelte der Abbüßungsvertrag, denn dortselbst hätten sich alle Bürger auch gegenseitig versprochen, allen „Gelegenheit zu geben, sich des Lebens in der Gesellschaft wieder fähig zu machen"[70].

Fichte hält in diesem Zusammenhang die Todesstrafe für nicht vertretbar, weil es „nach dem Sittengesetz in jedem Fall schlechthin verboten" sei, „absichtlich zu töten", im Extremfall stehe dem Staat das Mittel der Deportation zur Verfügung;[71] töten dürfe der Staat aber auch deshalb

---

[65] *Fichte*, S. 263 f.
[66] *Fichte*, S. 254.
[67] *Fichte*, S. 255.
[68] *Fichte*, S. 265.
[69] *Fichte*, S. 267.
[70] *Fichte*, S. 266. Daher müssten auch die „Besserungsanstalten" „zweckmäßig eingerichtet sein" (a. a. O., S. 268).
[71] *Fichte*, S. 275.

nicht, weil dies die „Achtung vor sich selbst, vor seinen Bürgern und vor anderen Staaten gebiete“[72].

3. *Feuerbach*

1801 veröffentlicht *Feuerbach* sein „Lehrbuch des gemeinen in Deutschland geltenden peinlichen Rechts“,[73] welches nachhaltigen Einfluss auf Wissenschaft und Gesetzgebung des 19. Jahrhunderts,[74] insbesondere auf das Bayrische StGB von 1813, ausübt.[75] Es gilt als „eines der erfolgreichsten Lehrbücher des 19. Jahrhunderts“;[76] *Feuerbach* wird unter anderem die Einführung des Grundsatzes nulla poena sine lege in das moderne Strafrecht zugeschrieben.[77]

Sein materieller Verbrechensbegriff beruht auf dem Verständnis von der bürgerlichen Gesellschaft als einer „Vereinigung des Willens und der Kräfte Einzelner zur Guarantie der wechselseitigen Freiheit aller“; die „Unterwerfung unter einen gemeinschaftlichen Willen und durch eine Verfassung“ mache aus der bürgerlichen Gesellschaft einen Staat, dessen Zweck die „Errichtung des rechtlichen Zustandes“ sei.[78]

Daraus sei die Konsequenz zu ziehen, dass in der „Erhaltung der Rechte“ „überhaupt“ der „Zweck der Strafgesetze“ liege.[79] Folglich widersprächen „Rechtsverletzungen jeder Art“ dem „Staatszweck“; es sei vielmehr „schlechthin nothwendig, daß im Staate gar keine Rechtsverletzungen geschehen“.[80]

Feuerbach konzipiert im Weiteren ein Konzept materiell verbrecherischer Handlungen auf drei Ebenen.

---

[72] *Fichte*, S. 273; vgl. auch *Lazzari*, S. 173 (185).

[73] Den Ausführungen liegt die 4. Auflage von 1808 zugrunde. Zur Kritik an *Feuerbach* wird die 14. (von *Mittermaier* bearbeitete und herausgegebene) Auflage von 1847 herangezogen (*Feuerbach* begleitete sein Lehrbuch bis zur 11. Auflage).

[74] *Wesel*, Rn 288 (S. 472): „Das Strafrecht der deutschen bürgerlichen Gesellschaft beginnt mit *Anselm von Feuerbach*. Was *Savigny* für das Zivilrecht bedeutete, war *Feuerbach* im Strafrecht.“

[75] Informativ: *Naucke*, *Kant* und *Feuerbach*.

[76] *Wesel*, Rn 288 (S. 472).

[77] Vgl. *Feuerbach*, § 20; Wesel Rn 288 (S. 472 f.).

[78] *Feuerbach*, § 21.

[79] *Feuerbach*, § 23.

[80] *Feuerbach*, § 9.

Auf der ersten Ebene gilt jede Verletzung der durch den Bürgervertrag garantierten wechselseitigen Freiheit aller als materiell verbrecherisches Verhalten; von einem Verbrechen wird formal in den Fällen gesprochen, in denen eine Strafbewehrung vorliegt. Damit ist keine „dem Recht eines anderen widersprechende Handlung" in einem Staat grundsätzlich aus dem Bereich des Kriminalrechts ausgeschlossen.[81] Auch nach *Feuerbach* ist also jeder Ungehorsam gegen das Recht eines anderen materielles Verbrechen; er differenziert insofern lediglich zwischen den Begriffen „Beleidigung, Läsion" für Rechtsverletzungen außerhalb des Staates und „Verbrechen" für (strafbewehrte) Rechtsverletzungen innerhalb der Staatsordnung.[82] Ausgangspunkt ist daher auf der ersten Ebene zunächst einmal die Verletzung von Individualrechten.

Auf der zweiten Ebene vertritt *Feuerbach* aber auch Strafbewehrungen auf der überindividuellen Ebene, etwa die Gotteslästerung als „Injurie an der kirchlichen Gemeinschaft".[83] Hierfür wurde er schon frühzeitig mit Blick auf die fehlende Konsistenz seines konzeptionellen Ausgangspunktes (Verletzungen individueller Rechte) kritisiert.[84] Dies ist auch der neuralgische Punkt, an dem nach 1834 *Birnbaums* Lehre vom „Gut" *Feuerbachs* Rechtsverletzungsansatz verdrängte.[85]

Auf der dritten Ebene führt *Feuerbach* mit den „Polizeiübertretungen" eine neue Gattung in sein materielles Verbrechenssystem ein und gibt in dieser Folge der Legislative auch die Berechtigung, „an sich nicht rechtswidrige Handlungen" gegen die „Rechte des Staates" unter Strafe zu stellen: „Ist das Recht auf Gehorsam gegen ein bestimmtes Polizeygesetz mit Strafen bedroht, so entsteht der Begriff von Polizey-Übertretung."[86] In *Feuerbachs* Konzept werden durch die Polizeiübertretungen unter anderem die Sittlichkeitsdelikte erfasst.[87] Er nimmt zwar die semantische Unterscheidung zwischen Rechtsverletzung und bloßem Ungehorsam an; allerdings werden im Ergebnis „beyde Gattungen", also Verbrechen und „Polizey-Übertretungen", „nach gleichem

---

[81] *Feuerbach*, § 8.
[82] *Feuerbach*, § 8.
[83] *Feuerbach*, § 303.
[84] Vgl. *Feuerbach/Mittermaier*, § 161 Note I und II des Herausgebers (*Mittermaier*).
[85] S. u. Teil 1 II. B. 1.
[86] *Feuerbach*, § 22.
[87] *Feuerbach*, §§ 446 ff.

Prinzip" auf der Rechtsfolgenseite behandelt:[88] Auch auf „Polizey-Vergehen" folgt Kriminalstrafe.[89]

Diese im Lehrbuch umrissene Auffassung wird 1813 im Bayrischen Strafgesetzbuch in positives Recht umgesetzt, wobei nun ausdrücklich von „Rechten des Staates", „Rechten eines seiner Untertanen" und – gleichberechtigt daneben – von der „Ordnung und Sicherheit" die Rede ist:[90]

> *„**Art.** 2 [Arten der strafbaren Handlungen]:*
> *Strafbare Handlungen sind entweder Verbrechen, oder Vergehen, oder Polizeiübertretungen.*
>
> *Alle vorsätzlichen Rechtsverletzungen, welche wegen Beschaffenheit und Grösse der Uebelthat mit Todesstrafe, Kettenstrafe, Zuchthaus-, Arbeitshaus-, Festungsstrafe, mit Dienstentsetzung oder Unfähigkeitserklärung zu allen Würden, Staats- und Ehrenämtern bedroht sind, heissen Verbrechen.*
>
> *Unter Vergehen werden verstanden alle vorsätzlichen, alle unvorsätzlichen, wie auch alle diejenigen vorsätzlichen Rechtsverletzungen, welche wegen ihrer geringen Strafbarkeit mit Gefängnis, körperlicher Züchtigung, Geldstrafe und anderen geringeren Übeln geahndet werden.*
>
> *Handlungen und Unterlassungen, welche zwar an und für sich selbst Rechte des Staats oder eines seiner Unterthans nicht verletzen, jedoch wegen der Gefahr für rechtliche Ordnung und Sicherheit unter Strafe verboten oder geboten sind, desgleichen diejenigen geringeren Rechtsverletzungen, welche durch besondere Gesetze den Polizeibehörden zur Untersuchung und Bestrafung überwiesen werden, heissen Polizeiübertretungen."*

Begrifflich werden damit Verbrechen (mit Verletzungen der Rechte des Einzelnen und des Staates) sowie Polizeiübertretungen (ohne Rechtsverletzungen) zwar unterschieden. Materiell wird der Schritt aber nicht nachvollzogen, da „entsprechend der logischen Konzeption *Feuerbachs*

---

[88] *Feuerbach*, § 22, Anmerkung b).

[89] *Feuerbach*, § 465 und § 469: Feuerstrafe bei Sodomie; körperliche Züchtigung und mehrjährige Strafen bei Inzest.

[90] Abgedruckt in: *Buschmann*, Textbuch zur Strafrechtsgeschichte der Neuzeit, S. 447 f.; Gesetzestext: S. 448 ff.

jedes Polizeivergehen per Gesetz zu einem Verbrechen erklärt werden kann".[91]

Mittermaier, der *Feuerbachs* Lehrbuch fortführt, ergänzt erst später (nach *Feuerbachs* Begleitung des Werkes bis zur 11. Auflage), dass „nur gemeinschädliche Angriffe auf das Recht und seine Grundlagen Gegenstand des Strafrechts" sein könnten.[92]

4. *Binding*

Binding zufolge ist das Verbrechen „die zur Schuld zurechenbare, vor ihrer Begehung durch ein Strafgesetz mit bestimmter öffentlicher Strafe bedrohte normwidrige Tat".[93]

Zur Kennzeichnung des materiellen Gehalts der Straftat arbeitet *Binding* mit dem Begriff der Norm, auf die sich die Verletzung beziehe;[94] diese sei in imperativischer Form ausgestaltet, entweder „Du sollst..." oder „Du sollst nicht...".[95] Die Beantwortung der Frage, was man „soll" oder „nicht soll", bestimme sich in alleiniger Abhängigkeit von „Interessen".[96]

Eine Grenze wird dem Gesetzgeber bei der Schaffung von Straftatbeständen nach *Binding* nicht gezogen; es sei dem „Strafberechtigten" überlassen, wann er sein Recht ausübe und wann nicht.[97] Der zentrale Aspekt bei *Binding* liegt aber darin, dass die Normwidrigkeit der Handlung in der „Selbstverwirklichung des rechtswidrigen Willens" – dem Ungehorsam – liege.[98] Daher sei der Ungehorsam das entscheidende E-

---

[91] *Maier-Weigt*, S. 98.
[92] *Feuerbach/Mittermaier*, § 20 b.
[93] *Binding*, Handbuch, § 111, S. 503.
[94] *Binding*, Handbuch, § 30, S. 155.
[95] *Binding*, Handbuch, § 30, S. 160.
[96] *Binding*, Normen I, § 54, S. 411: „Rechtsgut ist alles, an dessen unveränderter und ungestörter Erhaltung das positive Recht nach seiner Ansicht ein Interesse hat, was es deshalb durch seine Normen vor unerwünschter Verletzung oder Gefährdung zu sichern bestrebt ist."
[97] *Binding*, Handbuch, § 109, S. 498: „Einzige Voraussetzung des Strafrechts ist die schuldhaft normwidrige Handlung. Jede solche gilt als straffähig, und es wird dem Strafberechtigten überlassen, wann er sein Strafrecht ausüben will und wann nicht."
[98] *Binding*, Handbuch, § 111, S. 503.

lement beim Unrecht.[99] Ausgehend von dem Grundsatz, dass der Einzelne stets zu gehorchen habe, sei sogar dem einer anachronistischen Strafnorm zugrunde liegenden Handlungsimperativ uneingeschränkt Folge zu leisten: „Wenn die Normwidrigkeit von gestern der von heute polar entgegengesetzt ist: darin gleichen sich beide, dass sie in formellem Widerspruch gegen die verschiedenen Gesetze und Verordnungen sich befinden. Daraus ergiebt sich: die gleiche Strafdrohung für die möglicherweise so verschiedenen Handlungen, also in ihren Tatbeständen, unmöglich also in der selbständigen Bedeutung der Normen, denen sie zuwiderlaufen, vielmehr lediglich und allein in dem Formalen der Norm, dass sie ein Satz ist, der Gehorsam fordert, und in dem Formalen ihrer Verletzungen, dass sie nemlich alle sich als Ungehorsam darstellen. In wieweit die Verletzungen die Gesellschaft schädigen, ihre Güter beeinträchtigen oder nicht, bleibt dabei völlig unberücksichtigt. Und dies gerade allein ermöglicht Strafgesetze, die unverändert bleiben, während die Normen wechseln, da der Ungehorsam in den verschiedenen Normverletzungen der gleiche bleiben kann."[100]

Berner geht vor diesem Hintergrund noch einen Schritt weiter und erweitert den Verbrechensbegriff auf Ungehorsam gegen Religion und Sitte.[101]

5. Würdigung

Der Ansatz, nach dem jedes Überschreiten einer vorgegebenen Norm wegen des darin enthaltenen Ungehorsams in materieller Hinsicht ein Verbrechen darstellt und somit jede Strafbewehrung legitim ist, ist mit der Funktion des materiellen Verbrechensbegriffs als abstrakt-genereller Grenze für die staatliche Strafgewalt nicht in Übereinstimmung zu bringen.[102]

---

[99] *Binding*, Normen I, § 54, S. 411: „Gerade der Ungehorsam macht die konstante Größe in allem Unrecht" aus."

[100] *Binding*, Normen I, § 26, S. 186.

[101] *Berner*, Lehrbuch, § 35, S. 69: „Verbrechen im weiteren Sinne, oder strafbare Handlungen, sind diejenigen Verletzungen, bei denen der Civilzwang zur Erhaltung der Rechtsordnung nicht ausreicht, und die der Staat deshalb mit Strafe bedroht hat. Dahin gehören nicht nur Verletzungen des Rechtes, sondern auch Verletzungen von Religion und Sitte, soweit der Staat der Religion und Sitte zur Erhaltung der Rechtsordnung bedarf."

[102] Auch das Bundesverfassungsgericht distanziert sich vom Gedanken des Ungehorsams als Grundlage von Kriminalisierungsprozessen, vgl. BVerfGE 80, 244

Bei genauer Betrachtung der beschriebenen Ansichten von *Kant, Fichte, Feuerbach* oder *Binding* würde indes aus Gründen der Vernunft oder des rechtspolitisch Sinnvollen wahrscheinlich keiner der Verfasser der Auffassung sein, dass es tunlich wäre, in dem Verstoß jeder Rechtsnorm ein Verbrechen zu sehen (*Kant*: „Klugheit der Politik", *Fichte*: „Abbüßungsvertrag", *Feuerbach*: „Polizey-Übertretung")

Dennoch wird dieser Erkenntnisschritt nicht in einem qualifizierten materiellen Verbrechensbegriff nachgezeichnet, denn die Frage nach der legitim zu begründenden maximalen Ausdehnung des Strafrechts wird vor dem Hintergrund des Ungehorsams allein in das Belieben des Herrschers gestellt.[103]

Bemerkenswerterweise fällt die Konsequenz der Ungehorsamslehre bei den jüngeren Vertretern *Binding* und *Berner* noch schärfer aus als bei *Kant, Feuerbach* oder *Fichte*; dieses Verständnis von Ungehorsam hat sich bei der weiteren Entwicklung der Diskussion um die Bestimmung des materiellen Verbrechensbegriffes erkennbar nicht durchgesetzt.

Die Ungehorsamslehre insgesamt ist, soweit ersichtlich, der einzige Ansatz geblieben, der dem Gesetzgeber rein formal vollkommene Freiheit bei der Strafnormsetzung zugesteht.

B. Materiell-absolute Theorien: naturrechtliche Ansätze

1. neminem laedere

Zum formell-absoluten Ansatz der Ungehorsamslehre bildet der „naturrechtliche Strafunrechtsbegriff des *neminem laedere*"[104] als „Fundamentalnorm jeder Ethik"[105] gleichsam das materiell-absolute Gegenstück.

Das in *Ciceros* Hauptwerk „De officiis" aus dem Jahr 44 v. Chr. bereits angedeutete allgemeine Schädigungsverbot[106] wird dem spätantiken rö-

---

(256). Ob dieses Argument praktikabel ist, ist eine andere Frage (s. u. Teil 1 VI. B. 5.).

[103] Vgl. auch *Jakobs*, AT, 1. Abschn. Rn 24 zum bei *Kant* verborgenen kriminalpolitischen Begründungsproblem: „Was wird legitim als Verbrechen definiert?"

[104] *Stächelin*, S. 105.

[105] *Stemmler*, S. 8; vgl. auch *Merkel*, DRiZ 2002, S. 184 (190 f.).

mischen Juristen *Ulpian* (170-228 n. Chr.) zugeschrieben;[107] er formuliert im ersten Buch seiner Bücher über Rechtsregeln (regulae) die drei Grundsätze des Rechts: ehrenhaft leben, keinen anderen verletzen, jedem das Seine zukommen lassen (lat: „Iuris praecepta sunt haec: honeste vivere, alterum non laedere, suum cuique tribuere").[108] Durch *Justinian* (527-565 n. Chr.) erfolgt die Einbindung in die oströmische Gesetzgebung, welche ab dem 11. Jahrhundert in Westeuropa eine Rezeption erfährt (Corpus Iuris Civilis) und bis zur Geltung des Bürgerlichen Gesetzbuches im Jahr 1900 in weiten Teilen Deutschlands als Bestandteil des Gemeinen Rechts Gesetzeskraft hat.[109] Über den Zeitablauf wird der Grundsatz „alterum non laedere" sprachlich verkürzt in „neminem laedere".[110]

Pufendorf bezeichnet im 17. Jahrhundert das Gebot, niemandem Schaden zuzufügen, als „wichtigste Pflicht" des Menschen;[111] er entwickelt unter Bezugnahme auf das Neminem-Laedere-Gebot eine zum Schadensersatz verpflichtende Deliktslehre.[112] Einen speziellen materiellen Verbrechensbegriff entwickelt *Pufendorf* nicht, sondern er knüpft wiederum allgemein an die Schädigung an;[113] zu den inhaltlichen Anknüp-

---

[106] Vgl. De officiis, I., (VII), 20; „...iustitiae primum munus est, ut ne cui quis noceat...", zitiert nach *Stemmler*, S. 8, Fn 46.

[107] Es wird allerdings vermutet, dass *Ulpian* nicht der Urheber des Textes ist, sondern nur sein berühmter Name verwandt wurde, vgl. *Stemmler*, S. 10; *Schiemann* JuS 1989, S. 345 (346).

[108] Dig., Liber Primus, I, 10; Quelle: Corpus Iuris Civilis, Digesta, Recognovit *Theodorus Mommsen*, 1954 (zitiert nach *Stemmler*, S. 9 Fn. 52).

[109] Vgl. *Stemmler*, S. 9 mit weit. Nachw.

[110] *Stemmler*, S. 10.

[111] *Pufendorf*, Erstes Buch, Kapitel 6 („Über die Pflicht aller gegen alle; erstens über das Verletzungsverbot"), § 2: „Unter den absoluten Pflichten oder den Pflichten eines jeden gegen jeden ist folgende Pflicht die wichtigste: Niemand soll dem anderen Schaden zufügen. Das ist die umfassendste aller Pflichten, die alle Menschen als solche trifft.

[112] *Pufendorf*, Erstes Buch, Kapitel 6, § 4: „Wer einen anderen in einer Art und Weise, die ihm zu Recht zugerechnet werden kann, verletzt oder geschädigt hat, der muss den entstandenen Schaden wiedergutmachen, soweit es möglich ist. Ohne dies wäre das Gebot, dass niemand verletzt und geschädigt werden darf, ganz sinnlos.", im weiteren (§§ 5 ff.) werden die Grundlagen des zivilrechtlichen Schadensersatzrechts skizziert; vgl. auch *Hattenhauer*, S. 114.

[113] *Pufendorf*, Erstes Buch, Kapitel 6, § 3: „...jedes Verbrechen verboten, das anderen Schaden bringen kann..."; vgl. auch Zweites Buch, Kapitel 13 („Vom Recht über Leben und Tod"), insb. § 10; „Schließlich wird mit der Bestrafung auch der Nutzen aller verfolgt. Denn man stellt darauf ab, dass derjenige, der jemanden verletzt hat, später nicht weiter schädige (...).

fungspunkten zählt er Leben, Körper, Gesundheit, Freiheit, Ehre, Sittlichkeit sowie Eigentums-, Besitz- und Gebrauchsrechte.[114] *Kant* integriert das Gebot in seine Tugendlehre (Metaphysik der Sitten).[115] Im Zentrum der Überlegungen zum Neminem-Laedere-Grundsatz steht die Fähigkeit des Menschen zu freiem, eigenverantwortlichem Handeln.[116]

2. Sittengesetz

Einer weiteren, älteren Auffassung zufolge steckt die „Sitte" bzw. das „Sittengesetz" einen verbindlichen Rahmen ab, der die Strafbewehrung einer (Verhaltens-)Norm legitimiert; hierbei wird die Abhängigkeit des Strafrechts vom Sittengesetz verstanden als eine über die Summe bloßer zeitabhängiger gesellschaftlicher Ansichten hinausreichende Verwurzelung in den „spezifisch sittlichen Grundwerten eines Volkes".[117] Als Konsequenz heben die Vertreter der Sittengesetz-Theorie die klassische Trennung von Recht und Moral bewusst auf. In einer frühen Entscheidung des BGH zum damaligen Kuppelei-Tatbestand findet sich dementsprechend die (singulär gebliebene) Aussage, dass, um dem „zerstörend" wirkenden „inhaltslosen Relativismus" entgegenzutreten, die „innere Verbindlichkeit des Rechts" gerade auf der Übereinstimmung mit dem „Sittengebot" beruhen müsse.[118] Entscheidend für die Legitimierung der Strafbewehrung sei daher nicht die „strafrechtliche", sondern die „sittliche" Missbilligung;[119] für den konkreten Fall der

---

[114] *Pufendorf*, Erstes Buch, Kapitel 6, § 3.

[115] Hierzu *Stemmler*, S. 11 mit weit. Nachw.

[116] Vgl. *Stemmler*, S. 10 f.

[117] *Welzel*, Strafrecht AT, S. 1; ähnlich *Hamann* NJW 1962, S. 1845 (1846); kritisch aber schon 1944 etwa *Bockelmann*, S. 241.

[118] *BGHSt* 6, 46 (51/52): „Diese Ansicht *(Anm.: Trennung Recht und Ethik)* kann nicht richtig sein; sie überantwortet die überaus schwerwiegende und folgenreiche Frage, welche sittlichen Normen die Beziehungen der Geschlechter, insbesondere die der Verlobten, beherrschen, einem inhaltlosen Relativismus, der zerstörend wirkt, weil ihm nichts anderes als die soziale Wirklichkeit ohne jede Bewertung zur Richtschnur dient. Sie läuft darauf hinaus, dass sich das Tun des Menschen nicht nach der Norm zu richten habe, sondern das Tun den Inhalt der Norm bestimme. Im Ergebnis bedeutet das die Verneinung der Norm, zum wenigsten die Verneinung ihrer Erheblichkeit für das Recht. Die Behauptung, einer richterlichen Entscheidung dürften »grundsätzlich« keine ethischen Wertungen zugrunde gelegt werden, ist beklagenswert falsch; die innere Verbindlichkeit des Rechts beruht gerade auf seiner Übereinstimmung mit dem Sittengebot."

[119] *BGHSt* 6, 46 (48): „Das vom Kuppler geförderte Verhalten Dritter, das gegen ein grundlegendes Gebot geschlechtlicher Zucht verstößt, braucht nur sittlich,

Kuppelei schlussfolgert der BGH in dieser frühen Entscheidung, dass der Geschlechtsverkehr ausschließlich der Einehe vorbehalten sei, denn das Sittengesetz habe dem Menschen die Einehe und die Familie als verbindliche Lebensform gesetzt.[120]

Auch das Bundesverfassungsgericht hat das Sittengesetz in seiner frühen Rechtsprechung in prononcierter Weise zur Rechtfertigung des Strafrechts herangezogen.[121] Bei der Überprüfung der Verfassungsmäßigkeit der Strafvorschriften gegen die männliche Homosexualität wird noch 1957 hervorgehoben, dass die „gleichgeschlechtliche Betätigung eindeutig gegen das Sittengesetz" verstößt;[122] Maßstab hierfür seien die „sittlichen Anschauungen des Volkes".[123]

3. „Vorgegebene Ordnung"

Mag die Diktion des BGH zum „Sittengesetz" möglicherweise Ausdruck eines anachronistischen Sprachverständnisses sein, so erläutert doch auch *Rutkowski* in seiner aktuellen „Einführung in das Nebenstrafrecht" den Unterschied der Straftatbestände des Strafgesetzbuches zu denen des Nebenstrafrechts auf vergleichbare Weise. Er begründet den Unterschied damit, dass die „Tatbestände des Strafgesetzbuches ganz

---

nicht etwa strafrechtlich mißbilligt zu sein, um unter Umständen die Strafbarkeit des Vorschubleistens zu begründen."

[120] *BGHSt* 6, 46 (53/54): „Die sittliche Ordnung will, dass sich der Verkehr der Geschlechter grundsätzlich in der Einehe vollziehe, weil der Sinn und die Folge des Verkehrs das Kind ist. Um seinetwillen und um der personhaften Würde und der Verantwortung der Geschlechtspartner willen ist dem Menschen die Einehe als Lebensform gesetzt. Nur in der Ordnung der Ehe und in der Gemeinschaft der Familie kann das Kind gedeihen und sich seiner menschlichen Bestimmung gemäß entfalten. Nur in dieser Ordnung und in dieser Gemeinschaft nehmen sich die Geschlechtspartner so ernst, wie sie es sich schulden. Gerade weil die naturhaft nächste Beziehung der Geschlechter so folgenreich und zugleich so verantwortungsbeladen ist, kann sie sich nur in der ehelichen Gemeinschaft zweier einander achtender und einander zur lebenslangen Treue verpflichteter Partner sinnvoll erfüllen. Indem das Sittengesetz dem Menschen die Einehe und die Familie als verbindliche Lebensform gesetzt und indem es diese Ordnung auch zur Grundlage des Lebens der Völker und Staaten gemacht hat, spricht es zugleich aus, dass sich der Verkehr der Geschlechter grundsätzlich nur in der Ehe vollziehen soll und dass der Verstoß dagegen ein elementares Gebot geschlechtlicher Zucht verletzt."

[121] BVerfGE 6, S. 389 ff.

[122] BVerfGE 6, S. 389 (434).

[123] BVerfGE 6, S. 389 (435).

überwiegend auf einer `natürlichen', vorgegebenen Ordnung" aufbauten; demgegenüber knüpften die Tatbestände des Nebenstrafrechts mehrheitlich „an gesetzte Normen" an, welche als „Art soziale Spielregeln" abstrakt gefährliche Verhaltensweisen verböten oder abstrakt geeignete Sicherheitsmaßnahmen vorschrieben.[124]

4. Kernbereich

Im Zentrum der Kernbereichs-Theorie steht die Überlegung, dass besonders wichtige strafbewehrte Verhaltensweisen den sog. „Kernbereich" an Strafrechtsnormen[125] bzw. einen „Kernbereich des Strafrechts"[126] bilden. Dieser Kern des Strafrechts wird als Summe der „bedeutsamen Unrechtstatbestände"[127], der „unentbehrlichen Tatbestände"[128] bzw. der „traditionellen Verbrechenstypen"[129] umschrieben.

Dem liegt die Vorstellung zugrunde, dass es einen universellen Kernbereich von Werten gibt.[130] Bei Verstößen hiergegen liege gleichsam als notwendige Folge Verbrechen im materiellen Sinne vor, in profannaturrechtlicher Tradition auch als „malum in se" bezeichnet (im Gegensatz zum „malum prohibitia", das eines positiven Rechtsaktes bedarf, um Verbrechen zu sein); das „malum in se" wird als Handlung begriffen, das aus Gründen des natürlichen Empfindens, der Vernunft bzw. der Gerechtigkeit zu allen Zeiten Verbrechen gewesen sei.[131]

---

[124] *Erbs/Kohlhaas* (Registerband, *Rutkowski*), Einführung in das Nebenstrafrecht, Rn 5.

[125] Vgl. nur BVerfGE 22, S. 49 (81); 27, S. 18 (28); *Göhler*, Vor § 1 Rn 2 ff., insb. Rn 5 (mit zahlr. Nachw. zum Meinungsstand).

[126] *BVerfGE* 22, S. 49 (81).

[127] *BVerfGE* 22, S. 49 (81).

[128] *Peters* ZStW 77 (1965), S. 470 (501).

[129] *Gallas*, Gründe und Grenzen, S. 1 (12).

[130] *Sax*, Grundsätze, S. 912/913 geht etwa davon aus, dass es einen „Kernbereich vorgegebener sozialethischer Werte" gebe, die „je und überall strafrechtlich geschützt" seien – *Gallas* spricht von „Grundbedingungen menschlichen Daseins" (Gründe und Grenzen, S. 1, 16); *Rössner*, Kriminalrecht, S. 125, vermutet in Ihnen „interkulturelle Gültigkeit" und auch nach *Höffe*, S. 16, ist der „Grossteil der Deliktstypen", eben das „Kernstrafrecht", in „allen Rechtskulturen gleichermaßen anerkannt".

[131] Hierzu informativ (Bezüge zur anglo-amerikanischen Rechtstradition): *Schmitt*, S. 21 und 23.

Auch für das Bundesverfassungsgericht ist der Kernbereich des Strafrechts „mit hinreichender Bestimmtheit" durch die „Wertordnung des Grundgesetzes" umschrieben.[132]

In der Literatur wird vereinzelt darauf abgestellt, dass „Verbrechen im Sinne des § 12 StGB" wegen der darin typisierten „schwer sozialschädlichen Verhaltensweisen" „zweifelsfrei" unter den „Kernbereich" des Strafrechts fielen.[133]

Konkreter werden dem Kernbereich des Strafrechts vornehmlich „Leben, Ehre, Freiheit, körperliche Integrität, Eigentum"[134], aber auch die „eidliche Bekundung" und Geldsicherheit „seit alters her" zugeordnet.[135] Im Vordergrund stehen aber Pönalisierungen, die auf die „Elimi-

---

[132] *BVerfGE* 27, S. 18 (29): „Erst von einer differenzierenden Bewertung des Unwertgehaltes der verschiedenen Straftaten her wird die Abstufung der strafrechtlichen Sanktionen verständlich und sachlich gerechtfertigt. Sie liegt auch der Unterscheidung zwischen Straftaten und Ordnungswidrigkeiten zugrunde. Aufgabe des Strafrechtes ist es, die elementaren Werte des Gemeinschaftslebens zu schützen. Was zweifellos in den Kernbereich des Strafrechts gehört, läßt sich an Hand der grundgesetzlichen Wertordnung mit hinreichender Bestimmtheit ermitteln. Mit der gleichen Bestimmtheit läßt sich sagen, dass gewisse, minder gewichtige, überkommene strafrechtliche Tatbestände aus diesem Kernbereich herausfallen."

[133] *Müller-Dalhoff*, S. 91 ff., 98 ff. Die Qualifizierung als formelles Verbrechen bringe nach § 12 StGB zum Ausdruck, dass „einem Verhalten ein besonders gravierender Unrechtsgehalt" innewohne. Auf der anderen Seite gehörten grundsätzlich alle Fahrlässigkeitsdelikte nicht dem Kernbereich des Strafrechts an und dürften diesem „nur ausnahmsweise, beschränkt auf schwere Verfehlungen" zugerechnet werden. Schwieriger sei demgegenüber die Entscheidung, ob auch Vergehen zu diesem Kreis zählten. Bedeutsam sei hierfür die „durchgehende gesellschaftliche Anerkennung von Strafwürdigkeit und Strafbedürftigkeit", wobei ihr Fehlen „grundsätzlich einer Qualifizierung als Kernbereichsdelikt" entgegenstehe. Anzunehmen sei die Ausdehnung des Strafrechtskernbereichs auf den Bereich der formellen Vergehen etwa bei Diebstahl und Betrug sowie bei der Körperverletzung als einem Straftatbestand, welcher „seit jeher unter Strafe gestellt" und dessen „Strafwürdigkeit und Strafbedürftigkeit [...] zu keiner Zeit ernsthaft angezweifelt worden" sei. Zum Teil seien auch Gefährdungsdelikte „bereits aus generalpräventiven Gründen" als zum Kernbereich des Strafrechts zugehörig zu zählen (*Müller-Dalhoff*, S. 229 [zu § 51 LMBG]).

[134] *Sax*, Grundsätze, S. 912/913.

[135] *Höffe*, S. 16 f.: „Gerade das Strafrecht ist zwar in den Feinheiten besonders eng an Tradition und `Wertbewußtsein´ einer Gesellschaft gebunden [...]. Trotzdem wissen wir, spätestens seit dem Codex Hammurabi sogar in Schriftform, dass persönliche Rechtsgüter wie Leib und Leben, Eigentum und ein guter Name (`Ehre´) sowie öffentliche Rechtsgüter wie eidliche Bekundung und Geldsicher-

nierung physischer, psychischer und struktureller Gewalt" hin ausgerichtet sind.[136]

5. „Echte Verbrechen"

Auch *Naucke* neigt der materiell-absoluten Theorie zu. Nach ihm erschwert der geltende Präventionsgedanke im Strafrecht die Bestimmung des materiellen Verbrechens;[137] es drohten sich zudem auch systematisch die Grenzen der gängigen Kategorien Verbrechen, Vergehen und Ordnungswidrigkeiten grundsätzlich aufzulösen.[138] So sei auf der

---

heit, also das Verbot von Meineid und Geldfälschung, dass also zumindest diese Güter durch ein damit skizziertes Kernstrafrecht seit altersher strafrechtlich geschützt werden."

[136] *Rössner*, Kriminalrecht, S. 125: „Der interkulturelle und menschenrechtliche Ausgangspunkt für die Kriminalisierung sozialer Verhaltensweisen bestimmt das Bild des Strafrechts zumindest in den modernen Demokratien stärker, als es auf den ersten Blick erscheint und mancher wahrhaben will. Der Kernbereich der in den einzelnen Ländern vorgehaltenen Straftatbestände gleicht sich, und im Wesentlichen geht es um den Schutz elementarer Rechtsgüter, die sich in den Menschenrechten finden: Leben, Gesundheit, Freiheit, Persönlichkeitsentfaltung, Vermögen usw. Im Vordergrund steht übereinstimmend die Eliminierung von physischer, psychischer und struktureller Gewalt. Die empirische Betrachtung der unterschiedlichen Rechtsordnungen der Welt – ethnologisch, historisch und rechtsvergleichend – ergibt jedenfalls einen überraschend übereinstimmenden Kernbereich des Strafrechtsschutzes. Bei aller Relativität der Rechtsordnungen hat der klassische Kernbereich des Strafrechts eine nahezu absolute Gültigkeit. Alles in allem kann man zusammenfassen: Das Strafrecht ist tendenziell interkulturell geprägt. Auf jeden Fall gleichen sich die Strafrechtsordnungen mehr als die jeweiligen Landessprachen. Im Strafrecht gibt es keine babylonische Verwirrung – zumindest nicht im Kernbereich."

[137] *Naucke*, Wechselwirkung, S. 22: „Insgesamt führt die [...] Bewegung von der Vergeltung zur Prävention dazu, dass Verbrechen, Vergehen, gefährliche Taten und Ordnungswidrigkeiten nicht mehr mit unterschiedlichen Strafzielen bzw. Sanktionszielen, sondern mit dem einheitlichen Ziel der Prävention zusammengebracht werden. Die Rückwirkung ist groß. Die Unterscheidung von Verbrechen bis Ordnungswidrigkeiten – eine Unterscheidung, die sich auf unterschiedliche Strafziele stützt – wird grundlos. Es gibt nur noch einen einheitlichen Begriff des präventionsbedürftigen Verhaltens. Nun können Verbrechen zu Vergehen, Vergehen zu Ordnungswidrigkeiten werden und alle drei zu gefährlichen, präventionsbedürftigen Taten. Der Begriff der präventionsbedürftigen Tat schwankt von Epoche zu Epoche, ja von Legislaturperiode zu Legislaturperiode."

[138] *Naucke*, Wechselwirkung, S. 22 f.: „Die scharfen Grenzen des Verbrechensbegriffes, des Begriffes der Straftat überhaupt, fallen. Die Grenzen der Tatbestän-

Rechtsfolgenseite wegen des Präventionsgedankens ein „fast bewunderungswürdiges Chaos“[139] entstanden.[140] Grundlage dieser Entwicklung seien zwei „Linien“, die dem Strafrecht seinen „traditionellen Ernst“ nähmen und die Legitimation minderten, Zwang auszuüben: zum einen die „Uminterpretation des Verbrechens von Unrecht in Interessenkonflikt“ und zum anderen die „Auffassung, der Interessenkonflikt sei durch Einigung zu lösen“.[141]

Ausgehend von dieser Kritik nähert sich *Naucke* der Bestimmung des „eigentlichen Verbrechens“ vom Standpunkt eines „liberalen Kantianismus‘“.[142] Dabei sei von einem „engen Bereich von Verbrechen und vergeltender Strafe“ auszugehen, der „unangetastet gelassen werden“

---

de – z. B. der Tötung und des Betruges – werden durchlässig, je nach Präventionsbedürfnis. Die Rechtfertigungsgründe, die auf die vergeltende Strafe bezogen waren, verlieren ihre Konturen. In einem Präventionsstrafrecht weiß niemand mehr, was Notwehr ist. Es kann ja immer sein, dass der Angreifer ein nützlicherer Mensch ist als der Angegriffene. Der Schuldbegriff, der seine juristische Formung der Vergeltungsstrafe verdankt, steht nicht mehr fest und wird schwankend. [...] [W]enn auf eine Tötung mit ambulanter Sozialbehandlung reagiert wird, ist die Tötung kein Verbrechen mehr, nicht einmal mehr eine Tötung, sondern nur die Eliminierung eines Vitalinteresses. Eliminierung des Vitalinteresses und Sozialberatung passen zusammen, Tötung und Sozialberatung nicht.“

[139] *Naucke*, Wechselwirkung, S. 31.

[140] *Naucke*, Wechselwirkung, S. 31 f.: „Strafe und Maßregel können einander vertreten: Wenn die Strafe nutzt, dann wird die Maßregel nicht vollstreckt und umgekehrt. Das läßt sich aber auch für die Buße denken; wenn die Buße präventiv nutzt, kann man auf Strafe und Maßregel verzichten. Dann ist jedoch kein Unterschied mehr zwischen Strafe und Maßregel und Buße, und als Folge kein Unterschied mehr zwischen den Straftaten (Verbrechen und Vergehen) und den maßregelungswürdigen Taten und den Ordnungswidrigkeiten. Kein Bürger versteht den Unterschied zwischen einer Geldstrafe für Diebstahl in Höhe von 1000,– und einer Geldauflage in der gleichen Höhe als Voraussetzung bzw. Folge einer Einstellung des Diebstahlsverfahrens ohne Verurteilung (§ 153a StPO). Kaum ein Bürger, auch der erfahrene Bürger nicht, versteht den Unterschied zwischen einer Geldbuße für die Ordnungswidrigkeit betrunkenen Fahrens mit 0,8 Promille (§ 24a StVG) und einer Geldstrafe für die Straftat betrunkenen Fahrens ab 0,8 Promille (§ 316 StGB). Die Unterschiede sind, gemessen am gegenwärtigen Stand der Gesetzgebung, auch wirklich nicht zu sehen. Der Versuch, die prävenierende Strafe für präventionsbedürftige Verbrechen und Vergehen von der prävenierenden Maßregel für präventionsbedürftiges schuldloses Verhalten und von der prävenierenden Buße für präventionsbedürftige schuldhafte Ordnungswidrigkeiten zu unterscheiden, ist dürftig.“

[141] *Naucke*, Sozialphilosophie, S. 16.

[142] *Naucke*, Wechselwirkung, S. 40.

müsse; der Verbrechensbegriff sei deshalb „sehr begrenzt".[143] *Naucke* reduziert den Kanon der Straftaten, die hier hinein fallen, auf traditionelle vorsätzliche Kapitaldelikte.[144] Dies folge aus den „Überlegungsformen eines bestimmten Naturrechts", denn die eigentlichen Verbrechen stammten „aus einer älteren, nicht aktuell-rationalen Epoche der politischen Geschichte".[145]

Ausdrücklich wendet sich *Naucke* dabei gegen eine verfassungsrechtliche Einbindung, etwa in der Form „strafrechtlichen Schutzes der Würde des Menschen nach dem Grundgesetz".[146] Bereits die Verknüpfung des materiellen Verbrechensbegriffes mit dem verfassungsrechtlichen Strafschutz sei „ein schwächlicher Versuch der Verteidigung gegen die Ansprüche des Präventionsstrafrechts".[147] Bei der Definition des materiellen Verbrechensbegriffes gehe es nicht „um Interessen und Güterschutz oder um die Auslegung der Verfassung", vielmehr sei von einem bestehenden Bereich der „absoluten Untaten" auszugehen; er resümiert: „Ich brauche keine geschriebene Verfassung, um den Bereich echter Verbrechen zu finden."[148]

---

[143] *Naucke*, Wechselwirkung, S. 35.

[144] *Naucke*, Wechselwirkung, S. 35: „[U]mfaßt [werden] nur die vorsätzlichen, mit Unrechtsbewußtsein begangenen, gewaltsamen Angriffe auf Leib, Leben und Freiheit; Mord, Totschlag, gewaltsame Körperverletzung, Freiheitsberaubung und Vergewaltigung, Hoch- und Landesverrat, soweit einzelne Menschen oder Gruppen von Menschen mit Gewalt geschädigt werden, gehören hierher." An anderer Stelle definiert *Naucke* das materielle Verbrechen als „Willenbeugung und Freiheitsüberwältigung" (Naucke, Einführung § 6 Rn 63).

[145] *Naucke*, Wechselwirkung, S. 13.

[146] *Naucke*, Wechselwirkung, S. 35.

[147] *Naucke*, Wechselwirkung, S. 35.

[148] *Naucke*, Wechselwirkung, S. 36: „Ich brauche keine geschriebene Verfassung, um den Bereich echter Verbrechen zu finden. Vielmehr muß man mit der Vorstellung juristisch zurechtkommen, dass es, unmodern und irrational wie das klingen mag, absolute Untaten gibt, Unrecht, das nicht davon abhängig ist, ob man in einer Demokratie oder in einer Diktatur lebt. Erträglicher ist vielleicht die Formulierung, dass es einen Bestand gibt – Leben, Würde, Gesundheit, Freiheit –, der jedenfalls mit Gewalt nicht angetastet werden darf, ohne klare Strafe nach sich zu ziehen."; ähnlich *Naucke/Harzer*, S. 158: „Es gibt einen bestimmten, wahrscheinlich sehr engen Bereich von Regeln, der mit Anspruch auf absolute Richtigkeit durch das Recht gegen Abweichung zu sichern ist. Dieser Bereich ist durch die Begriffe: Sicherung von Leben, Würde und Freiheit gegen Gewalt und List skizziert. Hier muss es wirkliches Recht, deutliche Trennung von Recht und Unrecht, Befugnis zu zwingen, und hier muss es Gerechtigkeit geben. Das ist der Bereich der Rechtsphilosophie."; vgl. auch *Harzer*, Unterlas-

6. Würdigung

Die materiell-absolute Konsequenz, einen Verstoß gegen das Neminem-Laedere-Prinzip per se als Verbrechen im materiellen Sinn zu begreifen, ist bislang im strengen Sinne nicht gezogen worden. Der Grundsatz ist hierfür auch nicht geeignet, denn zur Frage, was genau eine schädigende Handlung zum Nachteil eines anderen Menschen ist, schweigt das Neminem-Laedere-Gebot.[149] In der deutschen (verfassungsgerichtlichen) Rechtsprechung hat dieser unpräzise Begriff folglich keinen Niederschlag gefunden;[150] Hauptanwendungsbereich des den Neminem-Laedere-Grundsatz tragenden Gedanken ist heute die teleologische Weiterentwicklung des zivilrechtlichen Schadensersatzrechts bei gesetzlichen Lücken, so etwa (bis zu den durch die Schuldrechtsreform eingeführten §§ 280 Abs. 1 und 311 Abs. 2 BGB) bei der cic oder der pFV.[151] Nach *Joerden* kommt dem Neminem-Laedere-Grundsatz aber zumindest als „rechtsethischem Nichtwiderspruchsprinzip" zentrale Bedeutung auf der ersten von drei Ebenen der Gerechtigkeit zu;[152] ohne seine Anerkennung sei eine „gerechte Ordnung von vornherein undenkbar".[153]

Die Berufung auf ein absolut geltendes Sittengesetz als Quelle für legitime Kriminalisierungsprozesse läuft auf eine autoritäre Scheinargumentation hinaus.[154] Es geht dabei eben nicht um verbindlich vorgegebene Normen, sondern um zeitabhängige Überzeugungen, die als

---

sene Hilfeleistung, S. 295, die auf die „Verletzungen existentieller Rechte" abstellt.

[149] Vgl. *Hattenhauer*, S. 114 f.; *Stemmler*, S. 11.

[150] Vgl. den Hinweis bei *Stemmler*, S. 12 Rn 66.

[151] Vgl. Hinweise bei *Stemmler*, S. 11.

[152] *Joerden* ARSP 1988, S. 307 (311 f.). Zu den drei Ebenen: „Die 1. Ebene erfasst diejenigen rechtsethischen Regeln, deren Einhaltung die Bedingung der Möglichkeit dafür ist, dem Naturzustand zu entkommen und in einen Rechtszustand zu gelangen. Die 2. Ebene wird von denjenigen Regeln gebildet, die auf einen Kompromiß zwischen den Willenszielen der betreffenden Personen unter der Voraussetzung von Gleichberechtigung hinwirken. Die 3. Ebene umfasst diejenigen Regeln, die auf einen Ausgleich der als ungerecht empfundenen relativen Benachteiligungen resp. Bevorzugungen der beteiligten Personen durch objektive äußere Umstände abzielen." (a. a. O., S. 330).

[153] *Joerden* ARSP 1988, S. 307 (316).

[154] Vgl. auch *Klug*, Probleme, S. 27 (28): „Fragt man nach der Notwendigkeit und den Grenzen für den gesetzgeberischen Eingriff, so lässt sich aus allgemeinen Bezugnahmen auf Sittenordnung und Sittlichkeit kaum Eindeutiges herleiten."

„ewige Normen“ bezeichnet werden.[155] Wie gerade die Kuppelei-Entscheidung zeigt, hat die auf einem angeblichen Sittengesetz beruhende „verbindliche Lebensform Einehe und Familie“ nur wenige Jahrzehnte später gegenüber alternativen Lebenskonzepten an eben dieser Verbindlichkeit grundlegend eingebüßt.[156] Die Sittengesetz-Argumentation in der frühen Rechtsprechung hat sich daher zu Recht nicht durchgesetzt.

Dass damit jedoch eine grundsätzliche Abkehr von naturrechtlichen Begründungsmustern nicht vollzogen wurde, zeigen Ausführungen wie die *Rutkowskis* zu einer dem Strafgesetzbuch angeblich vorgegebenen „natürlichen“ Ordnung. Diese vage Umschreibung kann nicht plausibel zur Charakterisierung der materiellen Grundlagen von Straftatbeständen herangezogen werden, zumal ein materieller Verbrechensbegriff (zumindest innerhalb einer bestimmten Rechtsordnung) universal gelten soll und damit gerade keine Differenzierung zwischen den Straftaten innerhalb und außerhalb des Strafgesetzbuches vornimmt. Auch der Gedanke einer „natürlichen“ vorgegebenen Ordnung hat sich daher nicht durchgesetzt.

Anders verhält es sich mit dem Kernbereichs-Argument. Soweit ersichtlich, hat der Begriff „Kernbereich“ die Diskussion um den materiellen Verbrechensbegriff flächendeckend durchwirkt; selbst Vertreter relativer Theorien (zu denen auch die Rechtsprechung des Bundesverfassungsgerichts zu zählen ist)[157], beziehen sich abgrenzend hierauf, ohne sich im Einzelnen der Bestimmung dieses Bereichs zuzuwenden; der Terminus ist damit zu einem der Zentralbegriffe quer durch alle Lager avanciert. Abgesehen jedoch von dem – zu recht singulär gebliebenen – zirkulären Erklärungsansatz, nach dem das positive Recht (§ 12 StGB)

---

[155] Vgl. *Rüthers* ZRP 2008, S. 48 (50): „Der BGH hat unter seinem ersten Präsidenten Weinkauff (Richter am Reichsgericht von 1933-1945) nicht wenige Entscheidungen mit einem absolut vorgegebenen, unveränderlichen Naturrecht begründet. Ihre Ergebnisse haben sich inzwischen ganz überwiegend als sehr zeitgebunden, ja als Fehlentscheidungen erwiesen.“

[156] Eine dem Urteil zum damaligen Kuppelei-Tatbestand vergleichbare Entscheidung hat es nicht mehr gegeben; gleichwohl bezieht sich die Rechtsprechung auch danach noch auf das „Sittengesetz“ als Grenze des Rechts auf freie Entfaltung der Persönlichkeit, vgl. BVerfGE 39, 1 (43).

[157] S. u. Teil 1 VI. B.

den im Vorpositiven angesiedelten Kernbereich vorgeben soll,[158] spricht für die These eines Kerninhalts des materiellen Strafrechts aus rechtspolitischer Sicht die immanente strafrechtsbegrenzende Tendenz; es gibt eine gewisse kriminalpolitische Nähe der Termini „Kernbereich" und „materieller Verbrechensbegriff". Während jedoch das Bemühen um die Bestimmung des materiellen Verbrechensbegriffs eine abstrakt-generelle Definition als (möglichst) verbindliche Handlungsanweisung für den Gesetzgeber anstrebt, fußt die Kernbereichs-Theorie auf beispielhaften Aufzählungen von Delikten; der Haupteinwand gegen diese Methodik ist, dass es wiederum zeitabhängige Überzeugungen sind, die autoritär zu etwas „Höherem" aufgewertet werden. Der eher kasuistische Ausgangspunkt steht einer entsprechenden präventiven Wirkung auf den Zusammenhang mit der positiven Generalprävention entgegen.[159] Auch die Vorstellung eines korrespondierenden „Kernbereichs des Ordnungswidrigkeitenrechts"[160], das es in dieser Form vor 1953 gar nicht gegeben hat, ist Beleg für diese Zeit- und Gesellschaftsabhängigkeit. Eine durch alle Zeiten und Gesellschaften einheitliche Vorstellung vom „Kernbereich des Strafrechts" ist vor diesem Hintergrund nur schwer vorstellbar.[161] Gerade die übliche Reduzierung auf zwanzig oder dreißig Kern-Straftaten wirft die Frage auf, wie eine solche Erkenntnis aus der Kernbereichs-Diskussion für den Strafrechtsgesetzgeber bei seiner Arbeit operationalisierbar gemacht werden sollte.[162]

Nauckes Ansatz schließlich steht sachlich in der Tradition der Kernbereichs-Theorie, geht in der konkreten Ausprägung aber über die üblichen Lesarten dieses Terminus' hinaus. Dies liegt erkennbar an seiner

---

[158] Hierzu *Klug*, Probleme, S. 27 (29): „Es ist nun einmal ein Verstoß gegen die Gesetze der Logik, wenn man daraus, dass etwas so und so ist, folgert, dass es auch so und so sein soll."

[159] Dazu unten Teil 2 I. E. c.-e.

[160] *Müller-Dahlhoff*, S. 106.

[161] Auch *Hefendehl*, Kollektive Rechtsgüter, S. 378, hebt hervor, dass es ein „Kernstrafrecht historisch nie gegeben" habe.

[162] *Lüderssen*, Festschrift für *E. A. Wolff*, S. 325 (328): „Von einer Zurückführung des Strafrechts kann nur die Rede sein, wenn man davon ausgeht, dass es irgendwann einmal jenes legitime Kernstrafrecht gegeben hat. Das ist aber nicht der Fall. Dieses Strafrecht war zu den Zeiten, zu denen es als Ergebnis einer langen Entwicklung vom sehr grausamen und willkürlichen Strafrecht sich in der Tat vielleicht etabliert hat, immer noch oder auch schon wieder (beginnende Industrialisierung in der Mitte des vorigen Jahrhunderts) Klassen- und Elendsstrafrecht."

sehr deutlichen Kritik am sog. modernen, ausufernden[163] Präventionsstrafrecht; dabei erscheint die Kritik *Nauckes* trotz ihrer Rigorosität nicht unplausibel.[164] Zwei Dinge sprechen indes gegen den Ansatz: Zum einen bereitet seine Kritik spätestens an der Stelle Unbehagen, an der er sich von der Verfassung, die speziell in ihrem Grundrechtsteil selbst erkennbar Anleihen bei naturrechtlichen Überzeugungen macht, ausdrücklich löst; zum anderen steht auch bei *Naucke* eine *Behauptung* im Mittelpunkt. Die „echten Verbrechen" werden nicht definiert; *Naucke*

---

[163] Vgl. *Kaiser*, Strategien, S. 30 f.: „Danach wird deutlich, dass die Justiz nur ein Träger sozialer Kontrolle ist, das Recht nur ein Mittel unter den sozialen Normensystemen darstellt, der Rechtsbruch nur einen Teil allen abweichenden Verhaltens ausmacht und schließlich die Strafe nur eine von mehreren Sanktionsmöglichkeiten ist [...] Damit fällt wissenschaftliche Kriminalpolitik weitgehend mit rechtssoziologischen und kriminologischen Fragestellungen zusammen."; ähnlich derselbe auch später in: Festschrift für *Roxin*, S. 889 (998). *Baumann*, Gedächtnisschrift für *Noll*, S. 27 (33) meint: „Aus dieser Konzeption über Notwendigkeit und Begründung der Strafe ergibt sich, dass die Strafe zwar auch ethisch und religiös betrachtet werden kann, aber letzten Endes rein sozial zu begründen und zu rechtfertigen ist und zu den sozialen Aufgaben des Staates gehört."

[164] Vgl. auch *Hassemer*, Vielfalt und Wandel, S. 175/176: „'Modernes' Strafrecht ist eine Sorte Strafrecht, welches sich in immer mehr Bereiche von Staat und Gesellschaft ausdehnt, weil es mit Erfolg vorträgt, es habe angesichts moderner Gefährdungen und Risikoerfahrungen eine hohe Problemlösungskapazität anzubieten. Während das Strafrecht in früheren Zeiten für Theorie wie für Praxis noch das 'letzte Mittel', die ultima ratio, war, an welches man sich wandte, wenn alle anderen rechtlichen und organisatorischen Mittel versagten, so hat sich das Strafrecht mittlerweile gerade in den Bereichen, in welchen die Menschen heute die intensivsten Bedrohungserfahrungen machen, als die prima ratio oder gar als die sola ratio etabliert. Drogen, Umweltzerstörung, Korruption, organisierte Kriminalität, Großschäden im Bereich der Wirtschaft – all dies sind die Problemlagen, die uns am intensivsten beschäftigen und angesichts derer wir nach einem Ausbau und Einsatz strafrechtlicher Instrumente rufen. [...] Die Ausweitung des Strafrechts wird nicht als bedrohlich, sondern als beruhigend empfunden, der Staat gilt immer weniger als der bedrohliche Leviathan und immer mehr als Garant eines Grundrechts auf Sicherheit. Bedrohungsgefühle und Risikoerwartungen nähren Hoffnungen auf strafrechtliche Lösungen. Diese Entwicklung hat Konsequenzen für das Strafrechtssystem selbst. Eine Rücknahme von Strafdrohungen findet nur noch in Randbereichen statt, ansonsten gibt es seit vielen Jahren Vermehrungen und Verschärfungen von strafrechtlichen Verboten und Anordnungen. [...] Die Straftatbestände beschreiben als verbotenes Verhalten gemeinhin nicht mehr Verletzungen von Rechtsgütern, sondern schon deren Gefährdungen, die Rechtsgüter selber als vage und großflächig, die Sichtbarkeit des Unrechts kriminellen Verhaltens schwindet."

zieht sich vielmehr apodiktisch auf den Begriff der „absoluten Untaten“ zurück.

C. Zusammenfassung

Die Analyse der in diesem Abschnitt untersuchten absoluten Ansätze zur Bestimmung des materiell verbrecherischen Handelns haben gezeigt, dass mit ihnen zum einen der Strafgesetzgeber einen extrem weiten Spielraum haben kann, alles mögliche unter Strafe zu stellen (Ungehorsamsgedanke, Neminem-Laedere-Gebot, Sittengesetzverstoß); andererseits begrenzen einige Ansätze die Strafrechtsausdehnung punktuell so sehr, dass sich die Frage aufdrängt, wieso dem Strafgesetzgeber ein weiterer Spielraum versagt sein sollte (Kernbereichsprinzip oder die Reduzierung auf „echte Verbrechen“). In beiden Fällen fehlen plausible Begründungen für die Konsequenzen.

II. Relative Theorien

A. Zum intuitiv-offenen Grundverständnis von Sozialschädlichkeit

1. Allgemeines

Die Überlegung, dass Strafe die Reaktion auf ein als sozial schädlich eingestuftes Verhalten darstellen soll, gilt als „uralter Gedanke" im Kriminalrecht.[165] Der heutige Gesetzgeber gibt sich selbst die Vorgabe, dass nur „sozialschädliche" bzw. „gesellschaftsschädliche" oder „gemeinschaftsschädliche" Verhaltensweisen als Rechtfertigung für das materiell strafbare Unrecht herangezogen werden dürfen.[166] Ein strafbewehrtes Verhalten müsse „gegen Rechtsnormen verstoßen, die den Schutz der Grundlagen der Gesellschaftsordnung und sonstiger für das Zusammenleben der Menschen wesentlicher Rechtsgüter bezwecken".[167] Materielles Verbrechen wird als „sozial abweichendes Verhalten" interpretiert, das mit einer „sozial ächtenden" Rechtsfolge bedroht sei.[168]

Welches Verhalten aber *genau* sozialschädlich in der beschriebenen Weise ist, stellt – wie beim Neminem-Laedere-Grundsatz – das eigentliche Problem dar. Die Herangehensweise ist insoweit durchweg eher als intuitiv-offen zu bezeichnen. Durch die bloße Verwendung des Begriffs Sozialschädlichkeit bzw. synonymer Begriffe wie Gesellschafts- oder Gemeinschaftsschädlichkeit bzw. –widrigkeit erschließt sich die Antwort allenfalls gefühlsmäßig; der Terminus „Sozialschädlichkeit" kann deshalb, abhängig von den historischen und sozialen Rahmenbedingungen, verschiedene Inhalte transportieren. Daher zeigt sich im Weiteren, dass die Diskussion um die materiellen Begrenzungslinien des Strafrechts von dem Bemühen geprägt ist, das intuitiv-offene

---

[165] H. *Mayer*, AT, S. 51; vgl. auch *Zipf*, Kriminalpolitik, S. 110: Im Zentrum jeder heute verwendeten Definition des materiellen Verbrechensbegriffes steht die 'Sozialschädlichkeit'"; *Otto*, S. 11. Wahrscheinlich ist, dass sich, trotz des vorhandenen unbeschränkten absoluten ius puniendi, auch vor der Aufklärung die das Recht schaffenden Herrscher in Antike und Mittelalter mehrheitlich schon aus politischer Klugheit an dieses Prinzip des gesunden Menschenverstandes gehalten haben.

[166] Vgl. z. B. BT-Drs. 6/3250, S. 172, 380.

[167] BT-Drs. 6/3250, S. 383.

[168] *Fischer*, § 12 Rn 2.

Grundverständnis von Sozialschädlichkeit zu typisieren und damit der Strafgesetzgebung einen systematischeren Rahmen zu geben.

2. „Klassiker" des Sozialschädlichkeitsgedankens

Wenn auch der Sozialschädlichkeitsgedanke eher als „gedankliches Allgemeingut" zu verstehen ist und damit seine Wurzeln nicht auf die Idee eines Einzelnen zurückzuführen sind, gelten für das beginnende Strafrecht der Moderne vor allem die diesbezüglichen Überlegungen von *Beccaria* und *Liszt* als wegweisend.

a. *Beccaria*

Cesare Beccaria's Schrift „Dei delitti e delle pene"[169] aus dem Jahr 1764 steht am Anfang der modernen, aufgeklärten Kriminalwissenschaft. Auf der Grundlage des Verständnisses vom Staat als vertraglichem Zusammenschluss Vernünftiger[170] sieht *Beccaria* in der „Sicherheit das Hauptziel jeder rechtmäßigen Gesellschaft".[171] Diese gesellschaftliche Sicherheit werde nicht durch Handlungen in nur rechtsfeindlicher Gesinnung bedroht, sondern ausschließlich durch Handlungen, die der Nation einen Schaden zufügten.[172] *Beccaria* zieht zur Er-

---

[169] Den folgenden Ausführungen liegt die Übersetzung der Ausgabe von 1766 durch *Wilhelm Ahlf* (*Frank*furt/Main 1966: Über Verbrechen und Strafen) zugrunde.

[170] *Beccaria*, I: „Die Gesetze sind die Bedingungen, unter denen unabhängige und isolierte Menschen sich in Gesellschaft zusammenfanden, Menschen, die es müde waren, in einem ständigen Zustand des Krieges zu leben und eine infolge der Ungewißheit ihrer Bewahrung unnütz gewordene Freiheit zu genießen. Sie opferten davon einen Teil, um des Restes in Sicherheit und Ruhe sich zu erfreuen. Die Summe aller dieser Teile von Freiheit, welche für das Wohl eines jeden geopfert wurden, macht die Souveränität einer Nation aus, und der Herrscher ist ihr gesetzmäßiger Wahrer und Verwalter. Aber dieses Verwahrnis einzurichten genügte nicht, man mußte es vielmehr im einzelnen Falle gegen die private Anmaßung eines jeden Menschen verteidigen, welcher immerdar von dem was er in Verwahrung gegeben hat, nicht nur den eigenen Anteil zurückzunehmen, sondern auch des der anderen zu bemächtigen sucht."

[171] *Beccaria*, VIII.

[172] *Beccaria*, VII: „Die [...] Überlegungen geben mir das Recht zu der Behauptung, dass der einzige richtige Maßstab der Verbrechen in dem der Nation zugefügten Schaden besteht; und es irren somit diejenigen, die den richtigen Maßstab der Verbrechen in der Absicht dessen, der sie begeht, vermuten. Die Absicht hängt von dem augenblicklichen Eindruck der Umstände und von der diesem

läuterung das Beispiel des strafrechtlichen Umgangs mit dem versuchten Suizid heran, dessen Strafbewehrung damals durchaus vertreten wurde (z. B. bei *Kant*[173]). *Beccaria's* Auffassung nach kann der Suizidversuch nicht bestraft werden, weil dem Staat im Gegensatz zu der legalen Auswanderung weniger Schaden entstünde.[174] Auch religiös oder weltanschaulich abweichende Überzeugungen schieden aus dem Bereich des Strafbaren aus, weil in diesem Bereich Kriminalisierungsprozesse Verbrechen nicht verhinderten, sondern erst schafften.[175] Demge-

---

vorhergehenden Disposition des Geistes ab: beides wechselt bei allen Menschen und bei einem jeden einzelnen von ihnen mit der so raschen Abfolge der Vorstellungen, der Leidenschaften und der Umstände. Es wäre dann nötig, nicht nur ein besonderes Gesetzbuch für einen jeden Bürger abzufassen, sondern auch ein neues Gesetz für jedes Verbrechen. Manchmal fügen die Menschen mit der besten Absicht der Gesellschaft den größten Schaden zu; und das andere Mal tun sie mit dem schlechtesten Willen das Beste für sie."

[173] S. o. Teil 1 I. A. 1.

[174] *Beccaria*, XXXII: „Wer sich selbst tötet, fügt der Gesellschaft ein geringeres Übel zu als der, welcher für immer ihr Gebiet verläßt; jener nämlich läßt sein ganzes Vermögen zurück, dieser jedoch nimmt einen Teil seiner Habe mit sich fort. Wenn überdies die Stärke der Gesellschaft auf der Zahl der Bürger beruht, so fügt der, welcher sich ihr entzieht und einer benachbarten Nation sich einfügt, ihr doppelt soviel Schaden zu wie derjenige, der bloß durch den Tod die Gesellschaft verläßt. Die Frage läßt sich somit darauf zurückführen, ob es für die Nation von Nutzen oder Schaden sei, dass sie einem jeden ihrer Mitglieder für immer die Freiheit wegzugehen läßt." *Beccaria* hält es im weiteren für „bewiesen", „dass ein Gesetz, welches die Untertanen in ihrem Land gefangen hält, unnütz und ungerecht ist" und ein zum Selbstmord Entschlossener lasse sich ohnehin nicht von seinem Vorhaben abbringen; dies begründe mangels ausreichenden gesellschaftlichen Schadens im Ergebnis die Straflosigkeit des (versuchten) Suizids.

[175] *Beccaria*, XLI: „Ich [...] spreche nur von den Verbrechen, die aus der Natur des Menschen und aus dem Gesellschaftsvertrag hervorgehen, und nicht von den Sünden, deren Strafen, auch soweit sie zeitlich sind, nach anderen Grundsätzen als denen einer begrenzten Philosophie zu regeln sind." [...] „Wie die beständigen und so einfachen Gesetze der Natur nicht verhindern, dass die Planeten in ihrer Bahn sich stören lassen, so können inmitten der unzähligen und entgegengesetzten Anziehungskräfte von Lust und Schmerz Störungen und Unordnungen nicht durch menschliche Gesetze verhindert werden. Dennoch ist gerade dies der Wahn beschränkter Menschen, wenn sie zu befehlen haben. Das Verbot einer Menge indifferenter Handlungen bedeutet keine Vorbeugung gegen das Verbrechen, die daraus entstehen könnten; vielmehr bedeutet es, dass man deren neue schafft, bedeutet, dass man Tugend und Laster nach Belieben bestimmt, und sie werden uns doch als ewige und unveränderliche gepredigt. Wohin kämen wir, würde uns alles verboten, was zu einem Verbrechen Anlaß bieten kann? Man müsste dann den Menschen gar des Gebrauchs seiner Sinne berauben. Auf einen

genüber habe der Herrscher aber beispielsweise das Recht, ihm schädlich erscheinende Formen müßiger Lebensführung (sog. „politischen Müßiggang") unter Strafe zu stellen.[176]

b. *Liszt*

Liszt ordnet der Strafe eine „soziale Funktion"[177] zu und versteht daher das Verbrechen als die ihr zugrunde liegende „sozial-pathologische Erscheinung"[178], welche ihrerseits wesentlich von den flankierenden wirtschaftlichen Rahmenbedingungen abhänge; die „wirtschaftliche Lage eines Volkes"[179] beeinflusse das Entstehen von Verbrechen wesentlich, weshalb „die beste und wirksamste Kriminalpolitik" eine auf „Hebung der gesamten Lage der arbeitenden Klasse ruhig, aber sicher abzielende Sozialpolitik" sei.[180]

Auf der Grundlage des Verständnisses von Recht als „Interessensschutz"[181], von der Gesetzgebung als Mittlerin zwischen gesellschaftlicher Tradition und Erziehung[182] sowie von Strafe als „Waffe der

---

Beweggrund, der die Menschen zur Begehung eines wirklichen Verbrechens treibt, kommen deren tausend, die sie zu jenen indifferenten Handlungen treiben, die für schlechte Gesetze Verbrechen heißen; und wenn die Wahrscheinlichkeit der Verbrechen der Zahl der Beweggründe entspricht, so bedeutet die Erweiterung des Kreises der Verbrechen die erhöhte Wahrscheinlichkeit, dass sie begangen werden."

[176] *Beccaria*, XXIV: „Politischen Müßiggang nenne ich denjenigen, der weder durch Arbeit noch durch Reichtum einen Beitrag für die Gesellschaft leistet, der erwirbt, ohne jemals zu verlieren, [...]; der jenes Antriebs zu einem tätigen Leben entbehrt, welcher in der Notwendigkeit besteht, die Bequemlichkeiten des Lebens zu erhalten oder zu vermehren, und der Leidenschaft des Meinungsstreits, die nicht die schwächste ist, ihre ganze Energie beläßt."

[177] *Liszt* ZStW 3 (1883), S. 1 (33).

[178] *Liszt*, Verbrechen, S. 230 (Titel); *ders.*, Lehrbuch (7. Aufl.), § 13 I (S. 56).

[179] *Liszt*, Verbrechen, S. 230 (244).

[180] *Liszt*, Verbrechen, S. 230 (246).

[181] *Liszt*, Lehrbuch (7. Aufl.), § 12 I. (S. 49 f.): „Alles Recht ist um des Menschen Willen da. Es bezweckt den Schutz menschlicher Interessen. Interessenschutz ist das Wesen des Rechts; der Zweckgedanke die das Recht erzeugende Kraft. Die durch das Recht geschützten Interessen nennen wir Rechtsgüter. Rechtsgut ist also das rechtlich geschützte Interesse. Alle Rechtsgüter sind Lebensinteressen, Interessen des einzelnen oder der Gemeinschaft."

[182] *Liszt*, Lehrbuch (7. Aufl.), § 14 III.2. (S. 64): „Die Gesetzgebung hat mit den im Volke lebenden Rechtsanschauungen, den 'überlieferten Werturteilen' (*Merkel*), als einem mächtigen und wertvollen Faktor zu rechnen. Sie muß sich hüten,

Rechtsordnung“[183] gegen die Verletzung „besonders schutzwürdiger und besonders schutzbedürftiger Interessen“[184], könnten „alle Interessen ohne Ausnahme“ des „verstärkten Schutzes teilhaftig werden, welchen die Strafe verleiht“[185]. *Liszt* nennt in diesem Zusammenhang die „Vermögens- und Familienrechte, Leben und Staatsgebiet, die Stellung des Staatsoberhauptes wie die politischen Rechte des Bürgers, die Interessen der Staatsverwaltung und die der Aktiengesellschaften, die Geschlechtsehre des Weibes und die Sicherheit des Verkehrs“.[186]

Das Verbrechen im materiellen Sinn sei eine besonders gefährliche Interessensverletzung,[187] die durch eine Handlung begründet werde, „welche für dieses Volk zu dieser Zeit als Störungen seiner Lebensbedingungen“ erscheine.[188] Die besondere Gefährlichkeit des Angriffs könne im Wert verletzten Interesses liegen, wobei aber „nicht vergessen werden“ dürfe, „dass der Kreis der rechtlich geschützten Interessen selbst in steter Entwicklung begriffen“ sei.[189] Des Weiteren könne sich die Gefährlichkeit aus der „Art des Angriffes“ ergeben; *Liszt* führt hier beispielhaft die „Häufigkeit des Angriffes“ und das „Überhandnehmen gewisser Verbrechen“ an.[190] Zu verlangen sei aber auch ein inneres Moment des objektiven materiellen Verbrechens. Die „Verhängung des Strafübels“ dürfe wegen des Schutzbedürfnisses der „Freiheit des ein-

---

plötzlich mit ihnen zu brechen; sie darf aber auch nicht vergessen, dass sie die Rechtsanschauungen des Volkes vorsichtig zu leiten und allmählich zu erziehen im stande und berufen ist.“

[183] *Liszt*, Lehrbuch (7. Aufl.), § 13 I. (S. 55).

[184] *Liszt*, Lehrbuch (7. Aufl.), § 12 III. (S. 52): „Ist die Aufgabe des Rechts überhaupt der Schutz menschlicher Lebensinteressen, so ist die eigenartige Aufgabe des Strafrechts der verstärkte Schutz besonders schutzwürdiger und besonders schutzbedürftiger Interessen durch Androhung und Vollzug der Strafe als eines den Verbrecher treffenden Übels.“

[185] *Liszt*, Lehrbuch (7. Aufl.), § 13 I. (S. 55).

[186] *Liszt*, Lehrbuch (7. Aufl.), § 13 I. (S. 55).

[187] *Liszt*, Lehrbuch (7. Aufl.), § 43 I. (S. 168 f.); auch: Lehrbuch (16./17. Aufl.), § 44 I. 2. d) (S. 189): „Verbrechen ist der für die gegebene Rechtsordnung, nach Ansicht des Gesetzgebers, besonders gefährliche Angriff auf rechtlich geschützte Interessen.“

[188] *Liszt* ZStW 3 (1883), S. 1 (23/24): „[V]on allen anderen Arten des Unrechts hebt sich das peinliche Unrecht, das Verbrechen, scharf ab durch seine eigenartige Rechtsfolge, die Strafe. Es fragt sich, worin dieser Unterschied von den übrigen Unrechtsarten, diese Eigenart des Verbrechens begründet sei.“

[189] *Liszt*, Lehrbuch (7. Aufl.), § 43 II. (S. 170). Ausführungen zur Konkretisierung der Gefährlichkeit des Rechtsgutsangriffes finden sich in dieser Form in der 16./17. Aufl. des Lehrbuches nicht mehr.

[190] *Liszt*, Lehrbuch (7. Aufl.), § 43 II. (S. 170).

zelnen [...] im Rechtsstaate" nur dann erfolgen, „wenn der Täter seine feindliche Gesinnung durch eine bestimmte, gesetzlich genau umschriebene That bewiesen" habe.[191] Entscheidend sei jedoch „nicht die verbrecherische Gesinnung an sich, sondern die durch ein bestimmtes Verbrechen bewiesene Gesinnung"; hierin, also „in der durch die That bewiesenen verbrecherischen Gesinnung des Thäters" liege auch der Maßstab für die Strafe.[192]

Wenngleich das Verbrechen im materiellen Sinne eine solche Mischung aus objektiv besonders schwerwiegender Interessensverletzung und rechtsfeindlicher Gesinnung darstellt, unterscheide es sich dennoch grundsätzlich nicht von anderen Formen des Unrechts, etwa dem zivilrechtlichen: „Das kriminelle Unrecht ist nicht der Art nach von dem zivilen unterschieden."[193] Das Verbrechen teile mit dem Privatdelikt grundsätzlich „alle Merkmale", weshalb „jeder Versuch" abzulehnen sei, „einen tiefer greifenden, die Einheit des Unrechtsbegriffes selbst aufhebenden Unterschied aufstellen zu wollen."[194] Ob auf ein bestimmtes Verhalten die Sanktion Strafe folge, sei demnach ausschließlich Sache des Gesetzgebers, wobei „der Zweckgedanke allein die Grenzlinie" zöge.[195] Allerdings klammert *Liszt* Gefährdungs- und Ungehorsamsdelikte aus dem Privatrecht aus, wenn auch nicht aus zwingenden, sondern nur aus (nicht näher begründeten) zweckorientierten Gründen.[196] Es gebe zwar Unterschiede in der Schutzrichtung und der Rechtsfolge von Zivilunrecht („Rücksicht auf den Verletzten", individuelle „Genugtuung") auf der einen und Strafunrecht („Rücksicht auf die öffentliche Rechtsordnung", „Strafe") auf der anderen Seite; da aber beide Unrechtsformen letzten Endes der „Bekämpfung des Unrechts" dienten,

---

[191] *Liszt*, Lehrbuch (7. Aufl.), § 14 III. (S. 63 f.).

[192] *Liszt*, Lehrbuch (7. Aufl.), § 15 IV. (S. 68).

[193] *Liszt* ZStW 3 (1883), S. 1 (23/24).

[194] *Liszt*, Lehrbuch (7. Aufl.), § 43 Fn 1 (S. 169) [mit ausdrücklicher Ablehnung der *Hegelschen* Konzeption]; vgl. auch: Lehrbuch (16./17. Aufl.), § 44 I.2. (S. 189).

[195] *Liszt* ZStW 3 (1883), S. 1 (23/24).

[196] *Liszt*, Grenze, S. 26: „Das Verhältnis des privatrechtlichen zum strafrechtlichen Delikt ist sofort klar: von einer Verschiedenheit abgesehen, muß der Begriff des Delikts auf beiden Gebieten derselbe sein. Diese Verschiedenheit aber liegt darin, dass das Privatrecht sich damit begnügen kann (nothwendig ist auch das nicht), das Verletzungsdelikt in seinen privatrechtlichen Folgen zu regeln; eine Berücksichtigung des Gefährdungsdeliktes oder des bloßen Ungehorsamsdeliktes bleibt dem Privatrecht aus guten Gründen fremd."

gebe es selbst dort Überschneidungen, so dass keine scharfe Trennlinie existiere.[197]

Liszts Ansatz zum materiellen Verbrechensbegriff wird von zeitgenössischen Stimmen geteilt. *Hippel* etwa lehnt ebenfalls Versuche ab, einen trennscharfen materiellen Verbrechensbegriff zu bestimmen; nicht ontische, sondern allein „kriminalpolitische Gesichtspunkte" seien entscheidend;[198] auch *Franks* „Realdefinition" des Verbrechens stellt allein den Zweckgedanken in den Mittelpunkt.[199]

3. Das Grundproblem des intuitiv-offenen Sozialschädlichkeitsverständnisses

Die Ausführungen *Beccarias* und *Liszts* machen deutlich, dass die weitgehend undifferenzierte Berufung auf sozialschädliches Verhalten eine

---

[197] *Liszt*, Grenze, S. 27: „Privatrecht und Strafrecht unterscheiden sich aber in der Art des Schutzes, den sie gewähren, in den Rechtsfolgen, welche sie mit der Verletzung eines rechtlich geschützten Interesses verbinden. Hier überwiegt die Rücksicht auf die öffentliche Rechtsordnung, dort die auf den Verletzten. Hier ist die Rechtsfolge Strafe, d.h. eine Verletzung des Thäters in seinen rechtlich geschützten Interessen (Leben, Freiheit, Vermögen, Ehre); dort ist die Rechtsfolge die Genugthuung (weniger genau: der Schadensersatz), d.h. die volle Wiedergutmachung der dem Verletzten zugefügten Rechtsverletzung. Strafe und Genugthuung sind mithin begriffliche Gegensätze. Aber sie fallen unter den gemeinsamen höheren Begriff der Bekämpfung des Unrechts. Und darum ist es falsch, den Gegensatz der Begriffe in seiner vollen wissenschaftlichen Schärfe auch in der Gesetzgebung zur Durchführung bringen zu wollen. Die Verurtheilung des Verleumders zu einer mehrmonatigen Freiheitsstrafe ist zugleich eine Genugthuung für den Verleumdeten; und die Geldentschädigung, die der Schuldige an den Verletzten zu zahlen hat, dient zugleich dem Schutz der öffentlichen Rechtsordnung."

[198] *Hippel*, § 8, S. 87: „...[d]ie Anwendung der Strafe als Unrechtsfolge bestimmt sich nicht nach begrifflichen, sondern nach kriminalpolitischen Gesichtspunkten, nach den jeweiligen Bedürfnissen des Rechtsgüterschutzes.".

[199] *Frank*, S. 6: „Die Geschichte wie die Beobachtung zeigen nun, dass der Staat ein Verhalten nur dann verbietet und mit Strafe bedroht, wenn es (in Wahrheit oder nur vermeintlich) gegen ein Interesse verstößt. Verbrechen im materiellen Sinn ist daher die mit Strafe bedrohte Verletzung eines staatlichen Interesses. Der Staat hat aber nicht nur an sich selbst Interesse, sondern auch an der Gesellschaft und an den einzelnen. Daher bedroht er auch solche Handlungen mit Strafe, die unmittelbar nur deren Interessen verletzen. Indem er das tut, gewährt er ihnen seinen Schutz. Deshalb kann man das Verbrechen im materiellen Sinne auch bestimmen als die mit Strafe bedrohte Verletzung unmittelbar staatlicher oder vom Staat geschützter Interessen."

anhand objektiver Maßstäbe kaum zu überprüfende Strafgesetzgebung nach sich zieht; es verbleibt viel Raum für alle möglichen zweckorientierten Kriminalisierungsprozesse. So verstanden ist der Sozialschädlichkeitsgedanke keine Errungenschaft des rationalen Strafrechts; was früher reine Willkür des Souveräns war, wird durch den Zweckgedanken ersetzt, für den der Gesetzgeber weitgehend die alleinige Definitionshoheit besitzt.[200]

Nicht zu verkennen ist indes, dass *Beccaria* und *Liszt* versuchen, anhand objektiver Kriterien das intuitiv-offene Sozialschädlichkeitsverständnis zu typisieren. *Beccaria* nimmt etwa einen „Schadensvergleich" zwischen Auswanderung und Suizid vor, *Liszt* deutet das Verhältnis zwischen Interessensschutz und Angriffsgefährlichkeit an. Jedoch verbleiben diese Ansätze noch so weit im Allgemeinen, dass echte limitierende Gesichtspunkte für das ius puniendi nicht erkennbar werden. Das intuitiv-offene Element des Sozialschädlichkeitsansatzes wird zwar sprachlich umschrieben, aber nicht typisiert.

B. Rechtsgutsverletzung als Typisierungsversuch

Seit der Einführung des Begriffes „Gut" durch *Birnbaum* vor knapp 200 Jahren ist die Diskussion um den materiellen Verbrechensbegriff maßgeblich vom Rechtsgutsbegriff mitgeprägt worden.[201]

1. *Birnbaum* als Ausgangspunkt

„Wenn man das Verbrechen als Verletzung betrachten will, muss dieser Begriff naturgemäß nicht auf den eines Rechtes, sondern auf den eines Gutes bezogen werden."[202] - mit diesem Zitat markiert das Jahr 1834 eine Zäsur in der deutschen Strafrechtsentwicklung.[203] Fortan setzt sich – vor allem gegen *Feuerbach* – die Ansicht durch, dass das materielle

---

[200] Zu diesem Schluss kommt auch *Stemmler*, S. 187, der in seiner Untersuchung ungeschriebene Verfassungsschranken analysiert.

[201] Zur historischen Entwicklung des Rechtsgutsbegriffs (als Konkurrenzmodell zur *Hegel*-Schule im 19. Jahrhundert) gibt *Anastasopoulou*, S. 5 ff., einen guten Überblick.

[202] *Birnbaum* ArchCrim 1834 N. F., S. 155 (175/176).

[203] *Naucke*, Verbrechensbegriff, S. 269 (280): *Birnbaums* „Zufügung von nur einer Silbe" hatte „epochemachende Bedeutung".

Verbrechen nicht durch eine Rechts-, sondern eine Rechts*guts*verletzung charakterisiert sei.

Birnbaum's Ausgangspunkt ist das Verständnis vom Staat als paternalistischem Gemeinwesen („das gute Wesen der Staatsgewalt");[204] er führt aus, dass „bei allen Völkern [...] sowohl Gottesfurcht und gute Sitten, als die Erhaltung des äußerlichen Friedens, und zwar nicht bloß als Bedingungen der Rechtsordnung, sondern um ihrer selbst willen zu den Gegenständen" zählten, „für welche der Staat sorgen sollte".[205] Dies sei „insbesondere in den Gesetzen" offenbar, „nach welchen Gotteslästerung und Blutschande eben sowohl bestraft werden, als Mord und Diebstahl".[206] Hieraus sei zu schließen, dass schon „unsere Vorfahren" den Umstand, dass es beim Strafrecht letzten Endes um die „Interessen des Staates" gehe, „einigermaßen gefühlt" hätten.[207]

Deshalb sei unter dem „natürlichen Rechtsbegriffe des Verbrechens" das zu verstehen, „was nach der Natur des Strafrechts vernunftgemäß in der bürgerlichen Gesellschaft als strafbar angesehen werden" könne[208] – weil es um die „Verletzung oder Gefährdung eines durch die Staatsgewalt Allen gleichmäßig zu garantierenden Gutes" gehe.[209]

Dabei schränkt *Birnbaum* die Befugnis zur Strafrechtssetzung insofern ein, als die „allgemeine Gewährleistung" des Gutes nicht anders als durch „die Androhung einer bestimmten Strafe" beziehungsweise ihrer Vollstreckung zu erreichen sein dürfe;[210] Strafrecht ist also nach *Birnbaum* ultima ratio des Gesetzgebers.

---

[204] *Birnbaum* ArchCrim 1834 N. F., S. 149 (177): „Wie man auch immer über Rechtsgrund und Zweck des Staates denken mag, es wird sich mit verschiedenen Ansichten hierüber vereinigen lassen, wenn man annimmt, dass es zum guten Wesen der Staatsgewalt gehöre, allen im Staate lebenden Menschen auf gleichmäßige Weise den Genuß gewisser Güter zu gewährleisten, welche den Menschen von der Natur gegeben oder eben das Resultat ihrer gesellschaftlichen Entwicklung und des bürgerlichen Vereines sind."

[205] *Birnbaum* ArchCrim 1834 N. F., S. 149 (160/161) mit Hinweis auf *Falck*.

[206] *Birnbaum* ArchCrim 1834 N. F., S. 149 (161).

[207] *Birnbaum* ArchCrim 1834 N. F., S. 149 (161) mit Hinweis auf die Lehren des italienischen Kriminalisten *Rossi*.

[208] *Birnbaum* ArchCrim 1834 N. F., S. 149 (155).

[209] *Birnbaum* ArchCrim 1834 N. F., S. 149 (179).

[210] *Birnbaum* ArchCrim 1834 N. F., S. 149 (179).

Unter die sog. „Polizeiverbrechen" bzw. „Polizeiübertretungen"[211] seien zum einen fahrlässige Gutsgefährdungen, zum anderen Delikte gegen die Sitte, Sittlichkeit und Religion zu fassen;[212] eine materielle Abgrenzung zwischen dem „natürlichen Rechtsbegriff des Verbrechens" und den „Polizeiverbrechen" wird vor dem Hintergrund des einheitlich geltenden „staatlichen Interessenschutzes"[213] beziehungsweise der Annahme eines zu verteidigenden „Rechtes der Gesamtheit"[214] bei *Birnbaum* nicht gezogen.

Der Interessenschutz könne darauf hinauslaufen, „von jedem einzelnen Bürger zu verlangen, dass er sich im Interesse des Ganzen gewisser irreligiöser und unsittlicher Handlungen enthalte, und folglich auch, wenn das Vergehen derselben nicht anders verhindert werden kann, sie mit Strafe zu bedrohen".[215] Insbesondere durch „Handlungen, die das sittliche Gefühl eines ganzen Volkes empören", könne das Gemeinwesen angegriffen werden.[216]

Der Grundsatz, Strafrecht diene dem (Rechts-)Güterschutz[217], wurde also schon von *Birnbaum* in ein besonderes Verhältnis zur Sozialschädlichkeitslehre gesetzt, denn er selbst stellte unter Verweis auf den italienischen Strafrechtler *Carmignani* fest, dass sich seine, *Birnbaums*, Rechtsguts„idee" mit dessen Ansatz, nachdem der „gesellschaftliche Schaden" „die Natur des Verbrechens" ausmache, „einigermaßen vereinigen" ließe.[218] Beide Ansätze stehen also in einem engen Verhältnis zueinander („Wahlverwandtschaft"[219]).[220]

---

[211] *Birnbaum* ArchCrim 1834 N. F., S. 149 (167).
[212] *Birnbaum* ArchCrim 1834 N. F., S. 149 (164).
[213] *Birnbaum* ArchCrim 1834 N. F., S. 149 (161).
[214] *Birnbaum* ArchCrim 1834 N. F., S. 149 (166).
[215] *Birnbaum* ArchCrim 1834 N. F., S. 149 (166).
[216] *Birnbaum* ArchCrim 1834 N. F., S. 149 (167).
[217] Vgl. nur *Jescheck/Weigend*, § III. 1. (S. 7 mit weit. Nachw.).
[218] *Birnbaum* ArchCrimR N. F. 1834, S. 149 (176).
[219] *Naucke*, Verbrechensbegriff, S. 283.
[220] *Maurach/Zipf*, § 13 Rn 10: „Aus dieser Sicht ergibt sich, dass die Lehre von der Sozialschädlichkeit und vom Rechtsgüterschutz keine Gegensätze sind und auch nicht unverbunden nebeneinander stehen, sondern aufeinander bezogen sind. Rechtsgüter verstanden als schutzwürdige soziale Werte verleihen einem Straftatbestand seine Existenzberechtigung, die Bestimmung der Sozialschädlichkeit der das Rechtsgut angreifenden Verhaltensweisen bestimmt Inhalt und Umfang des Strafrechtsschutzes bei jedem Rechtsgut."; vgl. auch *Arzt*, S. 61.

2. Systemimmanente und systemtranszendente Funktion des Rechtsguts

Der Begriff des Rechtsgutes hat sich mittlerweile zu einem der zentralen Begriffe des Strafrechts entwickelt.[221] *Hassemer* bezeichnet die Funktion des Rechtsguts als Kriminalisierungsvoraussetzung gar als einen „Stern des rechtsstaatlichen Strafrechts"[222] und *Schünemann* befremdet es noch heute, dass ausgerechnet „das Prinzip der Begrenzung des Strafrechts durch den Rechtsgüterschutz nach 1949" vom Bundesverfassungsgericht „nicht aus der Asche des Dritten Reiches geborgen worden ist"[223].

Stimmen in der Literatur, die mit Blick auf die Auslotung möglicher Ausdehnungspotenziale des Strafrechts hervorheben, dass bis heute die Antwort darüber ausstehe, „warum eigentlich das Strafrecht nur Rechtsgüter schützen dürfe", existieren lediglich vereinzelt.[224]

In der wissenschaftlichen Diskussion werden dem Rechtsgut vor allem zwei Aufgaben zugeschrieben. Zum einen handele es sich um einen systemimmanenten Ordnungsbegriff (etwa bei der Unterteilung des StGB in Straftaten gegen das Leben, Straftaten gegen die körperliche Unversehrtheit etc.), zum anderen sei das Rechtsgut „strafrechtskritisch" (bzw. „systemkritisch").[225] Der Gedanke ist besonders von *Hassemer* hervorgehoben worden.[226] Danach ist das Rechtsgut in systemtranszendenter Hinsicht von seinen Ursprüngen her ein „negativer, straf-

---

[221] Vgl. statt Vieler: *MüKo* (*Freund*), Vor §§ 13 Rn 42: „Der Rechtsgutsbegriff ist wegen der anerkannten – und ausschließlich anzuerkennenden – Aufgabe des staatlichen Strafrechts, Rechtsgüter zu schützen, sowohl für die Bestimmung der Reichweite bestehender Strafvorschriften als auch für die Befugnis des Gesetzgebers, weitere Straftatbestände zu schaffen, von zentraler Bedeutung." (mit weit. Nachw.).

[222] *Hassemer*, Straftaten ohne Rechtsgut?, S. 57 (59).

[223] *Schünemann*, Rechtsgüterschutzprinzip als Fluchtpunkt, S. 133 (143).

[224] Vgl. *Kuhlen*, Deliktstypen, S. 148 (151 f.), der die Existenz von Straftaten ohne Rechtsgut (er nennt § 17 TierschutzG als Beispiel) nicht grundsätzlich abzulehnen scheint.

[225] *Hassemer*, Festschrift für *E. A. Wolff*, S. 101 (110): „Das Prinzip des Rechtsgüterschutzes verfolgt ein negatives Interesse, es ist strafrechtskritisch; [...] es fordert dazu auf, eine Strafdrohung zurückzunehmen." Kritisch *Schönke/Schröder* (*Lenckner/Eisele*), Vorbem. §§ 13 ff Rn 10 (mit weit. Nachw.); zusammenfassend *Anastasopoulou*, S. 8 ff.

[226] *Hassemer*, Theorie, S. 19 f.

rechtseinschränkender" Gedanke;[227] ihm wird eine „kritische Potenz" zugeschrieben, die die Grundlage für die materielle „Begrenzung staatlichen Strafens" bilden soll.[228]

3. Zur „Systemkritik" der systemtranszendenten Rechtsgutsfunktion

Die maßstabsbildende Funktion des Rechtsguts für „gute Kriminalpolitik" gilt heute als „unverzichtbar"[229]; u. a. daraus ergibt sich, dass dem Rechtsgutsbegriff „entscheidendes Potenzial rechtsstaatlicher Gesetzgebungskritik"[230] zugesprochen wird: „Vor dem Seziermesser der Rechtsgutsanalyse mitsamt der daran anknüpfenden Deliktsstrukturanalyse" könne „systemsprengende Überkriminalisierung" ihre „Blöße nicht verbergen".[231]

Nach *Hassemer* sind Kriminalisierungsprozesse, die sich nicht auf ein legitimes Rechtsgut berufen können, Ausdruck von „Staatsterror"[232], *Schünemann* spricht in diesen Fällen zumindest von einem „rechtsstaatlichen Skandalon"[233].[234]

Die dem Rechtsgut zugeschriebene „systemkritische" Bedeutung fußt auf der ihm zugewiesenen materiellen Limitierungsfunktion:[235] Das Rechtsgut beschränke die „staatliche Strafgesetzgebung" dergestalt, dass „Strafgesetze auf ihre materiale Richtigkeit und Gültigkeit hin" durch den Rechtsgutsbegriff als objektiven Maßstab überprüfbar würden;[236] zumindest stelle aber das Rechtsgut „als Strukturbegriff" eine „Richtschnur" dar „für die kritische Rekonstruktion" dessen, „was als ein strafwürdiger Angriff auf den Rechtsstatus eines Mit-Subjekts beur-

---

[227] *Hassemer*, Straftaten ohne Rechtsgut?, S. 57 (59).
[228] *Kudlich* JA 2007, S. 90 (90/91).
[229] *Hassemer*, Straftaten ohne Rechtsgut?, S. 57.
[230] *Roxin*, AT/1, § 2 Rn 13-50, 119; *Krüger*, S. 171.
[231] *Schünemann*, Rechtsgüterschutzprinzip als Fluchtpunkt, S. 133 (150).
[232] *Hassemer*, Straftaten ohne Rechtsgut?, S. 64.
[233] *Schünemann*, Verrückbare Grenzen, S. 18 (33).
[234] Demgegenüber wird aber mit Blick auf die Verhaltensdelikte auch für erwiesen gehalten, dass „ein Denken ohne geschütztes Rechtsgut bereichsweise unabdingbar ist", vgl. *Hefendehl*, Perspektive eines Rechtsgutsbefürworters, S. 286 (289).
[235] *AK* (*Hassemer*) Vor § 1; *derselbe* ZRP 1992, S. 378 (380), *Schönke/Schröder (Lenckner),* Vor §§ 13 Rn. 9 und 10 (mit weit. Nachw.).
[236] *Hassemer* ZRP 1992, S. 378 (380).

teilt werden" könne.[237] „Handfeste", „klar konturierte" und „gut kontrollierbare" Kriterien seien „ein Geschenk", das uns „nur Rechtsgüter" machten.[238] Damit finde auch eine „Entmetaphysizierung"[239] statt,[240] zumal das Rechtsgüterschutzprinzip seinen Beitrag dazu leiste, „Moralwidrigkeiten aus dem Strafrechtsbereich" hinauszuweisen.[241]

Daher gebe es „keine strafrechtliche Sanktion, welche nicht letztlich den Zweck" verfolge, „ein Rechtsgut vor Verletzungen oder Gefährdungen zu schützen".[242] Ein „inhaltlich aussagekräftiger, strafrechtsbegrenzender Rechtsgutsbegriff"[243] zwinge den Gesetzgeber dazu, „mit rational nachprüfbaren Argumenten den Beweis zu führen, dass er ein sozial wichtiges *bonum* durch den Deliktstatbestand schützt und dass sich dieser Strafrechtsschutz mit dem Gefüge der Wertentscheidungen der Rechtsgesellschaft in Einklang hält"[244]. Als Konsequenz einer so verstandenen Rationalisierungs- und Objektivierungsfunktion des Rechtsgutsbegriffs sei es dem Gesetzgeber neben den o. g. Beschränkungen vor allem verwehrt, „willkürliche Strafdrohungen" auszusprechen,[245] Kriminalisierungsvorgängen „rein ideologische Zielsetzungen" zugrunde zu legen oder „reine Moralwidrigkeiten" zu bestrafen[246].

4. Zur „Systemkritik" durch die systemimmanente Rechtsgutsfunktion

Eine Ausnahme macht *Krüger*. Er lehnt die systemtranszendente Limitierungsfunktion ab und plädiert dafür, die „Rationalisierungsfunktion"

---

237 *Kahlo*, S. 27 (30).
238 *Hassemer* wistra 2009, S. 169 (172).
239 *Hassemer* ZRP 1992, S. 378 (380).
240 Vgl. *Marx*, S. 63 (mit weit. Nachw.).
241 *Kühl*, Festschrift für *Otto*, S. 63 (73). Allerdings wird in diesem Zusammenhang zumindest eine Überschätzung der „praktischen Leistungsfähigkeit" des Rechtsguts konstatiert.
242 *Lampe*, Festschrift für *R. Schmitt*, S. 77 (84).
243 *Roxin*, AT/1, § 2 Rn 7 (S. 14).
244 *Otto*, AT § 1 Rn 40, S. 8.
245 *Roxin*, AT/1, § 2 Rn 10 (S. 15): „Willkürliche Strafdrohungen schützen keine Rechtsgüter und sind unzulässig. Es darf also z. B. nicht dem Bürger bei Strafe verboten werden, einem Geßlerhut oder irgendeinem sonstigen Symbol Referenz zu zollen. Denn das dient weder der Freiheit des einzelnen in einem freiheitlichen Staat noch der Funktionsfähigkeit eines auf solchen Prinzipien aufbauenden sozialen Systems."
246 *Roxin*, AT/1, § 2 Rn 10-12 (S. 15 f.).

an den „Vorgaben des positiven Rechts" zu orientieren; so nivelliere sich etwa die Unterscheidung der konkreten von den abstrakten Gefährdungsdelikten dann nicht, wenn ein „hinreichend klar" konturierter Rechtsgutsbegriff seine Funktion wahrnehme; zudem wirke die Rationalisierungsfunktion des Rechtsgutsbegriffs auf der Ebene der Sanktionsnorm (zur Abstimmung der Strafrahmen bei einem vergleichbaren Unrechtsgehalt verschiedener Verletzungshandlungen bzw. Angriffsrichtungen).[247]

5. Einheitlicher Rechtsgutsbegriff?

Dass „Rechtsgüterschutz als zentrale Aufgabe des Strafrechts"[248] verstanden wird, ist heute überwiegend anerkannt. Allerdings erstreckt sich diese Einigkeit nicht auf die Definition des Begriffes „Rechtsgut".

Die Liste der vertretenen Begriffe ist lang. So wird von „werthaften Funktionseinheiten"[249], von „positiv bewerteten Sachverhalten", die [...] „rechtlichen Schutz genießen"[250] oder von „Gegenständen, die der Mensch zu seiner freien Selbstverwirklichung braucht"[251], gesprochen. Andernorts stehen die „Eigenschaften von Personen, Sachen oder Institutionen, die der freien Entfaltung des Einzelnen dienen"[252], die „als wertvoll empfundenen Sachverhalte und von ihnen ausgehende Achtungsansprüche"[253] beziehungsweise als „sozial wertvoll erkannte Lebensgüter, die speziell unter dem besonderen Schutz des Strafrechts stehen"[254] oder die „von der Gesamtheit oder den maßgebenden Schichten der staatlichen Gemeinschaft anerkannten Interesse[n]"[255] im Mittelpunkt. Weitere Definitionen des Rechts- bzw. Strafrechtsgutes sind:

- „Lebensgüter, Sozialwerte und rechtlich anerkannte Interessen des einzelnen oder der Allgemeinheit, die wegen ihrer besonderen Bedeutung für die Gesellschaft Rechtsschutz genießen",[256]

---

[247] *Krüger*, S. 115 f.
[248] *Anastasopoulou*, S. 5 (mit weit. Nachw.).
[249] SK-StGB (*Rudolphi*), Vor § 1 Rn 8.
[250] *Jakobs* AT, Abschn. 2 Rn 12.
[251] *Marx*, S. 62.
[252] *Kindhäuser*, Strafrechtsgut, S. 29 (35).
[253] *Köhler*, Kapitel 1. 2. 2, S. 24; *Schmidhäuser*, AT, 5. Kapitel Rn 27.
[254] *Schönke/Schröder (Lenckner)*, Vor §§ 13 Rn 9.
[255] *Maurach/Zipf*, Strafrecht AT, 181.
[256] *Wessels/Beulke*, § 1 I. 2. Rn 7 (S. 2).

- „rechtlich geschützte abstrakte Werte der Sozialordnung, an deren Erhaltung die Gemeinschaft ein Interesse hat und die entweder dem einzelnen oder der Gesamtheit als Träger zugeordnet werden können“,[257]

- „verletzbare reale Gegebenheiten, die sich in der historischen Situation als personale Entfaltungsvoraussetzungen und Entfaltungsbedingungen darstellen“,[258]

- „Gegebenheiten oder Zwecksetzungen, die dem einzelnen und seiner freien Entfaltung im Rahmen eines auf dieser Zielvorstellung aufbauenden sozialen Gesamtsystems oder dem Funktionieren dieses Systems selbst nützlich sind“,[259]

- „bestimmte, in den einzelnen Tatbeständen näher beschriebene, reale Beziehungen der Person zu konkreten von der Rechtsgemeinschaft anerkannten Werten, 'sozialen Funktionseinheiten', in denen sich das Rechtssubjekt mit Billigung durch die Rechtsordnung personal entfaltet“,[260]

- „inhaltsbestimmte, strafgesetzlich anerkannte (d. h. bei Strafdrohung garantierte) Daseinselemente äußerer, selbständigkeitsermöglichender Freiheit von Rechtssubjekten, die diese handlungswirksam, mittels ihrer je aktuellen Praxis gegenseitiger Anerkennung, selbst immer wieder mit konstruieren“.[261]

6. Systemkritik durch Interessenschutz?

Der kleinste gemeinsame Nenner aller Definitionen liegt in dem Gedanken begründet, dass alle legitimen staatlichen Interessen zum Rechtsgut erklärt werden können.[262] Das „systemkritische“ Potenzial

---

[257] *Jescheck/Weigend*, § 26 I.2 (S. 257 f.).
[258] *Hassemer*, Grundlinien, S. 85 (91); *Hohmann*, GA 1992, S. 76 (77).
[259] *Roxin*, AT/1, § 2 Rn 7 (S. 16).
[260] *Otto*, AT § 1 Rn 32, S. 6.
[261] *Kahlo*, S. 27 (29).
[262] Vgl. auch *Seher*, Strafnormlegitimation, S. 39 (56): „Der Rechtsgutsbegriff ist kein Primär-Instrument der Strafnormlegitimation (...) Als Rechtsgut lässt sich jeder Gegenstand (Interesse, Ressource oder Wert) verstehen, der im einschlägigen, prinzipiengestützten Diskurs als legitimerweise strafrechtlich schützenswert anerkannt wurde. Damit gibt der Rechtsgutsbegriff dem herausgehobenen strafrechtlichen Status bestimmter Gegenstände Ausdruck.“ Trotz dieser Analy-

eines solchen Substrats, welchem nach fast zwei Jahrhunderten Auseinandersetzung mit dem Rechtsgutsbegriff keine über das *Beccaria'sche* Verständnis von Sozialschädlichkeit hinausreichende Bedeutung zukommt, dürfte gering sein.[263]

7. Systemkritik durch die sog. personale Unrechtslehre?

Es fällt auf, dass bei den Rechtsgutsbestimmungen zunehmend das Individuum sprachlich in das Zentrum der Definitionen gerückt wird, ein Gedanke, der von den Vertretern der *personalen Rechtsgutslehre* (vor allem *Hassemer*[264]) in der Diskussion verankert wurde.[265]

Allerdings bleiben Universalrechtsgüter grundsätzlich anerkannt.[266] Zwar kann der Begründungsaufwand für ihre Legitimation aufwändiger

---

se will *Seher* jedoch einen „klassischen systemkritischen Gehalt" erkennen, weil der Rechtsgutsbegriff „in akzeptierten kritischen Prinzipien" wurzele (a. a. O., S. 56); Bloße „Störungen" ließen sich von „Schädigungen präzise abgrenzen, wenn man hervorhebt, dass eine Schädigung – als Verletzung des Interesses – einen bedeutungsvollen Baustein in der individuellen Lebensplanung beeinträchtigt". (a. a. O., S. 49). Vgl. auch *Kindhäuser*, Gefährdung als Straftat, S. 19, der in Ansehung verschiedener Rechtsgutsbegriffe „jedenfalls" nur dann von einem „Gut" sprechen will, „wenn es einen Wert besitzt, wenn es also jemandem von Nutzen ist".

[263] Überraschenderweise erkennt *Neumann*, Alternativen, S. 85 (93), gerade im Begriff des Interesses das entscheidende Merkmal, das der Weite des (personalen) Rechtsgutsbegriffes entgegenstehe: „"Der entgegen gesetzte Vorwurf, der Rechtsgutsbegriff sei zu weit, um auch nur im theoretischen Modell eine relevante Begrenzung des Strafrechts leisten zu können, trifft eine Konzeption nicht, die das Rechtsgut konsequent an den Begriff des Interesses zurückbindet, das Rechtsgut als rechtlich zu schützendes Interesse versteht."

[264] *Hassemer* gilt als der Begründer der personalen Rechtsgutslehre, vgl. Nachweise bei *Stächelin*, S. 69 (auch zur Bedeutung von *Marx* und *Hohmann* in diesem Zusammenhang).

[265] Vgl. u. a. *Sternberg-Lieben*, Freiheit des Strafgesetzgebers, S. 65 (67).

[266] Vgl. aber *Stratenwerth*, Kollektivrechtsgüter, S. 255 (260): „Der Begriff der Kollektivrechtsgüter ist entbehrlich. Entweder schützt ein Gesetz mehr oder minder handfeste individuelle Interessen, vielleicht zahlreicher, möglicherweise auch unbestimmter oder gar aller Einzelner, dann müssen wir kein Universalrechtsgut erfinden, um die Strafnorm zu rechtfertigen (die natürlich immer noch mehr oder minder sinnvoll sein kann). Oder es stehen ganz andere, uns als Gesamtheit betreffende normative Grundentscheidungen in Frage, dann müssen wir sie als solche diskutieren, mitsamt den Gründen, die für oder gegen ihre strafrechtliche Absicherung sprechen können. Und das sollten wir unbelastet vom Rechtsgutsdogma tun."

ausfallen; es wird von Vertretern der personalen Rechtsgutslehre aber geradezu als Verdienst dieser Auffassung begriffen, „aufgezeigt zu haben, dass alle strafrechtlich zu schützenden Werte vom Bezugspunkt Individuum abgeleitet werden können“.[267] Auch der personale Rechtsgutsbegriff müsse für „politische Ermessensentscheidungen“ offen sein.[268] Solange alle kollektiven Rechtsgüter auf individuelle zurückführbar seien, stehe „ihrer Integration in das Modell der personalen Unrechtslehre nichts im Wege“.[269] Nur dann, wenn das kollektive Rechtsgut „wirklich als eigenständiges und nicht als abgeleitetes Schutzgut verstanden“ werde, sei ihm „mit Misstrauen zu begegnen“.[270]

Damit entfaltet auch die personale Rechtsgutslehre kein höheres abstrakt-generelles Begrenzungspotenzial für die staatliche Strafgewalt, denn die Integration von Universalbegriffen wie „Umwelt“ in die „monistisch personale Konzeption der Rechtsgüter“[271] hängt praktisch von der semantischen Petitesse ab, ob man das Interesse „um seiner selbst willen“ oder in Bezug auf die Bedürfnisse von Personen *formuliert.* Die personale Rechtsgutskonzeption ist deshalb nicht „systemkritischer“ als andere Rechtsgutsansätze.[272]

8. Rechtsgutsbeispiele

Abgesehen von den „klassischen“ Rechtsgütern wie Leib, Leben, Freiheit oder Eigentum gibt es als Folge des beschriebenen Rechtsgutsverständnisses eine Vielzahl von staatlichen Sanktionsprozessen (im Straf- und Ordnungswidrigkeitenrecht). Hierzu einige Beispiele:

So stehe das Wirtschaftsstrafrecht auf der Grundlage des abstrakten Vertrauens in die geltende Wirtschaftsordnung insgesamt oder in ein-

---

267 *Stächelin*, S. 75.
268 *Sternberg-Lieben*, Freiheit des Strafgesetzgebers, S. 65 (69).
269 Vgl. jüngst *Neumann*, Alternativen, S. 85 (91) m. weit. Nachw.
270 *Neumann*, Alternativen, S. 85 (91).
271 *Stächelin*, S. 68 (m. weit. Nachw.).
272 *Krüger*, S. 76: „Die Konsequenz der personalen Rechtsgutslehre besteht demnach in einer bloßen Umformulierung, in der lediglich der Bezug zur Person hergestellt wird, ohne dass hierdurch etwas an begrifflicher Präzisierung gewonnen wäre.“; *Müssig*, S. 206: „(U)nergiebig ist es allerdings, Rechtsgüter allein vom Individuum her zu funktionalisieren, um auf diese Weise die Entmaterialisierung des Rechtsgutsbegriffs aufzufangen: Jedes Universalrechtsgut lässt sich auf einem entsprechenden Abstraktionsniveau in einem personalen Sinne deuten, d. h. auf Individuen beziehen.“

zelne ihrer Institute bzw. in den Bestand und die Arbeitsweise dieser Wirtschaftsordnung.[273] Weitere Rechtsgutskonzepte für das Wirtschaftsstrafrecht sind u. a.: das „Interesse der Staatsbürger an funktionierenden Wettbewerbsbedingungen“,[274] das „Funktionieren des Kapitalmarktes“[275] oder das „Vertrauen in den Kapitalmarkt“[276].

Der Verbraucher habe ein strafrechtlich schützenswertes Vertrauen „in den Erwerb von reinem, naturbelassenem Wein“.[277] Das „Pietätsempfinden von Angehörigen Verstorbener und die über den Tod fortwirkende Menschenwürde“[278] werden ebenso als legitime Kriminalisierungsgrundlagen angesehen wie die Rechtsgüter „Allgemeininteresse an wirkungsvoller staatlicher und privater Hilfe“[279], „psychisches Klima“ zur Nichtbegehung von Straftaten[280], „staatliche Eheordnung“,[281] „Sportethos“[282] oder „Volksgesundheit“[283].

---

[273] *Otto* MSchrKrim 1980, 397 (399/400) i. V. m. Fn 15 des Aufsatzes, in der *Otto* den Begriff der Abstraktheit ergänzt.

[274] *Gercke/Wollschläger* wistra 2008, S. 5 mit weit. Nachw.

[275] *Hassemer* wistra 2009, S. 169 (172).

[276] Rechtsgut des § 264a StGB; krit. hierzu *F. Herzog*, Nullum Crimen, S. 126 f.: „§ 264a schützt kein Strafrechtsgut“.

[277] *BVerfG* NStZ 1985, 173: „Eine zu missbilligende Täuschung des Verbrauchers kann [...] auch dann vorliegen, wenn der Wein, dessen Qualität durch die Beigabe scheinbar „angehoben“ worden ist, zu demselben Preis verkauft wird, den er ohne Beigabe – und damit auf der ihm eigentlich zustehenden Qualitätsstufe – nach den Regeln des Marktes Wert wäre. In einem solchen Fall wird ein Vermögensschaden i. d. R. nicht vorliegen. Dennoch ist der Verbraucher durch die Täuschung möglicherweise dazu veranlasst worden, gerade diesen – vorgeblich preiswerten – Wein statt eines echten Weines der erstrebten Qualitätsstufe zu erwerben. Das Grundgesetz verbietet es nicht, in dem solchermaßen enttäuschten Vertrauen ein Rechtsgut zu erblicken, welches des strafrechtlichen Schutzes bedürftig ist.“

[278] BT-Drs. 10/3358; *BVerfGE* 30, 194; kritisch insgesamt zum strafrechtlichen „Gefühlschutz“: *Seelmann*, Festschrift für *E. A. Wolff*, S. 481 (492).

[279] Neben dem ungestörten und verlässlichen Funktionieren von Notrufzeichen und –einrichtungen, *Fischer*, § 145 Rn 2.

[280] Vgl. *Lackner/Kühl*, § 140 mit weit. Nachw., auch zu anderen „Klimadelikten“; *Jakobs*, s. u. Teil 2 III. M. 1.

[281] *Lackner/Kühl*, § 172 Rn. 1 (mit weit. Nachw. zur Rechtsgutskritik).

[282] *Cherkeh/Momsen* NJW 2001, S. 1745 (1752) sehen im Sportethos den tauglichen Anknüpfungspunkt einer Rechtsgutsbestimmung, die die Grundlage für die Pönalisierung des Dopings im Sport sein soll; Wesenskerne des Sportethos seien das Fairplay, die Chancengleichheit und die Glaubwürdigkeit im Leistungssport (a. a. O., S. 1748). Die Notwendigkeit, Doping zu bestrafen, ergebe sich durch die Gefährdung der moralisch-wertbildenden Funktion des Sports; dem Ultima-

9. Keine systemkritische Funktion der Rechtsgutslehre

Eine dem Prinzip des Rechtsgüterschutzes zugeschriebene systemkritische Funktion bedürfte mindestens Klarheit über den Begriff des Rechtsgutes selbst, und zwar in handhabbarer Weise; *Hassemer* hebt in diesem Zusammenhang hervor, dass der Rechtsgutsbegriff inhaltlich „realitätsnah“, „abgrenzend scharf“ und „allgemein verständlich“ sein muss, also insbesondere frei von „wolkigen Generalisierungen“.[284]

Ratio-Gedanken werde dadurch Rechnung getragen, dass die Sportverbände bzw. die Sportgerichtsbarkeit als originär zuständige Instanzen überfordert seien, weshalb die „systemgerechte strafrechtliche Absicherung“ erforderlich werde (a. a. O., S. 1746). Kritisch hierzu *Kargl* NStZ 2007, S. 489 (495).

[283] Vgl. BGHSt 37, 179 (182); hierzu kritisch *Wohlers*, Deliktstypen: „Gegen die Verwendung des Begriffs der Volksgesundheit ist einzuwenden, dass von einem über die Summe der Körper der einer Gesellschaft angehörigen jeweiligen Einzelindividuen hinausgehenden, gesonderten „Volkskörper“ allenfalls in einem metaphorischen Sinne gesprochen werden kann, die Volksgesundheit mithin nichts anderes ist bzw. sein kann, als die Bezeichnung für die Summe der Gesundheit der einzelnen Gesellschaftsmitglieder. Das Schlagwort des Schutzes der Volksgesundheit ist damit begrifflich ungeeignet, die im Gesetzgebungsverfahren für die Pönalisierung des Umgangs mit Betäubungsmitteln genannten Zielsetzungen adäquat zu erfassen.“ (mit weit. Nachw.); krit. auch *Schünemann*, Verrückbare Grenzen, S. 18 (30), der zudem die Wechselwirkung von abstraktem Gefährdungsdelikt und die Einschränkung der allgemeinen Handlungsfreiheit betont – eine sorgfältige Abwägung der Grundrechte der Bürger „erzwinge“ starke Einschränkungen des Drogenstrafrechts zumindest dann, wenn es nicht um Fälle des Schutzes von Jugendlichen oder Suchtkranken gehe.

[284] *Hassemer*, Straftaten ohne Rechtsgut, S. 64, stellt diese Vorgaben auf, die ein moderner Rechtsgutsbegriff erfüllen soll: „...Statt dessen möchte ich nur drei Kriterien formulieren, denen ein hinreichender Begriff des Rechtsgutes heute genügen sollte:

- Der Begriff des Rechtsgutes sollte realitätsnah sein: Es geht beim Rechtsgut um ein richtiges Verhältnis von Recht und Leben, um eine tragfähige Brücke zu den „wirklichen“ Gütern der Menschen heute; das fordert den klugen Einbau von Lebensbedingungen der modernen Vergesellschaftung, also vor allem universellen Interessen, in das System der Rechtsgüter.
- Der Begriff des Rechtsgutes sollte abgrenzend scharf sein: Es geht um Schranken von Eingriffen in die menschliche Handlungsfreiheit, um ein freiheitsschützendes Konzept also; das verlangt präzise Differenzierungen der Gegenstände und sachnahe Bezeichnungen.
- Endlich sollte der Begriff des Rechtsguts allgemein verständlich sein: Er muss die demokratische Kontrolle des Strafgesetzgebers erleichtern, ja er muss sie zuerst einmal ermöglichen; das verbietet wolkige Generalisierungen, unter denen kein Mensch sich etwas vorstellen kann.“

Diesen Anforderungen wird das heutige Begriffsverständnis vom strafrechtlichen Rechtsgut nicht gerecht.[285] Es beginnt schon damit, dass es bislang in der Kriminalwissenschaft nicht gelungen ist, sich überhaupt auf eine allgemein anerkannte Definition zu verständigen. Die Definitionsansätze oszillieren zwischen „klassischer Strenge" und „einer Weite, die den Begriff beliebig und damit im kritischen Diskurs wertlos werden" lässt.[286] Daher liegt auch der neuralgische Punkt bei der – richtigerweise eingeforderten – scharfen Abgegrenztheit, die jedoch bis heute nicht gelungen ist. Die Mahnung *Hassemers*, der in „wolkigen Generalisierungen" die entscheidende Gefahr sieht, ist damit Realität geworden; als Folge besteht die limitierende Funktion des Rechtsgutsbegriffes jenseits der Theorie „im Rechtsalltag tatsächlich nicht".[287]

Nur wenige Rechtsgutsbeispiele verdeutlichen bereits, wie sehr das Prinzip des Rechtsgüterschutzes von seiner ihm zugeschriebenen limitierenden Funktion entfernt ist. Strafrecht ist auf dieser Grundlage „wurzellos und mit der Herrschaft des Objekthaften dem empirischen Zufall überantwortet".[288] Besonders offensichtlich wird dies bei den sog. Vertrauensrechtsgütern, die in hohem Maße strafbarkeitsausweitend wirken, weil der Gesetzgeber zu allen möglichen Lebenssachverhalten ein strafrechtlich schützenswertes Vertrauen der Allgemeinheit behaupten kann.[289]

Auch *Hefendehls* Versuch, Scheinrechtsgüter[290] (z. B. „Vertrauen in die Geltung der Rechtsordnung"[291], „Verkehrssicherheit"[292]) auf der einen

---

[285] Vgl. *Frisch*, Legitimation staatlichen Strafens, S. 215 (216), der in der „Vagheit" des Rechtsgutsbegriffs die Ursache für „eine doch eher bescheidene Grenzfunktion" sieht.

[286] *Seher*, Strafnormlegitimation, S. 39.

[287] *Bunzel*, S. 96 (99).

[288] *Wolff*, S. 137 (153).

[289] *Kargl*, Vertrauen, S. 41 (85): „Der Versuch, Universalrechtsgütern durch die Vertrauenskomponente einen individualistischen Geist einzuhauchen, ist gründlich misslungen. Der umgekehrte Versuch, Individualrechtsgüter mit einem kollektiven Vertrauensinteresse zu kombinieren, belebt die Spirale der Güterproduktion und hält kritischen Nachfragen ebenfalls nicht stand. Sowohl unter dem Aspekt der Legitimität als auch unter dem Aspekt der Legalität spricht die Anzahl der Defizite dafür, auf die Implementierung von Vertrauensschutzgütern gänzlich zu verzichten."

[290] Unter Scheinrechtsgütern werden hier „Phänomene" verstanden, „bei denen die Umgangssprache durch Verdinglichung und verfremdete Perspektiven verschleiert, dass sie letztlich nichts anderes als Verhaltensnormen oder gar nur einen

Seite zu entlarven und legitime Vertrauensrechtsgüter (z. B. „Vertrauen der Bevölkerung in die Gesetzmäßigkeit und Sachlichkeit der staatlichen Verwaltung“[293]) auf der anderen Seite zu formulieren, verspricht keinen längerfristigen Gewinn kritischen Potenzials der Rechtsgutslehre. Selbst wenn der Gesetzgeber der kritischen Herangehensweise *Hefendehls* in der Sache folgte, wäre auf Dauer eine nur sprachliche Anpassungsreaktion in den Gesetzesbegründungen wahrscheinlich. Die bislang eher grob geschnitzten „Scheinrechtsgüter“ würden sprachlich so umformuliert (z. B. konkreter auf das Vertrauen in staatliche Institutionen bezogen), dass der weitgehende Verlust des kritischen Potenzials von *Hefendehls* Ansatz in ähnlicher Weise die Folge wäre, wie es schon bei der personalen Rechtsgutslehre der Fall ist.

Das Kritische eines im Kern intuitiv-offen an Werten und Interessen ausgerichteten Rechtsgutsverständnisses ist vor diesem Hintergrund allenfalls als Idee zu bezeichnen. Das „Strafrechtskritische“ beruht vielmehr auf allgemeinen rationalen Erwägungen oder Änderungen in der Sozialmoral;[294] aus dem Rechtsgutsbegriff selbst ist kritisches Potenzial jedenfalls nicht abzuleiten, im Gegenteil: Das Prinzip des Rechtsgüterschutzes weist in die Richtung einer autoritär wahrgenommenen Definitionsmacht des paternalistischen, „Lebensqualitäten verwaltenden Sozialstaats“.[295] Vor diesem Hintergrund verwundert es, wie vehement die

---

Aspekt ihrer Geltung als Rechtsgut bezeichnen.“, vgl. *Amelung*, Begriff des Rechtsguts, S. 155 (171).

[291] *Hefendehl*, Kollektive Rechtsgüter, S. 379.

[292] *Hefendehl*, Perspektive eines Rechtsgutsbefürworters, S. 286 (287).

[293] *Hefendehl*, Kollektive Rechtsgüter, S. 321; zu Vertrauensrechtsgütern im Recht der Kreditwirtschaft vgl. auch *Hefendehl*, Angelpunkt einer Strafnorm, S. 119 (123).

[294] So auch *Wohlers*, Deliktstypen, S. 279, der dem Rechtsgutsbegriff einen eigenständigen materiellen Gehalt abspricht und das systemkritische Potenzial des Rechtsgutes in der „normativen Verständigung einer Gesellschaft“ beim Umgang mit den gesetzgeberischen Zielen verortet, die „mit dem Erlass einer Strafnorm“ verfolgt worden seien; *derselbe*, Perspektive eines Rechtsgutsskeptikers, S. 281.

[295] *Jakobs*, AT, 2. Abschn. Rn 11: „Je mehr das Vertrauen schwindet, die Voraussetzungen des Lebens und der Lebensgestaltung der Bürger würden sich auf natürlichem Wege, durch Selbststeuerung des Marktes oder sonst ohne finale Regulierung einstellen, um so häufiger übernimmt der Staat die Verwaltung dieser Voraussetzungen und erstreckt bei seiner finalen Regulierung auch den Strafrechtsschutz auf diese Voraussetzungen, die dabei in den Rang von Rechtsgütern einrücken: Umwelt, Volksgesundheit etc. Dem Prinzip nach ist das keine Neuigkeit; schlechthin jede Institutionalisierung von Staatstätigkeit kann zum Rechts-

systemkritische Funktion des Rechtsgutes immer noch behauptet wird.[296]

Soweit *Krüger* eine sich auf Tatbestand und Rechtsfolgenseite einer Strafnorm beziehende Rationalisierungsfunktion durch das Rechtsgut *aus dem positiven Recht* herleiten will,[297] kann dies ebenfalls nicht überzeugen,[298] denn die der Strafzumessung zugrunde gelegten normativen Entscheidungen sind bereits gefallen; das Rechtsgut kann für die staatliche Strafgewalt *im positiven Recht* schon deshalb vom Ansatz her keine systemkritische Funktion entfalten.

10. Tradierte Fehldeutungen

Speziell die Betrachtung der historischen Wurzeln des Rechtsgutsbegriffs wirft die Frage auf, ob das überwiegend positive Verständnis vom systemkritischen Rechtsgut auf Fehldeutungen beruht.[299]

---

gut werden; die modernen Staatsziele stehen insoweit den klassischen (äußere und innere Sicherheit) gleich. Aber die neuen Güter weisen quantitative Besonderheiten auf, die den Rechtsgutsbegriff verwässern: Ihre Grenze zum Sozialadäquaten ist, wenn sie scharf ist, sachlich willkürlich (verbotene contra allgemein akzeptierte Rauschgifte) und ansonsten ein solchermaßen vages Produkt von Regierungs- und Verwaltungsermessen, dass der Schutz des Guts hinter dem Schutz der Durchsetzbarkeit von Entscheidungen zu verschwinden droht (Umwelt)."

[296] *Hefendehl*, GA 2007, S. 1(3/4) hebt z. B. die beeindruckenden Konsequenzen hervor, die *Roxin* dem strafrechtskritischen Element der Rechtsgutslehre zuspricht, betont aber gleichzeitig, dass dessen Begriffsdefinition selbst („*Gegebenheiten oder Zwecksetzungen, die dem einzelnen und seiner freien Entfaltung im Rahmen eines auf dieser Zielvorstellung aufbauenden sozialen Gesamtsystems oder dem Funktionieren dieses Systems selbst nützlich sind", Roxin, a. a. O., Rn 7, S. 16*) nicht mehr als „grobe Leitlinien" seien – „al fresco gemalte Pinselstriche", deren „konstruktives oder kritisches Potenzial gering" sei.

[297] *Krüger*, S. 115 (171); ähnlich *Müssig*, S. 230, der das Rechtsgut ebenfalls als bloßen Begriff der Rechtsdogmatik versteht, mit immerhin noch „eingeschränkter kritischer Potenz".

[298] Kritisch auch *Gaede*, S. 183 (194).

[299] So kommt auch *Sina* in seiner Untersuchung zum Begriff des Rechtsgutes von 1962 – immerhin fast 130 Jahre nach *Birnbaum* – zu dem Schluss, dass es erst noch gelingen müsse, einen „materiellen Rechtsgutsbegriff" zu formulieren, „der im Einklang mit seinem entstehungsgeschichtlichen Verständnis im Verbrechensbegriff diejenige Stellung einnimmt, die ihm unser Denken – wie die Dogmengeschichte zeigt – seit Beginn der freiheitlich-rechtstaatlichen Straf-

Bis zu *Birnbaums* Hinzufügung der Silbe „Gut" schlug sich die Kriminalpolitik seit der Aufklärung mit der Begrenztheit des Begriffs „Rechtsverletzung" herum, der sich nur schwer zur Strafbewehrung überindividueller Interessen heranziehen ließ. So versuchte beispielsweise *Feuerbach* „nicht haltbar"[300], die Legitimation des Meineids als Sonderform des Betruges zu konstruieren.[301]

Birnbaum befreite nun die Kriminalpolitik von dem sperrigen Begriff der Rechtsverletzung und ermöglichte mit dem Begriff „Gut" eine flexible und gleichzeitig systematisch bruchlose Ausdehnung des Strafrechts jenseits des Individuellen auf der semantischen Grundlage eines zweckorientierten und moralphilosophischen Terminus. Es war von Anfang an erkennbar *Birnbaums* Ziel, mit der Einführung des Begriffes „Gut" die flexible Ausdehnung des Strafrechts zu ermöglichen.[302] Dass der Terminus in diesem Zusammenhang treffend gewählt war, zeigen die glücklosen Versuche seitdem, ihn als strengen Limitierungsbegriff umzufunktionieren. Auch wenn bis heute Interpretationen der Beweggründe *Birnbaums* auf sein angeblich kritisches, strafrechtseingrenzen-

---

rechtsgeschichte zuweist", *Sina*, S. 103; kritisch auch *Amelung*, Begriff des Rechtsguts, S. 155 (159).

[300] *Hefendehl*, Kollektive Rechtsgüter, S. 12.

[301] *Feuerbach*, § 418.

[302] Vgl. auch *Murrmann*, S. 78 (mit weit. Nachw., insb. zu *Birnbaum*), der zum Aspekt der Selbstverantwortung vor dem Hintergrund des Übergangs von der Rechtsverletzungslehre zur Rechtsgutsverletzungslehre die überindividuelle Ausdehnungstendenz der Gutslehre analysiert: „Der individualistische Ausgangspunkt der Rechtsverletzungslehre wird so zurückgedrängt. Der Staat *gewährt* Güter und er erkennt ihre Schutzbedürftigkeit an, ohne dass ein Ableitungszusammenhang vom Individuum diese Mächtigkeit legitimieren müsste. Dies wird anschaulich, wenn *Birnbaum* 'Gottesfurcht und gute Sitten' nicht bloß als Bedingungen der Rechtsordnung, sondern um ihrer selbst willen zu den Gegenständen rechnet, für welche der Staat sorgen sollte." Dies lasse sich durch „die Entwicklungsgeschichte des gemeinen deutschen Strafrechts, und diejenigen Gesetze, welche noch heutzutage als dessen Hauptquellen anzusehen sind, bestätigt annehmen. Der Rechtsgutsbegriff ist weit eher als das Erfordernis der Verletzung eines (subjektiven) Rechts dazu in der Lage, eine Entindividualisierung des Verbrechensobjekts zu ermöglichen. Schon begrifflich steht nichts entgegen, einen überindividuellen Träger des Gutes zu bestimmen. Sieht man Staat oder Gemeinschaft als Gutsinhaber, so führt dies freilich dazu, dass der Einzelne nicht aus eigenem Recht über sich verfügen, also etwa in eine Verletzung einwilligen kann. Das Aufkommen der Rechtsgüterlehre entfaltet also eine restriktive Tendenz in der Beantwortung der Frage nach der Beachtlichkeit selbstverfügender Opferentscheidungen." *Neubacher,* Jura 2000, S. 514 f., umschifft demgegenüber die „Klippen" bei *Birnbaum* weitgehend.

des Verständnis′ des „Guts“ hinweisen,[303] legt der entscheidende Aufsatz aus dem Jahr 1834[304] und z. T. auch eine Folgeabhandlung aus dem Jahr 1836[305] eher das Gegenteil nahe. Darauf wurde schon mehrfach hingewiesen.[306] *Amelung* konstatiert, dass die systemkritische Auffas-

---

[303] *Hassemer*, Theorie, S. 193 („Rechtsgutslehren sind typischerweise und mit innerer Notwendigkeit von Anfang an Theorien im systemkritischen Interesse gewesen.“); *derselbe*, Straftaten ohne Rechtsgut?, S. 57 (59): „`Rechtsgüterschutz′ ist von seinen Ursprüngen her ein negatives, ein strafrechtseinschränkendes Prinzip“; vgl. auch jüngst *Funcke-Auffermann*, S. 95, der, obwohl er ausführt, *Birnbaums* „Gut“ sei „unpräzise, schemenhaft und ausufernd“ gewesen, apodiktisch feststellt: „Die Idee, dass Strafrecht nur Rechtsgüter schützen dürfe, wurde im Zuge der Aufklärung im frühen 19. Jahrhundert insbesondere von *Feuerbach* und *Birnbaum* entwickelt. Der – auf die politische Philosophie der Aufklärung zurückzuführende – Grundgedanke war, die Instrumentalisierung des Strafrechts für sachfremde Zwecke und die willkürliche Normierung von Straftatbeständen zu verhindern. Rechtsgüterschutz stellte sich demnach ursprünglich als strafrechtseinschränkendes Prinzip dar.“

[304] *Birnbaum* ArchCrim 1834 N. F., S. 149 ff.

[305] *Birnbaum* ArchCrim 1836 N. F., S. 560 ff. Hier erörtert *Birnbaum* das „natürliche Verbrechen“ im Spannungsfeld des Nulla-Poena-Satzes; unter „natürliches Verbrechen“ fasst er alles, was in der bürgerlichen Gesellschaft vernunftgemäß als strafbar angesehen werden kann – Verletzungen des Rechts, des „sittlich Bösen“ oder der „durch die bürgerliche Gesellschaft jedem ihrer Mitglieder zu garantierenden Güter“ (ebendort, S. 570 f.).

[306] Vgl. etwa *Amelungs* (Rechtsgüterschutz, S. 47) zusammenfassende und treffende Kritik zu *Birnbaum* aus dem Jahr 1972: „Hatten *Kant* und *Feuerbach* aus dem aufklärerischen Naturrecht eine zeitlos gültige Bestimmung des Staatszweckes abgeleitet, die auf Umgestaltung des überkommenen Strafrechts drängte, so gewinnt jetzt, wo der Staat auf die Besonderheit historisch gewordener Verhältnisse Rücksicht nehmen soll, die Lehre von seinen Zwecken einen empirischen Zug hinzu. Eine solche Abschwächung der normativen Kraft der Staatszwecklehre entspricht auch der Haltung *Birnbaums* zur Kriminalpolitik, in der er jeder umwälzenden Veränderung eine Absage erteilt. Diese neue Auffassung muss sich gerade dort auswirken, wo die naturrechtliche Staats- und Strafzwecklehre am stärksten mit den bestehenden Verhältnissen in Widerspruch geriet, bei den Religions- und Sittlichkeitsdelikten. Gerade hier argumentiert *Birnbaum* denn auch damit, dass der Staat bei allen Völkern, insbesondere aber in der deutschen Geschichte, Gotteslästerung und Blutschande stets ebensowohl bestraft habe wie Mord und Diebstahl. Der Sache nach vollzieht er damit eine Erweiterung der Staatszwecke und rückt insoweit in einem zentralen Bereich zugunsten eher restaurativer Vorstellungen von der liberalen Rechtsverletzungslehre ab: Religion und Sittlichkeit werden wieder zum Objekt staatlichen Strafschutzes, zwar nicht mehr als metaphysische Gegenstände, wohl aber als Güter des Volkes.“; vgl. auch *Hefendehl*, Kollektive Rechtsgüter, S. 9 ff. (insb. S. 17 f.); a. A. teilweise *Schünemann*, Rechtsgüterschutzprinzip als Fluchtpunkt, S. 133 (140), der *Birnbaums* Text aus dem Jahr 1834 positiver interpretiert.

sung ihre Entstehung einer „Reihe von Fehlern und historischen Fehlschlüssen“ verdankt, „bei deren Erwähnung es zum Teil schwer“ falle, „ernst zu bleiben“.[307]

Die sich auf fehlgedeutete Grundannahmen neu entwickelnde Rechtsgutslehre hatte auf die weitere Zukunft eines kritischen materiellen Verbrechensbegriffs tiefgreifende Auswirkungen: Er wurde schlicht überflüssig. *Hefendehl* diagnostiziert richtig: „Während über den Topos der Rechtsverletzung ein sich aus der Staatstheorie ergebendes Konstruktionsprinzip für einen materiellen Verbrechensbegriff existierte, ging dieses mit der Hinwendung zum Begriff des Rechtsgutes verloren.“[308]

Die unmittelbare „Weiterentwicklung“[309] des Gutsbegriffs durch die Definition „Bedingungen des gesunden Lebens der Rechtsgemeinschaft“[310] bei *Binding* (auf den der Begriff „Rechtsgut“ zurückgeht[311]) und *Liszt's* Rechtsgutsverständnis als „Lebensbedingungen der staatlichen Gemeinschaft“[312] machen ebenfalls deutlich, dass die begrenzte Individualebene *Rechts*verletzung in überindividueller Hinsicht durch *Birnbaums* Vorarbeit entscheidend flexibilisiert und das neue Instrument *Gut* bzw. *Rechtsgut* auch dankbar aufgegriffen worden ist, ob nun durch Vertreter des Ungehorsamsansatzes (*Binding*[313]) oder des Sozialschädlichkeitsgedankens (*Liszt*[314]). Die Entwicklung weist seitdem in die Richtung des gesellschaftlichen Schadens und damit in tendenziell überindividuelle Begründungsstrukturen, die latent strafbarkeitserweiternd sind. Daran konnte im Ergebnis auch die sog. personale Rechtsgutslehre nichts ändern.

Die Rationalisierungsfunktion des Rechtsguts durch den Ausschluss irrationaler und willkürlicher Kriminalisierungsprozesse gegen das gesellschaftliche Wohl ist bei näherer Betrachtung ebenfalls nur scheinbar: zu den Lebensbedingungen der Gesellschaft haben immer auch irrationale Komponenten (wie Religion und Sitte) gehört und *insofern*

---

[307] *Amelung*, Begriff des Rechtsguts, S. 155 (159), mit zahlr. weit. Nachw.
[308] *Hefendehl*, Kollektive Rechtsgüter, S. 18.
[309] *Funcke-Auffermann*, S. 95.
[310] *Binding*, Handbuch, S. 169.
[311] Hierzu *Anastasopoulou*, S. 7, mit weit. Nachw.
[312] *Liszt*, ZStW 3 (1883), S. 1 (19).
[313] S. o. Teil 1 I. A. 4.
[314] S. o. Teil 1 II. A. 2. b.

wurden Pönalisierungen auch solange für legitim erachtet, bis sich neue Überzeugungen gebildet hatten.

Wenn auch historisch vor allem die Reform des Sexualstrafrechts der systemkritischen Funktion des Rechtgüterschutzdogmas zugeschrieben wird,[315] ist doch zu bedenken: Als das Sexualstrafrecht Mitte des 20. Jahrhunderts in großen Teilen entkriminalisiert wurde, hatte es den Guts- bzw. Rechtsgutsbegriff schon über hundert Jahre gegeben. Dennoch existierten bis vor wenigen Jahren überwiegend irrational anmutende Begründungsansätze wie „Entartung des Volkes“, „Verfall der sittlichen Kräfte“ oder „schändliches Verhalten“ gegen „die guten Sitten“.[316] Das als rationales Gegenmodell verstandene Prinzip vom Rechtsgüterschutz,[317] war daher für die Neujustierung des Sexualstrafrechts nur bedingt die Grundlage. Im Vordergrund standen eher gewandelte gesellschaftliche Überzeugungen als Folge einer sich zunehmend diversifizierenden und individualisierenden Gesellschaft.

Dass das Rechtsgutsprinzip selbst die Verquickung von Recht und sittlichen Vorstellungen kaum verhindern kann, deuten wiederum neuere Entwicklungen im Sexualstrafrecht an. Die aktuelle Fassung von § 184b StGB, die auf die Umsetzung des Rahmenbeschlusses 2004/68/JI des Rates der EU vom 22.12.2003 zur Bekämpfung der sexuellen Ausbeutung von Kindern und der Kinderpornographie zurückgeht,[318] sieht beispielsweise auch dann den Einsatz des Strafrechts vor, wenn es der Täter „unternimmt“, einem anderen den Besitz einer kinderpornographi-

---

[315] *Seher*, Strafnormlegitimation, S. 39 (44): „Spätestens seitdem der Kampf um die Reform des Sexualstrafrechts mit Hilfe des Rechtsgutsbegriffs erfolgreich geführt wurde, wird mit diesem intuitiv das Anliegen kritischer Strafrechtbegrenzung verbunden.“

[316] Vgl. die Ausführungen von *Klug*, Probleme, S. 27 (39, 41, 43) über die Begründungsansätze des Reformentwurfes von 1962.

[317] *Klug*, Probleme, S. 27 (47): „Wie überhaupt im Strafrecht, so darf der Gesetzgeber ganz besonders im Sexualstrafrecht nur dort mit Strafdrohungen einschreiten, wo dies zum Schutz allgemein anerkannter Rechtsgüter wie etwa dem so wichtigen Jugendschutz unerlässlich ist.“

[318] RB 2004/68/JI des Rates der EU, ABlEU L 13 vom 20.01.2004, S. 44-48. Der am 25.03.2009 ausgefertigte *Vorschlag* für einen neuen Rahmenbeschluss des Rates zur Bekämpfung des sexuellen Missbrauchs und der sexuellen Ausbeutung von Kindern sowie der Kinderpornographie und zur Aufhebung des Rahmenbeschlusses 2004/68/JI {SEK (2009) 355}{SEK (2009) 356} geht nochmals über die Regelungen von 2003 hinaus. So ist etwa die Möglichkeit für die Mitgliedsstaaten, bestimmte Handlungen nicht unter Strafe zu stellen (Art. 3 Abs. 2 des RB 2004/68/JI), in dem neuen Entwurf nicht mehr enthalten.

schen Schrift zu verschaffen, die nur ein wirklichkeitsnahes Geschehen wiedergibt (§ 184b Abs. 2 Alt. 2 StGB);[319] da hierfür computergenerierte Darstellungen ausreichen,[320] ist zweifelhaft, ob wirklich der Gedanke des Schutzes von Kindern oder nicht eher „bestimmte Moralvorstellungen"[321] die Grundlage der Strafbewehrung sind. Jedenfalls entfaltet das Rechtsgutsprinzip selbst in diesem Zusammenhang kein limitierendes Potential.

Vor diesem Hintergrund klingt die Schlussfolgerung von *Lagodny*, es sei historisch „das Verdienst der strafrechtlichen Rechtsgutsdiskussion", „einen Leitgedanken gefunden zu haben, mit dem man den Gesetzgeber zumindest theoretisch in Argumentationsnot bringen" könne,[322] wenig überzeugend. Dass das Rechtsgutsprinzip den Gesetzgeber in irgendeine „Argumentationsnot" bringen würde, ist nicht erkennbar. 175 Jahre nach *Birnbaums* erstem Aufsatz ist selbst dieses zurückhaltende Fazit noch zu optimistisch.

C. Begrenzungsversuche zur Rechtsgutslehre als Korrekturmöglichkeit?

1. Ansätze zur Typisierung qualifizierter Rechtsgutsverletzungen

Die Rechtsgutsverletzung *allein* wird heute nur als notwendige, nicht aber hinreichende Voraussetzung für die Verwirklichung der systemkritischen Funktion im Strafrecht verstanden.[323] Augenscheinlich wird dies bei der Betrachtung des Unrechts im Ordnungswidrigkeiten- oder Zivilrecht, denn auch dort soll es um Rechtsgüterschutz gehen.[324] Im Kon-

---

[319] Art. 1 b) iii) des RB 2004/68/JI regelt, dass der Ausdruck Kinderpornographie auch pornographisches Material bezeichnet „mit bildlichen Darstellungen von realistisch dargestellten, nicht echten Kindern, die aktiv oder passiv an der genannten Handlung beteiligt sind".

[320] *Lackner/Kühl*, § 184b Rn 6.

[321] *Reinbacher/Wincierz*, ZRP 2007, S. 195 (196); krit. zur Entwicklung des Sexualstrafrechts auch *Aden* AnwBl 2009, S. 270.

[322] *Lagodny*, Strafrecht als Prüfstein, S. 83 (87).

[323] Vgl. pointiert *Androulakis*, ZStW 108 (1996), S. 300 (302), der ausführt, auf den „abstrusen" Gedanken, jede Rechtsgutsverletzung sei ein Verbrechen, sei bis heute niemand gekommen.

[324] *KK-OWiG* (*Rengier*), § 15 RN 2 (zur Notwehr im Ordnungswidrigkeitenrecht): „Das rechtlich geschützte Interesse wird im umfassenden Sinne verstanden.

text der Begrenzung staatlicher Strafgewalt erfolgen Einschränkungen bzgl. der Bedeutung des Rechtsgutes bzw. der Art der Rechtsgutsbeeinträchtigung und der Verwerflichkeit des Verhaltens. Hieraus ergibt sich die Frage, ob ggf. dieses *qualifizierte Rechtsgutsverständnis* etwaiges „systemkritisches" Potenzial hat.

Die Begrenzungen greifen die gängige dogmatische Unterscheidung des Unrechts in Handlungs- und Erfolgsunrecht auf und sind damit sowohl auf der objektiven wie auf der subjektiven Seite einer tatbestandlich erfassten Rechtsgutsverletzung verortet.

Auf der objektiven Seite wird das „Strafrechtskritische" im Rechtsgutsbegriff insofern eingeschränkt, als dass nur bestimmte – als besonders wertvoll angesehene – Rechtsgüter schützenswert seien. Entscheidend für die entsprechende Einstufung sei der „soziale Rang" des Rechtsgutes. Nur dann, wenn dieser als besonders hoch qualifiziert werden könne, trete er zum „'Unwert' Strafe in eine erträgliche Proportion".[325] Das Rechtsgut müsse aus diesem Grunde „so wesentlich sein, dass eine Bestrafung des Verletzers unausweichlich geboten"[326] erscheine.[327] Nach einer anderen Ansicht entscheide der Wert des Rechtsgutes darüber, gegen welche Angriffe es geschützt werden soll.[328] Damit wird der Übergang vom Erfolgsunwert (Wert des Rechtsgutes) zum Handlungsunwert (Art des Angriffs) eingeleitet. Schließlich wird das Augenmerk auf den Aspekt der Gefährlichkeit des Verletzungsaktes gelegt.[329] Danach muss das ein Rechtsgut beeinträchtigende Verhalten für seinen Bestand besonders abträglich sein; erst dann sei die Annahme materiel-

---

Grundsätzlich zählen alle irgendwie von der Rechtsordnung gesicherten Güter dazu, wie z. B. Leben, Leib, Freiheit, Vermögen, Gewerbebetrieb, Ehre und andere Persönlichkeitsrechte. Insbesondere ist es unerheblich, ob das Rechtsgut durch Straf- oder Bußgeldtatbestände geschützt wird."

[325] *Arleff*, S. 20; vgl. auch *Frisch*, Festschrift für *Stree/Wessels*, S. 69 (95).

[326] *Lampe*, Festschrift für *R. Schmitt*, S. 77 (86).

[327] *Lampe*, Festschrift für *R. Schmitt*, S. 77 (88) [mit Bezügen auf *Radbruch*]: „Die jeweils stärkeren personalen, sozialen und kulturellen Rechtsgüter sind es (...), welche dem materiellen Straftatbegriff seinen konkreten Inhalt geben und welche zugleich Richtwerte sind für die weiteren allgemeinen Straftatmerkmale: für das soziale Merkmal der Schaffung einer wertwidrigen bzw. Zerstörung einer werthaften Beziehung (...). Die nähere Bestimmung der Rechtsgüter verweist in den Besonderen Teil des Strafrechts. Dort ist auch der Ort, um das Wertverhältnis der Rechtsgüter zueinander genauer festzusetzen."

[328] *Jescheck/Weigend*, § 7 I.1.b) (S. 51); z. B. keine Strafbarkeit der fahrlässigen Sachbeschädigung.

[329] Vgl. auch BVerfG NZA 1991, 948.

len Verbrechens gerechtfertigt.[330] Die besondere Gefährlichkeit des strafrechtlich zu erfassenden Verhaltens beruhe regelmäßig darauf, dass die strafbewehrte Handlung „gerade darauf angelegt" sei, die „Möglichkeiten des Rechtsschutzes von vornherein auszuschalten".[331] Darin liege etwa der wesentliche Unterschied zwischen Kriminal- und Zivilunrecht. Während beispielsweise beim Vertragsbruch der Rechtsschutz vom Vertragsbrüchigen durch die vorangegangene Aushandlung des Vertragsinhalts ermöglicht werde, sei dieser beim Diebstahl oder Betrug schon im Ansatz durch den Täter ausgeschlossen. Die Gefährlichkeit werde zudem dadurch unterstrichen, dass etwa die Versuchung zur Begehung eines Diebstahls oder eines Betruges besonders groß sei.[332] Diese besondere Gefährlichkeit einer Rechtsgutsverletzung führe daher zur „Notwendigkeit ihrer Repression vom Schutzbedürfnis der Allgemeinheit her gesehen", wenn nicht „die Sozialordnung überhaupt" in Frage gestellt sein solle.[333] Zivilrechtliches Unrecht wird insbesondere wegen der zivilrechtlichen bzw. zivilprozessualen Möglichkeiten des Opfers als nicht so gravierend angesehen;[334] immerhin handle der Täter insoweit „mit offenem Visier".[335] Dies sei auch die Rechtfertigung da-

---

[330] *Jescheck/Weigend*, § 7 I.1.c) (S. 51) mit Verweis auf *Gallas*, der diesen Gedanken schon 1964 ausführlich bespricht (S. 50 Fn 2); vgl. auch *Frisch*, Festschrift für *Stree/Wessels*, S. 69 (96).

[331] *Gallas*, Gründe und Grenzen, S. 1 (10).

[332] *Gallas*, Gründe und Grenzen, S. 1 (10).

[333] *Gallas*, Gründe und Grenzen, S. 1 (13).

[334] *BVerfGE* 50, 142 (162): „Der Gesetzgeber ist bei der Entscheidung, ob er ein bestimmtes Rechtsgut, dessen Schutz ihm wesentlich erscheint, gerade mit den Mitteln des Strafrechts verteidigen und wie er dies gegebenenfalls tun will, grundsätzlich frei (vgl. BVerfGE 39, 1, 44 f.). [...] Dies liegt auf der auch sonst verfolgten Linie des Strafrechts, die bloße Nichterfüllung zivilrechtlicher Ansprüche nicht zu pönalisieren, selbst wenn der Schuldner noch so unverständlich und bösartig die Erfüllung der Forderung des Gläubigers verweigert und damit eine Haltung zeigt, die in der Rechtsgemeinschaft als klares Unrecht zu bewerten ist; hier reichen grundsätzlich die zivilprozessualen Möglichkeiten aus. Strafrechtlich relevant wird ein anspruchsverletzendes Verhalten in der Regel erst dann, wenn weitere Unrechtselemente hinzukommen, mögen diese in zusätzlichem Handlungsunrecht oder in einem unwerten Erfolg (bzw. einer Gefährdung) bestehen."

[335] *Gallas*, Gründe und Grenzen, S. 1 (11 f.): „Dass ihnen [Anmerkung: den Straftaten] dieser zusätzliche Makel auch tatsächlich anhaftet, ergibt sich, wenn man den Unterschied von Haltung und Gesinnung ins Auge faßt, der sich in dem Verhalten des Vertragsbrüchigen auf der einen und in dem des Diebes und Betrügers auf der anderen Seite manifestiert. Sicherlich verhält sich auch der Vertragsbrüchige anstößig, wenn er die Tatsache, dass die Mühlen der Ziviljustiz notwendig langsam mahlen, treuwidrig zum Nachteil seines Partners für sich

für, dass „eine Vertragsverletzung, die dem Partner einen Vermögensschaden in Höhe von 50.000 Mark zufügt, straflos“ sei, „während der Diebstahl auch nur von 1 Mark eine strafbare Handlung“ bleibe.[336]

Hinsichtlich der inneren Tatseite hat sich der Gedanke der „besonderen sozialethischen Verwerflichkeit“ durchgesetzt;[337] diese Überlegung wird vom „Postulat eines sozialethisch substantiellen Strafrechts“ getragen.[338] Im Ergebnis geht es dabei, auch nach modernem Verständnis, um den Aspekt der Pflichtverletzung;[339] danach wird das „Wesen des Verbrechens“ also in der Kombination von Rechtsguts- und Pflichtverletzung gesehen.[340]

2. Würdigung

Die fehlende systemkritische Funktion des Rechtsguts kann durch die qualifizierenden Modifikationen nicht korrigiert werden.[341] Das Hervorheben der besonderen Bedeutung eines Rechtsgutes ist eine Behauptung, die schon deshalb wenig tragfähig erscheint, weil diese Zuschrei-

---

ausnutzt. Immerhin aber kämpft er sozusagen mit offenem Visier, und hält er sich wenigstens grundsätzlich im Rahmen der sozialen Spielregeln. Anders der Dieb und Betrüger. Beide zielen in ihrem Verhalten bewußt darauf ab, die Möglichkeit staatlichen Rechtsschutzes auszuschalten und damit fremdes Vermögen zum wehrlosen Objekt ihres Eigennutzes zu machen, der Dieb, indem er durch heimliche Eigenmacht den Frieden bricht, der Betrüger, indem er listig fremdes Vertrauen mißbraucht. In diesem Verhalten liegt eine Mißachtung von Grundwerten des sozialen Zusammenlebens, die der Tat des Diebes und Betrügers auch vom Standpunkt der sozialen Moral aus einen Makel verleiht, der grundsätzlich unvergleichlich größer ist als der, der auch dem Vertragsbruch anhaftet.“ [...] „Das Strafwürdige ergibt sich daraus, dass der Täter es, wie wir gesehen haben, bewußt darauf anlegt, die Abwehrmöglichkeit des Betroffenen durch heimliche Eigenmacht oder List auszuschalten, und dass es sich dabei um Angriffe auf den Rechtsfrieden und die Sicherheit von Eigentum und Vermögen handelt, die, würde ihnen nicht durch die Bedrohung mit Strafe Einhalt geboten, an die Fundamente der Sozialordnung rühren würden - eine Konsequenz, die keineswegs mit jedem Verstoß gegen ein Rechtsgebot verbunden ist, zu dessen Bekämpfung die Mittel des Zivil- oder Verwaltungsrechts nicht ausreichen.“

[336] *Gallas*, Gründe und Grenzen, S. 1(8).

[337] Statt Vieler: *Gallas*, Gründe und Grenzen, S. 1 (11); *Schönke/Schröder (Lenckner/Eisele)*, Vorbem. zu § 13 Rn 11; *Kühl*, AT, S. 14 f.

[338] *Alwart* JZ 2006, S. 546 (548).

[339] *Schönke/Schröder (Lenckner/Eisele)*, Vorbem. zu § 13 Rn 11.

[340] LK (*Jescheck*), Vor § 13 Rn 9.

[341] Vgl. auch *Kuhlen*, Strafrechtsbegrenzung, S. 77 (91 f.).

bung in hohem Maße wandelbar ist.[342] Der Gesamtbestand der Rechtsgüter ist derart groß und in permanenter Ausdehnung begriffen, dass eine Hierarchisierung schlechterdings nicht möglich ist. Der Ansatz, über den „besonderen Wert" des Rechtsgutes das „Strafrechtskritische" des Rechtsgüterschutzes zu destillieren, erscheint vor diesem Hintergrund wenig Erfolg versprechend.

Die besondere Gefährlichkeit des Angriffs auf das Rechtsgut erscheint als einschränkendes Merkmal zunächst plausibel. Das Argument allerdings, die Ausschaltung der Möglichkeit zivilrechtlichen Schutzes begründe die Andersartigkeit des Unrechts, greift zu kurz. So kann etwa der Schuldnerverzug auf den Gläubiger gravierende Auswirkungen haben, die über einen möglichen Schaden beim Diebstahl oder Betrug hinausgehen. Nicht selten gibt das spätere Opfer beim Vertragsschluss gerade wegen seiner Überzeugung, durch das Zivilverfahren geschützt zu sein, berechtigte Rechtspositionen leichter auf als im Strafrecht. Nutzt der Schuldner dies aus und reizt – im Schutz des Zivilprozesses – das für ihn maximal Mögliche zu Lasten des Vertragspartners aus, kann der soziale Schaden größer als bei Straftaten sein (Unternehmensinsolvenzen aufgrund fehlender Leistungsbereitschaft von Schuldnern).

Schließlich weist auch die Formel von der „besonderen sozialethischen Verwerflichkeit" der das Rechtsgut beeinträchtigenden Handlung keinen Weg aus dem Problem. Dieser und vergleichbare („Sphäre des Ethischen"[343]) Termini sind Festlegungen, die aus der vorhergegangenen Interessenentscheidung zwangsläufig resultieren und ihrerseits zeitabhängig sind.[344]

---

342 Vgl. auch *Lüderssen*, Kriminologie, S. 15: „Die Sozialnormen differieren je nach Größe, Herkunft, Zielsetzung usw. der Gruppe, für die sie gelten. Diejenigen Sozialnormen zu bestimmen, die sich auf besonders schwere, den Namen 'Kriminalität' verdienende Interessenverletzungen beziehen, wäre ein mühseliges, zu ganz unübersichtlichen Ergebnissen führendes Unterfangen."

343 BVerfGE 9, S. 167 (171).

344 Vgl. auch *Jäger*, Strafrechtspolitik, S. 273 (280), der 1963 feststellt: „Was >erträglich< und was >unerträglich<, bleibt im Bereich subjektiver Aussagen und kann daher wohl die Grenzlinie zwischen strafwürdigem und strafrechtlich irrelevantem Verhalten nicht näher bezeichnen. Man erinnere sich auch einmal flüchtig daran, was der >überwiegenden Auffassung der deutschen Bevölkerung< in den letzten Jahrzehnten alles >unerträglich< - und umgekehrt wieder >erträglich< - erschienen ist!"

D. Ergebnis

Die Grundlage der relativen Theorien zur materiellen Begrenzung des Strafgesetzgebers bildet ein intuitiv-offenes Sozialschädlichkeitsverständnis. Diese Basis ist ausgesprochen „limitierungsfeindlich", weil sie dem Gesetzgeber den größtmöglichen Entscheidungsspielraum gibt, obwohl Strafrecht anerkanntermaßen die schärfste Reaktionsmöglichkeit des Staates ist. Der auf dem intuitiv-offenen Sozialschädlichkeitsverständnis aufbauende Rechtsgüterschutzgedanke kann seinerseits die ihm zugeschriebene „systemkritische" Funktion im Strafrecht nicht erfüllen.

III. Weitere Typisierungsversuche

A. Strafwürdigkeit

1. Der Ansatz von *Sax* u. a.

Der Begriff „Strafwürdigkeit“ ist traditionell Bestandteil der Diskussion um den materiellen Verbrechensbegriff; er wird an zahlreichen Stellen als Synonym für das materiell verbrecherische Unrecht verwandt.[345] Der Begriff der Strafwürdigkeit ist durch das „Ins-Verhältnis-setzen“ von Strafe und dem zugrunde liegenden Verhalten gekennzeichnet und weist eine Nähe zum Verhältnismäßigkeitsgrundsatz auf.[346]

Sax hat den Begriff der Strafwürdigkeit 1959 in Umfang und Tiefe sehr ausführlich erörtert.[347] Strafwürdigkeit beinhalte die Merkmale „Strafe verdienen“ und „der Strafe bedürfen“. Strafe verdiene materiell-strafrechtliches Unrecht dann, wenn sie die in der Rechtsgutsverletzung liegende „Unwertbeurteilung“ durch den Täter wieder in eine „erträgliche Proportion“ zum verletzten Wert setze. Der Strafe bedürfe das materielle Kriminalunrecht, wenn es die einzig zweckmäßige Rechtsfolge sei, um die Gemeinschaftsordnung vor solchen Wertverletzungen zu schützen.[348]

---

[345] Vgl. u. a. *Hamann*, Strafgesetzgebung, S. 27; *Sax*, JZ 1976, S. 9 (10), der den Tatbestand als „Typus strafwürdiger Rechtsgutsverletzung“ charakterisiert; siehe auch jüngst *Kudlich*, JA 2007, S. 90.

[346] Vgl. sehr ausführlich zum Verhältnismäßigkeitsprinzip *Appel*, S. 569 ff. (insb. 576 ff.); *Stratenwerth/Kuhlen*, S. 35 mit weit. Nachw.; vgl. auch unter Teil 1 VI. D.

[347] *Sax*, Grundsätze, S. 909 ff.

[348] *Sax*, Grundsätze, S. 909 (933): „Strafrechtliches Unrecht ist Rechtsgutsverletzung, nämlich unmittelbare oder mittelbare Wertverletzung, die strafwürdig ist, d. h. Strafe verdient, weil ihr Wertbezug hinreichend erkennbar nachhaltig ist, um zu der nachhaltigen Unwertbeurteilung des Täters durch die Strafe in eine erträgliche Proportion zu treten und daher den Eingriff in seine Menschenwürde zu rechtfertigen; der Strafe bedarf, weil Strafe das einzig zweckmäßige Mittel ist, um die Gemeinschaftsordnung gegenüber solchen Wertverletzungen zu schützen und zu bewahren, und daher trotz ihres nachhaltigen Eingriffs in die Menschenwürde des Betroffenen nicht entbehrt werden kann.“

Der Frage, wann ein Verhalten „Strafe verdient“, nähert sich *Sax* durch eine Wesensbeschreibung der Strafe. Diese drücke eine „massive sittliche Missbilligung“ aus, bedeute für den Täter einen „sozialethisch deklassierenden Tadel“ und enthalte ein „starkes sittliches Pathos“. Damit habe das materiell verbrecherische Verhalten (also solches, das die Strafe „verdiene“) eine für die „Grenzbestimmung hinreichend sichere Grundlage“.[349]

Sax befürwortet eine quantitativ-materielle Abgrenzung der Straftat von der Ordnungswidrigkeit und stellt fest, dass bei letzterer nicht der „massive Wertbezug“ erkennbar sei, so dass insofern die Strafe zur Wertverletzung eben nicht in eine „erträgliche Proportion“ träte.[350] Die dem Ordnungswidrigkeitenrecht zugrunde liegenden „Rechtsgutsansprüche“ seien „nicht so unmittelbar anschaulich und fassbar wie die des Kernbereichs des Strafrechts“.[351]

2. Würdigung

Der Begriff der Strafwürdigkeit hat keinen klar begrenzenden materiellen Kern. Das „Ins-Verhältnis-Setzen“ der strafbewehrten Verhaltensnorm zur Strafe als „sozialethisch deklassierendem Tadel“ erscheint nachvollziehbar, weist aber nicht den Weg zur limitierenden Definition des materiellen Verbrechensbegriffs. Denn was genau Inhalt und Rechtfertigung dieses Tadels ist, ist vor dem Hintergrund verschiedener

---

[349] *Sax*, Grundsätze, S. 923 f.: „Sicherlich ist die Feststellung der Strafwürdigkeit eines Verhaltens ein Vorgang des Bewertens. Aber dieses hat im Sachverhalt 'Strafe' eine für die Grenzbestimmung strafrechtlichen Unrechts hinreichend sichere Grundlage. Wie man auch immer Begriff, Wesen und Zweck der Strafe zu bestimmen unternimmt, fest steht, dass Strafe eine massive sittliche Mißbilligung ausdrückt, für den Betroffenen eine *capitis deminutio*, einen ‘sozialethisch deklassierenden Tadel‘ bedeutet, dessen sozialethisch diskriminierende Wirkung zumeist über die Zeit der eigentlichen Strafverbüßung hinaus andauert. Strafe als realer Sachverhalt enthält daher ein starkes ‘sittliches Pathos‘. Das ist der [...] immanente Berührungspunkt von Strafe mit Sittlichkeit und Wert. Hinzu kommt, dass Strafe nach Begriff wie realer Wirkung einen massiven Eingriff in sittliche Werte, in Leben, Freiheit, Ehre, Menschenwürde des Betroffenen bedeutet, der für sich genommen sittlich nicht zu rechtfertigen ist.“

[350] *Sax*, Grundsätze, S. 929: „[N]ur bei Straftaten haben die verletzten Rechtsgüter einen hinreichend erkennbar massiven Wertbezug, um zur ‘Massivität‘ der Strafe als sittlicher Mißbilligung in eine erträgliche Proportion zu treten.“

[351] *Schmidhäuser*, AT, 5/136.

Strafbegriffe unklar.[352] Deshalb bleibt auch der genaue Inhalt der sich darauf beziehenden „Strafwürdigkeit“ im Dunkeln. *Sax* argumentiert insofern zirkulär. Zudem besteht die Gefahr, dass die „vielschichtige und unbestimmte Sozialethik“ zu einer „Wundertüte“[353] für alle möglichen Zuschreibungsprozesse wird. Die Inhaltsbestimmung des materiell verbrecherischen Handelns nach der Strafwürdigkeitstheorie trägt deutliche Züge inhaltlicher Beliebigkeit.[354]

B. „Nicht-Straftat-an-sich“

1. Der Ansatz von *Lampe*

Nach *Lampe* gibt es – wegen der an der Zukunft ausgerichteten Zweckorientierung der Strafe – keine „Straftat-an-sich“. Das Gegenteil, also eine „Nicht-Straftat-an-sich“, sei immer dann gegeben, wenn entweder die soziale Wirkung der Tat oder das Motiv des Täters ungeeignet sei, um mit Strafe ins adäquate Verhältnis gesetzt zu werden.[355]

---

[352] Vgl. auch *Kuhlen*, Strafrechtsbegrenzung, S. 77 (89), der zu den Begriffen Strafwürdigkeit und Strafbedürftigkeit kritisch analysiert: „Der materielle Straftatbegriff nötigt zu einer Entscheidung für einen bestimmten Strafbegriff. Hierfür kommen eine ganze Reihe unterschiedlich weiter Begriffsverständnisse sprachlich gleichermaßen in Frage. Die Auswahl zwischen ihnen erfordert eine begriffliche Festsetzung, die wegen der materiellen Natur des Straf- und Straftatbegriffs nicht auf das positive Recht gestützt werden kann. Jede derartige Festsetzung kann sich nur auf sehr schwache Plausibilitäten berufen.“

[353] *Kühl*, Festschrift für *Otto*, S. 63 (77).

[354] Demgegenüber will *Langer*, Festschrift für *Otto*, S. 107 (121), sogar die „tatbestandsmäßige Strafwürdigkeit als eigenständige Grundkategorie des Verbrechensaufbaus“ implementieren.

[355] *Lampe*, Festschrift für *R. Schmitt*, S. 77 ff.: „Das eigentliche Problem liegt [...] darin, dass jeder Versuch, die ‘Strafe‘ aus einer ‘Tat‘ abzuleiten und in diesem Sinn den materiellen Begriff einer ‘Straftat‘ zu bilden, in einem Dilemma enden muß: (1) Soll eine Tat die Strafe voll begründen, dann muß sie auch deren Zweck in die Begründung einbeziehen; denn jede Strafe ist ‘Zweckgeschehen‘ - wie immer man sie sonst versteht. Zwecke aber können nur durch eine (auch) auf die Zukunft gerichtete Betrachtung, nicht (allein) durch den Rückblick auf die vergangene Tat, begründet werden. Ergo vermag keine Tat ihre Bestrafung voll zu begründen. (2) Kann keine Tat die Bestrafung voll begründen, dann müssen andere Faktoren hinzutreten und die noch fehlende Begründung leisten. Da diese Faktoren aber von der Tat unabhängig (‘autochthon‘) sind, treten sie zu ihr

Lampe nähert sich der Fragestellung auf diese Weise, weil er der Diskussion um den materiellen Verbrechensbegriff nur strafprozessuale Bedeutung – hinsichtlich der Bestimmung eines „Auslegungstopos′“[356] – beimisst. Es gehe hierbei nicht um die Klärung von „Strafwürdigkeit“, sondern allein um die Bestimmung der „Strafbedürftigkeit“, da das materielle Strafrecht lediglich die Funktion eines Rahmens für soziale Interaktion habe: Straftaten bildeten „für den Richter nur die Basis, von der aus er, \`prozessual′ in das soziale Leben eingreifend, die Zukunft gerecht gestalten“ solle.[357]

Auf den Gesetzgeber habe die so verstandene strafprozessuale Funktion des materiellen Verbrechensbegriffes nur mittelbar Auswirkung. Er werde zumindest langfristig „aufgerufen, keine Straftatbestände zu schaffen, deren Strafwürdigkeitsprüfung negativ ausfallen muss, weil zu ihrer Verfolgung kein Strafbedürfnis besteht“.[358] *Lampe* formuliert

in Konkurrenz und beeinflussen die Begründung u. U. so stark, dass eine Tat, die im Rückblick auf ihren Unwert als strafwürdig erschien, im Vorblick auf die Zukunft kein Strafbedürfnis auslöst und somit ihren Charakter als ‘Straf‘tat einbüßt. Ergo vermag keine Tat ihre Nichtbestrafung auszuschließen. Kann aber keine Tat ihre Bestrafung begründen noch ihre Nichtbestrafung ausschließen, dann erscheint es sinnlos, mit oder ohne Hilfe des Merkmals der Strafwürdigkeit überhaupt einen materiellen Begriff der Straftat zu bilden. Es gibt schlechthin keine Straftat-an-sich! Zwar liegt unbestreitbar die Rechtfertigung der Strafe auch in der vergangenen Tat. Deshalb kann diese daraufhin überprüft werden, ob und inwieweit sie eine Strafe rechtfertigt. Doch die Prüfung kann nur negativ enden: Die Strafbarkeit ‘entfällt auf der Ebene des Unrechts, wenn das Verhalten wegen seiner Wirkungen in der sozialen Sphäre als ungeeignet erscheint, mit Strafe bekämpft zu werden‘; sie ‘entfällt auf der Ebene der Schuld, wenn die Entscheidung des Täters zu unrechtem Tun auf eine solche Weise motiviert ist, dass es als zwecklos erscheint, eine derartige Wertverfehlung mit Strafmaßnahmen zu verhindern‘ – so resümiert *E. Bloy*. Es gibt nur eine Nicht-Straftat-an-sich! Die positive Prüfung dagegen muß von der Strafe her in Angriff genommen werden. Und da die Strafe ein Zweckgeschehen ist, treten Gesichtspunkte in den Kreis der Überlegungen ein, die für die Feststellung von Unrecht und Schuld irrelevant sind und daher von ihnen her auch nicht legitimiert werden können: ‘das Vorleben des Täters, seine persönlichen und wirtschaftlichen Verhältnisse sowie sein Verhalten nach der Tat, besonders sein Bemühen, den Schaden wiedergutzumachen, sowie das Bemühen des Täters, einen Ausgleich mit dem Verletzten zu erreichen‘ (§ 46 II 2 StGB).“

[356] *Lampe*, Festschrift für *R. Schmitt*, S. 77 (79).

[357] *Lampe*, Festschrift für *R. Schmitt*, S. 77 (93).

[358] *Lampe*, Festschrift für *R. Schmitt*, S. 77 (93).

dennoch drei „materielle Mindestvoraussetzungen“[359] zur Bestimmung des materiell verbrecherischen Verhaltens:[360]

Erstens müsse ein Garant (wobei die Einstandspflicht für die Begehungsdelikte „unspezifisch“ im Verhältnis zu den Unterlassungsdelikten verstanden wird[361]) eine „sozialwidrige Beziehung“ zu einem von ihm zu schützenden „personalen, sozialen oder kulturellen Interesse“ herstellen und zwar – zweitens – durch ein sozial inadäquat gefahrgeneigtes und zur Beeinträchtigung des Interesses führendes Verhalten. Schließlich müsse – drittens – eine gesteigert pflichtwidrige Verhaltensentscheidung hinzutreten,[362] welche die erforderliche Sorgfalt „nicht unbeträchtlich außer Acht“ lasse.[363]

---

[359] *Lampe*, Festschrift für *R. Schmitt*, S. 77 (80).

[360] *Lampe*, Festschrift für *R. Schmitt*, S. 77 (92 ff.).

[361] *Lampe*, Festschrift für *R. Schmitt*, S. 77 (84).: „Wahrscheinlich deshalb setzt das Gesetz sie stillschweigend voraus und bestimmt den Beziehungsunwert statt durch die Pflichten des Täters durch den Erfolg, welchen sein pflichtwidriges Verhalten hervorbringt, d.h. durch die Rechtsgutsverletzung oder –gefährdung. Lediglich in Sonderfällen formt es aus Eigenschaften der Täterperson den Beziehungsunwert mit, etwa im Rahmen eines Vertrauensverhältnisses aus der Treulosigkeit (vgl. §§ 203, 266 StGB) oder im Rahmen eines öffentlichen Dienstverhältnisses aus der im Amtsmißbrauch sich bekundenden Unzuverlässigkeit (vgl. etwa §§ 343 ff. StGB).“

[362] *Lampe*, Festschrift für *R. Schmitt*, S. 77 (88 f.): „Allgemein läßt sich [...] sagen, dass vorsätzliches Verhalten grundsätzlich schwerer wiegt als fahrlässiges, dass es aber innerhalb beider Arten von Pflichtwidrigkeit Zonen gibt, die strafrechtlich belanglos sind: leichteste Grade des Nichtwissens bei der Fahrlässigkeit (culpa levissima), entfernteste Wahrscheinlichkeit des (bedingten) Wissens beim Vorsatz. Darüber hinaus gilt die allgemeine Regel, dass ein geringerer Grad an Pflichtwidrigkeit durch einen stärkeren Grad an objektiver Rechtswidrigkeit ausgeglichen werden muß.“

[363] *Lampe*, Festschrift für *R. Schmitt*, S. 77 (94) – die Mindestvoraussetzungen im Wortlaut: „(a) die Begründung einer sozialwidrigen Beziehung zwischen einer Person und einem grundlegenden personalen, sozialen oder kulturellen Interesse (bzw. Gut), für dessen unversehrten Bestand die Person rechtlich einzustehen hat; (b) ein für das sozialverträgliche Maß erheblich überschreitendes riskantes Verhalten, das die sozial nicht hinnehmbare Verletzung oder Gefährdung des Interesses (oben a) zur Folge hat, und (c) eine subjektiv pflichtwidrige Verhaltensentscheidung, welche die sozial erforderliche Sorgfalt hinsichtlich des Interesses nicht unbeträchtlich außer Acht läßt.“

2. Würdigung

Die Theorie der „Nicht-Straftat-an-sich" hat jenseits ihrer semantischen Eigenheit der Negativbeschreibung keine über die „Strafwürdigkeit" hinausreichende materielle Aussagekraft. Sie vermag keine objektiven Grenzlinien für gesetzgeberische Entscheidungen ziehen. Dies ist zwar wegen der Interpretation des materiellen Verbrechensbegriffes als nur prozessualem Auslegungstopos systemimmanent auch nicht notwendig, aber erstens gilt für das „Ins-Verhältnis-Setzen" mit der Strafe auch an dieser Stelle der Zirkelschluss-Einwand[364] und zweitens bieten die drei „Mindestvoraussetzungen" im Wesentlichen wenig fassbare Kriterien. Auch der in diesem Zusammenhang neue Aspekt einer erforderlichen Garantenstellung bleibt weitgehend ungeklärt; wie das Entstehen einer sozialwidrigen Beziehung genau gemeint ist, lässt *Lampe* offen.

C. Kulturnormen

1. Der Ansatz von *M. E. Mayer*

Max Ernst Mayer sucht in seiner Anfang des 20. Jahrhunderts erschienenen Schrift *Rechtsnormen und Kulturnormen* nach der grundlegenden materiellen „Rechtfertigung des Rechtes"[365] und in diesem Zusammenhang auch nach einer inhaltlichen Unterscheidung zwischen Kriminalunrecht und Verwaltungsunrecht.[366]

Unter Kulturnormen versteht *M. E. Mayer* einen „Sammelnamen für die Gesamtheit derjenigen Gebote und Verbote, die als religiöse, moralische, konventionelle, als Forderungen des Verkehrs und des Berufs an das Individuum herantreten".[367] Das Individuum kenne die Kulturnormen und akzeptiere diese.[368] Beispielhaft für das Strafrecht erläutert *M. E. Mayer* die weitgehende Übereinstimmung der Rechtsnormen mit

---

[364] Vgl. oben Teil 1 III. A. 2.
[365] *M. E. Mayer*, S. 16.
[366] *M. E. Mayer*, S. 14 ff. und 109 ff.
[367] *M. E. Mayer*, S. 17.
[368] *M. E. Mayer*, S. 16: „Die Rechtfertigung des Rechts und in Sonderheit die Verbindlichkeit der Gesetze beruht darauf, dass die Rechtsnormen übereinstimmen mit Kulturnormen, deren Verbindlichkeit das Individuum kennt und anerkennt."

den aus den zehn Geboten folgenden Kulturnormen;[369] für das Zivilrecht nimmt er spiegelbildlich auf die „zehn Gebote des täglichen Lebens“ Bezug.[370]

Jeder einzelne habe „das Bewußtsein seiner Pflichten und eine volle Übereinstimmung zwischen den von ihm und von der Allgemeinheit anerkannten Pflichten“; dies kennzeichne ihn als „ein Mitglied der Kulturgemeinschaft“.[371]

Kriminalunrecht stehe „ebensowohl mit einer Kulturnorm“ als auch „mit einer Rechtsnorm in Widerspruch“. Materiell sei es „auf Grund seiner kulturellen Schädlichkeit Unrecht“.[372]

Demgegenüber verletze das „Verwaltungsdelikt“ nur eine Rechts-, aber keine Kulturnorm; die diesen zugrunde liegenden Gebote und Verbote seien „kulturell indifferent“,[373] rührten also „weder aus den Vorschriften der Moral oder der Sitte, noch aus den Geboten eines anderen Kulturfaktors“[374] her. Hierzu zählt *M. E. Mayer* die staatlichen Vorgaben an Gewerbe- oder Handeltreibende.[375]

---

369 *M. E. Mayer*, S. 20: „Jeder Deutsche kennt die zehn Gebote. Nun ist aber die Zahl der Rechtssätze, die für den verbindlich sind, der die zehn Gebote kennt, nahezu unübersehbar. Vielleicht der grösste und sicherlich der wichtigste Teil des Strafrechts enthält Gebote, die sich nachhaltig mit den zehn Geboten decken.“

370 *M. E. Mayer*, S. 21: „Dass die grundlegenden Gesetze des Civilrechts mit Kulturforderungen übereinstimmen, das wird am ehesten zugegeben werden; zwar kann man sich zum Beweise hier nicht auf eine ehrwürdige Kodifikation berufen, die jeder in seiner Kindheit kennen lernt, wohl aber auf die zehn Gebote des täglichen Lebens, die elementaren Lehren, die jeder im Verkehr mit dem andern erlernt, wenn auch mancher in diesen Beziehungen erst durch Schaden klug wird.“

371 *M. E. Mayer*, S. 18.

372 *M. E. Mayer*, S. 116.

373 *M. E. Mayer*, S. 27: „Wenn wir nun auf Grund kritischen Vorgehens aus einem Rechtssystem alle Rechtssätze ausscheiden, die unberechtigt sind, so bleiben doch noch Bestimmungen übrig, die nicht mit Kulturnormen übereinstimmen. Es sind Rechtsnormen, deren Materie überhaupt nicht von der Kultur erfaßt wird. [...] Es ist ausgeschlossen, derartige Rechtssätze als unberechtigt abzuweisen, es ist andererseits unverkennbar, dass diese Rechtsnormen zwar nicht in Widerspruch, aber auch nicht in Uebereinstimmung mit Kulturnormen stehen; ihr Inhalt ist kulturell indifferent.“

374 *M. E. Mayer*, S. 115.

375 *M. E. Mayer*, S. 115: „Die Kultur verlangt wohl, dass man bei der Zubereitung von Schiesspulver mit aller Vorsicht zu Werke gehen soll, aber sie verlangt

Vor diesem Hintergrund sei die materielle Unterscheidung zwischen Kriminal- und Verwaltungsdelikt „praktikabel, [...] einfach und präzis".[376] Es sei lediglich die Frage zu beantworten, ob die „Unterthanen" das der Norm zugrunde liegende Gebot oder Verbot bereits durch die kulturelle Tradition kennten oder aber hiermit erst gesondert (durch „eine besondere Veranstaltung") bekannt gemacht werden müssten; im letzteren Fall könne materiell nur ein Verwaltungsdelikt vorliegen.[377]

Den Gesetzgeber verweise die Beantwortung dieser Frage auf Überlegungen, die ihm schon „von seinem instinktiven Takt" her geboten sein müssten:[378] Es sei nämlich die „natürliche Grundlage aller gesetzgeberischen Arbeit", sich „über den Inhalt und die Grenzen der nationalen Kultur Rechenschaft zu geben".[379]

2. Würdigung

Die Überlegungen *M. E. Mayers* bleiben inhaltlich vage. Was er mit dem Ansatz der kulturellen Indifferenz als materiellem Kriterium der Verwaltungsdelikte erläutert, mag als Beschreibung des „gesunden Menschenverstandes" gelten, vermag jedoch keine klaren Grenzen aufzuzeigen.

Zwei Einwände sind dem Konzept *M. E. Mayers* grundsätzlich entgegenzuhalten:

Zum einen gelingt *M. E. Mayer* keine exakte Bestimmung des Inhaltes von Kulturnormen; er spannt in seinem Verständnis von einem Sam-

---

nicht, dass man für diese Zubereitung die Erlaubnis einer Behörde einholt, – das fordert nur das Gesetz [...]. Die Kultur ist zufriedengestellt, wenn der Gewerbetreibende seinen Kunden das Gewicht der Ware richtig eingiebt, mag er auch mit unrichtigen Gewichten oder falscher Waage das richtige Resultat erzielt haben; die Regierung ist erst zufrieden, wenn sie beim Gewerbetreibenden unrichtige Masse, Gewichte oder Waagen überhaupt nicht vorfindet."

[376] *M. E. Mayer*, S. 127.

[377] *M. E. Mayer*, S. 127: „Wird dieses Verbot (oder Gebot) von der kulturellen Tradition an den Unterthanen herangetragen oder bedarf es einer besonderen Veranstaltung, um es dem Unterthanen bekannt zu machen. Jedesmal wenn man nicht annehmen kann, dass eine (allgemeine oder besondere) Kulturnorm die Rechtsnorm thatsächlich verbindlich macht, muss man die Rechtsnorm dem Verwaltungsrecht zuweisen."

[378] *M. E. Mayer*, S. 127.

[379] *M. E. Mayer*, S. 127.

melbegriff den Bogen von den religiösen über die moralischen und konventionellen bis hin zu den berufsständischen Normen. Dieser mögliche Inhalt ist derart weit gefasst, dass praktisch alles zu einer Kulturnorm erklärt werden kann. Das Kriterium der Norm-Kenntnis des Einzelnen (bei den dem Strafrecht zugrunde liegenden Kulturnormen) im Gegensatz zu den „kulturell indifferenten“ Normen des Verwaltungsrechts läuft angesichts dieser Ubiquität weitgehend ins Leere.

Ein zweites Problem ist die immanente Ausdehnungsgefahr des materiell strafbaren Bereiches, da sich auch „kulturell indifferente“ Normen nach einem gewissen Zeitablauf in das allgemeine „Kulturnorm-Bewusstsein“ einprägen, also be- und anerkannt werden. Ab diesem Zeitpunkt könnte die Sanktionierung ihrer Verletzung nach *M. E. Mayer* auch durch das Kriminalrecht erfasst werden, ohne dass sich an der Struktur des ehemaligen Verwaltungsdeliktes etwas geändert hätte. Eine „ausgleichende“ entgegengesetzte Tendenz ist der Theorie *M. E. Mayers* nicht immanent; dass eine Gesellschaft internalisierte Kulturnormen wieder „vergisst“ und damit die einmal anerkannten Normen wieder „kulturell indifferent“ würden, dürfte selten geschehen. Entkriminalisierungsprozesse sind nach diesem Ansatz entweder nicht oder nur in marginalem Umfang denkbar.

*M. E. Mayer*s Kulturnorm-Theorie umschreibt aufwendig eine mehr oder weniger „gefühlte“ materielle Unterscheidung zwischen Verwaltungs- und Kriminalunrecht. Gerade deshalb gelingt ihm eine exakte Definition des inhaltlichen Unterschieds von Straf- und Verwaltungsrecht nicht.

D. Gesellschaftsanschauung

1. Der Ansatz von *Wohlers* u. a.

Nach einem von *Wohlers* und anderen Autoren vertretenen Ansatz hat der Gesetzgeber bei der Charakterisierung einer Verhaltensweise „als (kriminell) strafwürdig“ den Maßstab der „allgemeinen gesellschaftlichen Anschauung“ anzulegen.[380]

---

[380] *BVerfGE* 8, S. 197 (207).

Wohlers verortet vor dem Hintergrund eines intuitiv-offenen Sozialschädlichkeitsgedankens[381] das Systemkritische nicht im Begriff des Rechtsgutes,[382] sondern in seiner Anreicherung auf der Grundlage der „normativen Verständigung einer Gesellschaft", wodurch die legitimen von den illegitimen gesetzgeberischen Zielen getrennt werden könnten; erwiesen sich die gesetzgeberischen Zielsetzungen als „von vornherein illegitim", sei „die entsprechende Strafnorm delegitimiert".[383]

Kunz zufolge gibt es kein Unrecht, das in materieller Hinsicht „genuines" Verbrechen sei; stattdessen sei die entsprechende „elementare Wertwidrigkeit" im aktuellen gesellschaftlichen Bewusstsein „verankert". Vor dem Hintergrund dieses Kontexts sei die Ordnungswidrigkeit im gesellschaftlichen Bewusstsein eben nur eine „Nachlässigkeit". *Kunz* resümiert, dass sich hinter diesen „völlig spontanen und unreflektierten" gesellschaftlichen Einschätzungen letzten Endes ein „unhinterfragbarer, rein emotionaler" Grundkonsens verberge.[384]

---

[381] *Wohlers*, Deliktstypen, S. 145, geht von der „Prämisse" aus, „dass die Androhung und Anwendung strafrechtlichen Zwangs dann legitim sein soll, wenn hierdurch elementare Lebensinteressen vergesellschafteter menschlicher Individuen geschützt werden sollen (...)".

[382] *Wohlers*, Deliktstypen, S. 279: „Dem Rechtsgutsbegriff selbst fehlt ein eigenständiger materieller Gehalt."

[383] Wohlers, Deliktstypen, S. 279.

[384] *Kunz*, S. 159 f.: „Der richtige Kern der Unterscheidung von Ordnungsunrecht und Kriminalunrecht wird erst sichtbar, wenn man sich von der Vorstellung einer qualitativ-wesensmäßigen Differenz löst, ohne dabei ins andere Extrem zu verfallen, eine prinzipielle Unterscheidbarkeit überhaupt zu leugnen. Die Inhalte des leichten Kriminalunrechts sind nicht mit denjenigen des Ordnungsunrechts deckungsgleich, der Gesetzgeber kann sie nicht nach Gutdünken dem einen oder anderen Regelungsbereich zuordnen. [...] Die Dispositionsbefugnis des Gesetzgebers ist eindeutig überschritten, wollte er etwa Mord und Raub zu Ordnungswidrigkeiten deklarieren oder das Falschparken unter Strafe stellen. Aber nicht etwa deshalb, weil das eine 'seiner Art nach' Kriminalunrecht, das andere 'genuin' Ordnungsunrecht darstelle, sondern weil bei dem einen die elementare Wertwidrigkeit im gesellschaftlichen Bewußtsein jedenfalls hier und heute evident verankert ist, das andere hingegen eindeutig als bloße Nachlässigkeit empfunden wird. Bei dem einen ist die instinktive Abscheu vor dem inkriminierten Verhalten fester Bestandteil unserer kulturhistorischen Tradition. Die Gesellschaft reagiert hier völlig spontan und unreflektiert; es besteht letztlich ein unhinterfragbarer – weil rein emotional fundierter – Grundkonsens, den Angriff, auch wenn er sich nicht gegen die eigene Person richtet, als persönliche Bedrohung zu empfinden, die allgemeine Unsicherheit und Angst auslöst. Das Erschrecken der Gesellschaftsmitglieder vor der Tat löst unmittelbar ein allgemei-

2. Würdigung

Die „Gesellschaftsanschauungs-Theorie" stellt das Substrat dessen dar, was sich hinter zahlreichen anderen, aufwändig formulierten Ansätzen verbirgt; andererseits ist sie keine Theorie im eigentlichen Sinn, denn ihr wesentlicher Inhalt besagt, dass der an der allgemeinen gesellschaftlichen Anschauung ausgerichtete „emotionale Grundkonsens" unhinterfragbar ist und sich damit auch einer Theoriebildung entzieht.

Dies wäre hinzunehmen, wenn der gesellschaftliche Grundkonsens dazu geeignet wäre, die Mühe nach Rationalität gleichwertig zu ersetzen. Dies dürfte jedoch nicht der Fall sein. Der Rückgriff auf offen eingestandene irrationale Begründungsmuster birgt die Gefahr, dass vom Gesetzgeber beliebig behauptet werden kann, was „emotionaler Grundkonsens" sein soll; dies ist wiederum eine Blaupause für alle möglichen Pönalisierungsprozesse. Die Zeit zwischen 1933 und 1945 sollte mahnendes Beispiel dafür sein, was zuviel „Ethisierung"[385] und Emotionalität („frische Luft aus dem Reiche der Sittengebote in das Recht"[386]) anrichten kann.[387]

Soweit andererseits *Wohlers* zu dem Schluss kommt, eine bereits erlassene Strafnorm könne wegen der entgegenstehenden normativen Verständigung der Gesellschaft „delegitimiert" sein, bleibt unklar, wie mit einem solchen Fazit praktisch umzugehen wäre. Im Ergebnis hätte der Gesetzgeber wenig Veranlassung, die Norm zurückzunehmen; die Rechtsprechung hätte diese wegen des Gewaltenteilungsprinzips anzuwenden (sofern keine verfassungsrechtlichen Bedenken erhoben würden)[388]. Dann verlöre die normative Verständigung der Gesellschaft als „eigenständiges systemkritisches Potenzial der Rechtsgutstheorie" gerade ihre angenommene Verbindlichkeit für den Strafgesetzgeber.

---

nes Strafverlangen aus; dieses wie ein Reflex auf die Tat ohne jede rationale Steuerung. Die Gesellschaft verlangt nach Beruhigung und Stabilisierung durch Strafe; die Vergeltung durch Strafe ist das einzige Mittel, um das durch die Tat gestörte gesellschaftliche Gleichgewicht wiederherzustellen."

[385] *Telp*, S. 251.

[386] *Freisler*, Festschrift für *Schlegelberger*, S. 28 (31).

[387] S. u. Teil 1 VII. A.

[388] S. u. Teil 1 VI. B.

E. Aktwerte

1. Der Ansatz von *Welzel*

Auch nach *Welzel* ist Verbrechen im materiellen Sinn grundsätzlich sozialethisch unerträgliches Verhalten;[389] er führt in diesem Zusammenhang den konkretisierenden Begriff des Aktwertes ein.[390] Auf der Grundlage der Überlegung, dass das Strafrecht für den „aktuellen Rechtsgüterschutz" zu spät ansetze, liege die primäre Funktion des Strafrechts in der Pönalisierung des Handlungsunrechts („Aktunrecht") zum Nachteil bestimmter Rechtsgüter („Erfolgsunrecht") bzw. – darauf „positiv-sozialethisch" aufbauend – in der gesellschaftlichen „Geltung der Aktwerte rechtlicher Gesinnung".[391] Das Strafrecht diene in erster

---

[389] *Welzel*, Strafrecht, S. 16: „Rechtsgrund der Strafe ist das Verbrechen, d. i. die für die Rechtsgemeinschaft wegen ihrer sozialethischen Verwerflichkeit unerträgliche Handlung oder Unterlassung."

[390] *Welzel*, Strafrecht, S. 2: „Das Strafrecht will zunächst bestimmte Lebensgüter der Gemeinschaft (Sachverhaltswerte) schützen, wie z. B. den Bestand des Staates, das Leben, die Gesundheit, die Freiheit, das Eigentum usf. (sog. Rechtsgüter), indem es deren Verletzung (den Erfolgsunwert) mit Rechtsfolgen belegt. Diesen Rechtsgüterschutz erreicht es dadurch, dass es die auf Rechtsgüterverletzung abzielenden Handlungen verbietet und bestraft: also Verhinderung der Sachverhalts- oder Erfolgsunwerte durch Pönalisierung der Aktunwerte. Dadurch sichert es sich die Geltung der positiven sozialethischen Aktwerte, wie der Achtung vor fremdem Leben, Gesundheit, Freiheit, Eigentum usf. ... Die zentrale Aufgabe des Strafrechts liegt also darin, durch Strafdrohung und Strafe für den wirklich betätigten Abfall von den Grundwerten rechtlichen Handelns die unverbrüchliche Geltung dieser Aktwerte sicherzustellen."

[391] *Welzel*, Strafrecht, S. 3: „[D]ie primäre Aufgabe des Strafrechts [ist] nicht der aktuelle Rechtsgüterschutz, also nicht der Schutz der individuellen Person, ihres Eigentums usf. Denn dazu kommt es gerade dort, wo es real in Aktion tritt, regelmäßig zu spät. Wesentlicher als der Schutz der konkreten einzelnen Rechtsgüter ist die Aufgabe, die reale Geltung (Befolgung) der Aktwerte rechtlicher Gesinnung sicherzustellen; sie sind das stärkste Fundament, das den Staat und die Gemeinschaft trägt. Bloßer Rechtsgüterschutz hat nur eine negativ-vorbeugende, polizeilich-präventive Zielsetzung. Die tiefste Aufgabe des Strafrechts dagegen ist positiv-sozialethischer Natur: Indem es den wirklich betätigten Abfall von den Grundwerten rechtlicher Gesinnung verfemt und bestraft, offenbart es in der eindrucksvollsten Weise, die dem Staat zur Verfügung steht, die unverbrüchliche Geltung dieser positiven Aktwerte, formt das sozialethische Urteil der Bürger und stärkt ihre bleibende rechtstreue Gesinnung. [...] Die Achtung vor den Rechtsgütern (also die Geltung der Aktwerte) zu sichern, ist wichtiger, als im aktuellen Einzelfall ein positives Ergebnis zu erreichen."

Linie der Einhaltung der „elementaren sozialethischen Gesinnungs-(Handlungs-)Werte“; erst in zweiter Hinsicht würden die „einzelnen Rechtsgüter“ geschützt.[392]

Beispiele solcher Aktwerte seien etwa die „Persönlichkeitsachtung“ oder die „Treue zum Staat“.[393] Die Bedeutung der Rechtsgutsverletzung trete in diesem Konzept zurück und stelle lediglich „ein unselbständiges Teilmoment innerhalb des umfassenden Aktunwertes der Handlung“ dar.[394]

2. Würdigung

Die Argumentation *Welzels* geht im Kern auf die allgemein üblichen, formelhaften Umschreibungen zurück („sozialethische Unerträglichkeit“ bzw. Verstoß gegen die „elementaren sozialethischen Gesinnungswerte“).

Im Prinzip kann damit ebenfalls alles begründet werden, was je nach politischem Kontext wünschenswert erscheint. In diesem Zusammenhang sei angemerkt, dass *Welzel* bereits 1944 als „Aktwerte rechtlicher Gesinnung“ neben Leib, Leben und Eigentum folgende Beispiele gibt: „die Treue gegenüber Volk, Reich, Führung, der Gehorsam gegenüber der Staatsgewalt, die Wehrbereitschaft, die Wahrhaftigkeit der eidlichen Aussage“ sowie die „geschlechtliche Zucht“.[395] Mag auch dieser angegebene Aktwerte-Kanon inhaltlich wie sprachlich den besonderen Rahmenbedingungen jener Zeit geschuldet sein, so wird doch gerade wegen der gleich bleibenden Semantik („Aktwert“) die rechtspolitische Sollbruchstelle auch dieses materiellen Begrenzungskonzepts deutlich.

---

[392] *Welzel*, Strafrecht, S. 4.
[393] *Welzel*, Strafrecht, S. 3; kritisch hierzu *Amelung*, Rechtsgüterschutz, S. 204 f.
[394] *Welzel*, Festschrift für *Kohlrausch*, S. 101 (107).
[395] *Welzel*, Festschrift für *Kohlrausch*, S. 101 (109).

F. Lebenswerte

1. Der Ansatz von *Eb. Schmidt*

Eberhard Schmidt konkretisiert den Gedanken der Sozialschädlichkeit[396] mit Bezug auf „soziale Lebenswerte"; diese seien davon abhängig, dass die sich auf sie beziehenden Rechtsgüter unangetastet blieben.[397]

Gegenüber dem Verbrechen im materiellen Sinn (*Eb. Schmidt*: „Justizdelikt") sei die Ordnungswidrigkeit (*Eb. Schmidt*: „Verwaltungsdelikt") sowohl quantitativ ein Minus, als auch qualitativ ein aliud.[398]

Die qualitative Andersartigkeit macht *Eb. Schmidt* an der Art des Unrechts und der Art der Schuld fest.[399] Während sich der Schaden des „Justizdeliktes" auf ein Individuum oder eine „als solche gedachte Personengesamtheit" beziehe, beträfe der Schaden des „Verwaltungsdeliktes" lediglich das Verhältnis zwischen dem Individuum als „gehorsamspflichtigem Staatsbürger" und den Verwaltungsbehörden.[400]

Das aliud-Verhältnis hinsichtlich der Schuld von „Justiz-" und „Verwaltungsdelikt" beschreibt *Eb. Schmidt* durch die andersartige Zweckzuordnung hinsichtlich der Rechtsfolgen: Mit der Strafe solle die „gesamte Rechtspersönlichkeit des Täters" erfasst werden – im „ethischen

---

[396] *Eb. Schmidt* SJZ 1948, Sp. 225 (230): Der „materielle Unrechtsgehalt eines Justizdeliktes" bestimme sich anhand des „greif- und meßbaren Schadens, der einem Rechtsgut, d.h. einem rechtlich anerkannten Interesse einer Individualperson oder einer als personifiziert gedachten Personengesamtheit, wie etwa der Allgemeinheit, dem Staat zugefügt" werde.

[397] *Eb. Schmidt* SJZ 1948, Sp. 225 (230): Der Schaden eines Justizdeliktes werde „in der Zerstörung oder mindestens der Gefährdung sozialer Lebenswerte oder aber auch an einer Einschränkung der Leistungsfähigkeit sichtbar, deren Erhaltung und Auswirkung von dem unbeeinträchtigten Zustand des betreffenden Rechtsgutes abhängt."

[398] *Eb. Schmidt* SJZ 1948, Sp. 225 (230): Das „Verwaltungsdelikt" sei zum einen das „dem Grade nach geringere Bagatelldelikt", zum anderen „der Gattung nach ein bezüglich seines Unrechtsgehaltes und bezüglich seiner Schuld andersartiges Delikt".

[399] *Eb. Schmidt* SJZ 1948, Sp. 225 (235); ebenso in der Festschrift für *Arndt*, S. 415 (426 f.): Es liege „ganz verschiedenartiges Unrecht und ganz verschiedenartige Schuld" vor.

[400] *Eb. Schmidt* SJZ 1948, Sp. 225 (230).

Sinn“ durch „Sühne“ und im „kriminalpolitischen Sinn“ durch „Unschädlichmachung oder Resozialisierung“.[401]

Demgegenüber sei die „Ordnungsstrafe“ nur eine „nachdrückliche Pflichtenmahnung“[402] des Einzelnen wegen Lässigkeit bzw. „tätigen Sich-Versagens gegenüber den Verwaltungsinteressen“ („versagender Staatsgenosse“);[403] an dieser Stelle eine „Strafe“ aussprechen zu wollen, käme der „Banalisierung und Trivialisierung der Sühneidee“ gleich.[404]

2. Versuch der Positivierung im Wirtschaftsstrafgesetz 1949

Als Mitglied der „Sachverständigenkommission bei der Verwaltung für Wirtschaft“ nach Ende des Zweiten Weltkrieges ist *Eb. Schmidt* für die Umsetzung des Versuchs mitverantwortlich, den Unterschied zwischen „Justizdelikt“ und „Verwaltungsdelikt“ gesetzlich zu regeln;[405] er entwickelt die später nach ihm benannte sog. „*Schmidt'*sche Formel“, wonach eine Wirtschaftsstraftat dann vorliege, wenn die Handlung die Wirtschaftsordnung entweder „erheblich beeinträchtigt“ oder in ihr die „grundsätzlich mißachtende Einstellung des Täters“ zum Ausdruck komme.[406] § 6 des Wirtschaftsstrafgesetzes vom 26. Juli 1949 lautete:

> *§ 6 WirtschaftsstrafG 1949*[407]
>
> *(1) Zuwiderhandlungen nach den Bestimmungen dieses Abschnittes sind entweder Wirtschaftsstraftaten oder Ordnungswidrigkeiten.*
>
> *(2) Eine Zuwiderhandlung ist Wirtschaftsstraftat, wenn sie das Staatsinteresse an Bestand und Erhaltung der Wirtschaftsordnung im Ganzen oder in einzelnen Bereichen verletzt, indem entweder*

---

[401] *Eb. Schmidt* SJZ 1948, Sp. 225 (235).
[402] *Eb. Schmidt* SJZ 1948, Sp. 225 (235) unter Verweis auf *Erik Wolf* (vgl. unten Teil 1 III. L. 2. a).
[403] *Eb. Schmidt* SJZ 1948, Sp. 225 (235).
[404] *Eb. Schmidt* SJZ 1948, Sp. 225 (235).
[405] Zum historischen Ablauf instruktiv: *Eb. Schmidt*, Festschrift für *Arndt*, S. 415 (421 ff.).
[406] Zur Bezeichnung und Beschreibung der „*Schmidt'*schen Formel“, vgl. *Wohlers*, Deliktstypen, S. 90.
[407] Gesetzblatt der Verwaltung des vereinigten Wirtschaftsgebietes 1949, S. 193.

die Zuwiderhandlung ihrem Umfange oder ihrer Auswirkung nach geeignet ist, die staatlich geschützte Wirtschaftsordnung zu beeinträchtigen, oder

der Täter mit der Zuwiderhandlung eine Einstellung bekundet, die die staatlich geschützte Wirtschaftsordnung im ganzen oder in einzelnen Bereichen mißachtet, insbesondere dadurch, dass er gewerbsmäßig, aus verwerflichem Eigennutz oder sonst verantwortungslos gehandelt oder Zuwiderhandlungen hartnäckig wiederholt hat.

(3) In allen anderen Fällen ist die Zuwiderhandlung eine Ordnungswidrigkeit.

Nachdem das Gesetz von 1949 durch das Wirtschaftsstrafgesetz von 1952 – das keine dem § 6 vergleichbare Vorschrift enthielt – abgelöst worden war, hat es im bundesrepublikanischen Strafrecht keinen weiteren Ansatz in dieser Richtung mehr gegeben.

3. Würdigung

Mit dem Unterscheidungsversuch zwischen den Bereichen Straf- und Ordnungswidrigkeitenrecht auf der Grundlage von „Gehorsamspflicht“, dem „ethischen Sinn aus dem Gedanken der Sühne“ bzw. der „Pflichtenmahnung“ gelingt es auch *Eb. Schmidt* nicht, eine abstrakt-generelle Grenze für den Gesetzgeber zu formulieren.

Dieser theoretische Überbau lässt eine materielle Abgrenzung der Wirtschaftsstraftat zur Wirtschaftsordnungswidrigkeit im Gesetz von 1949 nicht zu. *Eb. Schmidt* räumt dies auch ein, wenn er ausführt, dass die im WiStG 1949 getroffene Grundsatzentscheidung für den Unterschied von Straftaten und Ordnungswidrigkeiten keine trennscharfe Grenzlinie habe geben können.[408]

---

[408] *Eb. Schmidt*, Festschrift für *Arndt*, S. 415 (428).

G. Gerechtigkeitssinn

1. Der Ansatz von *Kindhäuser*

Nach *Kindhäusers* Auffassung hat das Strafrecht die Funktion, eine „Strategie sittlich fundierter politischer Gerechtigkeit" zu generieren.[409] Daher müsse die einem Verbrechen im materiellen Sinn zugrunde liegende Verhaltensnorm ihrerseits gerecht sein; dies setze wiederum allseitige Vorteilhaftigkeit der Norm voraus. *Kindhäuser* spricht in diesem Zusammenhang vom „Prinzip der distributiven Utilitarität".[410]

Von diesem Standpunkt aus definiert er das Verbrechen im materiellen Sinn als ein normwidriges Verhalten, welches einen „signifikanten Mangel an Gerechtigkeitssinn"[411] erkennen lasse, der „sozialethisch zu tadeln"[412] sei.

---

[409] *Kindhäuser*, Strafrechtsgut, S. 37.

[410] *Kindhäuser*, Strafrechtsgut, S. 34: „Utilitaristisch sind die Zwecke zu bewerten, zu deren Erreichung die Norm als taugliches Mittel ausgewiesen wurde. Da der Utilitarismus aber offen läßt, wie der zu erzielende Nutzen zu verteilen ist, ob also eine Minderheit, eine Mehrheit oder alle profitieren (sollen), besteht grundsätzlich die Möglichkeit, dass die Befolgung einer allein durch ihre kollektive Nützlichkeit legitimierten Norm nicht für jeden vorteilhaft ist, und zwar nicht nur nicht synchron, sondern auch diachron – auf lange Sicht hin – nicht von Vorteil ist. Einem Adressaten ein nicht vorteilhaftes Verhalten unter Preisgabe von Freiheit zum Nutzen anderer vorzuschreiben und ihn im Falle eines Normwiderspruchs auch noch mit einem weiteren Übel – der Strafe – zu belegen, ist blanke Machtentfaltung, aber nicht gerecht. Gerecht kann die Norm mithin nur sein, wenn ihre Utilität distributiv ist. (Bei Sonderdelikten ist distributive Utilität für den potenziellen Adressatenkreis zu fordern.)."

[411] *Kindhäuser*, Strafrechtsgut, S. 33: „Die Straftat muß ein Verhalten sein, das einen signifikanten Mangel an Gerechtigkeitssinn erkennen läßt. Dieser Mangel an Gerechtigkeitssinn muß sich daran zeigen, dass der Täter einen Vorteil in Anspruch nimmt, der zu Lasten der Kosubjekte geht und deshalb als ungerecht empfunden wird. Wenn die Beanspruchung dieses Vorteils ungeahndet bliebe, müßte es zudem für die Kosubjekte erforderlich sein, einen solchen Ausgleich zu Lasten einer gerechten Ordnung selbst in Anspruch zu nehmen. Deshalb muß der Vorteil, den der Täter beansprucht, unter Mißbilligung – und d.h. unter Aufweis des Mangels an Gerechtigkeitssinn – durch die Zufügung eines Nachteils (symbolisch) ausgeglichen werden. Deshalb muß, mit anderen Worten, der Täter bestraft werden."

[412] *Kindhäuser*, Strafrechtsgut, S. 35 f.

Die „Partner eines Sozialkontraktes“[413] würden durch das Verbrechen im materiellen Sinn enttäuscht, da der Täter den „Gedanken der gegenseitigen Koexistenz“ durch die Inanspruchnahme der Freiheitsrechte des anderen durchbreche; *Kindhäuser* verwendet an dieser Stelle das Bild des Schwarzfahrens: Beim Verbrechen im materiellen Sinne liege die Enttäuschung der anderen darin begründet, dass der Täter die Freiheitsrechte der anderen in Anspruch nehme, ohne selbst einen Verzicht zu leisten; das Prinzip des gegenseitigen Gebens und Nehmens werde damit durchbrochen.[414]

Im Rahmen dieser Enttäuschung sei auch die Zuordnung eines Norm*wertes* nicht entscheidend, weil dieser im Rahmen des gegenseitigen Freiheitsverzichts („Ringtausch“) durchaus unterschiedlich eingeschätzt werden könne.[415] Allerdings sei „die Anerkennung strafrechtlicher Verhaltensnormen nicht auf Biegen und Brechen zu oktroyieren“; „nicht jede Nichtanerkennung der Norm“ sei „Ausdruck eines Defizits an Gerechtigkeitssinn“; *Kindhäuser* nennt in diesem Zusammenhang unter anderem die Kriminalisierung der „Verletzung von Buchführungspflichten“.[416]

---

[413] *Kindhäuser*, Strafrechtsgut, S. 35. Anders verhalte es sich beispielsweise beim freiheitsbeeinträchtigenden Verhalten von Kindern und Geisteskranken, „weil sie – vertragstheoretisch gesprochen – nicht als Partner eines Sozialkontraktes in Betracht“ kämen.

[414] *Kindhäuser*, Strafrechtsgut, S. 35 f.: „Worin aber besteht nun die Enttäuschung, die als Mangel an Gerechtigkeitssinn auszuweisen und sozialethisch zu tadeln ist? Bildhaft gesprochen: im Schwarzfahren. Der Täter nimmt die Freiheitsverzichte der anderen in Anspruch, ohne selbst seinen Verzicht zu leisten. Er durchbricht den Gedanken der wechselseitigen Freiheitskoexistenz auf der Basis wechselseitigen Gebens und Nehmens, indem er zweimal nimmt. Er nutzt, um im Bild zu bleiben, die Beiträge der anderen aus, die ihm den Vorteil des Fahrens verschaffen, und spart obendrein seinen Beitrag. Er gewinnt auf Kosten der anderen doppelt, und das ist ungerecht.“

[415] *Kindhäuser*, Strafrechtsgut, S. 34 f.: „[M]an kann sich gedanklich den wechselseitigen Freiheitsverzicht als Ringtausch vorstellen. Die Festlegung der konkreten Werthöhe ist dann eine Frage der politischen Meinungsbildung, die nicht in Zwang umschlägt, weil die individuellen Vorteile im Paket der Grundfreiheiten existent bleiben. Auch wer in Abweichung zur Mehrheit seiner Kosubjekte die Ehre höher einschätzt als sein Leben, gewinnt durch Tötungsverzicht Ehrenschutz.“

[416] *Kindhäuser*, Strafrechtsgut, S. 36 f.: „Die Pönalisierung der Verletzung von Buchführungspflichten (§ 283b StGB) oder des Tragens gleichfarbener Kleidungsstücke zur Demonstration gemeinsamer politischer Gesinnung (§§ 3, 28

2. Würdigung

Kindhäusers Ansatz besitzt ebenfalls kein nachhaltiges Begrenzungspotenzial; die Kriterien „sozialethischer Tadel" und „signifikanter Mangel an Gerechtigkeitssinn" verlassen die intuitiv-offene Sozialschädlichkeitsebene nicht.

Es gelingt ihm daher auch nicht, die materielle Unterscheidung zum Ordnungswidrigkeiten- und Zivilrecht herzuleiten. Speziell im Zivilunrecht können berechtigte Freiheitsbereiche der „Kosubjekte" durch anmaßende Freiheitsverletzungen tangiert werden, was die Abgrenzung zwischen Straf- und Zivilrecht kaum möglich macht. Die Argumentation mit dem Vertrauensaspekt kann ebenfalls nicht überzeugen.[417]

H. Fairness

1. Der Ansatz von *Alwart*

Alwart stellt auf der Suche nach dem spezifischen Unrechtsgehalt wirtschaftskrimineller Handlungen fest, dass dieser auf der Grundlage der Rechtsgutslehre bislang „höchst zweifelhaft" sei.[418]

Ursache sei die fehlende gesetzgeberische Berücksichtigung des Aspekts des Handlungsregelverstoßes. Dem Wirtschaftsstrafrecht sei mit der Rechtsgutslehre im Ergebnis ein zu enger Theorienhorizont gesetzt, was wiederum Grund für die fehlende Begrenzung des Wirtschaftsstrafrechts sei.[419]

VersammlG) sei beispielhaft für die Maßlosigkeit einer philosophisch unreflektierten Kriminalpolitik erwähnt."

[417] Vgl. hierzu unten Teil 1 III. M. 2.

[418] *Alwart* JZ 2006, S. 546 (546 f.).

[419] *Alwart* JZ 2006, S. 546 (547): „Solange freilich nicht darauf verzichtet wird, die Rechtsgutsverletzung als Strafwürdigkeitskriterium zu verabsolutieren und die Regelverletzung als einen bloßen Ordnungsverstoß in ihrer Bedeutung zu relativieren, ist echte Abhilfe schlechthin unmöglich. Das mag im Ergebnis dann noch erträglich erscheinen, wenn es auf diese Weise zu einer restriktiven Auffassung von legitimem Wirtschaftsstrafrecht kommt. Es weitet sich jedoch dann zu einer echten Herausforderung aus, wenn ein zu enger Theoriehorizont einer zu breiten strafjuristischen Praxis nichts entgegenzusetzen hat: Wer das relativ komplexe Wirtschaftsstrafrecht, weil er am Rechtsgutsgedanken klebt, der sich

Die Integration der besonderen „wirtschaftsstrafrechtlichen Konstellation“ in den „materiellen Verbrechensbegriff“ erfordere daher eine Ergänzung des Rechtsgutsmodells durch ein „modernes Regelmodell“. Der Submissionsbetrug zeige beispielhaft, dass es auf der Grundlage der Handlungsregel „Fairnessgebot“ der Feststellung eines punktuellen Vermögensschadens nicht mehr bedürfe; es gehe vielmehr um die „Negation ehrlichen Wettbewerbs“.[420]

Die auf das „Fairnessgebot“ zurückzuführenden Handlungsregeln sollten im Wirtschaftsstrafrecht aber nur solche sein, die „eine für die Form des sozialen Miteinanders signifikante Praxis konstituieren“; lediglich auf diese Handlungsregeln „und eine entsprechende hermeneutische Realität“ könne der „materielle Verbrechensbegriff des modernen Wirtschaftsstrafrechts“ gegründet sein.[421]

2. Würdigung

Alwart setzt seine Kritik am Rechtsgutsbegriff insoweit paradox an, als er diesem einen Theorienhorizont zuordnet, der für das Wirtschaftsstrafrecht zu eng sei; damit beschreitet er im Gegensatz zu anderen[422] einen konträren Weg in der Kritik.

Ob Rechtsgutskonzepte wie „Vertrauen in die geltende Wirtschaftsordnung“[423] tatsächlich als zu „eng“ zu bezeichnen sind, ist bereits die Frage. Eine Ausrichtung des materiellen Verbrechensbegriffs am Maßstab des Fairnessgebotes lockerte jedoch die ohnehin vagen materiell-limitierenden Vorgaben der Rechtsgutslehre noch einmal deutlich. Dies strebt *Alwart* ja auch an. Dabei droht die Konsequenz, dass es zu einer weiteren Entgrenzung des materiellen Verbrechensbegriffs kommt. Bereits heute wird der Fairplaygedanke zur Legitimation bislang nicht strafrechtlich erfasster Bereiche herangezogen. Insbesondere in der Diskussion um die Strafbarkeit des Dopings im Sport wird dieser Aspekt aufgegriffen: Den einzuhaltenden Regeln wird dabei zum Teil so-

---

aus einfachen Bildern speist, nicht begründen kann, der kann es eben auch nicht begrenzen.“

[420] *Alwart* JZ 2006, S. 546 (547).

[421] *Alwart* JZ 2006, S. 546 (548).

[422] Vgl. z. B. *Naucke* (s. o. Teil 1 I. B. 5.) oder *Wolff* (s. u. Teil 1 V. D. 1.).

[423] *Otto* MSchrKrim 1980, S. 397 (399).

gar „im sportlichen Wettbewerb eine ungleich wesentlichere Bedeutung als im Wirtschaftsleben“ zugeschrieben.[424]

Der Gedanke des Verstoßes gegen (wesentliche) Handlungsregeln entmaterialisierte den materiellen Verbrechensbegriff jedoch in noch größerem Umfang, als dies ohnehin schon durch den Begriff des Rechtsgutes geschieht. Das Argument, dies geschehe zur Begrenzung des Wirtschaftsstrafrechts, wird nicht überzeugend dargelegt.

I. Risiko

1. Der Ansatz von *Prittwitz*

Prittwitz macht beim Strafrecht „im Unterschied zu allen anderen Rechtsgebieten“ eine „chronische Effektivitäts- und Legitimitätskrise“ aus;[425] eingedenk hinzutretender moderner Risiken gelangt er für die Kriminalpolitik in der „Risikogesellschaft“[426] zu der Einschätzung, diese sei zunehmend „durch Elemente der Großsteuerung und symbolischer Gesetzgebung“ gekennzeichnet.[427] Daher habe sich das Strafrecht im Spannungsfeld zwischen globalen Risiken und daraus folgenden umfassenden Präventionswünschen und –erfüllungen („heimliches Risikostrafrecht“[428]) auf der einen sowie den klassischen Ansprüchen an ein rechtsstaatlich-liberales Strafrecht („konsequentes Anti-Risikostrafrecht“[429]) auf der anderen Seite „zwischen alle Stühle gesetzt“.[430] Vor diesem Hintergrund sei wiederum nach „überzeugenden Strafrechtsbegrenzungsprinzipien“ zu fragen.[431] Im Ergebnis entscheidet sich *Prittwitz* für das Risiko als Maßstab für die Kriminalpolitik.[432]

---

424 *Cherkeh/Momsen* NJW 2001, S. 1745 (1752).
425 *Prittwitz*, S. 162; i. E. ebenso *Hefendehl*, Technische Prävention, S. 48 (49), der auf das von der Kriminologie ausgestellte „miserable Zeugnis“ für das „gesamte Strafzweckarsenal“ verweist (mit weit. Nachw.).
426 Der Begriff geht zurück auf den Soziologen *Ulrich Beck*.
427 *Prittwitz*, S. 260.
428 *Prittwitz*, S. 364.
429 *Prittwitz*, S. 373.
430 *Prittwitz*, S. 364 ff. (insb. 372).
431 *Prittwitz*, S. 373.
432 *Prittwitz*, S. 384 ff.

Gegen ein klassisch rechtsstaatlich-liberal und „absolut begründetes Strafrechtsmodell" wendet *Prittwitz* ein, dass dieses "ein den Problem- und Konfliktlinien und auch dem Erkenntnisstand des vorindustriellen Zeitalters entsprechendes Konzept" darstelle. Strafrecht, das nicht mitteile, „wozu es tut, was es tut", sei „normativ inakzeptabel", auch wenn es dabei möglicherweise gerecht verfahre; davon abgesehen sei Strafrecht zu keiner Zeit wirklich zweckfrei gewesen.[433]

Prittwitz folgert, dass „Risikoschaffungen oder Risikoerhöhungen" legitimer „Gegenstand strafrechtlicher Vorwürfe" sind; hierbei sei „der Bereich der erlaubten Risiken" aber „erheblich" zu „verkleinern", Politik und Gesetzgeber treffe die Verantwortung, „den Bürgern klarzumachen", dass „erlaubte Risiken zu 'normalen Katastrophen'" führen können.[434] Als Korrektiv für diese Ausweitung von Risikoverantwortung auf der kriminalpolitischen Ebene, sei die individuelle (objektive und subjektive) Zurechnung von Risiken „restriktiv" zu handhaben; *Prittwitz* lehnt in diesem Zusammenhang die Risikoerhöhungslehre wegen ihrer „strafbarkeitsausweitenden" Konsequenzen ab, da auf diese Weise aus Verletzungsdelikten Gefährdungsdelikte würden; es bedürfe vielmehr eines „Bewirken des Erfolges durch vorwerfbares Verhalten", wobei *Prittwitz* die *Entscheidung* für das Risiko in den Mittelpunkt rückt.[435]

Damit stehe das Risikostrafrecht „in der Tradition des modernen Zweckstrafrechts", dem das „Menschenbild" des „rationalen Entscheiders" zugrunde liege; bezogen auf den „Strafrechtsdiskurs", sei damit der „nicht determinierte und dem Gebot des neminem laede verpflichtete Mensch" gemeint.[436] Die Aufgabe des Strafrechts kennzeichnet *Prittwitz* durch das Konzept der Risikominimierung;[437] der strafrechtskritische Wert des Risikostrafrechts liege insofern in dessen Funktiona-

---

[433] *Prittwitz*, S. 375 f.

[434] *Prittwitz*, S. 385, vgl. auch S. 319: „Die Möglichkeit der Neubewertung erlaubter und zu verbietender Risiken in der Risikogesellschaft trifft allerdings in erster Linie die Politik und das den Gefahren und Risiken der Risikogesellschaft sachnähere Verwaltungsrecht. Für das Strafrecht bliebe allenfalls die Erwägung, ob die Warnfunktion des Tatbestandes das Lozieren des 'erlaubten Risikos' auf der Ebene der Rechtswidrigkeit nahelegt."

[435] *Prittwitz*, S. 385 f.

[436] *Prittwitz*, S. 366 f.

[437] *Prittwitz*, S. 368, vgl. auch S. 369: „Die Rationalität einer auf normativen Entscheidungsmodellen basierenden Risikominimierungslogik harmonisiert mit dem fundamentalen „neminem laede"-Gebot des Strafrechts."

lität: „Entkriminalisierung ist daher angesagt, wo weder Rechtsgüterschutz- noch Versicherungsbedarf besteht.“[438]

2. Würdigung

Prittwitz beschreibt plausibel das „Spannungsverhältnis zwischen Recht und Risiko“;[439] das gilt besonders für das Strafrecht. Im Zentrum steht die Auseinandersetzung mit einem bestimmten Verhalten des Individuums, das diesem zugerechnet werden muss, während es bei „modernen Risiken“ um allgemeinere Bedrohungslagen geht, die eine individuelle Zurechnung erschweren bzw. ausschließen. Dies mündet in bekannte Formulierungen wie die von der „Krise des modernen Strafrechts“.[440]

Gegen seine Schlussfolgerung, nach der „Risikoschaffung und Risikoerhöhung“ die Grundlage für rationalere Kriminalisierungsprozesse darstellen sollen, bestehen jedoch Bedenken.

Versteht man Risiko abstrakt als Produkt von drohender Schadensintensität (von „zu vernachlässigen“ bis „katastrophal“) und Eintrittswahrscheinlichkeit (von „nahezu ausgeschlossen“ bis „extrem hoch“), kann zunächst einmal nahezu jedes menschliche Verhalten riskant sein.[441] Der Begriff des Risikos ist nämlich materiell kernlos und damit ubiquitär; um ihn zu begrenzen, ist zwingend eine Zielbestimmung vorgeschaltet. Ohne gesellschaftliche Übereinkunft über das Ziel (das Gute) ist der Schadensbegriff (das Schlechte) nicht definierbar und ohne eine Vorstellung von Schaden fehlt dem Risikobegriff die materielle Grundlage. Um der Risikoschaffung und Risikoerhöhung einen sachlichen Inhalt zu geben, bezieht sich *Prittwitz* zunächst einmal auf den „Rechtsgüterschutz“ und damit auf einen Zielbegriff, der, wie oben schon dargelegt,[442] ebenfalls materiell kernlos ist. Daneben spricht er noch den

---

[438] *Prittwitz*, S. 367.
[439] *Prittwitz*, S. 160.
[440] Vgl. z. B: *Wohlers*, Deliktstypen, S. 29 ff., mit weit. Nachw.
[441] Vgl. zu verschiedenen Facetten des „strafrechtlichen“ und „nichtstrafrechtlichen“ Risikobegriffs *Prittwitz*, S. 29 ff. Allerdings bleiben die Ausführungen *Prittwitz'* in diesem Zusammenhang hinsichtlich einer Positionierung zu einem bestimmten Risikobegriff vage. Er scheint von einem unstrittigen allgemeinen Verständnis über den Risikobegriff auszugehen, zumal es „erstaunlich“ sei, wie sehr sich „der außerstrafrechtliche und der strafrechtliche Risikodiskurs“ entsprächen (S. 365).
[442] S. o. Teil 1 II. B. / C.

„Versicherungsbedarf" an und weist damit der Kriminalpolitik die Aufgabe zu, eine gesellschaftliche Orientierungsfunktion wahrzunehmen, wobei unklar bleibt, worin genau diese beim Strafrecht der Risikominimierung bestehen soll. Hinzu kommt, dass der Bereich der „erlaubten Risiken" kleiner werden soll.

Auf diese Weise wird die Rationalität in der Kriminalpolitik eher nicht erhöht; in die intuitiv-offene Sozialschädlichkeitssemantik wird lediglich ein weiterer schillernder Begriff eingeführt, der seinerseits ohne *eigene* materielle Funktion ist und damit auch keinen limitierenden Orientierungspunkt bietet. Vor diesem Hintergrund gibt auch die Rückbesinnung auf das ebenfalls offene Neminem-Laedere-Prinzip den Ausführungen *Prittwitz'* keine schärfere Akzentuierung.[443]

J. Soziologische Theorie

1. Der Ansatz von *Müssig* u. a.

Müssig nähert sich der materiellen Legitimitätsdiskussion ebenfalls durch Kritik an der Rechtsgutslehre.[444] Das Problem sei in der dem Rechtsgutsgedanken immanenten Atomisierung von Sozietät in ihre Güter zu verorten, womit der „unmittelbare Zusammenhang von Recht und Gesellschaft" gekappt zu werden drohe.[445] Das zugrunde liegende „dogmatisch-positivistische Normverständnis" deute Recht lediglich als „äußerliche Zwangsordnung", welche Sozietät bereits voraussetze.[446] „Diese „positivistisch verkürzte Rekonstruktion" des Legitimationsproblems im Strafrecht bilde den „rechtstheoretischen Hintergrund der Entmaterialisierungstendenzen beim Rechtsgutsbegriff".[447] Die Rechtsgutslehre deute Normen lediglich als „Schutzwall" und halbiere damit „den gesellschaftlichen Horizont", unter dem das Recht insgesamt stehe;[448] insbesondere in zunehmend „hochgradig differenzierten, komplexen Gesellschaftssystemen" verliere dieses Rechtgüterschutzkonzept

---

[443] Vgl. hierzu oben Teil 1 I. B. 1.
[444] *Müssig*, S. 25 ff., 71 ff.
[445] *Müssig*, S. 171.
[446] *Müssig*, S. 154.
[447] *Müssig*, S. 150.
[448] *Müssig*, S. 152.

seine Konturen geradezu „notwendig"[449] und hänge „normtheoretisch und damit auch gesellschaftstheoretisch in der Luft"[450]. Vor diesem Hintergrund kommt *Müssig* zu dem Schluss, dass sich die „Differenz zwischen einer präventiven polizeilichen Maßnahme und der strafrechtlichen Reaktion nicht mehr bezeichnen" lasse.[451] Damit drohten Gestalt und Inhalt eines sozialen Systems konterkariert zu werden, sofern „vollkommen beliebige Formen der sozialen Kontrolle" etabliert würden.[452]

Müssigs Gegenkonzept basiert auf dem Bekenntnis zu einer „soziologischen Deutung des Rechts", welche die Frage nach der „strafrechtlichen Legitimationsproblematik" mit dem „unmittelbaren gesamtgesellschaftlichen Zusammenhang" verzahne.[453] Ein systemkritisches Rechtsgutsmodell müsse daher rechtssoziologisch reformuliert werden.[454]

Dem an der „Imperativentheorie" orientierten, „rechtsdogmatischen" Normbegriff als Grundlage für die Rechtsgutslehre nach üblicher Lesart stellt *Müssig* den „rechtssoziologischen", „institutionellen" Normbegriff (nach *Luhmann*[455]) gegenüber, wonach Normen „kontrafaktisch stabilisierte Verhaltenserwartungen" seien, „deren Rechtscharakter sich durch kongruente Generalisierung" auszeichne.[456] „Einheit und Identität

---

[449] *Müssig*, S. 156.
[450] *Müssig*, S. 229.
[451] *Müssig*, S. 152.
[452] *Müssig*, S. 170.
[453] *Müssig*, S. 160.
[454] *Müssig*, S. 140; vgl. auch *Zipf* MDR 1969, 889 (890) zum „soziologisch geprägten Verbrechensbegriff". *Zipfs* Definition bleibt allerdings in der üblichen Diktion hängen: „Der materielle Verbrechensbegriff muss heute so gefasst werden, dass er die Beschränkung der Strafzone auf Handlungen garantiert, welche die Bestands- und Funktionsfähigkeit des gesellschaftlichen Zusammenlebens aufheben oder in unerträglicher Weise beeinträchtigen. An letzteres ist ein strenger Maßstab anzulegen; weder soziale Unerwünschtheit noch Verurteilungen durch die – selbst weit überwiegende – Mehrheit genügen. Strafnormen dürfen als Regulatoren des sozialen Geschehens erst da eingesetzt werden, wo es essentielle Notwendigkeiten des Schutzes der Allgemeinheit und lebenswichtige Interessen des einzelnen zwingend erfordern." (ebenda, S. 892).
[455] *Müssig*, S. 87 ff., 236 f.
[456] *Müssig*, S. 137 f.; vgl. auch *Luhmann*, S. 254: „Und so dienen auch Gesetze dazu, immer wieder als Information nutzbar zu sein, während im Normalfall eine Information an Informationswert verliert, wenn sie nochmals und nochmals und nochmals kommuniziert wird. Es ist, mit anderen Worten, die prekäre, kontrafaktische Stabilität, die normatives Erwarten sich zumutet, die durch die Schriftform ausgeglichen wird."

des Rechtssystems" seien in diesem Zusammenhang die entscheidenden Kriterien. Die Einheit des Rechtssystems bestimme und rekonstruiere sich als dessen Identität „über die funktionale Differenz zur Gesamtgesellschaft"; Identität sei als „Kriterium der Einheit" das Resultat der „selbstreferentiellen Geschlossenheit des Systems".[457]

Vor diesem Hintergrund habe „Normativität" als „kommunikativ vermitteltes Symbol" jenseits der individuellen Bezugsebene ihre Bedeutung als „vernetzte Generalisierung in der Zeit- und Sozialdimension"; diese Vernetzung ist nach *Müssig* „entscheidendes Kriterium für die Bestimmung der sozialen Funktion von Strafrecht aus soziologischer Perspektive" als „Mechanismus der kontrafaktischen Stabilisierung von Verhaltenserwartungen"; diese Aufgabencharakterisierung des Strafrechts („Garantie der Norm- bzw. Rechtsgeltung") interpretiert *Müssig* selbst als „Theorie der positiven Generalprävention aus soziologischer Perspektive".[458] Diese Herangehensweise folge „allein aus der Notwendigkeit des Rechts als Struktur des Kommunikationssystems Gesellschaft".[459] Normgeltung bedeute in diesem Zusammenhang aber nicht Verhaltensgleichförmigkeit, weshalb für *Müssig* „strafrechtliches Unrecht auch nicht primär ein Problem der Verhaltenssicherheit" ist.[460]

Das strafrechtliche Unrecht habe bei rechtssoziologischer Betrachtung vielmehr eine formale und eine materielle Struktur.

Die formale Struktur des strafrechtlichen Unrechts als Normbruch teilt *Müssig* wiederum in die Betrachtung aus der Perspektive des „Individuums" und die aus Richtung des „Gesamtsystems Gesellschaft"; aus der Sicht des Einzelnen untergrabe der Normbruch dessen Orientierungssicherheit, wodurch die Norm als Orientierungsmuster desavouiert werde.[461] Aus überindividueller Perspektive betreffe strafrechtliches Unrecht die „selbstreferentiellen Konstitutionsbedingungen des Kommunikationssystems Gesellschaft" durch das im Normbruch zum Ausdruck kommende grundsätzliche Infragestellen dieses Kommunikationssystems.[462]

---

[457] *Müssig*, S. 139.
[458] *Müssig*, S. 141.
[459] *Müssig*, S. 142.
[460] *Müssig*, S. 144.
[461] *Müssig*, S. 144.
[462] *Müssig*, S. 145.

Die materielle Seite des strafrechtlichen Unrechts verknüpft *Müssig* mit der Identität der Gesellschaft als eigentlichem „Bezugspunkt der strafrechtlichen Legitimationsfrage“;[463] diese beantwortet er mit dem identitätsstiftenden Charakter der Verfassung, denn die „Verfassungsgrundsätze“ stellten die „juridifizierbaren normativen Kriterien der Identität einer konkreten Gesellschaft“ dar und zwar sowohl als „lediglich postulierte“, als auch in der Form der „bereits institutionalisierten Grundsätze“.[464] „Aus der Perspektive des Rechtssystems“ bezeichne damit „das Grundgesetz und die dazu entwickelte Dogmatik die grundlegende juridifizierbare Selbstbeschreibung der Gesellschaft“.[465]

Vor diesem Hintergrund akzeptiert *Müssig* auch das als „prinzipiell problematisches strafrechtliches Instrumentarium“ bezeichnete abstrakte Gefährdungsdelikt, wenngleich an dessen Legitimation „strengere Anforderungen“ zu stellen seien; entscheidend sei die „soziale Funktion der Verhaltensnorm“ bzw. des „Normkomplexes“, dessen „Struktur durch abstrakte Gefährdungsdelikte garantiert werden“ sollte.[466] In diesem Fall schlage die strafrechtliche Garantie um in die „Garantie von Verhaltenssicherheit“.[467] In diesem Zusammenhang bestimmt er beispielsweise das Schutzgut des § 324 StGB „entsprechend der gesetzgeberischen Intention“ als „gesellschaftlich rekonstruierte ökologische Funktion des Gewässers für Mensch und Umwelt“[468] oder anders als die „gesellschaftlich wahrgenommene und definierte ökologische Funktion des Gewässers als Umweltmedium der Gesellschaft“.[469]

2. Würdigung

Müssigs Auffassung ist in ihren Grundlegungen zuzustimmen. Das positivistische „In-der-Luft-hängen“ der dogmatischen Rechtsgutslehre ist treffend beschrieben. Vorzugswürdig erscheint auch, dass die Schutzfunktion des Strafrechts trotz seines repressiven Charakters in erster Linie auf positiv generalpräventiver Grundlage möglich erscheint; dabei steht die Atomisierung des gesellschaftlichen Lebens in seine zahl-

---

[463] *Müssig*, S. 158.
[464] *Müssig*, S. 167.
[465] *Müssig*, S. 158, 239.
[466] *Müssig*, S. 208.
[467] *Müssig*, S. 241.
[468] *Müssig*, S. 326.
[469] *Müssig*, S. 241.

reichen Rechtsgüter einer Normbildung und Normimplementierung auf abstrakter Ebene entgegen.[470]

Allerdings wird schon bei der formellen Strafunrechtsstruktur nicht deutlich, worin genau das spezifisch strafrechtliche Unrecht im Normbruch liegen soll, wenn *Müssig* vom Verlust der Norm als Orientierungsmuster (für den Einzelnen) und dem Infragestellen der Kommunikationsstruktur Gesellschaft spricht. Der Vertragsbruch in seiner Massenerscheinung als klassisches zivilrechtliches Unrecht hat wegen der typischerweise vorgelagerten konkreten Vertrags*beziehung* viel intensivere Bezüge zur unerfüllt bleibenden individuellen Orientierung und einer gestörten gesellschaftlichen Kommunikationsstruktur als etwa der Diebstahl. Trotzdem ist der Diebstahl Strafunrecht, der Vertragsbruch nicht; auch *Müssig* rührt daran nicht, obwohl ein Verstoß gegen den Grundsatz *pacta sunt servanda* nach ihm der Prototyp der formellen Strafunrechtsstruktur sein müsste.

Auf der materiellen Seite verweist *Müssig* auf das Grundgesetz als Identitätsmerkmal der Gesellschaft. Auch darin ist er *grundsätzlich* zu bestärken. Das Problem ist aber, dass bei ihm der Verfassungsbezug sehr vage bleibt – also jedes Interesse als legitimes gesellschaftliches Identitätsmerkmal dort hineingelesen werden kann, das nicht speziell verfassungs*widrig* ist. Im Ergebnis läuft diese Interpretation wiederum auf die strafrechtliche Legitimation aller möglichen Interessen hinaus, die auch beim dogmatischen Rechtsgutsbegriff als Bezugspunkte herangezogen werden. Indem *Müssig* nicht den nächsten Schritt macht und nur ganz bestimmte Verfassungsaspekte als für die Gesellschaft identitätsstiftend definiert, höhlt er seinen vielversprechenden Ansatz selbst wieder aus.

Dies zeigt sich praktisch bei seiner Schutzbestimmung von § 324 StGB; die in die angeblich gesellschaftlich rekonstruierte ökologische Funktion des Gewässers als Umweltmedium der Gesellschaft hineininterpretierte Legitimation von § 324 StGB zeigt, dass für die Strafnorm am Schnittpunkt der Interessen von Individuum und Gesellschaft bei *Müssig* die Verfassung als Identitätsmerkmal gegenüber der Kommunikationsstruktur Gesellschaft gar keine kritische Rolle spielt.

---

[470] S. u. Teil 2 I. E. 4.

K. Zwei-Legitimationen-Theorie

1. Der Ansatz von *Goldschmidt*

James Goldschmidt skizziert in seiner Schrift „Das Verwaltungsstrafrecht" aus dem Jahr 1902 die materielle Abgrenzung von Verwaltungs- und Kriminalunrecht als Spiegelbild der Andersartigkeit von Verfassung und Verwaltung. Die gesetzgeberische Legitimation für die Verfassung beruhe auf dem Gedanken der „Erklärung des allgemeinen Willens"[471], die für die Verwaltung hingegen auf dem Gedanken der Erreichung der „Wohlfahrt".[472]

Der Gegensatz zwischen „Verfassungsstrafrecht" und „Verwaltungsstrafrecht" wird als Folge des Unterschiedes von Wollendürfen und Wohlfahrt hervorgehoben.[473] Den Fixpunkt für den Gesetzgeber bilde das Verwaltungsrecht: Die Erreichung der Wohlfahrt sei als Ziel in den Mittelpunkt allen staatlichen Handelns zu stellen, denn sie sei an der „guten Ordnung des Gemeinwesens"[474] orientiert – ein idealer Wert, der gleichsam nie erreicht werden könne.[475] Die Verwaltung stehe daher auch außerhalb aller Wechselfälle, die sich aus unterschiedlichen Verfassungen ergäben.[476]

---

[471] *Goldschmidt*, S. 531 f.: „Die Verfassung der menschlichen Gesellschaft, d. i. die Rechtsordnung im eigentlichen, formellen Sinn, ist die Erklärung des allgemeinen Willens über den z. Zt. anzuerkennenden Umfang der Machtsphären der verschiedenen Willensträger. Wo die Erklärungen – Rechtssätze – anscheinend nicht die Machtsphäre eines Willensträgers abgrenzen, sondern ein subjektloses ideelles Gut als solches schützen, wird das subjektlose ideelle Gut nur um deswillen geschützt, weil es für die von der Rechtsordnung vorgenommene Abgrenzung der Machtsphären der Willensträger von Wert ist."

[472] *Goldschmidt*, S. 531.

[473] *Goldschmidt*, S. 529: „Die Verwaltung der menschlichen Gesellschaft ist die auf die Wohlfahrtsförderung gerichtete menschliche Thätigkeit. Wo anscheinend die Machtsphäre eines Willensträgers Fürsorgeobjekt bildet, steht stets die Wohlfahrt im Hintergrunde."

[474] *Goldschmidt*, S. 535.

[475] *Goldschmidt*, S. 535.

[476] *Goldschmidt*, S. 533: Das aus der Verfassung resultierende „Wollendürfen" sei relativ; die „Lebensbedingungen zwischen den verschiedenen Willensträgern" wechselten, „je nachdem gerade der eine oder der andere Theil im Vortheil ist" In gleicher Weise wechsele „auch die Rechtsverfassung", deren „Signatur" daher „Ruhe, aber Abhängigkeit" sei.

Als Konsequenz ergebe sich, dass die „gute Ordnung des Gemeinwesens“ gleichsam das Gegenstück zum „Rechtsgut der öffentlichen Ordnung“ sei, denn letzteres habe man lediglich als einen „für die Rechtsverfassung wertvollen Zustand in bestimmter zeitlicher und örtlicher Ausprägung“ zu verstehen.[477] Demgegenüber könne der Verstoß gegen die „gute Ordnung des Gemeinwesens“ keine „Auflehnung gegen die Rechtsverfassung“ und damit „niemals eine Rechtsgüterbeeinträchtigung“ sein, da das öffentliche Wohl ein Ideal und „als solches nie ein durch dauernde Einrichtungen sanktionierter Zustand werden“ könne.[478]

Die „Verwaltungswidrigkeit“ definiert *Goldschmidt* vor diesem Hintergrund als „Unterlassung der auf Förderung des öffentlichen oder Staats-Wohls gerichteten bzw. fiktiv als solche Förderung erscheinenden Staatsverwaltung“.[479] Die Sanktion im Verwaltungsstrafrecht sei daher auch nicht „Rechtsstrafe“, sondern „Maßregelung“.[480] Das Verwaltungsstrafrecht sei aber als „Pseudo-Strafrecht“[481] „stets zulässig“, eben weil „stets das öffentliche Wohl auf dem Spiele“ stehe; es gebe daher keinen „Maßstab, wann eine Betätigung der Verwaltungsstrafgewalt geboten“ sei und wann nicht.[482]

Das Unrecht des Verfassungsstrafrechts bestimmt *Goldschmidt* materiell als „Auflehnung gegen die Rechtsverfassung“, durch die „die in Betracht kommende reale Beeinträchtigung eines Rechtsguts die Ge-

---

[477] *Goldschmidt*, S. 533: „Die Wohlfahrt ist als solches etwas Absolutes: höchste ideelle und materielle Vervollkommnung. Sie kann gar keinen bestimmten zeitlichen oder örtlichen Kolorit annehmen. Diese Unverrückbarkeit hält die Verwaltung zusammen. Die Wohlfahrt kann daher auch nie ein Zustand werden, sondern ist nothwendig stets ein Ziel, eine unerreichte Sehnsucht.“ S. 546: „Dass die Uebertretung wirklich eine Unterlassung der Förderung des öffentlichen Wohls enthält, m. a. W., dass die Befehle objektiv der Annäherung an das öffentliche Wohl dienen, ist in thesi sogar unmöglich, da das öffentliche Wohl ja keinesfalls realisierbar ist.“ S. 545: Weil nun aber das öffentliche Wohl stets ein Ziel, also nie zu erreichen ist, so kann ihm im thatsächlichen Sinne auch nicht näher gekommen werden. Es ist ein Ideal, kann also nie eine Realität sein, und eben deshalb kann es im eigentlichen Sinne gar nicht gefördert werden. Der Gewinn bleibt stets ein imaginärer.“

[478] *Goldschmidt*, S. 544.

[479] *Goldschmidt*, S. 548.

[480] *Goldschmidt*, S. 552.

[481] *Goldschmidt*, S. 556.

[482] *Goldschmidt*, S. 552.

samtheit der Rechtsgüter, d. i. die Rechtsverfassung im materiellen Sinne ideell“ beeinträchtige.[483]

Das Zivilunrecht sei ebenfalls eine Auflehnung gegen die Rechtsverfassung, bei der allerdings die „Wiederherstellung der beeinträchtigten Machtsphäre, sei es thatsächliche in den status quo (Erfüllung), sei es ausgleichende (Schadensersatz)“, als „ausreichende“ Reaktion erscheine.[484]

2. Würdigung

Bereits *Goldschmidts* Diktion mutet anachronistisch an. Davon abgesehen ist der Ansatz, die Verwaltung in das Zentrum staatlichen Handelns zu stellen und ihren höheren Wert im Gegensatz zur Verfassung hervorzuheben, aus heutiger Sicht ein unerwarteter Perspektivenwechsel. Beides dürfte in erster Linie den Rahmenbedingungen der Entstehungszeit geschuldet sein.

Im Zusammenhang mit der materiellen Begrenzung des Gesetzgebers liegt das Problem woanders. Der Kern der materiellen Unterscheidung von Verwaltungs- und Kriminaldelikt soll in der „Unterlassung der Förderung“ des staatlichen Verwaltungshandelns auf der einen und der „Auflehnung gegen die Rechtsverfassung“ auf der anderen Seite liegen. Die Verwaltungsstraftat könne niemals Auflehnung gegen die Rechtsverfassung sein, weil ihr Bezugspunkt das Ideal Wohlfahrt sei; diese „unerreichte Sehnsucht“ Wohlfahrt entzieht *Goldschmidt* wegen ihrer „höchsten ideellen und materiellen Vervollkommnung“ dem Bereich des positiven (Verfassungs-)Rechts grundsätzlich.[485] Diese Konzeption gleitet in Glaubenssemantik ab. Entsprechend vage bleiben die materiellen Limitierungskriterien für das Strafrecht.

Der Terminus „Auflehnung gegen die Rechtsverfassung“ wird nicht definiert und auch nicht praktisch handhabbar umschrieben; eine abstrakt-

---

[483] *Goldschmidt*, S. 540 f.
[484] *Goldschmidt*, S. 540.
[485] *Goldschmidt*, S. 533: „Die Wohlfahrt ist als solches etwas Absolutes: höchste ideelle und materielle Vervollkommnung. Sie kann gar keinen bestimmten zeitlichen oder örtlichen Kolorit annehmen. Diese Unverrückbarkeit hält die Verwaltung zusammen. Die Wohlfahrt kann daher auch nie ein Zustand werden, sondern ist nothwendig stets ein Ziel, eine unerreichte Sehnsucht.“

generelle Definition des materiellen Verbrechensbegriffes gelingt vor diesem Hintergrund nicht.[486]

L. Drei-Staatswerte-Theorie

1. Der Ansatz von *E. Wolf*

Erik Wolf greift 1930 in seinem Ansatz die Auffassung *Goldschmidts* auf.[487] Dabei schreibt er der Frage nach dem „Wesensunterschied der Justizdelikte von den Verwaltungsdelikten" eine „spezifisch staatsphilosophische Problematik" zu.[488] Das Wesen des Staates sei dreigeteilt und zwar in den „Rechtswert", den „Machtwert" und den „Wohlfahrtswert"; darin liege die „Trinität der Staatswertentfaltung".[489] Demnach stelle die Wohlfahrt den „höchsten Verwaltungswert", die Gerechtigkeit den „höchsten Justizwert" und die Autorität den „höchsten Machtwert" dar; dementsprechend diene das „Justizstrafrecht" der Staatsgerechtigkeit, das „Verwaltungsstrafrecht" der Staatsverwaltung und das „Exekutivstrafrecht" der Staatsautorität.[490]

---

486 I. E. auch *Seelmann*, Strafwürdigkeitskriterien, S. 261 (266).

487 Vgl. *E. Wolf*, Festgabe für *Frank* S. 516 ff. (insbes. 560 ff.).

488 *E. Wolf*, Festgabe für *Frank*, S. 516 (521).

489 *E. Wolf*, Festgabe für *Frank*, S. 516 (521) [In Anlehnung an die Staatslehren von *Rudolf Smend, Georg Jellinek* und *Max Scheeler*, auf die hier nicht gesondert eingegangen wird.]

490 *E. Wolf*, Festgabe für *Frank*, S. 516 (521 f.): „An diese Trinität der Staatswertentfaltung muß die Wert-(Sinn)Verschiedenheit von Verwaltungsstrafrecht und Justizstrafrecht anknüpfen, vor ihr muß sie sich rechtfertigen. Die Aufteilung ergibt sich dann ganz von selbst: der höchste Verwaltungswert: die Wohlfahrt, wird auch konstitutiver Grundwert des Verwaltungsstrafrechts; der höchste Justizwert: die Gerechtigkeit, wird konstitutiver Grundwert des Justizstrafrechts; der höchste Machtwert: die Autorität, begründet die Sphäre der Zwangs- (Exekutiv-) Strafgewalt, die wiederum von den beiden andern wert- (sinn-) verschieden ist. Die Synthesis dieser sechsfachen Antithetik leistet der zentrale, umfassende Gedanke des Staatswertes selbst; in ihm als der gegliederten Werteinheit der Rechtsordnung finden alle Rechtsgebiete ihre sinngebende Mitte. Deshalb sind die Grundwerte auch nur als Staatswerte aufzufassen: das Justizstrafrecht dient der Staatsgerechtigkeit, das Verwaltungsstrafrecht dient der Staatsverwaltung und das Exekutivstrafrecht lediglich der Staatsautorität."

Die an der Wohlfahrt ausgerichtete Verwaltung verlange viel vom Einzelnen; in ihr werde er als „Rechtsperson aktiviert“.[491] Während es der Justiz genüge, dass das Individuum eher passiv bestimmte „rechtsfreie Räume privater Triebentfaltung“ nicht überschreite, fordere die Verwaltung das Tätigwerden des Einzelnen, indem sie von ihm verlange, in einer bestimmten Art und Weise zu handeln. Diese höhere Grundanforderung in der Verwaltung – und nicht etwa der Gedanke der Bagatellhaftigkeit von Verwaltungsdelikten – sei der Grund, warum Verstöße gegen das Verwaltungsrecht milder geahndet werden müssten.[492] Anders als beim Kriminaldelikt gehe es nicht um die „Mißbilligung eines Gesellschaftsfeindes oder rechtsindifferenten Kulturgenossen“, sondern lediglich um die an einen „sozialnachlässigen, staatsindolenten Rechtsgenossen“ gerichtete „Pflichtenmahnung“.[493] Der „Sinngehalt der Ver-

---

[491] *E. Wolf*, Festgabe für *Frank*, S. 516 (566).

[492] *E. Wolf*, Festgabe für *Frank*, S. 516 (566 f.): „Der Justiz ist schon genüge getan mit der Konservierung und Stabilisierung der Rechtspersonalität; der Verwaltung erst mit der Aktivierung dieses Personseins. Konkreter gesprochen: der Justiz genügt es, wenn keine silbernen Löffel gestohlen, keine Urkunden gefälscht, keine Meineide geleistet werden. Mit diesem passiven Verhalten gibt sich die Verwaltung nicht zufrieden. Sie verlangt vom Kraftfahrer nicht nur, dass er keine Menschen überfährt, sondern Fahrten auf bestimmten Wegen in bestimmter Weise. Sie verlangt nicht nur die Innehaltung rechtlicher Grenzen, sondern ein reglementmäßiges, ‘akzentuiert-rechtliches‘ Verhalten im verwalteten Soziallebensraum. Es gehört eine dauernde Wachsamkeit, ein fortwährendes Sich-angerufen-wissen, ein rechtsbewußtes Dasein dazu, um sich im Verwaltungsrechtsraum straffrei zu erhalten. Insofern ist ‘tätiger Verwaltungsgenosse sein‘ eine viel schwierigere und höherwertigere Leistung rechtsgenossenschaftlichen Bemühens, als jene andere, die das Justizrecht von uns verlangt: den rechtsfreien Raum privater Triebentfaltung nicht zu überschreiten. Ganz entsprechend muß aber auch das Nichterbringen der höheren Leistung bei der allgemeinen Schwäche des Menschengeschlechts milder bewertet werden: mißverständlicherweise wird dieser richtige Gedanke meist entstellt durch Vermischen mit der Idee der Bagatelldelikte.“

[493] *E. Wolf*, Festgabe für *Frank*, S. 516 (585): „Nicht die erschütterte oder gar fehlende soziale Grundlage der rechtsgenossenschaftlichen Selbstdisziplin soll durch langjährige Erziehung gelegt und entwickelt werden, vielmehr die Lockerung dieser Disziplin durch einmaliges, nachdrückliches und eindringliches Zur-Ordnung-rufen verhindert werden. Deshalb ist mit der Verurteilung wegen eines Verwaltungsdelikts auch keine *capitis deminutio* verbunden, wie sie einer Verurteilung wegen eines Kriminalverbrechens immanent ist. Geht es doch hier nicht um Mißbilligung eines Gesellschaftsfeindes oder rechtsindifferenten Kulturgenossen, der zum Staatsbürger und Rechtsgenossen erst erzogen werden soll, sondern um einen sozialnachlässigen, staatsindolenten Rechtsgenossen, der zur Aktivierung seiner Rechtspersonalität angehalten und aufgerufen werden soll.

waltungsstrafe" sei demgemäß nur als „Zuchtmittel" zu charakterisieren, mit dem lediglich eine „Vermahnung" erfolge,[494] zumal nicht davon ausgegangen werden könne, dass beispielsweise „Veranlassung" bestehe, „auf den `Gefährlichen´, der sich einer Unterlassung des ortspolizeilich gebotenen Schornsteinreinigens schuldig gemacht hat, `erzieherisch´ oder `sichernd´ tätig zu werden".[495]

Vor diesem Hintergrund definiert *E. Wolf* das Kriminalunrecht als „Rechtsgüterverletzung oder –gefährdung", durch die das „ethische Minimum der Rechtsschranken" nicht eingehalten werde und die „allgemeinsten Verbotssätze der Gesellschaft" „missachtet oder verfehlt" würden; der „unsoziale, antisoziale und gefährliche" Täter handele zudem aus „`innerer ethischer Überzeugung´ der Rechtsgemeinschaft zuwider".[496] Dabei betont *E. Wolf*, dass mit Rechtsgut in diesem Zusammenhang nur das durch „emotionale Verknüpfung mit den Inhalten des Gerechtigkeitsgedankens staatsgerecht gewordene Kulturgut" gemeint sei; dies stelle gleichsam das „Rechtsgut im philosophischen Sinne" dar.[497]

Die Verletzung eines „Verwaltungsguts"[498] respektive eines „Wohlfahrtsguts"[499] sei ein „nicht eigentlich unrechtes", sondern lediglich „ungutes, unwohles" Verhalten, welches im Vergleich mit dem Kriminalunrecht nur einen „Mangel an sozialem Eifer, an sozialkaritativem

---

Die Strafe wirkt deshalb hier auch nicht als Pflichtensteigerung, sondern als Pflichtenmahnung."

[494] *E. Wolf*, Festgabe für *Frank*, S. 516 (585).

[495] *E. Wolf*, Festgabe für *Frank*, S. 516 (519).

[496] *E. Wolf*, Festgabe für *Frank*, S. 516 (525).

[497] *E. Wolf*, Festgabe für *Frank*, S. 516 (523): Zwar sei das Rechtsgut als „dogmatischer Begriff" lediglich „formaler Bezugspunkt des Rechtswidrigkeitsurteils" und damit im eigentlichen Sinne „untauglich(!) zur Abgrenzung des Verwaltungsstrafrechts vom Justizstrafrecht". Dennoch folge aus dem Rechtsgutsbegriff eine „rechtsphilosophische" Begrenzung des Strafrechts: „Als rechtsphilosophischer Begriff aber gewinnt der Rechtsschutzgedanke materialen Inhalt, sobald wir die wirklichen Güter, um deren Schutz es sich bei der Aufstellung von Strafrechtssätzen handelt, historisch erkennen und in ihrer Eigenwertigkeit zu verstehen suchen. Nicht schlechthin 'alles, was der Gesetzgeber für ein Rechtsgut erklärt', sondern nur das durch emotionale Verknüpfung mit den Inhalten des Gerechtigkeitsgedankens 'staatsgerecht' gewordene Kulturgut ist 'Rechtsgut' im philosophischen Sinne."

[498] *E. Wolf*, Festgabe für *Frank*, S. 516 (523).

[499] *E. Wolf*, Festgabe für *Frank*, S. 516 (525).

Verhalten“ offenbare.[500] Die objektive „tatbestandliche Besonderheit der Verwaltungsdelikte gegenüber den Justizdelikten“ bestehe nicht „in dem Fehlen eines angegriffenen Rechtsgutes, sondern in der Eigenart dieser Angriffe, kein Tatobjekt zu verletzen“;[501] Verwaltungsdelikte seien also „tatobjektlose strafbare Handlungen“, wozu insbesondere „reine Unterlassungdelikte“ und „schlichte Tätigkeitsdelikte“ zählten.[502] Auch auf der Ebene der an der Schädlichkeit der Tat ausgerichteten materiellen Rechtswidrigkeit ergebe sich, dass hier regelmäßig ein „geringer oder gar kein Individualschaden“, allenfalls ein „unerheblicher Kulturschaden“ bzw. ein geringer, jedoch „spezifisch gearteter Staats-(Sozial-)Schaden“ vorliege.[503]

Der eigentliche Schaden beim Verwaltungsdelikt liege „in der Erschütterung des objektiven Rechtsbewusstseins“.[504] Diese trete „durch Nichtbefolgung konkreter Staatsbefehle in Gestalt der Erschütterung des Staatsbewusstseins zutage“.[505] So werde beispielsweise bei Missachtung des Rechtsfahrgebots im Straßenverkehr durch den „Unaufmerksamen oder Gleichgültigen [...] die Allgemeinheit als Rechtsgemeinschaft dadurch verletzt, dass ein legaler Zustand illegal geworden“ sei.[506] Dadurch gerate „das Rechtsbewußtsein ins Schwanken“.[507]

Die Vorwerfbarkeit des Verwaltungsunrechts müsse grundsätzlich als „Nichtbeachtung konkreter Staatspflichten aufgefaßt werden“.[508] Der Unterschied zum Schuldvorwurf eines Kriminaldeliktes liege im „Verpflichtungsgrad“, den *E. Wolf* ebenfalls materiell interpretiert: Beim Verwaltungsdelikt verletze der Täter eine aus „spezifischer Normfreundschaft“ herrührende Pflicht, an die er sich hätte erinnern sollen;[509] beim Kriminalunrecht werde er hingegen daran erinnert, dass er

---

[500] *E. Wolf*, Festgabe für *Frank*, S. 516 (525).
[501] *E. Wolf*, Festgabe für *Frank*, S. 516 (561 f.).
[502] *E. Wolf*, Festgabe für *Frank*, S. 516 (562).
[503] *E. Wolf*, Festgabe für *Frank*, S. 516 (565).
[504] *E. Wolf*, Festgabe für *Frank*, S. 516 (567).
[505] *E. Wolf*, Festgabe für *Frank*, S. 516 (567).
[506] *E. Wolf*, Festgabe für *Frank*, S. 516 (568).
[507] *E. Wolf*, Festgabe für *Frank*, S. 516 (568).
[508] *E. Wolf*, Festgabe für *Frank*, S. 516 (581).
[509] *E. Wolf*, Festgabe für *Frank*, S. 516 (582): „Die Vorwerfbarkeit besteht hier in der Verletzung von Staatspflichten als Verwaltungspflichten. Der Täter sollte sich durch die Vorstellung des Unrechten seines Tuns nicht anders motivieren lassen, sondern durch die Vorstellung des Rechten seines Tuns (eines bestimmten befohlenen oder erwarteten Tuns) zum Handeln, d.h. im eigentlichen Sinne: zum Selbstverwalten, bestimmen lassen. Der Rechtsgenosse hätte hier ein Mehr

das am Verbot der aktiven oder passiven Normfeindlichkeit orientierte „Mindestmaß an Staatsgesinnung" verletzt habe.[510]

Schließlich fehlte den „Verwaltungsgütern" nicht nur die Einordnung in die Individualsphäre der Rechtsgüter;[511] sie hätten auch eine „verschiedene Verzeitungsstruktur": „Wohlfahrts-(Verwaltungs-)Güter" seien im Gegensatz zu den an der Zukunft ausgerichteten Rechtsgütern „Gegenwartsgüter".[512] Das Verwaltungsgut habe somit lediglich im „Gegenwartsmoment" einen Sinn.[513]

2. Würdigung

E. Wolf entwickelt durch die Bezugnahme auf die „Trinität der Staatswertentfaltung" die Lehre *Goldschmidts* zumindest semantisch weiter.

---

an Staatsgesinnung bekunden sollen, als für gewöhnlich verlangt wird; er hätte seine Staatsaktivität [...] aktualisieren müssen. Infolgedessen erscheint der ihn treffende Vorwurf weniger massiv und gravierend, dafür um so differenzierter und variierter: keine Normfeindschaft, sondern: spezifische Normfreundschaft verlangt die Verwaltung von ihren Gliedern."

[510] *E. Wolf*, Festgabe für *Frank*, S. 516 (581 f.): „Man könnte zweifeln, ob dann noch ein Unterschied in der Vorwerfbarkeit von Verwaltungsdelikten und Justizdelikten bestehe. In der Tat ist hier weder in der Verpflichtungsnorm, noch im Verpflichtungsinhalt ein Sinn- (Wert-) Unterschied vorhanden. Wohl aber im Verpflichtungsgrad. Die Staatspflichtwidrigkeit oder der Mangel an Staatspflichtbeachtung des kriminellen Täters ist ein Akt subjektiver Normverfehlung oder Normfeindschaft: die Pflichten, die er verletzt, sind solche, an die er sich hätte erinnern sollen und nicht solche, an deren Erfüllung man ihn erinnert hat. Der Kriminalverbrecher steht immer schon *ex lex*, indem er das Mindestmaß an Staatsgesinnung, das darin besteht, nicht aktiv normfeindlich zu werden oder passiv die Normerfüllung zu verfehlen, nicht leistet."

[511] *E. Wolf*, Festgabe für *Frank*, S. 516 (574).

[512] *E. Wolf*, Festgabe für *Frank*, S. 516 (524).

[513] *E. Wolf*, Festgabe für *Frank*, S. 516 (524): „Die Verwirklichung von Wohlfahrtszwecken durch Verwaltungsgüter ist stets an eine bestimmte, eben 'zu verwaltende', zu 'fördernde' Person oder Situation gebunden; Verwaltungsgüter tragen das Siegel des Vergänglichen aufgeprägt und sind einem fortwährenden Wandlungsprozeß der Abwertung ('Abschichtungsprozeß') unterworfen. Ihre Verwirklichung hat Sinn nur für einen Gegenwartsmoment, für die Stunde des herrschenden Staates. [...] Vor allem jene zahlreichen Unterlassungshandlungen, die das Verwaltungsrecht ergreift, werden nicht nur wegen Unterlassung einer tatbestandlich vertypten Tätigkeit 'überhaupt' bestraft, (wie es stets bei Kommissivdelikten *per omissionem* die Regel ist!); sondern nur das Unterlassen einer positiv und konkret gebotenen Tätigkeit, die zu einem fixierten Zeitpunkt gewissermaßen 'fällig' war, ist polizeiwidrig."

Abgesehen davon fehlt es aber an der Herausarbeitung abstrakt-generell limitierender Maßstäbe für die Bestimmung des materiellen Verbrechensbegriffs. Der „philosophische Rechtsgutsbegriff", die unklar bleibenden konkreten Inhalte einer „spezifischen Normfreundschaft", das „ethische Minimum" usw. bilden den Ausgangspunkt für den erfolglosen Versuch, mit vagen Begriffen materielle Begrenzungslinien für den Strafgesetzgeber zu formulieren. Der Aspekt der unterschiedlichen „Verzeitungsstruktur" von „Wohlfahrtsgütern" auf der einen und „Gerechtigkeitsgütern" auf der anderen Seite stellt nur vordergründig ein abstrakt-generelles, objektives Kriterium dar: Straftat und Ordnungswidrigkeit knüpfen gleichermaßen an Vergangenes an. Die These von der unterschiedlichen „Verzeitungsstruktur" überzeugt daher nicht.

M. Zwei-Strafrechte-Theorie (sog. Feindstrafrecht)

1. Der Ansatz von *Jakobs*

Nach *Jakobs* muss die Strafbarkeit an der Sozialschädlichkeit eines Verhaltens ausgerichtet sein;[514] die Wertwidrigkeit eines güterverletzenden Verhaltens korrespondiere dabei nicht notwendig mit der Sozialschädlichkeit des Verletzungsverhaltens.[515] Trotz grundsätzlicher Skepsis gegenüber der Rechtsgutslehre, verwirft *Jakobs* sie nicht vollends, da sich die „soziale Gestalt" zumindest „bereichsweise" in Gütern „konkretisiere".[516] Er hebt aber hervor, dass der „Zweck des Rechtsstaats" nicht in der „höchstmöglichen Gütersicherheit" liege, sondern in der „Rechtsgeltung", worunter er allgemein die „wirkliche Geltung" eines Rechts versteht, „das Freiheit ermöglicht";[517] bei der konkreteren Beschreibung der „Rechtsgeltung" differenziert *Jakobs* in zweifacher Hinsicht: zum einen hänge Normgeltung vom künftigen (rechtstreuen) Verhalten potenzieller Täter ab, zum anderen vom (nicht enttäuschten) Normvertrauen der potenziell Betroffenen.[518] In diesem Kontext habe das „bürgerliche Strafrecht" die Aufgabe, Freiheitssphären zu optimieren.[519] Den neuralgischen Punkt des gegenwärtigen bür-

[514] *Jakobs*, AT, 2. Abschn. Rn 25.
[515] *Jakobs*, AT, 2. Abschn. Rn 10.
[516] *Jakobs*, AT, 2. Abschn. Rn 22 ff. (insb. 24).
[517] *Jakobs* ZStW 117 (2005), S. 839 (841).
[518] *Jakobs* ZStW 97 (1985), S. 751 (775).
[519] *Jakobs* ZStW 97 (1985), S. 751 (756).

gerlichen Strafrechts verortet *Jakobs* vor allem in weiten Vorfeldkriminalisierungen; gerade die „Totalisierung des Schutzes einzelner Güter" im Bereich der abstrakten Gefährdungsdelikte bedeute immer auch eine „Minimalisierung von Freiheit und Privatheit".[520]

Vor diesem Hintergrund entwickelt *Jakobs* ein Konzept von sozialschädlichem Verhalten, das im „Bürgerstrafrecht"[521] legitim unter Strafe gestellt werden könne; dabei unterscheidet er nach Privatbereich (Interna) und Außenwelt (Externa). Im Weiteren wird der Grundsatz „cogitationes poenam nemo patitur" (Gedanken sind straffrei) auf „alles Verhalten im Privatbereich und zudem alles per se unauffällige externe Verhalten" ausgedehnt,[522] welches „in einem freiheitlichen Staat von Verantwortung frei" sei;[523] nur ein externes Verhalten, „das stört", erlaube überhaupt die Frage nach dem internen Kontext (Planungszusammenhang).[524] Dabei dürfe im Übrigen nur das externe, nicht aber das interne Verhalten interpretiert werden.[525] *Jakobs* klammert auf dieser Grundlage Handlungen aus dem Bürgerstrafrecht aus, sofern *kein störendes externes* Verhalten vorliege,[526] z. B. den untauglichen Versuch[527] und (sehr) abstrakte Gefährdungsdelikte, die eine Gefahr künftiger, *aber noch beherrschbarer* Schädigungen in den Mittelpunkt stellten; als Beispiel nennt *Jakobs* in diesem Zusammenhang den Straftatbe-

---

[520] *Jakobs* AT, 2. Abschn. Rn 25b.

[521] *Jakobs* ZStW 117 (2005), S. 839 (845).

[522] *Jakobs* ZStW 97 (1985), S. 751 (773): „Die allgemein anerkannte Regel, dass ein Subjekt nicht auf seine bloßen Gedanken festgelegt werden darf, ist für das Strafrecht eines freiheitlichen Staates zu eng. Ohne externes störendes Verhalten darf ein Subjekt nicht auf seine Interna festgelegt werden, wobei die Interna den gesamten Privatbereich umfassen, nicht nur Gedanken."

[523] *Jakobs* ZStW 87 (1985), S. 751 (762).

[524] *Jakobs* ZStW 97 (1985), S. 751 (761).

[525] *Jakobs* ZStW 97 (1985), S. 751 (763).

[526] *Jakobs* ZStW 97 (1985), S. 751 (784).

[527] *Jakobs* ZStW 97 (1985), S. 751 (763): „Wenn der Täter dem Opfer vergiftete Speise serviert, ist dies auch dann ein interpretationsbedürftiges äußeres Verhalten, wenn bei einem Probeschmecken nichts Verdächtiges zu bemerken ist; denn die Speise ist wirklich vergiftet, und bei diesem Befund ist anzusetzen. Ist die Speise aber nur versalzen, weil der Täter Salz für Arsen gehalten hat, bleibt die Entäußerung des Täters im Rahmen der Fehler, die auch harmlosen Köchen unterlaufen, und es mag geklärt werden, ob der Täter zum Koch befähigt ist (insoweit ist sein Verhalten interpretationsbedürftig), nicht aber, ob er töten wollte. Dabei ist irrelevant, ob der Täter vor der Entäußerung in seinem Privatbereich Manipulationen vorgenommen hat, aus denen sich ein dolus zu rechtswidrigen Taten ergibt; denn das Verhalten im Privatbereich *darf* nicht interpretiert werden."

stand des Angriffs auf den Luft- und Seeverkehr durch das vorbereitende Sich-Verschaffen einer Schusswaffe (§ 316c Abs. 4 StGB).[528] Zwar seien Vorfeldkriminalisierungen wegen des „Partialunrechts der Rechtsfriedensstörung“[529] durch die Beeinträchtigung des die Rechtsgeltung mitbegründenden Normvertrauens der Betroffenen gerechtfertigt, hierzu gehörten etwa § 241 StGB (Bedrohung) und § 126 StGB (Androhung von Straftaten),[530] aber reine „Klimadelikte“ wie § 140 StGB (Belohnung und Billigung von Straftaten) seien im bürgerlichen Strafrecht illegitim.[531]

In den Gegensatz zu dieser Konzeption des Bürgerstrafrechts stellt *Jakobs* ein Konzept von „Feindstrafrecht“[532] als „ausnahmsweise geltendes Notstandsstrafrecht“, welches zum bürgerlichen Strafrecht („am besten auch äußerlich“) „streng geschieden“ werden müsse.[533] Feindstrafrecht sei nur als Reaktion auf gegen den Staat gerichtete besondere

---

[528] *Jakobs* spricht u. a. von § 316c Abs. 3 (a. F.; seit dem 6. StrRG: Abs. 4): In diesem Zusammenhang verkappe das Gesetz nur schlecht die Konsequenz „Strafe für bloße Gedanken beim Angriff auf den Luftverkehr“, wobei das Sich-Verschaffen einer Schusswaffe zum Anlass genommen werde, „den Täter auf seine Angriffsabsicht festzunageln“. „Bei Delikten dieser Art wird die Möglichkeit, ein an sich internes Verhalten wegen seiner Gefährlichkeit zu externem Verhalten zu erklären, missbraucht, weil das Verhalten nicht wegen seiner generellen Gefährlichkeit entprivatisiert wird, sondern, wie nicht zuletzt die Strafrahmen zeigen, wegen des Planungszusammenhangs, in dem es steht. Es wird entprivatisiert, um einen Anlass zu haben, auf etwas anderes Internes, nämlich auf den Planungszusammenhang, zugreifen zu können. Solche Entkleidungen des Subjekts von seiner Privatsphäre gehören nicht mehr zum bürgerlichen Strafrecht, sondern zum Feindstrafrecht.“, *Jakobs* ZStW 97 (1985), S. 751 (773).

[529] *Jakobs* ZStW 97 (1985), S. 751 (777).

[530] *Jakobs* ZStW 97 (1985), S. 751 (774 ff., insb. 775): „Es besteht bei den genannten Tatbeständen, Bedrohung und Androhung von Straftaten, das unrechte Verhalten in einer drastischen Erhöhung des Risikos nach der Sicht der Betroffenen. Dieses Verhalten ist unrecht, weil es die Normgeltung aus der Sicht der Betroffenen zumindest erschwert.“

[531] *Jakobs* ZStW 97 (1985), S. 751 (781): „Der Tatbestand des Belohnens und Billigens beruht entweder auf dem Bedürfnis nach einer Verdachtsstrafe oder auf der Verwechslung von einer rechtsgutsfeindlichen Meinungsäußerung mit einem Rechtsbruch. Jedenfalls trägt das Fundament in einer freiheitlichen Ordnung nicht.“

[532] *Jakobs* ZStW 97 (1985), S. 751 (756); ZStW 117 (2005), S. 839 (845).

[533] *Jakobs* ZStW 97 (1985), S. 751 (784).

Bedrohungen legitimiert.[534] Als Feind bezeichnet *Jakobs* den „Terrorist“ bzw. einen „anderen gewichtig und hartnäckig Dissentierenden“,[535] also jeden, der *nicht* „zumindest einigermaßen verlässlich Rechtstreue leistet“,[536] womit er die „elementare Bringschuld aller Bürger, die „Grundlagen der Vermutung zukünftigen Legalverhaltens zu pflegen“, schuldig bleibe.[537] Beim Feind werde grundsätzlich nicht mehr von „korrektem Verhalten“ ausgegangen; die „Pflichterfüllung“ der „ordnungsgemäßen Selbstverwaltung der Person“ werde daher von den anderen „nicht mehr erwartet, so dass das Kernelement orientierungsleitender Personalität, eben die Vermutung der Rechtstreue und damit die `Geschäftsgrundlage´ freier Selbstverwaltung“, fehle.[538] Das auf diesen Personenkreis anwendbare Feindstrafrecht habe nicht in erster Linie den Zweck, Rechtsgeltung zu erhalten, sondern „Sicherheit zu gewährleisten“.[539]

Die im Zusammenhang mit den Erläuterungen zum Bürgerstrafrecht anklingende Kritik an Elementen „polizeirechtlicher Verschmutzungen des Strafrechts“ relativiere sich im Feindstrafrecht, da dort „solche Verschmutzungen geradezu notwendig“ sein könnten.[540] Im Feindstrafrecht seien Bestrafung „weit im Vorfeld“ oder auch die „harte Vernehmung“ jenseits der Vorgaben aus § 136a StPO als „Recht der Ausnahme“ legitim.[541] Der Staat habe für den „extremen Notfall“ sogar eine Regelung zum Abschuss von zivilen Verkehrsflugzeugen (§ 14 Abs. 3 des Luftsicherheitsgesetzes) geschaffen; da er in bestimmten Situationen gegenüber dem unschuldigen Bürger „kein Tabu“ kenne, müsse dies „erst recht“ für den Feind gelten,[542] der wegen seiner „Selbstexklusion“ nun im „Rahmen des Erforderlichen fremdverwaltet“ werden dürfe.[543]

---

[534] *Jakobs* ZStW 117 (2005), S. 839 (846): „Die `Bekämpfung´ des Terrors ist nicht nur ein Wort, sondern ein Begriff; es geht um ein Unternehmen gegen Feinde.“

[535] *Jakobs* ZStW 117 (2005), S. 839 (850).

[536] *Jakobs* ZStW 117 (2005), S. 839 (843).

[537] *Jakobs* ZStW 117 (2005), S. 839 (843).

[538] *Jakobs* ZStW 117 (2005), S. 839 (842).

[539] *Jakobs* ZStW 117 (2005), S. 839 (845).

[540] *Jakobs* ZStW 117 (2005), S. 839 (840 f.).

[541] *Jakobs* ZStW 117 (2005), S. 839 (850).

[542] *Jakobs* ZStW 117 (2005), S. 839 (848).

[543] *Jakobs* ZStW 117 (2005), S. 839 (849 f.).

2. Würdigung

Jakobs Konzept vom „Feindstrafrecht" wird, soweit ersichtlich, nur vereinzelt im strafrechtlichen Schrifttum begrüßt,[544] überwiegend jedoch aus straf- und verfassungsrechtlicher Sicht mit deutlichen Worten zurückgewiesen;[545] der Ansatz wird nicht nur wegen seiner täterstrafrechtlichen Bezüge abgelehnt, sondern auch, weil er bereits eine trennscharfe Abgrenzung des Bürger- vom Feindstrafrecht nicht gewährleiste, zahlreiche Missbrauchsgefahren in sich berge und gegen rechtsstaatliche Prinzipien verstoße.[546] Einen Sonderweg hierzu beschreitet *Depenheuer* aus staatsrechtlicher Sicht; er hält die Entrechtung von „Feinden" radikaler als *Jakobs* für legitim und macht ein spezifisches Feindrecht zum Baustein seines Konzepts „Selbstbehauptung des Rechtsstaats".[547]

---

[544] *Perez del Valle*, Festschrift für *Jakobs*, S. 515 (528): „Dem Konzept des Feindstrafrechts liegt nicht zwangsläufig eine autoritäre Sichtweise des Staates zugrunde. Vielmehr liegt nach meinem Dafürhalten der Ursprung des Konzepts in einer Verteidigungsreaktion des freiheitlichen Staates gegenüber seinen Feinden."; *Navarrete*, Festschrift für *Jakobs*, S. 529 (550): „Auch in einem Rechtsstaat kann und muss es legitimes und normales Feindstrafrecht geben."

[545] Nachweise seiner Gegner zunächst einmal bei *Jakobs* selbst ZStW 117 (2005), S. 839 (845 f., *Rn 14*), der zur Kritik auch kursorisch Stellung bezieht; aufschlussreich zudem der von *Heger* referierte Diskussionsverlauf auf der Tagung der Strafrechtslehrer im Mai 2005 in Frankfurt (Oder), ZStW 117 (2005), S. 865 (882 ff.); *Scheffler*, Festschrift für *Schwind*, S. 123 (125 f. und 127 ff.), weist in diesem Zusammenhang auf schon existierende „feindstrafrechtliche" Bestandteile im deutschen und europäischen Strafrecht hin und plädiert für eine Fortentwicklung „freundstrafrechtlicher" Überlegungen (a. a. O., S. 145 f.); das Feindstrafrecht mit deutlichen Worten ablehnend *Di Fabio* NJW 2008, S. 421 (423); s. a. *Gierhake* ARSP 2008, S. 337 (360) – „..was bleibt, ist allenfalls die Hülle von Rechtlichkeit..." und *Morguet*, S. 284, die am Ende ihrer ausführlichen Analyse das Fazit zieht, das Feindstrafrecht sei nicht „mit der Verfassung in Einklang zu bringen"; speziell „der oberste Verfassungswert, nämlich die Menschenwürdegarantie gemäß Art 1 Abs. 1 GG" werde durch „die Institutionalisierung feindstrafrechtlicher Normen eklatant verletzt". Schließlich hebt *Heinrich* ZStW 121 (2009), S. 94 (123) jüngst besonders hervor, man benötige keine Abgrenzung von Bürger- und Feindstrafrecht, sondern es sei „eine klare Zuordnung von Eingriffskompetenzen im Hinblick auf eine repressive Bestrafung oder eine präventive Gefahrenabwehr" erforderlich.

[546] Vgl. z. B. die Ausführungen von *Köhler, Gössel, Ambos, Günther, Fincke, Müssig, Dannecker, Vogel* (bei: *Heger*, ZStW 117 (2005), S. 865 (883 ff.)

[547] *Depenheuer*, insb. S. 55 ff.

Die z. T. sehr eindeutige straf- und staatsrechtliche Kritik an *Jakobs* zweigliedriger Theorie (Bürgerstrafrecht und Feindstrafrecht) verstellt jedoch den Blick auf die erste Ebene, das sog. Bürgerstrafrecht. Die strengen Konsequenzen des Konzepts von Innenwelt und Außenwelt als materieller Grundlage sind Ausdruck des Anliegens, die individuelle Freiheitssphäre zu schützen. Die Theorie der Rechtsgutsverletzung wird trotz treffender und scharfer Kritik an ihrer Uferlosigkeit zwar nicht verworfen, aber doch auf ein geringes Bedeutungsmaß frei von „Systemkritik" reduziert; jedenfalls wird der gängige Ansatz, Strafrecht diene dem optimalen Rechtsgüterschutz, zu Gunsten der „Rechtsgeltung" als Zweck des Strafrechts abgelehnt. Mit einer differenzierten Ausarbeitung des *Internen* und *Externen* als möglichen Elementen von „Störung" gelingt es *Jakobs*, den dem Bürgerstrafrecht zugrunde liegenden materiellen Verbrechensbegriff trotz des weiten Ansatzes („Sozialschädlichkeit") konsequenter auf das Externe einzugrenzen. Damit setzt er für das Bürgerstrafrecht die alte Forderung nach einer Trennung von Recht – verstanden als die Regelung der äußeren Freiheitssphäre – und Moral überzeugender als andere um.

Die zweite Ebene in seiner Konzeption, das „Feindstrafrecht", ist jedoch abzulehnen; hierfür ist schon der Bruch mit dem Tatstrafrecht durch das Abstellen auf die Lebensführung des „Dissentierenden" allzu offensichtlich: Wenn *Jakobs* anhand des Beispiels eines Angriffs auf den Luft- oder Seeverkehr ausführt, § 316c Abs. 4 StGB sei im Bürgerstrafrecht wegen der zu weitgehenden Vorfeldkriminalisierung in das Interne hinein illegitim, so soll dasselbe interne Verhalten eines „Feindes" trotzdem die Bestrafung nach dieser Vorschrift zur Folge haben. Der Umstand, dass der „Feind" als „Dissentierender" praktisch kaum handhabbar umschrieben wird, gerät an dieser Stelle zu einem Problem. Auch andere Autoren haben den Feind bislang nicht in einer Weise definieren können, die über eine intuitive Plausibilität hinausreichte; so will *Navarrete* feindliches Verhalten dort annehmen, wo die „gesellschaftliche Konstitution" nicht „bloß irritiert" wird, „sondern hinsichtlich der Mindestbedingungen von Normgeltung derart integral und massiv infrage gestellt wird, dass das gesellschaftliche Projekt der Personen im Recht nicht verwirklicht werden kann."[548] Demgegenüber sei das Verhalten des Bürgers durch dessen Bereitschaft gekennzeichnet, „beim rechtlichen Betrieb im Großen und Ganzen mitzumachen".[549]

---

[548] *Navarrete*, Festschrift für *Jakobs*, S. 529 (533).
[549] *Navarrete*, Festschrift für *Jakobs*, S. 529 (551).

Auch *Jakobs'* Bekenntnis zur „Pflicht" zu korrektem Verhalten bleibt unklar, zumal er sich an anderer Stelle vom Begriff der Pflicht selbst kritisch distanziert.[550] Im Grundgesetz findet sich ebenfalls keine Stütze für ein Sonderstrafrecht, das denjenigen erfassen soll, der sich außerhalb der Rechtsgemeinschaft setzen will; denn vor dem Gesetz sind alle gleich zu behandeln.[551] Die Argumentation a maiore ad minus mit § 14 Abs. 3 Luftsicherheitsgesetz dürfte mit dem Urteil des Bundesverfassungsgerichts aus dem Jahr 2006, wonach speziell diese Vorschrift für mit Art. 1 Abs. 1 und Art. 2 Abs. 2 GG unvereinbar und nichtig erklärt wurde, ebenfalls obsolet geworden sein.[552]

Jakobs zweipoliges Verständnis vom Zweck des Strafrechts als Grundlage der Rechts- bzw. Normgeltung ist der Ausgangspunkt für seine Feindstrafrechts-Konzeption. Sofern sich der angegebene Zweck des Strafrechts nur auf die Möglichkeit künftiger Normgeltung und Normimplementierung bezieht, kann der Auffassung gefolgt werden. Problematisch ist aber, dass der Zweck des Strafrechts nach *Jakobs* auch das konkrete personale Normvertrauen, also die Erwartung, dass sich alle anderen Personen an die strafbewehrten Primärnormen halten, umfassen soll. Die zukünftige Geltung einer strafbewehrten Verhaltensnorm erschöpft sich jedoch in der Einhaltung der Norm durch den Einzelnen (weil er die Norm verinnerlicht hat); hieraus kann sich bei anderen Personen ein Vertrauen entwickeln, muss es aber nicht notwendig. Die Annahme eines Vertrauens ist jedenfalls für die Rechtsgeltung nicht erforderlich. Das personale Vertrauen in das normgemäße Verhalten der Mitmenschen ist allenfalls ein Reflex auf die Nichtverletzung von Normen, aber kein Zweck des Strafrechts.

Geht man vom Gegenteil aus, droht eine materiell-ethische Überhöhung des Strafrechts und man gerät u. U. geradewegs in das Dilemma *Jakobs'*: Von (irgendwelchen) behaupteten Vertrauenserwartungen über die Pflicht zum entsprechenden Verhalten als Ausdruck dieser Gruppenerwartung an die individuelle Lebensführung bis hin zur Annahme

---

[550] *Jakobs*, AT, 2. Abschn. Rn 18: „Historisch ist das skizzierte Verständnis der Straftat als Pflichtverletzung durch nationalsozialistisch inspirierte Versuche belastet, die Pflichten primär nicht über äußeres Verhalten, sondern über Gesinnungen zu definieren."

[551] Vgl. auch *Di Fabio* NJW 2008, S. 421 (423).

[552] BVerfGE 115, S. 118 ff. (139).

einer Pflichtverletzung bei Nichtleistung dieser gesellschaftlichen „Bringschuld“ (enttäuschtes Vertrauen).[553]

Der moralisch-emotionale Kern der auf die Mitmenschen bezogenen Begriffe Vertrauen und Enttäuschung auf der einen Seite, sowie die Konzeption von Feindstrafrecht auf der anderen Seite, stehen damit in einem besonderen inhaltlichen Näheverhältnis.[554] Dieses hat *Jakobs* nur freigelegt und den Weg konsequenter als andere beschritten.[555] Das Spannungsfeld zwischen interpersonaler Vertrauenserwartung und Strafrecht besteht aber unabhängig davon.

Die Herstellung von Normvertrauen als Aufgabe des Strafrechts darf daher nicht auf die Gleichordnungsebene der Individuen untereinander bezogen werden, dafür ist die Gefahr möglicher Exzesse zu groß. Der an sich gut gemeinte Begriff Vertrauen („beim rechtlichen Betrieb im Großen und Ganzen mitzumachen“) begünstigt gerade in gesellschaftlichen Krisenlagen eine auf Denunziation und Misstrauen aufbauende autoritäre Gesellschaftsstruktur mit einem entfesselten Strafrecht gegenüber allen möglichen zu „Feinden“ erklärten Menschen.[556] Die Schwelle vom emotionalen Phänomen des Vertrauens auf interpersonaler Ebene zum irrational-moralisierenden Strafrecht erscheint ausgesprochen niedrig. Dabei bedürfte es gerade in Phasen gesellschaftlicher Umbrüche in besonderem Maße eines zurückhaltenden Strafrechts zur Verfestigung weniger zentraler Normen.

Soweit also das Strafrecht Vertrauen schaffen soll, kann es nur um das Über- und Unterordnungsverhältnis zwischen Staat und Individuum gehen, denn im Staat ist ja gerade die „persönliche Strafgewalt“ des Individuums auf den Staat übertragen. Dieser nimmt sie stellvertretend für den Einzelnen wahr; so verstanden, hat Vertrauen zwei Zielrichtungen.

---

[553] Vgl. auch *Sander*, S. 270 ff., die die Gefahr des Übergangs von Misstrauen zur ubiquitären Identifikation angeblicher „Feinde“ im Sicherheitsstaat beschreibt.

[554] Vgl. auch *Navarrete*, Festschrift für *Jakobs*, S. 529 (551), der wesentlich auf den Vertrauensaspekt abstellt.

[555] Allerdings geht *Depenheuer* sogar darüber hinaus, s. u.

[556] Vgl. *Schütz*, S. 43: „Die enttäuschte Erwartung der Gesellschaft kann nicht einen hinreichenden Strafgrund hergeben, da nicht geklärt werden kann, ob die gehegte Erwartung auch gerechtfertigt erscheint. Die Prämisse, dass 'materielle Schuld' legitime Normen voraussetzt, definiert – für sich genommen – noch nicht diese Legitimität. Die Gefahr eines 'Norm-Egoismus' der Strafe um der Norm willen, erscheint allzu gross.“ Zudem sei fraglich, um welche Werte es in einer pluralistischen Gesellschaft gehen könne und wie gross in ihr das Bedürfnis nach Normbestätigung sei.

Zum einen muss es dahingehend bestehen, dass der Staat nicht über seine legitime Kompetenz hinausgehend das Verhalten der Menschen pönalisiert, das Strafrecht also vor allem nicht in den Bereich der Moral ausdehnt; dies ist im Kern die Fragestellung des materiellen Verbrechensbegriffs. Zum anderen geht es um das Vertrauen aller Individuen, dass der Staat den tatbestandlich erfassten Verstößen gegen die (wenigen) zentralen Werte der Gesellschaft auch ahndet und *insofern* keine rechtsfreien Räume zulässt; die zweite Stoßrichtung des Vertrauens betrifft also das Prinzip der Rechtsstaatlichkeit (Legalitätsprinzip). Auf diese beiden Aspekte sollte der Begriff des Vertrauens als Bestandteil der Aufgabe des Strafrechts reduziert werden.

Was geschehen kann, wenn demgegenüber ein ethisiertes Recht Platz griffe, wird in *Depenheuers* Diktion besonders deutlich, wonach bereits die Art der Behandlung eines Feindes allein ins „politische Ermessen der rechtsstaatlich verfassten Gemeinschaft" gestellt ist;[557] der Feind sei „verfassungstheoretisch nicht Rechtsperson, die das geltende Recht prinzipiell" achte, „sondern Gefahr, die um der Rechtsgeltung willen bekämpft werden" müsse; es gebe „verfassungstheoretisch keine Basis, auf deren Grundlage der Staat seiner terroristischen Negation in Person etwas schuldete".[558] Der Feind habe „verfassungstheoretisch gegenüber der Rechtsgemeinschaft keinen Anspruch darauf, nach Maßgabe der Rechtsprinzipien behandelt zu werden", die er bekämpfe.[559] Damit beschreibt (und begrüßt) *Depenheuer* im Ergebnis das Ende des Rechtsstaats.

N. Resümé: Typisierungsansätze materiell nicht begrenzbar

Die hier untersuchten rechtsgutsbasierten relativen Theorien sind allesamt Konkretisierungskonzepte des intuitiv-offenen Sozialschädlichkeitsgedankens. Weder aus diesem Grundverständnis, noch aus semantischen „Verstärkungen" der Rechtsgutslehre oder aus sonstigen sprachlichen Flankierungen, die der Diskussionstradition um den materiellen Verbrechensbegriff entstammen, lässt sich ein Substrat destillieren, dass gegenüber dem Strafgesetzgeber ein hinreichend systemkritisches Potenzial entwickelte, um Pönalisierungsprozesse systematisch transpa-

---

[557] *Depenheuer*, S. 66.
[558] *Depenheuer*, S. 63.
[559] *Depenheuer*, S. 65.

renter zu machen. An der dafür erforderlichen Strenge einer Typisierung des Sozialschädlichkeitsgedankens, die dem Gesetzgeber Handlungsspielräume um den möglichen Preis von „Strafbarkeitslücken“ tatsächlich verkleinerte, scheitern durchweg alle erörterten Ansätze. Demnach können die erörterten Auffassungen die staatliche Strafgewalt auch nicht abstrakt-generell begrenzen.

IV. Neue Erkenntnisse durch die „Harm Principle"- und „Mediating Principles"-Diskussion?

A. „Harm Principle"

In der jüngeren Diskussion wird versucht, mit dem angloamerikanischen „Harm Principle" dem „systemkritischen" Aspekt des Rechtsgutsansatzes einen neuen Impuls zu geben.[560]

Nach dem auf den liberalen Moralphilosophen *John Stuart Mill* zurückgehenden – und vom amerikanischen Rechtsphilosophen *Feinberg* detailliert ausgearbeiteten[561] – „Harm Principle" ist dem Individuum jede Handlung erlaubt, solange sie eine andere Person nicht schädigt:[562] „The freedom to move my arm ends at your nose";[563] dort, wo „Harm to Others" nicht gegeben sei, ende prinzipiell die Legitimität der Kriminalisierung;[564] als Ausnahme werde es jedoch nach neuerer Lehre zur Strafbegründung für ausreichend erachtet, wenn ein Verhalten nicht schädlich, sondern lediglich belästigend sei („Offence to Others").[565] Das „Harm Principle" stehe aber grundsätzlich Kriminalisierungsprozessen im Zusammenhang mit Selbstschädigungen entgegen („Legal Paternalism");[566] fragwürdig seien vor dem Hintergrund des „Harm Principle" auch Straftaten zum Schutz von Naturressourcen um ihrer selbst

---

560 *Hirsch*, Rechtsgutsbegriff, S. 13 ff.; relativierend zur Vergleichbarkeit: *Kahlo*, S. 27 (32).

561 Nachweise bei Roxin, AT/1, S. 54.

562 *Mill* (On Liberty, Kap. 4, 1859): „That the only purpose for which power can be rightfully exercised over any member of a civilised community, against his will, is to prevent harm to others. His own good, either physical or moral, is not a sufficient warrant. He cannot rightfully be vompelled to do or forebear, because, in the opinion of others, to do so would be wise, or even right... The only part of the conduct of anyone, for which he is amenable to society, ist hat which concerns others. In the part which merely concerns himself, his independence is, of right, absolute. Over himself, over his own body and mind, the individual is souvereign." – Zitat abgedruckt bei *Hirsch*, Rechtsgutsbegriff, S. 13 (14).

563 *Hirsch*, Rechtsgutsbegriff, S. 13 (15).

564 *Hirsch*, Rechtsgutsbegriff, S. 13 (19 f.).

565 *Hirsch*, Rechtsgutsbegriff, S. 13 (22 f.) mit detaillierten Hinweisen auf *Feinberg*.

566 *Hirsch*, Rechtsgutsbegriff, S. 13 (21).

willen.[567] Definitiv illegitim seien strafbewehrte Verstöße gegen Moralvorstellungen („Legal Moralism“).[568]

Der nach dem „Harm Principle“ zentrale Begriff des Schadens steht in Abhängigkeit zum Begriff des Interesses; das Interesse werde wiederum aus der Summe von „Ressource“ und „Anspruch“ gebildet.[569] Die Ressource wird dabei als Mittel oder Fähigkeit definiert, dem oder der ein gewisser Wert für menschliche Lebensqualität zukomme; der Anspruch auf die Ressource leite sich aus der „Primärrechtsordnung“ wie dem Zivilrecht ab.[570] Obwohl die Prämisse beim „Harm Principle“ darin bestehe, Schädigungen als Beeinträchtigungen anderer Menschen zu bestimmen, könne das Strafrecht auch kollektivschädliche Verhaltensweisen erfassen, solange „im Normalfall irgendwie direkt oder indirekt der Schutz der Lebensqualität von Menschen“ die Ratio der Strafnorm bilde; beispielsweise sei das Steuerstrafrecht deshalb legitimiert, weil Steuern letzten Endes der Lebensqualität von Bürgern zu Gute kämen.[571]

B. „Mediating Principles“

Verstößt ein bestimmtes Verhalten gegen das „Harm Principle“, so bestehe ein „prima-facie-Grund für Kriminalisierung“; dennoch könnten auch „gute Gründe gegen eine Kriminalisierung“ sprechen und zwar sowohl solche „instrumenteller Art“ (z. B. bezüglich Durchsetzbarkeit und materieller Kosten einer geplanten Kriminalisierung), als auch solche mit an Freiheit und Gerechtigkeit orientiertem „normativem Charakter“.[572] Letztere werden in der anglo-amerikanischen Diskussion als „mediating principles“ bezeichnet und haben ebenfalls jüngst als „Begrenzungsprinzipien bei der Strafbegründung“ Eingang in die hiesige Diskussion gefunden.[573] Als Einzelpunkte der „mediating principles“ werden beispielsweise das Subsidiaritätsprinzip (Ultima-Ratio-Prinzip),

---

[567] *Hirsch*, Rechtsgutsbegriff, S. 13 (24).

[568] *Hirsch*, Rechtsgutsbegriff, S. 13 (14), vgl. auch die Darstellung von *Roxin*, AT/1, § 2 S. 54.

[569] *Hirsch*, Rechtsgutsbegriff, S. 13 (16 f.).

[570] *Hirsch*, Rechtsgutsbegriff, S. 13 (17).

[571] *Hirsch*, Rechtsgutsbegriff, S. 13 (19).

[572] *Hirsch/Seelmann/Wohlers*, S. 13 ff.; vgl. auch *Hirsch*, Toleranz, S. 97.

[573] Vgl. den von *Andrew von Hirsch, Kurt Seelmann* und *Wolfgang Wohlers* 2006 herausgegebenen Sammelband „Mediating Principles“.

das Toleranzgebot oder der Grundsatz der Verhältnismäßigkeit erörtert.[574]

C. Würdigung

Bei der kritischen Auseinandersetzung mit dem „Harm Principle" ist zunächst einmal festzuhalten, dass sich das anglo-amerikanische Erklärungsmodell und die Rechtsgutslehre weitgehend ähneln; *Roxin* stellt fest, dass auch die Entwicklungen beider Rechtsinstitute parallel liefen.[575] Damit ist der wesentliche Kritikpunkt auch bereits umrissen, denn das „Harm Principle" wirft wie die Rechtsgutslehre Probleme der Legitimation des Strafgesetzgebers auf.[576] Durch die Erweiterung über das „Offence Principle" ist eine Entmaterialisierung des „Harm Principle" und damit die Konsequenz eines nur vage abstrakt-generell begrenzten Gesetzgebers vorgezeichnet.

Das System des „Harm Principle" krankt also im Prinzip an denselben Symptomen wie die systemtranszendente Sichtweise der Rechtsgutslehre; der Rahmen der aus dem Strafrecht auszuschließenden Handlungen ist hier wie dort nicht eindeutig bestimmbar, das Strafrecht ist vor diesem Hintergrund ebenfalls Instrument primär präventiv ausgerichteter Strafgesetzgebung.

Mit den „mediating principles" werden lediglich altbekannte Einzelaspekte (Subsidiarität, „Verantwortungsstreuung"[577] etc.) in der Auseinandersetzung um die abstrakt-generelle Grenze der staatlichen Strafgewalt unter einem neuen Schlagwort zusammengefasst. Das ist legi-

---

[574] *Hirsch/Seelmann/Wohlers*, S. 13 (15 f.).

[575] Roxin, AT/1, S. 55; auch *Hirsch*, Rechtsgutsbegriff, S. 13 (18 f.).

[576] *Bacigalupo*, Festschrift für *Jakobs*, S. 1 (13).

[577] Hierzu *Seelmann*, Verantwortungsstreuung, S. 138 (146 f.): „Verantwortungsstreuung ist ein Mediating principle im Sinne eines die Kriminalisierung begrenzenden normativen Metaprinzips zur Zurechnungslehre in zwei Konstellationen: bei einer Mitverantwortung der Zurechnungsinstanz, aber auch in jenem Fall einer Mitverantwortung mehrerer auf der Täterseite, in dem nicht alle Mitverantwortlichen zur Rechenschaft gezogen werden können. In den anderen Fällen der Mitverantwortung auf der Täterseite ebenso wie in Fällen einer Mitverantwortung auf der Opferseite kann die Verantwortungsstreuung schon mit den Kriterien der klassischen Zurechnungslehre des dreigliedrigen Verbrechensaufbaus hinreichend verantwortungsmindernd erfasst werden."

tim. Die „mediating principles“ sind aber kein eigenständiger und neuer materieller Limitierungsansatz zur Beschränkung des Strafgesetzgebers.

Die Vertreter der „mediating principles“ selbst bezeichnen die Prinzipien auch nicht als „handfeste Kriterien“ zur Limitierung des Strafrechts, sondern beschränken ihre Funktion als „Topoi/Denkrichtungen“ dahingehend, „bestimmte Argumentationsstufen zu identifizieren, die bei einer Kriminalisierungsentscheidung zu beachten und zu durchlaufen sind“.[578]

Dies liegt nicht zuletzt an fundamentalen Unterschieden zwischen dem anglo-amerikanischen und dem hiesigen Rechtssystem; so besitzt beispielsweise England „abgesehen von einer (weitgehend ineffektiven) `ungeschriebenen´ Verfassung allein die Gewährleistungen der EMRK“[579] zur Kontrolle etwa des gesetzgeberischen Handelns. Diese Rahmenbedingungen machen es notwendig, „mediating principles“ zu implementieren, um einem schon theoretisch nahezu unbegrenzten Handlungsspielraum des Gesetzgebers Einhalt zu gebieten, wie er etwa durch die seit 1998 in England eingeführten Regelungen der Anti-Social Behaviour Orders (ASBOs) erkennbar wird; danach können Verhaltensweisen unterschiedlichster Provenienz – von „sarkastischen Äußerungen“[580] über das Herumlungern an Flüssen, auf hohen Parkhäusern und auf Brücken in suizidaler Absicht, die Öffnung der Haustür in Unterwäsche bis hin zur „Vernachlässigung der Heckenpflege“[581] – strafrechtlich erfasst werden. Dabei ist besonders kritisch zu beurteilen, dass zur Beweisführung von gegen ASBOs verstoßenden Verhaltensweisen „anstelle der strengen strafrechtlichen Anforderungen eines Beweises `beyond reasonable doubt´ lediglich die zivilrechtliche Abwägungsbeweisregel einer `balance of probabilities´ gilt“.[582] Diese Rahmenbedingungen sind mit dem bundesrepublikanischen System insgesamt nicht vergleichbar.

---

[578] *Hirsch/Seelmann/Wohlers*, S. 13 (16).
[579] *Hirsch*, Toleranz, S. 97 (98).
[580] In England! Man denke nur an die Weiterungen für den „typisch britischen Humor“.
[581] Beispiele nach *Thommen*, S. 109 (109, 113).
[582] *Thommen*, S. 109 (111).

D. „Mediating principles“ und der neuere Deliktstypendiskurs

Die eher kasuistische Herangehensweise der Vertreter der „mediating principles“ korrespondiert aber mit einer sich zunehmend ausweitenden Methodik bei der Kritik von Kriminalisierungsprozessen, welche einzelne Deliktstypen in den Fokus der Betrachtung rückt. Zu nennen sind hier etwa die Arbeit von *Kindhäuser*[583] sowie die neueren Untersuchungen von *Wohlers*[584], *Hefendehl*[585] und *Anastasopoulou*[586].[587]

Auch hierbei geht es vor dem Hintergrund von Krisenbeschreibungen zum sog. modernen Strafrecht um die Frage, „unter welchen Voraussetzungen strafrechtlicher Zwang legitimerweise als ein Mittel zur Steuerung gesellschaftlicher Entwicklungsprozesse eingesetzt werden“ könne.[588] Ihre Beantwortung wird indes wie bei den „mediating principles“ nicht durch einen einheitlichen materiellen Verbrechensbegriff angestrebt.

Die Lösungsansätze basieren auf kritischen Untersuchungen einzelner neuralgischer Punkte des Strafrechts, etwa den kollektiven Rechtsgütern als Grundlage der Gefährdungsdelikte, den sog. Kumulationsdelikten („Trittbrettfahrerei“[589]), den Eignungsdelikten, den Verhaltensdelikten, den Vorbereitungsdelikten, den „rechtsgutslosen Delikten“ etc. und schlagen von dort den Bogen zurück zu den Grenzen der staatlichen Strafgewalt.[590]

Diese Herangehensweise kann indes die Diskussion um den materiellen Verbrechensbegriff nicht ersetzen. Auch wenn es plausibel erscheint, dass Lösungsansätze zur Legitimität von Kriminalisierungsprozessen wegen der Vielgestaltigkeit der möglicherweise in Betracht kommenden Lebenssachverhalte „von vornherein nicht en bloc erfolgen“[591] könnten, so bedarf auch der Deliktstypendiskurs als Orientierungsmaßstab eines

---

[583] *Kindhäuser*, Gefährdung als Straftat (1989).
[584] *Wohlers*: Deliktstypen des Präventionsstrafrechts – zur Dogmatik „moderner“ Gefährdungsdelikte (2000).
[585] *Hefendehl*: Kollektive Rechtsgüter im Strafrecht (2002).
[586] *Anastasopoulou*: Deliktstypen zum Schutz kollektiver Rechtsgüter (2005).
[587] Vgl. auch *Hirsch/Wohlers*, S. 196 (198 ff.).
[588] *Wohlers*, Deliktstypen, S. 22.
[589] *Sternberg-Lieben*, Freiheit des Strafgesetzgebers, S. 65 (73).
[590] Einen guten Überblick zu den aktuell diskutierten Deliktstypen und ihren immanenten Problemen gibt *Kuhlen*, Deliktstypen, S. 148 ff.
[591] *Wohlers*, S. 338.

materiellen Verbrechensbegriffs. Es muss zunächst eine abstrakt-generelle Vorstellung darüber bestehen, welches Ziel der Gesetzgeber mit dem Mittel des Strafrechts überhaupt anstreben darf. Dann erst kann die Legitimität der auf diesem Weg eingesetzten „Deliktstypen" geprüft werden. Der Deliktstypendiskurs nimmt aber insoweit wiederum Bezug auf Altbekanntes: grundsätzlich schützenswerte Rechtsgüter, das sozialwichtige bonum etc.,[592] auch wenn sich *Hefendehl* zu einer konkreteren Verknüpfung des Rechtsgutsbegriffs mit der Verfassung zumindest bekennt („Materialisierung des Rechtsgutes *über die Verfassung*"[593]).[594]

Die Gefahr bei diesem Vorgehen ist, dass die Kritik an Kriminalisierungsprozessen wie bisher atomisiert bleibt und nicht in einen größeren maßstabskritischen Zusammenhang gesetzt wird. Damit droht der Einwand, dass diese oder jene Kritik am Handeln des Strafgesetzgebers nicht zwingend sei – ein Aspekt, der bislang alle Einwände gegen das Handeln der Legislative immunisiert hat. Zudem erscheint es nicht plausibel, von einem kritischen Potenzial dieser Ansätze auszugehen, solange sie ihrerseits auf der materiellen Grundlage der intuitiv-offenen Rechtsgüter- und Sozialschädlichkeitslehre stehen.

---

[592] Vgl. *Hefendehl*, Kollektive Rechtsgüter, S. 378 ff.; *Wohlers* (trotz grundsätzlicher Kritik am Rechtsgutsbegriff, S. 279), 339, 343; *Anastasopoulou*, S. 319 ff.

[593] Zusammenfassend: *Hefendehl*, Kollektive Rechtsgüter, S. 378 ff.

[594] *Hefendehl*, Kollektive Rechtsgüter, S. 42 ff.

V. Neuere hegelianisch inspirierte Konzepte

A. Die Urlehre

1. Der Ansatz von *Hegel*

Georg Wilhelm Friedrich Hegel nähert sich in seinen 1820 erschienenen „Grundlinien der Philosophie des Rechts" drei Formen des Unrechts in logisch-materieller Hinsicht: dem „unbefangenen Unrecht" (Zivilunrecht),[595] dem Betrug[596] und dem Verbrechen[597].

Im „bürgerlichen Rechtsstreite" erkenne der Täter das allgemeine Recht, beispielsweise das Recht auf Eigentum, an;[598] er akzeptiere aber nicht das besondere Recht, also einen bestimmten Eigentumsanspruch des Anderen.[599] Vielmehr sehe er sich selbst im Recht. Die Anerkennung von allgemeinem und besonderem Recht falle insofern auseinander.[600] Darüber sei sich der Täter im bürgerlichen Rechtsstreit aber nicht bewusst; ihm gelte das Unrecht im Besonderen (gegenüber dem Anderen) für Recht, folglich spricht *Hegel* auch von „unbefangenem

---

595 *Hegel*, Rph § 85.

596 *Hegel*, Rph § 87.

597 *Hegel*, Rph § 95.

598 *Hegel*, Rph § 85: „Diese Kollision, in der die Sache aus einem Rechtsgrunde angesprochen wird und welche die Sphäre des bürgerlichen Rechtsstreits ausmacht, enthält die Anerkennung des Rechts als des Allgemeinen und Entscheidenden, so dass die Sache dem gehören soll, der Recht dazu hat. Der Streit betrifft nur die Subsumtion der Sache unter das Eigentum des einen oder anderen; – ein schlechtweg negatives Urteil, wo im Prädikate des Meinigen nur das Besondere negiert wird."

599 *Hegel*, Rph § 86 (Zusatz): „Dies erste Unrecht negiert nur den besonderen Willen, während das allgemeine Recht respektiert wird, es ist also das leichteste Unrecht überhaupt."

600 Beispiel nach *Hegel*, Rph § 86 (Zusatz): „Wenn ich sage, eine Rose sei nicht rot, so erkenne ich doch an, dass sie Farbe habe, ich leugne daher die Gattung nicht und negiere nur das Besondere, das Rote. Ebenso wird hier [Anm.: im bürgerlichen Rechtsstreit] das Recht anerkannt: jede Person will das Rechte, und ihr soll nur werden, was das Rechte ist. Ihr Unrecht besteht nur darin, dass sie das, was sie will, für das Recht hält."

Unrecht“, bei dem der Schein nur für das Recht und nicht für den Täter entstehe.[601]

Beim Betrug missachte der Täter zwar das allgemeine Recht, respektiere aber das besondere Recht. Dem Anderen scheine es, als ob das Recht gelte, damit werde ihm „ein Schein vorgemacht“.[602] Der Einordnung des Betruges als Verbrechen scheint die Dreiteilung des Unrechts zu widersprechen; *Hegel* ordnet den Betrug dennoch in die Sphäre des peinlichen Rechts ein, „weil es sich hier um das Recht handelt, das verletzt ist“.[603]

Als „eigentliches Unrecht“ bezeichnet *Hegel* das Verbrechen und umschreibt es als Negation des Rechts; dabei werde das Recht sowohl an sich, als auch in der scheinbaren Ausprägung nicht respektiert.[604] *Hegel* rückt die logische Struktur des Verbrechens als „negativ-unendliches Urteil in seinem vollständigen Sinn“ in den Mittelpunkt, „durch welches nicht nur das Besondere, die Subsumtion einer Sache unter meinen Willen, sondern zugleich das Allgemeine, Unendliche im Prädikate des Meinigen, die Rechtsfähigkeit, und zwar ohne die Vermittlung meiner Meinung (wie im Betrug) ebenso gegen diese negiert“ werde.[605] Durch das Verbrechen werde „das Meinige“ so „angegriffen, negiert“, dass, „wenn ich es geschehen ließe, ich nicht nur das Eigentum verlöre, sondern überhaupt die Eigentumsfähigkeit, das Allgemeine meines Wesens, welches dann nicht anerkannt“ werde;[606] entgegen dem imperativen Rechtsgebot „*Sei eine Person und respektiere die anderen als Personen*“[607] werde die betroffene Person damit „durch das Verbrechen als rechtliche Person verletzt“.[608] Im Verbrechen werde also „das Dasein der Freiheit in seinem ganzen Umfang verletzt“ und unabhängig von einzelnen Erscheinungsformen des Verbrechens (etwa gegen das Leben,

---

[601] *Hegel*, Rph § 83 (Zusatz): „[G]ilt mir das Unrecht für Recht, so ist dasselbe hier unbefangen. Der Schein ist hier für das Recht, nicht aber für mich.“
[602] *Hegel*, Rph § 87 (Zusatz): „Im Betruge wird der besondere Wille nicht verletzt, indem dem Betrogenen aufgebürdet wird, dass ihm Recht geschehe.“
[603] *Hegel*, Rph § 89 (Zusatz).
[604] *Hegel*, Rph § 90 (Zusatz).
[605] *Hegel*, Rph § 95.
[606] *Hegel*, Rph (Mitschrift *Wannemann*, 1817/18), § 45.
[607] *Hegel*, Rph, § 36.
[608] *Hegel*, Rph (Vorlesung 1821/22), § 95.

das Eigentum, gegen den Staat) bleibe „die Natur des Verbrechens" immer „dieselbe": Verletzung des an sich seienden Willens.[609]

Allein die logische Struktur als unendlich-negatives Urteil macht bei *Hegel* das Wesen des Verbrechens aus und nicht die vom alten Standpunkt der Sozialschädlichkeit aus gestellte Frage, ob ein „Übel" gegen den gesellschaftlichen Zusammenschluss hervorgebracht worden ist.[610] Der Staat sei (im Gegensatz zur zeitgenössisch herrschenden Vertragstheorie) zum einen „überhaupt nicht ein Vertrag" – vielmehr sei es von vornherein die „vernünftige Bestimmung des Menschen, im Staat zu leben"[611] –, zum anderen seien „der Schutz und die Sicherung des Lebens und Eigentums der Individuen als einzelner" auch nicht „so unbedingt sein substantielles Wesen"; der Staat stelle vielmehr „das Höhere" dar, „welches dieses Leben und Eigentum selbst auch in Anspruch nimmt und die Aufopferung" desselben fordere.[612]

Allerdings stuft *Hegel* am Maßstab der Gefährlichkeit für die Gesellschaft das Verhältnis von Verbrechen und Strafe nach Schweregrad ab.[613] In dieses Konzept fügt sich im Weiteren das Verständnis von Strafe als der Negation der Negation des Rechts ein.[614]

---

[609] *Hegel,* Rph (Vorlesung 1821/22), § 95.

[610] *Hegel*, Rph, § 99: „In dieser Erörterung kommt es allein darauf an, dass das Verbrechen, und zwar nicht als die Hervorbringung eines Übels, sondern als Verletzung des Rechts als Recht aufzuheben ist, und dann, welches die Existenz ist, die das Verbrechen hat und die aufzuheben ist ".

[611] *Hegel*, Rph, § 75 (Zusatz).

[612] *Hegel*, Rph, § 100.

[613] *Hegel*, Rph, § 96 (Zusatz): „Nicht gerade die Verbrechen oder die Strafen sind es, die anders werden, aber ihr Verhältnis.", § 218: „Indem das Verbrechen, an sich eine unendliche Verletzung, als ein Dasein nach qualitativen und quantitativen Unterschieden bemessen werden muß, welches nun wesentlich als Vorstellung und Bewußtsein von dem Gelten der Gesetze bestimmt ist, so ist die Gefährlichkeit für die bürgerliche Gesellschaft eine Bestimmung seiner Größe oder auch eine seiner qualitativen Bestimmungen."

[614] *Hegel*, Rph, § 97 (Zusatz): „Durch ein Verbrechen wird irgendetwas verändert, und die Sache existiert in dieser Veränderung; aber diese Existenz ist das Gegenteil ihrer selbst und insofern in sich nichtig. Das Nichtige ist dies, das Recht als Recht aufgehoben zu haben. Das Recht nämlich als Absolutes ist unaufhebbar, also ist die Äußerung des Verbrechens an sich nichtig und diese Nichtigkeit ist das Wesen der Wirkung des Verbrechens. (..) Die Tat des Verbrechens ist nicht ein Erstes, Positives, zu welchem die Strafe als Negation käme, sondern ein Negatives, so dass die Strafe nur Negation der Negation ist."

2. Würdigung

Hegels Konzept der Strafbegründung wurde im 19. Jahrhundert vor allem von *Abegg, Köstlin, Berner* und *Hälschner* rezipiert;[615] sein „dialektischer Idealismus“ beeinflusste die Strafrechtswissenschaft speziell im zweiten Drittel des 19. Jahrhunderts nachhaltig und verzögerte so die Ausbreitung der *Birnbaum*'schen Guts- bzw. Rechtsgutslehre, die sich erst Ende des 19. Jahrhunderts mit *Binding* durchzusetzen begann.[616]

In formeller Hinsicht wurde am Begriff des Verbrechens nach *Hegel* (auch von den „Hegelianern“[617]) u. a. kritisiert, er vernachlässige vorsätzlich begangenes „unbefangenes Unrecht“ (Zivilunrecht) und blende die Möglichkeit aus, dass Straftaten fahrlässig begangen werden könnten.[618] *Binding* zufolge waren bereits dies „die beiden Todesurteile für die ganze *Hegelsche* Theorie“.[619] In materieller Hinsicht wurde *Hegels* Verbrechensbegriff entgegengehalten, er reduziere das Phänomen unsachgemäß auf seine logische Struktur.[620]

Dem Einwand hinsichtlich der subjektiven Tatseite beim Verbrechen kann insofern nicht gefolgt werden, als *Hegel* im Abschnitt über die Moralität im Zusammenhang mit der Beschreibung der Absicht zumindest bewusst fahrlässiges Handeln erkennbar in sein System einbezieht:[621] Die unmittelbare Handlung des „Mordbrenners“ sei, „dass er

---

[615] Vgl. jüngst die Dissertation von *Ramb*: „Strafbegründung in den Systemen der Hegelianer“ (2005) – mit zahlr. weit. Nachw.

[616] *Anastasopoulou*, S. 6 f. (mit weit. Nachw.).

[617] Zu weiteren zeitgenössischen Einwänden („mangelnder Staatsbezug“) vgl. jüngst *Ramb*, S. 127 ff.; zum Aspekt der Unterlassungsdelikte bei *Hegel* vgl. *Hösle*, S. 1 (23 f.).

[618] *Hälschner*, GS 1869, S. 11 (13): „Der Stein des Anstoßes liegt darin, dass von dem civilen Unrechte als dem ‘unbefangenen‘ jeder dolus ausgeschlossen erscheint, während andererseits das criminelle Unrecht mit Ausschluß der *culpa* auf den *dolus* beschränkt wird.“; vgl. auch *Lampe*, Festschrift für *R. Schmitt*, S. 77 (80 f.).

[619] *Binding*, Normen I, § 39 II, S. 260.

[620] *Bloch*, S. 299: „*Hegel* in seiner reaktionären Vergeltungstheorie setzte die Rechtfertigung der Strafe dahin, dass rein durch sie, als Negation der Negation, die Existenz des Verbrechens aufgehoben werde. Nirgends aber wird die Existenz des Verbrechens konkreter aufgehoben, als durch die Aufhebungen der Bedingungen, unter denen es entstand und immer wieder neu entstehen muß.

[621] *Hegel*, Rph, § 119: „Es ist allerdings der Fall, dass einer Handlung mehr oder weniger Umstände zuschlagen können: es kann bei einer Brandstiftung das Feuer nicht auskommen oder auf der anderen Seite dasselbe weiter greifen, als der

ein bißchen Feuer an den Balken“ lege, dies sei „das Einzelne“, womit er aber „das Allgemeine getan, dass er z. B. die Stadt angezündet“ habe; in der Konsequenz („dolus indirectus“) habe bereits das Allgemeine gelegen, „das Weitere“ falle „ihm also ebenso zur Last“.[622]

Die Kritik am Ausschluss des vorsätzlichen Zivilunrechts (z. B. des vorsätzlichen Schuldnerverzugs) übersieht, dass sich in diesem Fall nach dem Verständnis *Hegels* der Vorsatz zwar auf die Negation des besonderen Rechts bezieht, aber nicht auf die Negation des allgemeinen Rechts (als Recht), denn die „Sphäre des bürgerlichen Rechtsstreits“ wird weiter anerkannt. Zwar hat *Hegel* dem vorsätzlichen Zivilunrecht keine gesonderte Aufmerksamkeit gewidmet; es erscheint aber zumindest möglich, dass er die vorsätzliche Begehung des „unbefangenen Unrechts“ in sein System hätte integrieren können.

Die Reduktion des Verbrechensbegriffs auf dessen logische Struktur der Negation des Rechts als Recht ist demgegenüber die eigentliche Bruchstelle bei *Hegel*; abgesehen davon, dass sein formales Grundkonzept von der Strafe als Negation der Negation (und damit als etwas Positives) eher wie ein wenig aussagekräftiges „Hexeneinmaleins“ daherkommt,[623] klammert er in diesem Zusammenhang den entscheidenden Aspekt aus, „*welches* positive Recht dem Begriff genügt“. Hierin liegt das materielle Legitimationsproblem bei *Hegels* Verbrechensdefinition.[624]

Diese methodische Offenheit des Verbrechensbegriffs öffnet die Konzeption für alle möglichen Inhalte, die dem Recht gegeben werden können. *Hegel* selbst füllt diese Leerstelle gerade nicht staats- oder strafrechtskritisch aus, im Gegenteil: Die „Philosophie des Rechts“ ist getragen von dem Gedanken, das Bestehende zu konservieren und gerade keinen von den tatsächlichen Gegebenheiten abstrahierten Begründungsansatz zu geben. *Hegel* sucht noch nicht einmal danach und gilt insofern wahrscheinlich zu Recht als, wenn auch aufgeklärter, „Denker

---

Täter es wollte. Trotzdem ist hier keine Unterscheidung zwischen Glück oder Unglück zu machen, denn der Mensch muss sich handelnd mit der Äußerlichkeit abgeben. Ein altes Sprichwort sagt mit Recht: der Stein, der aus der Hand geworfen wird, ist des Teufels. Indem ich handele, setze ich mich selbst dem Unglück aus; dieses hat also ein Recht an mich und ist ein Dasein meines eigenen Wollens.“

622 *Hegel*, Rph (Vorlesung 1821/22), § 119.

623 *Wolf/Wolf*, S. 51 f. (sehr pointiert, S. 52: „Schizophrenie als Denkmethode“).

624 Vgl. auch *Jakobs*, AT, 1. Abschn. Rn 24.

der Restauration".[625] Er selbst schreibt, es sei „eben diese Stellung der Philosophie zur Wirklichkeit", die das Missverständnis betreffe, dass „die Philosophie, weil sie das Ergründen des Vernünftigen" sei, „eben damit das Erfassen des Gegenwärtigen und Wirklichen, nicht das Aufstellen eines Jenseitigen" zum Gegenstand habe, welches „Gott weiß wo sein sollte". Es dürfe nicht der „Irrtum eines einseitigen, leeren Räsonierens" begangen werden: „*Was vernünftig ist, das ist wirklich und was wirklich ist, das ist vernünftig*".[626] Als „philosophische Schrift" müsse seine Abhandlung, so *Hegel* weiter, „am entferntesten davon sein, einen Staat, wie er sein soll" zu konstruieren; vielmehr sei eine Belehrung das Ziel, wie der Staat als „das sittliche Universum" erkannt werden könne.[627]

In diesem Bestreben nähert sich *Hegel* stufenweise und parallel zur Aufteilung der „Philosophie des Rechts" in die Abschnitte „Abstraktes Recht", „Moralität" und „Sittlichkeit" auf der letzten Ebene (Sittlichkeit) dem Verhältnis von Staat und Individuum. „Der Staat" sei „die Wirklichkeit der sittlichen Idee – der sittliche Geist, als der offenbare, sich selbst deutliche, substantielle Wille, der sich denkt und weiß";[628] der Staat als das „an und für sich Vernünftige" sei als „substantielle Einheit" der „absolute unbewegte Selbstzweck, in welchem die Freiheit zu ihrem höchsten Recht" komme.[629] Dieser „Endzweck" habe „das höchste Recht gegen den Einzelnen" und die „höchste Pflicht" der Einzelnen sei es, „Mitglieder des Staates zu sein".[630] Der „besondere Zweck" des Einzelnen sei, dass er „identisch mit dem Allgemeinen werde", andernfalls stehe der „Staat in der Luft".[631]

Damit vollzieht *Hegel*, anders als *Kant* u. a., die „der Aufklärung zu verdankende Trennung von Recht und Moral", auf welche bis heute die Unzulässigkeit der „Pönalisierung bloßer Unmoral" zurückgeführt wird,[632] nur bedingt nach; vielmehr wird die höchste Stufe der Sittlich-

---

[625] Zu den kritischen philosophiegeschichtlichen Einordnungen von *Hegel*, vgl. den Überblick bei *Hoppe*, S. 7 ff. („Vergottung des Staates", „bezahlter Agent der preußischen Regierung", Ansehung der preußischen Verhältnisse als Ausdruck des Vernünftigen etc.).
[626] *Hegel*, Rph, Vorrede.
[627] *Hegel*, Rph, Vorrede.
[628] *Hegel*, Rph, § 257.
[629] *Hegel*, Rph, § 258.
[630] *Hegel*, Rph, § 258.
[631] *Hegel*, Rph, § 265 (Zusatz).
[632] *Stratenwerth*, Verhaltensdelikte, S. 157 (158).

keit – der Staat – gerade als „Synthese von abstraktem Recht und Moralität" begriffen.[633] *Murrmann* resümiert zu Recht, dass auf dieser Basis überhaupt das Denken ein Ende finde, „in dem der Staat als eine potenzielle Bedrohung der Freiheit begriffen wird".[634] Auch die Aufhebung von Sein und Sollen („*Was vernünftig ist, das ist wirklich und was wirklich ist, das ist vernünftig*") führt zu einer konservierenden Überhöhung des Staates, die zu keiner Zeit Grundlage für ein kritisches staats- und strafrechtsphilosophisches Modell sein kann.[635] Außer dem „absoluten Staatsinteresse" bleibt bei *Hegel* „nichts übrig".[636]

Bezeichnenderweise finden sich gerade in der Diktion des den Staat in den Mittelpunkt rückenden Nationalsozialismus′ frappierende Ähnlichkeiten mit *Hegels* Staatsverständnis und Verbrechensbegriff; so erörtert etwa *Nagler* das Ideal der „Staatsfreudigkeit" des Bürgers „im Sinne der sittlichen Pflicht zu Dienst, Leistung und Opfer für das Wohl und die Ehre der Volksgemeinschaft"[637] und *Gallas* beschreibt das „Bild des Verbrechers aus der Negation dieser gemeinschaftsethischen Anforderungen"[638].

Nach allem ist festzuhalten, dass der historische Verbrechensbegriff *Hegels* der staatlichen Strafgewalt schon vom Ansatz her keine Grenzen setzt. Die logische Struktur seiner Verbrechensbestimmung suggeriert lediglich durch die einprägsame Formelhaftigkeit der Sprache – Negation des Rechts – eine klare Abgrenzbarkeit; indes bleibt die Bestimmung von Recht (und Unrecht) auf der Grundlage dieser Definition offen. *Hegels* Konzept hat damit kein systemkritisches Potenzial.

---

[633] *Hösle*, S. 1 (6).
[634] *Murrmann*, S. 69.
[635] *Hoppe*, S. 7 (10), weist aber relativierend zumindest auf optimistischere Deutungsmöglichkeiten von *Hegels* Ansatz auf der Grundlage von Vorlesungsmitschriften aus den Jahren 1817/18 und 1819/20 hin.
[636] *Wolf/Wolf*, S. 59.
[637] *Nagler* GS 103 (1933), S. I (XVIII/XIX).
[638] *Gallas*, Festschrift für Gleispach, S. 50 (65).

B. Suspendierung der konstitutiven Grundannahmen

1. Der Ansatz von *Herzog*

Knapp 170 Jahre nach Erscheinen der „Grundlinien der Philosophie des Rechts“ legt *Herzog* eine „Rekonstruktion“[639] der Begriffsbestimmungen *Hegels* zum materiellen Verbrechensbegriff, Zivilunrecht und Betrug anhand einer „ethnomethodologischen Reformulierung des Gebots interpersonaler Anerkennung“[640] vor.

Auf dieser Grundlage wird das Verbrechen in materieller Hinsicht als „Suspendierung der konstitutiven Annahmen gemeinsamer Welt“ definiert; in der „dissoziativen Begegnung“ von Personen ordne eine die andere ihrer „egozentrischen“ Weltsicht unter, so dass – außer in den Fällen von Notwehr und bei Antragsdelikten – zwischen den Beteiligten kein Weg zurück führe in ein „Relevanzsystem gemeinsamer Welt“.[641]

Das Zivilunrecht sei demgegenüber „gescheiterte Assoziation nach den Annahmen gemeinsamer Welt“; in diesem Zusammenhang habe das – jedenfalls seiner „Friedensaufgabe“ gerecht werdende – Zivilverfahren eine Art Katalysatorfunktion insoweit, als es durch den „gesellschaftlich konstituierten regelhaften Interaktionsverlauf“ Assoziation herstelle, wo zuvor Dissoziation über „das konkrete Selbstbewusstsein der Person“ vorgelegen habe.[642]

---

[639] *F. Herzog*, Prävention, S. 5.

[640] *F. Herzog*, Prävention, S. 148.

[641] *F. Herzog*, Prävention, S. 149: „Das Verbrechen ist Suspendierung der konstitutiven Annahmen gemeinsamer Welt. Die eine Person subsumiert die andere in ihrem Relevanzsystem, und der Standpunkt der anderen Person ist der einen nur ein zu überwindendes Hindernis ihrer egozentrischen Perspektive auf die gemeinsame Welt. In der dissoziativen Begegnung der Personen selbst besteht folglich regelmäßig kein interpersonaler Weg als allgemeinem Relevanzsystem gemeinsamer Welt zurück. Die Rechtsinstitute 'Antragsdelikt' und 'Notwehr' können als personale Revalidierung der zerbrochenen sozialen Realität reformuliert werden.

[642] *F. Herzog*, Prävention, S. 148: „Die Dissoziation führt durch ihre Aufklärungssphäre des bürgerlichen Rechtsstreits in einen gesellschaftlich konstituierten regelhaften Interaktionsverlauf hinein, der durch die Idealisierung der austauschbaren Standpunkte im allgemein kongruenten Relevanzsystem des Rechts in der Aufklärung von Dissoziation wieder Assoziation herstellt, soweit das Zivilverfahren seiner Friedensaufgabe gerecht wird. Das Bürgerliche Unrecht ist eine

Der Betrug wird schließlich als „Dissoziation unter dem Schein der Assoziation“ neu definiert. Nur das „konkrete Selbstbewusstsein“ einer Person werde „ge- und enttäuscht“, wohingegen das „abstrakte Selbstbewusstsein“ unangetastet bliebe; da wenigstens eine „Scheinassoziation“ vorliege, könne die Dissoziation aber aufgehoben werden, indem die ursprüngliche Erwartung des Getäuschten in einen Rechtsanspruch umgewandelt werde.[643]

2. Würdigung

Hegels fehlende Positionierung bzgl. des Inhalts des durch den Verbrecher negierten Rechts setzt sich strukturell bei *Herzog* fort. Was mit den „konstitutiven Annahmen gemeinsamer Welt“ genauer gemeint ist, bleibt vage; die eingeführte soziologische Diktion verstärkt eher diesen Eindruck: Ob ein tragfähiger Bereich von „konstitutiven Annahmen gemeinsamer Welt“ jenseits von suggestiven Vorstellungen überhaupt besteht, darf zumindest bezweifelt werden. Die selbstkritische Frage, wie ein systematischer Gesetzgebungsprozeß auf der Grundlage dieses Merkmals praktikabel gestaltet werden könnte, wird nicht gestellt; zudem wird keine Lösung für die Frage angeboten, wie Handlungen mit überindividueller Zielrichtung gehandhabt werden sollten.

Die Bestimmung des Zivilunrechts als „gescheiterte Assoziation nach den Annahmen gemeinsamer Welt“ bezüglich des „konkreten Selbstbe-

---

Auseinandersetzung um das konkrete Selbstbewußtsein der Person. Nicht über ihre allgemeine Berechtigung, Anerkennung und Achtung zu fordern, wird gestritten, sondern um ihr konkretes Selbstbewußtsein in einer besonderen interpersonalen Begegnung nach den Annahmen gemeinsamer Welt.“

643 *F. Herzog*, Prävention, S. 149: „Im Betrug entsteht material erst überhaupt keine interpersonale Assoziation, da die formale Assoziation von der einen Person von vornherein in dissoziativer Absicht herbeigeführt wird. Da immerhin eine Scheinassoziation besteht, erscheint nicht ausgeschlossen, dass die Dissoziation zwischen den Personen revalidierend aufgelöst werden kann, indem das formale Anerkennungsverhältnis mit seinem materialen Inhalt vermittelt wird. Bezogen auf die Konstitution der Beziehungsrealität, wird im Betrug das konkrete Selbstbewußtsein der einen Person zwar ge- und enttäuscht, aber ihr abstraktes Selbstbewußtsein wird nicht in Frage gestellt. Der Realitätsbruch kann revalidierend geheilt werden, indem die Erwartungen, die sich die eine Person in einer täuschungsfreien Umgebung hätte machen dürfen, durch ihre Umwandlung in einen rechtlichen Anspruch gegen eine andere Person als mit dem allgemeinen Relevanzsystem interpersonaler Begegnung kongruent anerkannt und bekräftigt werden.“

wusstseins“ deutet ebenfalls mehr an, als dass sie eine klare Richtung vorgibt; im Unterschied zu *Hegel*, der sich auf die Beschreibung der Geltung von allgemeinem und besonderem Recht beschränkt, wiegt bei *Herzogs* „moderner Variante“ das Außerachtlassen des vorsätzlichen Zivilunrechts schwerer; in der absichtlichen Nichterfüllung eines Vertrages um des bloßen ökonomischen Willens wegen wird eine zentrale „Annahme gemeinsamer Welt“ – pacta sunt servanda – durchaus suspendiert. Ob der sich absichtlich im Verzug Befindende auf der Grundlage dieser Annahme noch als innerhalb der „gemeinsamen Welt“ stehend angesehen werden kann, ist die Frage.

Der Bestimmung des Betrugsunrechts als „Scheinassoziation“ liegt nach *Herzog* auch die Überlegung zugrunde, die Dissoziation könne durch die Ersetzung mit einem Rechtsanspruch aufgelöst werden. Dieser Aspekt erscheint indes als flankierende Abgrenzungsüberlegung insoweit unplausibel, als dass jeder auf einem Unrecht beruhende Schadenseintritt zivilrechtlich einen Rechtsanspruch nach sich zieht; der Gedanke griffe also nicht nur exklusiv beim Betrug. Die Definition des Betruges auf der Grundlage der „ethnomethodologischen Reformulierung“ als „Scheinassoziation“ steht eher begründungslos im Raum.

C. Formaler Sollenswiderspruch

1. Der Ansatz von *Lesch*

Auch *Lesch* orientiert sich bei seiner Definition des materiellen Verbrechensbegriffs an den Vorüberlegungen des sog. deutschen Idealismus'; er bezieht sich namentlich auf *Kant* und *Hegel*.[644]

Strafnormen seien als „kontrafaktisch stabilisierte Erwartungen“ konstruiert;[645] sie dienten also dem Schutz desjenigen, der das normgemäße Verhalten erwarte.[646] *Lesch* schränkt die Erwartungshaltung in diesem Zusammenhang auf die Normen ein, die durch ihre „Institutionalisierung“ als „sozial generalisiert“ gälten; hierdurch werde ein allgemeiner Konsens über „Erwartungen auf unterstellbare Erwartungserwartungen

---

[644] Kritisch hierzu *Köhler* ZStW 114 (2002), S. 182, insb. 183 ff.

[645] *Lesch*, S. 188; vgl. auch oben die Ansicht von *Müssig*, Teil 2 III. J.; *Jakobs*, Strafrecht AT, 1. Abschnitt Rn 4 ff.

[646] *Lesch*, S. 189.

Dritter" in der Weise erzeugt, dass die Geltung von Erwartungen nicht mehr konkret abgefragt werden müsste, sondern von allen legitimerweise unterstellt werden könnte; dies sei gleichsam die Grundlage einer modernen Gesellschaft.[647]

Die in den §§ 242, 246 und 263 StGB „bloß fragmentarisch garantierte Norm", dass kein fremdes Eigentum verletzt werde, könne wie folgt in „das Symbol des Sollens" gekleidet werden: „Man verhält sich nicht so, dass man fremdes Eigentum verletzt! oder einfach: Du sollst nicht fremdes Eigentum verletzen."[648]

Es gehe aber im Strafrecht nicht um „die *inhaltliche* Seite der Enttäuschung."[649] Materielles Strafunrecht sei kein „kontradiktorischer Gegensatz zu dem Verhalten, das im Sollen der Norm *inhaltlich* fixiert ist, d. h. insbesondere keine Rechtsguts(objekts)verletzung".[650] Entscheidend sei demgegenüber die „*formale* Seite der Enttäuschung".[651]

Demnach definiert *Lesch* das Strafunrecht in materieller Hinsicht als einen „Angriff auf das *Sollen selbst*" in dem Sinne, dass „ein Widerspruch gegen die durch das Sollen symbolisierte Verbindlichkeit der Regel, eine Demonstration mangelnden Konsenses über die Geltung der Norm für die Tatsituation" vorliege;[652] dabei wird das Sollen in einem

---

[647] *Lesch*, S. 189: „Erst durch die Generalisierung von Normen wird die konkrete Abstimmung des sozialen Verhaltens mehrerer erleichtert, indem schon vorher typisch festliegt, was erwartet werden kann. Eine solche Generalisierung findet in zeitlicher, sachlicher und sozialer Beziehung statt. Die soziale Generalisierung von Erwartungen erfolgt per Institutionalisierung und bewirkt, daß Erwartungen auf unterstellbare Erwartungserwartungen Dritter gestützt werden können. Soweit eine Erwartung institutionalisiert ist, kann der Erwartende stets von Zustimmung ausgehen, ohne jeweils individuelle Meinungen und Motive geprüft zu haben. [...] Der Konsens wird im Erwarten von Erwartungen vorweggenommen, fungiert kraft Unterstellung und muß dann normalerweise gar nicht mehr konkret abgefragt werden. Erst kraft solcher Institutionalisierung wird eine rasche, präzise, selektive Kommunikation zwischen Menschen überhaupt möglich. Man kann Situationen und Partner zügig wechseln, ohne die Verständigungsbasis zu verlieren und jeweils wiederherstellen zu müssen, und auch Unbekannten gegenüber, soweit sie von der Institutionalisierung erfasst sind, Konsens unterstellen sowie ohne vorherige explizite Einigung davon ausgehen, dass ein Mindestbestand von Verhaltenserwartungen allgemein Zustimmung findet."

[648] *Lesch*, S. 193.

[649] *Lesch*, S. 203.

[650] *Lesch*, S. 193.

[651] *Lesch*, S. 203.

[652] *Lesch*, S. 193.

„wirklich-konkreten" Sinne als Aufhebung von „abstraktem Sollen" und „Zurechnungsfähigkeit" verstanden.[653]

Bei der im Strafunrecht als Angriff liegenden „objektiven Pflichtverletzung" gehe es „wie bei der Zurechnungslehre *Hegels* nicht um dasjenige, was (in einem rein empirischen Sinne) *ist* (das Unvernünftige), sondern um dasjenige, was *nicht* ist (das Vernünftige, Gesollte).[654] Demnach liege das materielle Verbrechen darin, „dass der einzelnen verbrecherischen Tat ein Allgemeines zugrunde" liege, „eine Maxime, eine der Willkür des Verbrechers entsprungene und der des Rechts widersprechende Norm", die der Täter „in Vollbringung der Tat als die seine Handlungsweise regelnde und beherrschende" Norm hingestellt habe, oder anders: in der Brechung der „Herrschaft des Rechts" und seine Ersetzung durch die eigene „Willkür als das Geltende und Herrschende".[655]

2. Würdigung

Leschs Ansatz wirft Fragen auf. Bereits die Umschreibung der durch Institutionalisierung sozial generalisierten „Erwartungen auf Erwartungserwartungen Dritter" erscheint semantisch einigermaßen undurchschaubar; es drängt sich der Schluss auf, dass es letzten Endes um die – von allen erwartete – Geltung der Normen des positiven Rechts geht. Damit nähert er sich dem schwierigen Vertrauensgedanken an.[656] Soweit er das materielle Strafunrecht als „Angriff auf das Sollen selbst" charakterisiert, weist seine Auffassung Ähnlichkeiten mit der zu Recht überwundenen Ungehorsamslehre auf.[657] Und schließlich widmet sich auch *Lesch* nicht eingehend der Beantwortung der Frage nach dem In-

---

[653] *Lesch*, S. 278: „Der Begriff des Strafunrechts zeichnet sich durch eine zirkuläre Struktur aus, die auf eine (im Sinne der *Hegelschen* Logik) dialektische Weise entfaltet werden muss. Danach ist das Sollen, dessen Verfehlung das Strafunrecht als objektive Pflichtverletzung ausmacht, zunächst einmal – als These – abstrakt von der Zurechnungsfähigkeit des Täters zu bestimmen. Diesem abstrakten `Sollen´ tritt in einem weiteren Schritt – als Antithese – die Zurechnungsfähigkeit gegenüber. Schließlich werden beide Momente – abstraktes `Sollen´ und Zurechnungsfähigkeit – in einem dritten Schritt – der Synthese – als wirklich-konkretes Sollen aufgehoben, und erst die Verletzung dieses Sollens ist das Strafunrecht."

[654] Lesch, S. 204.

[655] *Lesch*, S. 277 – mit weit. Nachw. zu *Hälschner*.

[656] Vgl. hierzu oben Teil 1 III. M. 2.

[657] S. o. Teil 1 I. A. 5.

halt des Rechts; damit setzt sich *Hegels* Legitimationsproblem[658] auch in *Leschs* Ansatz fort.

Eine materiell transparente Differenzierung verschiedener Unrechtsformen bedürfte vor diesem Hintergrund eines weiteren Theorieaufbaus.[659]

D. Verletzung des Basisvertrauens

1. Der Ansatz von *Wolff*

Ernst Amadeus Wolffs Auffassung fußt auf einer Distanzierung zur Rechtsgutslehre; diese mache das Strafrecht „wurzellos" und überantworte es durch die „Herrschaft des Objekthaften dem empirischen Zufall"[660]; demgegenüber sei das autonome, im gegenseitigen Anerkennungsverhältnis stehende Individuum als Mittelpunkt des Rechts anzuerkennen.[661] Darin liege der entscheidende Unterschied zum Rechtsgutsansatz als einer „vom begründenden Einzelnen ausgehenden Lehre"; ein so verstandenes Rechtsgut könne zwar im üblichen gesellschaftspolitischen Rahmen zu akzeptablen Ergebnissen führen, sei aber insbesondere nicht krisenfest.[662]

Wolff verwendet im Folgenden zwar den Begriff des Rechtsguts, grenzt hierbei jedoch andere Unrechtsformen gegenüber dem materiellen Kri-

---

[658] S. o. Teil 1 V. A. 2.

[659] *Köhler* [ZStW 114 (2002), S. 182 ff.] deutet in diesem Zusammenhang ein verkürztes Autonomie-Verständnis *Leschs* an.

[660] *Wolff*, S. 153.

[661] *Wolff*, S. 162 ff.

[662] *Wolff*, S. 153 f.: „Der Unterschied zu einer vom begründenden Einzelnen ausgehenden Lehre ist sehr groß. Nicht der begründende Wille, sondern der faktische entscheidet, und im theoretischen Ansatz fehlt das entscheidende Moment, welches das Recht davor schützte, jedweder 'Anteilnahme' des faktischen Willens 'an etwas' ausgeliefert zu sein. - Darin liegt natürlich nicht, dass von dieser Basis aus auch die tatsächliche Entwicklung eine schlechte Richtung nimmt. Die Tradition der Personen, die für das Recht verantwortlich sind, kann ihr intuitives Urteil niveauvoller ausstatten als das, wozu sie das öffentliche Rechtssystem einlädt. Außerdem sind die Wertbegriffe so weit, dass sich solche Bestimmungen in konkreten Fällen gut einfügen. Nur wird so kein Dauerzustand geschaffen, und in einer solchen Begründung kann das 'Recht' in Krisenzeiten nicht dazu beitragen, 'Recht' zu bleiben."

minalunrecht auf der Grundlage der Kriterien „Anerkennungsverhältnis“ und „Struktur des Vertrauens“ ab.[663]

Das materielle Kriminalunrecht sei gekennzeichnet durch die „Verletzung des rechtlich konstituierten Basisvertrauens“ und setze voraus, „dass ein Anderer oder der Staat in einer Art“ verletzt würden, „auf die er sich – in dem von der Rechtsordnung eingeräumten selbstorientierten Dasein – nicht aus eigener Kraft einstellen“ könne.[664]

Bei der materiellen Abgrenzung des Zivilunrechts vom Kriminalunrecht führt *Wolff* das Kriterium der sinnvollen Anforderung zum Selbstschutz im Rahmen des „normalen Vertrauens als gegenseitigem Friedensverhältnis“ ein.[665] Es komme darauf an, den Anderen nicht in demjenigen Vertrauen zu beeinträchtigen, „auf das er für die selbständige Daseinsbewältigung angewiesen“ sei.[666] Vor diesem Hintergrund sei es beispielsweise nicht zu vertreten, dass sich „der Einzelne auf die Möglichkeiten von Diebstählen schlechthin“ einrichte; demgegenüber könne sehr wohl verlangt werden, dass sich das Individuum „bei Verträgen selbst“ sichere.[667] Auf dieser Grundlage sei es sogar dann gerechtfertigt, den Diebstahl unter Strafe zu stellen und den Vertragsbruch nicht zu pönalisieren, wenn das Zivilunrecht gegenüber dem Delikt einen „erheblich höheren Schaden“ anrichte.[668]

Obwohl grundsätzlich ein qualitativer Maßstab bei der Bestimmung des materiell verbrecherischen Unrechts angelegt werde (die „Art der Verletzung“), seien – quantitativ – so genannte Bagatellen aus dem Bereich des materiellen Unrechts auszusondern. Dies beruhe wiederum auf Erwägungen zur qualitativen Seite des Verbrechens, denn ausnahmsweise (eben bei Bagatellen) wirke sich die fehlende Quantität auf die Qualität der Verletzung aus. Das qualitative Prinzip dürfe daher nicht weiter reichen „als die Voraussetzungen des notwendigen Vertrauens“.[669] Sinke die Verletzung am Maßstab der Quantität zu einer solchen Bedeutung herab, die den Anderen nicht mehr wirklich in seiner Selbstständigkeit tangiere, scheide die Verletzung aus dem Kriminalunrecht

---

[663] *Wolff*, S. 220.
[664] *Wolff*, S. 213.
[665] *Wolff*, S. 214.
[666] *Wolff*, S. 215.
[667] *Wolff*, S. 214.
[668] *Wolff*, S. 214.
[669] *Wolff*, S. 218.

aus.[670] Daher sei beispielsweise die im Zuge der allgemeinen Entkriminalisierung erfolgte Inkriminierung des so genannten Mundraubs „nicht zu rechtfertigen".[671]

Zur materiellen Abgrenzung des Strafrechts vom Ordnungswidrigkeitenrecht, bei dem es „nicht mehr um das Verhältnis des Einen zum Anderen" sondern „um das Verhältnis zur staatlich verbundenen Gemeinschaft" gehe,[672] bildet *Wolff* drei Gruppen:

> *Gruppe 1: Ordnungsvorschriften der Gefahrenabwehr (z. B. Fehlverhalten im Straßenverkehr ohne Gefährdung Anderer),*
>
> *Gruppe 2: Angriffe auf den Zusammenhang staatlicher Organisationen selbst (z. B. § 145d) und*
>
> *Gruppe 3: Hilfeleistungspflichten für Andere (z. B. § 323c).*[673]

Eine Gruppe-1-Ordnungswidrigkeit sei von einer Kriminaltat „fundamental verschieden".[674] Der Unterschied bestehe darin, dass bei diesen Ordnungswidrigkeiten das Individuum seine Selbständigkeit zurückstelle und somit auch keine Verletzung des Anerkennungsverhältnisses vorliege."[675]

---

[670] *Wolff*, S. 218.
[671] *Wolff*, S. 218.
[672] *Wolff*, S. 218.
[673] *Wolff*, S. 218 ff.
[674] *Wolff*, S. 219.
[675] *Wolff*, S. 219: „Sie ist möglicher Bestandteil des Daseins gerade des ordentlichen Bürgers und wird von ihm hingenommen, weil er bereit ist, seine konkurrierende Selbständigkeit ohne Rücksicht auf die materielle Richtigkeit des konkreten Falles in diesem Bereich zurückzustellen. Gegenstand ist deswegen keine Verletzung des Anerkennungsverhältnisses, und zwar weder eine Verletzung gegenüber dem Anderen noch gegenüber dem Gemeinwesen als Ganzem. Die häufig vorgetragenen Argumente, aber die Einhaltung der Regeln sei ungeheuer wichtig, wie man erkennen könne, wenn man sich ein Gemeinwesen vorstellt, in dem solche Regeln nicht eingehalten werden, weshalb gerade ein ordentlicher Staatsbürger es sich zur moralisch-praktischen Aufgabe machen müsse, sie zu befolgen, sind alle richtig, treffen aber das Problem nicht. Der Einzelne lebt in der Selbständigkeit über deren Begründungen. Diese qualifizieren seine Aufgaben und geben ihm in ihnen einen verschiedenen Part. Deswegen verletzt er das gemeinsame Dasein qualitativ anders, wenn er, ohne den Andren zu gefährden, bei Rot über die Straße geht, als wenn er einen Andren schlägt, erpreßt, beraubt, etc."

Bei Angriffen gegen den Zusammenhang staatlicher Organisationen selbst (Gruppe-2-Ordnungswidrigkeit) sei die Schwelle zum materiell verbrecherischen Verhalten überschritten, wenn sich der Staat unter normalen Umständen auf den Angriff nicht mehr einstellen könne.[676] Anhand dieses Maßstabs sei beispielsweise § 145d StGB nicht legitim;[677] auch § 129 StGB halte einer Überprüfung nicht stand.[678] Demgegenüber stellten der „Landfriedensbruch in seinem Kernbereich“[679] (§ 125 StGB) und § 129a StGB materielles Kriminalunrecht dar.[680]

Die Gruppe-3-Ordnungswidrigkeiten („Hilfeleistungspflicht für Andere“) seien dem Strafrecht zuzuordnen, weil es eine „Rechtspflicht“ sei, anderen Menschen Hilfe zu leisten. Das gelte „besonders gegenüber denjenigen, die durch Zufall, sei es ständig, sei es durch einen Unglücksfall, sich nicht helfen können“;[681] eine Überschreitung des mate-

---

[676] *Wolff*, S. 221: „Erst dann betrifft der Angriff des Einzelnen sein Grundverhältnis zum Staat, wenn er in diesem die Möglichkeit, diese Aufgabe wahrzunehmen, so vermindert, dass eine ordentliche, auf das Allgemeine ausgerichtete Staatsführung in ihren normalen Tätigkeiten sich darauf nicht oder nur als Krisenleistung einstellen kann.

[677] *Wolff*, S. 221: „Kein rationaler Grund ist zu finden, warum der Einzelne jeder anderen noch so wichtigen staatlichen Stelle straflos Arbeit bereiten kann, nicht aber der Polizei. Wenn § 145d nicht den Rest der überlieferten, emotionalen Zustimmung zur ‘Lügenstrafe‘ für sich hätte, würde er schon lange nicht mehr bestehen.“

[678] *Wolff*, S. 222: „Tun sich mehrere zu Straftaten zusammen, dann erhöht sich die in der Straftat liegende Verletzung. Das heißt aber noch nicht, dass dann die Fähigkeit des Staates, Straftaten zu verfolgen, selbst angegriffen wird und der Staat in der ihm bei der Konstitution des Gemeinwesens sinnvoll verbundenen Macht in Bedrängnis gerät. Ein solches Rechtsgut wird bei § 129 auch von dem Straftäter nicht erfaßt. Deswegen kann eine solche Auslegung des § 129 auch nicht mit dem Schuldgrundsatz übereinstimmen.“

[679] *Wolff*, S. 221.

[680] *Wolff*, S. 223 – zu § 129a StGB: „Durch geplante Angriffe auf die Schaltstellen und Schlüsselpersonen können sie eine in schwierigen Zeiten zu Krisen führende Herabsetzung der zur Erhaltung des Gemeinwesens erforderlichen Friedensbasis erreichen. Gelänge eine entsprechende Tatbestandsbildung, dann läge in dem Gründen und Unterhalten einer solchen Vereinigung eine für Kriminalunrecht ausreichende Verletzung des Anerkennungsverhältnisses des Gemeinwesens als Ganzem.“

[681] *Wolff*, S. 223.

riell strafbaren Bereiches zu rein ethischen Vorstellungen liege nicht vor.[682]

Abstrakte Gefährdungsdelikte seien indes aus dem Bereich des materiell strafbaren Verhaltens auszuschließen, denn diese beträfen nicht „die direkte Beziehung des Einen zum Anderen“ und klassifizierten „den Einzelnen [...] für die Begründung des Kriminalunrechts nicht als Selbstständigen“; es komme nicht auf das Urteil des Selbständigen über die Gefahr an, „sondern auf das eines Anderen“. Daher widersprächen abstrakte Gefährdungsdelikte auch dem Schuldgrundsatz, da „der Einzelne, der davon ausgeht, es werde kein Schaden entstehen“, keinen schuldhaften Angriff auf das Rechtsgut des Vermögens (von dem bei solcher Konstruktion die Beurteilung ausgehen muss) begehe. Aus diesem Grund seien „abstrakte Gefährdungsnormen grundsätzlich Ordnungsnormen“; sie könnten demnach auch „nur von ihnen aus eine Rechtfertigung erfahren“.[683] *Wolff* schränkt diese Überlegung aber für die *luxuria* (bewusste Fahrlässigkeit) ein.[684]

2. Würdigung

Wolffs Grundbegriffe „Anerkennungsverhältnis“ und „Struktur des Vertrauens“ sind nicht einfach zu handhaben; der Vertrauensgedanke ist per se fragwürdig.[685]

Im Kern steht die Frage nach dem erwartbaren Selbstschutz. An dieser Stelle greift auch bei *Wolff* der intuitiv-offene Sozialschädlichkeitsansatz durch. Die Beantwortung der Frage, welche „Gegenmaßnahmen“

---

[682] *Wolff*, S. 223: „Ein solcher Typ krimineller Tat ist zutreffend und paßt sich ganz in den vorgetragenen Zusammenhang ein. – Dies verletzt nicht die Unterscheidung zu dem Bereich der Ethik; denn es geht hier um Hilfe zu der Stellung, die Voraussetzung für die bürgerliche Existenz ist.“

[683] *Wolff*, S. 216.

[684] *Wolff*, S. 219: „Es gibt allerdings einen Bereich, in dem ein der Formulierung nach abstraktes Gefährdungsdelikt Kriminalunrecht sein kann. Das sind die Fälle, in denen der Täter darauf vertraut, dass der Erfolg nicht eintritt, er aber weiß, dass er ein Mittel einsetzt, das ihm der Art nach unbeherrschbar ist und Andere eine solche Gefahr nicht in Kauf nehmen würden. Die Tat ist eine auf seinen Willen zurückführbare Verletzung des gegenseitigen Vertrauensverhältnisses. Die Struktur dieses Verhältnisses hängt daran, dass der Einsatz des Mittels von herausragender Bedeutung ist und der Täter die Eigenart des Mittels kennt.“

[685] S. o. Teil 1 III. M. 2.

zumutbar erwartet werden können, ohne dass die „Struktur des Vertrauens" grundlegend verletzt wird, hängt wiederum von der erwarteten sozialschädlichen Auswirkung ab, die durch eine insofern gestellte Anforderung an alle Individuen entstehen würde.

Im Ergebnis ist der Unterschied zwischen dem intuitiv-offenen Sozialschädlichkeitsverständnis und der Ansicht *Wolffs* nur marginal: Entweder wird die unmittelbare Sozialschädlichkeit einer Handlung hervorgehoben, oder die unerwünschten sozialen Weiterungen für den Fall, dass von allen erwartet würde, sich darauf einzustellen.

E. Verletzung rechtlicher Selbständigkeit

1. Der Ansatz von *Köhler*

Michael Köhler erkennt im modernen, am Präventionsgedanken ausgerichteten Rechtsgüterschutzstrafrecht ebenfalls die „Gefahr der Verformung des Strafrechts zum totalen Ordnungsmittel";[686] er stellt diesem Ansatz sein Konzept einer stärkeren Orientierung am Freiheitsbegriff gegenüber, greift in diesem Zusammenhang die Formel *Hegels* von der Verletzung des Rechts als Recht auf,[687] und beschreibt im Wei-

---

[686] *Köhler*, AT, S. 33, bekennt sich zwar zum Sozialschädlichkeitsgedanken („grundlegende Beeinträchtigung der betroffenen Person oder Gemeinschaft"); sein diesbezügliches Verständnis ist aber von der gängigen Ansicht unterschieden, nach der Rechtsgüter „in abstrakter Allgemeinheit" existierten und „in dieser Abstraktheit verletzt werden" könnten. *Köhler* sieht auf der Grundlage der allgemeinen Lesart der Präventionslehre die Gefahr der Verformung des Strafrechts zum „totalen Ordnungsmittel": „[D]er `öffentliche Friede´ oder die `Sicherheit´ sind nicht unvermittelt Rechtsgüter; rechtsgutskonstitutiv können nur besondere Bedingungen äußerer Freiheit anderer sein. Diese werden beispielsweise nicht schon durch Meinungsäußerungen verletzt, die das Meinungs-`Klima´ etwa zu Gewalttaten beeinflussen, da jeder seine Freiheit zu urteilen und zu handeln behält. Soll also (Straf-)Unrecht begründet sein, so muss das jeweilige Handeln selbst schon personale oder interpersonale Freiheitsbedingungen beeinträchtigen; erst dadurch kann die allgemeine Sicherheit oder der allgemeine Frieden wesentlich verletzt werden. Dagegen öffnet jede Überhöhung von freiheitsgesetzlich unvermittelten 'Rechtsgütern' das Tor, alle möglichen moralischen Einstellungen als 'Verletzung', 'Unrecht', 'Verbrechen' zu behaupten. Die Kritik hieran verbindet sich also mit der Argumentation gegen eine in Moralität übergreifende Verbrechensauffassung."

[687] *Köhler*, AT, S. 22 ff.

teren die Unrechtsformen im Kriminal-, Zivilrecht sowie Ordnungswidrigkeitenrecht.

Unabhängig davon hebt er hervor, dass bestimmte – die äußere Freiheit anderer nicht verletzende – Verhaltensweisen grundsätzlich nicht als Unrecht qualifizierbar seien; hierzu zählten beispielsweise „Aussagen über theoretische Erkenntnis",[688] „ästhetische Anschauungen und Gestaltungen",[689] „der religiöse Glaube",[690] „'abweichende' Lebensformen (z. B. Bettelei, Landstreicherei, Prostitution)"[691] oder „pragmatische Handlungen im Selbstbezug" (z. B. Selbstschädigungen).[692]

Das Verbrechen definiert *Köhler* in materieller Hinsicht als „die subjektiv-objektive Verletzung des Rechts in seiner besonderen und allgemeingesetzlichen Geltung ('als Recht') in einem Maße, das die rechtliche Selbständigkeit der betroffenen Person oder Gemeinschaft grundlegend beeinträchtigt".[693] Eine Verletzung des Rechts als Recht könne nur vorliegen, wenn das „wechselseitige Basisvertrauen" in die Möglichkeit der eigenverantwortlichen Lebensgestaltung („selbständig-regulatives Dasein") grundsätzlich gestört sei;[694] in diesem Zusammenhang könnten überhaupt nur gravierende Rechtsverletzungen Grundlage von Straftaten sein.[695] Aus diesem Grund klammert *Köhler* bagatellhafte Rechts(güter)verletzungen aus dem Bereich des materiellen Kriminalunrechts aus; in diesen Fällen sei der Umfang des Unrechts regelmäßig derart gering, dass schon deswegen eine Beeinträchtigung des selbstän-

---

[688] *Köhler*, S. 28 – insofern steht *Köhler* § 130 III i. d. F. des Gesetzes vom 28.10.1994 (BGBl I, 3186) skeptisch gegenüber, vgl. a. a. O. S. 29 (Fn 81).
[689] *Köhler*, AT, S. 28.
[690] *Köhler*, AT, S. 28.
[691] *Köhler*, AT, S. 29.
[692] *Köhler*, AT, S. 29.
[693] *Köhler*, AT, S. 22.
[694] *Köhler*, AT, S. 30: „Eine objektive Verletzung des Rechts „als Recht" setzt dem Maß nach voraus, dass das wechselseitige Basisvertrauen, die Fähigkeit zu selbständig-regulativem Dasein der Freiheit, substantiell betroffen ist. [...] Bloß partikuläre, vorübergehende Beeinträchtigungen fremder Rechte, auf die man sich selbständig einzurichten vermag, und solche minimaler Quantität (absolute Bagatellen) können zwar Unrecht aber nicht Verbrechen sein."
[695] *Köhler*, AT, S. 22: „Schon nach dem Vorverständnis kann nicht jedes schlichte Zivilunrecht (z. B. ein Zahlungsversäumnis) oder Ordnungsunrecht (z. B. ein Verstoß gegen Verkehrsregeln) strafbar sein. Vielmehr setzt dies Taten voraus, die – wie Mord, Diebstahl, Meineid usf. – in einer fundamentalen Weise das Recht verletzen."

dig-regulativen Daseins nicht vorliege.[696] Auch unbewusst fahrlässiges Verhalten sei dem materiellen Kriminalunrecht entzogen, da dem Täter insofern kein Schuldvorwurf zu machen sei;[697] zudem würde gleichsam die in der Natur jedes Menschen liegende Fehlleistung bestraft, die „auf der Endlichkeit menschlicher Leistungsfähigkeit" beruhe.[698]

Hinsichtlich der Ordnungswidrigkeiten geht *Köhler* von ihrer materiell eigenständigen Bedeutung im Unterschied zu Straftaten aus;[699] die heutige Differenzierung von der Rechtsfolge her sei „zirkulär".[700] Vor diesem Hintergrund versteht *Köhler* Ordnungswidrigkeiten als Verhal-

---

[696] *Köhler*, AT, S. 35 (mit weit. Nachw.): „Ein Unrechtsverhalten erfüllt den Begriff des Verbrechens nicht, wenn es dem Maß nach so minimal ist, dass es die konkrete rechtliche Selbständigkeit praktisch nicht tangiert." Als Beispiele führt *Köhler* den „Bagatelldiebstahl, insbesondere aus unmittelbarem Bedürfnis" sowie „die unbefugte Nutzung öffentlicher Räume und Verkehrsmittel" an. Hier reichten „zivil- und ordnungsrechtliche Selbstschutzmöglichkeiten" aus, schon deshalb, weil die Betroffenen „regelmäßig organisationsmächtiger" seien („Kaufhaus, Behörde, Verkehrsbetrieb").

[697] *Köhler*, AT, S. 121: „Da es dem Täter schon überhaupt an der Einsicht in das objektive Verletzungshandeln fehlt, kann er nicht aufgrund von Unrechtseinsicht verschuldet einen Unrechtswillen fassen. Das muß gegen vorherrschende Auffassungen noch durchgesetzt werden."

[698] *Köhler*, AT, S. 178 ff.: „[D]ie noch vorherrschende Meinung [ist] zu kritisieren, die grundsätzlich auch die unbewußte Fahrlässigkeit für strafbar hält. Danach soll es ausreichen, dass der Täter eine objektive Sorgfaltsnorm verfehlt hat und `an sich´, nach einem hypothetischen Urteil aufgrund seiner sonstigen Fähigkeiten, auch subjektiv in der Lage gewesen wäre, die darin geforderte Aufmerksamkeitsleistung einzuhalten. In dieser Auffassung verbindet sich ein unzureichender Begriff von Strafunrecht, der schon jedes abstrakte Gefahrverhalten genügen läßt, mit einem sachlich grundlosen und systematisch widersprüchlichen Ausschluß des Erfordernisses subjektiver Zurechnung." [...] Bestraft werden also auch Fehlleistungen, welche auf der Endlichkeit menschlicher Leistungsfähigkeit beruhen und damit im Grunde ungeschiedener Teil der je typischen Systemgefahren sind – von bewußter Rücksichtslosigkeit gegenüber eingesehenen Gefahrvermeidenormen begrifflich und im Phänomen klar unterschieden. Dies für strafbar zu halten, ist schon dem Vorverständnis [nach] höchst fragwürdig: `Selbst der Gewissenhafteste macht Fehler´."

[699] *Köhler*, AT, S. 34: „Die sachhaltige Abgrenzung der Straftat von der Ordnungswidrigkeit verhält sich kritisch zu der verbreiteten Meinung, hier liege ein bloß `quantitativer´ Unterschied vor. Diese Auffassung widerspricht sich selbst, sofern sie einen `Kernbereich´ des Strafrechts dennoch behauptet; sie beläßt es bei einer relativen Beliebigkeit in der materiellen Straftatbestimmung und bleibt daher unkritisch gegen eine illegitime Strafrechtsausdehnung auf das Feld der bloßen Ordnungswidrigkeiten."

[700] *Köhler*, AT, S. 35.

tensweisen, die nur „mittelbaren Bezug auf freiheitliche Rechtsgüter“ hätten[701]. Daher sei der Ordnungsverstoß zwar eine Beeinträchtigung einer „abstrakte[n] Funktionsbedingung des jeweiligen Gesamtsystems“, verletze aber „nicht substantiell das darin gefasste Freiheitsinteresse“.[702] „Indiz“ für Ordnungsunrecht sei „der relativ zweckbezogene, technische Charakter einer Regel“.[703] Als Beispiele für typisches Ordnungsunrecht nennt *Köhler* die Verletzungen von Wettbewerbsregeln oder Verkehrsvorschriften. In diesem Zusammenhang könnten Ordnungswidrigkeiten aber in den Fällen, in denen sie einen bestimmten Schweregrad überschritten, zu materiellem Kriminalunrecht werden.[704]

Den Grenzbereich zwischen Straftat und Ordnungswidrigkeit verortet *Köhler* bei den abstrakten Gefährdungen; der Übergang wird als fließend beschrieben. Entscheidend sei, ob der Täter oder Andere noch „selbstbestimmt-gefahrenhindernd“ handeln könnten (dann: Ordnungswidrigkeit[705]) oder nicht (dann: materielles Kriminalunrecht[706]); als Beispiele für abstrakte Gefährdungen, bei denen der Eintritt der Gefahr nicht mehr vom selbstbestimmten Verhalten einer Person abhänge, nennt *Köhler* u. a. die Freisetzung von Naturgewalten, etwa bei der Brandstiftung.[707]

---

[701] *Köhler*, AT, S. 34.
[702] *Köhler*, AT, S. 33 f.
[703] *Köhler*, AT, S. 34.
[704] *Köhler*, AT, S. 34: „Zur Straftat formt sich der Ordnungsverstoß um, wenn er, mit subjektiver Unrechtsmaxime begangen, objektiv das Maß einer (schweren) abstrakten Gutsgefährdung eines besonderen Rechtsgutes annimmt (z. B. durch eine Trunkenheitsfahrt) oder das im jeweiligen Handlungssystem zu wahrende allgemeine Freiheitsinteresse nicht bloß vereinzelt, sondern in seiner Grundlage beeinträchtigt (z. B. eine verbotene Kartellabsprache in einem Oligopol, durch die der Wettbewerb überhaupt beseitigt werden soll).“
[705] *Köhler*, AT, S. 32: Abstrakte Gefährdungen seien als Ordnungsunrecht einzustufen, wenn die Gefahr „regelmäßig noch vom selbstbestimmten Verhalten, sei es des Täters, sei es eines anderen abhängt“.
[706] *Köhler*, AT, S. 32: Abstrakte Gefährdungen seien materielles Kriminalunrecht, wenn in ihnen „Bedingungen von einer Art gesetzt werden, durch die das Umschlagen in eine erhebliche konkrete Gefahr oder Verletzung typischerweise eröffnet wird, - und zwar auf eine Weise, dass auch selbstbestimmt-gefahrenhinderndes Handeln des Täters oder anderer ausgeschlossen ist oder nur noch zufällig erscheint“.
[707] *Köhler*, AT, S. 32 (mit weit. Nachw. [→ „Großrisiken“]): „Näher konkretisiert, kommt daher zunächst in Betracht die mangelhafte Kontrolle von Naturgefahren, die, einmal freigesetzt, kaum mehr beherrschbar sind – von der Brandstiftung bis zu bestimmten Umweltgefahrentatbeständen. Ähnlich liegt es, wenn die sub-

Eine gesonderte Definition des Zivilunrechts erfolgt bei *Köhler* nicht; es sei aber dadurch gekennzeichnet, dass (wie bei der Ordnungswidrigkeit) die Möglichkeit der eigenverantwortlichen Lebensgestaltung – „die Fähigkeit zu selbständig-regulativem Dasein der Freiheit“ – nicht grundlegend beeinträchtigt sei,[708] wie beispielsweise beim „Zahlungsversäumnis“.[709]

2. Würdigung

Das Eigenverantwortungsprinzip als Grenzkriterium wird bei *Köhler* noch deutlicher als bei *Herzog* und *Wolff* in den Mittelpunkt gerückt, wobei dem Aspekt der (äußeren) Freiheit des Einzelnen wiederum eine zentrale Rolle bei der Beantwortung der Frage zugeschrieben wird, wann die Autonomie des Individuums in strafwürdiger Weise gestört ist.

Diese – auch mit Art. 1 Abs. 1 GG in Einklang zu bringende – Positionierung erscheint zunächst als prinzipiell geeignetes Konzept, um der Weite eines auf dem Rechtsgüterschutz aufgebauten Strafrechts Grenzen zu ziehen.

Zu folgen ist ihm in diesem Zusammenhang ebenfalls hinsichtlich seiner Beschreibung des prinzipiell rechtsfreien Bereiches bei Nicht-Freiheitsbeeinträchtigungen Anderer, der eben auch eine Pönalisierung von einfachen Gefühlsbeeinträchtigungen oder bloßen Aussagen theoretischer oder religiöser Erkenntnis ohne Angriffscharakter sowie Selbstschädigungen ausschließt. Das Bekenntnis *Köhlers* zur Trennung von Recht und Moral ist eindeutig und ebenfalls zu begrüßen.

Schließlich ist sein Gedankengang zur Aussonderung der *neglentia* aus dem Bereich des materiell verbrecherischen Verhaltens plausibel begründet.

---

jektive Selbstkontrolle unter systemischen Interaktionsbedingungen außer Kraft gesetzt wird, wo nur eine allseits regelorientierte Handlungsfähigkeit konkrete Gefahren zu begrenzen vermag, z. B. eine Trunkenheitsfahrt bei heute normaler Verkehrsdichte. Eine Zwischenform bildet schließlich die Abgabe potenziell schwer verletzungsgefährlicher Mittel an gefährliche oder gefährdete Personen, z. B. die Abgabe von Suchtdrogen an Jugendliche.“

[708] *Köhler*, AT, S. 30.

[709] *Köhler*, AT, S. 22.

Köhlers Konzept weist an anderen Punkten Schwächen auf. Zum einen betrifft dies die Beschreibung des materiell verbrecherischen Verhaltens bezogen auf die überindividuelle Ebene. Hier spricht *Köhler* von der „rechtlichen Selbständigkeit der Gemeinschaft“.[710] Mit diesem Gedanken ist eine Tür zur intuitiv-offenen Sozialschädlichkeitsargumentation geöffnet, womit der limitierende individuumsbezogene Nutzen seines Ansatzes relativiert wird. So muss sich *Köhler* auch bei der Abgrenzung von materiell verbrecherischem Verhalten und Ordnungswidrigkeiten auf Indizien und den intuitiv-offenen Gedanken zur Schwere des Unrechts zurückziehen. Zum anderen erscheint die Schlussfolgerung unplausibel, wonach durch den Zahlungsverzug die Möglichkeit zum „selbstständig-regulativen“ Dasein der Freiheit nicht grundsätzlich beeinträchtigt sei; denn durch den vorsätzlichen Schuldnerverzug wird der Gläubiger ebenso wie beim Diebstahl in seiner Selbstständigkeit angegriffen und verletzt.

Schließlich bleibt vor allem die Frage unbeantwortet, was genau der Inhalt des Begriffs Recht sein soll, das nach der materiellen Verbrechensdefinition „als Recht“ verletzt werden muss. Dieses Grundproblem *Hegels* setzt sich auch bei *Köhler* fort.

F. Zusammenfassung

Hegel selbst ist an einer materiellen Begrenzung des Strafgesetzgebers vom Standpunkt seiner Rechtsphilosophie aus gar nicht interessiert. Dementsprechend konserviert seine Negationsformel als unkritische (logische) Hülle lediglich das Bestehende, also das jeweils geltende Recht.

Nach einer ersten Zeit der Rezeption im 19. Jahrhundert[711] greifen in jüngerer Zeit *Herzog, Lesch, Wolff* und *Köhler* u. a. *Hegels* Negationslehre wieder auf oder machen zumindest auch Anleihen bei ihr. Die Ansätze sind aber erkennbar von dem Bemühen getragen, materielle Begrenzungslinien für den Strafgesetzgeber zu entwickeln.

Das Grundproblem bei *Hegel* - die unkritische Annahme des geltenden Rechts als Richtig (Gleichsetzung von Sein und Sollen) – setzt sich je-

---

[710] *Köhler*, AT, S. 22.

[711] Vgl. hierzu die Dissertation von *Ramb*, Strafbegründung in den Systemen der Hegelianer, Berlin 2005.

doch bei den moderneren hegelianisch inspirierten Konzepten fort. Auch soweit der Begriff „Recht“ durch moderne soziologische Semantik ersetzt wird, ist das Dilemma nicht gelöst; vielmehr drängen sich neue Fragen auf.

Ob es je gelingen kann, *Hegel* „systemkritisch“ zu reformulieren, ist zu bezweifeln; sowohl sein Bild vom Verhältnis Staat – Individuum, als auch die partielle Aufhebung von Recht und Moral und das formalreduzierte Verständnis des Begriffs „Recht“ sind denkbar schlechte Ausgangsbedingungen. Dagegen steht allerdings eine sprachlich ausgesprochen gefällige Formel. Es ist daher zu vermuten, dass auch künftig auf *Hegels* Wort von der „Negation des Rechts“ zurückgegriffen werden wird.[712]

---

[712] Vgl. z. B. *Sánchez*, Festschrift für *Jakobs*, S. 75 (89): „Das soziale, so wie wir es verstehen, existiert dank eines normativen Hintergrunds, der für selbstverständlich gehalten wird. Das Verbrechen negiert diese Evidenz, und die Strafe hat dieses strukturelle Element des täglichen Lebens wieder herzustellen.“ Strafe habe „symbolisch auf die Verletzung der Rechtlichkeit zu reagieren.“ (a. a. O., S. 90); auch *Gierhake* ZStW 120 (2008), S. 375 (389), orientiert sich jüngst bei der Definition eines „allgemeinen Verbrechensbegriffs“ als Grundlage für einen zu findenden „Völkerverbrechensbegriff“ an der *hegelschen* Negationslehre.

VI. Verfassungsrechtliche Ansätze

A. Art. 26 Abs. 1 Satz 2 GG als Sonderregelung

Nach Art. 26 Abs. 1 Satz 2 GG sind Handlungen unter Strafe zu stellen, die geeignet sind und in der Absicht vorgenommen werden, das „friedliche Zusammenleben der Völker zu stören, insbesondere das Führen eines Angriffskrieges vorzubereiten"; die Vorschrift stellt damit die „Konkretisierung des Friedensgebots des Grundgesetzes" dar.[713] Art. 26 Abs. 1 Satz 2 GG ist die einzige Regelung dieser Art innerhalb der nationalen Rechtsordnung.[714] Die Vorschrift formuliert eine Pönalisierungspflicht; der Gesetzgeber hat Art. 26 Abs. 1 Satz 2 GG in § 80 und § 80a StGB umgesetzt[715] – allerdings erst 1969 und damit 20 Jahre nach Inkrafttreten des Grundgesetzes, was als Hinweis auf den überwiegend bloß symbolischen Gehalt der Regelung verstanden wird.[716] In den §§ 80 und 80a StGB werden die „Vorbereitung" eines Angriffskrieges und das „Aufstacheln" zum Angriffskrieg unter Strafe gestellt. Unabhängig davon, dass eine genaue Begriffsbestimmung des Angriffskrieges „bis heute weder im völkerrechtlichen noch im strafrechtlichen Schrifttum gelungen" ist,[717] ist bereits der Regelungsgehalt von Art. 26 Abs. 1 GG so speziell, dass auf dieser Grundlage für die Formulierung eines generellen materiellen Verbrechensbegriffs keine systematischen Folgerungen zu ziehen sind.

B. Die Position des Bundesverfassungsgerichts

1. Eckpunkte: Unrechtsabstufungen, Verhältnismäßigkeitsprinzip, Beurteilungsspielraum und judicial self restraint

Das Bundesverfassungsgericht hat sich im Rahmen von Grundrechtsprüfungen inhaltlich mehrfach mit der verfassungsrechtlichen Kontrolle

---

[713] *Jarass/Pieroth*, Art. 26 Rn 1.
[714] Zum transnationalen Strafrecht vgl. unten Teil 2 III. C. 8.
[715] *Lackner/Kühl*, § 80 Rn 1: § 80 StGB als „Ausführungsgesetz zu Art. 26 Abs. 1 GG".
[716] Hierzu *Clemens*, S. 138 ff.
[717] *Clemens*, S. 143.

von Strafnormen in materieller Hinsicht auseinandergesetzt.[718] Die Erörterung der dem materiellen Verbrechensbegriff zugrunde liegenden Frage nach der Grenze des Strafrechts erfolgt im Zusammenhang mit der Überprüfung der Strafnorm am Maßstab des Verhältnismäßigkeitsprinzips und hier im Kern bei der Erörterung eines Verstoßes gegen das Übermaßverbot.

Bedeutung hat in diesem Zusammenhang, ob dem Gesetzgeber hinsichtlich des „Einsatzes“ von Strafrecht oder Ordnungswidrigkeitenrecht Vorgaben zu machen sind; das Gericht nähert sich dieser Auseinandersetzung „an der Demarkationslinie um ein liberales Strafrecht“[719] durch eine (faktische) Aufteilung des Unrechts in die drei Bereiche schwer, mittelschwer und leicht.

Das schwere Unrecht – der sog. „Kernbereich des Strafrechts“, der „alle bedeutsamen Unrechtstatbestände“ erfasse[720] – lasse sich „an Hand der grundgesetzlichen Wertordnung mit hinreichender Bestimmtheit ermitteln“.[721]

Demgegenüber soll bloßer Ungehorsam eine staatliche Reaktion mit Strafe nicht legitimieren.[722] Damit sind die beiden äußeren Eckpunkte der vom Bundesverfassungsgericht zugrunde gelegten Skala umschrieben.

---

[718] Z. B. BVerfGE 80, 244 (256); 80, 182 (185 f.); 73, 206 (248); 50, 205 (213); 45, 272 (289); 27, 18 (29); 22, 49 (81); 22, 125 (133); 23, 113 (126); 13, 367 (372 f); BVerfG NStZ 1985, 173; BVerfG NZA 191, 948; Nachweise auch bei *Paulduro*, S. 121 ff., 177 ff., 195 ff.

[719] *Lagodny*, Strafrecht vor den Schranken, S. 417.

[720] BVerfGE 27, 19 (28).

[721] BVerfGE 27, 18 (29): „Mit der gleichen Bestimmtheit lässt sich sagen, dass gewisse, minder gewichtige, überkommene strafrechtliche Tatbestände aus diesem Kernbereich herausfallen.“

[722] Dies wird in BVerfGE 80, 244 (255 f.) zumindest angedeutet: „Da von einer Vereinigung, die nach Einschätzung oberster Bundes- oder Landesbehörden die Voraussetzungen des Art. 9 Abs. 2 GG erfüllt, Gefahren ausgehen können, die ein besonderes öffentliches Interesse an der alsbaldigen Unterbindung solcher Bestrebungen begründen, kann die Entscheidung des Gesetzgebers, schon das vollziehbare Vereinsverbot strafbewehrt auszugestalten, von Verfassungs wegen nicht beanstandet werden. Der Unwert der Tathandlung des § 20 Abs. 1 Nr. 1 VereinsG erschöpft sich auch nicht in bloßem Ungehorsam. Es handelt sich vielmehr um eine Betätigung, die wichtige Anliegen der Allgemeinheit gefährdet.“

Was die Klärung des Raumes zwischen diesen „Eckpunkten" angeht, so wird dem Gesetzgeber vom Bundesverfassungsgericht schon vom Ansatz her ein großer Beurteilungsspielraum belassen; *Lagodny* spricht insofern vom „Mittelbereich mit grundsätzlicher Wahlfreiheit".[723] Dieser „große interpretatorische Spielraum" bei der Anwendung von grundgesetzlichen Normen führt mit Blick auf den Gewaltenteilungsgrundsatz zur deutlich zurückhaltenden Positionierung des Bundesverfassungsgerichts.[724] Das Gericht hat sich in diesem Zusammenhang selbst einen ausgesprochen beschränkenden „judicial self restraint"[725] auferlegt.[726]

Konkret wird das legislative Handeln in dem großen „Mittelbereich" am Maßstab einer Gesamtbetrachtung beurteilt, die das Maß der Sozialschädlichkeit der Verletzungshandlung berücksichtigen soll.[727] Eine Straftat im materiellen Sinne sei zudem durch „sozialethischen Unwert" gekennzeichnet.[728] Demgegenüber gehe es bei der Ordnungswidrigkeit „der Idee nach"[729] nicht um den „Vorwurf einer Auflehnung gegen die Rechtsordnung"[730]; es handele sich lediglich um „bloßen Ungehorsam gegen 'technisches', zeit- und verhältnisbedingtes Ordnungsrecht der staatlichen Verwaltung".[731] Daher sei auch an das ordnungswidrige Verhalten, im Gegensatz zum strafbaren Verhalten, kein Schuldvorwurf geknüpft, der „die Sphäre des Ethischen" erreiche.[732] Die Reaktion auf

---

[723] *Lagodny*, Strafrecht vor den Schranken, S. 420.
[724] *Jarass/Pieroth*, Art. 93 Rn 3.
[725] BVerfGE 36, 1 (14); 59, 360 (377).
[726] Krit. *Jarass/Pieroth*, Art. 93 Rn 3: „Die vom BVerfG verschiedentlich proklamierte Selbstbeschränkung ist teils nichts sagend, teils verfehlt: Ein Gericht entscheidet auf Antrag nach der Rechtslage und hat dabei seine Kompetenzen sowohl wahrzunehmen als auch einzuhalten."
[727] *BVerfGE* 39, S. 1 (45): „Notwendig ist eine Gesamtbetrachtung, die einerseits den Wert des verletzten Rechtsgutes und das Maß der Sozialschädlichkeit der Verletzungshandlung - auch im Vergleich mit anderen unter Strafe gestellten und sozialethisch etwa gleich bewerteten Handlungen - in den Blick nimmt, andererseits die traditionellen rechtlichen Regelungen dieses Lebensbereiches ebenso wie die Entwicklung der Vorstellungen über die Rolle des Strafrechts in der modernen Gesellschaft berücksichtigt und schließlich die praktische Wirksamkeit von Strafdrohungen und die Möglichkeit ihres Ersatzes durch andere rechtliche Sanktionen nicht außer acht läßt."
[728] Vgl. nur *BVerfGE* 90, 145 (200), mit weit. Nachw.
[729] *BVerfGE* 9, 167 (171).
[730] *BVerfGE* 27, 19 (33).
[731] *BVerfGE* 27, 19 (33).
[732] *BVerfGE* 9, 167 (171).

Ordnungsunrecht könne daher nur eine „nachdrückliche Pflichtenmahnung“ sein.[733]

2. Der ältere Prüfungsmaßstab: BVerfGE 80,182

In einer Entscheidung aus dem Jahr 1989 wird ausdrücklich hervorgehoben, dass eine Strafnormüberprüfung nicht am „engen Verhältnismäßigkeitsgrundsatz“ ausgerichtet werde:[734]

„Das Bundesverfassungsgericht ist in ständiger Rechtsprechung davon ausgegangen, dass es einen Grenzbereich zwischen kriminellem Unrecht und Ordnungsunrecht gebe, dass in diesem Bereich zwischen den genannten Erscheinungsformen des Unrechts nur graduelle Unterschiede bestünden und dass es demgemäß Sache des Gesetzgebers sei, hier die genaue Grenzlinie – gegebenenfalls unter Berücksichtigung der jeweiligen historischen Situation – im einzelnen festzulegen. Ob der Gesetzgeber dabei die zweckmäßigste, vernünftigste oder gerechteste Lösung gefunden habe, könne das Bundesverfassungsgericht nicht überprüfen; es habe lediglich darüber zu wachen, dass die Entscheidung des Gesetzgebers im Einklang mit der verfassungsmäßigen Wertordnung stehe und auch den ungeschriebenen Verfassungsgrundsätzen und Grundentscheidungen des Grundgesetzes entspreche. Die Prüfung, ob eine strafrechtliche Bewehrung verfassungsgemäß ist, hat sich also nach dieser Rechtsprechung nicht an einem engen Verhältnismäßigkeitsgrundsatz auszurichten; vielmehr ist dem Gesetzgeber insoweit ein nicht unerheblicher Spielraum eigenverantwortlicher Bewertung einzuräumen.“[735]

3. Der neuere Prüfungsmaßstab: BVerfGE 90, 145

Seit der im Jahr 2004 bestätigten[736] sog. Cannabis-Entscheidung aus dem Jahr 1994[737] wird der Prüfungsmaßstab zur Strafbewehrung einer Verhaltensnorm sprachlich etwas strenger und ausführlicher formuliert. Schuldprinzip und Ultima-Ratio-Grundsatz erhalten eine sprachliche

---

[733] Vgl. *BVerfGE* 27, 18 (33).
[734] BVerfGE 80, 182 (185 f.).
[735] BVerfGE 80, 182 (185 f.) mit weit. Nachw.
[736] BVerfG NJW 2004, 3620 ff. (insb. S. 3622).
[737] BVerfGE 90, 145 ff.

Akzentuierung; diese Lesart des materiellen Prüfungsmaßstabes für Strafnormen gilt bis heute:[738]

„In materieller Hinsicht bietet – vorbehaltlich besonderer verfassungsrechtlicher Gewährleistungen – der Grundsatz der Verhältnismäßigkeit den allgemeinen verfassungsrechtlichen Maßstab, nach dem die Handlungsfreiheit eingeschränkt werden darf. Diesem Grundsatz kommt gesteigerte Bedeutung für die Prüfung einer Strafvorschrift zu, die als schärfste dem Staat zur Verfügung stehende Sanktion ein sozialethisches Unwerturteil über ein bestimmtes Handeln des Bürgers ausspricht. Wird Freiheitsstrafe angedroht, so ermöglicht dies einen Eingriff in das durch Art 2 Abs. 2 Satz 2 GG geschützte Grundrecht der Freiheit der Person. (...) Unbeschadet dessen, dass solche Eingriffe unter bestimmten Voraussetzungen auch in Betracht kommen mögen, wenn sie den Betroffenen daran hindern sollen, sich selbst einen größeren persönlichen Schaden zuzufügen, sind sie im allgemeinen nur zulässig, wenn der Schutz anderer oder der Allgemeinheit dies unter Berücksichtigung des Verhältnismäßigkeitsgrundsatzes fordert. Nach diesem Grundsatz muss ein grundrechtseinschränkendes Gesetz geeignet und erforderlich sein, um den erstrebten Zweck zu erreichen. Ein Gesetz ist geeignet, wenn mit seiner Hilfe der erstrebte Erfolg gefördert werden kann; es ist erforderlich, wenn der Gesetzgeber nicht ein anderes, gleich wirksames, aber das Grundrecht nicht oder weniger stark einschränkendes Mittel hätte wählen können. (...) Ferner muss bei der Gesamtabwägung zwischen der Schwere des Eingriffs und dem Gewicht sowie der Dringlichkeit der ihn rechtfertigenden Gründe die Grenze der Zumutbarkeit für die Adressaten des Verbots gewahrt sein. Die Maßnahme darf sie mithin nicht übermäßig belasten (Übermaßverbot oder Verhältnismäßigkeit im engeren Sinne). Im Bereich des staatlichen Strafens folgt aus dem Schuldprinzip, das seine Grundlage in Art. 1 Abs. 1 Satz 1 GG findet, und aus dem Grundsatz der Verhältnismäßigkeit, der aus dem Rechtsstaatsprinzip und den Freiheitsrechten abzuleiten ist, dass die Schwere einer Straftat und das Verschulden des Täters zu der Strafe in einem gerechten Verhältnis stehen müssen. Eine Strafandrohung darf nach Art und Maß dem unter Strafe stehenden Verhal-

---

[738] So liegt ein der Cannabis-Entscheidung in der Sache weitgehend gleicher (wenngleich sprachlich etwas gekürzter) und gegenüber der 1989er-Entscheidung strengerer Prüfungsmaßstab, der Entscheidung des Bundesverfassungsgerichts aus dem Jahr 2004 über die Strafbarkeit von Strafverteidigern wegen Geldwäsche durch die Annahme von Honoraren zugrunde (vgl. BVerfGE 110, S. 226, 262).

ten nicht schlechthin unangemessen sein. Tatbestand und Rechtsfolge müssen sachgerecht aufeinander abgestimmt sein.“[739]

Trotz dieser sprachlich strengeren Variante des Prüfungsmaßstabes („gesteigerte Bedeutung“) wird auch in der Cannabis-Entscheidung bei der Prüfung des Verhältnismäßigkeitsgrundsatzes der weite Beurteilungs- und Gestaltungsspielraum des Gesetzgebers hervorgehoben:

„Bei der Beurteilung der Eignung und Erforderlichkeit des gewählten Mittels zur Erreichung der erstrebten Ziele sowie bei der in diesem Zusammenhang vorzunehmenden Einschätzung und Prognose der dem Einzelnen oder der Allgemeinheit drohenden Gefahren steht dem Gesetzgeber ein Beurteilungsspielraum zu, welcher vom Bundesverfassungsgericht je nach der Eigenart des in Rede stehenden Sachbereichs, den Möglichkeiten, sich ein hinreichend sicheres Urteil zu bilden, und der auf dem Spiel stehenden Rechtsgüter nur in begrenztem Umfang überprüft werden kann. (...) Es ist grundsätzlich Sache des Gesetzgebers, den Bereich strafbaren Handelns unter Berücksichtigung der jeweiligen Lage im Einzelnen verbindlich festzulegen. Das Bundesverfassungsgericht kann dessen Entscheidung nicht darauf überprüfen, ob er die zweckmäßigste, vernünftigste oder gerechteste Lösung gefunden hat; es hat lediglich darüber zu wachen, dass die Strafvorschrift materiell im Einklang mit den Bestimmungen der Verfassung steht und den ungeschriebenen Verfassungsgrundsätzen sowie Grundentscheidungen des Grundgesetzes entspricht.“[740]

Erst dann, wenn das Bundesverfassungsgericht die Überschreitung „äußerster Grenzen“ beanstanden könne und für die vom Gesetzgeber vorgenommenen Differenzierungen „sachlich einleuchtende Gründe schlechterdings nicht mehr erkennbar“ seien, ist nach diesem Ansatz der weite gesetzgeberische Gestaltungsspielraum überschritten.[741]

---

[739] BVerfGE 90, 145 (172 f.) mit weit. Nachw.
[740] BVerfGE 90, 145 (173) mit weit. Nachw.
[741] Vgl. BVerfGE 90, 145 (195 f, 198) und jüngst BVerfGE 120, S. 224 (250).

4. Beispiele materieller Überprüfungen von Strafnormen

a. Abstrakte Gefährdungsdelikte: BVerfGE 28, 175

Seit längerem stehen abstrakte Gefährdungsdelikte im Fokus der kritischen Diskussion.[742] In einer Entscheidung aus dem Jahr 1970 wurde aber im Zusammenhang mit der Auslegung der strafrechtlichen Tatbestände zum Schutz von Staatsgeheimnissen (heute §§ 98, 99 StGB) vom Bundesverfassungsgericht die grundsätzliche Zulässigkeit abstrakter Gefährdungsdelikte hervorgehoben; es könne keine Rede davon sein, „dass derartige Strafvorschriften, weil sie sich nicht gegen die konkrete Gefährdung eines Rechtsguts“ richteten, „schlechthin verfassungswidrig“ seien.[743] An dieser Feststellung hat sich aus Sicht des Gerichts bis heute nichts Grundlegendes geändert, wiewohl es durch den Zusatz „schlechthin“ zumindest deutlich gemacht hat, dass die materielle Legitimation abstrakter Gefährdungsdelikte gegenüber Verletzungs- oder konkreten Gefährdungsdelikten eher auf dem Prüfstand stehen kann.

b. Verfassungswidrigkeit von § 218a StGB: BVerfGE 39, 1

Mitte der 1970er-Jahre wollte der Gesetzgeber im Zuge der Reform des Besonderen Teils des StGB mit dem 5. StrRG[744] die Strafbarkeit der Abtreibung durch die Einführung einer Fristenlösung neu regeln; § 218a StGB sah die generelle Entkriminalisierung der Abtreibung innerhalb der ersten zwölf Schwangerschaftswochen vor. Das Bundesverfassungsgericht hat jedoch 1975 in seinem sog. ersten Abtreibungsurteil diese Form der Entkriminalisierung des Schwangerschaftsabbruchs für verfassungswidrig erklärt,[745] so dass die Vorschrift nicht in Kraft treten

---

[742] Vgl. z. B. *Wolff*, S. 216.
[743] BVerfGE 28, 175 (188).
[744] Gesetz vom 18.06.1974, BGBl 1974 I, S. 1297.
[745] BVerfGE 39,1, *Leitsatz 4*: „Der Gesetzgeber kann die grundgesetzlich gebotene rechtliche Missbilligung des Schwangerschaftsabbruchs auch auf andere Weise zum Ausdruck bringen als mit dem Mittel der Strafdrohung. Entscheidend ist, ob die Gesamtheit der dem Schutz des ungeborenen Lebens dienenden Maßnahmen einen der Bedeutung des zu sichernden Rechtsgutes entsprechenden tatsächlichen Schutz gewährleistet. Im äußersten Falle, wenn der von der Verfassung gebotene Schutz auf keine andere Weise erreicht werden kann, ist der Gesetzgeber verpflichtet, zur Sicherung des sich entwickelnden Lebens das Mittel des Strafrechts einzusetzen.“ *Leitsatz 6*: „Das 5. StrRG vom 08.06.1974 (BGBl I 1974,

konnte und durch das 15. StÄG[746] entsprechend zu Gunsten einer Indikationenlösung geändert werden musste. Das Gericht sah in der Entkriminalisierung einen Verstoß gegen die – parallel zum Rang des Rechtsgutes „innerhalb Wertordnung des Grundgesetzes" steigende – „Schutzpflicht des Staates" gegenüber unzulässigen Rechtsgutseingriffen; das menschliche Leben als „Höchstwert" innerhalb der grundgesetzlichen Ordnung gebiete es, dass sich der Staat „schützend und fördernd" davor stellen müsse.[747] Die Auswahl der Mittel habe zwar der Gesetzgeber zu entscheiden, wobei die Frage, ob das Strafrecht gegebenenfalls zur Anwendung gelangen *müsse*, nur eine „Gesamtbetrachtung" klären könne; darin kämen folgende Aspekte zum Tragen: der „Wert des verletzten Rechtsgutes", das „Maß der Sozialschädlichkeit der Verletzungshandlung", die „traditionellen rechtlichen Regelungen dieses Lebensbereiches", die „Entwicklung der Vorstellungen über die Rolle des Strafrechts in der modernen Gesellschaft", die „praktische Wirksamkeit von Strafdrohungen" und die „Möglichkeit des Ersatzes durch andere rechtliche Sanktionen".[748] Wegen des Ultima-Ratio-Grundsatzes gebe es keine „absolute Pflicht", Strafrecht einzusetzen, wohl aber eine „relative Verpflichtung zur Benutzung der Strafdrohung" dann, wenn sich die anderen Mittel als unzulänglich erwiesen.[749] Lehne man an dieser Stelle die „Pflicht", auch die Mittel des Strafrechts einzusetzen, „generell" ab, schränke dies den zu gewährenden Lebensschutz „wesentlich" ein.[750]

Im *dissenting vote* gelangten allerdings die Richter *Rupp-v. Brünneck* und *Simon* zu der Auffassung, dass mit dem Urteil ein Verstoß gegen den Grundsatz der richterlichen Selbstbeschränkung (judicial self restraint) vorliege;[751] speziell die angenommene „Pflicht des Gesetzgebers zum Erlass von Strafnormen" sei schon wegen der Verkehrung der Abwehrfunktion der Grundrechte abzulehnen.[752] Aus den Grundrechtsnormen lasse sich keine „Pflicht zum Strafen" herleiten; die Entstehungsgeschichte des Grundgesetzes zeige, dass der Parlamentarische Rat nur in Art. 26 Abs. 1 GG (und der ursprünglichen Fassung von

1297) ist der verfassungsrechtlichen Verpflichtung, das werdende Leben zu schützen, nicht in dem gebotenen Umfang gerecht geworden.

746 Gesetz vom 18.05.1976, BGBl 1976 I, S. 1213.

747 BVerfGE 39, 1 (42).

748 BVerfGE 39, 1 (45).

749 BVerfGE 39, 1 (47).

750 BVerfGE 39, 1 (47).

751 BVerfGE 39, 1 (69).

752 BVerfGE 39, 1 (70 ff.).

Art. 143 GG, die den Hochverrat pönalisiert hat) Strafsanktionen für erforderlich erachtet habe.[753] Auch die historische Entwicklung des Schutzes des ungeborenen Lebens spreche u. a. dagegen, von einer Pflicht zur Strafbewehrung der Abtreibung auszugehen; in diesem Zusammenhang wird auf weltanschauliche Einbruchstellen verwiesen, die etwa in der Zeit des Nationalsozialismus′ zur Androhung der Todesstrafe bei Fremdabtreibung geführt habe, weil „die Lebenskraft des deutschen Volkes" in diesen Fällen als „fortgesetzt beeinträchtigt" gegolten habe. *Rupp-v. Brünneck* und *Simon* resümieren vor diesem Hintergrund, dass aus der „mit dem Grundgesetz vollzogenen, entschiedenen Abkehr vom totalitären nationalsozialistischen Staat" gerade nicht die „Pflicht zur Bestrafung von Abtreibungen" folge, sondern „umgekehrt Zurückhaltung mit der Kriminalstrafe, deren verfehlter Gebrauch in der Geschichte der Menschheit schon unendlich viel Leid angerichtet hat".[754]

c. Entkriminalisierungsverbot und Pönalisierungsgebot zum Schutz des nasciturus: BVerfGE 88, 203

Nach der Wiedervereinigung 1990 sollten die bis dahin in beiden deutschen Staaten divergierenden strafrechtlichen Regelungen bei Abtreibungen mit dem Schwangeren- und Familienhilfegesetz (SFHG[755]) im Sinne einer Fristenlösung mit Beratungspflicht harmonisiert werden; das Konzept sah vor, im Anschluss an eine Beratung gemäß § 219 StGB wiederum nach § 218a StGB die Abtreibung während der ersten zwölf Schwangerschaftswochen als nicht rechtswidrig einzustufen. Das Bundesverfassungsgericht bestätigte jedoch 1993 im sog. zweiten Abtreibungsurteil grundsätzlich seine Rechtsprechung aus dem Jahr 1975[756]

---

[753] BVerfGE 39, 1 (75).
[754] BVerfGE 39, 1 (75 ff., insb. 77).
[755] Gesetz vom 27.07.1992, BGBl. 1992 I, S. 1398.
[756] BVerfGE 88, 203, *Leitsatz 6*: „Der Staat muss zur Erfüllung seiner Schutzpflicht ausreichende Maßnahmen normativer und tatsächlicher Art ergreifen, die dazu führen, dass ein – unter Berücksichtigung entgegenstehender Rechtsgüter – angemessener und als solcher wirksamer Schutz erreicht wird (Untermaßverbot). Dazu bedarf es eines Schutzkonzepts, das Elemente des präventiven und repressiven Schutzes miteinander verbindet." *Leitsatz 8*: „Das Untermaßverbot lässt es nicht zu, auf den Einsatz auch des Strafrechts und die davon ausgehende Schutzwirkung für das werdende Leben frei zu verzichten."

und erklärte wegen der Geltung des „Untermaßverbots“[757] die geplante Entkriminalisierung in ihrer konkreten Ausprägung wegen der zu zieloffenen Beratung in § 219 StGB für „mit der Schutzpflicht für das ungeborene werdende Leben (Art. 1 Abs. 1 in Verbindung mit Art. 2 Abs. 2 Satz 1 GG) unvereinbar und nichtig“.[758]

Im zweiten Abtreibungsurteil hat das Bundesverfassungsgericht damit den Gedanken des Untermaßverbots im Strafrecht ausdrücklich formuliert[759] und ist mit Blick auf die Beratungsaufgaben des Arztes sogar noch darüber hinaus gegangen: Aus der „dem Lebensschutz dienenden Aufklärungs- und Beratungspflicht“ ist nach Auffassung des Gerichts zu schließen, dass „die Verpflichtung, das Alter der Schwangerschaft festzustellen und in den ersten zwölf Wochen der Schwangerschaft keine Mitteilungen über das Geschlecht des zu erwartenden Kindes zu machen, strafbewehrt“ sein muss.[760]

Zudem seien für Personen des „familiären Umfeldes“ gewisse „strafbewehrte Verhaltensgebote und -verbote unerlässlich“; diese müssten sowohl das Vorenthalten zumutbaren Beistandes als auch das Drängen zum Schwangerschaftsabbruch selbst erfassen.[761]

Die Forderung, bestimmtes ärztliches Handeln mit Strafe zu bewehren ist jedoch nicht umgesetzt worden; nach Auffassung des Gesetzgebers komme dem Aspekt der frühzeitigen Geschlechtsbestimmung im Rahmen des Schutzes des ungeborenen Lebens in Deutschland keine Relevanz zu.[762]

d. „Verfassungskonforme Reduktion“ von § 261 Abs. 2 Nr. 1 StGB: BVerfGE 110, 226

Zur Strafbarkeit von Strafverteidigern wegen Geldwäsche gemäß § 261 Abs. 2 Nr. 1 StGB durch die Annahme von bemakelten Honoraren hat

---

[757] BVerfGE 88, 203 (254 ff., insb. 257): „Handelt es sich bei der Aufgabe, das menschliche Leben vor seiner Tötung zu schützen, um eine elementare staatliche Schutzaufgabe, so lässt es das Untermaßverbot nicht zu, auf den Einsatz des Strafrechts und die davon ausgehende Schutzwirkung frei zu verzichten.“

[758] BVerfGE 88, 203 (299); zum ganzen vgl. die zusammenfassende Darstellung bei *Lackner/Kühl*, Vor § 218 Rn 5 ff. mit zahlr. weit. Nachw.

[759] Das ist ausdrücklich in der Entscheidung von 1975 nicht geschehen.

[760] BVerfGE 88, 203 (293).

[761] BVerfGE 88, 203 (298).

[762] BT-Drs. 13/1850, S. 26; krit. hierzu *Lackner/Kühl*, Vor § 218 Rn 23b.

das Bundesverfassungsgericht im Rahmen der Auslegung – jenseits des Aspekts einer unzulässigen Analogiebildung im Sinne von Art. 103 Abs. 2 GG[763] – einen Verstoß gegen den Verhältnismäßigkeitsgrundsatz i. e. S. (Übermaßverbot) zumindest für eine bestimmte von einem Tatbestand erfasste Konstellation angenommen. Die in Rede stehende Vorschrift sei teleologisch in der Weise zu reduzieren, dass die strafrechtliche Erfassung der Fälle von Honorarentgegennahmen durch Strafverteidiger nur dann mit dem Grundgesetz vereinbar sei, wenn die Betroffenen im Zeitpunkt der Annahme des Honorars sichere Kenntnis von dessen Herkunft gehabt hätten;[764] anderenfalls liege in der Anwendung der Norm bei diesen Sachverhalten ein Verstoß gegen den Grundsatz der Verhältnismäßigkeit vor.[765] Konsequenterweise wurde die Norm nicht wegen Verfassungswidrigkeit kassiert, sondern mit Blick auf die einschlägigen Fälle lediglich einer „verfassungskonformen Reduktion“[766] für die Praxis unterzogen; damit wurde ein entsprechender Streit in Rechtsprechung und Literatur über die Anwendung der Norm „salomonisch“[767] gelöst. Nach § 31 BVerfGG hat die Entscheidungsformel des Bundesverfassungsgerichts mit Veröffentlichung im Bundesgesetzblatt Gesetzeskraft erlangt.[768]

Die Entscheidung des Bundesverfassungsgerichts hat insoweit kritisches Potenzial für den (künftigen) Gesetzgeber, als dass ihm zumindest eine ausdrückliche tatbestandliche Erweiterung des § 261 StGB zur Erfassung von bedingt vorsätzlichen Honorarentgegennahmen durch

---

[763] Die Frage, ob durch die Auslegung einer Strafnorm durch die Fachgerichte der natürliche Wortsinn des Tatbestandes – zu Ungunsten des Täters – unzulässig überdehnt wird und somit ein Verstoß gegen das Verbot der Analogiebildung gemäß Art 103 Abs. 2 GG bzw. § 1 StGB vorliegt (jüngst etwa zu § 142 StGB für das unvorsätzliche Entfernen vom Unfallort entschieden, vgl. BVerfG NJW 2007, 1666), ist von der Auslegung der Norm vor dem Hintergrund des Verhältnismäßigkeitsgrundsatzes zu trennen. Die (semantische) Analogiefrage ist vornehmlich an die Judikative gerichtet, die Frage der materiell-rechtlichen Grenzziehung am Maßstab der Verhältnismäßigkeit (zumindest) auch an den künftigen Gesetzgeber.

[764] Vgl. BVerfGE 110, 226 ff. (Leitsatz 1).

[765] BVerfGE 110, 226 (262).

[766] BVerfGE 110, 226 (262).

[767] So *Lackner/Kühl*, § 261 Rn 5a. Der aktuelle Streitstand ist dort übersichtlich mit umfassenden Nachweisen aufgearbeitet.

[768] BGBl 2004 I, S. 715: „§ 261 Absatz 2 Nummer 1 des Strafgesetzbuchs ist mit dem Grundgesetz vereinbar, soweit Strafverteidiger nur dann mit Strafe bedroht werden, wenn sie im Zeitpunkt der Annahme ihres Honorars sichere Kenntnis von dessen Herkunft hatten.“

Strafverteidiger wegen der unverhältnismäßigen Überschreitung des gesetzgeberischen Gestaltungsspielraums fortan versagt ist, denn „erweist sich eine Verhaltensregelung als verfassungswidrig, scheidet sie (auch) als taugliches Objekt einer Strafbewehrung aus“.[769]

e. Glücksspielstrafrecht: BVerfGE 115, 276

In der neueren verfassungsrechtlichen Judikatur zum staatlichen Monopol für Sportwetten aus dem Jahr 2006 wird der Gesetzgeber verfassungsrechtlich angehalten, „den Bereich der Sportwetten unter Ausübung seines rechtspolitischen Gestaltungsspielraums“ bis zum 31.12.2007 „neu zu regeln“;[770] die dahinter stehende Erkenntnis, dass angesichts der offenkundig primären fiskalischen Interessen des Staates der Aspekt der Bekämpfung von Suchtgefahren durch das staatliche Glücksspielwesen als tragende Begründung der zahlreichen ineinander greifenden verwaltungs- und strafrechtlichen Regelungen zunehmend in den Hintergrund getreten ist,[771] hat das Gericht aber nicht dazu bewogen, zumindest bis zum Ablauf der angegebenen Frist § 284 StGB für unanwendbar zu erklären: „Ob in der Übergangszeit eine Strafbarkeit nach § 284 StGB gegeben ist, unterliegt der Entscheidung der Strafgerichte.“[772] Auch von der Empfehlung einer, ggf. zeitlich befristeten, verfassungskonformen Reduktion von § 284 StGB aus Gründen der Verhältnismäßigkeit (insbesondere zu Art. 12 GG), hat das Bundesverfassungsgericht abgesehen. Inwieweit diese zurückhaltende Position gegenüber der Entscheidungsfreiheit der Fachgerichte in diesem speziellen Fall „der extrem unklaren Rechtslage“[773] mit der Einhaltung der verfassungsrechtlichen Vorgaben zum Bestimmtheitsgrundsatz nach Art. 103 Abs. 2 GG noch in Einklang zu bringen ist, ist eine andere

---

[769] *Appel*, S. 570.

[770] BVerfGE 115, 276 (317; zur Frist: S. 319).

[771] Vgl. auch *Wohlers*, Ultima ratio, S. 54 (61 f.), der die Legitimität der §§ 284 StGB allerdings in einem hinter der angegebenen Intention „staatliche Kontrolle des Glücksspiels“ liegenden „sozialwichtigen `Etwas´“ erkennt.

[772] BVerfGE 115, 276 (319).

[773] BGH NJW 2007, 3078 (3079). In seinem Urteil vom 16. August 2007 bestätigt der 4. Senat des Bundesgerichtshofs die Entscheidung des Landesgerichts Saarbrücken, dem Angeklagten wegen der unklaren Rechtslage und dem offensichtlich selbstwidersprüchlichen Verhalten des Staates einen unvermeidbaren Verbotsirrtum zuzuerkennen.

Frage.[774] Die §§ 284 f. StGB sind bis zum 31.12.2007 von der vom Bundesverfassungsgericht eingeforderten Neuregelung des Glücksspielwesens nicht erfasst worden.[775]

f. Strafbewehrung des Geschwisterinzests: BVerfGE 120, 224

Der gemäß § 173 StGB unter Strafe gestellte Beischlaf zwischen Verwandten in der Form des sog. Geschwisterinzests nach § 173 Abs. 2 Satz 2 StGB wird vom Bundesverfassungsgericht nach einer materiellen Überprüfung am „in erster Linie anzulegenden Maßstab von Art. 2 I i. V. mit Art. 1 I GG" nicht beanstandet;[776] bemerkenswert ist, dass sich das Gericht in diesem Zusammenhang die Mühe macht, dem vorgeblich systemkritischen Gehalt der Rechtsgutslehre zumindest insoweit ausdrücklich eine Absage zu erteilen, als damit eine engere Grenzziehung für die staatliche Strafgewalt begründet wird.[777]

---

[774] Vgl. LG Frankfurt am Main NStZ-RR 2007, 201 (202 f.): „Die (jüngere) Rechtsprechung der Verwaltungsgerichte kann die Frage nach der Strafbarkeit des Beschuldigten nach § 284 StGB nicht abschließend klären. Eine solche Klärung kann für die vom BVerfG bestimmte Übergangszeit bis zur Neuregelung des staatlichen Wettmonopols bis zum 31.12.2007 ausschließlich durch die Strafgerichte erfolgen, wie das BVerfG in seinem Beschluss vom 28.03.2006 ausdrücklich festgestellt hat. Eine solche Klärung ist bislang nicht erfolgt. (...) Die Strafbarkeit hängt dabei nach den Vorgaben des BVerfG auch davon ab, inwieweit es in der Übergangszeit von Seiten des Staates gelingt, ein Mindestmaß an Konsistenz zwischen dem Ziel der Begrenzung der Wettleidenschaft und der Bekämpfung der Wettsucht einerseits und der tatsächlichen Ausübung des Monopols andererseits herzustellen. Für den einzelnen Normadressaten, der sich in diesem Bereich wie der Beschuldigte wirtschaftlich betätigen will, ist jedenfalls bis zu einer Neuregelung (die) Erkennbarkeit und Vorhersehbarkeit der Strafandrohung des § 284 StGB zumindest fraglich. Aus diesem Grund bestehen Zweifel, ob diese Norm die zu ihrer rechtsstaatlich unbedenklichen Anwendung erforderliche Bestimmtheit aufweist."

[775] Eine entsprechende Anfrage an das Bundesministerium der Justiz vom 22. November 2007 wurde am 29. November 2007 wie folgt beantwortet (Auszug): *„Im Hinblick auf die §§ 284 f. StGB sind seitens des Bundesministeriums der Justiz keine Änderungen in Planung."* Zum neuesten Stand der Entwicklung im Glücksspielwesen vgl. *Fischer*, § 284 Rn 1 und 2a: „Dass sich unter der Neuregelung des Glücksspielstaatsvertrages Grundlegendes ändern wird, ist trotz der weit reichenden Absichtserklärungen und programmatischen Aussagen des Staatsvertrages zu bezweifeln."

[776] BVerfGE 120, S. 224 (238).

[777] BVerfGE 120, S. 224 (241 f): „Schon über den Begriff des Rechtsguts besteht keine Einigkeit. (...) Welchen Beitrag das Konzept des Rechtsgüterschutzes für

Die konkreten Strafgründe des § 173 StGB lägen sowohl im „Schutz von Ehe und Familie“,[778] als auch im „Schutz der sexuellen Selbstbestimmung“[779] und den „eugenischen Gesichtspunkten“ inzestuöser Verbindungen[780] – Aspekte, die „jedenfalls in ihrer Gesamtheit die Einschränkung des allgemeinen Persönlichkeitsrechts“ legitimierten.[781] Zudem sei wegen der „kulturhistorisch begründeten, nach wie vor wirkkräftigen gesellschaftlichen Überzeugung von der Strafwürdigkeit des Inzests“ ein Traditionsbruch zu vermeiden. Dabei stellt das Gericht wegen der konkreten Strafgründe für § 173 StGB die Frage als offenbleibend dahin, ob allein in Moralvorstellungen begründete Strafnormen von solchen, die dem Rechtsgüterschutz dienten, überhaupt zu unterscheiden seien und falls ja, Moralstrafnomen verfassungsrechtlich zu beanstanden wären.[782] § 173 StGB habe nach wie vor eine „appellative, normstabilisierende und damit generalpräventive Funktion“, die „die Wertsetzungen des Gesetzgebers“ verdeutliche und „damit zu ihrem Erhalt“ beitrage.[783] Seine Abschaffung könne „kontraproduktive Reflexe“ hervorrufen, die „kriminalpolitisch unerwünscht“ seien.[784] Soweit in bestimmten Fallgestaltungen besondere, von den Kritikern der Strafvorschrift vorgetragene Konstellationen vorlägen, könne der Gesetzgeber darauf vertrauen, „dass Einzelfallgerechtigkeit auch bei der Rechtsanwendung erreicht werden“ könne.[785]

Die Entscheidung des Bundesverfassungsgerichts zu § 173 StGB betrifft eine seit langem in der Kritik stehende Norm.[786] Die Abschaffung der Vorschrift ist bereits gefordert worden.[787] Auch *Hassemer* ist dem Beschluss seines 2. Senates nicht gefolgt; die Hintergründe dafür hat er

---

die Rechtspolitik und für die Dogmatik des Strafrechts leisten können mag, ist hier nicht zu beurteilen; jedenfalls stellt es keine inhaltlichen Maßstäbe bereit, die zwangsläufig in das Verfassungsrecht zu übernehmen wären, dessen Aufgabe es ist, dem Gesetzgeber äußerste Grenzen seiner Regelungsgewalt zu setzen.“

[778] BVerfGE 120, S. 224 (243 ff.); abgestellt wird schwerpunktmäßig auf innerfamiliäre Rollenkonflikte.

[779] BVerfGE 120, S. 224 (245 f.); Kernpunkte seien insoweit die durch die Familie oder in der Verwandtschaft wurzelnden Abhängigkeitsstrukturen.

[780] BVerfGE 120, S. 224 (247) mit Blick auf die „erhöhte Möglichkeit der Summierung rezessiver Erbanlagen“.

[781] BVerfGE 120, S. 224 (243).

[782] BVerfGE 120, S. 224 (248).

[783] BVerfGE 120, S. 224 (249).

[784] BVerfGE 120, S. 224 (251).

[785] BVerfGE 120, S. 224 (251).

[786] Vgl. *Hörnle* NJW 2008, 2085 ff. mit zahlr. weit. Nachw.

[787] Vgl. *Ellbogen* ZRP 2008, S. 190 (192); sie auch unten Teil 2 III. C. 4.

in einer *Abweichenden Meinung* ausführlich ausgeführt.[788] Bereits der Schutzaspekt „Ehe und Familie“ sei nicht überzeugend.[789] Der Tatbestand des § 173 Abs. 2 Satz 2 StGB sei zudem ganz anders strukturiert als Straftaten gegen die sexuelle Selbstbestimmung; sein Wortlaut verhalte sich zu dem Aspekt reduzierter Autonomie (eines Opfers) überhaupt nicht.[790] Des Weiteren sei der Strafgrund „Vermeidung genetisch bedingter Schäden“ auch ohne strafrechtliche Intervention durch verlässliche Empfängnisverhütung abzusichern.[791] Schließlich beanstandet *Hassemer*, dass der Senat die strafrechtliche Rechtsgutslehre „nur mit spitzen Fingern“ anfasse, zumal die Ungeeignetheit der angeführten Strafgründe dort bereits „seit langem ausgearbeitet“ sei.[792] Im Gegensatz dazu verblieben die zentralen Erwägungen des Senats zu tradierten „oder auch nur vermuteten Moralvorstellungen“[793] in „nebulösen kulturhistorisch begründeten“[794] Erwägungen; *Hassemer* hebt hierzu kritisch hervor, dass der „Aufbau oder Erhalt eines gesellschaftlichen Konsenses über Wertevorstellungen“ allenfalls eine mittelbare Folge, aber kein „unmittelbares Ziel einer Strafnorm sein“ könne.[795] Schließlich sei auch die Überlegung abzulehnen, § 173 Abs. 2 Satz 2 StGB könne auf prozessualem Weg durch die Strafgerichte entgegengesteuert werden („Verfahrenseinstellungen nach Opportunität“); solche Korrekturen seien nicht Sache der Judikative sondern der Legislative.[796]

---

[788] BVerfGE 120, S. 224 (255 ff.).
[789] BVerfGE 120, S. 224 (255 ff., 261 ff., 267 f.)
[790] BVerfGE 120, S. 224 (255 ff., 260).
[791] BVerfGE 120, S. 224 (255 ff., 271).
[792] BVerfGE 120, S. 224 (255 ff., 257).
[793] BVerfGE 120, S. 224 (255 ff., 264).
[794] BVerfGE 120, S. 224 (255 ff., 257 f.).
[795] BVerfGE 120, S. 224 (255 ff., 264).
[796] BVerfGE 120, S. 224 (255 ff., 272): „Gewiß können eine Verfahrenseinstellung nach Opportunität, ein Absehen von Strafe oder die Berücksichtigung besonderer Umstände im Rahmen der Strafzumessung im Einzelfall helfen, ein tat- und schuldangemessenes Ergebnis zu erzielen. Es ist auch – worauf die Senatsmehrheit abstellt – richtig, dass dem Übermaßverbot nach der Rechtsprechung des Bundesverfassungsgerichts genügt sein kann, wenn den Strafverfolgungsbehörden die Möglichkeit eröffnet ist, einem im Einzelfall geringeren Unrechts- und Schuldgehalt auf verfahrensrechtlichem Wege gerecht zu werden. Dieser Grundsatz reicht aber nicht bis in Konstellationen von Strafnormen, die von vornherein und in weitem Umfang auch Verhaltensweisen erfassen, die ohne jeden Zweifel nicht strafwürdig sind. Hier wird eine Korrektur von der Strafjustiz erwartet, die – über den jeweiligen Einzelfall hinaus – für bestimmte Falltypen tatbestandskorrigierend und strafbarkeitseinschränkend wirken soll. Eine solche Korrektur ist nicht Sache der Justiz, sondern Sache des Gesetzgebers.“

5. Würdigung

Die Rechtsprechung des Bundesverfassungsgerichts offenbart das „verfassungsrechtliche Dilemma des Strafrechts“[797]: einerseits soll die gesetzgeberische Entscheidung daraufhin überprüft werden, ob die Schaffung einer Strafnorm mit den Grundprinzipien der Verfassung in Einklang steht, andererseits darf die Judikative ihre Vorstellungen von dem, was vielleicht zweckmäßiger, gerechter oder vernünftiger gewesen wäre, nicht artikulieren;[798] am Ende steht eine Art kupierte Normenkontrolle des judicial self restraint mit dem Ergebnis, „dass die verfassungsrechtliche Rechtsprechung kaum zur Fortbildung einer primär verfassungsrechtlichen Limitierungssystematik beigetragen“ hat.[799]

Bereits die Annäherung des Bundesverfassungsgerichts an die Übermaßprüfung durch die Einstufung des Unrechts in leicht (bloßer Ungehorsam als Unrecht der Ordnungswidrigkeit), schwer (Erreichung der „Sphäre des Ethischen“ im „Kernbereich des Strafrechts“) und den großen „Mittelbereich mit grundsätzlicher Wahlfreiheit“ stellt lediglich eine Scheinobjektivierung durch Kategorisierung dar.

Damit eine Strafnorm wegen ihres materiellen Gehaltes als „bloßer Ungehorsam“ überhaupt für verfassungswidrig erklärt werden könnte, müsste sich der Gesetzgeber bei Erlass der Norm bzgl. eines zu schützenden Interesses zunächst einmal gar nichts gedacht haben. Und da der Gesetzgeber nach herkömmlicher Lesart nur das Gesetz und nicht die Nachvollziehbarkeit des Weges dorthin schuldet,[800] dürfte auch im Nachhinein keine legitime Begründung (anderer) jenseits des bloßen Ungehorsams gefunden werden.

Davon in einem modernen Verfassungsstaat auszugehen, wäre unrealistisch. Selbst bei Annahme einer erheblichen Begründungsschwäche des Gesetzgebers zum Zeitpunkt des Gesetzgebungsprozesses ist zu vermuten, dass sich auch im Nachhinein immer ein Interesse der Allgemeinheit formulieren ließe, das die Aufstellung der Verhaltensnorm plausi-

---

[797] *Bunzel*, S. 96 (102).
[798] Vgl. nur BVerfGE 90, 145 (173).
[799] *Bunzel*, S. 96 (103).
[800] Vgl. etwa *Lagodny*, Strafrecht vor den Schranken, S. 519: „Abwägungskontrolle setzt voraus, dass der Gesetzgeber überhaupt abgewogen hat. (...) Der Gesetzgeber muss überhaupt nicht abwägen, um die Verhältnismäßigkeit im engeren Sinne zu passieren. Er kann auch zufällig ein nicht zu beanstandendes Ergebnis erzielen.“, S. 525 – mit weit. Nachw. zur staatsrechtlichen Literatur.

bel machen könnte. In diesem Fall wirkte wiederum der weite Beurteilungsspielraum des „Mittelbereichs". Im Ergebnis ist es auf der Grundlage dieses weiten Prüfungsmaßstabes des Bundesverfassungsgerichts möglich, gleichsam jeden Ordnungswidrigkeitentatbestand systematisch bruchlos zur Straftat heraufzustufen.

Ähnlich vage ist die Argumentation mit dem „Kernbereich des Strafrechts". Wie schon im Zusammenhang mit den absoluten Theorien zum materiellen Verbrechensbegriff dargelegt,[801] lässt sich sein Inhalt und Umfang nicht klar bestimmen. Die „Sphäre des Ethischen" oder ähnliche Umschreibungen sind ebenfalls nicht geeignet, klarere Grenzziehungen vorzunehmen, schon gar nicht in Abgrenzung zum angeblich existierenden Bereich des „bloßen Ungehorsams". Die materielle Legitimität von Strafrecht kann auf der Basis dieser Annahmen nicht hinreichend klar bestimmt werden. Selbst die beiden Abtreibungsurteile des Bundesverfassungsgerichts postulieren im Untermaßverbot nur eine relative Pflicht, das Mittel des Strafrechts einzusetzen.

Damit muss als Fazit festgehalten werden, dass in diesem Kontext eine dreistufige Unrechtskategorisierung nicht möglich ist und sich die Übermaßprüfung des Bundesverfassungsgerichts praktisch nur im „Mittelbereich mit grundsätzlicher Wahlfreiheit" abspielt.

Selbst wenn sich aber das Unrecht in drei Stufen hierarchisieren ließe, wäre nicht viel gewonnen. Mit den beiden Bereichen „bloßer Ungehorsam" und „Kernbereich des Strafrechts" an den äußeren Punkten auf der Unrechtsskala wären lediglich kleine Unrechtsbereiche (intuitiv) beschrieben. Die Diskussion um den materiellen Verbrechensbegriff wird aber an diesen Stellen im Regelfall wenig kontrovers geführt; die Erkenntnis, dass Verhaltensweisen wie Körperverletzung und Totschlag in den „Kernbereich des Strafrechts" hineingehören, ist – unabhängig von der Ungeklärtheit eines exakten „Kernbereichs" – weitgehend anerkannt, ebenso wie die Schlussfolgerung, dass die unterlassene Anzeige des Verlustes des Sozialversicherungsausweises als – wenn überhaupt – ungehorsames Verhalten im Strafrecht nichts verloren hat.

Was den – auch nach Lesart des Bundesverfassungsgerichts immer noch großen – „Mittelbereich" angeht, so hält sich das Gericht im Rahmen der Prüfung des Übermaßverbots durch die Schaffung einer Strafnorm mit Kritik am Strafgesetzgeber seit jeher auffallend zurück; der gesetz-

---

[801] S. o. Teil 1 I. B. 4. / 6.

geberische Beurteilungsspielraum, ein angestrebtes Ziel speziell mit den Mitteln des Strafrechts zu erreichen, wird anerkannt, „solange in den legislativen Erwägungen *zumindest die Andeutung* einer Analyse sowie einer Prognose der durch das Gesetz zu beseitigenden Situation“ zum Ausdruck kommt.[802] Das ist wenig genug. Im Ergebnis läuft diese Herangehensweise auf eine „Vermutung zu Gunsten der prinzipiellen Verfassungsmäßigkeit legislativen Handelns“ hinaus.[803]

Sowohl im älteren (sprachlich weiteren) Prüfungsmaßstab, als auch in der semantisch „strengeren“ neueren Variante (mit ausdrücklichem Bezug auf das Ultima-Ratio-Prinzip) wird die entscheidende Frage auf den Aspekt des „Im-Einklang-Stehens“ der gesetzgeberischen Entscheidung mit „der verfassungsmäßigen Wertordnung“ bzw. den „Bestimmungen der Verfassung“, den „ungeschriebenen Verfassungsgrundsätzen“ sowie den „Grundentscheidungen des Grundgesetzes“ zugespitzt. Diese Begriffe sind jedoch bis heute nicht konkret-handhabbar bestimmt, insbesondere die „verfassungsmäßige Wertordnung“;[804] es ist fraglich, ob die exakte Definition eines solch „problematischen Begriffs“[805] überhaupt möglich ist.[806] Zum Teil wird in der Literatur bereits die dem Begriff „Wertordnung“ immanente Hierarchisierung für den Abwägungsprozess bei der Übermaßprüfung abgelehnt;[807] jedenfalls wird auf wolkige Großbegriffe wie den der „verfassungsmäßigen Wertordnung“ zu viel Begründungslast abgewälzt, die sie so nicht tragen können.[808] Schließ-

---

[802] *Paulduro*, S. 44.
[803] *Paulduro*, S. 40.
[804] Vgl. auch *Stemmler*, S. 140.
[805] *Kühl* GA 1977, S. 353 (354).
[806] Vgl. schon *Denninger* JZ 1975, S. 545 (546): „Das Bundesverfassungsgericht hat es bisher vermieden, abgesehen von der Bezeichnung der Menschenwürde als oberster Wert, eindeutig generalisierbare Aussagen über das Wertsystem als Wertrangordnung zu machen.“
[807] Vgl. *Appel*, S. 378: „Dies gilt im vorliegenden Zusammenhang umso mehr, als der Schutz verfassungsrechtlicher Werte durch Strafnormen ohne Ausnahme auf die ebenfalls geschützten verfassungsrechtlichen Freiheitsinteressen der Betroffenen trifft. Im Falle einer Kollision je für sich verfassungsrechtlich abgesicherter Werte ist eine abstrakte Rangordnung der grundrechtlichen Werte aber von vornherein inakzeptabel.“; *Lagodny*, Strafrecht vor den Schranken, S. 427: „Weil es zudem keine abstrakte Rangordnung der Grundrechte gibt, kann es auch keine von der Verfassung vorgegebene abstrakte Rangordnung der durch eine Verhaltensvorschrift zu schützenden Rechtsgüter geben (...).“
[808] *Naucke*, Wechselwirkung, S. 13 Fn 6 (auf S. 14): „Der Verfassung wird zuviel zugemutet. Was der Strafrechtler ihr alles entnehmen will, kann sie niemals enthalten. [...] Es wird nur noch schulmeisterlich aus der Verfassung deduziert.

lich droht durch solche vagen verfassungsethischen Termini, Kritik an der gesetzgeberischen Entscheidung schon vom Ansatz immunisiert zu werden.[809]

Im Ergebnis zieht das Bundesverfassungsgericht bei Prüfung eines Verstoßes gegen das Übermaßverbot im Wesentlichen „nur Art. 3 Abs. 1 GG in der Form des Willkürverbots als Prüfungsmaßstab" heran;[810] allerdings wurde deswegen noch keine Strafnorm für verfassungswidrig eingestuft.[811] Die jüngste Entscheidung des Bundesverfassungsgerichts zum Verbot des so genannten Geschwisterinzests ist ein erneutes Beispiel für diesen Strukturkonservatismus: Wenn wenig überzeugende einzelne Erwägungen „jedenfalls in ihrer Gesamtheit"[812] und wegen befürchteter Traditionsbrüche[813] zu tragenden Strafgründen erklärt werden können und der Einsatz von Strafrecht erst dann beanstandet wird, wenn dafür „ein sachlich einleuchtender Grund schlechterdings nicht mehr erkennbar ist",[814] haben alle ritualisiert vorangestellten Formeln vom „Strafrecht als ultima ratio" und der „strikten Wahrung des Verhältnismäßigkeitsgebots" für das spätere Ergebnis praktisch „keine Bedeutung" mehr.[815] Vielmehr wird „cum grano salis" davon ausgegangen, dass eine Strafnorm legitim ist, solange nicht „definitiv das Gegenteil bewiesen" wurde.[816] Ob dies aber auf der Grundlage *solcher Maßstäbe* überhaupt gelingen kann, muss mittlerweile ernsthaft bezweifelt wer-

---

Damit nimmt die Verfassung an einem schalen Gesetzespositivismus teil. Was die verfassungsrechtliche Kritik oder die verfassungsrechtliche Sicherung im Strafrecht einbringen sollte, nämlich die Kontrolle des einfachen positiven Strafrechts, gerade das wird verlernt."

809 *Denninger* JZ 1975, S. 545 (546): „Das Argumentieren mit der 'Wertordnung des Grundgesetzes' wird auf diese Weise gegen nachvollziehbare Kritik fast gänzlich immunisiert; der unbestimmte Topos 'Wertordnung' wird zu einem Arcanum der Verfassungsinterpretation, indem er im Sinne eines Kryptoarguments die verfassungsrechtliche Normgewinnung in der usurpierten Faktizität dieser Terminologie verankert und damit der Öffentlichkeit des Bürgers den freien Zugang in die Gründe einer hoheitlichen Entscheidung verwehrt."

810 Vgl. hierzu kritisch *Lagodny*, Strafrecht vor den Schranken, S. 419, S. 423.

811 So schon *Paulduro*, S. 263: „In keinem einzigen Fall wurde eine Strafnorm wegen Verstoßes gegen Art. 3 GG für verfassungswidrig erklärt." Allenfalls der Entscheidung zu § 261 StGB (s. o. Teil 1 VI. B. 4. d.) liegt eine Argumentation mit Gleichheitsaspekten zugrunde.

812 BVerfGE 120, S. 224 (243).

813 BVerfGE 120, S. 224 (248).

814 BVerfGE 120, S. 224 (250).

815 So *Hörnle* NJW 2008, 2085 (2088).

816 *Lagodny*, Strafrecht als Prüfstein, S. 83 (85).

den. Vor diesem Hintergrund stellt *Hörnle* bei ihrer Kritik an der Geschwisterinzest-Entscheidung zu Recht fest, dass „ausgerechnet dann, wenn zum Schutze der Bürger vor sehr gewichtigen Grundrechtseingriffen eine ernstzunehmende Kontrolle notwendig wäre“, das Bundesverfassungsgericht eine solche paradoxerweise „verweigert“.[817]

Allenfalls dem materiellen Schuldprinzip könnte noch eine limitierende Funktion zukommen, denn „Tatbestand und Rechtsfolge“ müssen „sinnvoll aufeinander abgestimmt“ sein;[818] allerdings wird die Bedeutung des Schuldprinzips in der Literatur zum Teil höher eingeschätzt,[819] denn das Bundesverfassungsgericht erkennt darin in erster Linie nur einen Grundsatz für die Strafgerichte, „das Gebot schuldangemessenen Strafens im Einzelfall“ zu realisieren;[820] der Strafgesetzgeber steht also in diesem Kontext nicht als Adressat im Fokus.

Insgesamt ist deshalb zu resümieren, dass die Kontrolle einer Strafnorm am Maßstab des „verfassungsrechtlichen Übermaßverbots“ nach Lesart des Bundesverfassungsgerichts keine „ernst zu nehmende Hürde“ ist.[821]

In Anwendung der beschriebenen Prüfungsmaßstäbe hat das Bundesverfassungsgericht noch keine Strafnorm in vollem Umfang wegen des Verstoßes gegen das Übermaßverbot für verfassungswidrig erklärt, im Gegenteil: Das Gericht hat vielmehr im Zusammenhang mit dem Schwangerschaftsabbruch zweimal den gesetzgeberischen Gestaltungsspielraum *nach unten* begrenzt und festgestellt, dass auf diesem Feld bestimmte Entkriminalisierungen vor dem Hintergrund der gegebenen gesellschaftlichen Rahmenbedingungen nicht tragbar seien (BVerfGE 39, 1; 88, 203). Darüber hinaus wurde im zweiten Abtreibungsurteil vom Bundesverfassungsgericht sogar ausdrücklich die Pönalisierung bestimmten ärztlichen und familiären Handelns gefordert.[822]

---

[817] *Hörnle* NJW 2008, 2085 (2088).

[818] Vgl. BVerfGE 81, 228 (237); 95, 96 (140 f.).

[819] Vgl. hierzu *Lagodny*, Strafrecht vor den Schranken, S. 423: „Auffallend an der Praxis des Bundesverfassungsgerichts ist auch, dass es die Frage der Entscheidungsfreiheit des Gesetzgebers zwischen Kriminalstraf- und Ordnungswidrigkeitenrecht nahezu ohne Rekurs auf das materielle Schuldprinzip entscheidet, während dies in der strafrechtlichen Diskussion eine bedeutende Rolle spielt.“ (vgl. auch S. 428 ff. mit weit. Nachw.).

[820] BVerfGE 120, S. 224 (254).

[821] Vgl. auch *Krüger*, S. 91.

[822] S. o. Teil 2 VI. B. 4. c. Zum Vorwurf, „Karlsruhe“ mache „Politik“, vgl. mit Blick auf das sog. Zweite Abtreibungsurteil *Hassemer* JZ 2008, S. 1 (6). Die

Demgegenüber wurde die gesetzgeberische Entscheidung für den Einsatz von Strafrecht und damit gegen den des Ordnungswidrigkeitenrecht bisher in noch nicht einem Fall aufgehoben.

Der bislang maximal-limitierende Eingriff in die gesetzgeberische Gestaltungsfreiheit in Anwendung des Übermaßverbotes erfolgte durch das Bundesverfassungsgericht im Rahmen der sog. verfassungskonformen Reduktion zu § 261 StGB mit Blick auf den Verhältnismäßigkeitsgrundsatz.[823]

Das Gericht hat damit seinen „judicial self restraint" zweimal bei der *Unter*maßprüfung verlassen und bei der *Über*maßprüfung ausgerechnet erstmals an einem Punkt relativiert, an dem es um die Berufsfreiheit von Juristen ging. Insgesamt und speziell vor dem Hintergrund der Pönalisierungsforderungen bei bestimmten ärztlichen (und familiären) Handlungen,[824] darf dies als Spruchpraxis mit zumindest unglücklicher Signalwirkung bezeichnet werden.

Es steht zu vermuten, dass sich die ansonsten sehr offene Herangehensweise des Bundesverfassungsgerichts an die Frage, ab wann der Strafgesetzgeber seinen legitimen Handlungsspielraum verlassen hat, in den größeren Kontext einfügt, wonach sich die Verfassungsrechtsprechung insgesamt zunehmend von – sie beengenden – dogmatischen Prinzipien verabschiedet.[825] Die Prüfungsmaßstäbe des Gerichts geraten mittlerweile derart weit, dass ausgesprochen viel Raum für legislatives Ermessen bleibt und der Gesetzgeber selten etwas zu fürchten hat; gleichzeitig erscheint der judicial self restraint des Gerichts speziell im Strafrecht enorm ausgeprägt; im Gegensatz dazu hat der Ultima-Ratio-Grundsatz kaum je spürbare praktische Bedeutung erlangt.[826]

---

dortige Einschätzung, der damalige Senat habe erkannt, dass „das Strafrecht nicht das geeignete Mittel zum Schutz des Rechtsguts werdendes Leben" sei, überrascht allerdings angesichts der ausdrücklichen Pönalisierungsforderungen des Gerichts mit Blick auf ärztliches und familiäres Handeln (BVerfGE 88 203, 293 und 298); anders wiederum z. T. die dissenting votes von *Mahrenholz*, *Sommer* und *Böckenförde*, BVerfGE 88, 203 (338 ff.).

[823] Dazu oben Teil 1 VI. B. 4. d.

[824] S. o. Teil 1 VI. 4. c.

[825] Hierzu *Schlink* JZ 2007, S. 157 ff. mit zahlr. weit. Nachw.

[826] Hierzu spürbar resigniert *Schlink* JZ 2007, S. 157 (162): „Schwierig ist es geworden, in der rechtspolitischen Diskussion das bundesverfassungsgerichtliche Urteil über eine einfachgesetzliche Regelung zu prognostizieren. Wenn ich zu Prognosen aufgefordert werde, antworte ich inzwischen weniger und weniger

C. Verfassungsorientierte Ansätze in der Literatur

Das Herstellen verfassungsrechtlicher Bezüge ist in der Diskussion um den materiellen Verbrechensbegriff üblich, beispielsweise durch den Verweis auf die „Wertordnung des Grundgesetzes" oder ähnliches. Es verbleibt aber häufig bei diesem vagen Hinweis oder der Andeutung, eine Strafnorm dürfe nicht unverhältnismäßig sein. Über diese nur allgemeinen Aussagen deutlich hinausgehend, haben in jüngerer Zeit die Schriften von *Paulduro, Lagodny, Appel* und *Stächelin* in umfangreichen Untersuchungen den besonderen Schwerpunkt der Betrachtung auf die mögliche strafrechtsbegrenzende Funktion des Grundgesetzes gelegt.[827]

1. *Paulduro*

Paulduro legt mit ihrer Untersuchung zur materiellen Legitimität von Strafrechtsnormen am Maßstab des Grundgesetzes erstmals eine umfangreiche Analyse vor. Sie belegt darin an mehreren Stellen, dass die gesetzgeberische Entscheidung, ein bestimmtes Verhalten mit Strafe zu bewehren, von Seiten des Bundesverfassungsgerichts keinen wesentlichen Restriktionen ausgesetzt ist; der dem Gesetzgeber zuerkannte weite Beurteilungsspielraum und der „judicial self restraint" bildeten hierfür die entscheidende Grundlage.[828]

---

aus meiner Kenntnis dessen, was dogmatisch passen und stimmen würde, und mehr und mehr aus meiner Kenntnis und Einschätzung der Richter und Richterinnen des jeweiligen Senats. Das ist, was auch ein amerikanischer Verfassungsrechtswissenschaftler macht, wenn er zu Prognosen aufgefordert wird. Ich stelle das alles nicht ohne Trauer fest."

[827] Diese Tiefe in der Auseinandersetzung erreichen weder *Müller-Dietz* (Strafe und Staat, 1970), noch *Tiedemann* (Verfassungsrecht und Strafrecht, 1991) in ihren Schriften. Beide bieten keine verfassungsdogmatische Auseinandersetzung zur Frage der Limitierung des Strafgesetzgebers an.

[828] Beispielhaft: *Paulduro*, S. 44: „Mit anderen Worten akzeptiert das Bundesverfassungsgericht das gesetzgeberische Ziel, solange in den legislativen Erwägungen zumindest die Andeutung einer Analyse sowie einer Prognose der durch das Gesetz zu beseitigenden Situation erkennbar ist."; S. 197: „Betrachtet man die verfassungsgerichtlichen Ausführungen zu der Frage der Angemessenheit des strafrechtlichen Ver- bzw. Gebotstatbestandes, vermag die an den Tag gelegte Zurückhaltung fast nicht mehr zu erstaunen. (...) Ganz im Stillen fällt die Entscheidung beständig „in favore boni iuris" aus. Dabei erscheint insbesondere die angestellte Abwägung evident überflüssig, fällt und fiel sie bislang immer zu-

Bei der Bewertung dieser Analyse positioniert sich *Paulduro* vorsichtig kritisch. Zwar sei es bei der „gewaltigen Grundrechtsrelevanz des Strafrechts" insgesamt „zu wünschen", dass das Bundesverfassungsgericht „diese Grundrechtsintensität in seinen Entscheidungen künftig zum Ausdruck" bringe und nicht den Eindruck vermittele, „dass das Strafrecht, insbesondere jede einzelne Norm, eine schon immer existierende, in jeder Hinsicht unverzichtbare Größe darstellt".[829]

Abgesehen von dieser appellartigen Kritik zum „judicial self restraint" schließt sich *Paulduro* der Herangehensweise und dem Prüfungsmaßstab des Gerichts an.[830] Die Verhältnismäßigkeitsprüfung und die Auseinandersetzung mit dem Begriff des Rechtsguts gäben dem Strafgesetzgeber nämlich „wesentliche Vorgaben" für sein Tätigwerden;[831] *Paulduro* macht „entscheidende Direktiven für die strafgesetzgeberische Tätigkeit" durch die Spruchpraxis des Bundesverfassungsgerichts aus:[832] Trotz des „großen Gestaltungsspielraums" und der „insoweit exerzierten verfassungsgerichtlichen Zurückhaltung" seien „Gesichtspunkte" geschaffen worden, „die der legislativen Tätigkeit entscheidende strafbegrenzende Schranken" zögen;[833] sie gelangt auch zu der Einschätzung, dass das Bundesverfassungsgericht „in favore boni iuris individualis" entscheide.[834] In diesem Zusammenhang verweist sie auf eine Entscheidung, die § 90a StGB in der Fassung der Bekanntmachung des Strafgesetzbuches vom 25.8.1953[835] zum Gegenstand hatte[836] sowie auf ein Urteil zu § 366 Nr. 10 StGB[837] in der Fassung der Novelle vom 26.2.1876;[838] die Strafvorschriften seien unter Zurückstellung der strengen Selbstbeschränkung des Gerichts dem Gesetzgeber gegenüber für verfassungswidrig erklärt worden.[839]

---

gunsten der legislativen Entscheidung und damit zugunsten des vom Strafgesetzgeber gewählten Rechtsgutes aus."

[829] *Paulduro*, S. 434.

[830] Zusammenfassend: *Paulduro*, S. 432 ff.

[831] *Paulduro*, S. 432.

[832] *Paulduro*, S. 249.

[833] *Paulduro*, S. 248.

[834] *Paulduro*, S. 433.

[835] BGBl. 1953 I, 1083 (vgl. heute §§ 84, 85 StGB).

[836] BVerfGE 12, 296.

[837] BVerfGE 23, 265.

[838] RGBl. 1876, S. 25.

[839] *Paulduro*, S. 432.

2. *Lagodny*

Lagodny kommt in seiner Habilitationsschrift zu dem Schluss, dass es einen „dem (Straf-)Gesetzgeber vorgelagerten *und verbindlichen* Rechtsgutsbegriff" nicht gebe;[840] die Rechtsgutslehre sei trotzdem nicht „in Bausch und Bogen" zu verdammen, sondern in eine „grundrechtliche Argumentation" zu integrieren;[841] der klassische „(strafrechtliche) Topos des Rechtsgüterschutzes" habe jedoch isoliert betrachtet „nur begrenzte Leistungsfähigkeit für die Kontrolle des Einsatzes von Strafrecht".[842]

Allerdings setzten auch die Grundrechte dem Strafgesetzgeber lediglich „wenig verbindliche Schranken", so dass dieser Rahmen ebenfalls einen „recht großen Gestaltungsspielraum" belasse; *Lagodny* hebt hervor, dass dies „verfassungrechtlich vorgegeben" sei und verortet die Ursache in der „objektivrechtlichen Richtlinienfunktion" der Grundrechte als lediglich „rechtspolitische Argumentationstopoi", die diesen jenseits ihrer „abwehrrechtlichen Grenzfunktion" zukomme.[843] Aus der nur beschränkten Richtlinienfunktion der Grundrechte folge auch, dass man den Grundrechten nicht entnehmen könne, dass „nur ein Minimum an Strafrecht *zulässig* wäre".[844]

Als „wichtigste Richtlinie aus den Grundrechten *insgesamt*" folge aber, dass das Kriminalstrafrecht „als eine Art knapper Ressource" zu behandeln sei; partieller „Mangel an Kriminalstrafrecht" solle daher vom Gesetzgeber belassen oder dort, „wo er nicht mehr vorhanden sei", wieder herbeigeführt werden.[845] Die Richtlinienfunktion entfalte zwar im Rahmen der Verhältnismäßigkeitsprüfung wenig Wirkung auf den beiden Prüfungsstufen Geeignetheit und Erforderlichkeit („kaum nennenswerte verfassungsrechtliche Grenzen"), da insoweit „die legitime und gebotene Zurücknahme verfassungsprozessualer Kontrolldichte über die Figur der Einschätzungsprärogative des Gesetzgebers" dominiere;[846] bei der Prüfung der Verhältnismäßigkeit im engeren Sinne (Übermaßverbot) komme der objektivrechtlichen Richtlinienfunktion jedoch die Aufgabe

---

[840] *Lagodny*, Strafrecht vor den Schranken, S. 144.
[841] *Lagodny*, Strafrecht vor den Schranken, S. 155.
[842] *Lagodny*, Strafrecht vor den Schranken, S. 427.
[843] *Lagodny*, Strafrecht vor den Schranken, S. 511.
[844] *Lagodny*, Strafrecht vor den Schranken, S. 531.
[845] *Lagodny*, Strafrecht vor den Schranken, S. 511 f.
[846] *Lagodny*, Strafrecht vor den Schranken, S. 518.

zu, „Hilfe für die Erhaltung eines Mangels an Kriminalstrafrecht“ zu geben.[847]

Lagodny konkretisiert die Richtlinienfunktion der Grundrechte als „Prinzipienrelation“: „Je gewichtiger das Gemeinwohlinteresse an der Aufstellung einer Verhaltensvorschrift“ sei, „umso eher“ dürfe „zu einem strafrechtlichen Vorwurf gegriffen werden“; er stellt u. a. folgende „`Je-desto´-Relationen“ auf:[848]

- Je mehr sich die Verhaltensvorschrift dem bloßen Verbot „böser Gedanken“ nähere, umso fragwürdiger werde ihre strafrechtliche Sanktionierung.[849]

- Je mehr die Verhaltensvorschrift auf die Verletzung eines sinnlich wahrnehmbaren Handlungsobjektes abstelle, umso leichter falle die Legitimation strafrechtlicher Sanktionierung.[850]

- Je weniger plausibel das Bestehen einer abstrakt-generellen Gefahr für die „Gemeinwohlinteressen“ als Rechtsgut im grundrechtsdogmatischen Sinne sei, umso höher müsse das Gewicht der zu schützenden Rechtsgutsinteressen sein.[851]

- Für das strafbewehrte Verbot abstrakter Gefährdungen gelte: Je höher das zu schützende „Gemeinwohlinteresse“ (Rechtsgut) sei, umso eher dürfe anstelle von Verboten konkreter Gefährdung auf Verbote abstrakter Gefährdung zurückgegriffen werden.[852]

- Je undifferenzierter und „großflächiger“ die zugrundeliegende Verhaltensvorschrift sei, umso größer werde der Legitimationsdruck für eine gerade kriminalstrafrechtliche Sanktionsvorschrift.[853]

- Je weiter sich eine zu schaffende Sanktionsvorschrift vom Erfolgsdelikt entferne, umso eher müsse der Gesetzgeber Umkehr-

---

[847] *Lagodny*, Strafrecht vor den Schranken, S. 519.
[848] *Lagodny*, Strafrecht vor den Schranken, S. 519.
[849] *Lagodny*, Strafrecht vor den Schranken, S. 519.
[850] *Lagodny*, Strafrecht vor den Schranken, S. 519.
[851] *Lagodny*, Strafrecht vor den Schranken, S. 520.
[852] *Lagodny*, Strafrecht vor den Schranken, S. 520.
[853] *Lagodny*, Strafrecht vor den Schranken, S. 520.

verhalten als straf- bzw. vorwurfsbefreiend berücksichtigen (wenn er an der Regelung des § 24 StGB festhalten wolle).[854]

Lagodny schlussfolgert vor diesem Hintergrund, dass aus verfassungsrechtlicher Sicht bei der Schaffung von Strafnormen „viel zulässig" sei,[855] denn das materielle Strafrecht entziehe sich „in nahezu genialer Weise einer verfassungsgerichtlichen Kontrolle".[856] Der Grundsatz, Strafrecht dürfe nur die ultima ratio sein, stelle „eine grundrechtliche Obliegenheit" dar, weil er „gerade nicht verfassungsrechtlich überprüfbar" sei; die sich daraus ergebenden gesetzgeberischen Freiheiten *nicht* auszuschöpfen, sei indes „ein Gebot der Kriminalpolitik".[857]

Insgesamt resümiert *Lagodny*, dass das Verfassungsrecht seinerseits das Strafrecht „letztlich wieder dorthin" verweise, „wo Gesetze gemacht" würden – in die „gesellschaftliche Diskussion", die im Parlament „entschieden" werde; er zieht das abschließende Fazit, dass die „Gesellschaft der Grundrechtsträger" den „Strafrechtsstaat" habe, den sie sich schaffe und damit „im durchaus doppeldeutigen Sinne" verdiene.[858]

3. *Appel*

Appel differenziert in seiner Untersuchung „Verfassung und Strafe"[859] scharf zwischen den verfassungsrechtlichen Grenzen für den Strafgesetzgeber auf der einen Seite und allen rechtspolitischen Ansätzen, der Legislative engere Grenzen zu ziehen, auf der anderen Seite; für ihn bietet die Verfassung keine Grundlage, rechtspolitische Aussagen zu treffen. Das Problem also, „wie viel Strafrecht sinnvoll und politisch wünschenswert" ist, lasse sich „unter Berufung auf das Grundgesetz nicht beantworten".[860]

---

[854] *Lagodny*, Strafrecht vor den Schranken, S. 520.
[855] *Lagodny*, Strafrecht vor den Schranken, S. 532.
[856] *Lagodny*, Strafrecht vor den Schranken, S. 536.
[857] *Lagodny*, Strafrecht vor den Schranken, S. 532.
[858] *Lagodny*, Strafrecht vor den Schranken, S. 541.
[859] So der Titel der Dissertation.
[860] *Appel*, S. 596 f. (Schlussfazit am Ende seiner umfangreichen Untersuchung): „Von den dargelegten verfassungsrechtlichen Grenzen abgesehen ist der Gesetzgeber frei, die von ihm erlassenen (verfassungsgemäßen) Verhaltensnormen mit strafrechtlichen Sanktionsnormen zu bewehren. Die Aussage, strafrechtliche Sanktionsregelungen seien in diesen Grenzen grundsätzlich verfassungsgemäß, beantwortet freilich nicht die Frage, welches Maß an Strafrecht (kriminal-)po-

Im Rahmen der Untersuchung verfassungsrechtlicher Grenzen für den Strafgesetzgeber nimmt *Appel* die übliche Unterscheidung zwischen der Verhaltensnorm und der strafrechtlichen Sanktionsnorm vor, da letztere als „akzessorisches Schutzrecht" eine Verhaltensnorm voraussetze;[861] die Sanktionsnorm unterteilt *Appel* in die Primärsanktion, d. h. den in der strafrechtlichen Verurteilung liegenden „spezifischen Vorhalt der defizitären Einstellung zur Norm" und die Sekundärsanktion, womit er die „Auferlegung des materiellen Übels", also die Verhängung von Freiheits- oder Geldstrafe, bezeichnet.[862]

Das Ziel strafrechtlicher Sanktionsnormen bestehe darin, „im Fall konkreter Normbrüche das Verhältnis des Normbrechers zur Norm und der normsetzenden Instanz durch verbindlichen Vorhalt der defizitären Einstellung des Betroffenen zur Norm wiederherzustellen"; in der strafrechtlichen Primärsanktion liege demzufolge „das eigentlich strafrechtliche Moment" der staatlichen Sanktionsmaßnahmen. In der gesetzgeberischen Androhung einer Primärsanktion zeige sich die maßgebliche Entscheidung für die Strafbewehrung.[863] Die strafrechtliche Primärsanktion beinhalte auch eine „wertende Beurteilung" des „Verhaltens des Betroffenen" mit dem Ziel, „die Diskrepanz zwischen den Anforderungen der desavouierten Norm und dem persönlichen Verhalten des Normunterworfenen aufzuzeigen und diesem gezielt vorzuhalten".[864]

Die konkrete Überprüfung einer Strafnorm am Maßstab der Grundrechte sei auf drei Ebenen erforderlich; hierbei könne die Klärung aller Legitimationsfragen abgeschichtet werden.

Zunächst sei die Verhaltensnorm am Maßstab der jeweils einschlägigen speziellen Freiheitsrechte oder der allgemeinen Handlungsfreiheit zu überprüfen, sodann die strafrechtliche Primärsanktion am Maßstab des

---

litisch wünschbar ist. Darüber, ob ein zu extensiver Einsatz des Strafrechts sinnvoll ist, lässt sich mit guten Argumenten streiten. Dabei geht es doch um eine politische Frage, die auch dem politischen Prozess überantwortet bleiben muss. Die politische Entscheidung über eine Strafbewehrung ist prinzipiell in einem offenen Prozess demokratischer Willensbildung und nicht durch verfassungsrechtliche Deduktion zu treffen. Es ist letzten Endes Sache des demokratisch legitimierten Gesetzgebers, darüber verbindlich zu entscheiden. Die Frage, wie viel Strafrecht sinnvoll und politisch wünschenswert ist, lässt sich unter Berufung auf das Grundgesetz nicht beantworten."

861 *Appel*, S. 559.

862 *Appel*, S. 558.

863 *Appel*, S. 574.

864 *Appel*, S. 575.

allgemeinen Persönlichkeitsrechts (Art. 2 Abs. 1 i. V. m. Art. 1 Abs. 1 GG) und schließlich die Sekundärsanktion am Maßstab von Art. 2 Abs. 2 Satz 1 GG für Freiheits- und Art. 2 Abs. 1 GG für Geldstrafen.[865] Auf allen drei Ebenen der Grundrechtsprüfung verortet *Appel* einen Schwerpunkt bei der Prüfung der Verhältnismäßigkeit.[866] Schließlich seien „im Falle des Einsatzes strafrechtlicher Mittel" die grundgesetzlichen Schranken-Schranken aus Art. 103 Abs. 2 (nulla poena sine lege) und Abs. 3 (ne bis in idem) GG zu beachten,[867] daneben auch Art. 104 Abs. 2 Satz 1 GG (Richtervorbehalt).[868]

Auf der Grundlage dieser Annahmen geht *Appel* auf der ersten Prüfungsebene davon aus, dass prinzipiell in jeder vom Gesetzgeber vorgesehenen Verhaltensnorm das Potenzial einer Freiheitsbeeinträchtigung liegen könne; damit seien Verhaltensnormen per se „strafrechtsneutral" und lediglich, den „allgemeinen verfassungsrechtlichen Grundsätzen" zufolge, „an jenen Grundrechten zu messen, die von ihrem Schutzbereich her" einschlägig seien.[869] Sofern eine Verhaltensnorm verfassungsrechtlich nicht zu beanstanden sei, komme sie aus Gründen der „Normrehabilitierung"[870] prinzipiell auch als „zulässiges Objekt einer Strafbewehrung" in Betracht.[871]

---

865 *Appel*, S. 559.

866 Vgl. für die Verhaltensnorm: *Appel*, S. 571 ff., für die Sanktionsnormen: *Appel*, S. 576 ff.

867 *Appel*, S. 560 ff., insb. S. 568.

868 *Appel*, S. 576.

869 *Appel*, S. 569. „Die grundrechtlichen Grenzen für die Verhaltensnorm gelten unabhängig von einer etwaigen Sanktionsbewehrung, mag sie strafrechtlicher oder sonstiger Art sein. Die Legitimationsanforderungen an die Verhaltensanforderung ändern sich aus verfassungsrechtlicher Sicht nicht dadurch, dass ihr eine Sanktionsandrohung beigefügt wird. Dies gilt auch dann, wenn die Verhaltensnorm – ausnahmsweise – nicht schon außerhalb der strafrechtlichen Vorschriften geregelt ist, sondern im Wege der Auslegung aus den Straftatbeständen gewonnen werden muss. Auch in diesem Fall liegt eine Verhaltensnorm vor, die isoliert auf ihre Verfassungsmäßigkeit hin zu überprüfen ist" (*Appel*, ebenda).

870 *Appel*, S. 577: „Sieht der Gesetzgeber eine Verhaltensnorm vor, die ihrerseits verfassungsgemäß ist, hat er im Grundsatz auch ein legitimes, verfassungsrechtlich zulässiges Interesse daran, die Verletzung dieser Norm in einem speziell dafür vorgesehenen Verfahren festzustellen und die Norm nach Möglichkeit zu rehabilitieren. Die Art und Weise dieser Feststellung und das Verfahren, das der Normrehabilitierung dient, müssen (...) ihrerseits in einem angemessenen Verhältnis zu eben diesem Zweck stehen."

871 *Appel*, S. 573.

Dem Gedanken des Rechtsgüterschutzes weist *Appel* in diesem Zusammenhang ausdrücklich keine hervorgehobene Bedeutung zu; aus verfassungsrechtlicher Sicht handele es sich um eine Selbstverständlichkeit, dass „(strafbewehrte) Verhaltensnormen stets dem Rechtsgüterschutz" zu dienen hätten.[872]

Die verfassungsrechtliche Auseinandersetzung mit dem insbesondere in der Strafrechtswissenschaft diskutierten Problem der abstrakten Gefährdungsdelikte verortet *Appel* bereits auf dieser ersten Ebene, der Verhaltensnormprüfung; hierbei tritt er der kritischen Haltung „der Strafrechtslehre" zur Expansion dieser Deliktsform angesichts der dem Strafrecht „zugedachten Schutzfunktion für Verhaltensnormen" und den „Vorzeichen von Prävention und Vorsorge" wegen der in diesem Zusammenhang „positiven Funktion und Bedeutung abstrakter Gefährdungsdelikte" nicht bei.[873]

---

[872] *Appel*, S. 572: „Wenn im übrigen aus strafrechtlicher Sicht gefordert wird, dass (strafbewehrte) Verhaltensnormen stets dem Rechtsgüterschutz dienen müssten, wird damit aus verfassungsrechtlicher Sicht eine Selbstverständlichkeit bezeichnet. Jede Verhaltensnorm, die in Grundrechte eingreift, muss – den Anforderungen des Verhältnismäßigkeitsgrundsatzes entsprechend – einem nach der Verfassung zulässigen Zweck dienen. Tut sie dies nicht oder ist – was freilich kaum vorstellbar erscheint – überhaupt kein Zweck ersichtlich, dem die Verhaltensnorm dienen könnte, steht sie bereits aus diesem Grund im Widerspruch zur Verfassung."

[873] *Appel.*, S. 572 f.: „Unter den Vorzeichen von Prävention und Vorsorge ist – insbesondere im Umweltrecht – die Normierung von Verhaltensanforderungen möglich und verfassungsrechtlich zulässig, die an einen bloßen Verdacht oder lediglich vermutete Risiken anknüpfen. Damit soll gerade auch solchen Risiken begegnet werden können, die aufgrund vorhandener Ungewissheit über Ursache-Wirkungs-Beziehungen oder über die Gefährdung von Rechtsgütern unbekannt oder nicht genau einschätzbar sind. Diese Normen müssen für sich genommen auf ihre Verfassungsmäßigkeit und insbesondere ihre Verhältnismäßigkeit überprüft werden. Sind sie verfassungsrechtlich haltbar, kommen sie auch als zulässiges Objekt einer Strafbewehrung in Betracht. Insofern ist auch die Entwicklung hin zu einem verstärkten Einsatz abstrakter Gefährdungsdelikte im Strafrecht zu einem guten Teil zwangsläufig und nicht zu verhindern, wenn das Strafrecht die ihm zugedachte Schutzfunktion für Verhaltensnormen (weiterhin) wahrnehmen soll. Auch dies zeigt sich besonders deutlich im Bereich des Umweltschutzes. Hier muss das Recht mit seinen Verhaltensnormen (auch) den Schutz der allgemeinen medialen Voraussetzungen für die Ausübung individueller Freiheiten in den Blick nehmen, wenn es – im Endeffekt – einen ausreichenden Schutz der individuellen Freiheiten gewähren will. Soll das Strafrecht zu diesem Schutz beitragen, ist dieser in vielen Fällen nur in der Form von abstrakten Gefährdungsdelikten oder gar 'Vorsorgemangeldelikten' - für den Fall der

Auf der zweiten Prüfungsebene erfolgt nach *Appel* die Kontrolle der Anforderungen an die Primärsanktion bzw. der Primärsanktionsnorm; im Rahmen der Verhältnismäßigkeitsprüfung habe die Untersuchung hinsichtlich der Kriterien „*zulässiger Zweck*", „*Geeignetheit*", „*Erforderlichkeit*" und „*Verhältnismäßigkeit i. e. S.*" zu erfolgen.

Die strafrechtliche Primärsanktion(snorm) verfolge dann einen *zulässigen Zweck*, wenn sie erstens überhaupt auf eine Verhaltensnorm bezogen sei, zweitens ausschließlich eine Antwort auf die Desavouierung der konkret in Bezug genommenen Verhaltensnorm darstelle und schließlich drittens ihrerseits keine Rehabilitierung einer verfassungswidrigen Verhaltensnorm bezwecke.[874]

Sofern die strafrechtliche Primärsanktionsnorm einen zulässigen Zweck verfolge, sei sie in der Regel auch *geeignet*, dem Zweck der Normrehabilitierung zu dienen; Ausnahmen bildeten lediglich die Fälle, in denen die in Bezug genommene Verhaltensnorm wegen faktischer Nichtgeltung normrehabilitierungsuntauglich sei (Verhaltensnorm gilt nicht mehr oder ihre Nichtbefolgung ist in der sozialen Wirklichkeit der Regelfall).[875]

Der traditionell im Zusammenhang mit der Erörterung der *Erforderlichkeit* einer strafrechtlichen Sanktionsnorm gestellten Frage nach dem „milderen Mittel" erteilt *Appel* schon vom Ansatz her eine Absage; dies beruhe auf der mangelnden praktischen Umsetzbarkeit des Ultima-Ratio-Prinzips. Ausgehend von der Überlegung, dass die Primärsanktion stets das allgemeine Persönlichkeitsrecht betreffe, die Sekundärsanktion aber die Freiheit bzw. allgemeine Handlungsfreiheit einer Person, sei der anzulegende Maßstab hinsichtlich der Eingriffsintensität beim Vergleich der Sanktionen (z. B. Kriminalrecht und Ordnungswidrigkeitenrecht) unklar: Gemessen an der Primärsanktion sei Strafe (bzw. ihre Androhung) in aller Regel der intensivste aller Eingriffe; gemessen an der Sekundärsanktion „geringe Geldstrafe" könne dies gegenüber „umfassenden präventiven Kontrollsystemen" oder „hohen

---

Nichteinhaltung der geforderten umweltrechtlichen Vorsorge noch im Vorfeld einer (abstrakten) Gefährdung – fassbar. Hält man sich diese sachbereichsspezifische positive Funktion und Bedeutung der abstrakten Gefährdungsdelikte vor Augen, erscheint die Kritik am expandierenden Rückgriff auf diesen Deliktstypus als zu undifferenziert und teilweise überzogen."

[874] *Appel*, S. 577 ff., erläutert die Zweckmäßigkeitsprüfung eingehend.

[875] *Appel*, S. 579 f.

Geldbußen" ganz anders zu beurteilen sein.[876] Vor diesem Hintergrund ist *Appel* zufolge das Ultima-Ratio-Prinzip als „verbindlicher rechtlicher Grundsatz zur Begrenzung des Strafrechts nicht handhabbar"; ihm komme daher „allenfalls die Bedeutung eines kriminalpolitischen Postulats" zu.[877] Bezogen auf die Erforderlichkeitsprüfung einer Strafnorm hebt *Appel* hervor, dass es an dieser Stelle vordringlich um die Frage der Widerspruchsfreiheit der Strafnorm im „Gesamtkonzept des Gesetzgebers" gehe; dieser müsse sein „strafrechtliches Gesamtkonzept auf Widerspruchsfreiheit und – in engen Grenzen – auch auf Stimmigkeit überprüfen lassen".[878] Eine Prüfung von „Rationalität und Plausibilität" der gesetzgeberischen Entscheidung beinhalte beispielsweise die Erörterung, ob der Gesetzgeber das „relevante empirische Material" herangezogen, sorgfältig ausgewertet und die Ergebnisse maßvoll in das bereits vorhandene Sanktionensystem integriert habe.[879]

Auf der letzten Ebene der Überprüfung der verfassungsrechtlichen Anforderungen an die primäre Sanktionsnorm erfordere das Übermaßverbot (Verhältnismäßigkeit i. e. S.) die „Abwägung der durch die Strafbewehrung bewirkten Grundrechtsbeeinträchtigungen einerseits und dem Gewinn an Normstabilität durch Normrehabilitierung andererseits"; Maßstab sei die „unangemessene Beeinträchtigung der Rechte der Betroffenen", wobei diese Stufe der Verhältnismäßigkeitsprüfung in weitem Maße offen sei, weshalb sich generelle Aussagen zu verfassungsrechtlichen Grenzen für den Gesetzgeber verböten.[880]

Gegenüber den verfassungsrechtlichen Anforderungen an die strafrechtliche Primärsanktion stehen die theoretischen und praktischen Vorgaben an die korrespondierende, auf der Ebene der Einzelfallentscheidung angesiedelte Sekundärsanktion ersichtlich nicht im Zentrum der Überlegungen *Appels*. Maßgeblich sei in diesem Konzept – neben Selbstverständlichkeiten wie dem Verbot der Todesstrafe (Art. 102 GG) oder erniedrigender und grausamer Strafen –, dass der rechtliche und tatsächliche Rahmen für einzelfallbezogenes, schuldangemessenes Strafen gegeben sei, in dessen Zentrum nur die Normrehabilitation sowie der „damit verbundene symbolische Ausgleich des erlangten `Freiheitsvor-

---

[876] *Appel*, S. 539 ff., 543 f.
[877] *Appel*, S. 546.
[878] *Appel*, S. 581.
[879] *Appel*, S. 588.
[880] *Appel*, S. 582.

teils'" stünden und keine „darüber hinausgehenden präventiven Zwecke" verfolgt würden.[881]

4. *Stächelin*

Stächelin wendet sich ebenfalls der Thematik einer möglichen Limitierung der staatlichen Strafgewalt anhand des Grundgesetzes in seiner Untersuchung über „Strafgesetzgebung im Verfassungsstaat" zu.[882]

Er untersucht in diesem Zusammenhang die Frage, welche Rolle der sog. *informelle Gesetzgeber* („Ministerialbürokratie", „Parteipolitik", „öffentliche Meinung" etc.) für den Grundsatz der Gewaltenteilung spielt;[883] *Stächelin* zieht das Fazit, dass „die allgemeine Gesetzgebung in bedenklichem Maße durch Lobbyismus" beeinflusst sei.[884] Speziell die Prägung des Strafgesetzgebungsprozesses falle durch den Einfluss bestimmter gesellschaftlicher Gruppen neben dem parlamentarischen Gesetzgeber nachhaltig aus.[885] Hierbei drohe die „parteipolitische Orientierung des formellen und informellen Gesetzgebers" in den Vordergrund zu treten; die Gefahr bestehe zudem in der „Instrumentalisierung der Strafgesetzgebung mit dem Ziel wahltaktischer Darstellung eigener Problemlösungskompetenz",[886] nicht selten mit Hilfe der Medien („politisch-publizistischer Verstärkerkreislauf"[887]); zudem fehle es in der Strafgesetzgebung wegen des zumeist „einseitigen Lobbyismus'"[888] am ausgleichenden „Input von Partikularinteressen", was „mit Blick auf ein reflexives Moment innerhalb des Strafgesetzgebungsverfahrens nach dem geltenden Modell der Berücksichtigung externen Sachverstandes" nicht ausgeglichen werde.[889]

Vor dem Hintergrund dieser kritischen Einschätzung analysiert *Stächelin* die Inhalte der die Anforderungen an eine verfassungsgemäße Straf-

---

[881] *Appel*, S. 591 ff.
[882] So der Titel der Dissertation.
[883] *Stächelin*, S. 268 ff.
[884] *Stächelin*, S. 283.
[885] *Stächelin*, S. 292.
[886] *Stächelin*, S. 292 f.
[887] Hierzu *Stächelin*, S. 274 f.
[888] Hierzu im einzelnen *Stächelin*, S. 282 ff.; beispielsweise sei es prinzipiell kaum vorstellbar, dass der Einfluss der Lobbygruppe „Opfergruppen" durch eine solche der potenziellen Täter beschränkt werde.
[889] *Stächelin*, S. 283.

gesetzgebung maßgeblich tragenden Begriffe Rechtsgut, Verhältnismäßigkeit, Bestimmtheit und Schuldprinzip.

Anders als *Appel* und *Lagodny* bekennt sich *Stächelin* zum Rechtsgutsbegriff als echtem strafrechtsbegrenzendem Konzept,[890] wobei er zur von ihm vertretenen personalen Rechtsgutslehre verfassungsrechtliche Bezüge knüpft;[891] *Stächelins* Auffassung zufolge legten Art. 1 Abs. 1 GG in Verbindung mit Art. 79 Abs. 3 GG (sog. Ewigkeitsgarantie) und das besondere historische Erbe des Grundgesetzes nach der Zeit des Nationalsozialismus' nahe, dass die „grundgesetzliche Wertordnung" die „Person und ihre Interessen in den Vordergrund" stelle und damit „den sozialen Wert der Institutionen als Vergegenständlichung kollektiver Interessen" relativiere.[892] Das systemkritische Potenzial liege „in der Verallgemeinerung der wertenden Kriterien, welche die Zuweisung eines menschlichen Interesses zu den rechtlich oder sogar strafrechtlich schutzwürdigen Gütern" begründen könne; ein in die „bestehenden Festlegungen rechtlicher Werthierarchien" eingebundenes Rechtsgutskonzept begrenze „die Strafgesetzgebungsfreiheit auf die Umsetzung dieser Werthierarchien auch im Bereich strafrechtlicher Verhaltensnormen".[893] Für *Stächelin* ist auf der Grundlage der personalen Rechtsgutslehre die Beeinträchtigung „jeweils mit Blick auf das fundamentale Strafrechtsgut zu formulieren"; der „strafrechtliche Güterschutz" müsse zudem „radikal begrenzt werden", bis „eine Art Kernstrafrecht" übrig bliebe.[894]

Im Rahmen der Erörterung der grundrechtlichen Maßstäbe für die Strafgesetzgebung legt *Stächelin* fest, dass der Schutzbereich für die verfassungsrechtliche Überprüfung von Strafnormen durch die speziellen Freiheitsgrundrechte (wie Art 5 Abs. 1 oder Art. 8 Abs. 1 GG) und die „allgemeine Freiheitsgewährleistung" (Art. 2 Abs. 1 GG) eröffnet sein könne, daneben auch durch den Gleichheitssatz (Art. 3 Abs. 1 GG).[895] Der Eingriff in diese Grundrechte erfolge bereits durch die vom Gesetzgeber aufgestellte *strafbewehrte* Verhaltensnorm und die (anschließende) Sanktion selbst, wenn diese auch durch die in den Grundrechten manifestierten Schranken (z. B. in Art 11 Abs. 2 oder Art. 13

---

[890] *Stächelin*, S. 99 f.
[891] *Stächelin*, S. 80 ff.
[892] *Stächelin*, S. 84 ff.
[893] *Stächelin*, S. 99.
[894] *Stächelin*, S. 91 f., 100.
[895] *Stächelin*, S. 107 ff.

Abs. 3 GG) gerechtfertigt sein könnten.[896] Schranken-Schranken ergäben sich aus Art. 19 Abs. 1 und Abs. 2 GG (Verbot von Einzelfallgesetzen, Zitiergebot, Wesensgehaltgarantie), Art. 103 Abs. 2 und Art. 104 Abs. 1 Satz 1 GG sowie dem Verhältnismäßigkeitsprinzip.

Verfolge der Gesetzgeber mit dem „weitgehend frei gewählten“ Zweck ein legitimes, im Einklang mit „verfassungsrechtlichen Vorgaben“ stehendes Anliegen,[897] setze die eigentliche dreistufige Verhältnismäßigkeitsprüfung (Geeignetheit, Erforderlichkeit, Übermaßverbot) ein.[898]

Zur ersten Prüfstufe rekapituliert *Stächelin* die Rechtsprechung des Bundesverfassungsgerichts, nach der der Einsatz des Strafrechts dann geeignet sei, wenn man der betreffenden Norm nur irgendeine Funktion zur Erreichung des Rechtsgüterschutzes nicht „schlechterdings absprechen“ kann.[899] Diesem Ansatz begegnet er vor dem Hintergrund der fehlenden empirischen Beweise zur Eignung von Strafnormen skeptisch und erteilt der „spekulativen These, dass ohne Strafrecht alles noch schlimmer sein könnte“, als Maßstab der Geeignetheitsprüfung eine Absage.[900]

Der im Rahmen der Erforderlichkeitsprüfung im Zentrum stehenden Frage nach dem „anderen, gleich wirksamen, aber das Grundrecht nicht oder weniger fühlbar einschränkenden“ Mittel räumt *Stächelin* den größten Raum ein.[901] Er wendet sich gegen den seiner Auffassung nach auch vom Strafgesetzgeber vertretenen „naiven Glauben des 'viel hilft viel'“[902] und setzt sich umfangreich mit alternativen Modellen der Reaktion auf Konflikte auseinander, sowohl mit rechtlichen (de lege lata und de lege ferenda), als auch mit nichtrechtlichen Lösungsansätzen. *Stächelin* nennt z. B. Vertragsstrafen, punitive damages, steuer-, abgaben- und ordnungswidrigkeitenrechtliche Lösungsansätze oder auch Aspekte der technischen Prävention etc.;[903] er resümiert, dass bei der Suche nach dem mildesten Mittel „unterkomplexe Effektivitätsbegriffe“

---

[896] *Stächelin*, S. 110 ff.
[897] *Stächelin*, S. 120.
[898] *Stächelin*, S. 123 ff.
[899] *Stächelin*, S. 123, mit weit. Nachw.
[900] *Stächelin*, S. 126: „Strafgesetzgebung erfolgt bis heute weitgehend intuitiv und ohne präzise Kenntnisse von Wirkungszusammenhängen.“
[901] *Stächelin*, S. 126 ff. (Zitat auf S. 127 mit weit. Nachw. zur Rechtsprechung des Bundesverfassungsgerichts).
[902] *Stächelin*, S. 128.
[903] *Stächelin*, S. S. 12 ff. und S. 137 ff.

sowie das Vorurteil „über die gesellschaftliche Steuerungskompetenz des Strafrechts einerseits“ sowie die Vorstellung der „unter Umständen nur scheinbaren Grundrechtsschonung außerstrafrechtlicher und experimenteller strafrechtlicher Mittel andererseits“ vermieden werden sollten.[904]

Die „sachbezogene Konkretisierung des Übermaßverbotsmaßstabes“ ergebe sich aus der Kombination einer vom Gesetzgeber zum Zweck des Rechtsgüterschutzes aufgestellten Verhaltensnorm mit dem Einsatz von Strafrecht, also der „Wahl der ultima ratio der rechtlichen Maßnahmen als Mittel“.[905] Der daraus entstehende „Bedarf an wertender Klassifizierung der Güter, deren Schutz durch gerade das Strafrecht als angemessenes, proportionales und nicht übermäßiges Mittel“ legitim sei, werde bei der Übermaßprüfung wiederum durch die „personale (Straf-) Rechtsgüterlehre“ gedeckt;[906] *Stächelin* verweist auf die Begründungen zu diesem Konzept und schlussfolgert, dass insofern bei der Übermaßprüfung „eine bislang weitestgehend verkannte Schnittstelle zwischen grund- und verfassungsrechtlicher Theoriebildung beziehungsweise Dogmatik und strafrechtlichem Prinzipiendenken“ zu verorten sei.[907]

Eine über den Erkenntniswert der personalen Rechtsgutslehre hinausreichende Aufgabe eines materiellen „Straftatbegriffes“ oder eines materiellen „Sozialschädlichkeitsvorbehalts“ zieht *Stächelin* demgegenüber in Zweifel.[908] *Stächelins* „Strategien zur Verbesserung der Strafgesetzgebung“[909] liegen daher überwiegend auf der Seite des Strafgesetzgebungsverfahrens („Wissenschaftliche Politikberatung“, „Stärkung der diskursiven Momente“, „Vermehrung der Begründungspflichten“, „Gesetzgebungswettbewerb“, „Transparenz“, „Stetigkeit“ etc.).[910] Insgesamt zieht *Stächelin* das Fazit, dass es „einer Sensibilisierung der Öffentlichkeit für die freiheitszuteilende Bedeutung des Strafrechts“ sowie einer „allgemeinverständlichen Aufklärung über den aktuellen Stil der Gesetzgebung“ bedarf.

---

[904] *Stächelin*, S. 165.
[905] *Stächelin*, S. 162.
[906] *Stächelin*, S. 163.
[907] *Stächelin*, S. 166.
[908] *Stächelin*, S. 319 ff.
[909] *Stächelin*, S. 317.
[910] *Stächelin*, S. 324 ff.

5. Würdigung

Die vier groß angelegten Untersuchungen zum Verhältnis Strafrecht und Verfassungsrecht erörtern das Verhältnismäßigkeitsprinzip im Zusammenhang mit der Strafgesetzgebung auf den einzelnen drei Stufen differenzierter als das Bundesverfassungsgericht. Allerdings bieten die Ausführungen im Ergebnis für die Begrenzung des Strafrechts oder gar die Definition eines materiellen Verbrechensbegriffs auf der Basis des Grundgesetzes wenig Konkretes.

Alle Autoren sind sich einig, dass das Bundesverfassungsgericht einen weiten Beurteilungsspielraum hat, stellen diese Diagnose in den dogmatischen Gesamtzusammenhang, kritisieren diese Rahmenbedingungen, bestätigen in der Sache das Vorgehen des Bundesverfassungsgerichts und entwickeln kein kritisches Gegenmodell.

Paulduros Schlussfolgerung, in der Entscheidungspraxis des Bundesverfassungsgerichts deute sich eine Herangehensweise „in favore boni iuris individualis" an, kann jedenfalls aus den angegebenen Entscheidungen kaum hergeleitet werden.[911] In beiden Fällen hat das Gericht keinen Verstoß gegen das Übermaßverbot festgestellt, sondern zum einen (§ 90a StGB – BVerfGE 12, 296) eine Verletzung des Parteienprivilegs (Art. 21 Abs. 2 Satz 2 GG), zum anderen (§ 366 Nr. 10 StGB – BVerfGE 23, 265) einen Verstoß gegen die Vorgaben aus Art. 103 Abs. 2 GG. Vor dem Hintergrund ihrer eigenen Diagnose der faktischen Wirkungslosigkeit der Überprüfung strafgesetzgeberischen Beurteilungsspielraums durch das Bundesverfassungsgericht ist jedoch insbesondere die Schlussfolgerung anzuzweifeln, dass eine auf dem Rechtsgutsprinzip basierende Übermaßprüfung des Bundesverfassungsgerichts dem Gesetzgeber genügend begrenzende Anhaltspunkte bieten würde. Insofern wirken die Ausführungen nicht konsequent.

Stächelin bürdet dem personalen Rechtsgutsbegriff im Ergebnis ebenfalls alles kritische Potenzial auf, das einem materiellen Verbrechensbegriff immanent sein könnte; er lehnt weitergehende Erkenntnisse aus einem materiellen „Straftatbegriff" ab und sucht das Mittel gegen eine sich permanent ausdehnende Strafgesetzgebung im gesetzgeberischen *Prozess*. Da aber – wie oben ausgeführt[912] – auch der personalen

[911] Darauf weist schon *Krüger*, S. 88, hin.
[912] Vgl. oben Teil 1 II. B. 8.

Rechtsgutslehre kein kritisches Potenzial immanent ist, führt *Stächelins* Ansatz an dieser Stelle kaum weiter.

Auch *Lagodny* hält sich inhaltlich stark zurück. Seine „Richtlinienfunktion der Grundrechte" mündet in eine „Je-desto"-Semantik, die als eine Art Schaukeltechnik des gesunden kriminalpolitischen Menschenverstandes lediglich das abbildet, was in der strafrechtlichen Diskussion schon seit langem als „kritisches Potenzial" vorhanden ist.[913] Vor diesem Hintergrund verpufft seine couragierte und zu begrüßende Haltung gegen den fehlenden Wert eines systemtranszendenten Rechtsgutsbegriffes. Letzten Endes gelangt über eine vage „Richtlinienfunktion" der Grundrechte wieder all das Relative in das Strafrechtssystem hinein, was durch die (eigentliche) Absage an den Rechtsgutsbegriff zunächst eliminiert zu sein schien.

Appel bietet ebenfalls keinen Schritt in Richtung eines verfassungsorientierten materiellen Verbrechensbegriffes an; er lehnt jedoch zumindest den Rechtsgutsbegriff als eigenständigen Begrenzungstopos nachvollziehbar ab und bleibt auch dabei. *Appel* erarbeitet eine streng dogmatische Grundrechtsanalyse und macht an den neuralgischen Punkten klar, wo es aus seiner Sicht um Fragestellungen der Dogmatik und solche der Kriminalpolitik geht. Damit offenbart er am klarsten die positiv-rechtliche Ausgangssituation. Soweit die erklärte Distanz zur Kriminalpolitik konsequent gewahrt bleibt, ist seine Untersuchung in sich schlüssig; *Appels* Schwäche ist eher, dass er von Anfang an erst gar nicht den Versuch unternimmt, neue kriminalpolitische Begrenzungslinien aus der Verfassung *zu entwickeln.*

---

[913] Vgl. auch *Sternberg-Lieben*, Freiheit des Strafgesetzgebers, S. 65 (70), der eine ähnliche „Je-desto"-Relation vertritt, dabei aber hervorhebt, diese stelle eine „alles andere als trennscharfe 'Handlungsanleitung'" dar.

D. Verhältnismäßigkeitsprinzip als mögliches materielles Begrenzungskonzept im Strafrecht?

Dem Grundsatz der Verhältnismäßigkeit wird als „Verfassungsbegriff“[914] eine „gesetzesbrechende Kraft“ zugeschrieben; insofern sei dieses Prinzip „tendenziell starker Verbündeter eines liberalen Strafrechts“.[915]

Die Analyse der Rechtsprechung des Bundesverfassungsgerichts und der einschlägigen Literatur zeigt jedoch, dass, wie *Hassemer* feststellt, „Prinzip und Praxis beim Grundsatz der Verhältnismäßigkeit nicht gut übereinkommen“, ein Schicksal, das der Grundsatz mit anderen „fundamentalen Konzepten einer Rechtsordnung“ teile.[916]

Alle drei Ebenen der Verhältnismäßigkeitsprüfung weisen mindestens eine Sollbruchstelle auf, die dazu führt, dass die praktische Bedeutung jeder einzelnen Ebene als strenges Kriterium bei der Suche nach materiellen Begrenzungsmustern für strafgesetzgeberisches Handeln gering ist.

1. Geeignetheit

Darüber, ob eine Strafnorm für die Erreichung eines gesetzgeberischen Zieles geeignet ist, kann erst dann eine Aussage getroffen werden, wenn über die Funktion des Strafrechts Klarheit besteht. Genau dies ist aber in einer nach wie vor umstrittenen Gemengelage aus Aspekten des Freiheits- und Rechtsgüterschutzes, der positiven (oder negativen) General- und Spezialprävention, der Repression und ihrem Verhältnis zueinander immer noch unklar.[917] Folglich können je nach Bedarf alle Topoi in unterschiedlicher Schwerpunktsetzung herangezogen werden, um eine Strafnorm als für alle möglichen Ziele geeignet zu legitimieren.

---

[914] *Hassemer*, Verhältnismäßigkeitsprinzip, S. 121.
[915] *Neumann*, Verhältnismäßigkeitsprinzip, S. 128.
[916] *Hassemer*, Verhältnismäßigkeitsprinzip, S. 121 (125).
[917] Vgl. auch *Hassemer*, Verhältnismäßigkeitsprinzip, S. 121 (122): „Die Konzepte, mit denen die Strafrechtswissenschaft die Tauglichkeit des Strafrechts beurteilt, und deren Relationen zu den jeweiligen Zielbestimmungen des Strafrechts sind immer noch unklar und schwebend.“

2. Erforderlichkeit: das Mildere-Mittel-Dilemma

Die Frage nach der Erforderlichkeit jeder neuen Strafnorm wirft die Frage nach dem milderen Mittel und damit die praktische Handhabbarkeit des Ultima-Ratio-Grundsatzes auf. Der impliziten Aufforderung zur „phantasievollen Suche nach Alternativen zu strafrechtlichen Eingriffen“[918] kommt die Legislative jedoch noch nicht einmal ansatzweise nach.[919] Dabei lassen sich zahlreiche Alternativen zu Strafrecht denken und zwar sowohl rechtssystemimmanent als auch außerrechtlich. Die Frage, welche Alternative eine geringere, gleiche oder gar größere Beschwer für den Betroffenen bedeutet, eröffnet wiederum ein Argumentationsuniversum.

Ob nur die Strafe oder auch die Strafandrohung in den Gedankengang einzubeziehen ist,[920] bedarf ebenso einer Antwort wie die Frage, ob beispielsweise eine auf Bewährung ausgesetzte Freiheitsstrafe schwerer wiegt als eine extrem hohe Geldbuße. Abgesehen davon kann beispielsweise auch der soziale Druck eines Konzepts von Nachbarschaftsgerichtsbarkeit gegenüber einem formalisierten Strafprozess (mit Strafbefehlsverfahren) durchaus als unangenehmer empfunden werden. Ungeklärt ist ebenfalls, inwieweit bei der Suche nach dem milderen Mittel der Schutz der Betroffenen durch die Garantie strafrechtlicher Verfahrensgrundsätze eine Rolle spielt.

Die Fragenkette ließe sich beliebig erweitern,[921] wobei ein ausnahmsloser Vorrang nicht-strafrechtlicher Instrumente als „kaum begründbar“ gilt.[922] Dies führte schlussendlich zu einem Koordinatensystem mit den ausgesprochen ausladenden x- und y-Achsen „Alternativen“ und „Be-

---

918 *Hassemer*, Verhältnismäßigkeitsprinzip, S. 121 (122).

919 *Wohlers*, Ultima ratio, S. 54 (58): „...in der Praxis der Strafgesetzgebung keinen erkennbaren Stellenwert...“

920 Vgl. *Böse*, S. 89 (94 f.).

921 Vgl. auch *Bunzel*, S. 96 (115): „Wann stellt jedoch der Strafeinsatz ein gegenüber anderen Interventionsmitteln eingriffsintensiveres Mittel bei gleicher Eignung hinsichtlich des avisierten Zweckes dar? Immer? Immer dann, wenn der Einzelne die Sanktion als das intensivere Übel empfindet? Oder nur dann, wenn die Gesellschaft in einem Abwägungsvorgang das strafrechtliche Sanktionspotenzial als eingriffsintensiver erkennt? Doch welche objektivierbaren Maßstäbe sind dann im Rahmen dieses Abwägungsvorgangs zu berücksichtigen und wie sind diese überhaupt begründbar, wenn die Strafbelastung ein primär subjektives Empfinden ist? Die Antworten auf diese Fragen bleiben Dogmatik und Empirie seit Begründung der modernen Strafrechtswissenschaft schuldig.“

922 Vgl. auch *Böse*, S. 89 (95).

schwer". Damit sind die Anforderungen an eine ernst genommene Erforderlichkeitsprüfung so groß, dass der Gesetzgeber es vorzieht sich auf formelhaftes Argumentieren zurückzuziehen. Ihm bleibt praktisch auch keine andere Wahl, wenn er dieses „abwägungsrechtliche Dilemma"[923] umgehen und einen Kriminalisierungsprozess überhaupt in einem adäquaten Zeitfenster abschließen will.[924] Dass der Ultima-Ratio-Grundsatz vor diesem Hintergrund immer noch als Grenze behauptet[925] und Strafrecht nach wie vor „als letzte Verteidigungslinie des Rechts"[926] begriffen wird, ist eher Restbestandteil eines tradierten rechtsstaatlichen Argumentationsreflexes.

3. Verhältnismäßigkeit im engeren Sinn

a. Kritische Übermaßprüfung durch das „Prinzip des überwiegenden Interesses"?

Nach dem Prinzip des überwiegenden Interesses soll der Gesetzgeber eine Abwägung zwischen den durch das Strafrecht geschützten Rechtsgütern und den unmittelbaren oder mittelbaren rechtsgutsbeeinträchtigenden Wirkungen der Strafdrohung vornehmen.[927] Dies empirisch nachzuprüfen, ist nahezu unmöglich, denn in Anwendung des Grundsatzes kommen in erster Linie politische Beweggründe zum Tragen, schon weil der immer noch „heftig umstrittene"[928] Rechtsgutsbegriff selbst für allerlei rechtspolitische Intentionen weit geöffnet ist, abhängig vom jeweiligen Standpunkt der Legislative. Das „Prinzip des überwiegenden Interesses" reiht sich damit in die Abwägungsschaukeltechnik auf der Grundlage des intuitiv-offenen Sozialschädlichkeitsansatzes ein. Es entwickelt als ein den Strafgesetzgeber abstrakt-generell begrenzendes Kriterium keine Wirkung.

---

923 *Bunzel*, S. 96 (115).
924 Konsequenterweise heißt es in Gesetzesbegründungen unter dem Punkt Alternativen regelmäßig schlicht: „Keine".
925 Statt Vieler SK-StGB (*Rudolphi*), Vor § 1 Rn 14.
926 *Sternberg-Lieben*, Freiheit des Strafgesetzgebers, S. 65 (77).
927 Hierzu SK-StGB (*Rudolphi*), Vor § 1 Rn 15.
928 SK-StGB (*Rudolphi*), Vor § 1 Rn 3.

b. Kritische Übermaßprüfung ohne materiellen Verbrechensbegriff?

Dass das Bundesverfassungsgericht die gesetzgeberische Entscheidung, ein bestimmtes Verhalten unter Strafe zu stellen, prinzipiell als zumutbar zu bewerten scheint, liegt vor allem daran, dass bislang keine Verständigung über einen materiellen Verbrechensbegriff gelungen ist. Die Übermaßprüfung hängt jedoch davon ab, denn ohne materiellen Verbrechensbegriff fehlt ihr der klare Maßstab. Diese inhaltliche Verzahnung von „strafrechtlicher Verhältnismäßigkeitsprüfung" und „zugrunde gelegtem Verbrechensbegriff" hat zur Folge,[929] dass das eine (die Prüfung) ohne das andere (einen klaren Maßstab) zwangsläufig zu unbefriedigenden und beliebig erscheinenden Ergebnissen führen muss.[930]

4. Fazit: Praktisch kaum materiell begrenzendes Potenzial des Verhältnismäßigkeitsprinzips

Bei den gegenwärtigen Rahmenbedingungen kann dem Verhältnismäßigkeitsprinzip gar keine hinreichend klare materielle Richtlinienfunktion für den Strafgesetzgeber zukommen. Das Fehlen eines limitierenden materiellen Verbrechensbegriffs ist eine wesentliche Ursache für diesen Missstand. In diesem Zusammenhang ist auch festzuhalten, dass das Bekenntnis, Strafrecht müsse „ultima ratio" des gesetzgeberischen Handelns sein,[931] zwar als „Allgemeingut der modernen Strafrechtstheo-

---

[929] *Neumann*, Verhältnismäßigkeitsprinzip, S. 128 (134).

[930] *Seher*, Aporien, S. 70 (77), hat sich speziell zum Verhältnis von Subsidiaritätsgrundsatz und Strafwürdigkeit geäußert: „Damit gelangt die Suche nach dem Gehalt des Subsidiaritätsgedankens gerade an die Stelle, die durch dessen übliche Fassung vorab ausgeschlossen worden war: wann Strafe geboten ist, ist eine Frage der Strafwürdigkeit eines Verhaltensnormverstoßes. (...) Dieser Zwischenbefund weckt erhebliches Unbehagen, denn mit der Strafwürdigkeit scheint die alte Diskussion um einen materiellen Straftatbegriff ins Spiel zu kommen. Das mag auf den ersten Blick überraschen, denn diese Diskussion wird im Kontext der Strafnormbegründung geführt, während das Subsidiaritätsprinzip strafnormbegrenzender Perspektive entstammt. Daran zeigt sich aber nur, dass Begründung und Begrenzung von Strafnormen zwei Seiten derselben Medaille sind."

[931] *Hassemer*, Verhältnismäßigkeitsprinzip, S. 121 (125).

rie"[932] theoretisch anerkannt, praktisch indes fast bedeutungslos geworden ist.[933]

E. Verhältnismäßigkeitsprinzip als Ordnungsbegriff

Der Verhältnismäßigkeitsgrundsatz erlangt eher auf kriminalpolitischer Ebene als ordnender Argumentationstopos Bedeutung; in diesem Zusammenhang scheint er die Funktion eines Sammelbegriffs zu übernehmen, um die an Schlagworten reiche Diskussion zu kanalisieren und die Argumente zusammenzuführen. Hierzu gehören z. B. die Annahme des fragmentarischen Charakters des Strafrechts[934], die Überzeugung „in dubio pro libertate"[935] (insbesondere gegen „in dubio contra libertate" und „in dubio pro auctoritate legislatoris")[936], das Paradigma vom entmoralisierten Strafrecht in der pluralistisch-offenen Gesellschaft[937] und (dazu korrespondierend) das Gebot der Toleranz[938]. Diese Topoi lassen sich gleichsam als Teilmengen des Verhältnismäßigkeitsprinzips (des Übermaßverbots) zuordnen. Im Anschluss an die „Vollprüfung" einer Strafnorm am Maßstab der Verhältnismäßigkeit bedarf es dann zumindest keiner weiteren Prüfungsschritte mehr, die dann noch Aspekte der Toleranz etc. gesondert berücksichtigen müssten.[939]

---

[932] *Wohlers*, Ultima ratio, S. 54.

[933] Vgl. *Hörnle*, Subsidiarität, S. 36; *Hefendehl*, Technische Prävention, S. 48.

[934] *Wessels/Beulke*, Strafrecht AT, § 1 I 2 Rn 9; *Haft*, S. 119.

[935] *Klug*, Probleme, S. 27 (31); *Harzer*, Unterlassene Hilfeleistung, S. 107; *Wittig*, S. 239 (240), belässt es schlicht bei einem Bekenntnis zum „liberalen Strafrechtsdenken " – was damit genau gemeint sein kann, bleibt unbegründet.

[936] Zum ganzen *Müller-Dietz*, Strafe und Staat, S.40 ff.

[937] *Müller-Dietz*, Strafe und Staat, S. 23 ff.

[938] Hierzu *Hirsch*, Toleranz, S. 97 (107); dagegen *Frisch*, Toleranz, S. 83 (86): „Der Begriff der Toleranz (oder der Toleranzgedanke) ... beschreibt nicht mehr als eine Einstellung oder Haltung."; „substantiell inhaltsleeres Schlagwort" (a. a. O., S. 90).

[939] Ebenso *Frisch*, Toleranz, S. 83 (92); dagegen *Hirsch*, Toleranz, S. 97 (107 f.): Toleranz als mediating principle gehe „über den Schutzbereich anwendbarer verfassungsrechtlicher Beschränkungen hinaus", basierte „aber dennoch auf bestimmten Freiheits- oder Gerechtigkeitserwägungen" und *Thommen*, S. 109, (120) – beide aus Sicht des anglo-amerikanischen Rechtskreises.

F. Zusammenfassung

Die in der Rechtsprechung des Bundesverfassungsgerichts begründete Lesart der Wertordnung des Grundgesetzes als Begrenzungslinie für das Strafrecht bietet wenig Greifbares zur Ermittlung dessen, was als „systemkritisches Potenzial" gesucht wird. Die Literatur schließt sich dem im Ergebnis an. Kritik erfolgt systemimmanent und muss schon deshalb folgenlos bleiben, weil die Verfassung im Zusammenhang mit dem ius puniendi als ausgesprochen flexibel und dehnbar *verstanden* wird. Unbeantwortet bleibt die Frage, ob es zu der weichen Verfassungsinterpretation plausible Alternativen gibt, um auf der Basis des Grundgesetzes zu strengeren, d. h. abstrakt-generellen Maßstäben für die staatliche Strafgewalt zu gelangen.

VII. Zwei historische Exkurse

A. Nationalsozialismus

1. Die Diskussion ab 1933

Ab 1933 gelangen bis dahin im Strafrecht untergeordnete bzw. unbekannte Aspekte in die (rechts)politische Diskussion und damit auch in die Auseinandersetzung mit dem materiellen Verbrechensbegriff.

Das „Volk“ und der „Führer“ werden neue Dreh- und Angelpunkte in der Diskussion. Der Einzelne wird – wenn überhaupt[940] – zunehmend nur in dem Maße anerkannt, wie es wiederum dem Volk, dem „wertvollen Sozialorganismus“[941], nutzt;[942] dem bloßen „Führerwillen“ wird Rechtssetzungsfunktion zuerkannt.[943] Der vorgeblich zu abstrakte Normativismus der vorangegangenen Periode wird durch sog. konkretes Ordnungsdenken ersetzt, in dem der Einzelne streng in das Sozialgebilde eingegliedert ist.[944] Die Rechtspolitik insgesamt orientiert sich vor diesem Hintergrund an deutlich autoritäreren Zielen als vor 1933.[945]

---

[940] *Nagler* GS 103 (1933), S. I (XVIII): Der „individualistische, formale Freiheitsstaat“ sei nunmehr „liquidiert“ ... „Das Individuum hat aufgehört, eigenständiges Element im Aufbau der herrschaftlichen Organisation zu sein (Volkssouveränität, unveräußerliche Freiheitsrechte). Es ist ausschließlich gliedhaft; seine Rechtspositionen rangieren hinter dem Gemeininteresse. An dessen ethischer Überwertigkeit (der `Religion vom Vaterland') orientiert sich die stets einsatzbereite Staatsbestimmung des Bürgers, seine Staatsfreudigkeit im Sinne der sittlichen Pflicht zu Dienst, Leistung und Opfer für das Wohl und die Ehre der Volksgemeinschaft. Stand das beginnende 20. Jahrhundert noch unter der Herrschaft des Individualismus, so wird die Zukunft den Staatsprimat festhalten (S. XIX/XX).

[941] *Nagler* GS 103 (1933), S. I (XIX).

[942] *Siegert*, S. 8: „Oberster Wert ist für uns das deutsche Volk.“

[943] *Siegert*, S. 9: „völkischer Führerstaat“.

[944] Vgl. die Darstellung bei *Amelung*, Rechtsgüterschutz, S. 219 f. mit zahlr. weit. Nachw.

[945] *Nagler* GS 103 (1933), S. I (XIX): Der Staat habe sich zum „höchsten, eigene Aufgaben verfolgenden `Stand'“ gewandelt, dessen „Grundprinzip (...) dank dem Zusammenklang von Volk und Staat wieder die Autorität“ sei.

Die neuen rechtspolitischen Linien werden von zahlreichen offenen Folgebegriffen flankiert, welche die Diskussion pathetisieren.[946]

Beispielhaft seien hier die „Blutsgemeinschaft“[947], „Rasseseele“[948], „Ehre der Volksgemeinschaft“[949], „Religion vom Vaterland“[950], der Bezug auf die „altgermanische Zeit“ als Rechtfertigung für die Abkehr vom Grundsatz nulla poena sine lege,[951] das „Sittengebot der völkischen Gemeinschaftsordnung“[952] oder auch das „Hereinwehenlassen der frischen Luft aus dem Reiche der Sittengebote in das Recht“[953] genannt; die Orientierung an einer neuen Wertordnung im Gegensatz zur „Neutralität der Weimarer Verfassung“ wird als Aufrichtung der „politischen Volksgemeinschaft“ zur „Wertegemeinschaft“ verstanden.[954] *Freisler* weist dem Strafrecht in diesem Zusammenhang eine bedeutende Aufgabe in der Wertebildung zu, denn die Aufrichtung zur Wertegemeinschaft finde ihren Niederschlag gerade im Strafrecht; das „Ringen um

---

946 Bereits 1936 kritisch: *Schürch*, S. 131.

947 *Kerrl*, S. 10 ff. (22).

948 *Siegert*, S. 8: „Das Volk ist nun nicht lediglich als eine biologisch verstandesmäßig erfaßbare Gemeinschaft zu verstehen, sondern zum Rassekörper, zum Blut gehört die Rasseseele, zur Nation das Irrationale. (...) Körper und Seele, Blut und Boden sind im Volke verschmolzen und zu einer untrennbaren Einheit verbunden.“

949 *Nagler* GS 103 (1933), S. I (XIX).

950 *Nagler* GS 103 (1933), S. I (XIX).

951 *Kerrl*, S. 10 (116): „Unter dem Gesichtspunkt, dass in diesem Staatswesen Volk und Staat eins sind, und dass die Rechtsüberzeugung des Volkes die wahre Quelle allen Rechts ist, muß auch die Bedeutung des geschriebenen Rechts als Grundlage des staatlichen Strafrechts zurücktreten. Die individualistische, von der des staatlichen Strafrechts gegenüber der Staatsgewalt ausgehende Welt- und Staatsauffassung der französischen Revolution hat den römischen Satz ‘nulla poena sine lege‘, abweichend von deutschrechtlicher Auffassung, zur Geltung gebracht. Der Schutz des einzelnen vor richterlicher Willkür stand seither im Vordergrunde. Solchen Schutzes bedarf es aber nicht gegenüber einem im Volksleben verwurzelten Richtertum, wie es die altgermanische Zeit kannte und wie es im Dritten Reich wieder lebendig werden soll.“

952 *Freisler*, Festschrift für *Schlegelberger*, S. 28 (36).

953 *Freisler*, Festschrift für *Schlegelberger*, S. 28 (31).

954 *Nagler* GS 103 (1933), S. I (XIX): „Die Neutralität der Weimarer Verfassung ist einem neuen Wertprinzip gewichen: die (Gegenwart und Zukunft des Volks verbürgende) Nation und ihre Lebensordnung sind zum obersten Wert erhoben (...). Damit hat der deutsche Staat mit einem konkreten normativen Gehalt, der ihn ausweist, ihm eine eigene ethische Bedeutung verleiht und ihm seine großen Rechtsideale vorzeichnet, die politische Volksgemeinschaft wieder als Wertgemeinschaft aufgerichtet.“

die Einheit von Recht und Sittenordnung im Strafrecht" wird vor diesem Hintergrund zur „Durchbruchschlacht der Revolution des Rechtes" erhöht.[955]

Der radikale politische Paradigmenwechsel des Verhältnisses Individuum-Kollektiv ab 1933 kann auf die Diskussion um den materiellen Verbrechensbegriff nicht ohne Auswirkung bleiben. Die neuen Rahmenbedingungen sind durch eine umfassende „Ethisierung"[956] gekennzeichnet. Die Trennung von Recht und Moral wird aufgehoben,[957] wodurch als Folge unter anderem rechtsstaatlich geprägte Traditionen im Strafrecht zum Schutz des Individuums vor dem (staatlichen) Kollektiv obsolet werden: Die Orientierung am Gesetzeswortlaut (nulla poena sine lege) wird durch die Hervorhebung der „Gerechtigkeit" – am Maßstab des „völkischen Empfindens" – ersetzt (nullum crimen sine poena),[958] das bis dahin primär am objektiven Erfolg einer Handlung orientierte System erhält ein neues Koordinatensystem am Maßstab der „Gefährdung" des Volkes, verstanden als „Willensstrafrecht";[959] der Gedanke der „Spezialprävention" wird als „Bastardbildung"[960] verstanden und soll einem primär an der Abschreckung ausgerichteten Strafrecht

---

955 *Freisler*, Festschrift für *Schlegelberger*, S. 28 (32).

956 *Telp*, S. 251.

957 *Nagler* GS 103 (1933), S. I (XXXII): „Die so lange vernachlässigten transpersonalen Werte kommen wieder zur Geltung. So wird sich eine umfassende Ethisierung vollziehen, die mannigfache Nationalisierungen oder Relativierungen der letzten Jahrzehnte wieder rückgängig machen wird. Die alte *Feuerbachsche* Forderung, Recht und Moral scharf zu sondern – überhaupt nicht hundertprozentig durchführbar, aber in Annäherungsgraden wenigstens angestrebt – wird keinen Kurswert mehr haben."

958 *Hinüber/Tegtmeyer*, S. 6: „Eine nach gesundem Volksempfinden strafwürdige Handlung ist strafbar, auch wenn sie den Tatbestand eines bestimmten Gesetzes nicht wörtlich erfüllt: Kein Verbrechen ohne Strafe. (...) Eine nach gesundem Volksempfinden nicht strafwürdige Handlung darf nicht bestraft werden, auch wenn sie den Tatbestand eines Verbrechens erfüllt. So kann je nach den Umständen des Falles die Sterbehilfe straflos sein, obgleich sie äußerlich den Tatbestand vorsätzlicher Tötung verwirklicht."

959 *Kerrl*, S. 10 (112): „Der Schutz der Rechtsgüter der Volksgemeinschaft wird am besten dadurch gewährleistet, dass dem Gefährdungsprinzip eine zentrale Rolle zugewiesen wird, dass also das alte Verletzungsstrafrecht, das dem mehr oder weniger zufälligen Erfolg übergroße Bedeutung durch ein Gefährdungsstrafrecht (Willensstrafrecht) ersetzt wird. (...) Fortan löst nicht erst die Herbeiführung eines verletzenden Erfolges die volle Reaktion des strafenden Staates aus, sondern schon die schuldhafte Verursachung der Gefahr dieses Erfolges."

960 *Nagler* GS 103 (1933), S. I (XII): Diese "Bastardbildung" habe zur "Dekadenz der Rechtsstrafe" geführt.

weichen. *Schaffstein* kommentiert solche und andere Veränderungen 1934 mit der Bemerkung, dass die „nationalsozialistische Strafrechtserneuerung" eine „totale" sei.[961]

Vor diesem Hintergrund sind zum materiellen Verständnis vom Unrecht in seinen verschiedenen Erscheinungsformen nach nationalsozialistischer Lesart zwei Grundlagenwerke wegweisend: zum einen die von *Hans Kerrl* herausgegebene Denkschrift „Nationalsozialistisches Strafrecht", zum anderen „Vertrag und Unrecht" von *Karl Larenz*.

2. *Kerrls* Denkschrift „Nationalsozialistisches Strafrecht"

Die bereits 1933 vom damaligen Preußischen Justizminister *Hanns Kerrl* veröffentlichte Denkschrift „Nationalsozialistisches Strafrecht" gilt als „eine der wichtigsten Vorlagen"[962] für die geplante umfassende Reform des Strafrechts. Allerdings werden ihre Inhalte nicht im Sinne eines kohärenten neuen Strafrechtssystems umgesetzt; gegen Ende der 12jährigen Diktatur verhindert offenbar die zunehmende Staatsagonie (noch) Schlimmeres. Gleichwohl arbeiten sich zahlreiche Autoren seit 1933 in ihren Ausführungen inhaltlich an der Denkschrift ab; der frühe Veröffentlichungszeitpunkt prägt damit die weitere Diskussion.

Freisler betont die neue Orientierung des Strafrechts ab 1933; im Gegensatz zur vorhergehenden Ära der am Verbrecher ausgerichteten Kriminalpolitik stehe nun die „Hege und Pflege des Volksorganismus" im Mittelpunkt.[963]

---

[961] *Schaffstein*, S. 17.

[962] *Telp*, S. 134.

[963] *Freisler*, Denkschrift, S. 6 (8): „Im Mittelpunkt der Strafrechtspolitik (Anm.: bis 1933) stand nicht der Volksorganismus, seine Hege und Pflege, stand nicht der Staat und sein Bestand, stand nicht die Familie, die heilige Zelle des Volkslebens, stand nicht die Ehre, die Wehr- und Arbeitskraft des deutschen Mannes, die Mutterschaft der deutschen Frau, die Reinheit des deutschen Kindes. [I]m Mittelpunkt der Strafrechtspolitik standen in der letzten Zeit der 14 Jahre des organisierten Volksverrats nicht einmal mehr die materiellen Güter und Interessen des einzelnen ehrlichen Volksgenossen. [I]m Mittelpunkt der Strafrechtspolitik stand vielmehr der Verbrecher. Die Sorge darum, ihm nicht zu wehe zu tun, das liebevolle Sichversenken in seine Seele, das Verstehen seiner Eigenart, das mitleidige Bedauern ihm gegenüber als einem 'Produkt seiner Umwelt', das war Inhalt der vom Staate geförderten Strafrechtspolitik. Wie lange hätte es noch

Gegenüber dieser Hervorhebung treten in der Denkschrift die individualistischen Aspekte nicht nur im Verhältnis zum Verbrecher, sondern grundsätzlich zurück; Individualrechtsgüter hätten lediglich in ihrer Relation zur Gesamtheit Wirkung, denn „erst durch ihre Eingliederung in die Gemeinschaft" erhalte „die Einzelperson ihre Bedeutung für die Volksgemeinschaft und damit ihren wahren Wert".[964] Diese Auffassung setzt sich über die Denkschrift hinaus durch;[965] die primäre Ausrichtung der Strafrechtspolitik am „Wohl des Volksorganismus" hat zudem eine stärker autoritäre Sichtweise zur Folge: Das Verbrechen wird als Angriff gegen das Volk interpretiert;[966] entsprechend fällt die Diktion hinsichtlich der notwendigen Reaktion des Staates aus: Der Staat müsse auf Ungehorsam des Verbrechers mit strenger Reaktion reagieren und so seine Machtstellung und seine Autorität bei diesem „Austrag der Kraftprobe" bewahren.[967]

Auf dieser Grundlage definiert *Kerrl* in der Denkschrift das Verbrechen in materieller Hinsicht als Beeinträchtigung der „Daseinsbedingung von Volk und Staat"[968]; Maßstab sei das „gesunde Volksempfinden", welches darüber Aufschluss gebe, ob eine Handlung „strafwürdig" und „nach gesunder Volksanschauung sittlich verwerflich" sei.[969] Eine ande-

gedauert, bis eine solche Einstellung die letzten Dämme einriß, die der Überflutung der Ordnung durch das Chaos entgegenstanden?"

964 *Kerrl*, S. 10 ff. (19).

965 Nach *Gallas*, Festschrift für *Gleispach*, S. 50 (63) gibt es „keine rechtserheblichen `privaten´ Interessen mehr" und der „Schutz des Einzelnen in seiner Gliedhaftigkeit" erfolge nur, da eben dies „Gemeinschaftsanliegen" sei; *Nagler* GS 103 (1933), S. I (XX) zufolge „erobern" die Universalrechtsgüter „die beherrschenden Stellungen".

966 *Nagler* GS 103 (1933), S. I (XXI) zufolge frage der „autoritär-sozial gestraffte, neue Staatstyp nicht mehr zuerst: was bedeutet dieses Verbrechen für das Leben des Verbrechers, sondern: was bedeutet es für die staatlich organisierte Volksgesamtheit, deren Rechtsfriede gebrochen wurde?"

967 *Nagler* GS 103 (1933), S. I (XXIII): „Stellt der Staat die scharfe Alternative: Gehorsam oder Rechtszwang (in Sonderheit Strafzwang bei schuldhafter Rechtsverletzung), so wird er sein Ansehen unverkümmert, seine Machtstellung unangetastet, das Vertrauen auf die Unverbrüchlichkeit seiner Anordnungen unerschüttert erhalten. Antwortet er dagegen auf den Rechtsbruch bloß mit schwächlichen Ermahnungen oder mit der Wohltat der Erziehungsversuche, so wird seine Rechtsherrlichkeit zur Legende. Nur die kraftvolle und entschiedene Zurückweisung des Rechtsbrechers in seine Schranken durch den scharfen Rückschlag der Ausgleichsstrafe läßt ihn endgültig über den Rebellen triumphieren. Nur dadurch wahrt er bei dem Austrag der Kraftprobe seine Autorität."

968 *Kerrl*, S. 10 ff. (118).

969 *Kerrl*, S. 10 (116).

re konkretisierende Darlegung zum genaueren Inhalt der nach gesunder Volksanschauung sittlichen Verwerflichkeit erörtert die Denkschrift nicht. In der Folgezeit werden abgewandelte sprachliche Umschreibungen vertreten. So legt beispielsweise *H. Mayer* seinen Schwerpunkt auf den „unerträglichen Widerspruch zur völkischen Sittenordnung".[970]

Nach und nach werden weitere Definitionen angeboten, die allerdings kaum weniger undeutlich sind und zum Gedanken der „völkischen Sittenordnung" eher nur semantische Alternativen darstellen: So spricht *Nagler* von der „Beleidigung der Würde des Staates"[971], *Hinüber/Tegtmeyer* von der „treupflichtwidrigen Gesinnung"[972] und *Dahm* vom „Typus Verrat"[973].

Zusammengefasst lässt sich allerdings als neuer Topos der Begriff der Pflichtverletzung extrahieren, wie ihn etwa *Kohlrausch*[974] und *Gallas* vertreten: Der entscheidende „Akzent" bei der „Wesensbestimmung des Verbrechens" wird demnach auf der Grundlage des „nationalsozialistischen Rechtsideals (...) von der Rechtsgutsverletzung fort und auf die Pflichtverletzung" verlegt, da das „neue Gemeinschaftsdenken" den „Wert" des Individuums „nach dem Grad seiner Einsatzbereitschaft und Pflichterfüllung" bemesse. Hieraus ergebe sich das „Bild des Verbrechers aus der Negation dieser gemeinschaftsethischen Anforderungen".[975] Die Nähe dieser Diktion zur rechtsphilosophischen Semantik *Hegels* fällt auf.[976]

Die materielle Abgrenzung zum „Polizeiunrecht" fußt in der Denkschrift auf der Überlegung, dass sich das „natürliche Rechtsempfinden" dagegen sträube, „alle Verstöße gegen die Daseinsbedingungen von Volk und Staat als gleichwertig zu betrachten"[977]. Daher hätte „das Strafgesetzbuch naturgemäß nur solche strafbaren Handlungen zu behandeln, die auch im Bewusstsein des Volkes erheblichere Angriffe auf

---

[970] *H. Mayer*, Strafrecht, S. 71.
[971] *Nagler* GS 103 (1933), S. I (XXII).
[972] *Hinüber/Tegtmeyer*, S. 5.
[973] *Dahm* ZStaatsW 95 (1935), S. 283 (291): „Der Typus Verrat ist es, der die allgemeinen Grundsätze bestimmt."
[974] *Kohlrausch*, Festschrift für *Schlegelberger*, S. 203: „Das Wesen des Verbrechens liegt nicht in der Verletzung eines Schutzobjektes, sondern in der Verletzung einer Pflicht.
[975] *Gallas*, Festschrift für Gleispach, S. 50 (51, 53 und 65).
[976] Vgl. oben Teil 1 V. A.
[977] *Kerrl*, S. 10 (118).

die Volksgemeinschaft“[978] darstellten. Erfülle das betreffende Verhalten die Anforderungen für materielles Kriminalunrecht nicht, sei es in „Polizeiverordnungen“ zu verorten.[979]

3. *Larenz:* „Vertrag und Unrecht“

Die materielle Abgrenzung des Kriminalunrechts zum Zivilunrecht erfolgt in der „Denkschrift“ nicht; auch im Übrigen finden sich in der strafrechtlichen Literatur jener Zeit dafür wenige Anhaltspunkte, wenngleich etwa *Nagler* „frivole Vertragsbrüche“ unter Strafe gestellt wissen will.[980]

In dem 1936/37 erschienenen zweiteiligen Grundlagenwerk „Vertrag und Unrecht“ von *Larenz* wird der Schwerpunkt nicht auf die Abgrenzung von zivil- und strafrechtlichem Unrecht gelegt; gleichwohl arbeitet er das materielle Verständnis von zivilrechtlichem Unrecht im rechtspolitischen Kontext heraus. Dabei führt *Larenz* die neuen Leitlinien der Politik in das Zivilrecht ein. Im Kern geht es dabei auch auf diesem Feld um einen Paradigmenwechsel, der die Abkehr von der individuellen Vertragsfreiheit und die Hinwendung zum Primat der „völkischen Ordnung“ in sich einschließt. Zwar erkennt *Larenz* die „Vertragsfreiheit im liberalen Sinne“ als „grundsätzlich noch bestehend“ an;[981] er schränkt jedoch ein, dass das Zivilrecht im Nationalsozialismus prinzipiell „im Gegensatz zur Rechts-auffassung des Liberalismus“[982] stehe.

Der Vertrag sei mehr als nur eine zwischen zwei Parteien autonom getroffene Vereinbarung; es handele sich dabei wesentlich um ein „Gestaltungsmittel der völkischen Ordnung“.[983] Dem einzelnen könne nicht freigestellt werden, „beliebige Verträge zu schließen“.[984] Eine Ver-

---

[978] *Kerrl*, S. 10 (125).
[979] *Kerrl*, S. 10 (126) mit konkreten Gesetzgebungsvorschlägen. So sollten beispielsweise Verletzungen von Vorschriften der Feuer-, Bau- und Straßenpolizei in Polizeiverordnungen integriert werden.
[980] *Nagler* GS 103 (1933), S. I (XXXIX).
[981] *Larenz*, S. 36.
[982] *Larenz*, S. 31.
[983] *Larenz*, S. 32 f.
[984] *Larenz*, S. 33.

tragsbeziehung müsse sich vielmehr „positiv in die völkische Ordnung einfügen“, um Rechtsgültigkeit zu beanspruchen.[985]

Inhaltlich finde ein Vertrag nicht primär in der „Willkür der Vertragsschließenden“ seine rechtliche Anerkennung, sondern in der Vereinbarkeit mit der „völkischen Ordnung“, welche indes „kein starres Normengefüge“ sei, sondern die Summe der grundlegenden „in der Volksgemeinschaft lebendigen und sie gestaltenden“ rechtlichen und sittlichen Anschauungen, die in den Gesetzen und Urteilen ihren Niederschlag fänden; auch die formale Geltungskraft eines Vertrages beruhe zwar vordergründig auf der tatsächlichen individuellen Zusage aber im eigentlichen Sinne auf der völkischen Ordnung, welche „Treue zum Wort“ einfordere. *Larenz* zufolge ist der Vertragsschluss in die beiden sittlichen Imperative „Ein Mann, ein Wort“ und „Gemeinnutz vor Eigennutz“ eingebettet.[986]

Vor diesem Hintergrund bestimmt *Larenz* das Zivilunrecht im materiellen Sinn, wobei er die „Grundlage aller Haftung“ mit dem Begriff der

---

[985] *Larenz*, S. 33.

[986] *Larenz*, S. 23 f.: “(J)edes Vertragsverhältnis, das zwei Volksgenossen miteinander begründen, (ist) in seinen entscheidenden Grundlagen abhängig vom Recht, von der Ordnung des Volkes. Nicht die Willkür der Vertragschließenden ist das erste, sondern die völkische Ordnung, mit der im Einklang stehen muß, was Anerkennung in der Gemeinschaft, d. h. rechtliche Geltung finden soll. Die ‘völkische Ordnung‘ aber ist kein starres Normengefüge, nicht nur die Regelung des BGB, sondern der Grundbestand der in der Volksgemeinschaft lebendigen und sie gestaltenden, weil das Verhalten ihrer Glieder bestimmenden sittlichen und Rechtsanschauungen, deren nächster und verbindlicher Ausdruck nach dem Sittlichkeits- und Rechtsbewußtsein des Volkes selbst die Gesetze und die richterlichen Urteile sind, die schließlich aber auch in dem Handeln der Rechtsgenossen und in ihren Verträgen ihren Niederschlag finden müssen. Die Geltung des Vertrages, seine Verbindlichkeit für die Vertragsgenossen beruht demnach zwar unmittelbar auf dem Vertragsschluß, genauer auf der Bindung der Vertragsgenossen an ihr Wort, mittelbar aber auf der völkischen Ordnung, die selbst die Treue zum Wort, die Einhaltung eines Versprechens fordert, aber nur im Rahmen der Übereinstimmung der getroffenen Vereinbarung mit den Lebensgrundlagen und dem Gerechtigkeitswillen des Volkes. Die Bindung an das Wort, die Verpflichtungskraft des Versprechens ist eine sittliche Grundlage des Rechtsverkehrs. Wer einem anderen sein Wort gibt, dessen Vertrauen aufruft, ist gehalten, das dadurch begründete Vertrauen des anderen zu rechtfertigen. Ein Mann, ein Wort! Die andere sittliche Grundlage des Vertragsrechts ist der Vorrang der Gemeinschaftsordnung (‘Gemeinnutz vor Eigennutz‘) vor dem im übrigen nicht ausgeschalteten, aber ihr als dienend eingefügten Einzelwillen.“

„Pflicht“ als dem „rechtlich-sittlichen Sollen“ charakterisiert.[987] Der Vertragsbruch als Pflichtverstoß richte „sich nicht nur gegen den anderen Vertragsgenossen, sondern zugleich gegen die Ordnung der Gemeinschaft“[988], sei also ein „Bruch der allgemeinen Friedensordnung“.[989]

4. Pflichtverletzung als zentraler Gedanke

Im Ergebnis wird im nationalsozialistischen Staat Unrecht in jeder Form als Pflichtverletzung verstanden; auch im Zivilrecht steht die Verletzung der pflichtgemäßen Erfüllung der völkischen Ordnung im Mittelpunkt. Zwar ist der Begriff der Pflichtverletzung ohne weitere Erläuterung dazu, um *welche* Pflichten es geht, grundsätzlich ohne Aussagekraft.[990] Unabhängig davon, dass auch Begriffe wie Sittenordnung, Treue und Verrat kein Licht ins Dunkel bringen, kommt es auf die exakte Bestimmung der einzuhaltenden Pflichten nach nationalsozialistischer Lesart aber auch gar nicht an. Entscheidend ist, dass die Pflichtverletzung als übergeordneter Gedanke für jedwedes Unrecht das neue Verständnis vom Verhältnis Staat-Individuum manifestieren soll; diese Intention findet ihren sichtbaren Niederschlag in der kriminalpolitischen Semantik und ihren Anlehnungen an eine pathetische Militärterminologie („Kampf“, „Durchbruchschlacht des Rechts“ etc.). Damit wird speziell für das Strafrecht die Analogie zum Krieg hergestellt; darin scheint ein Kernbestandteil des nationalsozialistischen Unrechtsverständnisses zu liegen.

Die Folgen für das Individuum sind auf dieser Grundlage nur annäherungsweise abschätzbar. Der Einzelne wird, obwohl er sich noch in der Zivilgesellschaft befindet, normativ in eine überstilisierte, armeehafte „Volksgemeinschaft“ zwangsrekrutiert. Hier gilt es wie in jeder Armee, Pflichten zu erfüllen. Das nationalsozialistische Strafrecht steht damit von Anfang an auf der Grundannahme eines permanenten Kriegs- und Ausnahmezustandes. Da sich das angeblich zu Verteidigende – „Volksgemeinschaft“, „Rasseseele“ etc. – rational nicht fassen lässt (wahrscheinlich gar nicht erfasst werden können soll), kann vom Einzelnen

---

[987] *Larenz*, S. 105.
[988] *Larenz*, S. 166.
[989] *Larenz*, S. 20.
[990] *Stratenwerth*, Verhaltensdelikte, S. 157, weist darauf hin, dass nicht der Begriff der Pflicht im Zentrum der Kritik steht, sondern „die Frage der Verletzung *welcher* Pflicht“.

allenfalls emotional erraten werden, um welche Pflichten es gehen könnte. Eine innere Struktur bietet sich nicht an. Dadurch wird der Gedanke der Pflichtverletzung als materieller Kern (auch) des materiellen Verbrechensbegriffes zum totalen Machtmittel des Staates. An einer näheren Systematisierung der Unrechtsformen mit dem Ziel, sich durch Transparenz und Nachvollziehbarkeit durch Dritte selbst zu beschränken, hat der nationalsozialistische Staat überhaupt kein Interesse.

5. Zusammenfassung

Das Recht wird unabhängig davon, ob es als geschriebene Norm existiert oder als Bestandteil der ungeschriebenen „völkischen Ordnung" behauptet wird, mehr oder minder unverhohlen als „Instrument zur totalen Herrschaft“[991] missbraucht. Die Grundlagen für das gesamte Normgefüge sind zunehmend nicht mehr rational erfassbar, das Gemeinschaftsdenken wird „bis ins Metaphysische“ übersteigert.[992] Hinzu kommt, dass in dem Maß, wie die Nachvollziehbarkeit des Rechts abnimmt, die Forderung nach der Pflicht, selbiges zu erfüllen, steigt. Damit wird „Recht“ zu einer perfiden Form des Staatsterrors.

Die bis zu diesem Zeitpunkt entwickelten inhaltlichen Grundsätze des Strafrechts dienen allenfalls noch als Kulisse.[993] Die Diskussion über den materiellen Verbrechensbegriff und damit über die Grenzen des Strafrechts insgesamt, gerät vor diesem Hintergrund außer Kontrolle;[994] dass er seine (theoretische) Begrenzungsfunktion aus der Tradition der Aufklärung im Nationalsozialismus verliert und „eine wichtige dogmatische Einbruchstelle für ideologische Gesichtspunkte“[995] darstellt, ist daher nicht überraschend. Die ursprüngliche Rolle als Limitierungsbe-

---

[991] *G. Wolf* JuS 1996, S. 189 (191).

[992] *Amelung*, Rechtsgüterschutz, S. 258.

[993] *Weigend*, Kolloquium für *Jescheck*, S. 44 (47): „Die nationalsozialistische Ideologie hat einige der in der Weimarer Zeit angelegten dogmatischen und kriminalpolitischen Tendenzen vulgarisiert, radikalisiert und im Sinne ihrer politischen Ziele missbraucht, ohne viel an eigenen Gedanken in die strafrechtliche Debatte einzubringen.“

[994] Dies wurde bereits frühzeitig im zeitgenössischen Schrifttum erkannt und auch formuliert; so weist bereits *Schürch* 1936 in seiner Berner Dissertation darauf hin, dass die Vorschläge der Strafrechtskommission erkennbar machten, „wie sehr im neuen deutschen Strafrecht das an der Öffentlichkeit sich abspielende Leben im besonderen Interesse der Staatsgewalt strafrechtlich erfaßbar sein wird“, vgl. *Schürch*, S. 132.

[995] *Telp*, S. 252.

griff wird in dieser Phase gleichsam in ihr Gegenteil verkehrt; der materielle Verbrechensbegriff gerät zum Vehikel der staatlichen Machtausdehnung. Eine materielle Definition des Verbrechens, mit der sich auch nach 1945 ernsthaft auseinanderzusetzen wäre, kann auf der Grundlage dieser Rahmenbedingungen schlechterdings nicht erfolgen.

B. DDR

1. Die „Grundsätze des sozialistischen Strafrechts“

Bis Juni 1968 gilt auch in der DDR das (R)StGB von 1871.[996] Es wird ersetzt durch das Strafgesetzbuch der DDR (DDR-StGB) vom 12. Januar 1968; dieses tritt am 1. Juli 1968 in Kraft.[997]

Darin werden im ersten Kapitel die „Grundsätze des sozialistischen Strafrechts der Deutschen Demokratischen Republik“ als neue Rahmenbedingungen für die Entwicklung des Strafrechts und damit auch die Diskussion um den materiellen Verbrechensbegriff in der DDR skizziert.[998]

Danach kommt dem Strafrecht die Aufgabe zu, die „sozialistische Staats- und Gesellschaftsordnung“ sowie die „sozialistische Gesetzlichkeit“ durch die „Festigung der Disziplin in allen Bereichen des gesellschaftlichen Lebens“ wirksam zu schützen; das Strafrecht diene zudem im „entschiedenen Kampf gegen die verbrecherischen Anschläge“ des „westdeutschen Imperialismus und seiner Verbündeten“ auf die „Lebensgrundlagen“ des Volkes sowie im „Kampf gegen Straftaten“, die den Einflüssen der imperialistischen Dekadenz zugeschrieben werden.[999]

---

[996] Vgl. § 1 Abs. 2 Nr. 1 und 2 EGStGB-DDR, in: Gesetzblatt der DDR 1968 I, S. 97.
[997] Gesetzblatt der DDR 1968 I, S. 1 ff.
[998] Gesetzblatt der DDR 1968 I, S. 1 (8 ff.).
[999] Gesetzblatt der DDR 1968 I, S. 1 (8): „Das sozialistische Strafgesetzbuch (...) dient im besonderen dem entschiedenen Kampf gegen die verbrecherischen Anschläge auf den Frieden und die Deutsche Demokratische Republik, die vom westdeutschen Imperialismus und seinen Verbündeten ausgehen und die Lebensgrundlagen unseres Volkes bedrohen. Es dient zugleich dem Kampf gegen Straftaten, die aus dem Fortwirken der Überreste der kapitalistischen Zeit erwachsen

Die „sozialistische Gesellschaftsordnung“ ermögliche dem Einzelnen eine freie Entfaltung seiner Existenz auf der Grundlage aller fundamentalen Menschen- und Bürgerrechte, sofern diese „in Übereinstimmung mit den Rechten und Interessen der sozialistischen Gesellschaft“ stünden; auf denjenigen, der trotzdem eine Straftat begehe oder sich „hartnäckig der erzieherischen Einwirkung des Staates und der Gesellschaft verschließe“, werde durch „nachdrückliche Erziehung“, in „strengster“ Form durch die Freiheitsstrafe, eingewirkt.[1000]

2. Die Legaldefinitionen im DDR-StGB und OWG

Im sozialistischen Strafrecht der DDR wird hinsichtlich der inhaltlichen Bestimmung des materiellen Verbrechensbegriffs der Weg über eine Legaldefinition in § 1 des DDR-StGB beschritten; Straftaten werden darin in ihrer leichteren Form (Vergehen) als „gesellschaftswidrige“ Handlungen und in der schwereren Ausprägung (Verbrechen) als „gesellschaftsgefährliche Angriffe“ beschrieben.[1001] Die Begriffe „gesell-

---

und durch feindliche Einflüsse und moralische Verfallserscheinungen aus den imperialistischen Staaten genährt werden. Damit gewährleistet das sozialistische Strafrecht den wirksamen Schutz der sozialistischen Staats- und Gesellschaftsordnung und der sozialistischen Gesetzlichkeit.) Die Festigung der Disziplin in allen Bereichen des gesellschaftlichen Lebens und die Erhöhung der Verantwortung jedes Bürgers für die Wahrung des Rechts ist Grundlage für die Verwirklichung des sozialistischen Strafrechts der Deutschen Demokratischen Republik.“

[1000] Gesetzblatt der DDR 1968 I, S. 1 (9): „Die sozialistische Gesellschaftsordnung gewährleistet, dass in ihr jeder Bürger sein Leben in voller Wahrung seiner Würde, seiner Freiheit und seiner Menschenrechte in Übereinstimmung mit den Rechten und Interessen der sozialistischen Gesellschaft, des Staates und seiner Bürger gestalten kann. Wer dennoch eine Straftat begeht, hat dafür vor der Gesellschaft einzustehen. [...] Die strafrechtliche Verantwortlichkeit wird verwirklicht durch nachdrückliche staatliche und gesellschaftliche Einwirkung auf den Gesetzesverletzer sowie durch seine Bewährung und Wiedergutmachung. Die Freiheitsstrafe ist die strengste Maßnahme der strafrechtlichen Verantwortlichkeit, die den wirksamen Schutz der sozialistischen Staats- und Gesellschaftsordnung und der Rechte der Bürger sowie die nachdrückliche Erziehung von Straftätern gewährleistet, die sich schwerwiegender Straftaten schuldig machen oder sich hartnäckig der erzieherischen Einwirkung des Staates und der Gesellschaft verschließen.“

[1001] Gesetzblatt der DDR 1968 I, S. 1 (10) - *Wortlaut § 1 StGB*: (1) Straftaten sind schuldhaft begangene gesellschaftswidrige oder gesellschaftsgefährliche Handlungen (Tun oder Unterlassen), die nach dem Gesetz als Vergehen oder Verbrechen strafrechtliche Verantwortlichkeit begründen. (2) Vergehen sind vorsätzlich oder fahrlässig begangene gesellschaftswidrige Straftaten, welche die Rechschaftswidrig" und „gesellschaftsgefährlich" werden dabei in ein qualitativ-quantitatives Abstufungsverhältnis am Maßstab der „Intensität und Tiefe des Konflikts zur Gesellschaft" gestellt.[1002]

Indes ist für den Einzelfall eine Korrekturmöglichkeit der vorhergegangenen typisierenden Entscheidung des Gesetzgebers zugunsten des Täters vorgesehen; wenn die Auswirkungen der Straftat für die Bürger oder die Gesellschaft als unbedeutend eingestuft werden, liegt *eine Straftat* nach § 3 Abs. 1 DDR-StGB unter der Voraussetzung der geringen Schuld des Täters *nicht* vor.[1003]

Ebenfalls 1968 tritt das Gesetz zur Bekämpfung von Ordnungswidrigkeiten (OWG) in Kraft und auch darin findet sich eine materielle Legaldefinition von Ordnungswidrigkeiten; als solche werden Rechtsverletzungen bezeichnet, die durch „Disziplinlosigkeit" zum Nachteil der „staatlichen Leistungsfähigkeit" oder der „Entwicklung des sozialistischen Gemeinschaftslebens" gekennzeichnet sind, jedoch unterhalb der

---

te und Interessen der Bürger, das sozialistische Eigentum, die gesellschaftliche und staatliche Ordnung oder andere Rechte und Interessen der Gesellschaft schädigen. Sie ziehen strafrechtliche Verantwortlichkeit vor einem gesellschaftlichen Organ der Rechtspflege oder Strafen ohne Freiheitsentzug oder, soweit gesetzlich vorgesehen, bei schweren Vergehen Freiheitsstrafe bis zu zwei Jahren nach sich. Die Strafe für besonders schwere fahrlässige Vergehen ist, soweit gesetzlich vorgesehen, Freiheitsstrafe bis zu fünf Jahren. (3) Verbrechen sind gesellschaftsgefährliche Angriffe gegen die Souveränität der Deutschen Demokratischen Republik, den Frieden, die Menschlichkeit und die Menschenrechte, Kriegsverbrechen, Straftaten gegen die Deutsche Demokratische Republik sowie vorsätzlich begangene Straftaten gegen das Leben. Verbrechen sind auch andere vorsätzlich begangene gesellschaftsgefährliche Angriffe gegen die Rechte und Interessen der Bürger, das sozialistische Eigentum oder andere Rechte und Interessen der Gesellschaft, die eine schwerwiegende Mißachtung der sozialistischen Gesetzlichkeit darstellen und für die deshalb eine Freiheitsstrafe von mindestens zwei Jahren angedroht ist oder für die innerhalb eines vorgesehenen Strafrahmens im Einzelfall eine Freiheitsstrafe von über zwei Jahren ausgesprochen wird."

[1002] *Akademie für Rechtswissenschaft*, DDR-StrR AT, S. 190.

[1003] Gesetzblatt der DDR 1968 I, S. 1 (10): Wortlaut § 3 Abs. 1 DDR-StGB: „Eine Straftat liegt nicht vor, wenn die Handlung zwar dem Wortlaut eines gesetzlichen Tatbestandes entspricht, jedoch die Auswirkungen der Tat auf die Rechte und Interessen der Bürger oder der Gesellschaft und die Schuld des Täters unbedeutend sind."

Schwelle einer erheblichen Verletzung der Interessen der „sozialistischen Gesellschaft“ bzw. „einzelner ihrer Bürger“.[1004]

Flankierend zu der Definition werden im Gesetz typische Handlungsfelder aufgezeigt, in denen der Gesetzgeber Ordnungswidrigkeitentatbestände schafft; hierzu zählen etwa die Behinderung bzw. Beeinträchtigung notwendiger staatlicher Maßnahmen (z. B. solche der Organisation, des Schutzes, der Sicherung, der Kontrolle oder der Wirtschaftsleitung) sowie die allgemeine Störung der öffentlichen Ordnung und Sicherheit.[1005]

3. Würdigung

Dem Straf- und Ordnungswidrigkeitenrecht werden in der DDR nach 1968 vor allem Steuerungsaufgaben zur Erreichung der sozialistischen Gesellschaftsziele zugeschrieben; es erhält damit einen offen politischen Kampfcharakter[1006] („Klassencharakter“[1007]), den es in vergleichbarer Ausprägung im bundesrepublikanischen Straf- und Ordnungswidrigkeitenrecht nach 1945 nicht gibt. Auffällig ist auch die semantische Anlehnung an eine Kriegsterminologie („Kampf“, „verbrecherische Anschläge“, „Imperialismus“). Diese Politisierung schlägt sich insbesondere in der Diktion der entsprechenden gesetzlichen Bestimmungen nieder.

Das staatliche Sanktionenrecht der DDR reagiert prononciert autoritär auf ungehorsame Abweichungen des Einzelnen mit „erzieherischen

---

[1004] Gesetzblatt der DDR 1968 I, S. 101: Wortlaut § 2 Abs. 1 OWG: „Ordnungswidrigkeiten sind schuldhaft begangene Rechtsverletzungen, die eine Disziplinlosigkeit zum Ausdruck bringen und die staatliche Leistungsfähigkeit erschweren oder die Entwicklung des sozialistischen Gemeinschaftslebens stören, jedoch die Interessen der sozialistischen Gesellschaft oder einzelner ihrer Bürger nicht erheblich verletzen und deshalb keine Straftaten sind.“

[1005] Gesetzblatt der DDR 1968 I, S. 101: Wortlaut § 2 Abs. 2 OWG: „Ordnungswidrigkeiten sind insbesondere solche Rechtsverletzungen, durch die eine den gesellschaftlichen Erfordernissen entsprechende Organisierung und Gestaltung notwendiger staatlicher Maßnahmen behindert oder in ihrer Wirksamkeit gehemmt wird; wirtschaftsleitende Maßnahmen beeinträchtigt werden; die öffentliche Ordnung und Sicherheit gestört wird; notwendige Schutz- und Sicherungsmaßnahmen in ihrer Wirksamkeit beeinträchtigt werden; gesetzlich vorgesehene Kontrollmaßnahmen behindert oder erschwert werden.“

[1006] Hierzu bereits 1960 *Lyon*, S. 57 ff.

[1007] *Akademie für Rechtswissenschaft*, Einführung, S. 221.

Einwirkungen". Beispielhaft sei in diesem Zusammenhang auf die im DDR-StGB vorgesehene Möglichkeit einer Bestrafung von Faulheit als „asozialem Verhalten" hingewiesen.[1008]

Vor allem diese Rahmenbedingungen verhindern, dass die Legaldefinitionen im DDR-StGB und im OWG zu großen Würfen für die alte Diskussion um den materiellen Verbrechensbegriff werden. Die Kernbegriffe Gesellschaftswidrigkeit und Gesellschaftsgefährlichkeit als materielle Kennzeichen für Straftaten sind vor dem Hintergrund des historischen Kontexts Einfallstore für das politisch Gewollte, das sich in seiner Klassenkampfrhetorik offen zeigt. Der materielle Verbrechensbegriff wird so zu einer „Generalklausel mit Klassenbewußtsein".[1009] In diesen Kontext passt, dass nach § 3 Abs. 1 DDR-StGB in Einzelfällen eine an sich strafbare Handlung am Maßstab des gesellschaftlichen Interesses ihren materiellen Charakter verlieren kann.

In der Legaldefinition der materiellen Ordnungswidrigkeit kommt primär das Verständnis einer nur graduellen Unterscheidung zur Straftat zum Ausdruck (fehlende Erheblichkeit), ein ausschließlich qualitativer Ansatz wird also nicht gewählt; im Übrigen wird der Gedanke der „Disziplin" als Zentralbegriff sowohl für die Kennzeichnung der Ordnungswidrigkeit als auch in den „Grundsätzen des sozialistischen Strafrechts" zur Beschreibung der Funktion des Strafrechts aufgegriffen. Damit verschwimmen die in den Legaldefinitionen vorgesehenen Unterschiede.

[1008] Gesetzblatt der DDR 1968 I, S. 1 (44): Wortlaut § 249 Abs. 1 DDR-StGB (Gefährdung der öffentlichen Ordnung durch asoziales Verhalten): „Wer das gesellschaftliche Zusammenleben der Bürger oder die öffentliche Ordnung dadurch gefährdet, dass er sich aus Arbeitsscheu einer geregelten Arbeit hartnäckig entzieht, obwohl er arbeitsfähig ist, oder wer der Prostitution nachgeht oder wer sich auf andere unlautere Weise Mittel zum Unterhalt verschafft, wird mit Verurteilung auf Bewährung oder mit Haftstrafe, Arbeitserziehung oder mit Freiheitsstrafe bis zu zwei Jahren bestraft. Zusätzlich kann auf Aufenthaltsbeschränkung und auf staatliche Kontroll- und Erziehungsaufsicht erkannt werden."

[1009] *Lyon*, S. 35, die diese Diagnose bereits einige Jahre vor der Implementierung des materiellen Verbrechensbegriffs im DDR-StGB stellt.

C. Zusammenfassung

Im Nationalsozialismus und in der DDR ist man an der traditionellen Begrenzungsfunktion des materiellen Verbrechensbegriffs als Garant zur Wahrung der Freiheit des Einzelnen nicht interessiert. In beiden Systemen wird er für die autoritäre Herrschaft des Staates politisch instrumentalisiert. Damit zeigt sich gerade in diesen beiden Systemen besonders deutlich die Nähe von materiellem Verbrechensbegriff und dem Wesen des Staates. Eine wichtige Lehre daraus ist, dass in einen künftigen materiellen Verbrechensbegriff möglichst wenige kollektivistische Bezüge aufgenommen werden sollten. Denn in ihnen hat politischer Machtmissbrauch seinen Ausgangspunkt. Wird demgegenüber das Individuum ins Zentrum eines materiellen Verbrechensbegriffes gestellt, erscheinen die Möglichkeiten seiner Politisierung deutlich begrenzter. Art. 1 GG ermöglicht dies; darin liegt gerade im historischen Vergleich der Paradigmenwechsel: In bewusster Abkehr von der ersten kollektivistischen Epoche des 20. Jahrhunderts in Deutschland rückt der einzelne Mensch ins Zentrum der Rechtsordnung.[1010] Ein moderner materieller Verbrechensbegriff muss dieser Zäsur angemessen Rechnung tragen.

[1010] *Sternberg-Lieben*, Objektive Schranken, S. 375, mit weit. Nachw: „Das Grundgesetz bekennt sich in bewusster Abkehr von der Totalität des NS-Staates, welcher das einzelne Individuum völlig dem Gemeininteresse unterordnete, seine Rechtsstellung im wesentlichen nur noch als grenzenlos vielfältige Pflichtenstellung bestimmte, zur Person als oberstem Rechtswert der Verfassung und damit aller staatlichen Ordnung."[1010]

VIII. Ergebnis der Bestandsaufnahme

Seit Bestehen der Bundesrepublik werden nahezu sechzig Jahre lang Strafnormen (häufig) geschaffen und (selten) wieder abgeschafft, ohne dass es jenseits des Politischen einen klaren materiellen Maßstab gäbe. Das Bundesverfassungsgericht belässt dem Gesetzgeber speziell im Strafrecht auffallend viel Raum. Der Prüfungsmaßstab ist so weit gefasst, dass er sich letzten Endes nur am Willkürverbot orientiert;[1011] damit ist die Grenze erreicht, an der das weite Ermessen des Gesetzgebers grundsätzliche Verwerfungen hinsichtlich des Subsidiaritätsgedankens und des Ultima-Ratio-Grundsatzes nach sich zieht.[1012] Das hehre Wort *Beccarias*, wonach „jeder Akt der Herrschaft eines Menschen über einen Menschen, der nicht aus *unausweichlicher Notwendigkeit*" folge, „tyrannisch" sei,[1013] hat rd. 250 Jahre später im Alltag der Strafgesetzgebung deutlich an Strahlkraft verloren.

Diese Diagnose schafft Unbehagen, denn jede einzelne Strafnorm ist bereits durch ihre bloße Existenz eine besondere staatliche Machtäußerung[1014] und bedeutet per se eine Freiheitsbeschränkung des Individuums.[1015] Deshalb hat auch die Diskussion um die Grenzen der staatlichen Strafgewalt niemals aufgehört. Die Begriffe, unter denen dies geschieht, können variieren. Dies ist jedoch zweitrangig. Entschieden ist

---

[1011] Hierzu *Stächelin*, S. 96 ff.

[1012] Vgl. *MüKo* (*Joecks*), Einl. Rn 21: „Prüfungsmaßstab des Bundesverfassungsgerichts ist letztlich Art. 3 Abs. 1 GG in der Form des Willkürverbots. Diese Reduzierung des Prüfungsmaßstabes und der damit verbundene weite Beurteilungsspielraum des Gesetzgebers führt dazu, dass Strafrecht in immer größerem Maße instrumentalisiert wird. Der Rechtsgüterschutz wird teilweise zugunsten einer Förderung der allgemeinen Wohlfahrt zurückgedrängt. Letztlich geht es in diesem Zusammenhang auch um die Frage, inwiefern Strafrecht ultima ratio, also subsidiär, sein soll und welche Zwecke mit der Bestrafung abweichenden Verhaltens verfolgt werden."

[1013] *Beccaria*, II.

[1014] Beispielsweise für *Bloch*, S. 293, ist das Strafrecht die „scharfe norma agendi katexochen"; nach *E. A. Wolff*, S. 137 (137 f.) geht es beim Strafrecht „um die Basis für ein Handeln, zu dem es notwendig gehört, Anderen Leid zuzufügen". Vgl. schon *Kant*, MdS, Rechtslehre, 2. Teil, 1. Abschnitt, § 49 E. I.: „Das Strafrecht ist das Recht des Befehlshabers gegen den Unterwürfigen, ihn wegen seines Verbrechens mit einem Schmerz zu belegen."

[1015] *Puig*, GA 2006, 667 (674).

das Ringen um die materiellen Grenzen des Strafrechts bis heute ohnehin nicht.[1016] Eine befriedigende Lösung steht also noch immer aus.

Daher ist es bislang auch noch nicht gelungen, das Straf- und das Ordnungswidrigkeitenrecht materiell voneinander zu trennen;[1017] die Abgrenzung erfolgt heute durch die Bezeichnung der Rechtsfolge – *Strafe* einerseits und *Buße* andererseits, vgl. § 1 Abs. 1 OWiG.[1018] Man könnte der Auffassung sein, dies sei nur eine nachrangige Folge der gesamten Problematik. Indes geht es hier nicht nur um akademisches Bemühen. Anlass für die Suche nach der materiellen Unterscheidung ist vielmehr die Sorge, dass Verhalten, das heute noch eine Ordnungswidrigkeit darstellt, jederzeit aus bloß politischen Gründen zur Straftat heraufgestuft werden könnte. Immerhin folgt das Ordnungswidrigkeitenrecht im Wesentlichen denselben Prinzipien wie das Strafrecht; es ist sozusagen der kleine Bruder des Strafrechts, mit dem der Gesetzgeber schon mal eine Strafnorm auf halbem Weg vorbereiten kann, wenn er sich politisch (noch) nicht traut, direkt die Strafnorm auf den Weg zu bringen. Dass vor diesem wenig transparenten Hintergrund mit dem Ordnungswidrigkeitenrecht ein stetig wachsender Bereich[1019] dieses „kleinen" Strafrechts geschaffen wird,[1020] kann nur unbefriedigend sein.

[1016] Vor diesem Hintergrund erscheint die Einschätzung *Androulakis'* nicht unplausibel, wenn er die Geschichte der Verbrechensdefinitionen als „Abfolge von teilweise krassen Misserfolgen" bezeichnet, vgl. *Androulakis* ZStW 108 (1996), S. 300.

[1017] KK-OWiG (*Rogall*), Vor § 1 Rn 2: „Das Problem der materiellen Begriffsbestimmung der Ordnungswidrigkeit ist dagegen von einer allgemein konsensfähigen Lösung noch weit entfernt."

[1018] Wortlaut § 1 Abs. 1 OWiG: „*Eine Ordnungswidrigkeit ist eine rechtswidrige und vorwerfbare Handlung, die den Tatbestand eines Gesetzes verwirklicht, das die Ahndung mit einer Geldbuße zuläßt.*" Aus den §§ 38 ff StGB und aus Vorschriften des EGStGB (z. B. Art. 12) ergibt sich in der Sache die formelle Definition der Straftat anhand des Begriffes „Strafe" (Freiheitsstrafe, Geldstrafe). Anfängliche Probleme grundsätzlicherer Art, das Kern- und Nebenstrafrecht sowie das Ordnungswidrigkeitenrecht mit Blick auf die Gesetzgebungskompetenz von Bund und Ländern (unter Berücksichtigung der auf dem Herrenchiemsee-Konvent und im Parlamentarischen Rat vertretenen Auffassungen) sachgerecht voneinander zu trennen, wurden in der jungen Bundesrepublik rasch praxisorientiert überwunden, vgl. *Dreher* NJW 1952, 1282 f.

[1019] *Achenbach* StV 2008, S. 324 (326): „dichtes Gestrüpp".

[1020] Bsp.: 1977 gab es zwei(!) OWi-Tatbestände in § 95 SGB I; die Nachfolgevorschrift § 111 SGB IV weist heute über 70 Tatbestände auf - eine Ausdehnung um das 35fache, vgl. *Schlegel/Voelzke* (*Wrage*), § 111 Rn 1, 2.

Teil 2: Eigene Auffassung

I. Vorüberlegungen

A. Materieller Verbrechensbegriff und Demokratieprinzip

Der Ausgangspunkt für die Suche nach einem materiellen Verbrechensbegriff ist die Überzeugung, dass die Schaffung von Strafnormen nicht in das bloße Belieben der jeweiligen Parlamentsmehrheit gestellt werden darf; andernfalls hingen die Grenzen der staatlichen Strafgewalt ausschließlich von den wechselhaften politischen Machtverhältnissen ab.[1021] Soll Strafgesetzgebung mehr sein als eine beliebige Ausdrucksform von Politik, soll sie strengeren Prinzipien folgen, der jeweiligen Parlamentsmehrheit zum Schutz des Einzelnen nicht alles erlauben dürfen, stellt sich zwangsläufig die Frage nach abstrakt-generellen Begrenzungslinien und damit dem materiellen Verbrechensbegriff – ob nun der strafende Staat schon vom Ansatz her als Problem begriffen wird[1022] oder mit der zunehmenden Europäisierung des Strafrechts rechtsstaatliche Erosionen bei der Strafgesetzgebung befürchtet werden.[1023]

Die Ausübung staatlicher Strafgewalt sollte erst dann legitim sein, wenn sich der Gesetzgeber die Schaffung einer Strafnorm nicht nur in formaler Hinsicht mühsam in einem aufwändigen Verfahren abgerungen hat, sondern auch – bzw. vor allem! – in materieller Hinsicht. Im Idealfall sollten zuvor transparent gemachte, möglichst genaue materielle

---

[1021] So auch *Roxin*, Festschrift für *Küper*, S. 489; *Bacigalupo*, Festschrift für *Jakobs*, S. 1 (13), spricht vom „politischen Problem des Strafrechts".

[1022] *Schütz*, S. 64, formuliert, dass „die strafende Einwirkung des Staates auf die Freiheit des Menschen stets höchst problematisch ist" und „nur mit schlechtem Gewissen erfolgen darf"; *Gallwas* MDR 1969, S. 889 (893) erkennt „mit jeder Strafnorm zugleich die Grundrechtsfrage" als gestellt.

[1023] Z. B. *Rönnau* JuS 2009, S. 209 (211): „Die kritischen Fragen nach der Legitimität von Strafnormen sollten nicht aufhören – gerade mit Blick auf eine Europäisierung des Strafrechts, in der allzu leicht Funktionalität und Optimierung von Eingriffsbefugnissen statt eines behutsamen Einsatzes des „schärfsten Schwertes des Staates" die Oberhand gewinnen."; ebenfalls kritisch hinsichtlich des Ultima-Ratio-Prinzips mit Blick auf die EU-Richtlinie 2008/99/EG zum strafrechtlichen Schutz der Umwelt (ABlEU L 328 vom 6.12.2008, S. 28): *Zimmermann* ZRP 2009, S. 74 (75 f.). Vgl. hierzu auch unten Teil 2 III. C. 8.

Vorgaben für die Strafgesetzgebung konsequent eingehalten werden. Erst dann wäre materielles Strafrecht nachhaltiges „Bürgerschutzrecht“[1024] gegen politische Willkür – vor noch mehr und letzten Endes zuviel Strafrecht. Wie die Bestandsaufnahme gezeigt hat, ist es aber bislang nicht gelungen, entsprechende materielle Vorgaben abstrakt-generell zu formulieren.[1025] Die Legitimität der Strafgesetzgebung insgesamt steht daher unter dem Vorbehalt, dass Strafrecht auch dort aus politischem Kalkül zum Zuge kommen kann, wo sein Einsatz materiell nicht gerechtfertigt ist.[1026]

Allerdings könnte sich die Frage aufdrängen, wie dieser Vorbehalt mit dem Demokratieprinzip in Einklang zu bringen ist.[1027] Denn im demokratischen Verfassungsstaat liegt in der Souveränität des Volkes die materielle „Letztbegründung“ jeder Norm.[1028]

Damit führt die Suche nach dem materiellen Verbrechensbegriff die Normadressaten in eine Doppelrolle; einerseits wirken sie am demokratischen Entstehen jeder Strafnorm (durch ihre Wahlentscheidung) mit, andererseits stellen sie die Strafgesetzgebung in Frage. Richtete sich der Blick allein auf ihre demokratische Rolle, könnte der Ausgangspunkt des materiellen Verbrechensbegriffs – die Suche nach Schutz vor politischer Willkür im Strafrecht – grundsätzlich in Zweifel gezogen werden. Dieser Einwand beträfe allerdings nicht nur den materiellen Verbrechensbegriff, sondern alle materiellen, abstrakt-generellen Begrenzungskonzepte; das Streben nach inhaltlichen Kriterien zur Begrenzung der staatlichen Strafgewalt müsste dann mit dem Hinweis auf das Demokratieprinzip insgesamt eingestellt werden.

Diese Konsequenz wäre indes nicht nur überzogen, sondern sachlich falsch. Sie immunisierte jegliche Kritik an der Gesetzgebung. Auch der

---

[1024] *Calliess* NJW 1989, S. 1338

[1025] *Bottke*, Festschrift für *Kohlmann*, S. 85 (109) formuliert pointiert: „Aussagen der Kriminalpolitik sind stets umstreitbar und umstritten; unter ihrem Dach wohnen Ach und Krach“.

[1026] Vgl. auch *Amelung*, Begriff des Rechtsguts, S. 155 (163).

[1027] Vgl. auch *Lagodny*, der die demokratische Legitimität von Strafnormen hervorhebt (dazu oben Teil 1 VI. C. 2.).

[1028] *Waldhoff*, Festschrift für *Isensee*, S. 325 (334): „Im säkularen Verfassungsstaat stellt das Prinzip der Volkssouveränität die unhintergehbare Letztbegründung für die Geltung einer durch den Gesetzgeber gesetzten Norm. Das souveräne Volk erschöpft sich nicht in seiner Funktion als pouvoir constituant sondern bleibt stets Zurechnungsendpunkt der pouvoirs constitués. Diesem materiellen Zurechnungsendpunkt korrespondiert in formeller Hinsicht die Verkündungsformel des Gesetzes.“

Einwand, die Suche nach dem materiellen Verbrechensbegriff verböte sich aufgrund der weiten Einschätzungsprärogative der Legislative grundsätzlich, ginge fehl. Dass der staatlichen Strafgewalt speziell im Kontext mit dem Strafrecht bestimmte Optionen entzogen sind, belegen bereits die in der Verfassung implementierten - formellen - Grenzen (Art. 102 bis 104 GG).[1029] Spätestens nach dem Ende des Nationalsozialismus war deutlich geworden, wie sehr Strafrecht politisch missbraucht werden kann und dass ein Rechtsstaat die Strafgesetzgebung eben nicht nur in die Hände der jeweiligen Parlamentsmehrheit legen darf.

Die im materiellen Verbrechensbegriff zum Ausdruck kommende skeptische Grundhaltung zur staatlichen Strafgewalt und das Demokratieprinzip schließen sich also nicht grundsätzlich aus.

B. Der materielle Verbrechensbegriff als mögliches Korrektiv zur Praxis der Strafgesetzgebung

1. Erhöhung der Publizität

Ob die Legislative nur das Gesetz oder auch seine Begründung im strengen Sinne schuldet, ist eine bis heute nicht eindeutig geklärte Frage.[1030] Zwar gelten für Gesetzentwürfe geschäftsordnungsrechtliche Begründungspflichten.[1031] Davon ist aber die Frage zu trennen, ob der parlamentarische Gesetzgeber den meist von der Ministerialbürokratie[1032] angegebenen Motiven auch folgt; abgesehen davon werden Gesetzentwürfe im Laufe des Gesetzgebungsverfahrens häufig abgeändert.[1033] Vor diesem Hintergrund scheint das im Grundgesetz geregelte Gesetzgebungsverfahren zumindest nicht für eine strenge Begründungspflicht

---

[1029] Ihrerseits nach den Erfahrungen der Zeit zwischen 1933 und 1945 „Antwort auf eine Geschichtskatastrophe“, vgl. *Folkerts* ARSP 2001, S. 328 (336).

[1030] Vgl. BVerfGE 86, S. 148 (241); allerdings wird jüngst vereinzelt die „Darlegung rechtfertigender Gründe“ gefordert, vgl. BVerfG NJW 2006, S. 1191 (1194); ausführlich zum Ganzen *Waldhoff*, Festschrift für *Isensee*, S. 325 ff. (329; 342).

[1031] Nach §§ 76 Abs. 2 und 96 Abs. 3 GOBT und § 43 GGO.

[1032] *Stächelin*, S. 268 ff., zählt unter anderem die Ministerialbürokratie zum „informellen Gesetzgeber“.

[1033] Im Ergebnis führt dies dazu, dass der amtlichen Entwurfsbegründung die „legislatorische Authentizität“ fehlt, vgl. *Waldhoff*, Festschrift für *Isensee*, S. 325 (329), mit zahlr. weit. Nachw.

des Gesetzgebers zu sprechen; auch die Möglichkeit der Anrufung des Vermittlungsausschusses nach Art. 77 Abs. 2 GG („Dunkelkammer der Rechtsordnung"[1034]) steht diesem Gedanken eher fern.

Der Gesetzgeber hat dennoch ein grundsätzliches Interesse daran, seine Gründe für ein Gesetz transparent zu machen. Dies verringert die Gefahr möglicher Fehlinterpretationen, speziell bei der späteren Überprüfung der Verfassungsmäßigkeit der Norm; die Angabe der gesetzgeberischen Motive, etwa in der öffentlich geführten Parlamentsdebatte (Art. 42 Abs. 1 Satz 1 GG), entspringt also schon dem Gebot politischer Klugheit.[1035] In dieser Publizität wurzelt die Rationalität der parlamentarischen Willensbildung; das Offenlegen der gesetzgeberischen Gründe ermöglicht das vernunftmäßige Erfassen seines Handelns.[1036] Ob dies nun Konsequenz einer Pflicht ist oder als Folge der freiwilligen Entscheidung des Gesetzgebers geschieht, ist im Ergebnis zweitrangig. Insofern ist die Frage nach der Begründungspflicht praktisch oft weniger bedeutend als es zunächst den Anschein hat. Speziell bei der Ausübung staatlicher Strafgewalt wird regelmäßig zumindest irgendein Motiv für die Strafnorm benannt.

Allerdings laufen in der Strafgesetzgebung einige ungünstige Linien zusammen, die selbst bei Benennung der legislativen Gründe im Ergebnis zu einer nur mangelnden Publizität führen; darin liegt ein Alleinstellungsmerkmal dieses Rechtsgebiets.

Ausgangspunkt ist, dass nur das Strafrecht als „schärfste Reaktion des Staates"[1037] auf einem archaischen, in der Alltagskultur tief verwurzelten[1038] Schuld-Sühne-Prinzip basiert. Gleichzeitig ist die Rechtsgüterschutzlehre als materielle Rechtfertigung bis heute an vielen Stellen konturenlos geblieben.[1039] Nach moderner Auffassung soll zwar in erster Linie die Gesellschaft geschützt werden, aber wie dieser Präventionsgedanke durch staatliche Repression bewerkstelligt werden kann, ist bis heute ebenfalls umstritten. Zudem ist der Sühnegedanke mit dem Präventionsgedanken dann nur schwer in Einklang zu bringen, wenn

---

[1034] *Waldhoff*, Festschrift für *Isensee*, S. 325 (337) mit weit. Nachw. zum Zitat.

[1035] *Waldhoff*, Festschrift für *Isensee*, S. 325 (342): „politische Tugendlehre"; mit zahlr. weit. Nachw.

[1036] *Waldhoff*, Festschrift für *Isensee*, S. 325 (336).

[1037] BVerfGE 90, 145 (172 f.), vgl. oben Teil 1 VI. B. 3; zuletzt *Rönnau* JuS 2009, S. 209 (211): „schärfstes Schwert".

[1038] Darauf weist jüngst *Hassemer*, Warum Strafe sein muss, hin: S. 16 ff., 20 ff.

[1039] Statt Vieler in aller Kürze *Rönnau*, JuS 2009, S. 209 (210).

z. B. vom Täter objektiv keine Gefahr mehr ausgeht (etwa bei greisen Kriegsverbrechern). Die Anwendung von Strafrecht auch in diesen Fällen zeigt, dass damit in erster Linie dem gesellschaftlichen Wunsch nach Vergeltung Rechnung getragen wird.

Ein Abstandnehmen der Legislative von solchen intuitiven Bestrafungswünschen ist nicht zu erwarten. Denn die politisch verantwortlich handelnden Akteure können sich wie sonst kaum im parlamentarischen Prozess als handlungsfähige und praktisch wirkungsvolle Mandatsträger mit Schutzinstinkt und Verantwortungsbereitschaft profilieren.[1040]

Furcht vor Verbrechen wird daher, auch wenn sie erkennbar irrationalen Ursprungs ist, von politischen Eliten bewusst kalkuliert und z. T. gesteuert, um sich entsprechende Handlungsspielräume zu eröffnen; die „Bekämpfung“ dieses oder jenes Missstandes durch Strafrecht rückt damit in den Mittelpunkt,[1041] ohne dass etwa geklärt ist, ob der „Missstand“ möglicherweise Ausdruck legitimer Freiheitsausübung ist oder das Präventionskonzept überhaupt funktioniert.[1042]

Andererseits ist Strafrecht vergleichsweise günstig. Eine neue Strafnorm zu schaffen kostet nichts im Vergleich zum personellen Ausbau von Polizei- und Ordnungskräften.[1043] Das macht dieses Rechtsgebiet im Ergebnis aber nur noch anfälliger für politische Willkür.[1044] Schließlich

---

[1040] *Amelung*, Begriff des Rechtsguts, S. 155 (164): „In politischer Hinsicht scheint der Zusammenhang zwischen der jederzeit abrufbaren Erregung über Verbrechen und der symbolischen Funktion der Strafe auf parlamentarische Regierungsmehrheiten einen Reiz zur Demonstration kriminalpolitischer Aktivität auszuüben, dem sie kaum widerstehen können, wenn sie sonst nicht viel erreicht haben.“

[1041] Hierzu auch *Scheffler*, Festschrift für *Schwind*, S. 123 (126 f.) mit weit. Nachw.

[1042] *Amelung*, Begriff des Rechtsguts, S. 155 (164), vermutet aus „psychologischer“ Sicht hinter vielen Strafgesetzen eine insgesamt intransparente und „gefährliche Mischung aus Moral und Neid auf den moralisch Ungebundenen, berechtigter Empörung und frei flutenden Rachgefühlen, sorgsamen Rechtsgüterschutz und bloßer Sündenbocksuche“.

[1043] *Di Fabio* NJW 2008, S. 421 (422): „Politiker, die rasch schärfere Gesetze über alle Regelungsebenen hinweg verlangen und auch schon einmal Kompetenzgrenzen als lästigen Ballast beklagen, lenken manchmal davon ab, dass sie sich in ihrer Budgetverantwortung zögerlich zeigen, Polizei oder Militär personell und sachlich angemessen auszustatten.“[1043]

[1044] *Vogel*, Festschrift für *Jakobs*, S. 731 (746), erwartet, dass „eine einerseits mit Ressourcenknappheit kämpfende und andererseits auf greifbare, öffentlichkeitswirksame Resultate abzielende Kriminalpolitik mehr als bereit sein dürfte, ökoverstärken Massenmedien als „vierte Gewalt“[1045] im Staat diese hier kursorisch nachgezeichneten Linien.[1046] Die Mandatsträger sehen sich in der Mediendemokratie mit einem „politischen Reiz-Reaktions-Muster“ konfrontiert, in dem nach häufig nur inszenierten Skandalen immer wieder die Frage in den Raum gestellt wird, warum dieses oder jenes Verhalten nicht überhaupt bestraft oder zumindest schärfer geahndet wird.[1047]

Auf der Grundlage dieses medialen Musters wird der strafrechtliche Bereich ausgedehnt; der Hintergrund kann nur vermutet werden.[1048] Es liegt nahe anzunehmen, dass sich die Auseinandersetzung mit den uralten Fragen nach Schuld, Sühne und Vergeltung besser zum politischen Vorteil nutzen lässt als die Beschäftigung mit abstrakteren Fragen, etwa nach den Grenzen der staatlichen Strafgewalt.[1049] Das Strafrecht steht damit wie kein anderes Rechtsgebiet im Brennpunkt verschiedenster In-

---

nomische und effizienz- sowie effektivitätsorientierte Ansätze aufzugreifen“: „Alles das verändert unser traditionelles Verständnis des Strafrechts und der Strafrechtspflege als einem prinzipiell eigenständigen und unverzichtbaren Element staatlich monopolisierter Hoheits- und Gewaltausübung jenseits des ökonomischen Paradigmas (...)“.

[1045] *Prittwitz*, Festschrift für *Hamm*, S. 575 (584 f.).

[1046] Vgl. *Prittwitz*, Festschrift für *Hamm*, S. 575 (583): „Immer schon waren Kriminalität und Strafjustiz prominenter Gegenstand von Medienberichterstattung. Aber mit der Herausbildung von Massenmedien, namentlich den elektronischen (Bild-)Medien veränderte sich die Lage spürbar, und spätestens mit der Vervielfachung der Medienangebote durch die Zulassung privaten Rundfunks und Fernsehens und der damit verbundenen Ökonomisierung der Medienlandschaft begann der Irrationalisierungsdruck auf Gesetzgebung, Rechtsprechung und die für den Strafvollzug verantwortlichen Landesjustizministerien.“

[1047] *Achenbach* StV 2008, S. 324 (325): „Die Medien machen einen Skandal oder eine Entwicklung öffentlich, die Bundespolitik reagiert mit dem ihr kompetenziell zustehenden Mittel der (für den Bund) vermeintlich kostengünstigen, jedenfalls aber schnell zu realisierenden Produktion neuen oder veränderten Strafrechts.“

[1048] Die insgesamt nur als „unvollkommen“ gekennzeichnete Aufgabenwahrnehmung durch die „vierte Gewalt“ übt erheblichen „politischem Druck auf Gesetzgebung und Rechtsprechung in Richtung einer Irrationalisierung“ aus; vor diesem Hintergrund „stimmen die verfassungsrechtlichen Eckdaten“ für die Schaffung rationalen Strafrechts nicht mehr“, konstatiert *Prittwitz*, Festschrift für *Hamm*, S. 575 (585).

[1049] Dabei passt ins Gesamtbild, dass mit Blick auf die jüngere Vergangenheit eine „auffällige Re-Moralisierung des öffentlichen und privaten Diskurses“ konstatiert wird, vgl. *Weigend*, Kolloquium für *Jescheck*, S. 44 (62).

strumentalisierungswünsche.[1050] Dass dies einmal anders sein wird, ist nicht zu erwarten;[1051] vor diesem Hintergrund ist die dem Strafrecht zugrunde liegende Kriminalpolitik allzu häufig irrational.[1052]

Diese – in dieser intensiven Form vermutlich nur im Strafrecht auftretende – Irrationalität hat zur Folge, dass Begründungen des Strafgesetzgebers oftmals nicht zur abschließenden Erfassung der tatsächlichen legislativen Motive führen. Zu groß ist das Spektrum grundlegender Fragen, Probleme, politischer Vorbehalte und Interessen im gesamten Bereich des Strafrechts.

Wie sollte etwa die Begründung einer Strafnorm mit den Gedanken des Rechtsgüterschutzes und der Prävention gelingen, wenn ausgeklammert wird, dass über den Begriff des Rechtsguts immer noch keine Einigkeit herrscht und es nach wie vor höchst umstritten ist, ob und wenn ja, was mit Strafrecht geschützt werden kann. Teilweise wird die Begründung von Strafnormen erst durch die Strafrechtswissenschaft „nachgebessert“; dann kommen wieder neue Rechtsgüter ins Spiel, die ihrerseits kaum mehr Klarheit in die Dinge bringen. Und abgesehen davon, dass

---

[1050] *Weigend*, Kolloquium für *Jescheck*, S. 44 (62): „Instrumentalisiert wird das Srafrecht, indem es als Drohgebärde, als schlichtes Anhängsel in beliebigen Kontexten der Regulierung verwendet wird – der Vorschlag einer Inkriminierung der Durchführung von Vaterschafts-Gentets ohne Einwilligung des Zellspenders ist nur ein besonders krasses aktuelles Beispiel unter vielen. Wenn Strafdrohungen ohne nähere Überlegung und geradezu reflexartig als politisch wohlfeiles Mittel zur vermeintlich kostensparenden Durchsetzung beliebiger Verwaltungs- oder Wohlfahrtszwecke missbraucht werden, dann verliert die Strafe ihr Spezifikum (...).“

[1051] *Prittwitz*, Festschrift für *Hamm*, S. 575 (584): „Werden die Medien ihr Interesse an Kriminalität und Strafjustiz verlieren? Werden Politiker nicht mehr gewählt werden wollen? Wird Unsicherheit nicht mehr ein guter Grund sein, Politiker zu wählen, die in und mit der Institution Staat für Sicherheit sorgen? All diese Fragen sind zu verneinen.“

[1052] *Putzke*, Festschrift für *Schwind*, S. 111 (117): „Derzeitige Kriminalpolitik ist nur scheinbar rational. Sie findet jenseits sachverständiger Beratung statt. Das wäre kein Grund zu lamentieren, wenn Politiker selbst Experten wären. Doch selbstsicheres Auftreten ersetzt allzu oft nur Ahnungslosigkeit; der zu beobachtende Aktionismus täuscht Wirksamkeit vor, signalisiert letztlich aber Ratlosigkeit. Zu beobachten ist eine Popularisierung, Politisierung und Entprofessionalisierung von Kriminalpolitik. Nur plakative Forderungen haben Aussicht, bei der Masse des Wahlvolks wohlwollend zur Kenntnis genommen zu werden. Die Ausrichtung der Politik orientiert sich am Wähler. Und der Wähler denkt nicht verantwortungs-, sondern gesinnungsethisch, will heißen, er bewertet kriminalpolitische Forderungen nicht an ihren tatsächlich prognostizierten Wirkungen, sondern am Wünschenswerten, das irgendwelchen Idealen entspricht.“

parlamentarische Gesetzgebung z. B. durch den „permanenten Zwang" zur Umsetzung von EG-Richtlinien,[1053] aber auch auf nationaler Ebene durch Koalitionsvereinbarungen oder „gesetzesfixierende Verträge und Absprachen" ohnehin Züge der Fremdbestimmung in sich trägt,[1054] bleibt speziell im Strafrecht die tragende Rolle der entscheidenden Stichwortgeber (z. B. Interessen- und Medienvertreter, Ministerialbürokratie) häufig verborgen. Hiervon beeinflusste individuelle Motivationen von Mandatsträgern drängen vernünftigere, rationalere Erwägungen zugunsten der Skizzierung von Gefahren und Bekämpfungsnotwendigkeiten in den Hintergrund.

Die staatliche Strafgewalt dürfte damit nicht selten im Halbdunkel von nur mäßig transparenten Stichwortgeben, unbewiesenen Annahmen und persönlichem Ehrgeiz stecken bleiben. Eine vierjährige Legislaturperiode zwischen zwei Wahlentscheidungen erscheint damit gerade im Strafrecht aus Sicht des Souveräns als undemokratisches Legitimationsvakuum, in dem er keine Möglichkeit hat, sich gegen die schärfsten Beschränkungen seiner persönlichen Freiheit zu wehren, wenn nicht zufällig Vertreter relevanter Medien auf seiner Seite stehen. Mit einer transparenten parlamentarischen Strafgesetzgebungskultur hat dies wenig zu tun.

Der durchschnittliche Normadressat wird vor diesem Hintergrund auf die Rolle des unbeteiligt Danebenstehenden reduziert, der heute auf ein Strafrecht von enormem Ausmaß blickt und auch nach Offenlegung von gesetzgeberischen Motiven vieles – wenn nicht das meiste – bei dieser höchst unklaren Ausgangslage gar nicht verstehen kann.

Diesen Missstand könnte ein abstrakt-generell limitierender materieller Verbrechensbegriff korrigieren, denn in ihm wäre die Begründung für die Schaffung von Strafnormen offengelegt. Die Entwicklung des Strafrechts wäre leichter nachvollziehbar – also rational erfassbar – und damit gegen politische Willkür widerstandsfähiger, weil anhand eines Maßstabes kontrollierbar. Ob daran aber überhaupt ein Interesse seitens der Politik besteht, ist eine andere Frage.

2. Stärkung des mittelbaren Demokratieprinzips

Die Rechtsordnung ist von Elementen unmittelbarer Demokratie weitgehend befreit (Art. 29 GG). Hintergrund für das Entstehen dieser deut-

---

[1053] Hierzu für das Strafrecht grundlegend *Zimmermann* ZRP 2009, S. 74.
[1054] Hierauf weist *Breuer*, Festschrift für *Isensee*, S. 345 (360 f.), hin.

lichen Ausprägung mittelbarer Demokratie in Deutschland waren für den Verfassungsgesetzgeber die Erfahrungen, die in der Weimarer Republik mit der Anwendung plebiszitärer Elemente gemacht wurden – ob zu Recht, muss an dieser Stelle offen bleiben. Der Vorbehalt lässt sich jedenfalls dahingehend auf den Punkt bringen, dass der Souverän für die Väter der Verfassung als demagogisch ausgesprochen beeinfluss- und steuerbar für politische Extreme galt; unmittelbarer Volksherrschaft wurde daher zutiefst misstraut.[1055] Um allen entsprechenden Gefahren zu begegnen, ist das Grundgesetz daher „prononciert antiplebiszitär“[1056] ausgestaltet worden[1057] – insgesamt sind drei Anträge auf Zulassung von Volksentscheiden bei der Entstehung des Grundgesetzes gescheitert.[1058]

Allerdings ist schon aus Praktikabilitätsgründen im modernen Verfassungsstaat ein reines System unmittelbarer Volksherrschaft kaum noch vorstellbar. Aber der historische Ausgangspunkt der in Deutschland besonders deutlichen Ausprägung dieser Mittelbarkeit im Grundgesetz war eben der immanente Vorwurf ans Volk, im Zweifel nicht rational handeln zu können.

Angesichts der oben beschriebenen besonderen Irrationalität der parlamentarischen *Straf*gesetzgebung stellt sich aber die Frage, ob die historische Begründung für die ausgeprägt mittelbare Demokratiestruktur in Deutschland auf dem Feld der Strafgesetzgebung noch tragfähig ist (bzw. jemals tragfähig war). Es geht dabei nicht um ein Plädoyer dafür, über Strafnormen ausnahmsweise mittels Plebisziten entscheiden zu lassen. Dies erscheint aus vielerlei Gründen nicht sachgerecht. Andererseits hat die Verlagerung der unmittelbaren demokratischen Verantwortung weg vom Volk und hin zum Parlament im Strafrecht allenfalls

---

[1055] *Schmidt-Bleibtreu* (*Hopfauf*), Einl. Rn 30: „Angesichts der demagogischen und agitatorischen Praktiken der extremistischen Parteien in der Weimarer Republik verzichtete der Parlamentarische Rat – anders als die meisten der kurz zuvor verabschiedeten Landesverfassungen – bewusst auf plebiszitäre Elemente. Er misstraute einer unmittelbaren Volksherrschaft, sie galt nach einem bekannten Wort von *Theodor Heuss* als *Prämie für jeden Demagogen.*“

[1056] *Stern*, Staatsrecht I, S. 608.

[1057] Der Parlamentarische Rat sprach dem deutschen Volk „nach den Erfahrungen von 1933 bis 1945 die politische Reife“ ab, die seiner Auffassung nach nötig gewesen wäre, um in größerem Umfang plebiszitäre Elemente in die Verfassung aufzunehmen, vgl. *Maunz/Dürig/Herzog/Scholz* (*R. Herzog*), Art. 20 Rn 39.

[1058] Noch im Herrenchiemseer Verfassungsentwurf war bei verfassungsändernden Gesetzen der Volksentscheid als Obligatorium vorgesehen, zum Ganzen *Krause* Rn 14 ff.

ansatzweise zu einer (eher gefühlten) Rationalisierung der Kriminalisierungsprozesse geführt. Durch eine Erhöhung der Transparenz in der Strafgesetzgebung mittels eines materiellen Verbrechensbegriffs ginge daher zumindest für diesen wichtigen Teilbereich der Legislative eine Stärkung des Prinzips der mittelbaren Demokratie einher. Mit dem besseren Nachvollziehbarmachen von Prozessen der Kriminalisierung anhand offen gelegter abstrakt-genereller Kriterien wäre auf dem Feld des Strafrechts – 60 Jahre nach Inkrafttreten des Grundgesetzes – ein deutlicher Schritt in Richtung des ursprünglichen Ziels getan, durch die Einführung eines prononciert mittelbar demokratischen Staatswesens die Grundlagen für eine primär an rationalen Gesichtspunkten orientierte Legislative zu legen.

3. Ausgleich zu einer widersprüchlichen Gewaltenteilungspraxis

Das Parlament schafft Strafnormen und hält an bestehenden Vorschriften trotz zum Teil erheblicher Kritik fest. Gleichzeitig stellt die Legislative aber der Judikative das Instrumentarium zur Verfügung, um das Strafrecht an vielen Stellen nicht anwenden zu müssen. Die einzelfallbezogene Zurückhaltung des Staates im Strafrecht kann zwar zu begrüßen sein, problematisch ist jedoch beispielsweise die extensive Anwendung der §§ 153, 153a StPO für manche Deliktsgruppen, etwa in der Bagatelldelinquenz des Eigentums- und Drogenstrafrechts.

Damit entzieht sich die Legislative bewusst ihrer Verantwortung. Statt bestimmte Verhaltensweisen zu entkriminalisieren, wird in Kauf genommen, dass die einschlägigen Gesetze durch die Tolerierung ihrer „folgenlosen" Anwendung desavouiert werden – mit deutlichen Folgeproblemen im Zusammenhang mit der Bildung von Rechtsbewusstsein.[1059] Die tatsächliche Verantwortung wird auf die Judikative übertragen, die diese dann faktisch im Justizalltag vornimmt. Während so die Legislative den zahlreichen Interessengruppen gegenüber Stärke durch Kontinuität demonstrieren kann, übernimmt die Judikative die notwendigen Korrekturen und braucht dabei negative Wahlentscheidungen nicht zu fürchten.

Aus der Perspektive der Normadressaten trägt diese Gewaltenteilungspraxis Züge eines Dilemmas, das letzten Endes zur Unsicherheit führt: Der Gesetzgeber verweigert die Entkriminalisierung und verweist auf

---

[1059] Dazu unten Teil 2 I. E. 3. e.

die Gerichte, die sachgerechte Einzelfallentscheidungen zu treffen haben. Selbige können theoretisch zwischen strenger Wortlautauslegung und regional unterschiedlicher, laxerer Spruchpraxis wählen (Bsp.: Geringfügige Menge beim Haschischkonsum) – allerdings ohne dass der Normadressat vor Begehung der Tat hinreichend Sicherheit darüber hätte, was ihn hinterher erwartet. Wird das Urteil vom Täter als „zu hart" empfunden, weist das Gericht – zu Recht – auf den Wortlaut der Strafnorm hin. Der Eindruck entsteht, als verstecke sich eine Säule des gewaltengeteilten Staates hinter der anderen und umgekehrt; allerdings wird die Entwicklung auch vom Bundesverfassungsgericht akzeptiert.[1060]

Das Handeln des Einzelnen mag unter Umständen gesellschaftlich sogar hingenommen werden und ein entsprechendes strafrechtliches Verbot Anachronismus sein, der „existenzbedrohende Charakter"[1061] des Strafrechts bleibt sozusagen als Drohgebärde konserviert – und sei es nur aus Gründen der Wertetradition.[1062] Beispiele sind in diesem Kontext der eigenverantwortliche Genuss von Drogen insgesamt, die Beteiligung am Glücksspiel oder der sog. Geschwisterinzest Erwachsener. Dass die Freiheit der Individuen wesentlich von der Einhaltung der Kompetenzordnung für die öffentliche Gewalt beeinflusst wird, ist also im Strafrecht besonders augenscheinlich.[1063]

Deutlich wird dies auch, wenn Straftatbestände z. B. wegen Zeitablaufs überwiegend nur noch symbolischen Charakter haben, von ihnen aber augenscheinlich nicht grundsätzlich abgerückt wird, um im politischen „Bedarfsfall" rasch auf das schon implementierte strafrechtliche Instrumentarium zurückgreifen zu können. Hierzu gehören beispielsweise die in der Frühphase der Bundesrepublik extensiver angewandten sog. Staatsverunglimpfungsdelikte nach §§ 90 bis 90b StGB. Gegenwärtig wird tendenziell weniger Bedarf gesehen, auf diese Tatbestände zurückzugreifen; dies zeigt etwa eine Entscheidung des Bundesverfassungsgerichts aus dem Jahr 2008, die Bezeichnung der Flaggenfarben der Bundesrepublik Deutschland mit „Schwarz-Rot-Senf" stelle keine

---

[1060] Vgl. jüngst BVerfGE 120, S. 224 (251); kritisch hierzu *Hassemer* in seiner abweichenden Meinung BVerfGE 120, S. 224 (255 ff., 272).

[1061] *Roxin/Arzt/Tiedemann*, S. 1.

[1062] Hierzu aufschlussreich BVerfGE 120, S. 224 (224 ff., 248).

[1063] BVerfGE 120, S. 224; kritisch hierzu *Hassemer* in seiner abweichenden Meinung zur Entscheidung des Bundesverfassungsgerichts zum Geschwisterinzest, vgl. BVerfGE 120, S. 224 (255 ff., 260): „Eine solche Korrektur ist nicht Sache der Justiz, sondern des Gesetzgebers."

Verunglimpfung des Staates im Sinne des § 90a Abs. 1 Nr. 2 StGB dar.[1064] Demgegenüber wird etwa der Anwendungsbereich des § 86a StGB (Verbot verfassungswidriger Kennzeichen) durch die Keltenkreuz-Entscheidung des BGH extensiviert;[1065] der strafbare Bereich für die Verwendung mehrdeutiger Kennzeichen ist in der Folge ausgedehnt worden.[1066] Allerdings soll wiederum der fremdsprachige Gebrauch von NS-Parolen („Blood & Honour") nicht dem Straftatbestand des § 86a StGB unterfallen.[1067]

Insgesamt entsteht der Eindruck, dass die Anwendung von tatbestandlich unveränderten Strafnormen zumindest teilweise auch von politischen Großwetterlagen abhängt.[1068] Diese Praxis steht zum Gewaltenteilungsprinzip in einem deutlichen Spannungsverhältnis. Gerade vor diesem Hintergrund erscheint es geboten, die Möglichkeiten für die Normadressaten zu verbessern, in Kritik stehende Strafnormen durch einen abstrakt-generellen und positiv-rechtlich verankerten materiellen Verbrechensbegriff als neutralem Maßstab überprüfen zu lassen.

[1064] BVerfG NJW 2009, S. 908 f.; zu den Urteilsgründen abwägend und zur symbolischen Bedeutung der Formel „Schwarz-Rot-Senf" die Entscheidungsgründe des BVerfG kritisierend: *Preisner* NJW 2009, S. 897 (898).

[1065] BGHSt 52, S. 364.

[1066] Darauf weist *Stegbauer* JZ 2009, S. 164 hin.

[1067] BGH, Urteil vom 13. August 2009 – 3 StR 228/09 (bundesgerichtshof.de).

[1068] *Last*, S. 40: „Kritische Zeiten – und das waren die Übergangsjahre vom Kriegsende bis hin zu einer gefestigten Demokratie – können durchaus besondere Mittel erfordern." Ähnlich wird auch im Zusammenhang mit der Strafbarkeit der sog. Auschwitz-Lüge nach § 130 Abs. 3 StGB argumentiert, vgl. *Dewitz*, S. 193 ff. Die Norm ist verschiedentlich erheblich kritisiert worden. Selbst die Befürworter der Strafvorschrift erkennen die Schwierigkeiten einer kaum „strafrechtsdogmatisch zu erklärenden" und „verfassungsrechtlich zu rechtfertigenden" Vorschrift (*Dewitz*, S. 219). Das grundsätzliche Legitimationsproblem wird aber auch hier in die Rechtsanwendung verlagert: „Je selbstverständlicher die demokratische Ordnung in Deutschland wird, desto zurückhaltender können die entsprechenden Tatbestände praktiziert werden." (*Dewitz*, S. 280)

4. Durchsetzungsfähigere Strafrechtswissenschaft

Das Verhältnis von Strafgesetzgebung und Strafrechtswissenschaft kann nur angedeutet werden. Es erscheint schon deshalb schwierig, weil ein Spannungsfeld zwischen politisch behaupteten Legitimationen für Strafgesetzgebung (z. B. wegen Prävention) und ihrer Nachweisbarkeit besteht; fast alles spielt sich in der Legislative, bezogen auf das Strafrecht, im Bereich der Überzeugungen ab.

Die derzeitige Wirkung der Strafrechtswissenschaft auf den Gesetzgebungsalltag dürfte im Ganzen eher begrenzt sein. Die Fraktionen im Deutschen Bundestag ignorieren vielfach kritische Stimmen der Fachöffentlichkeit zu schwierigen Fragestellungen oder geben Gutachten bei den Strafrechtswissenschaftlern in Auftrag, bei denen sie annehmen, die Ergebnisse stützten das eigene politische Anliegen. Die Zeitschienen von Gesetzgebungsvorhaben, die zum Teil mit immensem Druck durch Ausschüsse und Parlament getrieben werden, belegen objektiv, dass die Legislative an einem abwägenden Austausch wissenschaftlicher Argumente – der ein gewisses Maß an Zeit bedarf – häufig gar nicht ernsthaft interessiert ist. *Stübinger* weist beispielsweise auf das Entstehen des 6. Strafrechtsreformgesetzes von 1998 hin; er kommt zu dem Schluss, dass die tatsächlichen Abläufe das eklatante Desinteresse des Gesetzgebers an wissenschaftlicher Beratung offenkundig gemacht hätten;[1069] der „kriminalpolitische Bedeutungsverlust der Strafrechtswissenschaft“[1070] wird mit dem Bild einer weitgehend wirkungslosen

---

[1069] Hierzu *Stübinger*, S. 52, der die Einflussmöglichkeiten der sich „in vermeintlich reiner Dogmatik erschöpfenden“ Strafrechtswissenschaft auf die „tatsächlich praktizierte Kriminalpolitik“ als zurückgehend beschreibt – „und dies in einer Zeit, in der der Gesetzgeber in Sachen Strafrecht eine regelrechte „Normlawine“ losgetreten“ habe, welche „unaufhaltsam zu rollen“ scheine: „Die formale Beteiligung der Wissenschaft an geplanten Gesetzesänderungen wird auf die Anhörung ausgewählter Professoren in den zuständigen Fachausschüssen beschränkt. Darüber hinaus werden vorläufige Referentenentwürfe mit der Bitte um Stellungnahme an verschiedene Verbände und Institutionen gesendet – so auch an die Adresse der Strafrechtslehrer. Dies geschah u. a. mit dem Referentenentwurf für das 6. Strafrechtsreformgesetz. Doch wurde das Reformvorhaben ununterbrochen weiter vorangetrieben, ohne die erbetenen Stellungnahmen abzuwarten, da sich der Gesetzgeber in einen wahlkampfbedingten Zeitdruck versetzt hat, um das Reformgesetz möglichst rasch verabschieden zu können. Deutlicher konnte das mangelde Interesse an wissenschaftlicher Beratung kaum signalisiert werden.“

[1070] *Stübinger*, S. 53.

„Publikationswelle" beschrieben, die der „Normlawine" hinterher rolle.[1071]

Die Harmlosigkeit der Strafrechtswissenschaft im Gesetzgebungsalltag ist deshalb bedauerlich, weil die Bürgerinnen und Bürger damit sozusagen ihren Anwalt gegen eine zu extensive staatliche Strafgewalt verlieren. Zwar darf Strafrechtswissenschaft auch nicht zu Gunsten der Normadressaten parteiisch sein; deshalb ist es durchaus möglich, dass auch aus dem Bereich der Rechtswissenschaft Kriminalisierungsanforderungen formuliert werden. Es ist allerdings ein Unterschied, ob Experten eines überaus vielschichtigen und mit zahlreichen grundlegenden Fragestellungen versehenen Rechtsgebietes nach umfassender Abwägung der Argumente zu dem Schluss gelangen, dass ein bestimmtes Verhalten unter Strafe gestellt werden bzw. straflos bleiben soll – oder ob Ad-hoc-Kriminalisierungen in immer kürzeren Zeitabständen nach politischem Kalkül und auch gegen warnende Stimmen erfolgen. Die – um im Bild zu bleiben – „anwaltliche" Tätigkeit der Strafrechtswissenschaft für die Bürgerinnen und Bürger besteht gerade in der Sorgfältigkeit der Prüfung, ob es einer Strafnorm tatsächlich bedarf; dafür ist im Gesetzgebungsalltag praktisch keine Zeit mehr vorhanden.

Durch einen (verbindlich gemachten) abstrakt-generellen materiellen Verbrechensbegriff könnte im Gegensatz zur heutigen Ausgangslage die Strafrechtswissenschaft einen transparenten und eindeutigen (Ausgangs-)Maßstab an die Hand bekommen, um – darauf in der weiteren Argumentation aufbauend – dem Strafgesetzgeber mit größerer Durchsetzungskraft entgegenzutreten. Die Erwägungen der Strafrechtswissenschaft würden auf dieser Grundlage von der Legislative eher wahrgenommen, weil andernfalls ein Scheitern der Strafnorm vor dem Bundesverfassungsgericht möglich ist – eine Folge, die per se als politisch ausgesprochen unerwünscht gilt. Ohne materiellen Verbrechensbegriff droht der Strafrechtswissenschaft speziell in der gegenwärtigen Phase der immer stärker an präventiven Erwägungen orientierten Gesetzgebung eine Spaltung, wie *Weißer* hervorhebt: entweder der Rückzug „der hehren reinen Wissenschaft in den Elfenbeinturm der Lehre" oder ein aussichtsloses Ringen mit der Legislative um (immer weniger) Mindeststandards im rechtsstaatlichen Strafrecht durch stetes, mahnendes Fingerheben.[1072] Der verbindlich gemachte materielle Verbrechensbeg-

---

[1071] *Stübinger*, S. 54.
[1072] *Weißer* ZStW 121 (2009), S. 131 (161).

riff stellte den Mittelweg dar: klares Prinzip einerseits und dadurch auch Praktikabilität im Gesetzgebungsprozess andererseits.

5. Unterstützung der Legislative

Politische Mandatsträger sind in bestimmten sozialen Kontexten eingebunden. Dies hat auch zur Folge, dass sie sich den unterschiedlichen intuitiven Kriminalisierungswünschen ihrer jeweiligen Interessenspartner stellen müssen. Der Prozess zunehmender Globalisierung erhöht diese Anforderungen („Kriminalitätsfurcht“[1073]). Politische Eliten, die sich der „tough-on-crime-Rhetorik“ entziehen, nehmen bewusst Wahlniederlagen in Kauf; um dies zu verhindern, entsteht eine „punitive Spirale“, da regelmäßig versucht wird, „auf das Vorhandene eine Schippe“ drauf zu legen.[1074]

Die Gesetzesproduktion „rund um das Phänomen Terrorismus“ hat im Strafrecht eine Intensität erreicht, die bereits mit der Bezeichnung „Hochkonjunktur“ umschrieben wird;[1075] die weitere Ausdehnung des strafbaren Bereiches ist jüngst mit dem „Gesetz zur Verfolgung der Vorbereitung von schweren staatsgefährdenden Gewalttaten“ vom 30. Juli 2009 realisiert worden.[1076] Aber auch in anderen Kontexten wirkt die punitive Spirale. So hat etwa 2007 die Entscheidung des Bundesverfassungsgerichts zur Verwertungsmöglichkeit heimlicher Vaterschaftstests im Zivilprozess[1077] bereits Tags darauf zu der Forderung aus dem Bundesjustizministerium geführt, den unbefugten „Umgang mit genetischen Daten grundsätzlich strafrechtlich zu ahnden“.[1078]

[1073] *Putzke*, Festschrift für *Schwind*, S. 111 (119); *Kräupl*, Festschrift für *Schwind*, S. 87 (90) kennzeichnet die „über Furcht definierte Kriminalitätswahrnehmung“ als „unstrukturiertes, ja monströses (Unsicherheits-)Phänomen“.

[1074] *Putzke*, Festschrift für *Schwind*, S. 111 (118).

[1075] Hierzu mit Blick auf §§ 129, 129a StGB kritisch *Weißer* JZ 2008, 388 ff. mit zahlreichen weiteren Nachweisen.

[1076] Am 4. August 2009 sind die neuen Straftatbestände §§ 89a, 89b und 91 StGB in Kraft getreten, vgl. BGBl. 2009 I, 2237. Kritisch *Deckers/Heusel* ZRP 2008, S. 169 ff. zu den Pönalisierungen weiterer Vorbereitungshandlungen „terroristischer Alleintäter“ in den §§ 89a, 91 StGB in der Fassung des Referentenentwurfs von April 2008; hierzu auch *Kauder* ZRP 2009, S. 20 ff.

[1077] BVerfG, Entscheidung vom 13. Februar 2007, in: NJW 2007, 735 ff.

[1078] Bundesjustizministerin *Zypries*, in: Berliner Zeitung vom 14. Februar 2007, zitiert nach *Glaser/Dahlmanns* JR 2007, S. 316 Fn 1, die die Kriminalisierung heimlicher Vaterschaftstests ablehnen (ebendort, S. 320 f.)

Ob hiergegen eine Implementierung der Wissenschaft in den Strafgesetzgebungsprozess – vorgeschlagen wird z. B. ein „dauerhaft installiertes Gremium, vergleichbar mit den fünf `Wirtschaftsweisen´"[1079] – allein wirksam sein könnte, darf angesichts der Attraktivität von „Politikmachen" und „Stärkezeigen" mit dem Strafrecht bezweifelt werden.

Gelänge es jedoch, einen abstrakt-generellen materiellen Verbrechensbegriff mit Begrenzungsfunktion als Legaldefinition zu formulieren, wären die politischen Eliten in der Lage, auf dieser Basis mit ihren Interessenspartnern in einen objektiveren Dialog zu treten; Absagen an externe Kriminalisierungswünsche könnten mit der entgegenstehenden gesetzlichen Vorgabe für Strafnormen begründet und dadurch die notwenige sachliche Distanz geschaffen werden; auf dieser Grundlage erscheint es zumindest möglich, die „punitive Spirale" zu durchbrechen.

6. Fazit

Die Praxis der Strafgesetzgebung wirft einige Probleme auf. Sie ist auch im 21. Jahrhundert wegen zahlreicher ungeklärter Grundfragen immer noch als in Teilen irrational zu bezeichnen, erscheint wenig transparent, offenbart Defizite in der mittelbaren Demokratietradition und der Praxis der Gewaltenteilung, ist häufig entkoppelt von neutraler Strafrechtswissenschaft und politische Mandatsträger scheinen von den hinter ihnen stehenden Interessengruppen vor sich her getrieben zu sein.

Folge ist die „punitive Spirale". Diese erscheint vor allem deshalb bedenklich, weil sie keinen Weg zurück vorsieht. Ist eine Strafvorschrift erst einmal in der Welt, ist sie daraus kaum wieder wegzudiskutieren. Entsprechende Vorstöße haben sich mit der Gegenargumentation auseinanderzusetzen, man wolle etwas *konkret* Geschütztes, etwas Gutes, zu Gunsten der *abstrakten* Freiheit aller Gesellschaftsmitglieder aufgeben. Dies fällt der Legislative ungleich schwerer als die populärere Ausdehnung des „strafrechtlichen Schutzes" auf dieses oder jenes. Der Bruch mit Pönalisierungstraditionen wird von der staatlichen Strafgewalt daher grundsätzlich gescheut und das Bundesverfassungsgericht flankiert den Strukturkonservatismus, indem es in Zweifelsfällen auf mögliche „kontraproduktive Reflexe" als Folge von Entkriminalisierungen hin-

---

[1079] *Putzke*, Festschrift für *Schwind*, S. 111 (120).

weist.[1080] Vor diesem Hintergrund hat sich bei Strafgesetzgebung und Rechtsprechung eine ausgesprochene Abneigung gegen einen Rückbau des strafbaren Bereichs entwickelt;[1081] im Ergebnis wird das Strafrecht stetig immer weiter ausgedehnt.[1082]

Lagodny macht es sich daher im Resümé seiner Habilitationsschrift zu einfach wenn er formuliert, die „Gesellschaft der Grundrechtsträger" habe den „Strafrechtsstaat", den sie sich schaffe und damit „im durchaus doppeldeutigen Sinne" verdiene.[1083] Denn die Grundrechtsträger werden zwar für das in formeller Hinsicht demokratisch legitimierte Strafrecht in Haftung genommen, haben aber realistisch gesehen so gut wie keine Möglichkeiten, sich gegen das Zuviel an Strafrecht zur Wehr zu setzen. Insofern ist die Einschätzung, die Gesellschaft der Grundrechtsträger verdiene diesen Strafrechtsstaat, in ganz einfachem Sinn unfair.

Fairer und gleichzeitig handhabbar erscheint es, mit der Implementierung eines abstrakt-generellen materiellen Verbrechensbegriffs zu versuchen, diesem „Strafrechtsstaat" eine neue Ausrichtung zu geben.

C. Trennung von Recht und Moral

Der zu erarbeitende Lösungsvorschlag beruht auf dem Grundsatz, dass die – äußere – Sphäre des Rechts und die – innere – Sphäre der Moral streng zu unterscheiden sind. Jede Person hat sowohl eine rechtliche, als auch eine moralische Sphäre.

Unter Recht wird mit *Kant* der „Inbegriff der Bedingungen" verstanden, „unter denen die Willkür des einen mit der Willkür des anderen nach einem allgemeinen Gesetz der Freiheit zusammen vereinigt werden

---

[1080] BVerfGE 120, S. 224 (251).

[1081] Vgl. *Dewitz*, S. 276, die ebenfalls den Verbleib sog. Auschwitz-Lüge nach § 130 Abs. 3 StGB im materiellen Strafrecht damit rechtfertigt, dass – nun, da es die Strafnorm schon einmal gibt – ihre Streichung das falsche Signal wäre.

[1082] *Deckers/Heusel* ZRP 2008, S. 169 (173), fragen zu Recht, ob sich vor dem Hintergrund dieser Entwicklung (konkret: die geplante Neuregelung der §§ 89a, 91 StGB) der Bürger langfristig, „den – repressiven – Staat durch Wohlverhalten noch vom Leib halten kann."

[1083] *Lagodny*, Strafrecht vor den Schranken, S. 541.

kann".[1084] Dies ist die (äußere) Sphäre des Rechts, in der ausschließlich die äußere Freiheitssphäre der Individuen bzw. das wechselseitig voneinander abhängige Handeln Gegenstand der Betrachtung ist.[1085]

Unter der inneren Sphäre der Moral wird die Summe der handlungsleitenden sozialen Normen verstanden, die ohne zwingende äußere Beeinflussung der Handlungsfreiheit eines anderen Menschen bleiben. Der Begriff ist weit gefasst; Moral kann Aspekte der „Sollensordnungen" Religion, Ethik, Sitte, Takt oder Mode umfassen.[1086]

Moral hat insofern einen passiven Charakter, als durch sie nicht zwingend in die äußere Sphäre der Handlungsfreiheit eines anderen Menschen aktiv eingegriffen wird. In die Sphäre der Moral fallen insbesondere Überzeugungen, soweit sie auf die äußere Freiheit anderer Personen entweder keine Auswirkungen haben (z. B. bei einem stillen Gebet zu Hause) oder andere Personen (passiv) nur so tangieren, dass ihnen die äußere Freiheit unbenommen bleibt, davon abweichend zu handeln. Daher ist es möglich, Handlungen der Moralsphäre zuzuordnen, wenn sie äußerlich zwar wahrnehmbar sind, aber keinen zwingenden Eingriff in die Handlungsfreiheit eines anderen nach sich ziehen.[1087] Dass moralisch motiviertes Handeln faktisch soziale Zwänge und damit bei anderen den Wunsch auslösen kann, sich anzupassen und ebenso zu handeln (z. B. durch den Kirchgang einer Person, der bei anderen den moralischen Zwang auslöst, sich anzuschließen) oder sich abzugrenzen, steht insofern dem äußerlich passiven Charakter von praktizierter (innerer) Moral in Bezug auf Dritte nicht entgegen. Sobald jedoch eine aktive Beeinflussung der äußeren Freiheit anderer Menschen in der Weise vorliegt, dass letztere in ihrem äußeren Verhalten darauf reagieren müssen, wird die (passive) Moralsphäre verlassen.

1084 *Kant*, MdS, Einleitung in die Rechtslehre, § B (Akademie-Ausgabe, Band VI), S. 230.

1085 Vgl. oben Teil 1 I. A. 1. *Roxin* JuS 1966, S. 377 (382), fasst diesen Trennungsgedanken mit Blick auf die Legitimität staatlichen Handelns prononciert zusammen: „Der Staat hat die äußere Ordnung zu wahren; den einzelnen moralisch zu bevormunden, hat er keinerlei Legitimation. Die Kirche, die sich das Seelenheil und das moralische Wohlverhalten ihrer Glieder angelegen sein lässt, ist da in einer völlig anderen Situation; sie leitet ihre Autorität aber auch nicht vom Menschen ab."

1086 Aufzählung in Anlehnung an *Mayer-Maly*, S. 17.

1087 Vgl. hierzu *Jakobs* ZStW 97 (1985), S. 751 (784).

Der materielle Verbrechensbegriff soll abstrakt-generelle Kriterien aufstellen, die verbindlich machen, wann der äußere Umgang der Individuen untereinander strafbar ist und wann nicht. Insofern wirkt er ausschließlich in der Rechtssphäre; moralische Aspekte müssen demgegenüber ausgeschlossen bleiben.[1088]

D. Abkehr vom intuitiv-offenen Sozialschädlichkeitsverständnis

Weder die in der Bestandsaufnahme untersuchten einzelnen Lösungsansätze zum materiellen Verbrechensbegriff, noch die die Einzelansätze zum Teil vereinigende Verhältnismäßigkeitsdiktion von Bundesverfassungsgericht[1089] und Literatur[1090] lösen sich vom intuitiv-offenen Sozialschädlichkeitsverständnis; daher können sie keine streng begrenzende Wirkung entfalten. Ein auf dieser Basis formulierter materieller Verbrechensbegriff kann daher nur begrenzt eine abstrakt-generelle Wirkung entfalten.[1091]

Allerdings ist nicht der Sozialschädlichkeitsgedanke selbst das Problem, sondern seine konkrete Anwendung. Nach heutiger Lesart setzt nur die „Wertordnung des Grundgesetzes" dem Gesetzgeber eine Denkgrenze in seinem Recht (Einschätzungsprärogative), besonders sozialschädliches Verhalten mit dem Einsatz von Strafrecht zu ahnden. Diese Grenze ist sehr weit gezogen, wirklich ausgeschlossen dürften auf dieser Basis lediglich legislative Exzesse sein.[1092] Innerhalb dieses weiten Feldes ist es bislang nicht gelungen, dem vagen Gedanken von der *besonderen* Sozialschädlichkeit eine deutlichere Kontur zu geben. Die staatliche Strafgewalt ist nach wie vor durch ein intuitiv-offenes Grundverständnis von einfacher, mittlerer, schwerer oder besonders schwerer Sozialschädlichkeit geprägt.[1093]

[1088] Vgl. auch *Harzer* (Unterlassene Hilfeleistung, S. 296), die mit der Kennzeichnung einer Theorie des Besonderen Teils des Strafrechts die „radikale Forderung nach einer Trennung von Recht und Moral" verbindet.
[1089] Vgl. oben Teil 1 VI. B.
[1090] Vgl. oben Teil 1 VI. C.
[1091] Zu diesem Fazit kommt auch *Kuhlen*, Strafrechtsbegrenzung, S. 77 (96 f.).
[1092] S. o. Teil 1 VI. B. 5.
[1093] Vgl. hierzu die Herangehensweise des BVerfG, Teil 1 VI. B. 1.

1. Intuitiv-offenes Sozialschädlichkeitsverständnis und die Freiheit des Individuums

Die Tendenz der Entmaterialisierung des Sozialschädlichkeitsgedankens wird durch das zunehmende Wissen um Wechselwirkungen verschiedenster – lokaler, nationaler wie globaler – Lebenssachverhalte und der damit einhergehenden Risiken noch verstärkt. Ein intuitiv-offenes Sozialschädlichkeitsverständnis führt damit tendenziell zum frühen Einsatz eines ubiquitären Schutzgedankens (z. B. „öffentliche Sicherheit").[1094]

Damit ist die Freiheit des Einzelnen vor der staatlichen Strafgewalt langfristig nicht mehr hinreichend gesichert, zumal der Einsatz von Strafrecht auch heute noch grundsätzlich „existenzbedrohenden Charakter" hat.[1095] Das Problem kann nur angegangen werden, wenn es gelingt, das intuitiv-offene Sozialschädlichkeitsverständnis zu typisieren.

2. Einbruchstelle für Moralvorstellungen

Es gilt als Errungenschaft, die Pönalisierung von bloßen Vorstellungen moralischer, ethischer oder religiöser Art, die anachronistische Verschmelzung von Recht und Moral, überwunden zu haben.[1096] Der Sozialschädlichkeitsgedanke und der ihn konkretisierende Rechtsgutsbegriff genießen in diesem Zusammenhang immer noch den guten Ruf als Grundbausteine für die Modernisierung des Strafrechts. Allerdings hat z. B. *Hörnle* jüngst in ihrer Habilitationsschrift[1097] belegt, wie sehr immer noch weltanschauliche Gedankengänge für das heutige Strafrecht prägend sind. Die Beschimpfung von Bekenntnissen (§ 166 StGB) ge-

---

[1094] Hierzu *Kühl* NJW 1986, 874 (876), mit Blick auf die mögliche Illegitimität von Strafnormen, die mit dem Rechtsgut „öffentliche Sicherheit" begründet werden: „Denn – und darin liegt eine weitere Schwäche des Rechtsgutskonzepts und der Sozialschädlichkeitstheorie – mit dem Ausmachen eines hinter einem Straftatbestand stehenden Rechtsguts ist noch nicht darüber entschieden, ob dieses Rechtsgut auch gegen die entferntesten Angriffe geschützt werden darf. Das Rechtsgut selbst erheischt Schutz so früh wie möglich, und diese Tendenz ist auch durch seine präzisere Fassung nicht immer zu beseitigen."

[1095] *Roxin/Arzt/Tiedemann*, S. 1.

[1096] Vgl. z. B. die Ausführungen von Köhler (Teil 1 V. E. 1.).

[1097] *Tatjana Hörnle*, Grob anstößiges Verhalten. Strafrechtlicher Schutz von Moral, Gefühlen und Tabus, Frankfurt am Main 2005.

hört etwa hierzu[1098] oder die Bestrafung der Doppelehe (§ 172 StGB);[1099] auch das Urteil des Bundesverfassungsgerichts zum sog. Geschwisterinzest nach § 173 Abs. 2 Satz 2 StGB belegt die letzte Endes kaum überzeugend kaschierte Strafbewehrung von gesellschaftlichen Moralvorstellungen und der Furcht vor Tabubrüchen.[1100]

Ein anderes Beispiel hierfür ist der Meineid (§ 154 StGB). Die Forderung, diesen Tatbestand schon wegen seines „überweltlichen Inhalts" abzuschaffen, wird seit der Aufklärung erfolglos erhoben. Dabei muss § 154 StGB wegen des mittlerweile geltenden Grundsatzes der freien Beweiswürdigung sogar als „prozessual überflüssig" angesehen werden.[1101] Auch im 21. Jahrhundert wird aber immer noch ein Verhalten pönalisiert, wie es schon im Sachsenspiegel aus dem 13. Jahrhundert vorgesehen war. Das ehemalige Religionsdelikt ist in der moderneren Rechtfertigungsdiktion lediglich in eine besonders sozialschädliche Handlung gegen die Rechtspflege umdefiniert worden.

Da Pönalisierungen nach heutiger Lesart dann ausreichend materiell gerechtfertigt sind, wenn sich im Handeln nur irgendetwas Nachteiliges für das Zusammenleben der Gesellschaft begründen bzw. behaupten lässt, ist die Brücke zur Einbeziehung von Moralvorstellungen als „Schutzgut" für Strafrechtsnormen geschlagen: Denn mit dem gedeihlichen Zusammenleben Aller lässt sich immer auch die Sozialschädlichkeit von unmoralischem Handeln rechtfertigen, weil eben moralische Fragen auch Auswirkungen auf das soziale Miteinander haben können.

„Moral" und intuitiv-offene Sozialschädlichkeit sind damit immer aufeinander bezogen, selbst wenn das säkulare Zeitalter im Strafrecht (insb. durch die Rechtsgüterschutzlehre) diese Verbindung gekappt zu haben vorgibt. Der Gesetzgeber hat auf dieser Grundlage stets die Möglichkeit, scheinobjektive Rechtsgüter zu formulieren („öffentlicher Friede" oder die „Menschenwürde eines Verstorbenen"), auch um damit moralischen Gefühlsschutz in das Strafrecht zu implementieren bzw. zu erhalten.

[1098] Vgl. *Hörnle*, Grob anstößiges Verhalten, S. 382 f.; Zu Überlegungen, § 166 StGB abzuschaffen, vgl. die Nachw. bei *Lackner/Kühl*, § 166 Rn 1.

[1099] *Hörnle*, Grob anstößiges Verhalten, S. 465 f.

[1100] BVerfGE 120, S. 224 (abweichendes Votum von *Hassemer* ab S. 255 ff.)

[1101] *G. Wolf* JuS 1991, S. 177 (182 f.) mit zahlr. weit. Nachw.

3. Strukturkonservatismus

Das „moderne" intuitiv-offene Sozialschädlichkeits- und Rechtsgutsverständnis hat die Moralelemente nicht nur nicht ausgesondert, sondern ist vielmehr Bindeglied eines im Kern einheitlichen Grundverständnisses von Strafgesetzgebung von ihren Anfängen bis heute.

Traditionalismus spielt im Strafrecht eine wichtige Rolle. Von der Tradition wird auf die materielle Richtigkeit von Strafrecht geschlossen. Strukturkonservatismus wird im Strafrecht mit seiner (angeblich) tiefen Verwurzelung in der Gesellschaft begründet; argumentiert wird mit den z. T. enormen historischen Zeitabläufen: Strafrecht basiere auf „jahrtausendealter Tradition"[1102] und rechtfertige sein Dasein aus den „Erfahrungen der Menschheitsgeschichte".[1103] Das Bundesverfassungsgericht schlägt beispielsweise gleich zu Beginn seiner ausführlichen Begründung zur Rechtmäßigkeit des Geschwisterinzests (§ 173 StGB) den hisorischen Bogen u. a. vom Codex Hammurabi über das mosaische, islamische und kanonische Recht, die griechische und römische Antike und auch das germanische Recht.[1104] Die Funktion der Strafgesetze („Wer...tut, wird mit...bestraft") lasse sich einerseits zwar nicht „auf einen Nenner bringen", beruhe aber andererseits auf allgemeiner Anerkennung.[1105]

Das Strafrecht ist damit heute in seinem Kern nur scheinbar modern, denn seit ehedem wird der Begriff der Sozialschädlichkeit intuitiv-offen zur Begründung der Pönalisierungsprozesse herangezogen. Der wesentliche Unterschied zwischen der Frühphase des Strafrechts und der Moderne scheint sich darauf zu beschränken, dass man heute über viele innere und äußere Zusammenhänge besser Bescheid weiß als früher und damit ggf. die Möglichkeit erhält, ältere, nicht mehr (allein) überzeugende Begründungskonzepte durch „modernere" Argumente zu ersetzen, um einen durch die Abschaffung der Strafnorm befürchteten Traditionsbruch zu verhindern.

[1102] *Stratenwerth/Kuhlen*, § 1 Rn 1.
[1103] *Wessels/Beulke* § 1 I 1 Rn 5.
[1104] BVerfGE 120, S. 224 (224 ff.)
[1105] *Schroeder*, Festschrift für *Otto*, S. 165 (178): „Über mehr als tausend Jahre, über das Vergeltungsstrafrecht, über die Theorie des psychologischen Zwangs, über die Normentheorie, über die Vorstellungstheorie des Vorsatzes, das Willensstrafrecht, die Theorie der Rechtsnorm, die finale Handlungslehre und das personale Unrecht hinweg hat sich diese Struktur der Strafgesetze erhalten."

Das intuitiv-offene Verständnis von Sozialschädlichkeit verklammert damit zwar einerseits Tradition und Moderne und gewährleistet insofern Kontinuität; darin liegt aber die Gefahr, dass Zäsuren übergangen werden, die eine *normative* Weiterentwicklung des materiellen Strafrechts analog zum Staatsrecht versprächen.

Aus Sicht des deutschen Strafrechts ist vor allem das Inkrafttreten des Grundgesetzes im Jahr 1949 eine entscheidende Zäsur. Indes spielt die sich bereits im Grundrechtsteil zeigende deutliche Neuakzentuierung des Verhältnisses Staat-Individuum zu Gunsten des Einzelnen in der Strafgesetzgebung immer noch eine untergeordnete Rolle. Das intuitiv-offene Sozialschädlichkeitsverständnis immunisiert damit vom Standpunkt des Individuums aus gesehen weitgehend die Argumentation gegen Pönalisierungen, die „immer schon" dagewesen und damit immer noch angeblicher Teil der Tradition sind.

4. Faktische Unwirksamkeit des Ultima-Ratio-Prinzips und Beliebigkeit der Formwahl (Straf- oder Ordnungswidrigkeitenrecht)

Obwohl theoretisch in überwältigender Mehrheit anerkannt, entfaltet das Ultima-Ratio-Prinzip auf der Grundlage intuitiv-offener Sozialschädlichkeitsvorstellungen kaum praktische Wirkung.[1106] Während eine existierende Strafnorm formal durch den Nulla-Satz auf ihre Rechtsstaatlichkeit hin in allen Tiefen durchleuchtet werden kann, ist damit die mindestens ebenso wichtige Frage, ob der materielle Regelungsgehalt überhaupt in einer *Straf*norm erfasst werden darf, der Dogmatik und klaren Maßstäben weitgehend entzogen.

Auf dieser Grundlage ist auch eine materielle Abgrenzung von Straf- und Ordnungswidrigkeitenrecht nicht möglich.[1107] Die Grenzziehung erfolgt rein formal; der zwischenzeitlich von *Eberhard Schmidt* initiierte Versuch einer materiellen Unterscheidung auf dem Feld des Wirtschaftsrechts (Wirtschaftsstrafgesetz 1949) wurde aufgegeben,[1108] weil vor dem Hintergrund des offenen Sozialschädlichkeitsansatzes „diese materielle Methode nicht einfach zu handhaben war".[1109] Das Ordnungswidrigkeitenrecht hat seither eine erhebliche Ausdehnung erfahren; erfasst werden „reiner Verwaltungsungehorsam" bzw. „leichtere

[1106] S. o. Teil 1 VI. D. 2. / 3.
[1107] Vgl. oben Teil 1 VIII.
[1108] Hierzu oben Teil 1 III. F. 2. / 3.
[1109] *Achenbach* GA 2008, S. 1 (4); vgl. im Übrigen oben Teil 1 III. F. 2.

Unkorrektheiten im Verwaltungsverfahren“ ebenso wie „bagatellarische Rechtsgutsverletzungen“ und „`große Ordnungswidrigkeiten´ von erheblicher Sozialschädlichkeit“,[1110] einschließlich zum Teil enormer Bußgeldandrohungen in Höhe von mehreren hunderttausend Euro.

Betrachtet man das Ultima-Ratio-Prinzip, so erscheint die Ausdehnung des Ordnungswidrigkeitenrechts zunächst einmal weitgehend unproblematisch zu sein, zumal hierbei ein etwaiger Verstoß gegen das Übermaßverbot weniger nahe liegt.[1111]

Die sich aufdrängende Frage ist eher, wieso nicht auch andere Sachverhalte in das Ordnungswidrigkeitenrecht abgeschichtet werden, wenn sogar Handlungen von „erheblicher Sozialschädlichkeit“ dort erfasst sind.[1112] Eine systematisch befriedigende Antwort hierauf kann jedoch auf der Grundlage des intuitiv-offenen Sozialschädlichkeitsverständnisses nicht gelingen. Soweit zudem nach der neueren „kommunikativen Straftheorie“ der legitime Einsatz des Strafrechts davon abhängen soll, ob auch „andere Kommunikationsformen möglich sind oder möglich werden“,[1113] zeigt sich in dieser „Spracheuphemisierung“[1114] ein grundlegender Wandel. Strafrecht wird lediglich als eine von mehreren „Kommunikationsformen“ verstanden und damit in seiner Signalfunktion (als schärfste staatliche Reaktion) spürbar reduziert. Es verliert damit seine klassisch-herausgehobene Stellung. Ob nun von ihm oder vom Ordnungswidrigkeitenrecht Gebrauch gemacht wird, ist vor diesem Hintergrund nicht mehr sonderlich von Belang. Die Worte vom Strafrecht als der „schärfsten Waffe“ des Rechtsstaates und seiner ausschließlichen Ultima-Ratio-Funktion verlieren in der Konsequenz an Bedeutung.

5. Nähe zum Täterstrafrecht

Das bundesrepublikanische Strafrecht gilt als Tatstrafrecht; demgegenüber sollen „Tätertypen“ unberücksichtigt bleiben. Dies ist schon eine Forderung aus dem Rechtsstaatsprinzip, denn es ist nicht möglich, „Tätertypen“ anders als nur grobschnitzartig und vage zu beschreiben; in der Hochzeit der Tätertypenlehre während des Nationalsozialismus´

[1110] *Achenbach* GA 2008, S. 1 (9).
[1111] *Achenbach* GA 2008, S. 1 (16 f.).
[1112] *Roxin/Arzt/Tiedemann*, S. 1, 4.
[1113] *Sánchez*, Festschrift für *Jakobs*, S. 75 (92 f.).
[1114] Begriff nach *Di Fabio* NJW 2008, S. 421 (423).

wurde der Gedanke der Pönalisierung des „So-Seins“ oder „So-Gewordenseins“ zur (weiteren) Politisierung des Strafrechts instrumentalisiert, wenngleich ein reines Täterstrafrecht „zwar immer wieder ventiliert, aber niemals ernsthaft vertreten worden“ sein mag.[1115]

Besonders an zwei Stellen des positiven materiellen Strafrechts wird dennoch erörtert, ob in ihnen täterstrafrechtliches Gedankengut zum Ausdruck kommt:[1116] zum einen bei der strafrechtlichen Verantwortlichkeit für unbewusst fahrlässiges Handeln,[1117] zum anderen bei bestimmten Qualifikationstatbeständen, etwa im Eigentums- und Vermögensstrafrecht, wo u. a. die „gewerbsmäßige“ Begehung der Tat zur Strafschärfung führt (vgl. z. B. § 263 Abs. 5 StGB).[1118]

Beide Stellen sind nicht Ausdruck reinen Täterstrafrechts, weisen aber dennoch Bezüge zur Pönalisierung des „So-Seins“ oder des „So-Gewordenseins“ auf. Entscheidend ist der Umstand, dass die täterstrafrechtlichen Einbruchstellen nicht auf der Tätertypenlehre nationalsozialistischer Prägung beruhen, sondern gerade auf dem intuitiv-offenen Verständnis von Sozialschädlichkeit. Es geht nicht um archaische Vorstellungen der Lebensweise bestimmter Typen, sondern wiederum um die Einschätzung, dass bestimmte Lebensweisen – unabhängig von der einzelnen Tat – besonders gefährlich sind. Dies wird z. T. bestritten. So weist beispielsweise *Roxin* den Vorwurf der Existenz von Täterstrafrecht mit der Argumentation ab, im Fall von Qualifikationstatbeständen bei gewerbs- oder gewohnheitsmäßiger Begehung von Straftaten gehe es darum, dass „die gewerbs- oder gewohnheitsmäßige Verübung dieser Delikte unabhängig von der Person des Täters sehr viel sozialschädlicher ist, als die vereinzelt bleibende Gelegenheitstat“.[1119] Damit trennt aber auch *Roxin* das *aktuelle Deliktgeschehen* von der Sozialschädlichkeit der Tat; faktisch wird also die materiell-rechtliche Zusammenführung von Tat und dem So-Sein des Täters vollzogen. Klarer als bei *Ro-*

[1115] *Haft*, S. 119 f.

[1116] *Haft*, S. 120 gibt z. B. darüber hinaus das Beispiel der Entscheidung, ob ein Verbotsirrtum nach § 17 StGB vermeidbar war oder nicht.

[1117] Vgl. *Haft*, S. 120, der hier „das Konzept der Tatschuld“ an seine Grenzen stoßen sieht. Bei der neglentia müsse auf die Kategorie der „Lebensführungsschuld“ zurückgegriffen werden: „Bei der unbewussten Fahrlässigkeit kann dem Täter sein Versagen nur mit der Begründung vorgeworfen werden, er habe seine unbewusste Handlungsbereitschaft, bei der Gefahr entsprechend zu reagieren, verkümmern lassen.“; a. A. *Roxin*, AT/1 § 6 D Rn 20.

[1118] Vgl. *Jescheck/Weigend*, § 7 III (S. 54 f.); a. A. *Roxin*, AT/1 § 6 D Rn 16.

[1119] *Roxin*, AT/1, § 6 D Rn 16.

xin kann die Verknüpfung von Täterstrafrecht und intuitiv-offenem Sozialschädlichkeitsgedanken eigentlich kaum formuliert werden.

Ähnlich verhält es sich mit der unbewussten Fahrlässigkeit. Auf der Grundlage des Schuldstrafrechts ist offensichtlich, dass einem Menschen, der im Moment der Tat an gar nichts gedacht hat, in dogmatisch-systematischer Hinsicht (Simultanitätsprinzip) kein strafrechtlicher Vorwurf gemacht werden kann. Der Entkriminalisierung der neglentia dürfte aber letzten Endes die Überzeugung entgegenstehen, dass ein vollkommen gedankenloser Umgang der Menschen untereinander intuitiv als besonders sozialschädlich empfunden würde.[1120] Der Einsatz des Strafrechts (statt einer Begrenzung auf zivilrechtlichen Schadensausgleich) beruht sozusagen auf dem Paradigma eines mindestreflektierenden menschlichen Umgangs in der Gesellschaft. Auch hier zeigt sich die Zusammenführung vom objektiven Geschehen und einer vorgelagerten „Lebensführungsschuld" als Folge des intuitiv-offenen Sozialschädlichkeitsgedankens.

Jenseits dieser und weiterer Einzelfragen, auf die hier nicht näher eingegangen werden soll, ist der entscheidende Punkt ein anderer: Täterstrafrecht und intuitiv-offene Sozialschädlichkeit sind keine Antipoden. Täterstrafrechtliche Begründungsstrukturen haben vielmehr *ihre Wurzeln* im intuitiv-offenen Sozialschädlichkeitsansatz. Wenn tatsächlich ergebnisoffen nach dem (besonders) sozialschädlichen Verhalten gefragt wird, ist die Erweiterung des Fragehorizonts auf die individuelle Lebensführung schon vom Ansatz her nicht nur nicht illegitim, sondern folgerichtig; der Logik des intuitiv-offenen Sozialschädlichkeitsansatzes im Präventionsstrafrecht folgend, ergibt sich durch die unterschiedliche Lebensführung ein unterschiedliches Maß an gesellschaftlicher Gefährdung, und zwar nicht nur als Folge der einzelnen Tat, sondern auch als Folge des So-Seins des Täters. Darin liegt eine Sollbruchstelle für rational-zurückhaltende Strafrechtssetzung.[1121]

[1120] *Koch*, S. 246 mit weit. Nachw.

[1121] Vgl. hierzu *Jakobs'* „Feindstrafrecht" (Teil 1 III. M.). Ein möglicher „Mittelweg" wäre, täterstrafrechtliche Bezüge konsequent auf die Ebene der Strafzumessung (ohne Qualifikationstatbestand) zu reduzieren und damit ggf. Entkriminalisierungen an den Grenzen des Strafrechts (neglentia) zuzulassen.

6. Paradigmenwechsel: vom intuitiv-offenen zum idealtypisch-geschlossenen Sozialschädlichkeitsverständnis

Das Ziel des zu entwickelnden Vorschlags ist es, die Nachteile des intuitiv-offenen Sozialschädlichkeitsansatzes auszuschließen. Dies erfordert einen Paradigmenwechsel bei der Beschreibung des Phänomens Sozialschädlichkeit. In dem Versuch seiner intuitiv-offenen Interpretation auf der Grundlage von wenig bestimmbaren Bausteinen wie Rechtsgut, Gefährlichkeit und sozialethischer Verwerflichkeit liegt die wichtigste Bruchstelle zum Ultima-Ratio-Prinzip, das in erster Linie idealen Charakter besitzt. Damit der Grundsatz, Strafrecht dürfe vom Gesetzgeber nur als letztes ihm zur Verfügung stehendes Mittel eingesetzt werden, praktische Wirkung entfalten kann, bedarf es eines korrespondierenden idealtypischen Verständnisses von Sozialschädlichkeit. Die ideale Bewertungsebene steht daher im Folgenden im Fokus.

Der Ansatz der im Weiteren zu entwickelnden Lösungsskizze ist deshalb nicht die intuitiv-offene Frage, welches Handeln real „besonders sozialschädlich" ist, sondern die idealtypisch-geschlossene Frage danach, welches Verhalten *den einen* Kernwert der gesamten Rechtsordnung verletzt.

E. Dekonstruktion des rechtsgutsbasierten Präventionsgedankens

1. Rechtsgutsprävention durch Repression: Skizzierung der allgemeinen Auffassung

Es gehört zu den allgemeinen Annahmen, dass die Aufgabe des Strafrechts im Schutz des Zusammenlebens der Menschen in der Gesellschaft durch das Bemühen um die Sicherheit aller liege; die Strafe ermögliche den Rechtsfrieden in Freiheit, indem es dazu beitrage „das Chaos in der Welt zu überwinden".[1122] Damit steht das Paradigma der Prävention „Verhaltenssteuerung", hier konkret „durch Strafrecht"[1123], im Kontext der „Gefahrenabwehr im weiteren Sinne".[1124]

[1122] Statt Vieler *Jescheck/Weigend*, § 1 I. (S. 2 f.) mit weit. Nachw.

[1123] *Bunzel*, S. 96.

[1124] *Bunzel*, S. 96 (98).

Die dahinter liegende Frage, auf welche Weise Strafrecht eine Schutzfunktion entfalten kann, ist eine der ewigen Grundfragen des ganzen Systems: Wie kann Strafrecht (präventiv) Gesellschaftsschutz bieten, wenn sein Einsatz (repressiv) erst im Anschluss an eine bereits geschehene Tat vorgesehen ist und die Strafrechtsnorm selbst keine unmittelbare Wirkung in der Realität hat?[1125] Die Antwort hierauf wird üblicherweise unter Hinweis auf einen Mix aus präventiven und repressiven Strafzweckannahmen einerseits und dem Rechtsgütergedanken andererseits gegeben.

Danach gilt, verkürzt gesagt, das Folgende:[1126] Erstens erfolge auf die Tat eine angemessene, gerechte Vergeltung (repressive Funktion der Strafe). Zweitens werde der Täter aufgrund der staatlichen Reaktion, d. h. Verurteilung und Vollzug der Strafe, davon abgehalten bzw. abgeschreckt, die Gesellschaft künftig zu bedrohen (spezialpräventive Funktion der Strafe). Drittens sollten durch die strafrechtliche Reaktion auch die Mitglieder der Gesellschaft abgeschreckt werden, Straftaten zu begehen (negativ generalpräventive Funktion der Strafe). Zuletzt soll sich durch die Bestrafung die zugrunde liegende rechtsgutsbasierte Primärnorm zur Erhaltung der sozialen Ordnung in der Gesellschaft verfestigen (positiv generalpräventive Funktion der Strafe).[1127] Dieser als „Vereinigungstheorie“ bezeichnete „Eintopf“ aus unterschiedlichsten Strafzweckannahmen gleicht damit eher einem bunten Sammelsurium als einem stringenten Ansatz.[1128]

[1125] *Mayer-Maly*, S. 17 f., bezeichnet dies als Problem aller Sollensordnungen: „Sie können Wirklichkeit nicht unmittelbar verändern, sondern bedürfen der Anwendung.“

[1126] Vgl. *Roxin* JuS 1966, S. 377 (385 f.): „Die Strafverhängung dient dem subsidiären, generalpräventiven sowie individuell vorbeugenden Schutz von Rechtsgütern und staatlichen Leistungszwecken durch ein die Autonomie der Persönlichkeit wahrendes, im Strafausspruch auf das Maß der Schuld begrenztes Verfahren. Man sieht, wie auf diese Weise der generalpräventive, auf die Erfordernisse des Rechtsstaats zurückgeführte Ansatz erhalten bleibt und durch die spezialpräventive Komponente des Urteils ergänzt wird, wie aber gleichzeitig Bedenken, die seiner Berücksichtigung im Strafmaß entgegenstehen, durch die limitierende Funktion des unserem Grundgesetz entsprechenden Freiheits- und Schuldbegriffes ausgeräumt werden.“

[1127] Statt Vieler: *Jescheck/Weigend*, § 1 II. (S. 4 f.).

[1128] Kritisch hierzu *Calliess* NJW 1989, S. 1338 (1339): „Die heute überwiegend vertretene 'Vereinigungstheorie' sucht eklezistisch alle Gesichtspunkte staatlichen Strafens zugleich zur Geltung zu bringen. Schuldvergeltung, Verteidigung der Rechtsordnung und Resozialisierung, General- und Spezialprävention bilden

Trotzdem soll auf dieser Grundlage das Paradigma von der „Prävention durch Repression“ gelten; Voraussetzung hierfür sei allerdings eine adäquate, medienbasierte Transportierung des Strafrechts in die Gesellschaft, die ja sonst mehrheitlich gar nichts vom Strafrecht wüsste.[1129]

2. Festhalten am Rechtsgutsparadigma?

a. Kein kritisches Potenzial

Wie die Bestandsaufnahme gezeigt hat, besteht bis heute noch nicht einmal Einigkeit über den Begriff des Rechtsgutes;[1130] der Grundsatz des Rechtsgüterschutzes kann vor diesem Hintergrund auch kein eigenständiges systemkritisches Potenzial entfalten.[1131] Zu keinem Zeitpunkt in seiner knapp 200jährigen Geschichte konnte sich das „Gut“ oder „Rechtsgut“ vom intuitiv-offenen Sozialschädlichkeitsverständnis emanzipieren. Es blieb stets darauf beschränkt, semantisches Vehikel

---

jenen Eintopf, in dem alles mit allem vermengt und Unvereinbares als vereinbar behauptet wird. Die Begründung für diesen Markt unvereinbarer Möglichkeiten, auf dem sich jeder, ganz gleich, ob er in Rechtsprechung, Gesetzgebung oder Justizverwaltung tätig ist, nach politischer Opportunität selbst frei bedienen kann, ist dabei ebenso verblüffend wie einfach: Das Grundgesetz habe sich nicht für den einen oder den anderen Strafzweck entschieden. Alle Strafzwecke seien deshalb im Rahmen der Verfassung zulässig und könnten als Kriterium der im Einzelfall gebotenen Verhältnismäßigkeitsabwägung herangezogen werden.“

1129 *Jescheck/Weigend,* § 1 II. 1. (S. 4) mit weiteren Nachweisen: „Damit die Botschaft des Strafrechts ihre Adressaten erreicht, bedarf es einer verantwortungsbewussten und sachlichen Berichterstattung der Medien über Schaffung und Durchsetzung strafrechtlicher Normen.“

1130 Zuletzt *Rönnau* JuS 2009, S. 209 (210): „Trotz großer Anstrengungen ist es bis heute nicht gelungen, über den Begriff des Rechtsgutes auch nur annähernd Klarheit zu schaffen. Die – wohl prinzipiell nicht zu bewältigende – Schwierigkeit besteht darin, eine Definition zu finden, die auf alle legitimen Straftatbestände gleichermaßen passt und trotzdem noch etwas aussagt.“ Was *Rönnau* allerdings mit „legitimen Straftatbeständen“ meint, bleibt in diesem Kontext unklar; eigentlich soll erst der Rechtsgutsbegriff (durch seine systemkritische Funktion) bei der Überprüfung der Strafnormen darüber Klarheit verschaffen, welche legitim sind und welche nicht. Es scheint ein grundsätzliches Problem der Rechtsgutsdiskussion zu sein, einen Begriff kreieren zu wollen, der einerseits alles Bestehende unter einen Hut bekommt, andererseits aber immer noch kritisch ist angesichts der Weite des Strafrechts ein Versuch, der scheitern muss.

1131 Sehr kritisch auch jüngst BVerfGE 120, S. 224 (241 f.)

für den Schutz von allen möglichen individuellen und überindividuellen Interessen zu sein.[1132] Unter der Ägide des Grundgesetzes wird lediglich die Einschränkung vorgenommen, dass er zumindest mit der verfassungsmäßigen Ordnung in Einklang stehen muss. Dadurch, dass eben diese wegen ihrer Unbestimmtheit gleichfalls wenig limitiert, schließt sich der argumentative Kreis von der wenig akzentuierten Primär- zur materiell vagen Sekundärnormordnung.[1133]

b. Dominanz der Form über den Inhalt

Es steht zu vermuten, dass in der guten semantischen Handhabbarkeit des Rechtsgutsbegriffes im Gesetzgebungs- und Kommentierungsalltag der Kern seiner Widerstandsfähigkeit gegen seine Abschaffung liegt. Die sprachlich griffige Verknüpfung eines „Interesses an...", des „Vertrauens in..." oder des „Kampfes gegen..." mit dem Begriff Rechtsgut ermöglicht es *praktisch*, jeden Kriminalisierungsprozess in sprachlich knapper äußerer Form zu legitimieren.

Dabei scheint die Legislative das überfeinerte „dogmatische Glasperlenspiel"[1134] der Wissenschaft um die Herausarbeitung einer „Kritik der Hypostasierung von scheinbaren Kollektivrechtsgütern"[1135] offenbar zu ignorieren. Ob dem an raschen und praktischen Ergebnissen orientierten Gesetzgeber daraus überhaupt ein berechtigter Vorwurf zu machen ist, ist eine andere Frage. Denn auch die Strafrechtswissenschaft zieht sich in weiten Teilen wenig kritisch auf die sprachliche Kraft des Begriffs Rechtsgut zurück. Die knappe sinngemäße Erwägung „Geschütztes Rechtsgut ist..." wird in nahezu jeder Kommentierung eines Straftatbestandes oder jedes Abschnittes eines Lehrbuches zum Besonderen Teil des Strafrechts verwendet. Dies erspart umfangreiche Darstellungen zur Frage, welche genauen Erwägungen zur speziellen Sozialschädlichkeit eines bestimmten unerwünschten Handelns jedem einzelnen Tatbestand zugrunde liegen.

[1132] Vgl. Teil 1 II. B. 10.

[1133] S. o. Teil 1 VI. F.

[1134] Aus dem Untertitel des Sammelbandes „Die Rechtsgutstheorie", herausgegeben von *Roland Hefendehl*, *Andrew von Hirsch, Wolfgang Wohlers*, Baden-Baden 2003.

[1135] *Schünemann*, Rechtsgüterschutzprinzip als Fluchtpunkt, S. 133 (149).

c. Von der Kritikresistenz zur Kritikimmunisierung

Damit ist ein bemerkenswertes Zwischenfazit zu ziehen: Das Rechtsgut führt inhaltlich-kritisch nicht weiter, dennoch wird – auch wenn sich das Bundesverfassungsgericht mittlerweile kritisch distanziert[1136] – mehrheitlich immer noch an diesem angeblich systemkritischen Gehalt festgehalten; dieser Umstand wurzelt bereits in historischen Fehldeutungen.[1137]

In semantischer Hinsicht ist das Rechtsgut der große Wurf: Der Begriffskonservatismus von Gesetzgebung und Wissenschaft beruht im Ergebnis hierauf; für letztere hat der Begriff zudem „Beschäftigungspotenzial". Die Strafrechtswissenschaft kann mit dem Rechtsgut das Strafrecht ordnen und gleichzeitig kritisieren – ohne dass ernsthafte Konsequenzen zu befürchten wären, denn die Strafgesetzgebung scheint von diesen überstilisierten Prozessen mittlerweile ohnehin weitgehend entkoppelt zu sein. *Kühls* beiläufige Diagnose, „die deutsche Strafrechtswissenschaft" sei „inzwischen eine Zunft von Kommentatoren",[1138] lässt die tatsächliche Harmlosigkeit ihres systemkritischen Wirkens auf der Basis der Rechtsgutslehre erahnen.

Tritt man gleichsam einen Schritt von der Tafel zurück und betrachtet das Gesamtbild des rechtsgutbasierten Strafrechts, muss man festhalten, dass die Entwicklung einen Stand erreicht hat, bei dem vermutlich in erster Linie die sprachliche Attraktivität des Begriffs Rechtsgut der materiellen Weiterentwicklung des Strafrechts in Richtung einer klareren Limitierung im Wege steht.

Damit ist das Rechtsgutsdogma heute *in tatsächlicher Hinsicht* geradezu antiliberaler Ausgangspunkt permanenter Strafrechtsausdehnung. Insbesondere die in ermüdender Wiederholung vorgetragene Behauptung, Rechtsgüterschutz *basiere* seinerseits auf einem liberalen und rechtsstaatlich-zurückhaltenden Strafrechtskonzept, scheint grundlegende Kritik mit Blickrichtung auf die Abschaffung des Dogmas mehr oder minder zu immunisieren. Wenn zudem Persönlichkeiten wie *Hassemer* die Trennung von Rechtsgut und Strafrecht als möglichen „Staatsterror" kennzeichnen,[1139] nimmt es nicht Wunder, dass trotz zahlreicher kritischer Stimmen immer noch in überwältigender Mehr-

---

[1136] BVerfGE 120, S. 224 (241 f.).
[1137] Hierzu oben Teil 1 II. B. 10.
[1138] *Kühl*, Festschrift für *Jakobs*, S. 293.
[1139] *Hassemer*, Straftaten ohne Rechtsgut?, S. 57 (64).

heit die Bedeutung des Rechtsguts als materieller Kern des Strafrechts behauptet wird, mögen solche Aussagen nun Ausdruck innerer Überzeugung oder eines bekenntnisartigen Reflexes sein.[1140]

d. Fazit

Der Rechtsgüterschutz hat keine liberale, strafrechtskritische Tradition; er wurde und wird allenfalls inhaltlich von liberalen Persönlichkeiten getragen. Aber selbst das scheint nicht durchgängig zu ein. Weder zu *Birnbaums* Zeiten noch später konnte *das Rechtsgut selbst* den Strafgesetzgeber in seiner rechtspolitischen Freiheit zu irgendeinem Zeitpunkt begrenzen.[1141] Heute schlägt sich die Wissenschaft mehr denn je mit dem Für und Wider einer Grenzfunktionsbestimmung des ethischen Begriffes „Gut“ herum. Und den Gesetzgeber als Adressaten dieser Diskussion scheint dieses Mühen am Allerwenigsten zu tangieren. Die Tragik ist, dass die Literatur offenbar immer noch mehrheitlich auf der systemkritischen Funktion des Rechtsguts zu beharren scheint bzw. vom Rechtsgutsansatz offenbar nicht abweichen will, was eine Weiterentwicklung der Diskussion um die Grenzen der staatlichen Strafgewalt spürbar erschwert. Das Rechtsgüterschutzprinzip ist vor diesem Hintergrund weniger „Stern“[1142] als vielmehr einer der Sargnägel für das Ideal eines zurückhaltenden Ultima-Ratio-Strafrechts; es enthält keinen tragfähigen materiell-limitierenden Kern, schadet mehr als es nutzt und sollte im Ganzen überwunden werden.

[1140] Widersprüchlich jüngst auch *Rönnau*, JuS 2009, S. 209, der einerseits feststellt, dass über den Begriff des Rechtsguts keinerlei Klarheit besteht (S. 210), eine angebliche systemkritische Bedeutung des Rechtsgutsgedankens ebenfalls unklar ist (S. 211) aber dennoch hervorhebt, das – nach der letzten Endes zu folgendenden herrschenden Meinung – „rechtsgutslosen Straftatbeständen“ die „Existenzberechtigung“ fehle, weshalb sie „kriminalpolitisch illegitim“ seien (S. 209).

[1141] So auch *Harzer*, Unterlassene Hilfeleistung, S. 107.

[1142] *Hassemer*, Straftaten ohne Rechtsgut?, S. 57 (59).

3. Prävention durch Strafrechtsnormen?

a. Vorüberlegung: bekannte und unbekannte Strafnormen

Die folgenden Ausführungen basieren auf der Annahme, dass es hinsichtlich des Aspekts ihrer Kommunizierung in die Gesellschaft zwei Gruppen von Strafnormen gibt: bekannte und unbekannte.[1143]

Unter bekannten Strafnormen werden solche verstanden, die hinreichend oft Gegenstand strafrechtlicher Verurteilungen sind und über die entsprechend medienbasiert berichtet wird; gegebenenfalls fallen darunter auch Strafnormen, die zwar ein praktisches Anwendungsdefizit haben, aber unter anderen Aspekten im Licht der Öffentlichkeit stehen. Beispiele für regelmäßig tatsächlich angewendete Strafnormen wären solche der Tötungs-, Gewalt-, Eigentums-, Vermögens- oder Sexualdelinquenz. Beispiele für anderweitig (bzw. rechtspolitisch) im Mittelpunkt stehende Normen wären etwa die Bildung einer terroristischen Vereinigung (§ 129a StGB) oder die sog. „Auschwitzlüge" (§ 130 Abs. 3 StGB). Beiden „Untergruppen" ist aber gemein, dass sie durch die regelmäßig wiederkehrende mediengestützte Erörterung gleichsam „in der Gesellschaft" stehen. Dafür brauchen sie nicht jeden Tag überall tatsächlich angewendet zu werden. Entscheidend ist, dass eine Strafnorm so in den „Blickpunkt der Öffentlichkeit" rückt, dass plausibel von der gesellschaftlichen Kenntnisnahme ausgegangen werden kann.[1144]

Unter den unbekannten Strafnormen werden solche verstanden, die ein signifikantes tatsächliches Anwendungsdefizit haben und auch ansonsten nicht im Fokus der öffentlichen Diskussion stehen. Vor allem Strafnormen des sog. Nebenstrafrechts fallen darunter bzw. „Randdelikte" des Kernstrafrechts. Beispiele für unbekannte Strafnormen wären etwa der bloße Besitz bestimmter Sendeanlagen im Sinne des Telekommunikationsgesetzes (§ 94 TelekommunikationsG) oder die Gefährdung einer Entziehungskur (§ 323b StGB). Als Maßstab genügt die plausible

---

[1143] Die Trennung erfolgt hier als vorübergehende Arbeitshypothese.

[1144] Vgl. auch *Gercke/Wollschläger* wistra 2008, S. 5, die darauf hinweisen, dass die Eingliederung des Straftatbestandes der Bestechlichkeit und Bestechung im geschäftlichen Verkehr (§ 299 StGB) im Jahr 1997 in das StGB zur Folge gehabt habe, dass die Norm nun im öffentlichen Blickfeld steht; dem sei ein annähernd 90jähriges Schattendasein der Primärnorm im Nebenstrafrecht als § 12 UWG vorausgegangen.

Einschätzung darüber, dass die Strafnorm im Bewusstsein der Gesellschaft weitgehend unbekannt ist.[1145]

b. Unmittelbar präventive Wirkweise einer bekannten Strafnorm?

Gelangt eine Strafnorm konkret zur Anwendung, so bildet sie die Grundlage für eine strafrechtliche Verurteilung. Der Verurteilung ist das tatbestandlich erfasste Verhalten des Täters bereits vorausgegangen. Durch die angewandte Strafnorm kann der konkrete Lebenssachverhalt nicht mehr geschützt werden. Im Strafurteil wird lediglich das Geschehene klargestellt und dargelegt, was darauf aus strafrechtlicher Sicht als gerechte Reaktion folgt (Vergeltungsfunktion). Die unmittelbare Wirkweise der Strafnorm im Strafurteil ist also auf den oder die Verurteilten und das Geschehene beschränkt und damit rein repressiv, nicht präventiv.

Was nur rechtspolitisch im Mittelpunkt stehende Strafnormen angeht, so entfällt die unmittelbare Wirkweise insgesamt, weil die Strafnormen nicht zur Anwendung gelangen und damit auch der Vergeltungsaspekt ausscheidet.

c. Mittelbare präventive Wirkweise einer bekannten Strafnorm?

(1) Spezialpräventive Funktion: Abschreckung des Täters?

Die spezialpräventive Funktion beruht auf der Annahme, dass der Verurteilte davon abgehalten wird, sich erneut strafbar zu machen. Für den Fall, dass als Folge der Anwendung der Strafnorm eine Freiheitsstrafe ausgesprochen und vollzogen wird, scheint die spezialpräventive Wirkung zunächst einmal eindeutig, denn der Verurteilte wird während einer bestimmten Zeit physisch aus der Gesellschaft entfernt. Damit kann er in dieser Zeit dort keine Straftaten mehr begehen.

[1145] Eine andere Frage ist, ob das Grundkonzept eines sich an alle richtenden Kernstrafrechts im Gegensatz zu einem nur an einen kleineren Teil der Bevölkerung adressierten Nebenstrafrecht hinsichtlich des Kommunikationsaspekts des „In-der-Gesellschaft-Stehens“ einer Strafnorm (als Grundlage des Paradigmas „Prävention durch Repression“) überhaupt tragfähig ist; dies kann an dieser Stelle jedoch nicht vertieft werden.

Aber schon diese scheinbar eindeutige Variante wirft Fragen auf. Zum einen verkürzt sie den Blick auf das präventive Geschehen *außerhalb* der Justizvollzuganstalt; *innerhalb* der Anstalten, die ebenfalls einen Teil der Gesellschaft darstellen, sind speziell Gewalt-, Drogen- und Sexualdelikte Massenerscheinungen.

Doch selbst wenn man den Blick nur auf die „geschützte" Gesellschaft in der Freiheit richtete, stellte sich die Frage, ob der Vollzug einer Freiheitsstrafe unter „Prävention" gefasst werden kann. Wenn darunter nämlich „Verhaltenssteuerung durch Strafrecht" verstanden wird, fällt streng genommen das bloße Wegschließen eines Menschen nicht darunter; dessen *Verhalten* wird nicht *gesteuert*, sondern seine physische Existenz wird lediglich durch die staatliche Autorität räumlich verlegt. Das „Steuerungselement" kommt erst durch die Aufgabe des Strafvollzuges zum Tragen, denn dieser ist an der Resozialisierung ausgerichtet (§ 2 StVollzG). Abgesehen von der grundsätzlichen Legitimitätsfrage hinsichtlich der Einflussnahme auf eine „sittlich-eigenverantwortliche Persönlichkeit",[1146] entspringt aber auch die Annahme der tatsächlichen „Wirkung" eher einem Wunsch. Hier sprechen Rückfallstatistiken zumindest für bestimmte Deliktsgruppen und Vollzugsarten eine deutliche Sprache.[1147]

Schließlich werden durch den Strafvollzug nicht selten Menschen erst animiert, fortan ein Leben jenseits der Legalität zu führen; in diesem Zusammenhang sind Gefängnisse gleichsam Hochschulen des Verbrechens.[1148] Vor dem Hintergrund der tatsächlichen Rahmenbedingungen im Strafvollzug erscheint die Umsetzbarkeit von Spezialprävention also fraglich. Was Verurteilungen ohne anschließenden Strafvollzug angeht, ist die Annahme der Spezialprävention ebenfalls noch nicht abschließend geklärt.[1149] Insgesamt sind damit bei der tatsächlichen Anwendung einer Strafrechtsnorm im Strafurteil die Unbekannten zu zahlreich, um valide von einer spezialpräventiven Wirkung ausgehen zu können, die

---

[1146] Hierzu mit guten Gründen kritisch *Schütz*, S. 45 f.

[1147] *Schwind*, § 2 Rn 13b: Fast 80% aller Heranwachsenden werden rückfällig; *Eisenberg* nennt den Korridor 60-80% in den Fällen, in denen Jugendliche im geschlossenen Vollzug waren (§ 42 Rn 39). Bei den Delikten schwerer Diebstahl und Raub würden insgesamt knapp 60% der Straftäter rückfällig (*Schwind* a. a. O.).

[1148] Dies gilt den Zahlen nach insbesondere für Jugendliche und Heranwachsende (vgl. z. B. *Schwind*, § 2 Rn 13b).

[1149] *Göppinger*, § 34 Rn 16, geht immerhin von einer Rückfallquote von knapp 30% innerhalb von fünf Jahren nach Verhängung einer Geldstrafe aus.

ihrerseits wieder als Grundlage für neue Strafnormen herangezogen wird.

Eine spezialpräventive Wirkweise von lediglich rechtspolitisch in der Diskussion stehenden Strafnormen entfällt ebenfalls, weil der theoretischen Erörterung kein Leidensdruck innewohnt, der nach spezialpräventivem Gesichtspunkt die analoge Grundlage für Verhaltensanpassung sein könnte.

(2) Negativ generalpräventive Funktion: Abschreckung Aller?

Der negativ generalpräventiven Funktion einer im Strafurteil angewendeten Strafnorm liegt die Überlegung zu Grunde, dass die Mitglieder der Gesellschaft (in Freiheit) dadurch abgeschreckt werden, diese Straftat zu begehen.

Zunächst einmal erscheint auch dies plausibel. Grund hierfür ist die Sichtbarmachung des konsequenten staatlichen Vollzugswillens. Wer erwägt, gegen eine strafbewehrte Primärnorm zu verstoßen, könnte mit Blick auf die bisherige Strafverfolgungspraxis auch abschätzen, wie hoch die Wahrscheinlichkeit einer erfolgreichen Ahndung durch den Staat ist; überwiegt die Wahrscheinlichkeit der Strafverfolgung signifikant, erscheint es zumindest möglich, dass von der Begehung der Straftat abgesehen wird. In diesem Kontext könnte die Anwendung einer Strafnorm das künftige Verhalten des potenziellen Straftäters theoretisch beeinflussen.

Praktisch dürfte die Abschreckungsfunktion aber darauf beschränkt sein, dass der Betreffende die Rahmenbedingungen bzw. die Vorbereitungen für sein Vorhaben umso optimaler zu gestalten sucht, je mehr er die Reaktion des Staates fürchten muss. Vor der Begehung der geplanten Tat besteht bei dem zum Delikt Entschlossenen also das Vertrauen darin, alles Erforderliche unternommen zu haben, um unentdeckt zu bleiben. Das grundsätzliche Absehen von einer Straftat wegen der negativ-generalpräventiven Abschreckungsfunktion von angewandten Strafnormen stellt demgegenüber allenfalls die Ausnahme dar; andernfalls dürfte es z. B. Straftaten mit tendenziell höheren Aufklärungsquoten – etwa Tötungsdelikte – so gut wie gar nicht mehr geben.

Weitgehend irrelevant ist die Abschreckungsfunktion zudem bei Delikten, die aus einer aktuellen Konfliktlage heraus begangen werden; üblicherweise fehlt es insofern an einer Reflexion über die Wahrscheinlichkeit drohender Folgen. Bei Sexualdelikten dürfte der negativ-generalpräventive Abschreckungsgedanke ebenfalls nur wenig Bedeutung haben; hier dominieren eher Triebe und nicht rationale Entscheidungen. Damit basiert auch die Annahme der negativ-generalpräventiven Funktion von tatsächlich angewendeten, bekannten Strafnormen nicht auf hinreichend sicherer Erkenntnisgrundlage.[1150]

Bekannte Strafnormen, die überwiegend wegen der ihnen immanenten rechtspolitischen Probleme im gesellschaftlichen Fokus stehen, können – wie im Fall der Spezialprävention – schon vom Ansatz her keine negativ-generalpräventive Funktion entfalten, weil es bereits gar keine staatliche Reaktion auf individuelles Fehlverhalten gibt, die theoretische Grundlage der Abschreckung sein könnte.[1151]

(3) Positiv-generalpräventive Funktion durch Primärnormbildung?

Was die Klarstellung des gesellschaftlich für wichtig Gehaltenen durch die Anwendung der Strafnorm im Strafurteil angeht, so wird der bekannten Strafnorm schließlich eine positiv-generalpräventive Wirkweise zugeschrieben. Diese wird in der gesellschaftlichen Implementierung des der Strafnorm zu Grunde liegenden materiellen Primärnormgehalts verortet.

Danach sollen im Prinzip alle Gesellschaftsmitglieder durch die tatsächliche Anwendung einer bekannten Strafnorm verinnerlichen können, dass die zugrunde liegenden Primärnormsachverhalte (verkürzt, nach heute üblicher Auffassung: (Straf-)Rechtsgüter) besonders bedeutend sind und gegen bestimmte Verhaltensweisen ganz besonders „geschützt" werden. In diesem Zusammenhang macht es auch keinen Unterschied, ob die Strafnorm tatsächlich angewendet wird oder nur Gegenstand allgemeiner rechtspolitischer Diskussion ist. Beide Unter-

---

[1150] Vgl. auch *Fabricius*, Festschrift für *Schwind*, S. 269 (281 f.): „Dass Informationen über Bestrafungsvorgänge 'Rechtstreue' erhöhen, ist eine wenig plausible Annahme. Sie können zu 'Landkarten' über die Verteilung von Risiken des Erwischtwerdens beitragen, aber von der Richtigkeit des Rechts kann man sich so nicht überzeugen. Die einem Dritten zugefügte Strafe führt eher zu einer Imitation des Strafenden, ohne Einsicht, 'postkonventionelle Moral' erreichbar zu machen. Im Gegenteil: einsichtsgetragenes Verhalten wird unwahrscheinlicher."

[1151] Der Strafnormtext allein dürfte ebenfalls nur bedingt dazu geeignet sein, jemanden konkret von einer Tat abzuhalten bzw. spiegelbildlich ein Opfer zu schützen.

gruppen der bekannten Strafnorm könnten nach diesem Konzept theoretisch wirken.

Das Hauptargument gegen die allgemeine Lesart der positiven Generalprävention liegt jedoch wiederum im Rechtsgüterschutzgedanken; denn er stellt den wesentlichen materiellen Bezug zur „geschützten" Primärnorm nach heutigem Verständnis dar.

Die Ursache hierfür liegt wiederum in der Unklarheit der Rechtsgutsdefinitionen. Wie bereits dargelegt, kann nahezu jeder für wertvoll gehaltene Lebenssachverhalt zum Rechtsgut werden.[1152] Als Folge hat sich eine enorme Vielfalt unterschiedlichster Rechtsgüter gebildet. Damit hat die Rechtsgutslehre ihren Charakter als positiv-generalpräventive Orientierungshilfe für gesellschaftliche Normbildung verloren (wenn sie ihn denn je hatte). Die Konsequenz hieraus ist eine Bruchstelle zwischen der sichtbaren Sekundärnorm (Strafvorschrift) und der ihr zu Grunde liegenden Primärnorm (Rechtsgut): Auch wenn Strafnormen bekannt sind, können die Primärnormen, die dadurch strafrechtlich geschützt werden sollen, unbekannt, zumindest aber unklar bleiben.

Jenseits der das Leben, die körperliche Unversehrtheit, die Freiheit und das Eigentum/Vermögen usw. ins Zentrum stellenden „klassischen" Strafnormen sind die Normadressaten häufig allein gelassen, wenn es z. B. darum geht, welche Primärnormen durch das bekannte Umweltstrafrecht, das Wirtschaftsstrafrecht, die Tierquälerei oder die das Gentechnikgesetz flankierenden Strafvorschriften geschützt werden sollen; hier besteht noch nicht einmal auf Expertenebene Einigkeit.

Evident wird der Bruch zwischen den Ebenen der Primär- und der strafbewehrten Sekundärnormen, wenn es offene Diskrepanzen zu anderen Prinzipien gibt oder sich gar der Staat selbst widersprüchlich verhält. So ist die Gesellschaft der Erwachsenen auf dem Grundsatz der Eigenverantwortung des Individuums aufgebaut; andererseits ist selbigem aber der Betäubungsmittelgebrauch oder das Glücksspiel (zum eigenen Nachteil) strafbewehrt versagt, wiewohl er sich wiederum selbst straflos töten darf. Beim strafbewehrten Verbot des Glücksspiels in §§ 284, 285 StGB offenbart sich zudem selbstwidersprüchliches Verhalten des Staates: Der verwaltungsakzessorische Straftatbestand wird an Verstöße gegen die Monopolisierung des Glücksspielwesens geknüpft, die ihrerseits mit dem angeblich „legitimen Gemeinwohlziel der Bekämp-

[1152] Vgl. Teil 2 I. D. 2.

fung der Spiel- und Wettleidenschaft sowie dem Verbraucherschutz" begründet wird;[1153] gleichzeitig fördert der Staat aber aus überwiegend fiskalischem Interesse das staatliche Glücksspiel und verletzt mit der Monopolisierung die Berufsfreiheit Privater nach Art. 12 GG.[1154] Da zudem die europäische Dimension des Glücksspielwesens keinesfalls abschließend geklärt ist (Dienstleistungsfreiheit), besteht mittlerweile eine „durch die Verwaltung und die Rechtsprechung geschaffene extrem unklare Rechtslage"; konsequenterweise geht der Bundesgerichtshof mittlerweile davon aus, dass sich angeklagte Betroffene auf einen unvermeidbaren Verbotsirrtum nach § 17 S. 1 StGB berufen können, da die Auswirkung dieser verworrenen Primärnormebene „nicht einseitig dem Normadressaten aufgebürdet werden" dürfe.[1155] Bedenkt man, dass die Unvermeidbarkeit eines Verbotsirrtums Ausdruck des praktisch nur selten anerkannten Zugeständnisses von Straffreiheit in den Fällen ist, in denen der Täter – und sei es nur potenziell – den „Widerspruch zum Recht" zum Zeitpunkt der Tat überhaupt nicht mehr hätte einsehen können,[1156] stellt die Entscheidung des Bundesgerichtshofs einen Meilenstein dar. Praktisch dürfte damit die Anwendbarkeit des gesamten Glücksspielstrafrechts im Anschluss an die einschlägige Entscheidung des Bundesverfassungsgerichts aus dem Jahr 2006[1157] bis zur abschließenden Neujustierung des staatlichen Glücksspielwesens als eingefroren gelten, weil keiner mehr weiß, worum es eigentlich geht. Das läuft im Ergebnis sogar auf Primärnormverwirrung *durch* Strafrecht hinaus.

Mit Blick auf das Konzept der positiven Generalprävention erscheint es ebenfalls nur schwer vermittelbar, wenn einerseits ein Strafausspruch die Signalfunktion hat, dass gegen eine zentrale Primärnorm zum Nachteil eines anderen verstoßen wurde, es aber andererseits steuerrechtliche Vorschriften ermöglichen sollen, die mit dem Urteil ausgesprochene Geldauflage nach § 56b StGB zur Schadenswiedergutmachung (zum Nachteil der Allgemeinheit) von der Steuer abzusetzen.[1158]

[1153] BGH NJW 2007, S. 3078 (3079).
[1154] Hierzu BVerfGE 115, S. 276.
[1155] BGH NJW 2007, S. 3078 (3079).
[1156] *Lackner/Kühl*, § 17 Rn 1, mit weit. Nachw.
[1157] BVerfGE 115, S. 276.
[1158] Vgl. BFH DStR 2009, S. 736 f., zur Anwendung des Abzugsverbotes nach § 12 Nr. 4 EStG – im konkreten Fall ging es um den Vorwurf des Betruges. Die Argumentation, dass es ohnehin einen steuerlich abziehbaren zivilrechtlichen Schadensersatzanspruch gegeben hätte, könnte als Aufforderung missverstanden werden, bei ökonomischer Abwägung das Risiko der Begehung einer Straftat

Schließlich offenbart auch die nunmehr durch das „Gesetz zur Regelung der Verständigung im Strafverfahren“ formell legitimierte Absprache im Strafprozess Diskrepanzen zwischen der angeblich hohen Bedeutung strafbewehrter Rechtsgüter einerseits und ihrer Preisgabe im Rahmen eines Deals andererseits.[1159]

Vor dem Hintergrund solcher und anderer mehr oder weniger offener Wertungswidersprüche implementiert sich in den „Alltagsvorstellungen von Strafrecht“[1160] eher die bloße Kenntnis über die Existenz von Strafnormen, weniger jedoch eine homogene Vorstellung über die dahinter liegende Primärnormebene bzw. die Frage nach dem eigentlichen Ziel des Strafrechts.

Im Ergebnis ist die Gesellschaft an zahlreichen Stellen allein gelassen, was den Aspekt der Ermöglichung der Primärnorm-Implementierung durch Strafrecht angeht. Wenn auch unklare Rechtsgutskonzepte vermehrt in den „Randbereichen“ des Hellfeld-Strafrechts bekannter Strafnormen auftreten, so wirken doch die dortigen Friktionen unmittelbar auf das Gesamtkonzept der positiven Generalprävention zurück. Angesichts der Vielzahl der vertretenen Rechtsgutskonzepte muss die Theorie der positiven Generalprävention zumindest im rechtsgutsbasierten Strafrecht als nicht hinreichend begründbar gelten.

(4) Positive Generalprävention durch Vertrauensbestätigung?

Zum Teil wird der generalpräventive Aspekt über die Normimplementierung hinaus auf einen darauf aufbauenden Vertrauensaspekt erweitert. Diesem Ansatz ist grundsätzlich Skepsis entgegenzubringen. Auf die Gefahr der Moralisierung („Feindstrafrecht“) wurde bereits hingewiesen.[1161]

---

kalkuliert einzugehen. Entweder wird die Tat nicht aufgedeckt, dann streicht man den Vermögensvorteil ein, oder es erfolgt die Aufdeckung und schließlich Verurteilung nebst Aufforderung zur Schadenswiedergutmachung – bei der man aber im Ergebnis finanziell nicht wesentlich schlechter gestellt ist als hätte man sich von Anfang an rechtstreu verhalten.

[1159] Gesetz vom 29. Juli 2009, BGBl. 2009 I, 2353, in Kraft getreten am 4. August 2009.

[1160] *Kräupl*, Festschrift für *Schwind*, S. 87 (88 f.), der auf ihren intuitiven Charakter, auch mit Blick auf die Vorstellungen von `Rechtsbewusstsein´ und `Rechtsgefühl´ hinweist (mit weit. Nachw.).

[1161] Vgl. oben Teil 1 III. M. 2.

Vertrauensbildung findet immer nur auf höchstpersönlicher Ebene statt. Dabei dürfte es bereits vom Ansatz her immer auf die jeweils konkrete biologisch-tatsächlich wahrgenommene Bedrohungslage ankommen.[1162] Schon beim täglichen Umgang mit Dritten ist die Annahme eines „Basisvertrauens gemeinsamer Welt“[1163], das durch die Straftat verletzt und durch das angewendete Strafrecht wiederhergestellt wäre bzw. sich bilden könnte, eher unplausibel. Es erscheint wahrscheinlicher, dass auch in der modernen anonymen Massengesellschaft Vertrauen in erster Linie individuell im unmittelbaren Umgang mit anderen Menschen auf biologischer Ebene entsteht; entsprechende Signale (solche des Vertrauens, der Aggressivität etc.) werden erfasst und eigene Verhaltensweisen daraufhin angepasst. Selbst der massenhafte rechtsgeschäftliche Umgang miteinander ohne unmittelbaren Kontakt (etwa bei Vertragsschlüssen im Internet) ist ohne „Sicherheitsvorkehrungen“, die diesen unmittelbaren Eindruck ersetzen sollen, als Massenphänomen gar nicht vorstellbar.[1164]

Die Annahme eines „Basisvertrauens gemeinsamer Welt“ ist damit, auch vor dem Hintergrund der hohen kulturellen und ethnischen Diversifikation der modernen Gesellschaft,[1165] ein praktisch kaum weiterführendes theoretisches Konstrukt.[1166]

[1162] Das Strafrecht kann theoretisch eine harte Bestrafung des Totschlages vorsehen und dies auch praktisch umsetzen; sofern zur Nachtzeit allein ein großes Waldstück zu durchmessen ist, wird das Vertrauen in die Geltung des Tötungsverbots für diesen Zeitraum bei den meisten Menschen eingeschränkt sein. Entsprechend aufmerksam werden sich die meisten fortbewegen. Eine gefährliche Situation wird also schon aufgrund der biologischen Konstitution des Menschen erfasst – unabhängig vom Strafrecht oder irgendeines theoretischen Vertrauens. Es ist sogar anzunehmen, dass es um das Vertrauen in die Einhaltung der Primärnorm Schutz des Lebens umso schlechter bestellt ist, je mehr Strafurteile ihre Verletzungen zum Gegenstand haben, denn es ist ein Zeichen dafür, wie häufig die Norm verletzt wird.

[1163] Vgl. z. B. oben Teil 1 V. B. (*F. Herzog*) und D. (*Wolff*).

[1164] Z. B. Ratings über das bisherige Geschäftsverhalten des künftigen Vertragspartners, vorherige Kontaktaufnahme per Telefon oder E-Mail zur Einschätzung des Gegenübers etc.; im übrigen werden weitere Sicherungsmaßnahmen ergriffen, etwa missbrauchsfeste Überweisungsverfahren oder der Austausch der polizeilich gemeldeten persönlichen Daten.

[1165] Hierzu jüngst grundlegend *Hilgendorf* JZ 2009, S. 139 ff.

[1166] Vgl. auch *Schütz*, S. 43.

d. Zur unmittelbaren bzw. mittelbaren Wirkweise unbekannter Strafnormen

Noch deutlicher fallen die Friktionen zwischen dem Präventionsdogma und seiner Plausibilität bei den gesellschaftlich unbekannten Strafnormen aus. Die auf dem tatsächlichen Vollzugsdefizit der Straftatbestände sowie ihrer fehlenden Bedeutung in der rechtspolitischen Diskussion beruhende gesellschaftliche Unkenntnis lässt alle repressiven und präventiven theoretischen Überlegungen zu diesen Strafvorschriften schon vom Ansatz her ins Leere laufen. Die Strafnormen sind einfach nur vorhanden. Sie stören zwar aktuell niemanden, denn sie haben insoweit überhaupt keine Funktion, noch nicht mal eine symbolische, weil von ihnen die wenigsten überhaupt Kenntnis haben. Andererseits erweitern sie das Handlungsspektrum der staatlichen Gewalt um die Option, bei künftigem politischem Bedarf davon Gebrauch machen zu können – damit sind speziell die unbekannten Strafnormen Trojanische Pferde im rechtsstaatlichen Strafrecht.

e. Fazit: Präventive Funktion von rechtsgutsbasierten Strafrechtsnormen nicht hinreichend plausibel belegbar

Zusammenfassend muss festgehalten werden, dass die heutige Lesart des Paradigmas „Prävention durch Repression" für auf Rechtsgütern basierende Strafnormen nicht durchgängig tragfähig erscheint. Die Konzepte von Vergeltung, Spezialprävention und negativer Generalprävention werfen zu viele Fragen auf, die immer noch geklärt werden müssten, um den Präventionsansatz plausibel erscheinen zu lassen. Die Annahme einer Schutzfunktion von Strafrecht erscheint auf der heutigen Basis allenfalls bei bekannten, also gesellschaftlich implementierten Strafnormen in der Form der positiven Generalprävention ansatzweise begründbar.[1167] Es fehlt aber auch hier der hinreichend sichere Nachweis, dass die Normadressaten die Fülle der verschiedenen rechtsgutsbasierten Primärnorminhalte überhaupt in ihr Rechtsbewusstsein integrieren können.[1168] Für unbekannte Strafnormen gilt dies erst recht.

[1167] Anderer Ansicht ist *Harzer*, Naturzustand, S. 133 (mit weit. Nachw.): Danach ist die positive Generalprävention eine „auffallend schlecht begründete Straftheorie", die „den unausgesprochenen Vertragsgedanken für die Rechtfertigung ihrer Gewalttätigkeit gegenüber den Beteiligten" benutze.

[1168] Vgl. auch *Hanssen/Otto* ZRP 2002, 318 f.: „Man muss die Frage nach der Legitimation der somit weitgehend konstruierten Symbolik eines so revolvierten

Die Gefahr im Rechtsgüterschutzstrafrecht ist, dass die Primärnormimplementierung trotz des „In-der-Gesellschaft-Stehens“ einer Strafnorm verfehlt werden kann, weil durch unklare und z. T. widersprüchliche Aussagen auf der Rechtsgutsebene bereits eine valide Primärnorm*bildung* praktisch verhindert wird.[1169] Dies mag mit zu dem „stabilen Trend“ beitragen, nach dem sich „das moderne, präventive Strafrecht zu einem Gefahrenabwehrrecht entwickelt“ und damit auf „normative Desorientierung, Verbrechensfurcht und Kontrollbedürfnisse einer Risikogesellschaft“[1170] nur noch repressiv antwortet.

Im Ergebnis erscheint jedenfalls die heutige Annahme, dass dem Strafrecht auf der Basis des Rechtsgüterschutzgedankens eine präventive Funktion zukommt, nicht überzeugend.[1171]

4. Paradigmenwechsel: von der positiv generalpräventiven Rechtsgutslehre zum positiv generalpräventiven materiellen Verbrechensbegriff

Zur Erreichung einer wirksamen positiven Generalprävention ist die Einnahme einer abstrakteren Perspektive erforderlich. Diese gewährleistete zum einen eine widerspruchsfreie Normbildung und machte zum anderen die Kenntnis des gesamten positiven Strafrechts entbehrlich, weil sie den Normadressaten den Schluss vom Besonderen (weniger einzelner Strafnormen) auf das Allgemeine (eine generelle Primärnorm) möglichte. Dies wäre für die Normadressaten einfacher als der

---

(Straf)rechts stellen: Denn es lässt sich bezweifeln, ob sich die beabsichtigte Prävention oder gar soziale Kontrolle überhaupt noch erzielen lassen, wenn neue Normen lediglich schwer durchschaubare und moralisch besetzte Etikettierungsfunktionen wahrnehmen.“ Die Wechselwirkung zwischen „Mehrung der Gesetzesmasse“ bei gleichzeitiger „Minderung des Gesetzesgehorsams“ führe dazu, dass die „allseitige Akzeptanz illegalen Handelns zur Gewohnheit“ (a. a. O., S. 320) werden könne (wie z. B. im Drogenstrafrecht), was letzten Endes zu einer „Erosion des Rechtsbewusstseins “ (a. a. O., S. 319 mit weit. Nachw.) führe.

[1169] Vgl. auch *Kräupl*, Festschrift für *Schwind*, S. 87 (95), der bei der „punktuellen Strafgesetzgebung und Gesetzgebungsdiskussion allein im letzten Jahrzehnt“ eine „systematische, auch den Gesamtzusammenhang beachtende Rechtsgüterabwägung“ vermisst.

[1170] *Hassemer*, Sicherheit durch Strafrecht, S. 99 (137).

[1171] Vgl. auch *Putzke*, Festschrift für *Schwind*, S. 111 (119), der hier den Zusammenhang mit „irrationaler Kriminalpolitik“ herstellt: „Die Folgen sind inkonsistente Systeme, von Konstanz keine Spur. Vor allem bei Kriminalprävention fehlt jedes systematische Vorgehen in der Praxis.“

umgekehrte Weg, aus der Kenntnis vieler Straftatbestände mit unterschiedlichsten Stoßrichtungen auf wenige handlungsleitende Primärnormen zu schließen.

Weder die Vielzahl der Rechtsgüter noch das intuitiv-offene Verständnis von Sozialschädlichkeit weisen heute diesen notwendigen Abstraktionsgrad auf, um im Alltag den widerspruchsfreien Schluss der Gesellschaftsmitglieder vom Besonderen auf das Allgemeine zuzulassen.

Demgegenüber könnte ein an *einem* Kernwert ausgerichteter und klar akzentuierter materieller Verbrechensbegriff den erforderlichen Abstraktionsgrad als Grundlage für die Annahme positiver Generalprävention herstellen. Wenn jeder Straftatbestand durch den Normadressaten auf einen zugrunde liegenden materiellen Verbrechensbegriff mit abstrakt-genereller Grenzfunktion zurückgeführt werden könnte, könnte auch Primärnormetablierung und -festigung durch Strafrecht gelingen.

In diesem Fall wären sowohl die bekannten als auch die unbekannten Strafnormen vom Präventionsstandpunkt aus legitimiert, da der für alle Strafnormen einheitlich geltende materielle Verbrechensbegriff gleichsam vor die Klammer gezogen würde. Die Normadressaten müssten dann auch nur einen kleinen Teil der Strafnormen kennen, um den strafbewehrten Primärnormgehalt aller Tatbestände materiell erfassen und ihr Handeln danach ausrichten zu können.

Als Ergebnis ist daher festzuhalten, dass modernes, „zurückhaltendes" Strafrecht in erster Linie positiv generalpräventiv wirken muss; allerdings kann dies nur auf der Grundlage eines abstrakt-generellen, limitierenden materiellen Verbrechensbegriffs gelingen.

F. Zum Umgang mit dem Kumulationsgedanken

Im Zusammenhang mit Pönalisierungsprozessen steht typischerweise die Kumulationsfrage im Raum: „Was wäre, wenn das jeder täte?!"[1172]; dieser Aspekt[1173] hat rechtsethisch seine Wurzeln im „Prinzip der Verallgemeinerung"[1174].

[1172] Hierzu *Joerden* ARSP 1988, S. 307 (325), mit weit. Nachw.
[1173] Vgl. z. B. *Hirsch/Wohlers*, S. 196 (207 ff.), mit weit. Nachw.
[1174] Hierzu *Joerden* ARSP 1988, S. 307 (325), mit weit. Nachw.

Beim Kriminalisierungsprozess auf den sozialschädlichen Gehalt entsprechender, massenhaft hinzugedachter Handlungen abzustellen, erscheint intuitiv plausibel. Einzelheiten sind aber bis heute durchaus ungeklärt; so gilt es beispielsweise als eine der „brennendsten Fragen", wie Kriminalisierung gerechtfertigt werden kann, wenn erlaubte Verhaltensweisen erst bei Hinzutreten von anderen *erlaubten* Handlungen ein als strafwürdig angesehenes, besonders sozialschädliche Maß erreichen (z. B. im Umweltbereich bei behördlichen Genehmigungen).[1175]

Abgesehen von solchen Einzelfragen liegt im Kumulationsaspekt bereits ein problematischer Ansatz. Mit ihm kann die Zuschreibung von sozialschädlichem Verhalten auch dann ausgelöst werden, wenn in die rechtliche Sphäre eines anderen Menschen gar nicht eingegriffen wird und der einzelne Mensch legitim handelt. Wollte beispielsweise jeder nur *einen* bestimmten Beruf erlernen und ausüben (z. B. den des Schusters) und interessierte sich niemand für die anderweitigen Aufgaben in der Gesellschaft, läge in dieser Berufswahl – einer an sich völlig legitimen Handlung – wegen ihrer sozialschädlichen Wirkung eine unerwünschte Handlung. Das Prinzip der Verallgemeinerung könnte also auch dann Grundlage für Verbote sein, „wenn überhaupt keine Interessengegensätze zwischen den in Frage kommenden Personen bestehen".[1176] Mit ihm können daher zumindest nicht durchgängig „sinnvolle" Vorschläge „für einen gerechten Interessenausgleich" gemacht werden.[1177]

Vor diesem Hintergrund erscheint es sachgerecht, auf der Grundlage des Kumulationsgesichtspunktes zwar Verbote, etwa in der Form von berufsständischen Vorschriften oder Ordnungswidrigkeitentatbeständen, zuzulassen, nicht aber Strafvorschriften.

Denn die dahinter stehende Frage nach der gerechten und sinnvollen Verteilung von Ressourcen ist in erster Linie aus transpersonaler Perspektive gestellt. Das Abstellen des Kriminalisierungsprozesses hierauf kann jedes politisch unerwünschte Verhalten zum materiellen Verbrechen erklären; denn schließlich sind alle Ressourcen endlich. Dies könnte auf eine überwiegend kollektivistische Strafgesetzgebung hinauslaufen; angesichts der historischen Erfahrungen mit solchen Strafrechtskonzepten sollte davon grundsätzlich Abstand genommen werden.

[1175] Hierzu *Lackner/Kühl*, Vor § 324 Rn 5, mit weit. Nachw.
[1176] *Joerden* ARSP 1988, S. 307 (325 f.).
[1177] *Joerden* ARSP 1988, S. 307 (326).

Auch die im (intuitiven) Prinzip der Verallgemeinerung liegende Sollbruchstelle limitierter Strafgesetzgebung sollte daher durch ein idealtypisch-geschlossenes Sozialschädlichkeitsverständnis überwunden werden; soweit insofern auf „unerträgliche Strafbarkeitslücken“ abgestellt würde, wäre dies mit Blick auf eine systematischere und tatsächlich am „fragmentarischen Charakter“ ausgerichtete Ultima-Ratio-Strafgesetzgebung hinzunehmen.[1178]

1178 Zumindest zurückhaltend hinsichtlich der Rechtfertigung von Pönalisierungsprozessen auf der Grundlage des Kumulationsgedankens auch *Frisch*, Legitimation staatlichen Strafens, S. 215 (235), mit weit. Nachw.

II. Herleitung des materiellen Verbrechensbegriffes

A. Ineinandergreifen von Ultima-Ratio-Gedanken und materiellem Verbrechensbegriff

Strafrecht soll bekanntermaßen als „ultima ratio des Rechtsgüterschutzes eingesetzt" werden.[1179] Das intuitiv-offene Sozialschädlichkeitsverständnis hat jedoch dazu geführt, dass speziell der Ultima-Ratio-Grundsatz praktisch keine Bedeutung mehr hat,[1180] weil jede Strafbewehrung wegen irgendeines angegebenen sozialschädlichen Gehalts begründbar ist und die unspezifische Frage, welche staatliche Reaktion milder als der Einsatz des Strafrechts wäre, eine praktikable Antwort kaum zulässt. Als Konsequenz stellt sie sich der Gesetzgeber in der Praxis erst gar nicht mehr. Das Ultima-Ratio-Prinzip hat heutzutage im Ergebnis praktisch ausgedient, Strafrecht gerät immer mehr zur *prima ratio*.[1181]

Diese Entwicklung deutet sich seit langem durch eine asymmetrische Auseinandersetzung mit dem Grundsatz *ultima ratio* an. Das Ultima-Ratio-Prinzip ist ein kriminalpolitischer Großbegriff und besagt paradigmatisch, dass der Einsatz von Strafrecht nur auf die schwerste Form des Unrechts folgen darf. Es berührt also im Kern die Frage nach Systemgerechtigkeit. Die profanisierende Verknüpfung mit der nachgeordneten Fragestellung nach dem milderen Mittel für eine Strafnorm im Zusammenhang mit der Untersuchung der Erforderlichkeit bei der Verhältnismäßigkeitsprüfung zieht das Großprinzip auf die tiefere Ebene der einzelfallbezogenen Gesetzgebungsarbeit. Dort muss der Ultima-Ratio-Grundsatz zwangsläufig seine Strahlkraft verlieren, weil er kein wirklicher Begriff der Praxis ist. Diese Asymmetrie zwischen idealer Wirkungsebene des Ultima-Ratio-Prinzips und der realen Kritikebene führt zwangsläufig dazu, dass dem Grundsatz praktisch noch niemals ernsthaft Folge geleistet wurde.

[1179] Vgl. jüngst BVerfGE 120, S. 224 (239 f.) mit weiteren Nachw.

[1180] Vgl. auch *Kühl*, Festschrift für *Otto*, S. 63 (73): „Das Strafrecht muss wegen seiner besonders scharfen Sanktion der Strafe so eng wie möglich begrenzt werden. Das ist theoretisch zwar anerkannt, wenn das Subsidiaritätsprinzip hochgehalten und das Strafrecht als „ultima ratio" gesehen wird; doch ist das geltende Strafrecht davon noch weit entfernt."

[1181] S. o. Teil 1 VI. D.

Um dies zu erreichen, müsste das Ultima-Ratio-Prinzip auf seine paradigmatische Großaussage der Systemgerechtigkeit beschränkt bleiben. Das ist aber nur der erste Schritt. Hinzukommen muss, dass er ebenfalls auf paradigmatischer Ebene einen Bezugsbegriff erhält. Dies kann nur ein abstrakt-generell, streng limitierender materieller Verbrechensbegriff sein, der das schwerste Unrecht ebenso paradigmatisch definiert, wie das Ultima-Ratio-Prinzip den Gedanken, dass nur auf solches Unrecht die Reaktion mit Strafrecht legitim ist. Ein klar akzentuierter materieller Verbrechensbegriff und ein wirksames Ultima-Ratio-Prinzip bedingen einander wechselseitig.

B. Idealtypisch-geschlossenes Sozialschädlichkeitsverständnis: die Kernwertentscheidung als Grundlage materiellen Strafrechts

1. Zentrale Rolle des Grundgesetzes

Die kriminalpolitische Begrenzungsfunktion des materiellen Verbrechensbegriffs setzt eine vorstrafrechtliche Perspektive als Ausgangspunkt für die Definition voraus, denn Strafrecht beruht wie jedes Sanktionenrecht auf der Missachtung zugrunde liegender Primärnormen. Davon ist wiederum die Frage zu unterscheiden, ob ein materieller Verbrechensbegriff als Definition Bestandteil des positiven Rechts werden sollte. Beides – vorstrafrechtliche Perspektive und Legaldefinition – steht zueinander nicht im Widerspruch.

Zur Frage, *welcher* vorstrafrechtliche Ausgangspunkt abgesehen vom intuitiv-offenen Sozialschädlichkeitsverständnis der Richtige ist, bieten sich – die erkennbar nicht weiterführende, ubiquitäre Ungehorsamslehre ausgeklammert[1182] – im Wesentlichen zwei Herangehensweisen an; entweder beruhen die Grundlagen für die Definition des materiellen Verbrechensbegriffs auf vorrechtlicher Perspektive oder sie werden zwar vorstrafrechtlich, aber innerhalb eines positiven Rechtssystems, also im Verfassungsrecht, gesucht.

Für die nachfolgende Herleitung des materiellen Verbrechensbegriffes wird der Weg über das Verfassungsrecht gewählt; damit muss notwen-

[1182] S. o. Teil 1 I. A. 5.

digerweise die „Aufgabe der Vorstellung von der strukturellen Eigenständigkeit des Strafrechts“ einhergehen.[1183]

Die naturrechtliche Perspektive ist wegen ihres ungeklärten Inhalts abzulehnen.[1184] Darüber hinaus läge in der Einnahme eines naturrechtlichen Standpunktes ein unsachgemäß ahistorischer Ansatz. Mit dem Grundgesetz existiert (anders als im Absolutismus) eine Verfassung, die den Rahmen für *alle in dieser verfassten Gesellschaft* legitimen Primärnormen setzt. Zudem sind beispielsweise die Menschenwürde, die Handlungsfreiheit, die Gleichheit vor dem Gesetz etc. das Gesetz gewordene Substrat der wichtigsten natur- und vernunftrechtlichen Vorstellungen seit der Aufklärung. Der mögliche Einwand, es handele sich bei der Verknüpfung von materiellem Verbrechensbegriff und Grundgesetz um „reinen Verfassungspositivismus“, griffe schon aus diesem Grund im Ergebnis nicht durch.[1185]

Das Verfassungsrecht kennt schon heute zahlreiche geschriebene und ungeschriebene Postulate für die Begrenzung des Kriminalrechts,[1186] z. B. den Schuldgrundsatz,[1187] das Prinzip *nulla poena sine lege* nach Art. 103 Abs. 2 GG, das Verbot bestimmter Strafarten,[1188] der Grundsatz *ne bis in idem* nach Art. 103 Abs. 3 GG, den Ultima-Ratio-Gedanken,[1189] den strafrechtlichen Richtervorbehalt,[1190] die Unschuldsvermutung[1191] sowie die Grundsätze des gesetzlichen Richters,[1192] des rechtlichen Gehörs,[1193] der Rechtsweggarantie[1194] und des sog. fair tri-

---

[1183] *Bunzel*, S. 96 (109).
[1184] Vgl. hierzu oben Teil 1 I. B. 6.
[1185] *Gaedes* Ausführungen, S. 183, deuten die Möglichkeit eines solchen Einwandes an, wenn er mit Blick auf die „kritische Rechtsgutstheorie“ erwägt, dass diese sich ihrer „vorverfassungsrechtlichen Entstehung“ bewusst werde; ein „über die Verfassung vorstaatlich hinausgehender Rechtsgutsbegriff“ könne zur „Vermeidung eines reinen Verfassungspositivismus“ verfolgt werden.
[1186] Vgl. hierzu auch oben Teil 2 I A. 1. a.
[1187] Statt vieler: BVerfGE 95, 96 (140 f.).
[1188] Statt vieler: BVerfGE 50, 205 (215).
[1189] Statt vieler: BVerfGE 90, 145 (201 f.).
[1190] Statt vieler: BVerfGE 27, 36 (40 f.).
[1191] Statt vieler: BVerfGE 82, 106 (116 f.).
[1192] Statt vieler: BVerfGE 82, 106 (114).
[1193] Statt vieler: BVerfGE 74, 220 (224).
[1194] Statt vieler: BVerfGE 86, 288 (327 f.)

als;[1195] daneben werden den Grundrechten limitierende Aufgaben zugeschrieben.[1196]

Zwar gibt es bis heute für den Strafgesetzgeber in materieller Hinsicht keine kritische „verfassungsrechtlich geprägte Limitierungssystematik“.[1197] Die hier im Fokus stehende Frage ist aber gerade, ob diese auf der Grundlage eines idealtypisch-geschlossenen Sozialschädlichkeitsverständnisses aus dem Grundgesetz herleitbar *wäre*.

Dies bedingte jedoch eine vorgelagerte Entscheidung über den einen Kernwert der Rechtsordnung. Ließe sich dieser handhabbar bestimmen, wäre die Grundlage für ein Ineinandergreifen von idealtypischem materiellem Verbrechensbegriff und praktisch wirksamem Ultima-Ratio-Grundsatz geschaffen.

2. Kernwertentscheidung und verfassungsrechtliche Identitätsgarantie (Art. 79 Abs. 3 GG)

Der Terminus „Wertordnung des Grundgesetzes“ ist ein Großbegriff, der einer inhaltlich eindeutigen Beschreibung kaum zugänglich ist, jedoch einen Identitätskern besitzt, welcher der gesamten Rechtsordnung ihr Gepräge gibt. Den Zugang zu diesem Identitätskern eröffnet Art. 79 Abs. 3 GG i. V. m. Art. 1 GG und Art. 20 GG.

Art. 79 Abs. 3 GG regelt, dass der die Verfassung ändernde Gesetzgeber neben der „Gliederung des Bundes in Länder“ und der „grundsätzlichen Mitwirkung der Länder bei der Gesetzgebung“ die „in den Artikeln 1 und 20 niedergelegten Grundsätze“ nicht berühren darf. Aus dieser sog. „Ewigkeitsgarantie“ folgt nicht nur die Unantastbarkeit der in den Art. 1 und 20 GG niedergelegten Grundsätze; darüber hinaus darf auch Art. 79 Abs. 3 GG selbst nicht angetastet werden.[1198]

Art. 146 GG wird zudem so interpretiert, dass Art. 79 Abs. 3 GG auch materieller Maßstab einer neuen Verfassung sein muss, wenn sie im

---

[1195] Statt vieler: BVerfGE 86, 288 (327 f.)

[1196] Statt vieler: BVerfGE 32, 98 (108 f.); 73, 206 (233 f.); vgl. i. Ü. die Aufzählung bei *Bunzel*, S. 96 (103) – mit zahlr. weit. Nachw.

[1197] *Bunzel*, S. 96 (103).

[1198] *Stern*, Staatsrecht I, S. 115 f. (aus Gründen der „Normlogik“); vgl. auch *Maunz/Dürig/Herzog/Scholz (Maunz/Dürig)*, Art. 79 Abs. 3 Rn 50.

Wege einer Volksabstimmung zustande kommt.[1199] Damit umreißt die Normtrias Art. 79 Abs. 3 GG i. V. m. Art. 1 und 20 GG formell und materiell den Kernbereich der heute und künftig in Deutschland geltenden Staatswerte; der im Zusammenhang mit dem materiellen Verbrechensbegriff gesuchte *eine* Kernwert der „wertgebundenen Demokratie“[1200] kann nur hier verortet sein.

Art. 79 Abs. 3 GG wird also sowohl in der Rechtsprechung des Bundesverfassungsgerichts als auch in der staatsrechtlichen Literatur keineswegs nur als „technische“ Vorschrift verstanden, die sich wie andere in die üblichen formalen Vorgaben einordnet, denen der verfassungsändernde Gesetzgeber zu genügen hat (vgl. Art. 79 Abs. 1 und 2 GG). Vielmehr wird die Vorschrift als materielle „Identitätsgarantie“[1201] dafür angesehen, dass damit die „essentiellen Bestandteile des Verfassungstextes“ bestimmt sind und die Kontinuität des „verfassten Staates gegenüber den Stimmungen und Strömungen der jeweils gegenwärtigen Politik“ gewährleistet ist;[1202] denn allem Verfassungswandel soll auch in einer sich stets verändernden Gesellschaft und bei offenen Verfassungstatbeständen in materieller (nicht textlicher) Hinsicht eine „äußerste Grenze“ gesetzt sein.[1203]

Die Inhaltsbestimmung der Identitätsgarantie soll im Folgenden auf die Grundsätze der Artikel 1 und 20 GG beschränkt werden, da die in Art. 79 Abs. 3 GG separat aufgeführten Ausprägungen des Bundesstaatsprinzips ohnehin Bestandteil von Art. 20 Abs. 1 GG sind. In Art. 79 Abs. 3 GG wird also zum Ausdruck gebracht, dass „die Garantie der Menschenwürde, das Rechtsstaatsprinzip, die Demokratie, die Bundesstaatlichkeit, das soziale Staatsziel und die Republik das bleibende Fundament“[1204] der verfassungsmäßigen Ordnung sind.

Im Ergebnis zieht Art. 79 Abs. 3 GG die Konsequenz aus dem „verfassungsjuristischen Axiom“ der fehlenden positivrechtlichen Erkenntnisquelle für Entstehen und Bestand einer Verfassung; jenseits von Art. 79 Abs. 3 GG werden damit innerhalb der verfassungsmäßigen Ordnung „Fragen nach Ursprung und Anfang des Verfassungstextes unterbun-

---

[1199] *Jarass/Pieroth*, GG, Art. 146 Rn 4 mit weit. Nachw..
[1200] *Maunz/Dürig/Herzog/Scholz (Maunz/Dürig)*, Art. 79 Abs. 3 Rn 29 mit weit. Nachw.
[1201] *Kirchhof*, § 21 Rn 64 ff.
[1202] *Kirchhof*, § 21 Rn 45, 46.
[1203] *Kirchhof*, § 21 Rn 63.
[1204] *Kirchhof*, § 21 Rn 47.

den".[1205] Stattdessen wahrt Art. 79 Abs. 3 den „Bestand und leitet Entwicklungen"[1206] der Verfassung; die Vorschrift ist in diesem Sinne wesentlicher Teil ihres identitätsstiftenden Gehalts.

C. Zur Kernwertfunktion von Art. 1 i. V. m. Art. 79 Abs. 3 GG

1. Normierung eines Ideals

In Art. 1 GG wird die Menschenwürde an den Anfang des Verfassungsrechts gesetzt; sie gilt – auch nach der Rechtsprechung des Bundesverfassungsgerichts – als der „höchste Rechtswert innerhalb der verfassungsmäßigen Ordnung"[1207] und als eines der „Konstitutionsprinzipien des Grundgesetzes",[1208] das sich „anthropozentrisch"[1209] versteht. Diese zugeschriebene Mittelpunktfunktion[1210] basiert auf einer Idealvorstellung, entfaltet also auch dann Wirkung, wenn sich der einzelne Mensch „unwürdig" verhält oder „auf Grund seines körperlichen oder geistigen Zustandes nicht sinnhaft handeln kann".[1211]

2. Art. 1 Abs. 1 GG als Grundrecht mit unmittelbarer Drittwirkung

Der Verfassungsgesetzgeber hat mit der Positionierung des Grundrechtsteils an den Anfang des Verfassungstexts nach den Erfahrungen des Dritten Reiches bewusst „den Vorrang des Menschen und seiner Würde gegenüber der Macht des Staates" hervorgehoben.[1212] Die Aufgabe der Grundrechte, insbesondere die von Art. 2 GG und Art. 3 GG, beschränkt sich vor diesem Hintergrund in erster Linie auf den Aspekt der Abwehr unzulässiger staatlicher Eingriffe und bindet damit andere Privatpersonen nicht unmittelbar. Dies kommt in Art. 1 Abs. 3 GG zum Ausdruck, wo geregelt ist, dass die „nachfolgenden Grundrechte" „Ge-

---

1205 *Kirchhof*, § 21 Rn 17.
1206 *Kirchhof*, § 21 Rn 61.
1207 Vgl. jüngst BVerfG NJW 2007, 1933 (1934), mit weit. Nachw.; BVerfGE 27, 1 (6); 30, 173 (193); 32 98 (108).
1208 BVerfGE 109, 133 (149), mit weit. Nachw.
1209 *Stern*, Staatsrecht IV/1, § 97 I. 1. c) (S. 12).
1210 BVerfGE 39, 1 (43); 45, 187 (227); 50, 166 (175).
1211 BVerfGE 109, 133 (150), mit weit. Nachw.
1212 *Sternberg-Lieben*, Freiheit des Strafgesetzgebers, S. 65 (67).

setzgebung, vollziehende Gewalt und Rechtsprechung als unmittelbar geltendes Recht" binden. Die Grundrechte limitieren also den Staat. Dies macht es schwierig, aus ihnen umfassende Grenzziehungen für den Strafgesetzgeber herzuleiten, denn die Legislative regelt im Strafrecht in erster Linie die konkreten Handlungsgrenzen der Individuen untereinander. Diebstahl, Körperverletzung oder Totschlag sind Tatbestände, die an den Einzelnen adressiert sind und ihm bestimmte Handlungen gegenüber anderen Personen untersagen. An Individuen richten sich die Grundrechte aber gar nicht originär. So gesehen ist die Übertragung der allgemeinen Grundrechtssystematik auf das in der Fragestellung des materiellen Verbrechensbegriffs liegende Problem nach der legitimen Strafgesetzgebung vom Ansatz her schief.

Der Streit über die Rechtmäßigkeit der unmittelbaren oder mittelbaren Drittwirkung der Grundrechte kann hier lediglich angedeutet werden;[1213] im Kern geht das Bundesverfassungsgericht seit der *Lüth*-Entscheidung davon aus, dass die Grundrechte in erster Linie nur mittelbar, also als Elemente einer auch in das Privatrecht hineinwirkenden objektiven Wertordnung, gelten;[1214] das Gericht spricht in diesem Zusammenhang von „Ausstrahlungswirkung".[1215] Dieser Lesart folgt die überwiegende Auffassung in der Literatur.[1216] Bei der Fokussierung auf Art. 1 GG ist dieser Streit[1217] jedoch überwiegend akademischer Natur, denn insofern machen auch die Vertreter der mittelbaren Drittwirkung eine wesentliche Ausnahme. Dem Prinzip der Menschenwürde wird zum einen Grundrechtscharakter zugeschrieben;[1218] dabei soll die Unantastbarkeit nicht nur eine „deskriptive Umschreibung", sondern eine

---

[1213] Hierzu *Stern*, Festschrift für *Wiedemann*, S. 133 (135 ff.)

[1214] BVerfGE 7, 198 (204 ff.); 73, 261 (268); 96, 375 (398).

[1215] Vgl. jüngst BVerfGE 112, 332 (358).

[1216] Statt Vieler *Jarass/Pieroth* Vorbem. vor Art. 1 Rn 58 f. mit zahlr. weit. Nachw.; vgl. auch *Stern*, Festschrift für *Wiedemann*, S. 133 (137).

[1217] Vgl. die übersichtliche Darstellung bei *Pietzcker*, Festschrift für *Dürig*, S. 345 (347 ff.) (mit Hinweis auf die in der „traditionellen Sicht der Staat-Gesellschaft-Unterscheidung angelegte Asymmetrie zugunsten des jeweiligen Freiheitsträgers" – zum Zeitpunkt des Erscheinens des Beitrags vor rund 20 Jahren war in der „Raucher-Nichtraucher-Kontroverse" diese Asymmetrie noch virulent (S. 348))

[1218] Vgl. BVerfGE 1, 332 (343); 12, 113 (123); 15, 283 (286); 61, 126 (137); *Hufen* JZ 2004, S. 313 (314); *Stemmler*, S. 211 (mit weit. Nachw.); a. A. z. B. *Geddert-Steinacher*, S. 167 ff. (insb. S. 172); *Stern*, Staatsrecht IV/1, § 97 III. 2. c) β) (S. 66), zweifelt die unmittelbare Drittwirkung zwar an, hält aber den staatlichen Schutzauftrag in Art. 1 Abs. 2 GG für im Ergebnis dasselbe (mit weit. Nachw.).

„normative Aussage" beschreiben.[1219] Zum anderen soll dieses Grundrecht unmittelbar gelten.[1220] Das Bundesverfassungsgericht hebt in diesem Zusammenhang hervor, dass eine Rechtsordnung, die „die Würde des Menschen in den Mittelpunkt ihres Wertesystems stellt", bei der „Ordnung zwischenmenschlicher Beziehungen grundsätzlich niemandem Rechte an der Person eines anderen einräumen" könne, welche „nicht zugleich (...) die Menschenwürde anderer" respektierten.[1221]

Die Menschenwürdegarantie gilt damit auch unter Privatpersonen unmittelbar und uneingeschränkt.[1222] Sie kann daher auch unter systematischen Gesichtspunkten einen Limitierungstopos für den Strafgesetzgeber darstellen, wenn er mit dem Strafrecht die Handlungsgrenzen der Personen untereinander regelt.

3. Zur „Handhabbarmachung" des Menschenwürdebegriffs

Das Prinzip der Menschenwürde hat hinsichtlich der pathetischen sprachlichen Form („Würde", „unantastbar") und der exponierten Systematik (am Anfang der Rechtsordnung) den Charakter einer weltanschaulichen Bekenntnisaussage, die Anklänge einer Überhöhung des Menschen in sich trägt. Das macht den praktischen Umgang mit diesem Großbegriff schwierig. In der Auffassung des Bundesverfassungsgerichts, wonach die Menschenwürde zwar keinem Menschen genommen

---

[1219] *Stemmler*, S. 210; *Geddert-Steinacher*, S. 80.

[1220] Selbst *Dürig*, der „Begründer" der mittelbaren Drittwirkungslehre (vgl. *Stern*, Festschrift für *Wiedemann*, S. 133 (137)) hat dies in seiner *Maunz/Dürig*-Kommentierung von 1958 zu Art. 1 GG hervorgehoben: „Dieser Anspruch (Anm.: auf das Nichtantasten der Menschenwürde) fragt als sittlicher, rechtlich nur rezipierter Anspruch nicht nach Richtungen. Er ist bereits im Ich-Du-Verhältnis als individualethischer Achtungsanspruch und im Verhältnis zu Dritten und zur Gesellschaft als sozialethischer Achtungsanspruch vorhanden gewesen, ehe er durch Art. 1 I GG auch gegenüber staatlichem Handeln als eigenständig verrechtlicht wurde." Nachweis bei *Pietzcker*, Festschrift für *Dürig*, S. 345 (345/346).

[1221] BVerfGE 24, 119 (144).

[1222] h. M., vgl. BVerwG NVwZ 2000, 598 (602); *Maunz/Dürig/Herzog/Scholz* (*Herdegen*), Art. 1 Abs. 1 Rn 70; *Guckelberger*, JuS 2003, S. 1151 (1152); *Stern*, Staatsrecht III/1, S. 29 f.; *Stemmler*, S. 211 (mit weit. Nachw.); a. A. *Geddert-Steinacher*, S. 94 f.

werden kann, wohl aber der sich aus ihr ergebende Achtungsanspruch,[1223] liegt noch keine hinreichend praktikable Handhabbarkeit.

Die in Art. 1 GG zum Ausdruck kommende umfassende Geltung des Menschenwürdeprinzips zieht nach allgemeiner Lesart ein restriktives Begriffsverständnis nach sich.[1224] Die Menschenwürde soll für den Staat „rocher de bronze" sein, worauf „nur zu rekurrieren" sei, wenn es „um existenzielle Fragen des Menschen und nur des Menschen" gehe.[1225] Dabei ist aber auch 60 Jahre nach Inkrafttreten des Grundgesetzes festzuhalten, dass „trotz der großen Rechtsprechungstradition" bis heute „keine für ausreichend gehaltene `handliche´ Formulierung für das, was Menschenwürde sein soll, erkennbar" ist.[1226]

a. Konkreter Inhalt durch den Begriff „Menschenbild"?

Zum Teil wird versucht, über den Begriff des „Menschenbildes des Grundgesetzes" dem Begriff der Menschenwürde eine akzentuierte Struktur zu geben.

Das Bild des Menschen soll durch seine „autonome sittliche Persönlichkeit"[1227], sein Recht auf „Selbstbestimmung"[1228], „Eigenständigkeit"[1229] und insbesondere „Eigenverantwortlichkeit"[1230] vorgezeichnet sein. Der Einzelne nehme in seiner Individualität bzw. als Subjekt am Staatsleben teil,[1231] wobei es allerdings nicht als vereinzeltes Wesen zu

---

[1223] BVerfGE 109, 133 (150).
[1224] *Höfling* JuS 1995, S. 857 (860); *Sachs*, GG (*Höfling*) Art. 1 Rn 16.
[1225] *Stern*, Staatsrecht IV/1, § 97 II. 3. (S. 21).
[1226] *Häberle*, § 22 Rn. 46; vgl. auch *Sander*, S. 281 ff., die diverse „Annäherungsversuche" dargelegt hat.
[1227] *BVerfGE* 9, 167 (171); 12, 45 (53).
[1228] *BVerfGE* 65, 1 (41).
[1229] Vgl. z. B. *BVerfGE* 4, 7 (15 f.); 8, 274 (329); 19, 93 (96); 30, 1 (40); 33, 303 (334); 45, 187 (227 f.); 50, 166 (175).
[1230] *BVerfGE* 5, 85 (204 f.); 24, 119 (144); 47, 46 (72); 56, 363 (384); 79, 51 (63); 83, 130 (140).
[1231] *BVerfGE* 5, 85 (204 f.): „In der freiheitlichen Demokratie ist die Würde des Menschen der oberste Wert. Sie ist unantastbar, vom Staate zu achten und zu schützen. Der Mensch ist danach eine mit der Fähigkeit zu eigenverantwortlicher Lebensgestaltung begabte `Persönlichkeit´. [...] Um seiner Würde willen muß ihm eine möglichst weitgehende Entfaltung seiner Persönlichkeit gesichert werden. Für den politisch-sozialen Bereich bedeutet das, dass es nicht genügt, wenn eine Obrigkeit sich bemüht, noch so gut für das Wohl der 'Untertanen' zu

begreifen sei; vielmehr stehe der Einzelne stets in Abhängigkeit zur Gesellschaft.[1232]

Diese Umschreibungen zeigen, dass ein „Menschenbild des Grundgesetzes“ ebenfalls nur wenig Konkretes in sich trägt. Der Menschenbildansatz basiert seinerseits auf einem Konglomerat von emotional geprägten Begriffen wie der „sittlichen Persönlichkeit“, so dass es bis heute an einer „umfassenden und erschöpfenden Skizze des verfassungsrechtlichen Menschenbildes“ fehlt.[1233] Die Bestimmung des Menschenbildes kommt damit über eine fragmentarische, skizzenhafte Struktur nicht hinaus;[1234] die Näherungsbegriffe ähneln einer „bunten Palette von Schlagworten“,[1235] weniger einer akzentuierten Inhaltsbestimmung.[1236] Zudem trägt speziell der rechtliche Schutz des Menschenbildgedankens bevormundende Züge in sich,[1237] zumal in einer pluralistischen Gesellschaft.[1238]

---

sorgen; der Einzelne soll vielmehr in möglichst weitem Umfange verantwortlich auch an den Entscheidungen für die Gesamtheit mitwirken.“

[1232] *BVerfGE* 4, 7 (15 f.): „Das Menschenbild des Grundgesetzes ist nicht das eines isolierten souveränen Individuums; das Grundgesetz hat vielmehr die Spannung Individuum-Gemeinschaft im Sinne der Gemeinschaftsbezogenheit und Gemeinschaftsgebundenheit der Person entschieden, ohne dabei deren Eigenwert anzutasten. Das ergibt sich insbesondere aus einer Gesamtschau der Art. 1, 2, 12, 14, 15, 19 und 20 GG. Dies heißt aber: der Einzelne muß sich diejenigen Schranken seiner Handlungsfreiheit gefallen lassen, die der Gesetzgeber zur Pflege und Förderung des sozialen Zusammenlebens in den Grenzen des bei dem gegebenen Sachverhalt allgemein Zumutbaren zieht, vorausgesetzt, dass dabei die Eigenständigkeit der Person gewahrt bleibt.“

[1233] *Becker*, S. 33.

[1234] *Becker*, S. 33: „Bruchstücke“.

[1235] *Becker*, S. 34.

[1236] Vgl. *Stemmler*, S. 153; Auch *Mayer-Maly*, § 6 (S. 37 ff.), gibt zwar einen Überblick über einige Aspekte des angeblich notwendigen „Menschenbildes des Rechts“ aus deutscher und österreichischer Perspektive, bietet aber keine Definition an.

[1237] *Neumann* ARSP 1998, S. 152 (162): „Es stößt grundsätzlich auf Bedenken, ein bestimmtes Menschenbild mithilfe rechtlicher Verbote konservieren zu wollen. Grundrechte dienen dem Schutz von Menschen, nicht dem von Menschenbildern. Der rechtliche Schutz von Menschenbildern artet leicht in Bevormundung, schlimmstenfalls in Meinungsterrorismus aus.“

[1238] *Weber-Hassemer*, Festschrift für *Hamm*, S. 829 (837): „In modernen Gesellschaften mit pluralen Werthaltungen kann es keine einheitlichen sinnstiftenden Menschenbilder geben. Deshalb sind alle Bemühungen um angeblich apriorische objektive Kriterien für das „Unverfügbare“ wie die Gattungswürde oder die

Vor dem Hintergrund dieser Schwierigkeiten scheint die Schlussfolgerung plausibel, davon auszugehen, dass es „ein Menschenbild des Grundgesetzes“ – „jenseits des Vermögens, sich als Vernünftiger in ein Gleichheitsverhältnis zu den anderen zu setzen“[1239] – gar nicht gibt.[1240]

b. Konkreter Inhalt durch den Begriff des „Geistwesens“? – der Ansatz von *Hösle*

(1) Darstellung der Auffassung

Eine andere Linie versucht durch eine phänomenologische Annäherung die konkrete Handhabbarkeit des Terminus Menschenwürde zu entwickeln. Im Zentrum steht dabei ein bestimmtes Verständnis der Idee Menschenwürde oder auch „Würde der Menschheit“, aus der praktische Rückschlüsse auf das legitime Handeln des Strafgesetzgebers gezogen werden.[1241] So entwickelt etwa *Hösle* ein Konzept, das den Mensch als „Geistwesen“ in den Mittelpunkt rückt.

Danach werden unter die Delikte gegen die Menschenwürde nicht nur solche gefasst, die gegen konkrete lebende Personen gerichtet wären, sondern generell Verhaltensweisen, welche sich gegen etwas richten, das „als Symbol des Menschen“ fungiere und damit „dasjenige radikal in Frage“ stellten, das „den innersten Wert des Menschen als Geistwesen“ ausmache; hierunter seien etwa die Herstellung und Verbreitung „bestimmter sadistischer und pornographischer Schriften, Abbildungen usf.“ zu zählen, weil insoweit der Mensch „im Wesentlichen als Fleischmasse vorgeführt“ werde.[1242] Nach *Hösle* dürfe sich der Staat folglich selbst dann des Strafrechts bedienen, wenn sich in einer sicheren und äußerlich sozial-intakten Gesellschaft die Gesellschaftsmitglie-

---

Würde des Menschen bis auf einige Fundamentalkonsense nicht dazu geeignet, Maßstäbe im legislativen Bereich zu setzen.“

[1239] *Murrmann*, S. 225: „Jenseits des Vermögens, sich als Vernünftiger in ein Gleichheitsverhältnis zu den anderen zu setzen, ist das Menschenbild des GG nämlich nicht mit konkreten Inhalten gefüllt.“

[1240] *Huber* Jura 1998, S. 505 (511): „Die Verfassung [zeichnet] gar kein eigenes Bild vom Menschen, sondern sie gibt Raum für ganz unterschiedliche Menschenbilder. [...] Das Grundgesetz ist insoweit nur eine Art „Wechselrahmen“, in den im Grunde alle Menschenbilder passen, solange sie nur seine Mindestvoraussetzungen Freiheit, Gleichheit und (staatsbürgerliche) Mündigkeit beachten.“

[1241] Vgl. auch – kritisch – *Roxin*, AT/1 § 2 Rn 20 ff. S. 20 f.

[1242] *Hösle*, S. 1 (47).

der in ihrer Freizeit nicht „religiösen oder ästhetischen Tätigkeiten" widmeten, sondern „dem Anblick derartiger Werke" etc.; ein solcher Zustand sei – auch ohne konkrete Gefährdungen des Einzelnen „auf jeden Fall gegen die Rechtsidee" der Menschenwürde gerichtet.[1243]

Angriffe gegen dieses „Ideelle" als „dem höchsten", die „personale Würde erst" begründenden „Punkt im Menschen" stellten auch immer einen Angriff gegen den unmittelbaren Einzelnen dar; so sei auch die Strafbarkeit bestimmter Handlungen gegen Leichen gerechtfertigt, weil sie sich gegen das Symbol „der personalen Würde des Menschen als eines Geistwesens" richteten, welches „absoluten Respekt" gebiete.[1244]

Vor diesem Hintergrund legitimiert *Hösle* ebenfalls Straftaten, die durch „absolute" Selbsterniedrigung gegen die eigene Person gekennzeichnet seien,[1245] denn dadurch „beleidige" der Betreffende mittelbar die Menschenwürde, an der er selbst teilhabe, zumal „diese Würde die Bedingung für die Anerkennung durch die anderen" sei; in diesem Zusammenhang werden masochistische Handlungen,[1246] die Sodomie[1247] und die Tierquälerei genannt, bei denen sich der Betreffende "selbst zum Tier" mache.[1248]

Des Weiteren schließe die *Pflicht*, Person zu sein (um auch andere als Person behandeln zu können) das Recht aus, selbst Einbußen an der

---

[1243] *Hösle*, S. 1 (48): „(Es) ist darauf zu beharren, dass eine Verletzung der Menschenwürde, auch ihre Auswirkungen auf reale Personen, die Verletzung eines zentralen Rechtsgutes ist, das keine bloße Fiktion, sondern durchaus eine reale Entität darstellt. Ja, auch der einzelne Mensch ist überhaupt nur Rechtssubjekt, weil er mehr als individuierte Materie ist, weil er an etwas Ideellem, eben der Menschenwürde, teilhat."

[1244] *Hösle*, S. 1 (49); andere Ansicht z. B. *Hirsch*, Rechtsgutsbegriff, S. 13 (24 f.): „Auch wenn die Leiche des Toten beschädigt wird, ist hier kein Rechtsgut ... involviert, weil der Tote keine Person ist, die Ansprüche haben könnte."

[1245] *Hösle* (S. 1, 54) beruft sich insoweit auf *Hegels* Konzeption der „Unaufgebbarkeit fundamentalster Rechte auch durch deren Träger".

[1246] *Hösle*, S. 1 (50): „(A)uch der Masochist, der sich etwa von einem Sadisten auspeitschen lässt, dürfte ohne weiteres bestraft werden."

[1247] An anderer Stelle (*Hösle*, S. 1, 45) wird ausgeführt, Straftaten gegen die sog. „natürliche Sexalmoral" seien wegen der fehlenden normativen Verbindlichkeit nicht zu legitimieren; allerdings ergebe sich wiederum ein Wertungswiderspruch dahingehend, dass der „den Nachkommen nicht gefährdende Inzest unter Erwachsenen" strafbewehrt sei, die Sodomie aber nicht, wobei in letzterem Fall die Strafwürdigkeit in dem „Akt der Aufgabe der eigenen Menschenwürde" zu sehen sei (S. 47).

[1248] *Hösle*, S. 1 (50).

körperliche Unversehrtheit verantwortlich zu initiieren, weshalb entsprechendes Verhalten unter Strafe gestellt werden könne; es gebe kein Recht, „die eigene Gesundheit durch Handlungen oder auch Unterlassungen (z. B. die Weigerung, einen Schutzhelm zu tragen, sich anzuschnallen usf.) zu zerstören bzw. auch nur in unverantwortlicher Weise zu gefährden".[1249] Aus diesem Grund sei auch der Suizid grundsätzlich strafwürdiges Unrecht.[1250]

Im Zusammenhang mit dem Drogenstrafrecht weist *Hösle* noch auf einen anderen Aspekt hin: Der Drogenkonsum gebe nicht nur „ein schlechtes Beispiel", vielmehr würden nachher auch öffentliche Leistungen in Anspruch genommen, denn das „gesundheitliche Wrack" belaste „Gesellschaft und Staat"; damit seien die „Begrenzung des Rechts, mit sich zu machen, was man wolle, und Sozialstaatsprinzip" lediglich „die zwei Seiten derselben Medaille".[1251] *Hösles* Ansicht mündet in der staatlichen „Pflicht zur Strafe" bei den „schwersten der Delikte gegen die Menschenwürde"; das betreffende Verhalten stellte die „Grundlage allen Rechts" in Frage, nämlich die „Tatsache, dass der Mensch, bei allen seinen Schwächen, ein Geistwesen" sei, „das unter keinen Umständen auf etwas Animalisches" reduziert werden dürfe.[1252]

(2) Würdigung

Hösles Auffassung als Beispiel einer phänomenologischen Herangehensweise an den Begriff der Menschenwürde ist ein Beleg für die Untauglichkeit dieses Ansatzes bei der Suche nach einem limitierenden materiellen Verbrechensbegriff. Durch die immanente Metaphysizierung[1253] des ohnehin pathetischen Begriffs der Menschenwürde wird die Trennung von (äußerem) Recht und (innerer) Moral aufgehoben.[1254] Folgte man dieser Linie, stellte die Menschenwürde einen nicht mehr rational fassbaren Begriff dar. Als kaum zu limitierendes Phänomen wäre es dann die Grundlage für ein offenes Moralstrafrecht. Schon die

---

[1249] *Hösle*, S. 1 (50).

[1250] *Hösle*, S. 1 (52): Der Verzicht auf die Pönalisierung liege nicht im fehlenden Unrecht, sondern darin, dass „bei einer solchen Verzweiflungstat mit Schuldausschließungsgründen zu rechnen" sei.

[1251] *Hösle*, S. 1 (52).

[1252] *Hösle*, S. 1 (54).

[1253] *Hösle*, S. 1 (55), spricht in diesem Zusammenhang von der „metaphysischen Würde der Person".

[1254] Hierzu Teil 3 III. A.

Beispiele „Anblick“ pornographischer Schriften, Sodomie und Masochismus legen nahe, dass bereits vom Ansatz her das Verständnis einer dem Einzelnen übergeordneten Sichtweise der Menschenwürde Einfallstor für mehr oder minder willkürliche, an vagen Sittlichkeitsvorstellungen orientierte, Kriminalisierungsprozesse sein kann. *Hösle* gelingt also gerade nicht die Trennung von Recht und Moral.

Seine Nähe zu *Hegel* zeigt sich in der metaphysizierenden Herangehensweise, wenngleich *Hegel* vom Staat als höchstem sittlichen Endpunkt spricht und *Hösle* von der Menschenwürde – also die beiden Konzepte eigentlich auf den Antipoden der Rechtsphilosophie basieren. Das phänomenologische Herangehen überfrachtet beide Ausgangspunkte (Einzelner bzw. Staat) mit moralischen Begriffen in einer Weise, dass darauf aufgebaute Strafrechtssysteme gleichermaßen materiell kaum zu begrenzen wären – in beiden Fällen zu Lasten des autonomen Individuums.[1255] An die Instrumentalisierung hegelianischen Gedankenguts im Nationalsozialismus sei in diesem Zusammenhang erinnert.[1256]

Dem Ansatz, Menschenwürde prinzipiell vom Individuum zu entkoppeln, schon den bloß reflexiven personalen Bezug zur Strafnormsetzung für ausreichend zu halten und damit den symbolisch-moralischen Charakter der Menschenwürde – gar der Würde der Menschheit – in den Vordergrund zu stellen, wird daher im Weiteren nicht gefolgt.[1257]

(3) Neues durch biologische bzw. ontologische Varianten?

Das Spannungsfeld zwischen Menschenwürde und Strafrecht wird in neuerer Zeit verstärkt bei bioethischen Fragestellungen oder im Zusammenhang mit der Zulässigkeit von Organhandel usw. auf der Grundlage biologistischer oder ontologischer Sichtweisen diskutiert. Diese

---

[1255] *Neumann* ARSP 1998, S. 152 (157): „Wo die 'Würde der Menschheit' nicht nur als unverlierbarer Kern der Würde aller einzelnen Menschen, sondern als Eigenschaft eines selbständigen Kollektivsubjekts verstanden wird, wo die Verletzung dieser kollektiven Menschenwürde unabhängig von der Verletzung der Würde der unmittelbar betroffenen Individuen sein soll, dient dieses Prinzip nicht mehr der Sicherung, sondern der Einschränkung der moralischen und rechtlichen Autonomie der Person.“

[1256] S. o. Teil 2 VII. A. 5.

[1257] Vgl. i. E. auch *Seelmann*, Strafwürdigkeitskriterien, S. 261 (267), der die Nähe vom Verständnis „kollektiver Würde“ bzw. des „Menschenbildes“ zum strafrechtlichen „Gefühlsschutz“ herstellt und stattdessen das gegenseitige Anerkennungsverhältnis in den Vordergrund rückt.

Argumentationsstränge flankieren die „klassischen“ Diskussionsfelder um die Menschenwürde ungeborener, sterbender, zum Suizid entschlossener, bereits gestorbener oder im Strafvollzug befindlicher Menschen usw.[1258]

Methodisch unterscheiden sich diese Ansätze jedoch nicht von dem Ansatz *Hösles*. Letztlich gehen sie auf vage weltanschauliche Behauptungen zurück. So basiert das konservierende, Gentechnik ablehnende biologische Menschenwürdekonzept auf der Akzeptanz „eines divinatorischen Schöpfungsaktes“, weshalb „Eingriffe in diese Strukturen und Gesetzmäßigkeiten als frevelhafte Anmaßung, als Auflehnung gegen die gottgewollte Ordnung“ verstanden werden.[1259] Die Variante der „metaphysischen Ontologie“ spricht der Person die Menschenwürde mit Blick auf die „Geschöpflichkeit des Menschen als Gottes Ebenbild“ zu.[1260] So verstanden, kann Menschenwürde „als metaphysische Qualität“ wegen der „Gottebenbildlichkeit“ grundsätzlich von niemandem als antastbar angesehen werden, sodass ihre „Ontologisierung“ einen praktischen „Verlust an schützender Kraft“ nach sich zieht.[1261] Zudem bleibt der Konflikt „Würde gegen Würde“ ungelöst.[1262] Auf der Grundlage biologischer bzw. ontologischer Argumentationen bleibt die Handhabbarkeit des Begriffs Menschenwürde ausgesprochen ungenau und stellt im Ergebnis den „untauglichen Versuch“ dar, „der Pluralität einer modernen Gesellschaft zu entkommen“.[1263] Ein hiervon abhängig gemachtes Strafrecht kann in rechtsstaatlicher Hinsicht nur Einbußen erfahren.

[1258] Vgl. zum Ganzen *Stern*, Staatsrecht IV/1 § 97 II. 4. (S. 23-59), mit weit. Nachw.

[1259] Kritische Darstellung bei *Neumann* ARSP 1998, S. 152 (158), mit weit. Nachw.

[1260] Kritische Darstellung bei *Neumann* ARSP 1998, S. 152 (164), mit weit. Nachw. In diese Richtung scheint beispielsweise *Folkerts* ARSP 2001, S. 328 (335), zu gehen: „Die Würde ist derart innig mit dem Menschen verbunden, dass er sie um keinen Preis, auf keinerlei Weise wieder verlieren kann, nicht als Lebender und nicht als Toter. Die Radikalisierung des Zukommens ist der Preis dafür, dass wir die Würde für wirklich unantastbar, für unzerstörbar halte dürfen. (...) Das Grundgesetz mutet uns zu, den Menschen als ein Wesen zu denken, dass durch eine transzendente Qualifikation ausgezeichnet ist.“

[1261] Zu diesem Ergebnis gelangt *Neumann* ARSP 1998, S. 152 (164 f.) mit weit. Nachw.

[1262] Vgl. hierzu *Schlehofer* GA 1999, S. 354 (363 f.).

[1263] *Weber Hassemer*, Festschrift für *Hamm*, S. 829 (839): „Die Einführung neuer Schutzgüter wie die Würde der menschlichen Gattung oder die Würde der Menschheit erscheinen als Versuch, den Diskurs vorzeitig zu beenden, sie be-

c. Konkretisierung der Menschenwürde durch die sog. Objektformel

(1) Allgemeine Lesart des Anwendungsbereichs: Verhältnis zwischen Staat und Individuum

Um den „unbestimmten Rechtsbegriff“[1264] der Menschenwürde handhabbar zu machen, wird schließlich seit der von *Dürig* eingeführten sog. Objektformel überwiegend dem negativen Definitionsansatz gefolgt, d. h. es wird versucht, sich vom Eingriffsvorgang her der Frage anzunähern, wann jedenfalls die Menschenwürde *verletzt* sei: „Die Menschenwürde als solche ist getroffen, wenn der konkrete Mensch zum Objekt, zu einem bloßen Objekt, zur vertretbaren Größe herabgewürdigt wird.“[1265] Diese Formel hat großen Anklang gefunden, wird aber für „subtilere“ Verstöße als „zu grobmaschig“ angesehen.[1266]

Dem Bundesverfassungsgericht zufolge verletzt ein Verhalten erst dann die Menschenwürde, wenn es die „Subjektqualität“ des Menschen „prinzipiell in Frage stellt“;[1267] zugrunde liegt die Annahme, dass sich der Mensch selbstbestimmt entfaltet.[1268] Ob diese Voraussetzung erfüllt ist, soll jedoch nach Auffassung des Gerichts wiederum nur im Einzelfall beantwortet werden können;[1269] dabei soll ggf. auch die „verächtli-

---

schwören Werte – so der Appell –, die für alle gelten müssten. Es ist der untaugliche Versuch, der Pluralität einer modernen Gesellschaft zu entkommen.“

[1264] *Stemmler*, S. 214.

[1265] *Dürig* AöR (81) 1956, S. 117 (127), ergänzt unmittelbar: „Am besten zeigt vielleicht der entsetzlich an technische Vorstellungen angelehnte Wortschatz unserer materialistischen Zeit, worum es in Art 1 I geht. Es geht um die Degradierung des Menschen zum Ding, das total 'erfasst', 'abgeschossen', 'registriert', 'im Gehirn gewaschen', 'ersetzt', 'eingesetzt' und 'ausgesetzt'(d. h. vertrieben) werden kann. Die Verletzungsvorgänge, die den modernen Menschen seiner Umwelt, den anderen, den Gruppen und dem Staat wie eine Sache 'ausliefern', lassen sich freilich nur beispielhaft umschreiben. Aber die Begriffe werden deutlich machen, dass Art. 1 I viel wichtigere und dringendere Aufgaben hat, als den persönlichen Ehrenschutz über das Strafrecht hinaus zu erweitern oder Sitte und Anstand zu wahren.“

[1266] *Stern*, Staatsrecht IV/1, § 97 II. 2. a) (S. 18 f.).

[1267] Gefestigte Rspr., vgl. jüngst BVerfG NJW 2007, (1935), mit weit. Nachw.; BVerfGE 30, 1 (26); BVerfGE 87, 209 (228); 109, 133 (150).

[1268] Vgl. BVerfG NJW 2007, S. 1933 (1935).

[1269] BVerfGE 30, 1 (25); BVerfG NJW 1993, S. 3315: „Was den Grundsatz der Menschenwürde angeht, so hängt alles von der Festlegung ab, unter welchen Umständen sie verletzt sein kann.“

che Behandlung“ relevant sein.[1270] Das allgemeine Begriffsverständnis vom Prinzip der Menschenwürde ist also ein konkret-negatives, von seiner individuellen Verletzung her bestimmtes.[1271]

Aus dieser Einzelfallbezogenheit folgt wiederum eine kasuistische Annäherung an die die Menschenwürde verletzenden Handlungen; diese sollen etwa vorliegen bei „Erniedrigung, Brandmarkung, Verfolgung“ und „Ächtung“[1272] sowie bei grausamen, unmenschlichen und erniedrigenden Strafen.[1273]

Damit ist als Zwischenfazit festzuhalten, dass sich auch die Objektformel nach allgemeiner Lesart nur näherungsweise an den Begriff der Menschenwürde(verletzung) herantastet. Eine allgemeine Operationalisierbarkeit scheint sich zunächst aus der Objektformel nicht zu ergeben.

Allerdings liegt die nur eingeschränkte Praktikabilität dieser Herangehensweise vor allem daran, dass die Objektformel ein Begrenzungstopos für den Staat in seinem Verhältnis zum Individuum ist. Ein funktionierender Staat muss zwangsläufig in die Rechtssphäre jedes Einzelnen eingreifen, um seine Aufgaben überhaupt wahrnehmen zu können. Deshalb ist eine latente Verobjektivierung Aller dem Staatswesen ohnehin immanent. Schon die Regel, eine Kreuzung mit Ampelschaltung nur dort überqueren zu dürfen, trägt gegenüber dem Einzelnen verobjektivierende Züge in sich. Bei der in dem Zusammenhang auftretenden Frage der Verletzung von Menschenwürde kommt es also besonders auf einen sachgerechten Interessenausgleich von erwünschtem staatlichen Handeln und individuellem Freiheitsanspruch an. Das Verdikt, der Einzelne sei „nur noch Objekt“, kann bei diesen Rahmenbedingungen nur im Ausnahmefall angenommen werden, sonst wäre der Staat unfähig, zu funktionieren.[1274]

(2) Die Objektformel im Verhältnis der Individuen untereinander

Es geht im Zusammenhang mit dem materiellen Verbrechensbegriff jedoch nicht um die Bestimmung materiell verbrecherischer Handlungen

---

[1270] BVerfGE 30, 1 (26).
[1271] Hierzu *Enders*, S. 20 ff., mit weit. Nachw.
[1272] BVerfGE 1, 97 (104); BVerfG JZ 2003, 622 (623).
[1273] BVerfGE 45, 187 (225), mit weit. Nachw.; 109, 133 (150).
[1274] *Schütz*, S. 28: „In jeder staatlichen Ordnung wird Herrschaft von Menschen über andere Menschen ausgeübt.“

des Staates zum Nachteil der einzelnen Menschen, sondern der Personen untereinander.

Die Ausgangspunkte der beiden Ebenen Staat-Individuum und Individuum-Individuum sind unterschiedlich. Abgesehen von der Zeit der Erziehung oder höchstpersönlichen zwischenmenschlichen Entscheidungen (etwa zur Partnerwahl) folgt aus dem Gleichordnungsverhältnis der Menschen, dass die konkrete soziale Interaktion prinzipiell nicht (wie im Staat) auf der latenten Verobjektivierung des jeweils anderen beruht. Da zwischen Personen paradigmatisch ausgewogene „Machtverhältnisse" herrschen („gleiche Augenhöhe") und gerade kein Über- und Unterordnungsverhältnis besteht, gelten für die Verobjektivierungsfrage andere Maßstäbe als im Verhältnis Staat-Individuum. Transpersonal geht es um die Kennzeichnung von typisierten Extremfällen im Rahmen der Ausübung staatlicher Gewalt. Interpersonal entfaltet die Objektformel eine unmittelbarere Wirkung und kann passgenauer auf die verschiedenen Formen personaler Interaktion angewendet werden.

d. Moralische Autonomie und rechtliche Autonomie

Menschen können autonom handeln, sind also befähigt, sich selbst Gesetze zu geben. Dieses Vermögen zur Selbstbestimmung hat eine innere bzw. subjektive und eine äußere, d. h. objektive Komponente.

Die innere oder subjektive Komponente der Selbstbestimmung ist die moralische Autonomie. Jedes Individuum ist in der Lage, sein eigenes Leben an bestimmten handlungsleitenden Gesichtspunkten auszurichten, die es für richtig hält. Das Spektrum der möglichen inneren Sollensordnungen reicht weit und kann religiöse oder allgemeine ethische Vorstellungen ebenso enthalten wie solche der Logik, der Sitte, des Takts oder der Mode.[1275] Auch Normen des Rechts können für das Individuum eine innere Sollensordnung darstellen. Die Gemeinsamkeit aller inneren Sollensordnungen besteht darin, dass sich der imperative Gehalt ihrer Aussagen nur an das einzelne Individuum richtet, soweit es sie für sich akzeptiert hat. Auf die äußere Interaktion mit anderen Men-

---

[1275] Aufzählung in Anlehnung an *Mayer-Maly*, S. 17, der den Hinweis gibt, für die Logik gebe es keinen Normsetzer; der Norminhalt sei insofern „folgerichtig denken und argumentieren" – aber auch diesbezüglich kann sich das Individuum entscheiden, ob es logisch handeln will oder nicht. Dass wiederum Logik und Religion bzw. Ethik in einem Spannungsverhältnis stehen können, ist eine andere Frage.

schen hat praktizierte moralische Autonomie allenfalls reflexive Auswirkungen (z. B. in der Art des Verhaltens als Ausdruck der Überzeugung „Sei höflich").

Die äußere bzw. objektive Komponente der Selbstbestimmung ist die rechtliche Autonomie. Sie wirkt in der Rechtssphäre, also zwischen den Individuen. Damit ein Mensch rechtlich autonom handeln kann, muss er in die Lage versetzt sein, auf der Grundlage selbstbestimmter innerer Entscheidungen (moralisch autonom) seine individuellen, verfassungsrechtlich garantierten Rechte durch äußerlich freie Handlungen wahrzunehmen. Die Sphäre der rechtlichen Autonomie ist damit kleiner als die Sphäre der moralischen Autonomie. Die innere Selbstbestimmung ist von äußeren Bedingungen und von rechtlichen Vorgaben unabhängig. Es kann theoretisch so viele verschiedene Ausprägungen moralischer Autonomie geben, wie es Menschen gibt. Demgegenüber gibt es in der Rechtssphäre nur eine Erscheinungsform der rechtlichen Autonomie: dass eine Person ihre verfassungsrechtlich garantierten Individualrechte frei von äußeren Störungen in Bezug auf ihr Handeln wahrnehmen kann.

e. Handhabbarmachung des Begriffs Menschenwürde für die äußere Sphäre der Rechtsverhältnisse zwischen Personen: rechtliche Autonomie und Objektformel

Die Menschenwürde umfasst die moralische und die rechtliche Autonomie gleichermaßen. Ob sie darüber hinaus weitere Aspekte beinhaltet, ist eine Frage der Weltanschauung und kann an dieser Stelle nicht abschließend erörtert werden. Der Begriff kann für die äußere Sphäre des Rechts aber nur handhabbar gemacht werden, wenn er von seinem moralischen Überbau („Würde der Menschheit" etc.) gelöst wird. Für die Operationalität des Terminus′ in der Rechtssphäre ist es daher ausreichend, den Blick auf einen Teilausschnitt zu fokussieren, denn auch das Recht ist nur ein Teilausschnitt der menschlichen Existenz. Im Folgenden wird daher die rechtliche Autonomie des Individuums als äußerer, in der Rechtssphäre wirkender, Bestandteil der Menschenwürde verstanden.

Um für das weitere Vorgehen wiederum die rechtliche Autonomie zur Definition des materiellen Verbrechensbegriffs handhabbar zu machen, ist die Objektformel aus drei Gründen der richtige Ansatz.

Zum einen kommt in ihr inhaltlich der wesentliche Kern des Begriffes Menschenwürde zum Ausdruck, denn es geht bei der Verobjektivierung eines Menschen um die Frage nach der Geltung der rechtlichen Autonomie im Verhältnis zu anderen Personen und damit der äußeren (bzw. mittelbar inneren) Handlungsfreiheit. Dieser Aspekt steht im Zentrum des Begriffes Menschenwürde, jedenfalls soweit es – wie in der Rechtssphäre – um die äußere Freiheit der Individuen geht. Metaphysische Bestandteile der Menschenwürde mögen hinzukommen, sind aber der Moralsphäre zuzuordnen, um die es beim materiellen Verbrechensbegriff nicht geht.[1276]

Zweitens wird durch die Objektformel als Grundlage des materiellen Verbrechensbegriffes zum Ausdruck gebracht, dass als Ideal der sachgerechte Ausgleich zwischen den rechtlichen Autonomien der Individuen im Fokus steht. Verobjektivierendes Verhalten eliminiert diese interpersonale Balance, weil in objektiver und subjektiver Hinsicht eine Handlung mit Angriffscharakter gegen die rechtliche Autonomie vorliegt. Damit ist für die Grenzziehung zwischen Verobjektivierung und Noch-nicht-Verobjektivierung ein hinreichend klarer Maßstab gegeben, anhand dessen die idealtypische Beschreibung des materiellen Verbrechens erfolgen kann, denn die realen Bezugspunkte sind Personen. Kollektivistische Begründungsstrukturen bleiben außen vor. M. a. W.: Wenn die Analyse eines Lebenssachverhaltes im Strafgesetzgebungsprozess ergibt, dass die rechtliche Autonomie des Opfers durch die Handlung des Täters nicht angegriffen würde, ist für transpersonale Interessen als (hilfsweise) Grundlage für eine Pönalisierung kein Raum mehr. Diese Handlung darf der Gesetzgeber dann nicht unter Strafe stellen.

Schließlich können durch den Verobjektivierungsgedanken im Ausnahmefall auch Bereiche unter Strafe gestellt werden, die nach heutiger Lesart als „Straftaten gegen kollektive Rechtsgüter" gelten. Die individuumsbezogene Objektformel als Anknüpfungspunkt für den materiel-

[1276] Vgl. auch *Sander*, S. 313 f., die zu einem vergleichbaren Ergebnis zu kommen scheint: „Bezugspunkt (...) allen strafrechtlichen Denkens (...) ist die Achtung der Würde des Menschen: Einer absoluten Menschenwürdegarantie und ihrer strafrechtlichen Ausprägung im Gedanken der Limitierung ist konstitutive Bedeutung für ein rechtsstaatliches Strafrecht beizumessen, ihre Unteilbarkeit und Gleichheit haben Indizwirkung für die Rechtsstaatlichkeit der Strafrechtswirklichkeit. Verstanden als `absolute Grenze instrumenteller Vernunft' ist die unbedingte Wahrung menschlicher Würde der humanistische Grundkonsens einer freiheitlich verfassten Rechtsordnung."

len Verbrechensbegriff schließt diesen Aspekt nicht aus; der personale Gedanke engt jedoch diese Möglichkeit, wie noch zu zeigen sein wird,[1277] wesentlich ein.

4. Zur Identitätsnorm Art. 20 i. V. m. Art. 79 Abs. 3 GG

a. Inhalt der Identitätsnorm

Art. 79 Abs. 3 GG bezieht sich auch auf Art. 20 GG, dessen darin niedergelegte Grundsätze ebenfalls nicht berührt werden dürfen. Damit ist Art. 20 GG neben Art. 1 GG eine zweite Identitätsnorm unserer Rechtsordnung. Art. 20 GG enthält Kernaussagen zu den verfassungsrechtlichen Grundprinzipien, dass

- der Bund in Länder gegliedert ist,[1278]
- die Länder bei der Gesetzgebung grundsätzlich mitwirken,[1279]
- die Bundesrepublik Deutschland ein demokratischer und sozialer Bundesstaat ist,[1280]
- die Bundesrepublik Deutschland einen republikanischen, demokratischen und sozialen Staatscharakter hat,[1281]
- das Volk der Souverän ist,[1282]
- die Staatsgewalt durch das Volk in Wahlen und Abstimmungen und durch besondere Organe der drei staatlichen Hauptfunktionen der Gesetzgebung, Vollziehung und Rechtsprechung ausgeübt wird,[1283]

[1277] S. u. Teil 2 II. I. 3.
[1278] *Stern*, Staatsrecht I, S. 169.
[1279] *Stern*, Staatsrecht I, S. 169.
[1280] *Stern*, Staatsrecht I, S. 169.
[1281] *Stern*, Staatsrecht I, S. 172.
[1282] *Stern*, Staatsrecht I, S. 172.
[1283] *Stern*, Staatsrecht I, S. 172.

- die Gesetzgebung an die verfassungsmäßige Ordnung und die vollziehende Gewalt sowie die Rechtsprechung an Gesetz und Recht gebunden ist,[1284]

- das Prinzip der Rechtsstaatlichkeit gilt.[1285]

b. Verhältnis Art. 20 GG zu Art. 1 GG

Damit steht die Frage im Raum, wie die beiden Identitätsnormen zueinander in Beziehung stehen. Auf den ersten Blick beziehen sich Art. 1 und 20 GG auf unterschiedliche Ebenen. Einerseits geht es um die Zentralaussage zur Kennzeichnung der Bedeutung des Individuums, andererseits um die wesentlichen Ordnungsregelungen für die Allgemeinheit.

Beide Bezugsebenen dürfen aber nicht als Antipoden verstanden werden, schon deshalb, weil sonst die Normentrias der Art. 1, 20 und 79 Abs. 3 GG im Kern einen widersprüchlichen Gehalt aufwiese. Eine der beiden Aussagen von Art. 1 und 20 GG muss daher der anderen materiell übergeordnet, die andere entsprechend untergeordnet sein.

Im Ergebnis folgt Art. 20 GG dem Menschenwürdegrundsatz aus Art. 1 GG nach, allerdings nicht in der Weise, dass Art. 1 GG schematisch Art. 20 GG vor ginge. Vielmehr kommt Art. 20 GG in diesem Kontext die Funktion eines Rahmens für Art. 1 GG als Zentrum der Rechtsordnung zu. Art. 20 GG kann als Ausdruck der grundgesetzlichen Überzeugung interpretiert werden, dass die Menschenwürde in der Sphäre der äußeren Freiheit – also die rechtliche Autonomie – in der Gesellschaft ideal verwirklicht werden kann, die auf den dort niedergelegten Grundlagen fußt.[1286] Der Demokratiegrundsatz, das Prinzip der Rechtsstaatlichkeit, der Sozialstaatsgedanke und das Bundesstaatsprinzip bilden die Voraussetzungen, damit in einem Staat der Einzelne seine rechtliche Autonomie in einem ausgewogenen Verhältnis zur rechtli-

---

1284 *Stern*, Staatsrecht I, S. 172.
1285 *Stern*, Staatsrecht I, S. 172.
1286 Vgl. für das Demokratieprinzip *Schütz*, 29: „Demokratie ist nicht Gegensatz zur Würde des Menschen, sondern deren Bedingung. Letztere kann nur gesichert werden, wenn (je)der Mensch durch seine Entscheidung das Walten des Staates mitbestimmt und somit Selbstherrschaft an die Stelle von fremdbestimmter Willkür gesetzt ist." Zum Verhältnis zwischen Menschenwürde auf der einen sowie Rechts- und Sozialstaat auf der anderen Seite, vgl. *Schütz*, S. 24-28.

chen Autonomie aller anderen Individuen bestmöglich verwirklichen kann. Die Menschenwürde „bindet" also „die Staatsstrukturprinzipien ein"; sie „legitimiert" damit erst den sie schützenden Staat und strahlt auf die „Ausgestaltung der nachgeordneten übrigen Rechtsordnung insgesamt" aus.[1287]

5. Kernwert: rechtliche Autonomie

Nach allem ist die rechtliche Autonomie des Individuums der *eine* Kernwert der Rechtsordnung. Der Einzelne darf in der Rechtssphäre vom anderen nicht angegriffen und damit zu dessen Objekt gemacht werden. Davon ist die moralische Autonomie zu unterscheiden, auf die es in der äußeren Sphäre des Rechts nicht ankommt; ein Angriff gegen die moralische Autonomie eines anderen, z. B. durch Kritik an dessen Art der Lebensführung, greift die rechtliche Autonomie nicht an. Dies ist der Ausgangspunkt für ein idealtypisch-geschlossenes Sozialschädlichkeitsverständnis als Basis für einen limitierenden materiellen Verbrechensbegriff. Das Ultima-Ratio-Prinzip könnte dann das Verbindungsglied sein, um die Brücke zwischen der Wert- und der Freiheitsordnung zu schlagen, die *Kühl* vor rd. 30 Jahren noch als Gegensätze interpretiert hat,[1288] denn: Der zentrale Wert der Rechtsordnung ist ja gerade das Paradigma vom freien, rechtlich autonomen Individuum.

D. Rechtliche Autonomie und die Ziele der Staatstätigkeit

Die Aufgaben, die das Strafrecht übertragen bekommen kann, hängen auch davon ab, wie die Ziele der Staatstätigkeit bestimmt sind. Die

---

[1287] *Sternberg-Lieben*, Objektive Schranken, S. 375 f.

[1288] Vgl. *Kühl* GA 1977, S. 353 (359): „Erwies sich schon die Berufung auf die Wertordnung des Grundgesetzes als wenig hilfreich für die Grundlegung der sozialethischen Komponente des materiellen Verbrechensbegriffs, so muss nun die Hoffnung auf die Konstruktion materialer Werte, die von jedermann notwendig akzeptiert werden, aufgegeben werden. Der Rechtspolitiker und damit auch der Kriminalpolitiker, der vor der Aufgabe steht, richtiges und vernünftiges Recht in Gesetze zu fassen, kann sich damit weder auf eine dem Grundgesetz zu entnehmende Wertordnung noch auf materiale Werte überhaupt als Maßstab vernünftigen Rechts verlassen." Im Weiteren sucht Kühl dann nach „philosophischen" Prinzipien und findet sie bei *Kant*, der ebenfalls auf die äußere Freiheit abstellt (a. a. O., S. 360 ff.).

Antwort auf die Frage nach den Aufgaben des Strafrechts bedingt zuvor die Beantwortung der Frage nach dem „Zweck des Staates“[1289].

Wie dargelegt, steht die Normentrias Art. 1, 20 und 79 Abs. 3 GG im Einklang mit dem Gedanken, dass der Staat für den Einzelnen da ist und nicht umgekehrt. Der „Person als oberstem Rechtswert“ hat „alle Staatstätigkeit zu dienen“;[1290] auch vor dem Hintergrund, dass das „Menschenbild des Grundgesetzes“ die „Sozialnatur des Menschen“ berücksichtige, dürften doch die „das Individuum umspannenden Gemeinschaften (bis hin zu ihrer Institutionalisierung als Staat) immer nur auf eine den Menschen bezogene“ und „dienende Funktion“ haben.[1291]

Diese Interpretation ist ebenfalls Ausgangspunkt der modernen Staatsaufgabenlehre. *Jellinek* ist bereits Anfang des 20. Jahrhunderts vom individuellen Endzweck des Staates ausgegangen.[1292] *R. Herzog* bekennt sich auch heute zu dieser „*Jellinekschen* Sicht der Dinge“, wenngleich er „das Schutzgut dieser Formel über die individuelle Existenz hinaus auf die Existenz der Menschheit als solcher, ja sogar auf die Natur“ ausgedehnt wissen will.[1293] Dass damit in der neueren Zielbestimmung wiederum eine Bruchstelle mit Blick auf einen vom Grundgesetz intendierten Ausschluss der „Inanspruchnahme des Menschen für ihn übersteigende Werte“[1294] zu entstehen scheint, soll an dieser Stelle nur angedeutet werden. In der Staatsaufgabenlehre ist jedenfalls ein weites

---

[1289] *Jellinek*, S. 230 (Titel des 8. Kapitels).

[1290] *Sternberg-Lieben*, Freiheit des Strafgesetzgebers, S. 65 (67).

[1291] *Sternberg-Lieben*, Freiheit des Strafgesetzgebers, S. 65 (68).

[1292] *Jellinek*, S. 234 f.: „Hier möchte nun der hie und da erhobene Einwand passen, dass eben jeder Staat konkrete, jeweilige Zwecke hat, die allein von Bedeutung sind und sich nicht auf einen gemeinsamen Nenner bringen lassen. Allein so verschiedenartig auch menschliches Handeln sein kann und so verschiedenartige Formen daher menschliche Zwecke annehmen können, so werden doch logisch notwendig die mannigfaltigsten Zwecke in bestimmte oberste, letzte Zwecke zusammengefasst. Der größte Teil der menschlichen Handlungen, ein so buntes Bild sie auch gewähren mögen, und so verwirrend auch die Fülle der unmittelbar durch sie zu erreichenden näheren Zwecke sind, ordnet sich doch dem obersten Zwecke der Erhaltung der individuellen Existenz und des individuellen Wohlbefindens unter. Die Mittel, durch welche diese obersten Zwecke erreicht werden, sind von Grund aus verschieden und damit auch die Mittelzwecke, allein die Vielheit der Mittelzwecke strebt doch nur wenigen oder schließlich einem Endzwecke zu. Daher ist es ganz richtig, dass jeder Staat in jedem Augenblick seine besonderen Zwecke für sich und seine Angehörigen erstrebt; das hindert aber nicht, in all diesen Einzelzwecken einen großen Gesamtzweck zu erkennen.“

[1293] *R. Herzog*, § 72 Rn 4.

[1294] *Sternberg-Lieben*, Objektive Schranken, S. 375.

Feld eröffnet, in dem sich der Staat daseinsvorsorgend und -sichernd betätigt, wie ein Auszug aus dem Inhaltsverzeichnis des „Handbuches des Staatsrechts“[1295] exemplarisch belegt: Auswärtige Gewalt, Verteidigung und Bundeswehr, Innere Sicherheit, Kultur, Sport und Freizeit, Wissenschaft und Technik, Verkehr, Post- und Telekommunikation, staatliche Verantwortung für die Wirtschaft sowie eigene wirtschaftliche Betätigung des Staates, Daseinsvorsorge und soziale Sicherheit, aber auch Schutz der natürlichen Lebensgrundlagen, Arbeitsmarkt, Energieversorgung und Gesundheitswesen.

Dies alles sind legitime Zwecke und es werden voraussichtlich neue hinzutreten, weil immer neue Lebenssachverhalte auch vom Staat zu handhaben sind bzw. entsprechende Staatszielaussagen von ihm erwartet werden. So wie Art. 20a GG seit 2002 auch den Tierschutz erfasst,[1296] steht nach der aktuellen Diskussion nun „der Sport“ wegen „seiner enormen gesellschaftlichen Bedeutung“ möglicherweise vor seiner Aufnahme in das Grundgesetz.[1297]

Trotzdem verbleibt es bei der alten Forderung *Jellineks* und der Fundamentalaussage des Grundgesetzes, dass letzter Zweck aller Staatstätigkeit, auch wenn sich dies konkret allenfalls höchst mittelbar zeigen kann, immer nur der einzelne Mensch (bzw. seine rechtliche Autonomie) ist.

E. Rechtliche Autonomie und die Funktion des Strafrechts

Das Strafrecht hat – wie alle Staatstätigkeit – die Aufgabe, die Rahmenbedingungen zu setzen, damit die rechtliche Autonomie aller Individuen in gerechter Austarierung zueinander gewährleistet ist. Hierzu hat es das Mittel, klarstellende Zäsuren zu setzen, indem es Angriffe auf die rechtliche Autonomie mit Strafe belegt. Diese Zäsur stellt exemplarisch im einzelnen Fall für den Täter und Dritte klar, dass die rechtliche Autonomie einer anderen Person verletzt wurde und dass dies nicht toleriert wird.

Aus diesem repressiven Erscheinungsbild des Strafrechts kann nur dann eine präventive Funktion folgen, wenn andere Individuen wegen der Existenz von Strafrecht ihr künftiges Verhalten freiwillig anpassen.

[1295] Handbuch des Staatsrechts, Band IV: Aufgaben des Staates, herausgegeben von *Josef Isensee* und *Paul Kirchhof*, 3. Aufl., Heidelberg 2006.

[1296] Hierzu *Jarass/Pieroth*, Art 20a Rn 1 und 12 f.

[1297] *Humberg* ZRP 2007, S. 57 (60).

Dies geschieht in erster Linie durch Lernen.[1298] Der Einzelne nimmt in medial aufbereiteter Weise im Alltag das Strafrecht zunächst einmal nur zur Kenntnis. Auf dieser Grundlage bildet sich bei jedem Individuum ein Normraster für den Alltag. Daran wird das Verhalten ausgerichtet. Diese positiv generalpräventive Wirkung von Strafrecht setzt faktisch auf der Erziehung auf; theoretisch knüpft es an die Überzeugung an, dass der Mensch vernunftbegabt ist und die der Strafbewehrung zugrunde liegende Primärnorm anerkennt.

Der erste Baustein ist für den durchschnittlichen Normadressaten die Präsentation der Strafnorm.[1299] Gemessen an dem tatsächlichen Bestand aller Strafdrohungen, kennt er vom Umfang her nur einen minimalen Teil, eben jenen, der medial besonders verbreitet ist (bekannte Strafnormen[1300]). Der Einzelne steht damit vor der schwierigen Aufgabe, die den wenig bekannten Strafdrohungen vorgelagerte Primärnormebene zu implementieren und auf dieser Basis das Seinige zu tun bzw. insbesondere zu lassen.

Strafrecht kann nur dann realistisch zur Primärnormbildung beitragen, wenn seine materielle Aussage in einer Weise abstrahiert ist, die jedem Normadressaten den Rückschluss auf möglichst wenige Prinzipien ermöglicht. Daraus folgt, dass der materielle Primärnormkern einer Strafvorschrift paradigmatisiert und für den Normadressaten erkennbar auf eine zentrale Ebene zurückführbar sein sollte. Gerade diese Abstraktionsebene kann mit der atomisierenden Rechtsgüterschutzlehre nicht erreicht werden.

Auch eine positiv generalpräventive Aufgabenzuweisung für das Strafrecht am Maßstab der rechtlichen Autonomie kommt über den Status der Plausibilität nicht hinaus. Beweise können hierfür ebenfalls nicht vorgelegt werden. Es erscheint jedoch deutlich nachvollziehbarer, wenn allen Strafdrohungen eine Kernwertnorm statt vieler, teilweise divergierender Interessen zugrunde gelegt wird, um die positiv generalpräventive Schutzaufgabe des Strafrechts insgesamt zu begründen,[1301] denn

---

[1298] Vgl. *Bottke*, Festschrift für Schwind, S. 791 (801); *Rössner*, Festschrift für *Schwind*, S. 1129 (1140).

[1299] *Bottke*, Festschrift für *Schwind*, S. 791 (801 ff.), weist in diesem Zusammenhang auch auf die besondere Bedeutung des Strafverfahrens hin, die seine Durchführung für den Präventionsgedanken hat.

[1300] Vgl. oben Teil 2 I. E. 3. a).

[1301] *Rössner*, Festschrift für *Schwind*, S. 1129 (1140), hebt in diesem Zusammenhang aber hervor, dass für das „Normlernen“ vor allem die Bindung von Mendas Strafrecht sollte gerade mit Blick auf die angenommene Präventionswirkung nicht zu weit ausgedehnt und hierdurch entwertet werden.

F. Rechtliche Autonomie und Ultima-Ratio-Prinzip zwischen Staatsaufgaben und der Funktion des Strafrechts: vom horizontalen zum vertikalen Verständnis

Die Atomisierung der Rechtsgutslehre überrascht nicht, wenn man einen Blick auf die durchaus heterogenen Staatsaufgaben wirft.[1302] Gleichzeitig kann aber Strafrecht eine präventive Aufgabe nur dann erfüllen, wenn es für die Normadressaten die Primärnormebene widerspruchsfrei präsentiert und durch die Reduktion auf den zentralen Kernwert rechtliche Autonomie Orientierung bei der Normbildung gibt.

An dieser Schnittstelle zwischen der rechtlichen Autonomie als „letztem Zweck" des staatlichen Handelns und allen anderen vorgelagerten und mittelbaren Zwecken, um diesen einen zu erreichen, kann das Ultima-Ratio-Prinzip in paradigmatischer Weise ein materieller Kompass für das Strafrecht sein, indem es nur Angriffe auf den „letzten Zweck", also der rechtlichen Autonomie des Einzelnen, zur Kennzeichnung materiell verbrecherischen Handelns zulässt.

Voraussetzung hierfür ist ein Perspektivenwechsel. Das Ultima-Ratio-Prinzip wird üblicherweise horizontal interpretiert, also als bestimmtes (besonders nachteiliges) Verhalten gegen eine der vielen und sich ständig erweiternden Staatsaufgaben (bzw. in der Folge Rechtsgüter), die sozusagen wie ein Wertehorizont über der Gesellschaft angeordnet sind. Verhaltensweisen gegen jeden einzelnen dieser Zwecke werden heute noch zunächst gesondert intuitiv hierarchisiert. Im zweiten Schritt erfolgt die Pönalisierung des intuitiv am Maßstab des jeweiligen Zwecks für besonders gefährlich und verwerflich gehaltenen Handelns.

---

schen an andere Menschen einerseits und an gesellschaftliche Institutionen andererseits erforderlich sei.

[1302] Überraschend ist eher, wie positiv beispielsweise *Kaiser*, Festschrift für *Roxin*, S. 889 (1000), vor diesem Hintergrund die „Zukunft des Strafrechts" beschreibt: „Indem es Postulate der Aufklärung unter den Bedingungen einer völlig veränderten Welt fortführt, wird es immer mehr zu einem völlig säkularisierten gesellschaftlichen Steuerungselement werden mit dem Ziel, Friedenssicherung, Daseinsvorsorge und Wahrung der Bürgerfreiheit zu einer Synthese zu verbinden."

Auf dieser Grundlage sind widersprüchliche Pönalisierungskonzepte vorgezeichnet, weil durch die Atomisierung der Staatszwecke der übergeordnete „letzte Zweck“, die rechtliche Autonomie des Einzelnen, immer wieder aus dem Blick geraten kann.

Solange man sich in der horizontalen Anwendung des Ultima-Ratio-Prinzips bewegt, kann das intuitiv-offene Sozialschädlichkeitsverständnis mit Blick auf alle möglichen strafrechtlich abzusichernden Staatsaufgaben begründet werden. Konsequenterweise bleibt das Strafrecht dann auch entgrenzt und ist allenfalls kasuistischen, nicht systematischen Limitierungen zugänglich. Wenn *R. Herzog* in diesem Zusammenhang nicht nur das Individuum in den Mittelpunkt des Staats rücken will, sondern gleich die ganze Menschheit,[1303] wird offensichtlich, wo auch das Problem des horizontalen Ultima-Ratio-Strafrechts liegen muss. So wie der Staat in seinem Selbstverständnis den Horizont seiner Aufgaben permanent ausdehnt, folgt das Strafrecht grundsätzlich jeder dieser Zuständigkeitserweiterungen.

Dieses Problem kann nur aufgelöst werden, wenn zwischen die immer zahlreicher werdenden – an sich legitimen – Aufgaben des Staates und die nach dem Ultima-Ratio-Ideal sowie der hier vertretenen Präventionshypothese (am Maßstab „rechtliche Autonomie“) notwendigerweise nur sehr reduzierten Aufgaben des Strafrechts ein Puffer eingesetzt wird, der dafür Sorge trägt, dass sich Ad-hoc-Ausschläge des Staatsaufgabenverständnisses nicht oder allenfalls gedämpft auf das Strafrecht auswirken.

Der angesprochene Perspektivenwechsel betrifft also den Wechsel zu einem vertikalen Ultima-Ratio-Verständnis. Die Frage nach materiell verbrecherischem Verhalten darf nicht mehr horizontal durch die Betrachtung von Handlungen gegen diesen oder jenen der vielen Zwecke des Staates beantwortet werden, sondern vertikal mit Blick auf die Verletzung des höchsten Kernwertes, der rechtlichen Autonomie des Individuums. Wenn sie „letzter Zweck“ des Staates ist, kann das vertikale Ultima-Ratio-Verständnis nur dort seine Wurzeln haben. Die Aufgabe des materiellen Strafrechts liegt also bei vertikaler Betrachtung allein im Schutz der rechtlichen Autonomie aller in ihm lebenden Individuen. Die dem Schutz der rechtlichen Autonomie nachgeordneten Staatszwecke beschreiben mehr oder weniger nur den Weg zu diesem letzten Zweck und sind untereinander auch von unterschiedlicher Bedeutung.

[1303] *R. Herzog*, § 72 Rn 4.

Beispielsweise erscheint die Staatsaufgabe innere Sicherheit für die rechtliche Autonomie des Einzelnen wichtiger als die Staatsaufgabe Sport, Freizeit oder Kultur. Dementsprechend können z. B. Handlungen, die die innere Sicherheit beeinträchtigen, eher auch die rechtliche Autonomie des Einzelnen verletzen, als Handlungen gegen die Staatsaufgabe Sport. Ausgeschlossen ist letzteres aber nicht. Auf die Probleme, die aus der Hierarchisierung dieser zahlreichen Unterzwecke der Staatsaufgabenlehre resultieren könnten, braucht sich ein vertikales Ultima-Ratio-Verständnis im Einzelnen gar nicht einzulassen, denn es fokussiert die Fragestellung des legitimen Einsatzes von Strafrecht nur auf den Kernwert, also die rechtliche Autonomie des Individuums, ganz gleich, in welcher Erscheinungsform sich diese realisiert. Das vertikale Ultima-Ratio-Verständnis benötigt selbst keine ausdifferenzierte Hierarchie, um Wirkung entfalten zu können. Es reicht aus, wenn nur über den obersten Wert der Rechtsordnung Klarheit besteht. Konsequenterweise darf z. B. ein eigenständiger „Schutz staatlicher Einrichtungen um ihrer selbst willen" nicht erfolgen.[1304]

G. Rechtliche Autonomie und die dreistufige Täter-Opfer-Nähe

1. Vorüberlegungen

Es geht beim materiellen Verbrechensbegriff immer um die interpersonale Sichtweise, also die Bewertung von Handlungen zwischen Personen, genauer um die Frage, ob ein individueller Verlust rechtlicher Autonomie vorliegt. Handlungen gegen Kollektivstrukturen aller Art, verstanden als über die Summe einzelner Menschen hinausgehende eigenständige Gebilde – seien sie nun als „die Gesellschaft", die „Allgemeinheit" oder auch „die Natur" bezeichnet – richten sich grundsätzlich nicht gegen den Kernwert der Rechtsordnung.

Wegen des rechtlichen Autonomiegedankens auf der Ebene der Personen untereinander ist zunächst die tatsächliche kommunikative Nähestruktur zwischen Täter und Opfer festzulegen. Von dort aus ist zu untersuchen, ob durch ein bestimmtes Verhalten des Täters beim Opfer der Verlust rechtlicher Autonomie eintritt oder nicht. Die Bestimmung der Täter-Opfer-Nähe ist damit eine wichtige Grundlage für den materiellen Verbrechensbegriff, denn *ob und wie* die rechtliche Autonomie

[1304] SK-StGB (*Rudolphi*), Vor § 1 Rn 1.

einer Person durch einen Einzelnen überhaupt verletzt werden kann, hängt davon ab, auf welche Weise die einzelnen Individuen interagieren (in welchem Näheverhältnis sie zueinander stehen).[1305]

Da es beim materiellen Verbrechensbegriff um eine abstrakt-generelle Kategorisierung von interpersonalem Handeln geht und die Objektformel (Verobjektivierung) der Ansatzpunkt ist, folgt aus dem Ultima-Ratio-Gedanken, dass nicht jede Art des Verhaltens einer Person darunter fallen darf. Denn letzten Endes kann, abgesehen von bestimmten Fällen der höheren Gewalt, jede Störung der rechtlichen Autonomie auf irgendein Verhalten einer anderen Person zurückgeführt werden. Es bedarf also einer Auswahl, welches Verhalten überhaupt in Betracht kommt. Nach idealtypisch-geschlossenem Sozialschädlichkeitsverständnis ist der Angriff die schwerwiegendste Form der Störung der rechtlichen Autonomie einer anderen Person. Materiell verbrecherisches Verhalten muss daher zumindest in seinem Kern einen Angriffscharakter in sich tragen. Fehlt jeglicher Angriffscharakter im Sinne eines zumindest bewussten Handelns, ist die Bestrafung dieses Verhaltens nicht legitim.

2. Wahrnehmung der rechtlichen Autonomie

Unter Wahrnehmung der rechtlichen Autonomie wird im Folgenden die Möglichkeit der Person verstanden, verfassungsrechtlich garantierte Individualrechte unter Ausschluss von Handlungen Dritter störungsfrei in Anspruch nehmen zu können.[1306]

[1305] Ähnlich insoweit *Harzer* (Unterlassene Hilfeleistung, S. 241), die grundsätzlich von der „Trias: Situation – Rechtsverhältnis – Zuständigkeit" ausgeht: „die Trias stellt die ursprüngliche Freiheitsbeziehung der Situations-Beteiligten an den Beginn und an den Abschluss des Gedankenganges." Das Rechtsverhältnis wird definiert als „die ursprünglich selbstbestimmte Freiheitsbeziehung, die durch eine gesetzlich formulierte Situation, in der sich die sozial-praktische Leistung zweier oder mehrerer Personen zeitlich und örtlich vermittelt, konkretisierend bestimmt wird" (a. a. O., S. 185).

[1306] A. A. *Wittig*, S. 239 (242), die das Autonomieprinzip lediglich dahingehend versteht, „dass jeder sein Handeln nur so einzurichten braucht, dass er selbst geschützte Rechtsgüter nicht verletzt". Im Folgenden relativiert sie das Autonomieprinzip bei Selbstschädigungen wegen „des Spannungsverhältnisses zu anderen Prinzipien" und gibt das „Angriffparadigma der traditionellen Dogmatik" teilweise auf (ebenda, S. 243).

Allerdings muss die rechtliche Autonomie in den Fällen als nicht in vollem Umfang ausgeprägt bzw. ausgeschlossen gelten, in denen der Einwilligende noch nicht volljährig bzw. eingeschränkt geschäftsfähig respektive schuldfähig im Sinne der §§ 20 und 21 StGB ist. Wenn also ein Minderjähriger in die eigene Körperverletzung einwilligt (z. B. bei Ausübung eines Sports), kann diese Einwilligung nicht wirksam sein, wenn die Erziehungsberechtigten widersprechen. In den Fällen werdenden Lebens zwischen der Nidation und dem Beginn der Geburt[1307] nimmt in erster Linie die Mutter die rechtliche Autonomie des Ungeborenen stellvertretend wahr. Die folgenden Ausführungen beziehen sich auf erwachsene Personen ohne Einbußen in der Schuldfähigkeit.

3. Drei Stufen der Täter-Opfer-Näheverhältnisse am Maßstab der Opferindividualisierung

Die möglichen Näheverhältnisse zwischen potenziellen Tätern und Opfern sind im Prinzip unendlich. Für den materiellen Verbrechensbegriff lassen sich aber drei Stufen bilden, in denen sich die Näheverhältnisse in der Rechtssphäre der äußeren Freiheit nicht nur graduell, sondern substantiell unterscheiden.

Maßstab ist die Möglichkeit der Opferindividualisierung. Darunter wird aus Tätersicht die Fähigkeit verstanden, eine einzelne Person oder eine konkrete Personenmehrheit als Geschädigte(n) der Handlung vorher zu erkennen. Erforderlich ist hierfür nicht das konkrete „Anzielen“ eines einzelnen Individuums oder einer exakt konkretisierbaren Gruppe, sondern die am Maßstab eines Durchschnittsdritten orientierte Möglichkeit des Erkennens, dass das Handeln des Täters für einen in zeitlich-räumlicher Hinsicht hinreichend bestimmbaren Personenkreis bestimmte Auswirkungen hat.

a. Vertragsbereich

Die erste Stufe der drei Täter-Opfer-Nähestufen bildet der Vertragsbereich. Darunter werden alle Handlungen gefasst, die auf den Abschluss eines Vertrages gerichtet sind. Diese Stufe ist die intensivste Form der möglichen Täter-Opfer-Nähe in der Rechtssphäre. Die Individuen können einander nicht nur ganz allgemein individualisieren, sondern stehen

---

[1307] BVerfGE 88, 203 (253).

zueinander in unmittelbarer, rechtsgeschäftlicher Beziehung (Verhandlung) über einen konkreten Vertragsgegenstand.

b. Nichtvertragsbereich mit Individualisierungsmöglichkeit

Auf der zweiten Stufe werden die Täter-Opfer-Näheverhältnisse erfasst, bei denen zwar kein Vertragsschluss angestrebt wird, dem Täter eine hinreichend deutliche Individualisierung des Opfers aber dennoch möglich ist. Dies ist der größte Bereich der drei möglichen Täter-Opfer-Näheverhältnisse. Hierunter fallen enge Beziehungen wie Freundschaften oder Partnerschaften ebenso wie zufälliges Aufeinandertreffen von Menschen, etwa im Straßenverkehr. Hinreichend deutlich ist die Individualisierungsmöglichkeit für den Täter aber auch dann, wenn er zum Zeitpunkt der Tat erkennen kann, dass sich eine von ihm ausgelöste Kausalkette auf bestimmbare Menschen in räumlich und zeitlich für einen Durchschnittsdritten vorhersehbarer Weise auswirkt. Dabei gilt als Plausibilitätsgrundsatz: Je geringer die Intensität der Tat ist, desto (räumlich und zeitlich) näher muss die Auswirkung erkennbar sein; je größer die Intensität, desto (räumlich und zeitlich) weiter in die Zukunft hinein kann die Auswirkung erkannt werden.

c. Nichtvertragsbereich ohne Individualisierungsmöglichkeit

Auf der dritten Stufe hat ein Täter zum Zeitpunkt der Handlung keine Möglichkeit mehr, ein einzelnes Opfer hinreichend konkret zu individualisieren. Hier ist die Annahme eines Autonomieverlustes nur bedingt möglich, denn die unmittelbare Verknüpfung zwischen Individualisierung und Verlust der rechtlichen Autonomie ist auf der dritten Stufe unterbrochen; die konkrete Täter-Opfer-Nähe erreicht an diesem Punkt eine zu hohe Abstraktionsstufe. Aus Sicht des Täters zum Zeitpunkt der Tat besteht nicht mehr die hinreichende Möglichkeit, Opfer zu individualisieren.

Heute vertretene Hilfskonstruktionen, die darauf hinauslaufen, überindividuelle Zwischenrechtsgüter zu formulieren, um damit die gedankliche Kette von einem Individuum zum anderen nicht zu unterbrechen (Natur, Allgemeinheit etc.), werden nach hier vertretener Auffassung gemeinsam mit der Rechtsgutslehre abgelehnt.

Ein typisches Anwendungsfeld dieser dritten Stufe der Täter-Opfer-Nähe ist in komplexen Gesellschaftsstrukturen durch die Umverteilung von individuellen Lasten zum Nachteil Vieler gekennzeichnet. Dabei ist die Zuordnung zum Handeln eines Einzelnen im (Sozial-)Staat generell nicht mehr möglich. Höhere Kosten im Sozialhilfe- oder Gesundheitswesen als Folge von Glücksspiel (Verarmung), Drogenkonsum (Krankheit) oder anderen Formen gefahrgeneigten Verhaltens (z. B. erhebliches Übergewicht) können zwar zu höherer Steuerbelastung oder steigenden Sozialversicherungsbeiträgen für alle führen. Diese sind aber nicht zurückführbar auf das individuelle Verhalten eines einzelnen verarmten Glücksspielers, eines bestimmten kranken Drogenkonsumenten auf der Intensivstation oder eines einzelnen übergewichtigen Menschen. Ein Teilnehmer beim Glücksspiel kann zum Zeitpunkt des Spiels kein Opfer individualisieren, das später einmal mehr Steuern zahlen muss, um seine (des Spielers) bedürftige Familie mitzufinanzieren. Das umlagefinanzierte Sozialversicherungssystem (Renten-, Kranken-, Pflege- und Arbeitslosenversicherung) und steuerfinanzierte Grundsicherungsleistungen puffern also bis zu einem gewissen Punkt tatsächliches individuelles (Fehl-)Verhalten ab, ohne dass es dem Verursacher möglich ist, die Auswirkung seines Verhaltens auf einen hinreichend bestimmbaren Personenkreis zu konkretisieren.

Zur Beantwortung der Frage, ob und wenn ja, wie ein Autonomieverlust auf der dritten Stufe überhaupt möglich ist, muss demgegenüber der Gedanke in den Vordergrund treten, dass alles staatliche Handeln wiederum darauf ausgerichtet ist, die Rahmenbedingungen für die Verwirklichung der rechtlichen Autonomie des Einzelnen zu optimieren. Einzelheiten werden nachstehend entwickelt.

H. Materielles Verbrechen auf den drei Täter-Opfer-Nähestufen

1. Rechtlicher Autonomieverlust im Vertragsbereich (Stufe 1)

a. Autonomie und Vertragsschluss

Bei der vertraglichen Interaktion zweier Personen (oder mehr) steht im Kern die Idee des freien Aushandelns von Leistung und Gegenleistung „auf gleicher Augenhöhe“. Dieser Grundsatz gilt paradigmatisch, also auch dann, wenn einer der beiden künftigen Vertragspartner über deutlich mehr Intelligenz oder Verhandlungsgeschick verfügt. Das Prinzip der Privatautonomie schafft damit als Ideal einen Rahmen von Freiheit, innerhalb dessen zwei Personen als befähigt gelten, genug Wissen anzusammeln, um die Entscheidung über die Annahme oder die Ablehnung der wesentlichen Vertragsteile rechtlich autonom treffen und danach handeln zu können.

Diese Annahmen gelten nicht nur für die hauptsächliche Erscheinungsform des Vertrages, das Synallagma, sondern auch für einseitige Verträge, etwa die Schenkung oder die Auslobung. Vor allem die das Vertragsangebot annehmende Person handelt insofern ebenfalls rechtlich autonom, selbst wenn es anders als im synallagmatischen Vertrag keinen eigentlichen Prozess des Aushandelns auf gleicher Augenhöhe gibt. Hier fokussiert sich das Prinzip der Privatautonomie allein auf den Aspekt, das bestehende Angebot nach Abwägung der Chancen und Risiken rechtlich autonom annehmen oder ablehnen zu können.

b. Anforderungen an den Selbstschutz

Für jedes Vertragsverhältnis gilt, dass an die rechtlich autonomen Vertragspartner paradigmatisch die Erwartung gerichtet ist, sich vor Abschluss des Vertrages nach Kräften selbst zu schützen.

(1) Selbstschutz im Vertragsbereich und materiell verbrecherische Nötigungshandlungen

Als moralisch und rechtlich autonome Person ist das durchschnittliche Individuum belastbar genug, um eigenständig allgemeinen Lebensrisiken zu begegnen. Solange die Einbußen der Handlungsfreiheit durch andere Personen diese allgemeinen, üblicherweise von jeder Person zu tragenden Risiken nicht überschreiten, können diese Beeinträchtigungen kein materiell verbrecherisches Verhalten darstellen.

> *Beispiel 1*: Verkäufer A und Interessent B verhandeln über den Kauf einer Sache. A konfrontiert den zögernden B am Ende der Preisverhandlung mit der Aussage, dass er das günstige Angebot nur aufrechterhalten könne, wenn sich B auf der Stelle zum Kauf entschließe. B nimmt das Angebot an.
>
> *Lösung*: Diese Praxis ist besonders in bestimmten Branchen nicht unüblich. Eine autonome Person muss als in der Lage angesehen werden, trotz dieser (bewusst) zugespitzten Entscheidungssituation rational und eigenverantwortlich zu handeln; die Verantwortung für

die Annahme des Angebots liegt allein bei B. A handelt möglicherweise unethisch, aber nicht materiell verbrecherisch.

Die Übergänge zu materiell verbrecherischen Nötigungshandlungen können fließend sein; dieser Umstand findet bereits de lege lata seinen Niederschlag in den tatbestandlichen Fassungen von Nötigung (§ 240 StGB) und Erpressung (§ 253 StGB), die als „offene Tatbestände“ konzipiert sind und im Rahmen der Rechtswidrigkeitsprüfung eine Zweck-Mittel-Relation vorsehen.

(2) Selbstschutz im Vertragsbereich und materiell verbrecherische Täuschungshandlungen

Häufiger stellt sich im Vertragsbereich die Frage nach der Bestimmung materiell verbrecherischer Täuschungshandlungen. In diesen Fällen soll die freie Willensbildung durch das Verhalten des anderen Vertragsteils so beeinflusst werden, dass Vorstellung und Realität bei der anderen Vertragspartei auseinander fallen und die folgende Handlung (z. B. Annahme des Vertragsangebots) nicht mehr rechtlich autonom erfolgen kann.

α) Konkludente Täuschungshandlungen

In der Mehrzahl der Fälle dürfte diese Frage im Vertragsbereich in Konstellationen konkludenter Täuschungshandlungen auftreten. Künftige Vertragspartner verschweigen der jeweils anderen Vertragspartei nachteilige Details über den Vertragsgegenstand bzw. die künftige Zusammenarbeit o. a. und können damit mittelbar zum Ausdruck geben, alles sei (insofern) in Ordnung. Da man nicht von einer Verpflichtung der Beteiligten ausgehen kann, die jeweils andere Vertragspartei vollumfänglich über alle Gefahren und Risiken oder die Aspekte der eigenen Vorteile (z. B. den finanziellen Gewinn) aufzuklären, sind prinzipiell alle Beteiligten gehalten, sich nach Kräften selbst zu schützen. Diese Ausgangslage ist vor einem Vertragsschluss allen Beteiligten bewusst und damit wechselseitig transparent. Jeder kann sich darauf einstellen, die rechtliche Autonomie der Vertragsparteien ist gewahrt.

Beispiel 2: A bietet auf einem Jahrmarkt die Summe von 500 Euro demjenigen, der seinen Mitarbeiter M im öffentlichen Boxkampf besiegt; die Teilnahme an dem Kampf kostet 50 Euro. A verschweigt, dass M ein sehr erfahrener Athlet und bislang wegen seiner konsequenten Kampfweise unbesiegt ist. Jahrmarktsbesucher B geht das Wagnis ein und verliert. Bei dem Kampf bricht er sich eine

Rippe und trägt mehrere schmerzhafte Prellungen davon. Die Teilnahmegebühr ist für ihn verloren.

Lösung: Die Handlung des A stellt kein materiell verbrecherisches Verhalten dar; B kann rechtlich autonom, also selbstbestimmt (durch die Einschätzung der eigenen Leistungsfähigkeit, durch Beobachtungen anderer Kämpfe des M etc.) zu dem Schluss gelangen, ob er einen Kampf wagen soll oder nicht.

Speziell für zweiseitige Vertragsverhältnisse folgt aus dem Grundsatz des Selbstschutzes, dass an die Vertragspartner vor Abschluss des Vertrages die Erwartung gerichtet ist, sich wechselseitig durch gewissenhafte Prüfung ein umfassendes Bild über die Bedingungen des anstehenden Vertragsschlusses zu verschaffen. Der konkrete Einstieg in die Vertragsanbahnungsphase hat damit eine Signalfunktion insofern, als dass von den Vertragswilligen ab diesem Zeitpunkt erwartet wird, besondere Sorgfalt im Umgang mit dem Gegenüber walten zu lassen, andernfalls jeder der Vertragspartner später im Prinzip als „selbst Schuld" dafür gilt, wenn er eine für ihn ungünstige Vertragsgestaltung ausgehandelt hat.[1308]

Beispiel 3: Privatmann A will B ein Auto verkaufen, das erst in einem Jahr zur Hauptuntersuchung muss; weitergehende Erklärungen macht er nicht, schließt aber jegliche Haftung aus. Er verschweigt auch, dass das Kfz tatsächlich nicht verkehrstauglich ist. Allerdings ist bei normaler Sichtprüfung bzw. Probefahrt für jedermann erkennbar, dass der Wagen erhebliche Mängel aufweist. Beim Brems-

[1308] Vgl. hierzu grundlegend *Krack*, Festschrift für *Otto*, S. 609 (612): „Für die Beantwortung der Frage, ob es bei der Kommunikation im Wirtschaftsverkehr zu einer konkludenten Täuschung gekommen ist, wird nach Verantwortungssphären abgegrenzt. Auch hier geht man davon aus, dass jeder grundsätzlich für seinen Kenntnisstand selbst verantwortlich ist. Jeder muss sich die Informationen verschaffen, die er für eine vernünftige Disposition über die ihm zugewiesenen Güter benötigt. Daher erhält z. B. das Anbieten einer Ware zu einem bestimmten Preis nicht die konkludente Erklärung, der Preis entspreche dem Marktwert. Eine zur Betrugsstrafbarkeit führende Täuschung des Käufers liegt in einem solchen Fall nicht vor, da er sich selbst darüber informieren muss, wie hoch der Marktwert der angebotenen Ware ist. Ein Irrtum in diesem Bereich fällt in die Verantwortungssphäre des Käufers und kann nicht strafrechtlich als das Werk des Verkäufers erfasst werden. Nur ausnahmsweise liegt die Verantwortung für die Beschaffung von Informationen auch beim Geschäftspartner. Das gilt insbesondere dann, wenn es um die Kenntnis von Tatsachen geht, die sich eine Vertragspartei nicht selbst beschaffen kann, sondern nur mit Hilfe der Gegenseite."

vorgang treten beispielsweise laute Geräusche auf, da bereits die Bremsscheiben in Mitleidenschaft gezogen sind.

Lösung: Die Handlung des A stellt kein materiell verbrecherisches Täuschungsverhalten dar, auch wenn das erklärungslose Anbieten eines Kfz' „mit TÜV" die Vermutung nahe legen kann, dass es verkehrstüchtig ist; B hat aber selbst dafür zu sorgen (z. B. durch eigene Anschauung Skepsis entwickeln, Probefahrt vereinbaren etc.), dass ihm kein Nachteil aufgrund des Angebots von A widerfährt. Das ist Bestandteil seiner rechtlichen Autonomie.

β) Ausdrückliche Täuschungshandlungen

Eine andere Frage ist, wie sich ausdrückliche Täuschungshandlungen des einen auf den möglichen Selbstschutz des anderen auswirken. Einerseits könnte die Auffassung vertreten werden, es bestehe mit Blick auf die erforderliche Lauterkeit des Rechtsverkehrs grundsätzlich kein Recht zur Lüge. Andererseits wäre es dann z. B. einem Käufer möglich, sich durch eine einzige generelle Frage (beispielsweise: „Ist die Sache vollkommen in Ordnung?") von der Last der Eigenverantwortung, das rechtlich autonomes Handeln für jede Person nach sich zieht, einseitig zu Lasten des zur wahrheitsgemäßen Aussage verpflichteten Verkäufers zu befreien. Dann könnte jedoch die in der Rechtssphäre paradigmatisch als ausgewogen geltende Verantwortungsstruktur in Unwucht geraten; Verkäufer, Vermieter, aber auch Arbeitnehmer u. a. wären regelmäßig mit der Situation konfrontiert, umfassend über alle Risiken und Unbotmäßigkeiten aufklären zu müssen, die der künftige Vertragspartner beim Abschluss des Vertrages mit ihnen auf sich nehmen müsste. In allen Konstellationen asymmetrisch verteilter Risiken führte diese Verpflichtung zur Benachteiligung eines Vertragsteils, die dieser auch nicht korrigieren könnte. Um die Verantwortungssphären ausgewogen auszutarieren, erscheint es daher gerechter, im Vertragsbereich den beteiligten Parteien in gewissem Umfang grundsätzlich auch ein Recht zur Lüge zuzugestehen. Dieses reicht so weit, wie ein durchschnittlicher Vertragspartner mit der für diese Lebenssituation durchschnittlich gebotenen Aufmerksamkeit und Sorgfalt in der Lage ist, Zweifel an der wahrheitswidrigen Aussage zu entwickeln. Ist der Angelogene besonders leichtsinnig im Umgang mit den ihm zur Verfügung gestellten Informationen – glaubt er alles unbesehen – und erleidet er dadurch einen Schaden, kann der (lügende) Vertragspartner zwar zivilrechtlich verantwortlich sein, handelt aber nicht materiell verbrecherisch.[1309] An den künftigen Vertragspartner gerichtete Nachfragen führen also nicht zur Wahrheitspflicht bei dem Angesprochenen; dennoch ist die Erkundigung bei der anderen Vertragspartei regelmäßig Teil der eigenverantwortlichen Sorgfaltspflicht, denn auch aus der wahrheitswidrigen Antwort können Rückschlüsse hinsichtlich der erforderlichen Maßnahmen zum Selbstschutz gezogen werden.

Beispiel 4: Ausgangslage wie in *Beispiel 3*. B fragt A jedoch nach dem letzten TÜV-Bericht. A antwortet wahrheitswidrig, dass er ihn nicht mehr habe. Im TÜV-Bericht war vermerkt, dass die Bremsbeläge des Wagens bald erneuert werden müssen.

Lösung: Auch in diesem Fall handelt A nicht materiell verbrecherisch. Denn es ist an B, den Wagen mit der üblichen Sorgfalt vor dem Kauf zu prüfen. Bei einer Probefahrt würde er die defekten Bremsen sofort bemerken; verzichtet er auf seinen Selbstschutz, insbesondere in Anbetracht des fehlenden TÜV-Berichts, liegt das in seinem eigenen Verantwortungsbereich.

Die Grenze des einen auf sein legitimes Recht zur Lüge ist im Vertragsbereich erreicht, wenn der andere nicht mehr in der Lage ist, aus eigener Kraft das Auseinanderfallen von Wahrheit und Erklärung zu realisieren;[1310] denn dies ist die Voraussetzung, um überhaupt Argwohn entwickeln zu können und daraufhin in der Vertragsanbahnungsphase rechtlich autonom Maßnahmen zum Selbstschutz zu initiieren.

Beispiel 5: Ausgangslage wie in *Beispiel 3*, allerdings sind die Bremsen intakt und A erklärt wahrheitswidrig, das Fahrzeug sei straßenverkehrstauglich. Der Mangel des Fahrzeugs beruht auf gravierenden Rostschäden am Unterboden. Der Wagen ist äußerlich in tadellosem Zustand. Die Schäden wurden akribisch kaschiert, um die Einsatzfähigkeit des Fahrzeuges nach einer obligatorischen Sichtprüfung vorzuspiegeln. B kauft das Fahrzeug.

Lösung: A handelt materiell verbrecherisch. Es ist B mit durchschnittlich anzulegenden Maßstäben nicht möglich, im Zeitpunkt der Vertragsverhandlung aus eigener Kraft das Auseinanderfallen der Erklärung des A und der tatsächlichen Umstände zu realisieren.

[1309] Vgl. i. E. auch *Ellmer*, S. 297 ff. („Ein Vertrauen, das leichtfertig gewährt wurde, verdient den Schutz des § 263 StGB nicht; die negativen Folgen sind dem eigenen Risiko- und Verantwortungsbereich zuzurechnen“, a. a. O., S. 298)

[1310] Vgl. auch *Zaczyk*, Selbstverantwortung, S. 63 f.

Die Kaufentscheidung beruht nicht mehr in vollem Umfang auf einem rechtlich autonomen Entschluss, dessen zugrunde liegende Willensbildung eigenverantwortlich erfolgt ist.

γ) Wesentlicher Vertragsgegenstand

Bezugspunkt der zu beurteilenden Nötigungs- oder Täuschungshandlungen in der Phase vor dem Vertragsschluss ist der wesentliche Vertragsgegenstand, z. B. beim Kauf die verkehrswesentliche Eigenschaft. Über den Vertragsgegenstand nicht tangierende Nebenaspekte darf demgegenüber sogar uneingeschränkt gelogen werden. In gewisser Weise versetzt damit z. B. eine Kaufvertragsverhandlung die Vertragspartner partiell vom Rechts- in den Naturzustand zurück; jeder muss in eigener Verantwortung zusehen, dass sich der jeweils andere nicht als „der Trickreichere" erweist.

Beispiel 6: Ausgangslage wie in *Beispiel 3*. Im Rahmen der Vertragsverhandlungen erzählt A dem B wahrheitswidrig zur Herstellung einer „vertrauensvollen" Atmosphäre, dass er eine Vorliebe für denselben Urlaubsort habe, den auch B schätzt.

Lösung: Es liegt keine materiell verbrecherische Handlung des A vor; zwar lügt er B an und dieser kann auch die Lüge zu diesem Zeitpunkt nicht aus eigener Kraft entlarven, allenfalls erahnen. Der Vortrag des A betrifft jedoch nicht den wesentlichen Verhandlungsgegenstand, eben das Auto. Es handelt sich hier nur um einen üblichen Trick. Wer darauf reinfällt und sein Verhalten hinsichtlich des Vertragsschlusses danach ausrichtet, ist selbst schuld. Damit realisiert sich nur ein allgemeines Lebensrisiko.

c. Ausdehnung der Prinzipien des Vertragsbereiches auf Störungen in der Vertragsabwicklung?

Es könnte erwogen werden, das Prinzip des Vertragsbereichs als Form einer qualifizierten Täter-Opfer-Nähe über die Vertragsanbahnungsphase hinaus auch auf die Phase der Vertragsabwicklung in der Weise zu übertragen, dass jede Störung vor dem Hintergrund der aktiven Selbstschutzpflichten zu bewerten wäre. Im Ergebnis kann dies jedoch nicht überzeugen.

Vor dem Vertragsschluss ist es gerechtfertigt, das selbstschützende Aktivwerden jedes Vertragspartners im Hinblick auf den wesentlichen

Vertragsinhalt zu erwarten.[1311] Denn die Situation ist räumlich und zeitlich überschaubar und ermöglicht jedem Individuum, Vertragspartner und Vertragsgegenstand einer eigenen Bewertung zu unterziehen; diese besondere Situation lässt es gerechtfertigt erscheinen, den künftigen Vertragsparteien auch die Bürde aufzuerlegen, sich grundsätzlich auf Lügen des jeweils anderen einzustellen.

Die Vertragsabwicklung als Quelle neuer Störungsmöglichkeiten ist davon aber zu trennen. Nach der Einigung (z. B. Kaufvertrag) kann die Vertragsabwicklung lange Zeiträume in Anspruch nehmen. In dieser Zeit können die Vertragspartner zahlreiche neue Entschlüsse zur Verletzung der rechtlichen Autonomie des jeweils anderen fassen und in die Tat umsetzen. Das Hauptbeispiel ist die vorsätzliche Nichterfüllung, etwa das absichtliche Nichtzahlen des Kaufpreises (trotz Leistungsmöglichkeit), auf den der Vertragspartner einen Anspruch hat.

Wollte man den aktiven Selbstschutzgedanken darauf ausdehnen, müsste materiell verbrecherisches Handeln mit dem Hinweis abgelehnt werden, der Geschädigte habe eben nicht genug getan, um die Schädigung zu verhindern. Wer den vorsätzlichen Vertragsbruch unter das Urteil „selbst Schuld“ fasst, behauptet immanent, dass der Geschädigte zu sorglos in Auswahl und Umgang mit den Vertragspartnern ist. Dies mag in Extremfällen berechtigt sein, hätte aber im Prinzip die Annahme einer Art Lebensführungsschuld des Opfers zur Folge; dies führte zu kollektivistischen Zuschreibungsprozessen zum Nachteil des Opfers, die wiederum dem Gedanken der rechtlichen Autonomie widersprächen sowie den Gegensatz von Recht und Unrecht grundsätzlich zu nivellieren drohten. Die Erwartung an den *aktiven Selbstschutz* des Individuums muss daher auf die Zeit bis zum Abschluss eines Vertrages beschränkt bleiben.

Was z. B. die absichtliche Nichtzahlung des zustehenden Kaufpreises auf der Grundlage eines nach Vertragsschluss liegenden Entschlusses angeht, so ist darin im Regelfall ein verobjektivierender Angriff auf die rechtliche Autonomie des Geschädigten zu sehen. Im Prinzip ist das Nichtzahlen trotz Fälligkeit und Leistungsmöglichkeit damit materiell verbrecherisches Verhalten (im Nichtvertragsbereich mit Individuali-

---

[1311] Wer etwa vor einem Gebrauchtwagenkauf auf die Sichtprüfung verzichtet und einen Wagen mit nur drei Rädern erwirbt, kann hinterher schwerlich angeben, er sei vom Vertragspartner verobjektiviert worden. Beim Vertrag wird das aktive, sich selbst schützende Individuum zu Grunde gelegt.

sierungsmöglichkeit). Der Staat hat sich nur paradigmatisch dazu entschlossen, auf den Einsatz von Strafrecht im Zivilrecht grundsätzlich zu verzichten; der weitere Umgang mit der Verletzung der rechtlichen Autonomie wird durch eine bestimmte Art des formstreng ritualisierten Vorgehens, den Zivilprozess, den Beteiligten unter Obhut der Judikative selbst überlassen. Das ist vertretbar, weil das Vorliegen materiell verbrecherischen Verhaltens keine Pflicht zur Pönalisierung auslöst.

Beispiel 7: Ausgangslage wie in *Beispiel 3*. Das Fahrzeug ist aber tatsächlich in Ordnung; allerdings ist B wegen seines häufig unseriösen Verhaltens weithin bekannt. Der Kaufvertrag wird geschlossen. Zu diesem Zeitpunkt ist B entschlossen, den Kaufpreis zu zahlen. A übergibt den Wagen. B bezahlt den Kaufpreis nun doch nicht, obwohl dieser fällig und B die Zahlung auch möglich ist. Er will Zeit gewinnen und es darauf ankommen lassen, dass A den Kaufpreis einklagt.

Lösung: B handelt im materiellen Sinne verbrecherisch; dies gilt selbst dann, wenn dem A der schlechte Ruf des B bekannt ist. Zum Zeitpunkt der Tat befinden sich A und B nicht mehr in der Vertragsanbahnungssituation, in der sich A aus eigener Kraft wehren könnte. Vielmehr verobjektiviert B den A, indem er ihm zum Zeitpunkt des neuen Entschlusses die Möglichkeit nimmt, rechtlich autonom gegen die Einbuße seiner Position steuernd einzugreifen. Dass hier das Strafrecht keine Anwendung findet, liegt lediglich an der paradigmatischen Entscheidung des Gesetzgebers, solche Auseinandersetzungen in einem Zivilverfahren klären zu lassen.

d. Zusammenfassung: Materielles Verbrechen im Vertragsbereich

Im Vertragsbereich liegt materielles Verbrechen vor, wenn das Opfer vor Vertragsschluss trotz Erfüllung der an ihn am Maßstab der Fähigkeiten eines durchschnittlichen Vertragspartners gerichteten Anforderungen des aktiven Selbstschutzes durch das Verhalten des Täters über den wesentlichen Vertragsinhalt im Unklaren bleibt oder dem Opfer die Abgabe einer Willenserklärung (durch Handlungen jenseits des allgemeinen Lebensrisikos) abgenötigt wird; damit ist zum Zeitpunkt des Vertragsschlusses die rechtlich autonome Wahrnehmung der Willensbildungs- bzw. Willensausübungsfreiheit hinsichtlich des wesentlichen Vertragsinhalts verletzt.

2. Rechtlicher Autonomieverlust im Nichtvertragsbereich mit Individualisierungsmöglichkeit (Stufe 2)

a. Rechtliche Autonomie im Nichtvertragsbereich

Im Nichtvertragsbereich mit Individualisierungsmöglichkeit stehen Täter und Opfer zwar nicht in Vertragsverhandlungen, aber dem Täter ist dennoch zum Zeitpunkt der Tat eine hinreichend deutliche Individualisierung des bzw. eines Opfers möglich. Ein konkretes Anzielen einzelner oder mehrerer Personen ist nicht erforderlich.[1312] Maßstab für das Erkennenkönnen der Konsequenz des eigenen Handelns auf die rechtliche Autonomie bestimmbarer anderer Menschen ist der durchschnittliche Wissensstand eines objektiven Dritten in der Handlungssituation des Täters; ggf. kann in diesem Zusammenhang Sonderwissen (welches z. B. Angehörige von Berufsgruppen haben) relevant werden.

> *Beispiel 8*: A verklappt 100 Liter einer giftigen Substanz in einem See, aus dem sich das Trinkwasser der Nachbargemeinde speist. Dort treten Vergiftungserscheinungen in der Bevölkerung nach dem Genuss des Trinkwassers auf.
>
> *Lösung*: Die Handlung des A erfüllt die Bedingungen materiellen Verbrechens. Er muss die Auswirkungen seines Handelns nicht konkreten einzelnen Personen zuschreiben können. Es reicht hin, wenn er eine Vorstellung dahingehend entwickeln kann, dass sich sein Handeln auf bestimmte Personen auswirkt. Dass die Verklappung der giftigen Substanz im See die rechtliche Autonomie der Bewohner der Nachbargemeinde verletzen kann (in Bezug auf die Wahrnehmung des Rechts auf körperliche Unversehrtheit), ist auch am Maßstab eines objektiven Dritten mit durchschnittlichen Kenntnissen erkennbar.

b. Anforderungen an den Selbstschutz

Wie im Vertragsbereich kommt der Frage nach den Anforderungen an den Selbstschutz des Opfers zentrale Bedeutung zu.

[1312] Zum Begriff der Individualisierung s. o. Teil 2 II G. 3.

(1) Offensiver Selbstschutz – „Handelnsollen“ des Opfers zur Verhinderung der Verletzung eigener rechtlicher Autonomie?

Im Vertragsbereich stellt das konkrete Eingehen von Vertragsverhandlungen über einen Vertragsgegenstand eine Zäsur dar, der eine Signalwirkung zukommt: Ab diesem Zeitpunkt bis zum Vertragsschluss müssen sich die Vertragspartner in gewisser Weise voreinander „in Acht“ nehmen.[1313] In dieser Zeit ist aktiver Selbstschutz gefordert.

Ob solch offensiver Selbstschutz im Nichtvertragsbereich mit Individualisierungsmöglichkeit angezeigt ist, bedarf der Klärung. Initiierte das Individuum stets alle denkbaren Selbstschutzmaßnahmen, wären Verobjektivierungen durch andere Personen überwiegend ausgeschlossen. Da im Nichtvertragsbereich die potenzielle Zahl der Opfer unendlich ist und es eben keine Signalwirkung durch den Beginn von Verhandlungen über einen angestrebten Vertragsschluss gibt, läuft die Frage nach dem erforderlichen Selbstschutz darauf zu, welche Freiheitsbeschränkungen in der Form von erwartbaren Selbstschutzmaßnahmen zumutbar bzw. „akzeptabel“ sind.[1314] Diese Zuspitzung führt indes wieder in die Sackgasse des intuitiv-offenen Sozialschädlichkeitsverständnisses; die Frage nach dem „besonders sozialschädlichen und sozialethisch verwerflichen Handeln“ wird nur in eine andere Richtung gestellt: nicht mit Blick auf die zu beurteilende Unrechtshandlung selbst, sondern auf die inadäquaten Freiheitseinbußen Aller als Folge der potenziell erforderlichen Abwehrmaßnahmen gegen diese Handlung.

Wie bei den möglichen Gefahren einer Ausdehnung des Vertragsbereichs auf Störungen in der folgenden Phase der Vertragsabwicklung,[1315] sprechen prinzipielle Gründe dagegen, die sich *offensiv* selbst schützende Person im Nichtvertragsbereich mit Individualisierungsmöglichkeit zum Maßstab zu machen. Vor allem wird die Trennlinie zwischen Recht und Unrecht am Maßstab der rechtlichen Autonomie unscharf. Wenn Unrecht darauf basiert, dass die betroffene Person der Verletzung der rechtlichen Autonomie nicht hinreichend entgegengesteuert hat, wird die Grenze zwischen Täter und Opfer nur noch tendenziell zu ziehen sein. Dies gilt umso mehr, als im Nichtvertragsbereich der Kreis potenzieller Täter unendlich groß ist, was erhebliche Anforderungen an den Selbstschutz in alle Richtungen zur Folge hätte. Der

---

[1313] S. o. Teil 2 II. I. 1.
[1314] *Hörnle*, Subsidiarität, S. 36 (43).
[1315] S. o. Teil 2 II. I. 1. d.

Gedanke des unterlassenen Selbstschutzes oder gar des sorglosen Verhaltens müsste konsequenterweise als Ausschlussgrund für materielles Verbrechen zumindest in Betracht kommen; die Folge wäre eine deutlich eingeschränkte Funktion des Strafrechts als Schutz der rechtlichen Autonomie.[1316] Das Normlernen beinhaltete, dass die rechtliche Autonomie abhängig von individuellen Fehlern nur bedingt gilt; Verwerfungen hinsichtlich der positiv generalpräventiven Aufgabe des Strafrechts wären die Folge. Abgesehen davon, dass der intuitive Gedanke, das Opfer sei ebenfalls „selbst (mit)schuld" im Ausnahmefall einen wahren Kern in sich tragen kann, ließe sich darauf ein klares normatives System nicht aufbauen. Es ist erforderlich, dass die Verantwortungsstrukturen im Recht in gewisser Weise paradigmatisch zugeschrieben werden; andernfalls dürfte das Vorliegen einer Straftat ohne eine umfassende Anamnese der Begleitumstände gar nicht festgestellt werden.[1317]

Die Frage nach einer „Lebensführungsschuld des Opfers" würde damit prinzipiell für zulässig erklärt. Materiell verbrecherisches Verhalten stünde nicht mehr auf der Grundlage eines idealtypisch-geschlossenen Systems, sondern wiederum auf im Ergebnis intuitiv-offenen Zuschreibungsprozessen.

Daher muss die Frage der Verletzung der rechtlichen Autonomie im Nichtvertragsbereich grundsätzlich vom Aspekt des *offensiven* Selbstschutzes getrennt werden; soweit Selbstschutz in Betracht kommt, stellt das abgestufte Notwehrrecht de lege lata ausreichend Handlungsoptionen zur Verfügung, ohne dass bereits auf der Ebene des materiellen Verbrechensbegriffs das Unrecht selbst in Frage gestellt werden muss.

> *Beispiel 9*: A möchte im Meer schwimmen gehen, kann dabei aber seine Geldbörse nicht mitnehmen. Daher lässt er sie bewusst ohne hinreichende Sicherung am Strand zurück. B hat A aus der Ferne beobachtet und entwendet die Börse.
>
> *Lösung*: B handelt materiell verbrecherisch, denn er greift die rechtliche Autonomie des A zum Zeitpunkt der Tat an und verobjektiviert sein Opfer. Dass sich A ausgesprochen leichtsinnig verhalten hat, kann daran nichts ändern. Zwar kann B nur erfolgreich sein, weil A „sehenden Auges" die Gefahr eingeht, aber das ändert nichts am Vorliegen der materiell verbrecherischen Handlung des B. Eine

---

[1316] S. o. Teil 2 II. E.

[1317] Im Prinzip müssten dann alle Straftatbestände mindestens als „offene Delikte" i. S. d. § 240 Abs. 2 StGB umgestaltet werden.

andere Frage ist die Berücksichtigung der speziellen Situation bei der Strafzumessung. Das *Ob* einer materiell verbrecherischen Handlung darf aber nicht mit etwaig gefahrgeneigtem Verhalten des Opfers verknüpft werden. Im Nichtvertragsbereich mit Individualisierungsmöglichkeit schließt daher gefahrgeneigtes Verhalten des Opfers das materielle Verbrechen nicht aus.

Eine Ausnahme hiervon bilden diejenigen Verhaltensweisen, bei denen die Folgen der Selbstgefährdung gleichzeitig unmittelbar in der rechtlichen Autonomiesphäre des Täters wirken, so dass dieser gezwungen ist, aktiv zu werden, um die Verletzung der rechtlichen Autonomie des Selbstgefährders zu verhindern. In diesen Konstellationen kann vom Selbstgefährder aktives Verhindern insofern verlangt werden, als dass seine Selbstgefährdung die rechtliche Autonomiesphäre einer anderen Person (des Täters) berührt.

Beispiel 10: A verfügt in seiner Wohnung über einen kabellosen Internetzugang (sog. WLAN), den er nicht verschlüsselt; er besitzt eine sog. Flatrate, die gegen die Zahlung eines monatlichen Festpreises den uneingeschränkten Zugang zum Internet ermöglicht. Im Umkreis von ca. 10 Metern um A's Wohnung kann somit jede Person mit WLAN-fähigem Computer kostenfrei ins Internet. Dies nutzt B, der in der Nachbarwohnung lebt; sein Computer stellt automatisch die Verbindung zum Internet her. B unterlässt es, die Konfiguration seines Rechners zu ändern und nutzt den Internetzugang des A kostenfrei.

Lösung: B handelt nicht materiell verbrecherisch, denn anders als bei üblicher Selbstgefährdung des Opfers greift A hier bei seiner Selbstgefährdung (unverschlüsselter Internetzugang) aktiv in die Sphäre der rechtlichen Autonomie des B ein (Reichweite des WLAN-Anschlusses bis in die Wohnung des B). B müsste also aktiv werden und seinen Computer neu konfigurieren, um die Selbstgefährdung des A zu vereiteln. In dieser Konstellation muss ausnahmsweise das Aktivwerden des Selbstgefährders gefordert werden. Unterbleibt sie wie hier, kann dem „Täter“ dies in materieller Hinsicht nicht zum strafrechtlichen Vorwurf gemacht werden.[1318]

[1318] A. A. AG Wuppertal NStZ 2008, 161 f., das von der Strafbarkeit des sog. „Schwarz-Surfens“ im Internet nach §§ 89 S. 1, 148 Abs. 1 TKG; §§ 44, 43 Abs. 2 Nr. 3 BDSG ausgeht.

(2) Defensiver Selbstschutz – Ertragenmüssen von Handlungen gegen die Regeln des optimalen Zusammenlebens in der Gesellschaft

Dass von jedem Mitglied einer Gesellschaft ein gewisses Maß an Störung passiv ertragen werden muss, entspricht der Lebenswirklichkeit. Hierzu gehört vor allem übliches gesellschaftlich abweichendes Verhalten. Dieses allgemein-störende Handeln allein stellt kein materielles Verbrechen dar, denn hiergegen kann von den Gesellschaftsmitgliedern *passiver* Selbstschutz erwartet werden. Dahinter steht in der Sache der an alle gerichtete Appell, unspezifisches abweichendes Verhalten im weitesten Sinne ertragen zu müssen und sich hiergegen individuell zu wappnen. Dieser Appell ist Ausdruck des für alle Menschen geltenden Autonomieprinzips; rechtliche Autonomie setzt wechselseitige Anerkennung von Individualität und damit Unterschiedlichkeit voraus. Davon ist die Frage zu unterscheiden, ob eine Person individuell „tolerant“ oder „liberal“ ist. Darauf kommt es nicht an. Aus dem Prinzip der rechtlichen Autonomie folgt die Konsequenz der wechselseitigen Akzeptanz abweichender Konzepte innerer *und äußerer* Lebensführung.

Da aber auch materielles Verbrechen als Ausdruck abweichenden Verhaltens interpretierbar ist, müssen die beiden Formen der Abweichung voneinander getrennt werden. Der Unterschied liegt in der Zielrichtung des Verhaltens. Handlungen gegen die transpersonalen Ordnungsregeln des optimalen Zusammenlebens verstoßen lediglich gegen allgemeine gesellschaftliche Anforderungen, etwa des „guten Benehmens“ (z. B. Takt, Freundlichkeit, Aufmerksamkeit etc.). Materiell verbrecherisches Handeln besitzt darüber hinaus den Charakter eines bewussten Angriffs auf die rechtliche Autonomie eines individualisierbaren anderen Individuums.[1319] Dem „normalen“ gesellschaftlich abweichenden Verhalten fehlt diese spezifische Ausrichtung. In ihm dominiert eine bestimmte persönliche Haltung zur Gesellschaft, beispielsweise die Ablehnung des in der Aufstellung von Regeln des guten Benehmens liegenden Versuchs, individuelle Autonomie durch überindividuelle Uniformität im öffentlichen Raum für alle erträglicher zu machen. Auch wenn zumeist irgendeine Person konkret unter dem entsprechenden Verhalten eines anderen zu leiden hat, kann deshalb allein eine Handlung keinen Angriffscharakter bekommen. Der passive Selbstschutz gegen unspezifisches abweichendes Verhalten verlangt von jedem Gesellschaftsmit-

---

[1319] Vgl. auch oben Teil 2 II. C. 3. e. Zum Terminus Ordnungsregeln des optimalen Zusammenlebens vgl. *Brox* § 2 Rn 25, der allerdings inhaltlich anderes damit beschreibt (Privatautonomie).

glied wechselseitig ein gewisses Maß an Defensive und umfasst auch die Anforderung, dem Abweichen von den allgemeinen Ordnungsregeln des optimalen Zusammenlebens zumindest durch einfaches räumliches Entfernen auszuweichen, soweit dies zumutbar ist.

Beispiel 11: A fährt in der U-Bahn. Der stark angetrunkene, übel riechende B setzt sich neben A und bettelt um Geld. A wechselt in dem Abteil mehrfach den Platz, weil ihm B auf seiner obligaten „Tour“ längs durch den Wagen immer wieder nahe kommt. An der nächsten Station steigt A aus und wechselt den Wagen.

Lösung: B verhält sich nicht materiell verbrecherisch, da er den A nicht zielgerichtet angeht; sein Verhalten weicht lediglich von den Regeln des optimalen Zusammenlebens aller ab und bewegt sich damit innerhalb dessen, was alle Gesellschaftsmitglieder wechselseitig passiv ertragen müssen. Auch das defensive Ausweichen“müssen“ des A ändert daran nichts; dies bewegt sich noch im Rahmen des an alle gerichteten Appells zur defensiven Reaktion auf unspezifisch abweichendes Verhalten.

Die Einhaltung von Ordnungsregeln des optimalen Zusammenlebens (z. B. Benimmregeln) ist in einer auf dem Gedanken der rechtlichen Autonomie beruhenden Gesellschaft nicht erzwingbar. Deshalb unterliegt jedes Individuum der Anforderung, bei Verletzungen dieser Ordnungsregeln ohne Angriffscharakter die darin zum Ausdruck kommende Individualität des anderen zu ertragen; das kann unter Umständen an individuelle Grenzen der Belastbarkeit gehen. Dennoch kann auch in extremeren Situationen ein unspezifisches abweichendes Verhalten ohne individuellen Angriffscharakter durch besondere Umstände nicht die Schwelle zum materiell verbrecherischen Handeln überschreiten.

Beispiel 12: Ausgangslage wie in *Beispiel 11*. Allerdings hat der Wagen zwischen zwei Haltepunkten einen Triebwerksschaden. Alle Fahrgäste sind gezwungen, eine Stunde im U-Bahn-Wagen zu bleiben. Einigen, auch A, wird wegen des von B ausgehenden Geruchs übel.

Lösung: Der Einwirkungsgrad von B bekommt in dieser Situation erhebliches Gewicht, das sich nachteilig auf das körperliche Wohlbefinden anderer Menschen auswirkt. Dennoch fehlt es auch in dieser Lage an einem Verhalten des B mit individuellem Angriffscharakter, er handelt nicht materiell verbrecherisch; alle anderen müssen diese Zwangslage passiv ertragen.

Im Übergang von unspezifisch abweichendem Verhalten zu solchem mit Angriffscharakter kann erst jenseits einer Grenze besonders intensiver Einwirkung materiell verbrecherisches Verhalten wegen einer Verletzung rechtlicher Autonomie angenommen werden. Die Trennungslinie verläuft dort, wo objektive und subjektive Umstände den Schluss zulassen, dass die Abweichung von den allgemeinen Ordnungsregeln eine nachhaltige individuelle Zielausrichtung bekommt und hierdurch das Opfer eine Einbuße an rechtlich autonomer Wahrnehmung seiner Individualrechte erleidet. Ein Beispiel hierfür wäre der Übergang von gesellschaftlich adäquaten über hartnäckige Kontaktaufnahmeversuche bis hin zur Ignorierung der individuellen rechtlichen Autonomie der anderen Person beim sog. Stalking (vgl. „Nachstellung" gemäß § 238 StGB).[1320] Charakteristisch ist bei dem Übergang das Hineindrängen in eine Lage, die für den Betroffenen die Notwendigkeit für ein qualifiziertes Aktivwerden auslöst, um sich aus der Situation zu lösen. In einer solchen oktroyierten Verteidigungshandlung im weiteren Sinne liegt letzten Endes die Einschränkung der rechtlichen Autonomie.

> *Beispiel 13*: Der A und die B haben sich getrennt. A unternimmt trotz des mehrfach geäußerten gegenteiligen Wunsches über Monate beharrlich Kontakt zur B auf, besucht sie mehrmals täglich und ruft immer wieder zu jeder Tages- und Nachtzeit an. Die Lebensführung der B ist deutlich eingeschränkt; sie wechselt zunächst die Rufnummer und später sogar ihren Wohnsitz, um der räumlichen Sphäre des A zu entkommen.

> *Lösung*: Das Handeln des A stellt materiell verbrecherisches Verhalten dar, denn durch die Intensität und auch durch die Dauer[1321] der Kontaktaufnahme trotz des ausdrücklich geäußerten Wunsches, davon abzulassen, schlägt das unspezifisch abweichende Verhalten des A um. Im Vordergrund steht nicht mehr der Verstoß gegen allgemeine Regeln des Takts; das zielgerichtete Verhalten gegenüber B bekommt vielmehr den Charakter eines Angriffs auf die Freiheit der B: Sie ist in der rechtlich autonomen Wahrnehmung ihrer individuellen Freiheitsrechte verletzt, weil sie letzten Endes in der eigenen äußeren Rechtssphäre gezwungen ist, dem Verhalten von A

[1320] Eine andere Frage ist, ob der Tatbestand von § 238 StGB gelungen ist. Einen knappen und informativen Überblick über die aktuelle rechtspolitische Diskussion zum Stalking geben *Lackner/Kühl*, § 238 Rn 1.

[1321] Zum zeitlichen Aspekt von Stalking, vgl. *S. Peters* NStZ 2009, S. 238 (241).

aktiv und in qualifizierter Weise entgegenzusteuern, um überhaupt künftig unbehelligt bleiben zu können.

(3) Rechtliche Autonomie und Einwilligung

Die Einwilligung ist in der gegenwärtigen Strafrechtsdogmatik, abgesehen von Ausnahmen wie in § 228 StGB, als allgemeiner ungeschriebener Rechtfertigungsgrund in der dogmatischen Rechtsanwendung anerkannt (*volenti non fit iniuria*). Dort ist der Gedanke aber „zu spät" verortet. Bei strenger Fokussierung des materiellen Verbrechensbegriffes auf die Autonomieverletzung muss der Einwilligungsgedanke bereits auf der Ebene des materiellen Verbrechensbegriffes wirken. Steuert das Individuum bewusst seine eigene Verobjektivierung durch einen Dritten, indem es vor der Tat aus freien Stücken einwilligt, liegt schon keine Verletzung der rechtlichen Autonomie vor, denn „Herr" des Geschehens bleibt das „Opfer". Handlungen, in die zuvor eingewilligt worden ist, stellen am Maßstab der rechtlichen Autonomie bereits kein materielles Verbrechen mehr dar.

(4) Einwilligung und Moral

Die Einwilligung in eine Handlung in der äußeren Sphäre des Rechts geht vom betroffenen Individuum aus, ist also ausschließlich eine Angelegenheit der rechtlichen Autonomie. Demgegenüber ist Moral durch die Überzeugung vieler Individuen getragen; ihr kann sich der Einzelne anschließen und ggf. sein äußeres Verhalten danach ausrichten, dann ist sie aber wiederum Ausprägung seiner eigenen moralischen Autonomie, die in Form der äußeren Handlung zur Wahrnehmung der rechtlichen Autonomie wird (z. B. durch Praktizierung einer Religion).

De lege lata können moralische Aspekte der rechtmäßigen Einwilligung entgegenstehen. Hauptbeispiel hierfür ist der Wirkungsausschluss einer Einwilligung in die Körperverletzung, wenn diese gegen die „guten Sitten" verstößt (§ 228 StGB), worunter das Anstandsgefühl aller billig und gerecht Denkenden verstanden wird.[1322] Dieser Moralfilter hat seinen Ursprung im Grundgesetz: Art. 2 Abs. 1 GG sieht vor, dass auch das „Sittengesetz" die freie Entfaltung der Persönlichkeit begrenzt. Art. 2 Abs. 1 GG wird insofern aber reduzierend so ausgelegt, dass der Inhalt des Sittengesetzes aufgrund der „Durchnormiertheit" unseres

---

[1322] BGHSt 49, 34 (41).

Rechtssystems bereits in positives Recht transformiert wurde.[1323] Damit schließt sich wiederum der Kreis zu § 228 StGB – worin aber lediglich eine sprachlich kaum veränderte Variante von „Sittengesetz" niedergelegt ist.

Eine Korrektur des Menschenwürdegedankens durch das Sittengesetz ist in Art. 1 GG nicht vorgesehen; Menschenwürde und ihre äußere Ausprägung, die rechtliche Autonomie, gilt absolut.

Im Kern steht also die Frage, ob die rechtliche Autonomie des Einzelnen oder Moralvorstellungen Aller über die rechtliche Wirksamkeit der Einwilligung des Individuums entscheiden können. In den Jahren 2003 und 2004 hat der BGH zu dieser grundlegenden Frage im Kontext der Verabreichung illegaler Betäubungsmittel[1324] und bei der Beurteilung der Einwilligung in sadomasochistische Praktiken[1325] zweimal entschieden. Gute Sitten im Sinne von § 228 StGB sind danach „allgemein gültige moralische Vorstellungen", die „vernünftigerweise nicht in Frage gestellt werden können"; dementsprechend seien Zuwiderhandlungen „mit einem eindeutigen Makel der Sittenwidrigkeit behaftet". Diese Wertmaßstäbe seien „allgemeinkundig".[1326] In Anwendung dieser Kriterien ist in beiden Fällen die Einwilligung des Opfers wegen des Verstoßes gegen die guten Sitten nach § 228 StGB für rechtsunwirksam erklärt worden, weil der Täter jeweils das Bestehen einer konkreten Todesgefahr erkannt habe.[1327] Dabei wird § 228 StGB in den Kontext zu § 216 StGB gesetzt; beide Vorschriften interpretiert der BGH als Begrenzung, „da das Gesetz ein soziales Interesse am Erhalt dieser Rechtsgüter auch gegen den Willen der Betroffenen verfolgt".[1328]

Dieser Lesart der guten Sitten als „kleine Münze der Moral/Ethik"[1329] ist entgegenzuhalten, dass in ihr das Spannungsverhältnis zwischen überindividueller Ethik auf der einen sowie individueller moralischer/rechtlicher Autonomie auf der anderen Seite nicht aufgehoben wird. Das „soziale Interesse" am Erhalt von Gesundheit und Leben wird über die entgegenstehende moralische wie die rechtliche Autonomie des Einzelnen gesetzt – warum, wird nicht näher begründet; es verbleibt

---

[1323] Vgl. statt Vieler *Jarass/Pieroth*, Art. 2 Rn 19.
[1324] Urteil des 3. Senats vom 11.12.2003, vgl. BGHSt 49, 34.
[1325] Urteil des 2. Senats vom 26.05.2004, vgl. BGHSt 49, 166.
[1326] BGHSt 49, 34 (41); hierzu kritisch *Kühl*, Festschrift für *Jakobs*, S. 293 (301).
[1327] BGHSt 49, 34 (44); 166 (173).
[1328] BGHSt 49, 166 (173).
[1329] *Kühl*, Festschrift für *Jakobs*, S. 293 (301).

beim intuitiven Hinweis auf die Vernünftigkeit. Abgesehen von der bestehenden inhaltlichen Unklarheit, wird vor diesem Hintergrund bereits ein Spannungsfeld zwischen § 228 StGB sowie dem Erfordernis der Bestimmtheit nach Art. 103 Abs. 2 GG ausgemacht[1330] und gefordert, dass jedenfalls die Fassung von § 228 StGB verändert werden sollte.[1331] Will man mit dem *Grundsatz der Selbstverantwortung* „Ernst machen", sind aber darüber hinaus die freiverantwortliche Selbstgefährdung auf der einen und die einverständliche Fremdgefährdung auf der anderen Seite im Ergebnis gleich zu behandeln.[1332]

Bei der Wahrnehmung der rechtlichen Autonomie zur äußeren Lebensführung dürfen ethische Ansichten Dritter allenfalls für das Handeln des Individuums empfehlende, aber keine rechtswirksame Bedeutung haben. Die Frage nach der Bedeutung der rechtlichen Autonomie (aus Art. 1 GG) im Spannungsfeld zum Sittengesetz (Art. 2 GG) muss daher auf der Grundlage des Ultima-Ratio-Grundsatzes zu Gunsten der rechtlichen Autonomie entschieden werden. Es bietet sich vor diesem Hintergrund an, die Formel vom „Sittengesetz"-Verstoß in Art. 2 Abs. 1 GG im Zusammenhang mit dem ius puniendi so zu interpretieren, dass das Sittengesetz nicht verletzt sein kann, wenn durch eine Handlung die rechtliche Autonomie eines anderen nicht beeinträchtigt wird.

> *Beispiel 14*: Der herzkranke Masochist A bittet B, ihn intensiv zu quälen. B erfüllt A den Wunsch. Dabei stirbt A an Herzversagen.
>
> *Lösung*: B handelt wegen der Tötung des A in materieller Hinsicht nicht verbrecherisch, weder in vorsätzlicher (bei vorherigem Wissen um die Herzkrankheit), noch in fahrlässiger Hinsicht (bei – zumindest – vorherigem Erkennenkönnen des gesundheitsgefährdenden Handelns). Er erfüllt lediglich den Wunsch des A. Ansichten Dritter, Moral- und Sittlichkeitsvorstellungen haben hierauf keinen Einfluss, solange der erwachsene A in medizinischer Hinsicht voll zurechnungsfähig ist.

[1330] *Kühl*, Festschrift für *Jakobs*, S. 293 (301); *derselbe*, Festschrift für Otto, S. 63 (66).

[1331] Vgl. auch *Kühl*, Festschrift für *Jakobs*, S. 293 (307), der allerdings nur die Kriterien der „guten Sitten" in § 228 StGB inhaltlich verändern (konkretisieren) will.

[1332] *Beulke*, Festschrift für *Otto*, S. 207 (217), hebt hervor, dass letzten Endes an dieser Konsequenz mit Blick auf die Verfassung „kein Weg vorbei" führe.

(5) „Staatlicher Paternalismus"? Die Aufforderung zur eigenen Tötung als Sonderfall der Autonomie

In der Bitte eines Sterbewilligen, dass ihn eine andere Person töten möge, liegt gegenüber der Einwilligung in anderen Fällen von Anfang an ein qualitatives Mehr. Im positiven Recht ist dieser Konstellation in § 216 StGB als Privilegierungstatbestand (*Tötung auf Verlangen*) zu § 212 StGB (*Totschlag*) Rechnung getragen.

Dieser Sonderfall berührt die Grenzen der anthropozentrischen Rechtsordnung, denn die immanente Grundannahme des Überlebenstriebs eines jeden Menschen als Ausgangspunkt seines Daseins versagt an dieser Stelle. Davon abgesehen, ist nach der Tötung das Opfer nicht mehr in der Lage zu beschreiben, ob in der Handlung des Täters die rechtliche Autonomie des Opfers gewahrt wurde: Es kann also unklar sein, ob Totschlag oder gar Mord vorliegt oder nicht. Zudem stellen sich zahlreiche Grenzfragen der medizinischen Verantwortung am Ende des Lebens.[1333] Im Alternativentwurf eines Gesetzes über Sterbehilfe aus dem Jahr 1986 (AE-Sterbehilfe) versuchten sich die damaligen Autoren über eine Neufassung der §§ 214 („Abbruch oder Unterlassung lebenserhaltender Maßnahmen"), 214a („Leidensmindernde Maßnahmen") und 215 („Nichthinderung einer Selbsttötung") den schon damals bekannten zentralen Fragestellungen zu nähern; dies gipfelte in § 216 Abs. 2 i. d. F. des AE-Sterbehilfe, wonach das erkennende Gericht von Strafe nach § 216 Abs. 1 StGB absehen konnte, „wenn die Tötung der Beendigung eines schwersten vom Betroffenen nicht mehr zu ertragenden Leidenszustandes dient, der nicht durch andere Maßnahmen behoben oder gelindert werden kann."[1334] Im Alternativ-Entwurf Sterbebegleitung aus dem Jahr 2005 (AE-StB) wurde § 216 Abs. 2 i. d. F. des AE-Sterbehilfe wieder gestrichen; § 216 bleibt nach dem AE-StB gegenüber der heutigen Fassung unverändert – zudem wird in § 215a AE-StB vorgeschlagen, die „Unterstützung einer Selbsttötung aus Gewinnsucht" zu pönalisieren.[1335] Damit übernimmt der AE-StB die im rd. zwei Jahrzehnte äl-

[1333] Statt Vieler: *Hirsch/Neumann* GA 2007, S. 671 ff. mit einer umfassenden Analyse der wichtigsten Argumente auf knappen Raum und zahlr. weit. Nachw. Sie rahmen die Fragestellung zur Rechtfertigung von § 216 StGB in die nach der Legitimität „indirekt paternalistischer Verbote" ein; vgl. auch *Lüttig* ZRP 2008, S. 57 ff. (mit zahlr. weit. Nachw.), der die Pönalisierung des „begleiteten Suizids" für geboten hält, weil „die These von der Selbstbestimmung" ein „Riese auf tönernen Füßen" sei (ebenda, S. 58).

[1334] Abgedruckt in GA 2005, S. 553 (557).

[1335] AE-StB, GA 2005, S. 553 (585).

teren AE-Sterbehilfe vorgesehene „Lockerung des § 216" nicht – jede Form der Freigabe „aktiver direkter Sterbehilfe" wird als inakzeptable „Aufweichung des Lebensschutzes" beschrieben; dabei sei es in „extremen Ausnahmesituationen" die „Aufgabe der Gerichte, eine gerechte Einzelfallentscheidung zu treffen".[1336]

Die Grundaussagen des AE-StB aus dem Jahr 2005 sind wieder deutlicher wahrnehmbar von „staatlichem Paternalismus" geprägt.[1337] Danach tangieren die aufgeworfenen Aspekte „keine bloße Frage der Autonomie"; das Problem sei vielmehr „maßgeblich beeinflusst von einem sehr komplexen Zusammenspiel aus familiären und gesellschaftlichen Reaktionen auf Krankheit, Leistungsfähigkeit, Behinderung und Alter". Selbstbestimmung wird vor diesem Hintergrund als nur „vermeintlich" vorliegend beschrieben; daran könne es etwa fehlen, wenn „einem Menschen plausibel gemacht wird, dass es richtig und angezeigt ist, das eigene Ende zu verlangen". Die „Triebfeder der Selbstbestimmung" könne sogar zur „inneren Verpflichtung zum sozialverträglichen Frühversterben" werden, wenn die Grenze zur Fremdbestimmung überschritten werde; die „These von der Selbstbestimmung" sei vor diesem Hintergrund als „Riese auf tönernen Füßen" zu begreifen.[1338]

Dessen ungeachtet ist zumindest weitgehend anerkannt, dass der (versuchte) Suizid nicht strafbar ist. Daraus kann nur folgen, dass die Erfüllung des ernsthaften Todeswunsches durch einen Dritten nach dem Prinzip der rechtlichen Autonomie nicht anders beurteilt werden darf. Der Verlangende muss bis zuletzt als Subjekt des Geschehens angesehen werden. Folglich kann in der Tötung schon kein materielles Verbrechen liegen. Die uneingeschränkte Akzeptanz des Tötungswunsches ist damit eine der Nagelproben für den an der rechtlichen Autonomie ausgerichteten materiellen Verbrechensbegriff. Entweder wird die Subjektqualität des rechtlich autonomen Individuums (also des erwachsenen Menschen ohne Beeinträchtigungen i. S. d. §§ 20, 21 StGB) anerkannt oder nicht. Das Kleinreden der Selbstbestimmung am Ende des Lebens ist unbefriedigend.[1339] Ebensowenig führt es in der Sache

[1336] AE-StB, GA 2005, S. 553 (582 f.).

[1337] Vgl. Roxin, AT/1 § 2 Rn 33; *Hirsch/Neumann* GA 2007, S. 671 ff.

[1338] Vgl. *Lüttig* ZRP 2008, S. 57 (58), der auch auf das mögliche Vorschieben ökonomischer Drucksituationen hinweist. Vgl. auch die Begründung zum AE-StB, GA 2005, S. 553 (582 f.)

[1339] Vgl. auch *Dreier* FAZ vom 30. August 2008, S. 8 („Freiheit des Andershandelnden"): „Seit Jahren wird über die Zulässigkeit und Verbindlichkeit von Patientenverfügungen diskutiert. Seit Jahren wird aber auch die individuelle Selbstweiter, wenn Sterbehilfeorganisationen wegen angeblicher Profitsucht mehr oder weniger pauschal ins schlechte Licht gerückt werden und damit letzten Endes Politik gegen die rechtliche Autonomie des Individuums gemacht wird.[1340] Die „Tabuisierung von Eingriffen in fremdes Leben“,[1341] die „Aufrechterhaltung eines umfassenden Verbots aktiver direkter Sterbehilfe“[1342] *gegen* den ausdrücklichen Willen des Betroffenen und damit gegen seine rechtliche Autonomie aus überwiegend paternalistischen Gründen, ist ohne Absage an das Autonomieprinzip nicht begründbar.[1343]

Ob der Mensch, zumal an der Schwelle zum Tod, tatsächlich immer autonom handeln kann oder grundsätzlich fremdbestimmt ist, ist empirisch ebenfalls kaum zu beantworten. Dies ist ein grundsätzliches Problem und betrifft u. U. auch andere Konstellationen. Als Bestandteil des Menschenwürdeprinzips aus Art. 1 GG ist auch rechtliche Autonomie letzten Endes nur Ausdruck einer *Überzeugung*. In der Rechtsordnung hat man sich dafür *entschieden*, den rechtlich autonomen Menschen in das Zentrum zu rücken. Diese ideale Geltung der Autonomie hat zur Folge, dass, abgesehen von einigen Ausnahmefällen (bestimmte Formen der Behinderung oder vorübergehende Zustände entsprechender Art), beim erwachsenen Menschen konsequenterweise immer davon ausge-

---

bestimmung kleingeredet oder zur Chimäre entstellt, nur weil manchen die Konsequenzen, die aus dieser Autonomie gezogen werden können, als unvernünftig, unchristlich oder unmoralisch erscheinen.“

1340 Vgl. *Goll* ZRP 2008, S. 199: „Wer aber aus Profitsucht beim Sterben hilft, wer selbstherrlich Organisationen schafft, die sich zum Herrn über Leben und Tod aufschwingen, soll bestraft werden“. Dagegen zu Recht *Saliger* ZRP 2008, S. 199: „Selbsttötung, Versuch der Selbsttötung und Teilnahme an einer freiverantwortlichen Selbsttötung sind in Deutschland straflos. Sogar als Grundrechte verbürgt (Art. 12, 9, 2 I GG) sind gewerbliche Betätigungen der Bürger sowie Gründung von und Tätigkeit in Vereinigungen. Es ist schlechterdings nicht zu sehen, wie aus der Kombination einer straflosen Handlung mit einer grundrechtlich garantierten Tätigkeit eine Straftat entstehen soll. (...) Erforderlich ist ein grundsätzlicher Perspektivenwechsel. Sterbehilfeorganisationen sind nicht der Feind des Grundgesetzes, sondern verfolgen eine positive gesellschaftliche Aufgabe. Statt verzweifelte Menschen und ihre Angehörigen auf eine einsame Selbsttötung zu verweisen, holen die Sterbehilfeorganisationen die Betroffenen aus ihrer Isolation.“

1341 *Roxin,* AT/1 § 2 Rn 33.

1342 AE-StB, GA 2005, S. 553 (582).

1343 Tendenziell auch *Hirsch/Neumann* GA 2007, S. 671 (693 f.), wenngleich sie sich relativierend *Sens* Konzept des „Lebensstandards“ anschließen (*ebenda*, S. 686 ff. mit weit. Nachw.).

gangen wird, dass er in voller Selbstbestimmung rechtlich autonom handelt.

> *Beispiel 15*: A ist vom Hals abwärts querschnittsgelähmt und bittet B, ihn im Schlaf zu töten. Nachdem A eingeschlafen ist, erstickt ihn B mit dem Kopfkissen.
>
> *Lösung*: Die Tötung auf Verlangen erfüllt nicht die Voraussetzungen des materiellen Verbrechensbegriffes. Die rechtliche Autonomie des A ist gewahrt. Staatlicher Paternalismus darf dieser Konsequenz der äußeren Menschenwürde nicht entgegenstehen.

Der Staat ist lediglich angehalten, Regelungen zu treffen, um auf diesem Feld Missbrauch zu verhindern (z. B. durch Einführung einer vorherigen Beratungspflicht unter staatlich reglementierter Aufsicht als Rechtfertigungsgrund). In diesem Kontext müsste überprüft werden, ob der Sterbewillige an einer dauerhaften psychischen Erkrankung leidet, die seine rechtliche Autonomie aus medizinischen Gründen einschränkt oder z. B. familiärer Druck die Entscheidung eines vorübergehend psychisch erkrankten (z. B. besonders labilen) Menschen dominiert; dann z. B. darf die Tötung auf Verlangen nicht erlaubt werden. In der Implementierung staatlich beaufsichtigter Beratungsstellen läge gegenüber dem Vorschlag der pauschalen Pönalisierung der Arbeit von sog. Sterbehilfevereinen wohl auch eine adäquatere Antwort, die den legitimen Bedürfnissen der Betroffenen zwischen Leidensdruck und Schutzbedürfnis besser gerecht würde.[1344]

c. Zusammenfassung: Materielles Verbrechen im Nichtvertragsbereich mit Individualisierungsmöglichkeit

Im Nichtvertragsbereich mit Individualisierungsmöglichkeit richtet sich die materiell verbrecherische Handlung gegen die rechtlich autonome Wahrnehmung der verfassungsrechtlich garantierten Rechte eines individualisierbaren Opfers. Hiervon sind Handlungen gegen die Ordnungsregeln des optimalen Zusammenlebens zu unterscheiden, gegen die passiver Selbstschutz erwartet wird.

[1344] Vgl. *Lüttig* ZRP 2008, S. 57 (59), der die Gesetzesinitiative der Länder Saarland, Thüringen und Hessen zur Schaffung des § 217 StGB („Geschäftsmäßige Förderung der Selbsttötung“) begrüßt (mit weit. Nachw.).

3. Rechtlicher Autonomieverlust im Nichtvertragsbereich ohne Individualisierungsmöglichkeit (Stufe 3)

a. Entmaterialisierter Bezug zur individuellen rechtlichen Autonomie

Auf der dritten Stufe der möglichen Täter-Opfer-Näheverhältnisse, dem Nichtvertragsbereich ohne Individualisierungsmöglichkeit, kann aus Tätersicht ein individuelles Opfer nicht mehr hinreichend deutlich erkannt werden; das Handeln des Täters hat zum Tatzeitpunkt keinen bzw. nur noch entmaterialisierten Individualbezug.

Die unmittelbare Verbindung zur rechtlichen Autonomie eines anderen Menschen fehlt immer dann, wenn aus Tätersicht (am Maßstab eines Durchschnittsdritten) keine Möglichkeit besteht, zu erkennen, dass das Verhalten für einen oder mehrere hinreichend konkretisierbare andere Menschen eine Verletzung der rechtlichen Autonomie bedeutet. Solche Konstellationen können beispielsweise bei umwelt-, wirtschafts- oder steuerstrafrechtlichen Delikten auftreten; aber auch Handlungen gegen den Staat selbst fallen hierunter.

> *Beispiel 16*: A verklappt ein Fass Altöl im Rhein.
>
> *Lösung*: Bei dieser Handlung ist aus Tätersicht die unmittelbare Verknüpfung mit der rechtlichen Autonomie eines anderen Menschen unterbrochen. A kann schlechterdings kein potenzielles Opfer individualisieren, dessen rechtlich autonome Wahrnehmung des verfassungsrechtlich garantierten Individualrechts auf körperliche Unversehrtheit durch den Verzehr von kontaminiertem Trinkwasser oder von belasteten Fischen verletzt sein könnte. Dafür ist die Menge und die toxische Wirkung des verklappten Stoffes zu gering und das Gewässer zu groß. Es liegt kein materielles Verbrechen vor. Unter anderen Umständen kann allerdings bei Eingriffen in den natürlichen Lebensraum die Individualisierbarkeit in Bezug auf andere Menschen gegeben sein.[1345]

Konstellationen wie in *Beispiel 16* sind grundsätzlich dem Bereich des Strafrechts entzogen, weil aus Tätersicht kein Opfer individualisierbar ist und Strafrechtsgesetzgebung auf der Grundlage des idealtypisch-geschlossenen und an Art. 1 GG ausgerichteten Sozialschädlichkeits-

---

[1345] Vgl. oben *Beispiel 8*.

verständnisses keine überindividuellen Aspekte jenseits der rechtlichen Autonomie des Einzelnen zum Gegenstand hat (z. B. den „natürlichen Lebensraum“ selbst oder „die Allgemeinheit“). Die Konsequenz ist, dass – wie in *Beispiel 16* – zahlreiche Fälle von Verschmutzungen der Natur nicht mehr strafrechtlich geahndet werden können. Hier kann sich der Staat des Ordnungswidrigkeitenrechts bedienen. Die Beeinträchtigung von Kollektivinteressen jenseits von Angriffshandlungen auf andere, individualisierbare Personen würde damit zum materiellen Kennzeichen des Ordnungswidrigkeitenrechts. Eine – nach heutiger Lesart unter Umständen zu befürchtende – „geringere Abschreckung“ wäre damit sehr wahrscheinlich nicht verbunden. Denn bis auf die Freiheitsstrafe, die dem Strafrecht als Rechtsfolge sui generis vorbehalten ist und zur abstrakt-dogmatischen Rechtfertigung dieses Rechtsgebietes auch vorbehalten bleiben muss, weicht das Ordnungswidrigkeitenrecht in Aufbau und Struktur vom Strafrecht in vielerlei Hinsicht nur unwesentlich ab. In ihm liegt bei entsprechender Anwendung zumindest das Potential einer im Vergleich zum Strafrecht nahezu ebenbürtigen Signalfunktion zur Kennzeichnung von Unrecht. Hinzu kommt, dass beispielsweise im Umweltstrafrecht überwiegend Geldstrafen ausgesprochen werden und der „abschreckende Effekt“ insofern durch Geldbußen übernommen werden könnte. Die Höhe von Geldbußen kann schon de lege lata beträchtlich sein. Bei lebensnaher Betrachtung wird die größte Abschreckung ohnehin von der zivilrechtlichen Regulierung ausgehen; wer beispielsweise die aufwändige Beseitigung von Tonnen kontaminierten Mülls im Naturschutzgebiet teuer bezahlen muss, wird am ehesten künftig anders handeln. Das wirklich Entscheidende ist in diesem Kontext also die erfolgreiche Strafverfolgung. Die Bedeutung der Kennzeichnung des Verhaltens als „Straftat“ tritt demgegenüber als Ausgangspunkt für künftige Verhaltensanpassungen im Umweltstrafrecht zurück. Andererseits wird durch die Einordnung beispielsweise umweltschädigenden Verhaltens als Ordnungswidrigkeit deutlich, dass durch das Handeln keine individualisierbare andere Person in ihrer rechtlichen Autonomie beeinträchtigt wurde, der Täter aber trotzdem gegen allgemeine Vorstellungen verstoßen hat. Es entsteht also bereits durch die Zuordnung von zu ahndenden Handlungen entweder zum Straf- oder zum Ordnungswidrigkeitenrecht immanent eine auch in der Laiensphäre transparente, zweistufige Unrechtshierarchie, die wiederum eine positiv generalpräventive Rückwirkung auf künftiges Verhalten haben kann; durch die Abschichtung von Verhalten gegen Kollektivinteressen aus dem Strafrecht in das Ordnungswidrigkeitenrecht wird der zentrale Wert der Rechtsordnung, die rechtliche Autonomie des Individuums, hervorgehoben. Bereits die Kenntnis nur weniger der übrig bleibenden Straftatbestände erlaubt das in der Laiensphäre wichtige intuitive Herantasten an den in sich konsistenten materiellen Gehalt des Strafrechts, um das eigene Verhalten daraufhin anpassen zu können – die Grundlage des Konzepts der positiven Generalprävention. Abgesehen davon, wären die beiden Rechtsgebiete dogmatisch sauberer voneinander zu trennen.

Der Individualbezug zur rechtlichen Autonomie eines anderen kann aber nicht nur bei umweltschädigenden Handlungen (o. ä.) fehlen, sondern im unmittelbaren Umgang von Menschen dann dann, wenn es bei der tatsächlichen Interaktion lediglich um die nachfolgende Autonomiebeeinträchtigung einer oder mehrerer anderer Personen geht, die für den Täter wiederum nicht mehr hinreichend individualisierbar sind. Diese Konstellation ist etwa bei Handlungen gegenüber Behörden denkbar, die als Sachwalter für Allgemeininteressen fungieren.

> *Beispiel 17*: A erhält aufgrund falscher Angaben von den Mitarbeitern der zuständigen Behörde einen Führerschein ausgehändigt; fortan nimmt er ohne entsprechende Qualifikation am Straßenverkehr teil.
>
> *Lösung*: Auch hier fehlt es an der Individualisierungsmöglichkeit. A täuscht zwar konkret die Mitarbeiter der zuständigen Behörde; diese werden dadurch aber nicht in der autonomen Wahrnehmung eigener Individualrechte beeinträchtigt. Bezogen auf eine (etwaige) Verletzung der rechtlichen Autonomie eines anderen Verkehrsteilnehmers (z. B. aufgrund von gesundheitlichen Beeinträchtigungen als Folge eines Unfalls) wegen der fehlenden Qualifikation des A, kann aus Tätersicht am Maßstab eines Durchschnittsdritten zum Tatzeitpunkt (Täuschung) kein Opfer individualisiert werden. Ob sich eine von A ausgehende „Gefahr“ überhaupt realisiert und wenn ja, für wen, ist vollkommen ungewiss.

Anders kann der Fall jedoch bei Handlungen zum Nachteil von Beschäftigten staatlicher Institutionen ohne unmittelbaren Bezug zur ausgeübten öffentlichen Aufgabe liegen.

> *Beispiel 18*: Ausgangslage wie *Beispiel 17*; allerdings kommen bei der zuständigen Sachbearbeiterin Zweifel auf; sie verweigert die Herausgabe des Führerscheins. A ist aufgebracht und gibt der Frau eine Ohrfeige.
>
> *Lösung*: A bewegt sich zum Tatzeitpunkt auf der zweiten Stufe der Täter-Opfer-Nähebeziehungen, dem Nichtvertragsbereich mit Indi-

vidualisierungsmöglichkeit. Mit dem Schlag verlässt A den unmittelbaren behördlichen Kontext. Es geht nicht mehr um die Täuschung und damit eine – nach üblicher Diktion – mögliche Gefährdung der „Sicherheit des öffentlichen Straßenverkehrs“, sondern um die konkrete Mitarbeiterin vor ihm. A verletzt gegenüber der Mitarbeiterin die rechtlich autonome Wahrnehmung des Individualrechts auf körperliche Unversehrtheit. Das Geschehen findet dann nicht im inhaltlichen Zusammenhang mit dem behördlichen Handeln, sondern nur aus Anlass des behördlichen Handelns statt.

Trotz des entmaterialisierten Individualbezugs im Nichtvertragsbereich ohne Individualisierungsmöglichkeit muss auch auf dieser dritten Stufe der Täter-Opfer-Näheverhältnisse nach den bislang entwickelten Grundsätzen bei materiell verbrecherischem Verhalten eine Verletzung der rechtlichen Autonomie vorliegen. In diesem Zusammenhang erhält Art. 20 GG eine besondere Bedeutung, wenngleich die Vorschrift als Bestandteil der verfassungsrechtlichen Identitätsgarantie (Art 79 Abs. 3 GG) in der Rangstufe unter Art. 1 GG steht.[1346]

b. Rematerialisierung des Individualbezugs

(1) Rematerialisierung des Individualbezugs durch einen Angriff auf den Bestand staatlicher Institutionen i. S. d. Art. 20 GG

Art. 20 GG schützt nicht die staatliche Ordnung um ihrer selbst willen; vielmehr werden diejenigen institutionellen Rahmenbedingungen unter den absoluten Schutz der Verfassung gestellt (Art. 79 Abs. 3 GG), die als zentrale Voraussetzungen dafür gelten, dass allen Individuen gleichermaßen ein rechtlich autonom geführtes Leben möglich ist – z. B. Volkssouveränität, Demokratiegrundsatz, vor allem aber das Rechtsstaatsprinzip. Diese Rechtsinstitute bilden die institutionelle Basis für die gerechte Verwirklichung individueller rechtliche Autonomie in der Gesellschaft.[1347] Hypothetisch gleiche Interessen aller sollen damit auch jenseits der persönlichen Sphäre ausgewogen gewährleistet werden; dies beinhaltet, immanente Spannungsverhältnisse zu lösen.[1348] Ziel des

---

[1346] Vgl. oben Teil 2 II. C. 3. und 4. b.

[1347] Zu den Prinzipien insgesamt vgl. oben Teil 2 II. C. 4.

[1348] Beispiel: Im individuellen Interesse vieler Empfänger von Leistungen der Grundsicherung läge es, mehr Geld zu erhalten. Demgegenüber müssen die zuständigen staatlichen Institutionen u. a. den Gesamtbedarf und die Gesamtresstaatlichen Handelns ist es insoweit, die Rahmenbedingungen für alle Individuen gleichermaßen (gerecht) so zu gestalten, dass für jeden Menschen dieselben Voraussetzungen dafür geschaffen werden, sich in der äußeren Freiheitssphäre rechtlich autonom zu entfalten.[1349] Dort, wo die Handlungsoptionen des Einzelnen in einer hoch entwickelten und diversifizierten Gesellschaft bald ihre objektiven tatsächlichen Grenzen erreicht haben, setzt das Handeln staatlicher Institutionen ein, welche die individuelle rechtliche Autonomie jenseits der in physischer Hinsicht natürlich beschränkten Sphäre des Einzelnen vertreten. Im Nichtvertragsbereich ohne Individualisierungsmöglichkeit können daher wegen des entmaterialisierten unmittelbaren Individualbezugs allenfalls Handlungen materiell verbrecherisch sein, die diese durch Art. 20 GG umrissene Basis für die gerechte Gewährleistung individueller rechtliche Autonomie *aller* Gesellschaftsmitglieder verletzen.

Damit ist von Anfang an klar, dass hier nur ein ausgesprochen kleiner Bereich materiell verbrecherischen Verhaltens in Betracht kommt. Es geht nicht um die Möglichkeit der strafrechtlichen Flankierung aller möglichen formalen öffentlich-rechtlichen Ordnungsregeln, sondern darum, die Pönalisierung von Handlungen gegen den Staat mit der rechtlichen Autonomie von Individuen zu verknüpfen. Im Ergebnis kann grundsätzlich nur ein Bestandsangriff gegen die staatlichen Rechtsinstitute aus Art 20 GG materiell verbrecherisches Verhalten darstellen; nur dann ist die Funktion der staatlichen Rechtsinstitute nach Art. 20 GG als Garantie für die Gewährleistung der *rechtlichen Autonomie aller Individuen* in der entmaterialisierten Sphäre tiefgreifend gestört. Erst wenn die durch die Rechtsinstitute nach Art. 20 GG garantierte *staatliche Basis* zur Verwirklichung rechtlicher Autonomie für alle in der Gesellschaft lebenden Menschen zu einem bestimmten Zeitpunkt angegriffen wird, kann (ausnahmsweise) materiell verbrecherisches Verhalten in der Nichtvertragsebene ohne Individualisierungsmöglichkeit vorliegen. Erst dann kann zum Zeitpunkt der Tat in idealtypischer Hinsicht die rechtliche Autonomie aller Individuen als verletzt angesehen werden.

---

sourcen im Blick behalten, um allen Bedürftigen die gleichen Voraussetzungen für ein Leben auf der Basis eines Mindestmaßes an autonomer wirtschaftlicher Gestaltungsfreiheit zu gewährleisten.

[1349] *Sternberg-Lieben*, Freiheit des Strafgesetzgebers, S. 65 (67): Der „Person als oberstem Rechtswert" hat „alle Staatstätigkeit zu dienen"; s. o. Teil 2 II. C. 4. b.

Andernfalls ergäbe sich der Widerspruch, dass Handlungen gegen staatliche Institutionen leichter pönalisiert werden könnten als Handlungen gegen das Individuum, obwohl die Staatsstrukturprinzipien aus Art. 20 GG von der rechtlichen Autonomie i. S. d. Art. 1 GG abhängen und nicht umgekehrt.

α) Originäre Zuständigkeit einer staatlichen Institution und Ungehorsam im Über-Unterordnungs-Verhältnis

Sowohl in der Eingriffs- als auch in der Leistungsverwaltung handeln staatliche Institutionen auf der Grundlage ihrer gesetzlichen Zuständigkeit. Mit dieser Aufgabenzuweisung legitimiert also der Souverän das konkrete behördliche Handeln und damit letzten Endes das Bestehen dieser staatlichen Institution.

Im Rahmen ihrer Zuständigkeiten haben Behörden in der Regel verschiedene Rechte zur Realisierung ihrer Aufgaben; das Spektrum reicht z. B. von der einfachen Befugnis zur Prüfung von Anträgen auf Gewährung einer Leistung bis hin zur gewaltsamen Durchsetzung von Verfügungen, etwa der Auflösung einer ungenehmigten Versammlung. Dies sind nicht nur untergeordnete Folgerechte. Vielmehr wird von der Behörde erwartet, dass sie im Rahmen ihrer Zuständigkeit aktiv die staatliche Ordnung durchsetzt. Mit der Bereitstellung von Sach- und Personalressourcen soll die ordnungsgemäße Aufgabenwahrnehmung gewährleistet werden. In der Erfüllung der zugewiesenen Aufgaben liegt damit die Existenzberechtigung einer staatlichen Institution.

Verkürzt kann man also sagen: Der Souverän schafft eine Behörde, weist ihr eine Aufgabe zu, stattet sie mit Ressourcen aus, die weit jenseits dessen liegen, was der Einzelne zur eigenen aktiven Verteidigung aufbieten könnte und erwartet schließlich die aktive Erledigung der zugewiesenen Aufgabe durch die Behörde.

In der Erwartung der aktiven Umsetzung des Rechts im Über-Unterordnungs-Verhältnis durch die Verwaltung liegt ein wesentlicher Unterschied zum Gleichordnungverhältnis zwischen Individuen. Der einzelne Mensch muss sich nicht durch bestimmtes Handeln für seine Existenz legitimieren, eine Behörde für die ihre schon. Vom Individuum kann aktiver Selbstschutz (außer vor Vertragsabschlüssen) zum Schutz seiner rechtlichen Autonomie idealtypisch nicht erwartet werden. Demgegenüber ist die Verwaltung mehr oder weniger gezwungen, im Rahmen ihrer Zuständigkeit aktiv zu werden; in der behördlichen Aufgabenwahrnehmung realisiert sich gewissermaßen der Selbstschutzgedanke: Wird die Aufgabe nicht erfüllt, ist die staatliche Institution überflüssig.

Der entscheidende Punkt im Kontext mit dem materiellen Verbrechensbegriff ist, dass die behördliche Aufgabenwahrnehmung im Prinzip die Existenz abweichenden Verhaltens durch Individuen *voraussetzt*. Denn Verwaltungsvorschriften sagen implizit auch aus, dass im konkreten Regelungszusammenhang abweichendes Verhalten von Menschen im Über-Unterordnungs-Verhältnis *erwartet* wird. Dieses von Ordnungsregeln bestehender Verwaltungsgesetze abweichende Verhalten kann mit dem Begriff Ungehorsam beschrieben werden.

Der Ungehorsam, also abweichendes Verhalten im Über-Unterordnungs-Verhältnis im inhaltlichen Kontext mit der Zuständigkeit einer Behörde, kann niemals den Bestand der staatlichen Institution selbst angreifen, pointiert formuliert gilt sogar das Gegenteil: Fehlte es am ungehorsamen Handeln, hätte der staatliche Aufwand (die Verwaltung) an dieser Stelle von Anfang an keinen Sinn.

Die Folge ist, dass unerlaubte Handlungen im Über-Unterordnungs-Verhältnis nicht für materiell verbrecherisch erklärt werden können, solange sie sich im Regelungskontext der originär zuständigen staatlichen Institution bewegen. In diesen Fällen reicht das Handeln des Täters im Nichtvertragsbereich ohne Individualisierungsmöglichkeit nicht an ein anderes Individuum heran, weil der Bestand der Behörde und damit Art. 20 GG als institutionelle Basis für die gerechte Verwirklichung individueller rechtlicher Autonomie nicht berührt wird. Dies gilt zum einen für die Leistungsverwaltung.

> *Beispiel 19*: A stellt einen Antrag auf Leistungen der Sozialhilfe. Dabei gibt er nicht an, dass er vermögend ist.
>
> *Lösung*: Die Handlung des A liegt auf der dritten Stufe (Nichtvertragsbereich ohne Individualisierungsmöglichkeit), weil nur alle Steuerzahler gleichermaßen benachteiligt sein können und dies für eine Individualisierung im Sinne der zweiten Stufe nicht hinreicht. Das konkrete Verhalten erfüllt nicht die Voraussetzungen des materiellen Verbrechensbegriffes, weil es gerade die Aufgabe des zuständigen Sozialleistungsträgers ist, die Voraussetzungen für einen entsprechenden Anspruch zu prüfen.

Die Grundsätze gelten aber auch für die Eingriffsverwaltung:

> *Beispiel 20*: A parkt sein Fahrzeug vorschriftswidrig, aber ohne Beeinträchtigung anderer Personen. Als ihn Polizeibeamter P auffor-

dert, woanders zu parken, weigert sich A. Dabei drängt A den vor ihm stehenden P zur Seite und entfernt sich.

Lösung: Das Falschparken kann in diesen Konstellationen grundsätzlich keine Straftat darstellen, weil es ureigene Aufgabe der Ordnungsbehörden ist, auf die Einhaltung der Verkehrsregeln zu achten und kein anderer Mensch in der rechtlich autonomen Wahrnehmung der Individualrechte verletzt wird. Auch das einfache Wegdrängen des P erfüllt jedenfalls dann nicht die materiellen Voraussetzungen einer Straftat (z. B. § 113 StGB), wenn die Schwelle zur individuellen körperlichen Misshandlung i. S. d. § 223 StGB noch nicht erfüllt ist. Es ist gerade die Aufgabe von Polizeibeamten, rechtmäßige Zustände auch gegen den Willen der Normadressaten durchzusetzen; genau dafür werden sie ausgebildet und von der Gesellschaft bezahlt. Solange sie also nicht als Personen individuell tätlich verletzt werden, darf erwartet werden, dass sie „mehr aushalten" müssen als Durchschnittsbürger. In Weigerungen wie der des A liegt also kein Angriff gegen den Bestand der Polizeibehörde.

Anders kann der Fall im Ergebnis liegen, wenn eine konkrete Rettungskausalität durch den Widerstand unterbrochen wird.

Beispiel 21: A erkennt in seinem Auto, dass die hinter ihm fahrenden Polizeibeamten einen Verletzten im Wagen haben, der medizinische Hilfe benötigt; dennoch fährt A nicht an den Straßenrand, um den Beamten den Weg frei zu machen. Die Polizisten müssen eine Parallelstraße benutzen. Durch die Zeitverzögerung stirbt der Verletzte.

Lösung: A hat sich materiell verbrecherisch verhalten. Dies aber nicht mit Blick auf die Weigerung, den Weg frei zu machen, denn die Beamten sind dafür ausgebildet, solche Situationen zu bewältigen. In dieser Konstellation geht vielmehr die Handlung vom Nichtvertragsbereich ohne Individualisierungsmöglichkeit (öffentliche Ordnung) in den Nichtvertragsbereich mit Individualisierungsmöglichkeit über (rechtliche Autonomie des Verletzten). Beeinträchtigt ist die individuelle rechtliche Autonomie des Verletzten.

β) Angriffe auf den Bestand einer Behörde: die Rematerialisierung des Individualbezugs durch Art. 20 GG

Materiell verbrecherisches Handeln kann im Nichtvertragsbereich ohne Individualisierungsmöglichkeit durch einen Angriff auf den Bestand der staatlichen Institution nur im Ausnahmefall vorliegen – hierfür muss der behördliche Kontext verlassen werden:

Beispiel 22: Bauunternehmer A zerstört aus Ärger über versagte Genehmigungen das im Eigentum der Stadt stehende Gebäude des örtlichen Hoch- und Tiefbauamtes, indem er es nachts mit einem großen Baustellenfahrzeug zum Einsturz bringt. Niemand wird verletzt.

Lösung: A bewegt sich im Nichtvertragsbereich ohne Individualisierungsmöglichkeit, weil sich das Gebäude im Eigentum der öffentlichen Hand befindet und damit eine Individualisierung von Opfern nicht hinreichend möglich ist; A hat zudem den behördlichen Kontext verlassen. Der Bestand dieser staatlichen Institution ist jedoch angegriffen, weil das kontinuierliche äußere Funktionieren der Behörde durch die Zerstörung des Gebäudes unterbrochen wird. Im Ergebnis liegt damit ein Bestandsangriff auf das Rechtsstaatsprinzip nach Art. 20 GG vor.

Ein Angriff auf den Bestand der Rechtsinstitute von Art. 20 GG kann aber auch bei – scheinbar – fortdauernder äußerer Funktionsfähigkeit gegeben sein:

Beispiel 23: Bauunternehmer A steckt dem zuständigen Mitarbeiter des Hoch- und Tiefbauamtes seit einiger Zeit in regelmäßigen Abständen größere Bargeldsummen zu. Die Anträge des A werden daraufhin besonders zügig bearbeitet und positiv beschieden.

Lösung: Mit dem kollusiven Zusammenwirken bei Amtsdelikten (Bestechung, Vorteilsannahme) wird der unmittelbare Zuständigkeitskontext jeder staatlichen Institution verlassen. Diese sind dazu da, um mit ihren zum rechtsstaatlichen Handeln besonders verpflichteten Beschäftigten (Angestellten und Beamten) die ihnen zugewiesenen öffentlichen Aufgaben zu erfüllen. Zur *originären* Zuständigkeit gehört es nicht, die Lauterkeit der eigenen Beschäftigten zu kontrollieren. Der Staat muss sich nach sorgfältiger Auswahl von Angestellten und Beamten auf die redliche Amtsführung seiner Mitarbeiterinnen und Mitarbeiter verlassen können. Das ist die eigentliche Basis für rechtsstaatliche Verwaltung (auch Rechtsprechung). Fehlt es an ihr, ist der Bestand der staatlichen Institution verletzt, weil ihr „inneres Funktionieren" nicht mehr gewährleistet ist. Die an alle Individuen gerichtete Garantieaussage des Art. 20 GG – die Existenz einer rechtsstaatlichen Verwaltung (und Rechtsprechung) – ist damit durch die Handlung des A (und des betreffenden Mitarbeiters) aufgehoben. Durch diesen Bestandsangriff reicht die Handlung des A in idealtypischer Hinsicht an die individuelle rechtliche Autonomie anderer Personen heran, die sich nicht mehr auf eine objektive, neutrale Amtsführung der Behörde verlassen können.

γ) Wertungswidersprüche? Ergänzende Überlegungen

Die *Beispiele 19* bis *23* werfen die Frage auf, ob sich aus dem hier vertretenen Ansatz Wertungswidersprüche ergeben können. So mag es beispielsweise schwierig erscheinen anzunehmen, dass der Sozialhilfebetrug (*Beispiel 19*) straflos bleiben soll, während die Bestechung (*Beispiel 23*) materielles Verbrechen darstellt. Auf der Grundlage eines intuitiv-offenen Sozialschädlichkeitsverständnisses läge der Wertungswiderspruch auch vor – denn natürlich schädigen beide Handlungen *irgendwie* die Allgemeinheit. Allerdings wirken die „Schäden" in unterschiedliche Richtungen; einerseits in monetärer Hinsicht zum unspezifischen Nachteil für alle nicht individualisierbaren Steuerzahler trotz Tätigwerden der dafür zuständigen Verwaltung, andererseits in rechtsstaatlicher Hinsicht zum idealtypischen Nachteil für die ausgewogene Gewährleistung der rechtlichen Autonomie hinsichtlich aller Individuen – eine Garantie aus Art. 20 GG. Ein Wertungswiderspruch ergibt sich nur, wenn diese unterschiedlichen Wirkungen unterschiedslos als gleichgewichtige „Schäden" beurteilt werden. An dieser Stelle wirkt sich also das an Art. 1 GG ausgerichtete, idealtypisch-geschlossene Herangehen an den materiellen Verbrechensbegriff in besonders deutlicher Weise aus; gerade im Nichtvertragsbereich ohne Individualisierungsmöglichkeit kommt es gegenüber dem intuitiv-offenen Sozialschädlichkeitsverständnis zu einem Bruch mit fest implementierten, pauschalen Pönalisierungs- und Begründungstraditionen.

(2) Rematerialisierung des Individualbezugs durch das Nothilfeprinzip

α) Die Quasi-Nothilfehandlung

Mit dem Rechtsinstitut der Nothilfe kann ebenfalls der entmaterialisierte Individualbezug im Nichtvertragsbereich ohne Individualisierungsmöglichkeit rematerialisiert werden. Dies beruht auf folgender Überlegung:

Der Staat ist gegenüber dem Individuum Gewährleister von Sicherheit.[1350] Zu diesem Zweck werden zahlreiche Normen aufgestellt, die von jedermann zu befolgen sind. Im Falle der Missachtung reagiert der Staat in abgestufter Weise. Er kann sich beispielsweise einer Reaktion vollkommen enthalten (bei Verstößen gegen leges imperfectae) oder auf der Grundlage von Opportunitätsgesichtspunkten über das Ob und Wie einer geeigneten Reaktion ad hoc entscheiden (bei Ordnungswidrigkeiten); zum Teil muss der Staat in bestimmten Fällen nach dem Legalitätsprinzip reagieren (z. B. nach der Begehung von Straftaten, genauer: Offizialdelikten) und er kann wegen einer Ermessensreduzierung auf Null auch unmittelbar gezwungen sein, drohende Rechtseinbußen zum Nachteil eines anderen Menschen zu verhindern (z. B. aktiv zu werden, um ein Tötungsdelikt zu vereiteln).

In allen Fällen handeln die staatlichen Institutionen letzten Endes auf der Grundlage des Stellvertretungsgedankens. Die intensivste Form dieser Stellvertretung liegt in diesem Kontext bei der Ermessensreduzierung auf Null im Falle der drohenden schweren individuellen Rechtsbeeinträchtigung vor.[1351] Dann ist der Staat (die Polizei) gezwungen, unverzüglich alles zur Abwendung der Bedrohungslage und zum Schutz des Individuums zu unternehmen; das Opportunitätsprinzip tritt in diesen Ausnahmefällen zurück.[1352] In diesem Fall handeln also die zuständigen staatlichen Institutionen, im Regelfall die Polizei, wegen der unmittelbar bevorstehenden Bedrohungslage erzwungenermaßen nothilfeähnlich. Die nothilfeähnliche Handlung stellt das Alleinstellungsmerk-

---

[1350] *Sternberg-Lieben*, Freiheit des Strafgesetzgebers, S. 65: „Die Staatsaufgabe 'Sicherheit' gehört von jeher zu den selbstverständlichen Grundlagen auch des modernen, freiheitlichen Staates."

[1351] Hierzu *Schenke*, § 3 Rn 100, 101.

[1352] Vgl. *Kugelmann*, Kapitel 8 Rn 14 ff.; vgl. auch BVerwGE 11, S. 95 (96 f.): „Opportunitätsprinzip und Ermessensfreiheit selbst tragen aber – und eben darum haben Sie Platz im Rechtsstaat – gewisse Schranken in sich. Sie geben keine Freiheit der Willkür, sondern decken nur das sogenannte pflichtgemäße Ermessen. Die Behörde muss sich vom Sinn des Gesetzes leiten lassen, das ihr ein Ermessen einräumt. (...) Für eine rechtsfehlerfreie Ermessenausübung kann neben anderen Umständen auch das Ausmaß oder die Schwere der Störung oder Gefährdung eine maßgebende Bedeutung haben. Bei hoher Intensität der Störung oder Gefährdung kann eine Entschließung der Behörde zum Nichteinschreiten unter Umständen sogar als ermessensfehlerhaft erscheinen. Praktisch kann dieserhalb die rechtlich gegebene Ermessensfreiheit derart zusammenschrumpfen, daß nur eine einzige ermessensfehlerfreie Entschließung, nämlich die zum Einschreiten, denkbar ist und höchstens für das Wie des Einschreitens noch ein ausnutzbarer Ermessensspielraum der Behörde offenbleibt."

mal der in diesem Kontext beschriebenen „Stellvertretungsfälle“, in denen der fehlende Individualbezug durch Art. 20 GG rematerialisiert wird, dar; in allen anderen Konstellationen können die zuständigen staatlichen Institutionen immer noch entscheiden, ob, wann und wie sie geeignet vorgehen.[1353]

Die Quasi-Nothilfelage setzt also typischerweise die unmittelbar drohende Einbuße von rechtlich autonomer Wahrnehmung verfassungsmäßig garantierter Individualrechte für einen oder beliebig viele Individuen voraus. Es geht damit praktisch aus Tätersicht um das Ingangsetzen von unbeherrschbaren Großgefahren, die so intensiv sind, dass sie an die rechtliche Autonomie irgendeines Individuums unmittelbar heranreichen (obwohl dieses aus Tätersicht nicht individualisierbar ist). Nur dann müssten die staatlichen Institutionen unverzüglich nothilfeähnlich agieren.

Im Nichtvertragsbereich ohne Individualisierungsmöglichkeit stellt daher auch die Quasi-Nothilfesituation für den Staat zu Gunsten eines oder mehrerer anderer Menschen den ursprünglich abhanden gekommenen Individualbezug zwischen Täter und Opfer wieder her. Dies ist nur in Extremfällen denkbar, etwa wenn eine Großgefahr geschaffen wird, gegen die die zuständigen staatlichen Stellen unverzüglich zum Schutz von nicht individualisierbaren Individuen handeln müssen bzw. müssten.

> *Beispiel 24*: A nimmt ein technisch veraltetes Atomkraftwerk in Betrieb.
>
> *Lösung*: A handelt materiell verbrecherisch. Oberflächlich betrachtet verstößt er lediglich gegen die einschlägigen Ordnungsvorschriften; insofern liegt bloßer Ungehorsam im Verhältnis zur zuständigen Behörde vor. Allerdings ist das potenzielle Bedrohungsszenario

---

[1353] Vgl. z. B. *Lisken/Denninger* (*Rachor*), S. 445 zum Entschließungsermessen: „Die Eröffnung eines Ermessensspielraums bedeutet, dass die Verwaltung bei der Verwirklichung der polizeigesetzlichen Tatbestände zwischen verschiedenen Verhaltensweisen auswählen kann, Diese Wahl findet gedanklich auf zwei Ebenen statt. Die Polizei kann einmal darüber befinden, ob sie überhaupt einschreiten will (Entschließungsermessen). Hat die Polizei sich zum Einschreiten entschlossen, so stellt sich die Frage, welche Maßnahmen und Mittel zu ergreifen sind und gegen wen sie sich richten sollen (Auswahlermessen). Parken zum Beispiel mehrere Autos verkehrsordnungswidrig auf einem Gehsteig und behindern dadurch andere Verkehrsteilnehmer, so ist die Polizei zum Einschreiten zwar befugt. Sie muss aber nicht unter allen Umständen tätig werden.“

so immens, dass der Nothilfegedanke zum Zuge kommt. Die unmittelbar drohenden, möglicherweise verheerenden Auswirkungen eines atomaren Zwischenfalls für unübersehbare viele Menschen wiegen so schwer, dass in der Inbetriebnahme ein unberechenbares Risiko für eine unbestimmte Zahl von Menschen liegt. Sobald die zuständige Behörde davon erführe, müsste sie umgehend nothilfeähnlich zum Schutz vieler (nicht individualisierter) Unbekannter tätig werden.

β) Weniger intensive Konstellationen

Staatliches Handeln zur Abwehr geringerer Gefahrpotenziale beruht nicht auf einer Quasi-Nothilfehandlung des Staates, weil der drohende Verlust rechtlicher Autonomie nicht unmittelbar an das Individuum heranreicht. In diesen weniger intensiven Fällen reagiert der Staat zwar auch regelmäßig auf rechtswidriges Verhalten, dann aber in erster Linie der allgemeinen Forderung aus dem Rechtsstaatsprinzip folgend, rechtmäßige und störungsfreie Zustände wieder herzustellen und *nicht* wegen einer Ermessenreduzierung auf Null unverzüglich mit Blick auf zu schützende Individuen.

Reagiert der Staat jenseits einer Quasi-Nothilfesituation, liegt in dem handlungsauslösenden, normverletzenden Verhalten des Täters in materieller Hinsicht lediglich Ordnungsunrecht vor. In diesen Konstellationen reicht das Handeln des Täters nicht an die individuelle rechtliche Autonomiesphäre eines anderen Menschen heran.

Beispiel 25: A „frisiert" seine Steuererklärung und führt objektiv zu wenig Steuern ab.

Lösung: Es gibt kein individualisierbares Opfer. Benachteiligt ist die Allgemeinheit, die über ein geringeres Maß an Steuermitteln verfügt. A kann sich kein hinreichend genaues Vorstellungsbild darüber machen, wer möglicherweise am Ende zu den konkreten „Opfern" zählt. Art. 20 GG führt in diesem Zusammenhang nicht zu einer Rematerialisierung des Individualbezugs, weil zum einen die Frage der ordnungsgemäßen Abführung von Steuern im originären Zuständigkeitsbereich der Finanzbehörde liegt (A also nur ungehorsam handelt) und zum anderen die Steuerverkürzung auch keine unmittelbare Gefahr für ein oder mehrere andere Menschen darstellt, die der Finanzbehörde eine unverzügliche Quasi-Nothilfehandlung zu deren Schutz oktroyierte. Die Steuerverkürzung ist damit nach den hier zu Grunde gelegten Annahmen materiell Ordnungsunrecht und stellt keine materiell verbrecherische Handlung dar.

γ) Zur Gefahr illegitimer Strafrechtsausdehnung. Ergänzende Überlegungen

Die Rematerialisierung der fehlenden Opferindividualisierung auf der dritten Stufe über den Gedanken der Quasi-Nothilfe birgt grundsätzlich die Gefahr von Dammbrucheffekten in sich. Es wäre denkbar, dass auf Basis bloß politisch motivierter Behauptungen über angebliche Gefahren Quasi-Nothilfehandlungen konstruiert und in der Folge illegitime Straftatbestände eingeführt werden. So könnten im Kontext staatlicher Terrorabwehr beispielsweise bereits alle möglichen Sympathiebekundungen oder –handlungen hinsichtlich bestimmter Vereinigungen weit im Vorfeld von Gewalttaten als „gefährlich" unter Strafe gestellt werden. Dann verlöre der materielle Verbrechensbegriff weitgehend die Funktion als abstrakt-generelle Grenze für die Legislative. Damit sich solche Effekte nicht realisieren, ist es erforderlich, dass im Gesetzgebungsprozess ganz besonderes Augenmerk auf den Aspekt der Ermessenreduzierung auf Null gelegt wird. Die Rematerialisierung der fehlenden Opferindividualisierung durch den Gedanken der Quasi-Nothilfehandlung ist nur gegeben, wenn die tatbestandlich erfasste Gefahr die zuständigen staatlichen Institutionen (meist die Polizei) bei entsprechender Kenntnis selbst *unmittelbar zwingen* würde, unverzüglich zum Schutz von Personen zu handeln, um die Gefahr von ihnen abzuwenden. Nur dann würden staatliche Institutionen stellvertretend zum unmittelbaren Schutz der rechtlichen Autonomie von Personen tätig. Der Gesetzgeber muss daher vor der Kriminalisierung eines Verhaltens transparent und inhaltlich nachvollziehbar die Frage beantworten, ob die staatlichen Strafverfolgungsbehörden bei Bekanntwerden dieses Verhaltens gezwungen wären, unverzüglich zur Verteidigung personaler rechtlicher Autonomie zu handeln. Lediglich in diesem sehr engen Rahmen ist die Schaffung von Strafnormen auf der Grundlage des Nothilfegedankens legitim.

Der Vorteil gegenüber der heutigen intuitiv-offenen Herangehensweise besteht darin, dass die von der Legislative vorzunehmende Ermessensprognose inhaltlich besser überprüfbar ist als der kaum handhabbare Maßstab des Bundesverfassungsgerichts, wonach der Einsatz des Strafrechts nur dann illegitim ist, wenn schlechterdings kein „sachlich einleuchtender Grund“ mehr erkennbar ist.[1354]

Vor allem muss die vom Gesetzgeber vorzunehmende prognostische Ermessensentscheidung im plausiblen Verhältnis zum übrigen staatlichen Handeln auf dem Feld der Strafverfolgung stehen. Hier können u. a. die Strafverfolgungsrealität, der praktische Ressourceneinsatz, aber auch die politische Budgetverantwortung relevant werden.

Konzentrieren sich beispielsweise die Anstrengungen der Strafverfolgungsbehörde auch bislang erkennbar auf die Verhinderung vergleichbaren Verhaltens, wäre die Pönalisierung vertretbar. Wenn demgegenüber das vergleichbare Verhalten tatsächlich so gut wie nie strafrechtlich geahndet wird (§§ 153, 153a StPO), die Ressourcen der Polizei in der Praxis regelmäßig auf anderen Feldern eingesetzt werden, die Bereitstellung öffentlicher Mittel zur adäquaten Strafverfolgung also nicht hinreichen, bedeutete eine durch den Quasi-Nothilfegedanken begründete Pönalisierung, dass die staatliche Strafgewalt insofern unzulässig ausgeübt würde. Mit der unplausiblen Annahme der Ermessensreduzierung auf Null, um den Einsatz von Strafrecht zu legitimieren, stünde das staatliche Handeln letzten Endes im Selbstwiderspruch. Dies gilt auch für die Frage der Entkriminalisierung.

(3) Systemgerechtigkeit

Die hier im Kontext des Nichtvertragsbereichs ohne Individualisierungsmöglichkeit aufgestellten Grundsätze und Konsequenzen unterscheiden sich z. T. erheblich vom derzeitigen positiven Recht. Sie werden in der Sache jedoch von mehreren Aspekten flankiert, die für eine größere Systemgerechtigkeit sprechen.

Eine Person hat keine Wahlmöglichkeit, ob sie individuelle Freiheitsrechte auf den Staat überträgt oder nicht. Der einzelne Mensch wird in den Staat hineingeboren. Bereits die Anfänge in der Beziehung Staat-Individuum sind damit nicht ausgewogen. Im Folgenden hat sich jeder einzelne den konkreten Vorgaben von Legislative, Exekutive und Judikative individuell zu unterwerfen, entweder durch eingeforderte Handlungen oder Unterlassungen. Bereits der Appell, erst recht die Umsetzung von staatlichen Vorgaben, schränkt das Individuum in seiner Handlungsfreiheit ein. Im Falle der Fehlleistung muss es zudem mit Konsequenzen rechnen und ist gezwungen, sie zu akzeptieren. Dabei

---

[1354] Vgl. BVerfGE 120, S. 224 (250).

finanziert das Individuum (durch Steuern und Sozialabgaben) den ihn beschränkenden Staat mit und hat durch die ausgesprochene Mittelbarkeit der demokratischen Rahmenbedingungen praktisch keine Möglichkeit, alternative Modelle zu implementieren.

Bei dieser Ausgangslage, die von erheblichen Anforderungen an den Einzelnen im Verhältnis zum Staat geprägt ist, erscheint der grundsätzliche Ausschluss der Pönalisierung von illegalen Handlungen gegenüber staatlichen Institutionen im Zusammenhang mit ihren originären Zuständigkeitsbereichen als gerechter Ausgleich für die asymmetrischen Kräfteverhältnisse von Individuum auf der einen und staatlicher Ordnung auf der anderen Seite.

In einigen Bereichen des öffentlichen Rechts ist diese Asymmetrie besonders ausgeprägt; zu denken ist insbesondere an den Aspekt der Indienstnahme Privater zur Erfüllung staatlicher Aufgaben. Diese neben Beleihung und Verwaltungshilfe dritte Möglichkeit, staatliche Aufgaben durch „Rechtssubjekte außerhalb der staatlichen Verwaltung erledigen" zu lassen, ist anerkannt;[1355] im Beitragsrecht wird vor allem der Arbeitgeber umfänglich vom Staat in den Dienst genommen, z. B. durch Melde- und Dokumentationspflichten („Erfassung der Beiträge an der Quelle"[1356]). Aber auch im Steuerrecht oder andernorts im öffentlichen Recht kann der Gedanke der Indienstnahme greifen. Den Privaten wird in diesem Kontext zur letztendlichen Erfüllung staatlicher Aufgaben viel abverlangt; sie müssen die teilweise sehr dynamischen Entwicklungen komplexer Rechtsmaterien stets im Auge behalten. Fehlleistungen gehen grundsätzlich zu Lasten der Indienstgenommenen, es droht regelmäßig die Anwendung von Straf- oder Ordnungswidrigkeitenrecht; insgesamt erweckt diese Entwicklung den Eindruck, dass es sich der Staat mit der Wahrnehmung seiner Aufgaben und der Verteilung der Lasten stellenweise recht einfach macht.[1357] Auch in diesem Kontext erscheint es systematisch gerechter, wenn zumindest die materiellen Voraussetzungen für die staatliche *Straf*gewalt besonders eng gefasst werden.

[1355] BSG v. 18.05.1995 – 7 RAr 2/95 – SozR 3-4100 § 144 Nr. 1; LSG für das Saarland v. 19.01.2005 – L 2 KR 14/01; *Schlegel*, BSG-Festschrift, S. 265 (mit zahlr. weit. Nachw.); zum Ganzen auch *Schlegel/Voelzke* (*Wrage*), § 111 Rn 56 ff.

[1356] *Schlegel*, BSG-Festschrift, S. 265 (275).

[1357] *Schlegel/Voelzke* (*Wrage*), § 111 Rn 60.

Dem Ultima-Ratio-Prinzip würde auf der hier aufgezeigten Grundlage ebenfalls besser Rechnung getragen als heute. Spiegelbildlich zum gravierendsten Eingriff des Staates durch Strafrecht in die *rechtliche Autonomie* des Einzelnen (im Rahmen des Strafverfahrens bzw. der Strafvollstreckung) erscheint es sachgerecht, dass eine Handlung in der Nichtvertragsebene ohne Individualisierungsmöglichkeit nur dann als Ausdruck materiellen Verbrechens begriffen wird, wenn sie einen Individualbezug aufweist. Dem Ansatz des Quasi-Nothilfehandlungs-Erfordernisses liegt also auch die Überlegung zugrunde, dass es ungerecht ist, abweichendes Verhalten mit allen nachteiligen Konsequenzen pönalisieren zu dürfen, wenn die (hinzugedachte) staatliche Abwehrhandlung selbst gar keinen zwingenden Charakter besäße. Die Schwere des Eingriffs für den Einzelnen (Einsatz von Strafrecht) auf der einen Seite und die Schwere des Eingriffs für die staatlichen Institutionen (Ermessensreduktion auf Null) auf der anderen Seite sollten sich entsprechen.

Andernfalls bleibt das Strafrecht weiterhin beliebiges Steuerungselement und damit offen für politische Instrumentalisierung, speziell im Nichtvertragsbereich ohne Individualisierungsmöglichkeit. Auch im Nebenstrafrecht drängt sich der Eindruck auf, dass die an sich erforderlichen und ressourcenintensiven präventiven Maßnahmen zur Vermeidung unerwünschten Verhaltens durch den Einsatz von Strafrecht ersetzt werden sollen. Das Unterstrafestellen dort erscheint doppelt fragwürdig, weil einerseits politische Budgetverantwortung zum Ausbau von tatsächlichem Schutz nur zögerlich wahrgenommen wird und andererseits gerade im Nebenstrafrecht das Präventionskonzept von Strafnormen nicht aufgeht, weil die Fülle der Strafnormen weitgehend unbekannt ist.[1358] Ohnehin ist die kritische Auseinandersetzung speziell zur Legitimität des Nebenstrafrechts nicht sonderlich ausgeprägt.[1359] Nach

---

[1358] Dazu oben Teil 2 I. D. 3. d. / e.

[1359] *Krack*, Festschrift für *Otto*, S. 609 (621): „So verständlich der Wunsch nach einer Ausdehnung der strafrechtlichen Normen aus der Perspektive des Praktikers sein mag, sollte im Interesse eines stimmigen Gesamtsystems auf die kritische Begleitung durch die Wissenschaft nicht verzichtet werden. Während im Kernbereich des an der Universität gelehrten Strafrechts fast jeder meint, zur Auslegung der Tatbestände seine eigene Ansicht entwickeln und publizieren zu müssen, bleiben ganze Bereiche wie der des Wirtschaftsstrafrechts in weitem Maße den Praktikern überlassen. Sie weitgehend allein verfassen die für die Rechtsanwendung wichtigen Lehrbücher und Kommentare."

wie vor dominieren dort wenig reflektierte Wünsche aus der Praxis nach Ausdehnungen des Strafrechts.[1360]

f. Zusammenfassung: Materielles Verbrechen im Nichtvertragsbereich ohne Individualisierungsmöglichkeit

Im Nichtvertragsbereich ohne Individualisierungsmöglichkeit liegt materielles Verbrechen gegen die rechtliche Autonomie eines Individuums vor, wenn der Bestand der in Art. 20 GG geschützten Rechtsinstitute angegriffen wird oder staatlichen Institutionen eine Nothilfelage zu Gunsten einzelner Menschen aufgedrängt wird, wodurch das staatliche Handlungsermessen auf Null reduziert ist.

4. Gesamtdefinition des materiellen Verbrechensbegriffs

Die Definitionen materiell verbrecherischen Verhaltens auf den Stufen *Vertragsbereich*, *Nichtvertragsbereich mit* und *ohne Individualisierungsmöglichkeit* führen zu folgender Gesamtdefinition:

Materielles Verbrechen liegt jenseits der aktiven oder passiven Selbstschutzanforderungen vor, wenn sich die Handlung gegen die rechtlich autonome Wahrnehmung individueller Rechte von individualisierbaren Personen richtet beziehungsweise staatliche Institutionen entweder in ihrem durch Art. 20 GG garantierten Bestand beeinträchtigt sind oder ihnen eine Nothilfehandlung zu Gunsten Dritter aufgedrängt wird.

I. Vorschlag für Art. 103 Abs. 3 GG de lege ferenda

Die Bedeutung einer Verankerung des materiellen Verbrechensbegriffes in der Verfassung wurde bereits hervorgehoben.[1361] Systematisch er-

---

[1360] So hat z. B. *Krack*, Festschrift für *Otto*, S. 609 (611-617), diese Mechanismen exemplarisch anhand von § 16 Abs. 2 UWG (Strafbarkeit der progressiven Kundenwerbung) dargelegt, indem er alle erörterten Rechtfertigungsansätze (*Schutz des Verbrauchers wegen des fehlenden Einblicks ins System, systembedingte Marktverengung, Ausnutzung der Spiellust, Eingliederung von Laien in das Vertriebssystem, Belastung des Verwandten- und Freundeskreises sowie Verstoß gegen das Wettbewerbsrecht*) analysiert hat und zu dem Schluss kommt, dass § 16 Abs. 2 UWG im Ergebnis eine illegitime Strafvorschrift ist, wiewohl Kommentierungen oder Lehrbücher zur Legitimation dieser Strafnorm seit langem kaum ein Wort verlieren.

scheint es praktikabel, die materielle Verbrechensdefinition nach der Regelung des Nulla-Satzes (Art. 103 Abs. 2 GG) in knapper Form in Art. 103 Abs. 3 GG zu integrieren. Der bisherige Absatz drei würde dann unverändert zum vierten Absatz.

Vor dem Hintergrund der obigen Gesamtdefinition und den semantischen Anforderungen an Verfassungstexte[1362] wird das Unterscheidungskennzeichen der Individualisierungsmöglichkeit aus Tätersicht auf den drei Täter-Opfer-Nähestufen einheitlich mit den Worten „bestimmbare Person" bezeichnet. Der Terminus „rechtlich autonome Wahrnehmung von nach diesem Gesetz garantierten Individualrechten" umfasst die Kriterien des aktiven Selbstschutzes (im Vertragsbereich) und des passiven Selbstschutzes (im Nichtertragsbereich mit Individualisierungsmöglichkeit) in der Rechtssphäre; der Selbstschutzaspekt wird daher sprachlich nicht gesondert hervorgehoben. Im Unterschied zu Angriffshandlungen auf die rechtliche Autonomie dürfen solche, die sich ausschließlich gegen die moralische Autonomie richten, per se nicht strafrechtlich geahndet werden (z. B. Kritik an der Art der Lebensführung[1363]). Der Angriffscharakter einer materiell verbrecherischen Handlung kommt in der vorgeschlagenen Fassung von Art. 103 Abs. 3 Satz 1 GG durch die Worte „gegen ... gerichtet ist" zum Ausdruck.

Im Ergebnis wird vorgeschlagen, Art. 103 Abs. 3 GG wie folgt neu zu fassen:

> *Eine Handlung darf grundsätzlich nur dann unter Strafe gestellt werden, wenn sie gegen die rechtlich autonome Wahrnehmung von nach diesem Gesetz garantierten Individualrechten einer bestimmbaren Person gerichtet ist. Im Ausnahmefall darf eine Handlung auch dann gegen im Einzelnen nicht bestimmbare Personen unter Strafe gestellt werden, wenn darin ein Angriff gegen den Bestand der in Art. 20 niedergelegten Grundsätze liegt oder durch die Handlung eine unmittelbare nothilfeähnliche staatliche Reaktionspflicht zum Schutz von Personen ausgelöst würde. Art. 26 Abs. 1 bleibt hiervon unberührt.*

[1361] S. o. Teil 2 I. A.

[1362] *Zypries* FAZ vom 31. Januar 2008, S. 8: „Gute Verfassungen bestechen durch inhaltlich klare, knappe und verständliche Regelungen."

[1363] Vgl. auch oben Teil 2 II. C. 5.

III. Skizzierung der Konsequenzen

A. Zur grundsätzlichen Limitierungsfunktion von Art. 103 Abs. 3 GG in der vorgeschlagenen Fassung

Änderungen im Verfassungstext müssen in besonderem Maße „einen materiellen Mehrwert zum Status Quo aufweisen".[1364] Art. 103 Abs. 3 GG in der hier vorgeschlagenen Fassung soll der staatlichen Strafgewalt eine strenge abstrakt-generelle Grenze setzen. Darin läge der materielle Mehrwert. Im Zuge der Darstellung der drei Täter-Opfer-Nähestufen wurden bereits anhand von Beispielen einige Grenzen für die staatliche Strafgewalt bereits erarbeitet.

Besonders im Nichtvertragsbereich ohne Individualisierungsmöglichkeit überschneiden sich gegenwärtig Straf- und Ordnungswidrigkeitenrecht. Auf der Grundlage des idealtypisch-geschlossenen und an Art. 1 GG ausgerichteten materiellen Verbrechensbegriffes lassen sich beide Systeme materiell eindeutig voneinander unterscheiden. In dieser Sphäre des fehlenden Individualbezugs liegt hier wie dort Ungehorsam im Über-Unterordnungs-Verhältnis (also gegen Ordnungsvorschriften) vor; nur das materiell verbrecherische Verhalten erreicht jedoch in idealtypischer Hinsicht die individuelle rechtliche Sphäre anderer Personen, entweder durch die Schaffung einer Quasi-Nothilfelage für staatliche Institutionen (die das unverzügliche Aktivwerden zu Gunsten Dritter erzwingt bzw. erzwingen würde)[1365] oder durch einen Angriff auf den Bestand einer staatlichen Institution jenseits ihrer originären Zuständigkeit (worin für andere Gesellschaftsmitglieder eine idealtypische Verletzung der Garantien aus Art. 20 GG, insb. des Rechtsstaatsprinzips, liegt).[1366] Schon in dieser materiellen Unterscheidbarkeit der beiden Rechtsgebiete liegt bereits ein wichtiger Mehrwert der vorgeschlagenen Regelung im Grundgesetz.

[1364] *Zypries* FAZ vom 31. Januar 2008, S. 8.
[1365] S. o. Teil 2 II. H. 3. b. (2).
[1366] S. o. Teil 2 II. H. 3. b. (1).

B. Die Limitierungsfunktion von Art. 103 Abs. 3 GG in der vorgeschlagenen Fassung im Vergleich mit *Roxins* 9-Punkte-Liste

Abgesehen von diesen Aspekten des materiellen Mehrwertes von Art. 103 Abs. 3 GG in der hier vorgeschlagenen Fassung sind weitere Konsequenzen zu untersuchen. In der aktuellen wissenschaftlichen Auseinandersetzung mit den Fragen nach den inhaltlichen Grenzen des Strafrechts ist nicht erkennbar, dass ein anderer materieller Verbrechensbegriff in der Diskussion steht. Stattdessen fasst *Roxin* in § 2 seines Lehrbuchs zum Allgemeinen Teil des Strafrechts[1367] in einer neun Punkte umfassenden Aufzählung die materielle Limitierungsfunktion seines Rechtsgutsbegriffes thesenartig zusammen. Obwohl er ausdrücklich hervorhebt, dass dies eine „nur exemplarische und fragmentarische Analyse" sei,[1368] ist diese 9-Punkte-Liste, soweit ersichtlich, die derzeit dichteste und vollständigste Zusammenfassung der gängigen Limitierungshypothesen.[1369]

Roxins Ausgangspunkt ist der Begriff des Rechtsguts.[1370] Darunter versteht er *„alle Gegebenheiten oder Zwecksetzungen"*, die *„für die freie Entfaltung des Einzelnen, die Verwirklichung seiner Grundrechte und das Funktionieren eines auf dieser Zielvorstellung aufbauenden staatlichen Systems notwendig sind"*.[1371]

Auf dieser Grundlage formuliert *Roxin* neun Limitierungshypothesen; diese werden nachfolgend in ihrer Wirkung mit dem hier vertretenen materiellen Verbrechensbegriff verglichen.

1. Limitierungshypothese *Roxins*: „Willkürliche", „rein ideologisch motivierte" oder „gegen Grundrechte verstoßende" Strafgesetze sind unzulässig

Zunächst werden diejenigen Strafnormen als illegitim beschrieben, die gegen Grundrechte verstießen; Strafvorschriften dürften nicht den Gleichheitssatz oder die Meinungs- bzw. Glaubensfreiheit verletzen (seltene „krasse Fälle"). Eine nähere Darstellung der nach der Über-

---

[1367] *Roxin*, AT/1 (4. Aufl., 2006).
[1368] *Roxin*, AT/1 § 2, Rn 50.
[1369] *Roxin*, AT/1 § 2, Rn 13-50.
[1370] *Roxin*, AT/1 § 2, Rn 12.
[1371] *Roxin*, AT/1 § 2, Rn 7.

schrift ebenfalls ausgeschlossenen „willkürlichen" oder „rein ideologisch motivierten" Strafgesetze fehlt an dieser Stelle.[1372]

Was Verstöße gegen die angegebenen Grundrechte durch Strafnormen angeht, ist *Roxin* im Ergebnis zuzustimmen; indes braucht man dafür nicht den Begriff des Rechtsguts zu bemühen, denn die Unzulässigkeit solcher Pönalisierungen ergibt sich unmittelbar aus dem Verfassungsrecht. Die Frage, ob und wenn ja, inwiefern eine Strafnorm selbst die Handlungsfreiheit der Normadressaten nach Art. 1 und 2 GG unzulässig beschränken kann, wird in diesem Zusammenhang nicht erörtert.

An dieser Stelle setzt der hier vorgeschlagene materielle Verbrechensbegriff an und verengt den strafgesetzgeberischen Handlungsspielraum akzentuierter, um den Normadressaten ein größeres Maß an Freiheitssphäre zu garantieren.

Im Zusammenhang mit der Limitierungshypothese „willkürlicher" oder „rein ideologisch motivierter Strafgesetze" ist die Frage, was unter „Willkür" zu fassen ist, denn alle Rechtsnormen gehen auf den Willen des Gesetzgebers zurück, beruhen also darauf (sind „gewillkürt"). Der Kontext legt nahe, dass *Roxin* bloße Launen des Strafgesetzgebers im Sinne des Willkürverbots nach Art. 3 Abs. 1 GG ausgeschlossen wissen will. Dem ist zuzustimmen. Handelte der Gesetzgeber ohne nachvollziehbares Ziel und stellte z. B. die Verwendung der Farbe Blau in der Automobilindustrie unter Strafe, verstieße eine solche Pönalisierung u. a. gegen Art. 3 Abs. 1. GG. Das „Rechtsgut" wäre dann aber als Limitierungsmaßstab überflüssig.

Wenn tatsächlich „alle Gegebenheiten oder Zwecksetzungen" für das „Funktionieren" eines „staatlichen Systems" die materielle Grenze für staatliche Strafgewalt darstellten, droht zudem die Überschreitung der Schwelle von (äußerem) Recht zur (inneren) Moral, denn die Einhaltung von ethischen Überzeugungen kann auch dem Funktionieren eines staatlichen Systems dienen.

Im Gegensatz dazu reduziert der rechtsgutslose materielle Verbrechensbegriff als Grundlage von Art. 103 Abs. 3 GG n. F. den Blickwinkel prinzipiell auf den konkreten Einzelnen und seine rechtliche Autonomie, d. h. die Möglichkeit der freien Wahrnehmung der individuellen, verfassungsmäßig garantierten Rechte. Eine kollektivistische Einbruchstelle transpersonaler Werte wird ausgeschlossen.

[1372] *Roxin,* AT/1 § 2, Rn 13.

2. Limitierungshypothese *Roxins*: „Umschreibung gesetzlicher Zielvorstellungen" kein „tatbestandslegitimierendes Rechtsgut"

An den Beispielen der Strafbarkeit des zum Eigenverbrauch bestimmten Erwerbs und Besitzes von Haschisch[1373] und des Handels mit menschlichen Körperorganen[1374] wird erläutert, dass Rechtsgüter wie „Existenz einer drogenfreien Gesellschaft" oder „Freihaltung der Organspende von kommerziellen Erwägungen" als bloße „Umschreibungen des Gesetzeszwecks" keinen systemkritischen Gehalt besäßen und damit illegitim seien, weil die Frage nach der Sozialschädlichkeit des Verhaltens unbeantwortet bliebe.[1375]

An dieser Stelle läuft die Argumentation *Roxins* auf Formalismus hinaus. Der beschriebene Mangel wäre mit wenigen semantischen Korrekturen behoben. Was bei der zweiten Limitierungshypothese unerwähnt bleibt, ist, dass der formulierte Gesetzeszweck meist schon den entscheidenden Hinweis auf das Verständnis des in dem Verhalten (angeblich) liegenden Sozialschädlichkeitspotenzials gibt, welches dann allenfalls sprachlich genauer herausgearbeitet werden muss. Mit dem Abstellen auf „alle Gegebenheiten oder Zwecksetzungen" im Rechtsgutsbegriff macht *Roxin* aber selbst keine klaren materiellen Grenzen zum Maßstab.

Auf der Basis des hier vertretenen materiellen Verbrechensbegriffs könnte demgegenüber die eigentliche materielle Fragestellung wieder in den Vordergrund gerückt werden. Was die Beispiele *Roxins* angeht, so sind die strafrechtlichen Ahndungen schon deshalb illegitim, weil die beschriebenen Handlungen die rechtliche Autonomie des Individuums nicht verletzen.

3. Limitierungshypothese *Roxins*: keine Rechtsgutsverletzung bei „Unmoral, Unsittlichkeit oder sonstiger Verwerflichkeit eines Verhaltens"

Die Entwicklung des Sexualstrafrechts – insbesondere die Entkriminalisierung der Homosexualität – hat nach *Roxin* beispielhaft gezeigt, dass das Rechtsgutsprinzip die Pönalisierung von Moralvorstellungen

---

[1373] § 29 BtMG.
[1374] §§ 17 Abs. 1 Satz , 18 TransplantationsG.
[1375] *Roxin,* AT/1 § 2, Rn 14-16 mit weit. Nachw.

ausschließe; ähnliches gelte für strafrechtliche Fragestellungen in der Transplantationsmedizin oder der Gentechnologie.[1376]

Dieser Interpretation ist entgegenzuhalten, dass die Entkriminalisierung des Sexualstrafrechts in erster Linie auf der Änderung der gesellschaftlichen Sozialmoral beruht haben dürfte.[1377] Abgesehen davon sind immer noch zahlreiche Moralvorstellungen strafrechtlich erfasst; hierunter fallen z. B. Delikte gegen das Pietätsempfinden, das gesellschaftliche „Klima" oder (immer noch) die Sexualmoral, die Begrifflichkeiten sind vielfältig. Ihnen allen ist gemein, dass sie Pönalisierungsprozesse legitimieren, obwohl das betreffende Verhalten die rechtliche Autonomie anderer Menschen nicht verletzt. Denn Pietätsempfinden, Moralvorstellungen und ähnliches sind genau die inneren Vorgänge, die im Gegensatz zur äußeren Sphäre des Rechts stehen. Ausdruck der rechtlichen Autonomie sind zwar die auf Moralvorstellungen oder Pietätsempfinden fußenden äußeren Handlungen, die inneren Vorgänge selbst sind aber nur Bestandteile der moralischen Autonomie.

Der in § 173 StGB unter Strafe gestellte Beischlaf zwischen Verwandten ist – wie etwa *Hassemer* mit Blick auf den sog. Geschwisterinzest (§ 173 Abs. 2 Satz 2 StGB) in seinem abweichenden Votum feststellt[1378] – solch eine Ausprägung von Moralstrafrecht. Die am Maßstab einer rechtlichen Autonomieverletzung nicht zu haltende Vorschrift hat die enorme Zeitspanne vom Mittelalter bis heute überdauert;[1379] die Vorschrift ist eigentlich nicht mehr gerechtfertigt, so dass durch ihre Anwendung die „Grundrechte des Verurteilten aus Art. 2 I, II 2 GG" als verletzt anzusehen sind.[1380] Dessen ungeachtet wird die Strafbewehrung des Inzestverbots bis heute u. a. mit „familienzerstörenden Wirkungen"[1381] mehr oder weniger notdürftig begründet.[1382]

Ein anderes Beispiel bietet § 184b Abs. 2 Alt. 2 bzw. Abs. 4 Satz 1 Alt. 2 StGB. Für die Strafbarkeit genügt, sich oder einem anderen eine kinderpornographische Schrift mit „wirklichkeitsnahem Geschehen" zu verschaffen (z. B. „computergenerierte Darstellungen"[1383]). Es kommt dann also gar nicht mehr auf den Schutz von Kindern an, sondern auf

---

[1376] *Roxin,* AT/1 § 2 Rn 17-19.
[1377] Diesen Aspekt sieht auch *Roxin,* AT/1 § 2 Rn 18.
[1378] BVerfGE 120, S. 224 (255 ff., 265).
[1379] *Ellbogen* ZRP 2007, 190 f. mit weit. Nachw. zur historischen Entwicklung.
[1380] So auch *Ellbogen* ZRP 2007, 190 (192); a. A.: BVerfGE 120, S. 224.
[1381] *Lackner/Kühl*, § 173 Rn 1 mit weit. Nachw.
[1382] Vgl. hierzu auch oben Teil 1 VI. B. 4. f. und 5.
[1383] *Lackner/Kühl*, § 184b Rn 6.

die Pönalisierung des reinen Wunsches, solche Darstellungen zu sehen, auch wenn diese einer nur virtuellen Realität entstammen und dadurch kein Kind auf dieser Welt darunter zu leiden hat. § 184a StGB (Verbreiten von gewalt- oder tierpornographischen Schriften) ist ebenfalls eine Strafnorm, der offensichtlich auf bestimmten moralischen Vorstellungen beruht; die angebliche Legitimierung mit dem Aspekt des Jugendschutzes findet demgegenüber im Tatbestand keine Entsprechung.[1384]

Ein weiteres Beispiel für Moralstrafrecht außerhalb des StGB ist das strafbewehrte Verbot der Tierquälerei nach § 17 TierschutzG.[1385] Auch hier dominieren ethische Vorstellungen über den richtigen Umgang mit dem Wirbeltier, zumal dem Haustier als sozialem Partner. Es werden Vorstellungen der Sozialethik in die Sozialschädlichkeitsdiktion transformiert und bilden damit die materielle Grundlage für die Legitimation des Straftatbestandes. Dabei liegt in der Quälerei (ggf. Tötung) eines Tieres unethisches, aber kein materiell verbrecherisches Handeln. Die Quälerei eines Tieres ist moralisch nicht zu legitimieren. Dadurch wird aber nicht die Autonomie eines anderen Menschen angegriffen und nur solches Verhalten rechtfertigt den Ultima-Ratio-Einsatz des Strafrechts.

Die dritte Limitierungshypothese *Roxins* erreicht eine ähnlich deutliche Unterscheidung zwischen Rechts- und Moralsphäre nicht; im Vergleich zu Art. 103 Abs. GG in der hier vorgeschlagenen Fassung ist *Roxins* Ausschluss von Moralvorstellungen lediglich behauptet.

4. Limitierungshypothese *Roxins*: Verstöße gegen „eigene Menschenwürde“ oder „Würde der Menschheit“ kein hinreichender Bestrafungsgrund

Beispiele aus der Transplantations- und Gentechnologie belegten, dass die Kriminalisierung von Verstößen gegen die „eigene Menschenwürde“ oder die „Würde der Menschheit“ illegitim wären bzw. sein könnten.[1386]

Im Ergebnis ist der Konsequenz von *Roxin* zuzustimmen. Allerdings ist auch hier der Rückgriff auf seinen Rechtsgutsbegriff nicht notwendig. Die Unzulässigkeit des Rückgriffs auf die Menschenwürde als ethi-

---

[1384] Hierzu *Lackner/Kühl*, § 184a Rn 1 mit weit. Nachw. zur Normkritik.
[1385] *Wohlers*, Perspektive eines Strafrechtskritikers, S. 281 (283): allenfalls „sehr fadenscheinige Rechtsgutserwägungen“.
[1386] *Roxin,* AT/1 § 2 Rn 20-25 mit weit. Nachw.

schem Großbegriff beruht bereits auf der Trennung von Recht und Moral. Menschenwürde in der Rechtssphäre (der äußeren Freiheit) ist reduziert auf die rechtliche Autonomie Einzelner in Bezug auf die Wahrnehmung individueller Rechte.[1387] Der autoritäre Gehalt eines ethisierten Menschenwürdeverständnisses im Spannungsfeld unterschiedlichster weltanschaulicher Ausrichtungen wurde bereits oben anhand der Herangehensweise von *Hösle* beispielhaft erläutert.[1388]

Allerdings begründet *Roxin* selbst z. B. die Legitimität der Verunglimpfung des Andenkens Verstorbener nach § 189 StGB mit der Erwägung, dass der Mensch „schon zu Lebzeiten in seiner Personenwürde beeinträchtigt" wäre, wenn er mit entsprechendem Handeln nach seinem Ableben rechnen müsste; die Sicherung der Achtung vor ihm als Verstorbenen folge „gewissermaßen aus dem Gesellschaftsvertrag".[1389] Solche Argumentationen ermöglichen, nahezu jedes Verhalten zu kriminalisieren[1390] – und zwar gerade mit Blick auf die ethisierte Menschen- oder „Personenwürde".[1391] Insgesamt erscheint damit auch die vierte Limitierungshypothese *Roxins* im Kontext seines Rechtsgutsverständnisses („alle Gegebenheiten und Zwecksetzungen") nicht überzeugend.

Der materielle Verbrechensbegriff in der Fassung von Art. 103 Abs. 3 GG schließt demgegenüber Pönalisierungen auf der Grundlage eines ethisierten Würdekonzepts konsequent aus. So kann beispielsweise die rechtliche Autonomie eines Toten schlechterdings nicht angegriffen werden; dass andererseits Verstorbene nicht verunglimpft werden sollten, steht gemessen an den hiesigen ethischen Vorstellungen außer Frage. Diese moralische Anforderung an alle Gesellschaftsmitglieder ist jedoch nur Bestandteil der allgemeinen Regeln des optimalen Zusammenlebens; Verstöße hiergegen sind Ausdruck mangelnden Takts, dürfen aber nicht *straf*rechtlich geahndet werden.

[1387] S. o. Teil 2 II. C. 3. e).

[1388] S. o. Teil 2 II. C. 3. b).

[1389] *Roxin*, AT/1 § 2 Rn 31.

[1390] Zu den Konsequenzen der Lehren vom Gesellschaftsvertrag vgl. grundsätzlich *Harzer*, Naturzustand.

[1391] Auch *Hörnle*, Grob anstößiges Verhalten, S. 384, legitimiert § 168 StGB (Störung der Totenruhe) mit der Menschenwürde des Verstorbenen.

5. Limitierungshypothese *Roxins*: „Schutz von Gefühlen kann nur bei Bedrohungsgefühlen als Rechtsgut anerkannt werden"

Das Hervorrufen von Emotionen soll nur dann unter Strafe gestellt werden dürfen, wenn sich der Einzelne „durch bestimmte Verhaltensweisen in seinem Sicherheitsgefühl beeinträchtigt fühlt"; in diesem Fall stehe der Gedanke im Raum, dass der Betroffene davon ausgehen müsse, der Staat werde seiner Schutzaufgabe nicht gerecht. Insofern seien die Strafvorschriften der Ehrverletzung (§§ 185 ff. StGB), des Aufforderns zu bzw. Billigens von Straftaten (§§ 111, 140 StGB) oder die Beschimpfung von Bekenntnissen und die Störung der Religionsausübung (§§ 166, 167 StGB) grundsätzlich legitim, nicht jedoch die Strafbarkeit exhibitionistischer Handlungen oder die Erregung öffentlichen Ärgernisses (§§ 183, 183a StGB); letztere Delikte seien besser im Ordnungswidrigkeitenrecht verortet.[1392]

Roxins Hypothese ist in der Form problematisch. Das Abstellen darauf, dass der Staat seine Schutzaufgabe wahrnehmen soll, erlaubte unter bestimmten Bedingungen auch die Pönalisierung des Falschparkens oder anderen ungehorsamen Verhaltens. Warum z. B. gerade die exhibitionistische Handlung (§ 183 StGB) oder die Erregung öffentlichen Ärgernisses (§ 183a StGB) das Sicherheitsempfinden nicht beeinträchtigen sollten, wird nicht begründet; die Herausnahme dieser Delikte erscheint beliebig. Das soll nicht heißen, dass die Tatbestände im Ordnungswidrigkeitenrecht nicht besser aufgehoben wären.[1393] Aber: Wer als Betroffener in einer Gesellschaft lebt, in der solche Handlungen nicht unter Strafe gestellt sind, könnte ebenfalls hinterfragen, ob der Staat seiner Schutzaufgabe gerecht werde; *dieses* Kriterium überzeugt daher nicht. Führte man das materielle Verbrechen darauf zurück, könnte jedes abweichende Verhalten gleich welcher Art unter Strafe gestellt werden. Das ist von *Roxin* offenbar nicht gemeint.

Prozesse der Kriminalisierung oder Entkriminalisierung hätten auf der Grundlage seiner Argumentation den Charakter zufälliger Entwicklungen, je nach weltanschaulicher Ausgangsposition bzw. der von zahlrei-

---

1392 *Roxin*, AT/1 § 2 Rn 26-31; auf seine Überlegungen zu § 189 StGB in diesem Zusammenhang ist bereits im Rahmen der Würdigung des vierten Limitierungsparadigmas eingegangen worden (s. o. Teil 2 III. C. 4.).

1393 Im Ergebnis auch *Hörnle*, Grob anstößiges Verhalten, S. 466, die aber bei Hinzutreten eines „bedrohlichen Elements" die Beibehaltung der Strafbarkeit für legitim hält.

chen weiteren Faktoren abhängigen Einschätzung über „Sicherheit“ und „Schutz“.

Das Kriterium der rechtlich autonomen Wahrnehmung von verfassungsrechtlich garantierten Individualrechten kommt zu klareren Ergebnissen. Führte man das materielle Verbrechen darauf zurück, kann das Bedrohungsgefühl des Inhalts, der Staat erfülle seine Schutzaufgabe nicht, schon deshalb keine Grundlage für Strafbewehrungen sein, weil keine Angriffshandlung gegen die rechtlich autonome Wahrnehmung individueller Rechte von Personen vorliegt; allenfalls könnte in bestimmten Fällen von einer zielgerichteten Beeinträchtigung der moralischen Autonomie ausgegangen werden (z. B. bei exhibitionistischen Handlungen); hiergegen wäre der Einsatz des Strafrechts aber nicht legitim.

a. Zur Beleidigung, § 185 StGB

Bei ehrverletzendem Verhalten kommt es darauf an, ob der Betroffene in seiner rechtlichen Autonomie beeinträchtigt ist oder nur in seiner moralischen Autonomie. Grundsätzlich ist ein ehrverletzendes Werturteil auf der Ebene der moralischen Autonomie einzuordnen, weil es sich um eine entäußerte innere Überzeugung handelt. Wenn beispielsweise ausschließlich dem Betroffenen gegenüber ein solches negatives Werturteil abgegeben wird („Du Lümmel“[1394]), liegt keine materiell verbrecherische Angriffshandlung vor; der Betroffene verliert trotz der Äußerung nicht die Möglichkeit, seine Individualrechte rechtlich autonom wahrzunehmen. Außerdem umfasst das moralische Urteil eines einzelnen anderen nicht die eigene rechtliche Autonomie. Wenn man nämlich den schwierigen Begriff der Ehre tatsächlich auch von der rechtlich autonomen Wahrnehmung der Individualrechte umfasst sehen will, sollte diese Verknüpfung dahingehend interpretiert werden, dass es keine äußere Angriffshandlung auf die äußere Handlungsfreiheit des Betroffenen geben darf, *selbst* „ehrenhaft“ zu handeln. Wie demgegenüber andere Personen einen Betroffenen bewerten, liegt per se nicht in der rechtlich autonomen Gestaltungsmöglichkeit einer Person. Verletzungen von Gefühlen durch unmittelbare Äußerungen zwischen zwei Personen sind als Ausdruck fehlenden Takts Verstöße gegen die Regeln des optimalen Zusammenlebens; hiergegen ist jedoch jedermann zum passiven Selbstschutz aufgefordert. Negative Werturteile unmittelbar gegenüber dem Betroffenen i. S. d. § 185 StGB sind aber nach dem ma-

---

[1394] Beispiel nach *Lackner/Kühl* § 185 Rn 2.

teriellen Verbrechensbegriff i. S. d. Art. 103 Abs. 3 StGB dem Bereich des Strafrechts entzogen.

Ebenso verhält es sich bei reinen Werturteilen über Personen, die Dritten gegenüber geäußert werden („Er ist ein Lümmel“[1395]). Auch in diesen Fällen wird grundsätzlich die rechtlich autonome Wahrnehmung der Individualrechte des Betroffenen nicht beeinträchtigt, denn er kann weiterhin gegenüber jedermann selbst „ehrenhaft“ handeln. Das gilt selbst in extremeren Konstellationen, etwa wenn der Betroffene in einer TV-Sendung vor einem Millionenpublikum in erheblicher Weise mit beleidigenden Attributen bedacht wird (z. B. „Er ist ein Schwein“). Die rechtliche Autonomie des Betroffenen ist nicht beeinträchtigt, allenfalls seine moralische Autorität bei anderen Menschen; das ist aber von seiner personalen Entfaltung in der Rechtssphäre zu unterscheiden. Abgesehen davon desavouiert sich bei begründungslos geäußerten Missachtungsäußerungen wertender Art der Beleidiger selbst, denn es verstößt gegen die Regeln des optimalen Zusammenlebens (Takt), andere Personen zu beleidigen. Das reine Werturteil gegenüber Dritten i. S. d. § 185 StGB stellt indes nach den Grundsätzen des materiellen Verbrechensbegriffes i. S. d. Art. 103 Abs. 3 GG kein strafbares Verhalten dar. Anders kann das Verhalten des Entäußerers aber zu beurteilen sein, wenn verleumdende Bestandteile zu der wertenden Aussage hinzutreten.

Eine weitere Überlegung flankiert dieses Ergebnis: Die Beleidigung wird als Kundgabe eigener Missachtung oder Nichtachtung definiert;[1396] dieses Potenzial soll die Äußerung nach üblicher Lesart dann haben, wenn sie dem Betroffenen den elementaren Menschenwert oder seinen ethischen oder sozialen Wert ganz oder teilweise abspricht und dadurch seinen grundsätzlich uneingeschränkten Achtungsanspruch verletzt.[1397] Damit gelangt über die gängige Definition der Beleidigung der Begriff des „elementaren Menschenwertes“ in die Rechtsanwendung, wobei das aus der Definition folgende Verständnis dieses Terminus′ als ungefiltertem ethischen Großbegriff Parallelen zum phänomenologischen Verständnis des Begriffs Menschenwürde (*Hösle*) aufweist.[1398] Das in diesem Zusammenhang bereits oben aufgezeigte Gefahrpotenzial verwirklicht sich speziell bei § 185 StGB: Die Trennung von Rechts- und Moralsphäre wird durchlässig, weil das Verständnis vom „elementaren

---

[1395] Beispiel nach *Lackner/Kühl* § 185 Rn 2.

[1396] BGHSt 1, 288 (std. Rspr.); *Lackner/Kühl* § 185 Rn 3.

[1397] BayObLG NJW 2005, 1291; OLG Karlsruhe NStZ 2005, 158; *Lackner/Kühl* § 185 Rn 4.

[1398] Zum Menschenwürdebegriff *Hösles* s. o. Teil 2 II. C. 3. b.

Menschenwert" in der Rechtssphäre nicht auf die rechtliche Autonomie des Individuums in der äußeren Rechtssphäre reduziert wird.

Schließlich erscheint die Herausnahme reiner Werturteile aus dem strafbaren Bereich der Ehrverletzungen auch deshalb geboten, weil sie zwar einerseits Abweichungen von den Regeln des optimalen Zusammenlebens darstellen, andererseits aber auch als Errungenschaft der Zivilisation verstanden werden können; das reine Werturteil dürfte eine der harmlosesten Formen feindseliger Auseinandersetzungen zwischen Menschen in der anonymen Massengesellschaft sein. Dennoch sind nahezu alle spontanen Äußerungen des Missfallens jenseits des nur selten herzustellenden idealen Rahmens eines besonnenen Kritikgesprächs strafbewehrt; niemand kann sich auch nur einer unmoralischen Geste („Vogel zeigen") bedienen, ohne das Strafrecht fürchten zu müssen. Der sehr weite Anwendungsbereich von § 185 StGB („extensiver Beleidigungsschutz"[1399]) stellt nach heutigem Verständnis mittlerweile realitätsferne Ansprüche der Vergeistigung an das Individuum und pönalisiert die – vor diesem Hintergrund zwangsläufige – individuelle Fehlleistung auch noch. Die Bestrafung reiner Werturteile nach § 185 StGB sollte auch deshalb künftig entfallen.

b. Zur Aufforderung zu Straftaten, § 111 StGB

Demgegenüber liegt in dem in § 111 StGB unter Strafe gestellten öffentlichen Auffordern zur Begehung von rechtswidrigen Taten[1400] jedenfalls dann eine materiell verbrecherische Handlung im Sinne der vorgeschlagenen Fassung von Art. 103 Abs. 3 GG, wenn der Bereich des Strafbaren auf Angriffshandlungen gegen die rechtliche Autonomie von Personen reduziert wird und eine lebensbedrohliche Gefahr entsteht (z. B. bei der öffentlichen Aufforderung, eine Person zu töten). Denn in diesem Fall müssten die staatlichen Institutionen bei entsprechender Kenntnis des Sachverhaltes wegen der unbeherrschbaren Gefahr unverzüglich tätig werden und die öffentliche Aufforderung unterbinden; das Ermessen zum Einschreiten wäre also auf Null reduziert.[1401] Ob weniger gravierende Aufforderungen die Einordnung der Äußerung als Straftat

---

[1399] *Pawlik*, Festschrift für *Küper*, S. 411 (427).

[1400] D. h. Straftaten, vgl. § 11 Abs. 1 Nr. 5 StGB.

[1401] Vgl. grundsätzlich auch *Hörnle*, Grob anstößiges Verhalten, S. 251, die in dem „erheblichen Gefahrenpotenzial" die Legitimität dieser Vorverlagerungs-Strafnorm sieht.

rechtfertigen, bedürfte einer eingehenden Analyse der Umstände. Gegebenenfalls wäre der Tatbestand von § 111 StGB zu konkretisieren.

c. Zur Belohnung und Billigung von Straftaten, § 140 StGB

Die Belohnung und Billigung von Straftaten gemäß § 140 StGB wird nach üblicher Lesart mit dem Schutz des öffentlichen Friedens gerechtfertigt und soll insbesondere der Entstehung eines „psychischen Klimas" um sich greifender Verbrechensbereitschaft entgegenwirken.[1402]

Tatbestandlicher Anknüpfungspunkt ist nach § 140 Abs. 1 Nr. 2 StGB das Billigen in einer Weise, „die geeignet ist, den öffentlichen Frieden zu stören". Damit fällt schon einmal auf, dass die übliche Lesart zur Rechtfertigung der Vorschrift gegen *Roxins* zweite Limitierungshypothese verstößt, wonach die Umschreibung gesetzlicher Zielvorgaben kein tatbestandslimitierendes Rechtsgut sein kann.[1403] Gleichwohl hält *Roxin* die Norm für legitim.

Davon abgesehen, stellt das in § 140 StGB tatbestandlich erfasste Verhalten auch am Maßstab der Verletzung der autonomen Wahrnehmung von Individualrechten kein materielles Verbrechen dar: Es geht ausschließlich um bereits vergangene Handlungen. In diesem Zusammenhang hat auch das Merkmal der Störung des öffentlichen Friedens systematisch kein eigenständiges „Zukunftspotenzial", denn soweit in das Billigen des Vergangenen mittelbar die Motivierung für entsprechendes künftiges Verhalten hineininterpretiert werden könnte, käme § 111 StGB in Betracht. Damit ist § 140 StGB in der gegenwärtigen Tatbestandsstruktur ausschließlich ein „Klimadelikt" *im Vorfeld* der konkreten Motivbildung zur Begehung einer künftigen Straftat. Das in § 140 StGB tatbestandlich erfasste Handeln ist also schon systematisch im Kontext mit § 111 StGB ausgesprochen weit von einem zukünftigen materiell verbrecherischen Verhalten entfernt. Zwischen dem Billigen einer zurückliegenden Tat durch Person A gegenüber Person B und dem Entschluss zur Begehung einer neuen Tat durch Person B liegt so viel Distanz, dass in der Autonomie des künftigen Täters (Person B) eine entscheidende Zäsur liegt. Das Handeln von Person A im Sinne von § 140 StGB gehört aus Sicht der Adressaten (Person B) zum allgemeinen Lebensrisiko, sich eine eigene Meinung zu allen möglichen ethisch verwerflichen Ansichten im Alltag bilden zu müssen und das eigene

---

[1402] OLG Hamm MDR 1980, 159; *Lackner/Kühl* § 140 Rn 1 mit zahlr. weit. Nachw.

[1403] S. o. Teil 2 III. C. 3.

Verhalten danach auszurichten. Das ist die Konsequenz von Autonomie. § 140 StGB ist damit ausschließlich in der moralischen Sphäre verankert und damit gemessen an Art. 103 Abs. 3 GG in der vorgeschlagenen Fassung materiell illegitim.[1404]

§ 140 StGB könnte allenfalls nach einer tatbestandlichen Umbildung dann gerechtfertigt sein, wenn in der Strafnorm Aspekte des Schutzes von Kindern und Jugendlichen in den Mittelpunkt gerückt würden.

d. Zur Beschimpfung von Bekenntnissen, Religionsgesellschaften und Weltanschauungsvereinigungen gemäß § 166 StGB

§ 166 StGB soll nach überwiegender Auffassung den öffentlichen Frieden schützen[1405] – und zwar „in seiner religiösen und weltanschaulichen Ausprägung durch den Toleranzgedanken“[1406]. § 166 StGB versuche durch die Pönalisierung von „gefährlichen“, „andere soziale Gruppen von der Teilhabe an gleichberechtigter Kommunikation ausgrenzenden“, Verhaltensweisen das durch Art. 4 GG gebotene Mindestmaß an Toleranz zu normieren: Die Strafvorschrift markiere damit „die Bedingungen von Pluralität in der dem religiösen Bereich nachgelagerten kommunikativen Sphäre, indem den Umgangsformen religiöser und weltanschaulicher Auseinandersetzungen Grenzen gezogen“ würden.[1407] Tatbestandlicher Anknüpfungspunkt ist das Beschimpfen in einer Weise, „die geeignet ist, den öffentlichen Frieden zu stören“ (§ 166 Abs. 1).[1408]

Das tatbestandlich erfasste Verhalten richtet sich nicht unmittelbar gegen die autonome Wahrnehmung von Individualrechten. Die Erfassung der Beschimpfung von Bekenntnissen, Religionsgesellschaften und Weltanschauungsvereinigungen ist im systematischen Kontext (11. Abschnitt) auf die Inhalte dieser Überzeugungen reduziert und damit ausschließlich in der Sphäre moralischer Toleranz verortet.

Aber erst dort, wo das Diskriminierungsverbot in der äußeren Rechtssphäre verletzt wird, kann Handeln gegen entsprechende Vereinigungen die Schwelle zum materiell strafbaren Verhalten überschreiten. Das

---

[1404] Vgl. i. E. auch *Jakobs* ZStW 97 (1985), S. 751 (788); *Hörnle*, Grob anstößiges Verhalten, S. 253.

[1405] *Lackner/Kühl* § 166 Rn 1 mit zahlr. weit. Nachw.

[1406] *Steinbach* JR 2006, S. 495 (496) mit zahlr. weit. Nachw.

[1407] *Steinbach* JR 2006, S. 495 (496) mit zahlr. weit. Nachw.

[1408] Zum Widerspruch mit *Roxins* zweitem Limitierungsparadigma vgl. grds. oben Teil 2 III. C. 2.

bloße Beschimpfen einer Gruppe mit einer bestimmten ethischen Überzeugung genügt als Voraussetzung für diese Schwellenüberschreitung nicht. Bekenntnis, Glauben oder Überzeugung sind ohne Verknüpfung mit einem daran ausgerichteten Lebensstil in der äußeren Sphäre des Rechts nur moralische Bestandteile der Person. Reaktionen auf Verstöße hiergegen können vielgestaltig sein, haben aber jedenfalls im Strafrecht keine legitime Heimat;[1409] vor dem Hintergrund, dass § 166 StGB ohnehin nicht „zum unverzichtbaren Kernbestand des modernen, säkularen Strafrechts“[1410] gehört, sollte die Streichung ins Auge gefasst werden,[1411] jedenfalls aber ein Umbau des Tatbestandes zu einem Delikt gegen die Autonomie des Einzelnen.[1412]

e. Störung der Religionsausübung § 167 StGB

Der in § 167 Abs. 1 Nr. 2 StGB erfasste „beschimpfende Unfug“ kann, zumal systematisch über die Tatbestände der gemeinschädlichen Sachbeschädigung nach § 304 StGB und des Hausfriedensbruches nach § 123 StGB hinaus, ebenfalls die autonome und aktive Wahrnehmung des Individualrechts aus Art. 4 GG nicht verletzen; es geht also auch insoweit nur um die Moralsphäre.

Bei § 167 Abs. 1 Nr. 1 StGB liegt der Fall anders. In der konkreten religiösen Handlung nimmt das Individuum sein Individualrecht aus Art. 4 GG autonom und unmittelbar in der äußeren Rechtssphäre wahr. Dies ist in den Kontext mit der faktischen Situationsabhängigkeit zu setzen, welche stets vom Einzelnen vorgegeben wird. Das Individuum hat Anspruch darauf, das Recht auf Religionsausübung in dem gewünschten und bewusst gewählten Rahmen wahrzunehmen. Erfah-

---

[1409] Soweit *Steinbach* JR 2006, S. 495 (499) erläutert, eine Strafbarkeit von Mohammed-Karikaturen sei „nach deutschem Recht nicht abwegig“, ist dies zwar eine realistische Einschätzung der möglichen Spruchpraxis der Gerichte, spiegelt aber nicht den Tenor seines Beitrages wider; die differenzierenden Erläuterungen lassen eher den Schluss zu, dass zumindest *Steinbach* das Strafrecht grundsätzlich nicht auf solche und ähnliche Fälle ausgedehnt wissen will. Eine überzeugende Botschaft insoweit: „§ 166 schafft keinen kritikfreien Raum“ (ebenda, S. 496 f.). Nach hier vertretenem materiellen Verbrechensbegriff stellt sich allerdings das Grundproblem gar nicht erst, denn § 166 StGB ist zumindest in der derzeitigen Tatbestandsfassung schon vom Ansatz her illegitim.

[1410] *Pawlik*, Festschrift für *Küper*, 411 (427).

[1411] So auch *Hörnle*, Grob anstößiges Verhalten, S. 384.

[1412] *Pawlik*, Festschrift für *Küper*, 411 (427 f.), will im Tatbestand künftig den „personalistischen Grundgedanken angemessen zum Ausdruck“ gebracht wissen, andernfalls auch er „offen“ für die Streichung der Norm plädiert.

rungsgemäß bedeutet dies für die Mitglieder der meisten Religionsgemeinschaften die Herstellung einer kontemplativen Atmosphäre. Es ist daher rechtlich autonomieverletzend, einem Ruhe Suchenden massiv störendes Verhalten aufzudrängen. In diesem Fall wäre die rechtlich autonome Wahrnehmung des Individualrechts aus Art. 4 GG verletzt. § 167 Abs. 1 Nr. 1 StGB ist damit auch nach dem hier vertretenen materiellen Verbrechensbegriff eine legitime Strafvorschrift. Gleiches gilt im Übrigen für die Störung einer Bestattungsfeier § 167a StGB; auch insoweit geht es nicht um das Pietätsempfinden oder Respekt vor der Religion etc.; allein das Recht des Einzelnen, seinen äußeren Lebensbereich wunschgemäß zu gestalten, entscheidet. Die in §§ 167, 167a StGB tatbestandlich erfassten Störungshandlungen bewegen sich auch nicht mehr innerhalb dessen, was als Abweichung von den Regeln des optimalen Zusammenlebens verstanden und worauf vom Betroffenen defensiver Selbstschutz erwartet werden kann;[1413] denn der äußere besonders ritualisierte Rahmen von Religionsausübung nimmt der Störung bereits im Ansatz jeden unspezifischen Charakter. Sie wird somit zur zielgerichteten Handlung gegen die rechtliche Autonomie, gegen die der Betroffene nachhaltige Gegenmaßnahmen ergreifen muss (z. B. Abbrechen der religiösen Handlung bzw. Bestattungsfeier); eine einfache (defensive) Ausweichhandlung wäre in diesem Kontext auch gar nicht möglich.

f. Zusammenfassung

Die Auseinandersetzung mit den Beispielen *Roxins* im Zusammenhang mit seiner fünften Limitierungshypothese zeigt, wie schmal auf der Grundlage seines Rechtsguts der Bereich zwischen der „irrationalen" Moral und der „rationalen" Sozialschädlichkeit ist. Folge sind in erster Linie kasuistisch erscheinende Rechtfertigungsprozesse der Kriminalisierung (z. B. §§ 111, 140, 166 f. StGB) respektive Entkriminalisierung (§§ 183, 183a StGB). Der materielle Verbrechensbegriff auf der Basis der rechtlichen Autonomie systematisiert demgegenüber die Argumentationsstränge. Auch an dieser Stelle wird der „materielle Mehrwert" von Art. 103 Abs. 3 GG in der hier vorgeschlagenen Fassung im Gegensatz zum nicht vorhandenen Limitierungspotenzial des Rechtsgutes deutlich.

[1413] Zum defensiven Selbstschutz s. o. Teil 2 II. H. 2. b. (2).

6. Limitierungshypothese *Roxins*: keine legitime Strafdrohung bei „bewusster Selbstschädigung, deren Ermöglichung und Unterstützung“ möglich

Nach der sechsten Limitierungshypothese dürfen bewusste Selbstschädigungen grundsätzlich nicht unter Strafe gestellt werden; als Beispiel wird die Strafbewehrung des Erwerbes und Besitzes von Cannabisprodukten wegen der angeblichen Beeinträchtigung der „Volksgesundheit“ herangezogen. Im Kontext mit der „internationalen rechtstheoretischen Diskussion“ um einen „staatlichen Paternalismus“ lässt *Roxin* jedoch Ausnahmen von seinem Paradigma zu; § 216 StGB (Tötung auf Verlangen) basiere angesichts des „existentiellen und irreversiblen Charakters des Freitods“ auf der legitimen Annahme eines „öffentlichen Interesses an der Tabuisierung von Eingriffen in fremdes Leben“.[1414]

Roxins Grundaussage ist konsequent, sie steht im Einklang mit dem autonomiebasierten materiellen Verbrechensbegriff; transpersonale Begründungen wie die mit der „Volksgesundheit“ sind illegitim. Allerdings schränkt er die Nachhaltigkeit seiner sechsten Limitierungshypothese selbst ein, soweit er „staatlichen Paternalismus“ als Legitimation für § 216 StGB zulässt. Dies ist – wie andernorts schon ausgeführt[1415] – abzulehnen.

Das Problem der bewussten Selbstschädigung im Gegensatz zu transpersonalen Ansprüchen stellt sich auch in anderen Kontexten, etwa bei der Wehrpflichtentziehung durch Selbstverstümmelung (§ 109 Abs. 1 Alt. 1, 1. Begehungsweise StGB): Der Einzelne entzieht sich des Zugriffs Aller durch eine Körperverletzung zum unmittelbar eigenen Nachteil, darf dies jedoch wegen transpersonaler Ansprüche der Allgemeinheit an seine intakte Physis nicht. Das Problem ist damit noch schärfer als bei § 223 StGB und der Frage der möglichen Sittenwidrigkeit einer rechtfertigenden Einwilligung nach § 228 StGB, denn bei der Selbstverstümmelung nach § 109 StGB handelt gerade keine andere Person. Das läuft darauf hinaus, dass zwar grundsätzlich für jedermann das Recht besteht, sich zu töten, der „gegenwärtig oder künftig“[1416] Wehrpflichtige aber nicht das Recht besitzt, sich selbst zu verstümmeln, denn die Allgemeinheit will die „personelle Verteidigungskraft“[1417] bzw. das „personelle Potential der Landesverteidigung“[1418] er-

---

[1414] *Roxin,* AT/1 § 2 Rn 32-36.
[1415] S. o. Teil 2 II. H. 2. b. (5).
[1416] *Lackner/Kühl*, § 109, Rn 2.
[1417] *Schönke/Schröder* (*Eser*) § 109 Rn 1.

halten wissen; dieser transpersonale Anspruch überlagert in § 109 StGB die rechtliche Autonomie der Person.

Nähert man sich diesem Problem auf der Basis des Rechtsgutsverständnisses von *Roxin*, so zeigt sich auch hier, dass das Limitierungspotenzial nur scheinbar ist, denn mit der Erfassung *„aller Gegebenheiten oder Zwecksetzungen"* für *„das Funktionieren"* eines *„staatlichen Systems"*[1419] können sowohl das Drogenstrafrecht als auch die Wehrpflichtentziehung durch Verstümmelung materiell legitimiert werden. *Roxins* eigentlicher Katalysator für die Trennung der legitimen von den illegitimen Strafnormen ist nicht der Rechtsgutsbegriff als abstrakt-generelle Grenze, sondern intuitive (kriminal)politische Erwägungen hinsichtlich der Einschätzung zur Gefährlichkeit eines bestimmten Verhaltens oder zur Vernünftigkeit von strafbewehrten Verboten – der ausgesprochen flexible Rechtsgutsbegriff gibt der (kriminal)politischen Intuition lediglich einen sprachlichen Rahmen.

Roxin spricht sich beispielsweise nur in der Konstellation des Besitzes und Erwerbes von Cannabisprodukten ausdrücklich dafür aus, dass die Volksgesundheit eine illegitime Begründung im Drogenstrafrecht darstellt. Dabei argumentiert er mit der angeblich fehlenden Gefährlichkeit der Handlung (kein Suchtpotenzial, keine Einstiegsdroge etc.). Den paradigmatischen Schluss der Illegitimität der „Volksgesundheit" als Grundlage des Drogenstrafrechts insgesamt wegen der Geltung der personalen rechtlichen Autonomie zieht er gerade nicht. Es zeigt sich hier, dass auch die sechste Limitierungshypothese keine systematische Limitierung des Strafgesetzgebers ermöglicht.

Nach dem autonomiebasierten materiellen Verbrechensbegriff können alle (ausschließlich) unmittelbar selbstschädigenden Handlungen schon vom Ansatz her die rechtliche Autonomie der handelnden Person nicht verletzen. Daher sind also weder der Drogenkonsum noch die Beteiligung am Glücksspiel oder die Wehrpflichtentziehung Ausdruck einer Angriffshandlung gegen die rechtliche Autonomie der Person. Im Spannungsfeld zwischen der personalen rechtlichen Autonomie und transpersonalen Anforderungen (im Nichtvertragsbereich ohne Individualisierungsmöglichkeit) liegt die Grenze materiell verbrecherischen Handelns dort, wo den zuständigen staatlichen Institutionen eine nothilfeähnliche Verteidigungslage zum Schutz anderer Personen durch das selbstverletzende Handeln des Einzelnen oktroyiert oder der Bestand

---

[1418] *Lackner/Kühl*, § 109 Rn 1.
[1419] *Roxin*, AT/1 § 2, Rn 7.

von durch Art. 20 GG geschützter staatlicher Institutionen gefährdet würde. In den Fällen des Drogenkonsums Erwachsener ist diese Grenze nicht überschritten.

In dem Beispiel der Wehrpflichtentziehung durch Selbstverstümmelung nach § 109 Abs. 1 Alt. 1, 1. Begehungsweise StGB könnte allenfalls dann materiell verbrecherisches Handeln begründet sein, wenn dadurch die äußere Sicherheit als Staatsaufgabe aus Art. 20 GG angegriffen würde. Dies erscheint bei gegenwärtig, besonders aber künftig Wehrpflichtigen fraglich, denn im Gegensatz zu Soldaten[1420] sind Wehrpflichtige noch gar nicht in die Sicherheitsarchitektur der Landesverteidigung tatsächlich integriert; sie sollen erst (ggf. viel später) dort eingebunden werden. Die Wehrpflichtentziehung durch Selbstverstümmelung eines einzelnen künftig Wehrpflichtigen weit im Vorfeld der etwaigen Einziehung zum Wehrdienst kann kaum als Angriff auf die staatliche Aufgabe der Gewährleistung der äußeren Sicherheit begriffen werden; ohnehin ist nicht sicher, ob der Wehrpflichtige überhaupt zum Dienst herangezogen worden wäre. Diese Einordnung ändert sich auch nicht, wenn sich zahlreiche Wehrpflichtige selbst verstümmeln; entsprechend der bereits oben angestellten Überlegungen zum Kumulationsgedanken,[1421] sollte zumindest die *Straf*bewehrung der Wehrpflichtentziehung durch Selbstverstümmelung nach § 109 Abs. 1 Alt. 1, 1. Begehungsweise StGB aufgehoben werden; die Vorschrift stellt im Ergebnis kein materiell verbrecherisches Handeln im Sinne von Art. 103 Abs. 3 GG in der hier vorgeschlagenen Fassung dar.

Der praktische Mehrwert des autonomiebasierten materiellen Verbrechensbegriffes liegt damit auch bei der sechsten Limitierungskonsequenz im Gegensatz zur Rechtsgutsorientierung in der besseren und konsequenteren Systematisierungsmöglichkeit von Selbstschädigungsdelikten, die aus dem Bereich des Strafbaren herauszufiltern sind.

7. Limitierungshypothese *Roxins*: „Überwiegend symbolische Strafrechtsnormen sind abzulehnen“

Unter das symbolische Strafrecht fasst *Roxin* Strafvorschriften, die nicht „in erster Linie Schutzwirkungen entfalten“, sondern welche „durch Bekenntnisse zu bestimmten Werten“ beziehungsweise die „Perhorreszierung für schädlich erachteter Haltungen der Selbstdarstel-

---

[1420] Bei Soldaten geht § 17 WStG als Spezialvorschrift vor, vgl. *Lackner/Kühl*, § 109 Rn 6.

[1421] S. o. Teil 2 I. G.

lung politischer oder weltanschaulicher Gruppen dienen sollen". Der Zweck symbolischen Strafrechts sei auch „oft", dass nur die „Beschwichtigung des Wählers bezweckt" werde, „indem durch voraussehbar ineffektive Gesetze doch der Eindruck erweckt werden" könne, dass überhaupt „zur Bekämpfung unerwünschter Zustände und Handlungen etwas geschieht".[1422] Angesichts des Umstandes, dass grundsätzlich alle Strafvorschriften auch positiv generalpräventiv ausgerichtet seien,[1423] hänge die Legitimität oder Illegitimität von symbolischem Strafrecht davon ab, „ob eine Vorschrift neben ihren bewusstseinsbildenden Zielen und der bekenntnishaften Demonstration von Werthaltungen auch zum realen Schutz eines friedlichen Zusammenlebens wirklich nötig ist".[1424]

Roxin erläutert dies am Beispiel der Volksverhetzung nach § 130 StGB; während die in der tatbestandlichen Fassung von § 130 Abs. 1 StGB dargestellte Verletzung der persönlichen Integrität und die Verletzung der Menschenwürde die Strafnorm legitim und geradezu notwendig[1425] mache, überschreite die Pönalisierung der in § 130 Abs. 3 StGB erfassten Verhaltensweisen die Grenze der Legitimität. Zwar stellt § 130 Abs. 3 StGB in symbolischer Hinsicht nach *Roxin* „Deutschland als einen geläuterten Staat dar, der die Verbrechen der Nazi-Herrschaft nicht verdrängt oder verschweigt und heute eine friedliche und Minderheiten achtende Gesellschaft verkörpert".[1426] Dennoch beeinträchtige die bloße Billigung, Leugnung oder Verharmlosung von unter der Herrschaft des Nationalsozialismus begangenen Verbrechen[1427] das freie Zusammenleben der Menschen nicht, weil das Gegenteil eine allgemein bekannte

---

[1422] *Roxin,* AT/1 § 2 Rn 37.
[1423] *Roxin,* AT/1 § 2 Rn 38: „Denn natürlich wollen alle Strafvorschriften nicht nur die Verhinderung und Bestrafung konkreter Delikte vermeiden, sondern auch auf das allgemeine Rechtsbewußtsein einwirken."
[1424] *Roxin,* AT/1 § 2 Rn 39.
[1425] *Roxin,* AT/1 § 2 Rn 40: Auf die Menschenwürde sei zu Recht Bezug genommen, weil entsprechend bedrohte und diskriminierte Menschen nicht mehr frei und friedlich in der Gesellschaft leben könnten, sondern nur noch in Angst und Sorge: „Das Strafrecht soll aber für ein sicheres und vor solchen Bedrückungen unbeschwertes Leben des Einzelnen sorgen."
[1426] *Roxin,* AT/1 § 2 Rn 42.
[1427] § 130 Abs. 1 StGB: „Handlung der in § 6 Abs. 1 des Völkerstrafgesetzbuches begangenen Art und Weise".

historische Tatsache sei; wer die „Auschwitzlüge“ verbreite, desavouiere sich also letzten Endes selbst.[1428]

Gegen die siebte Limitierungshypothese ist einzuwenden, dass die Annahme, im Rechtsgut liege das Korrektiv gegen Symbolisches Strafrecht, nicht valide zu begründen ist; das Zulassen aller „Gegebenheiten und Zwecksetzungen“ im Rechtsgutsbegriff ermöglicht gerade auch Symbolisches Strafrecht.

Im Gegensatz dazu ist der autonomiebasierte materielle Verbrechensbegriff viel enger gefasst; er bietet keinen Angriffspunkt für „Zeitgeist“.[1429] Das ist ein wesentlicher Vorteil. *Roxin* hat mit § 130 Abs. 3 StGB den Finger in die Wunde gelegt: Sobald mit Strafrecht versucht wird, überwiegend die Durchsetzung des ethisch Guten zu rechtfertigen, verliert es seinen Rechtscharakter und verliert sich in Moralvorstellungen.

8. Limitierungshypothese *Roxins*: „Tabus sind keine Rechtsgüter“

Mit der achten Limitierungshypothese werden Pönalisierungen für illegitim erklärt, deren zugrunde liegende Handlungen zwar von der Gesellschaft überwiegend als inakzeptabel angesehen würden, jedoch keine hinreichenden Rechtsgüterschutzbedürfnisse für eine Bestrafung aufwiesen. Als Hauptbeispiel für eine solche Tabu-Strafnorm wird der Tatbestand des Beischlafs zwischen Verwandten (§ 173 StGB) angeführt, der ebenso wenig zu halten sei wie die Kriminalisierung der „Auschwitzlüge“ (§ 130 Abs. 3 StGB),[1430] soweit sie als Tabu-Strafnorm interpretiert werde.[1431] Demgegenüber sei etwa die Pönalisierung des Verwendens von Kennzeichen verfassungswidriger Organisa-

---

[1428] *Roxin,* AT/1 § 2 Rn 41 f.: Diese Selbst-Desavouierung werde allerdings in praktischer Hinsicht durch § 130 Abs. 3 StGB insofern konterkariert, als die Strafnorm gleichsam aus dem Dummen einen Märtyrer machen könne; nach dessen Logik sei aus der Existenz der Strafnorm die Schlussfolgerung herleitbar, die Wahrheit werde gewaltsam unterdrückt. *Roxin* folgert, dass der Tatbestand der sog. Auschwitzlüge „für den Rechtsgüterschutz nicht nötig“ und die öffentliche Auseinandersetzung mit den lügenhaften Aussagen ohne Einsatz des Strafrechts auch in praktischer Hinsicht erfolgversprechender sei.

[1429] *Rüthers* ZRP 2008, S. 48: „Zeitgeist und Recht ist immer ein aktuelles Thema“.

[1430] Hierzu s. o. Teil 2 III. C. 4.

[1431] Vgl. hierzu *Hörnle*, Grob anstößiges Verhalten, S. 339: Auch nach ihr bedarf es dieses „strafrechtlich abgesicherten *gesellschaftlichen Sprechtabus*“ nicht.

tionen gemäß § 86a StGB nicht Ausdruck eines Tabu-Strafrechts;[1432] vielmehr stelle das tatbestandlich erfasste Verhalten eine Gefahr für das freiheitliche Gesellschaftssystem dar, da das Tragen entsprechender Kennzeichen die Ausbreitung verfassungswidriger Organisationen fördere.[1433]

Den Ausführungen *Roxins* hinsichtlich § 173 StGB ist zuzustimmen.[1434] Der autonomieorientierte materielle Verbrechensbegriff kommt zum gleichen Ergebnis.

Die beiden darüber hinaus angesprochenen Strafvorschriften – die „Auschwitzlüge" nach § 130 Abs. 3 StGB und die Verwendung von Kennzeichen verfassungswidriger Organisationen gemäß § 86a StGB – machen aber gerade im gegenseitigen Vergleich deutlich, wie schwierig die achte Limitierungshypothese *Roxins* nachzuweisen ist. Die Schlussfolgerung, nach der Tabubrüche nicht legitim unter Strafe gestellt werden dürfen, überzeugt nicht, solange sich der zugrunde liegende Rechtsgutsbegriff auf „alle Gegebenheiten und Zwecksetzungen" bezieht. Ein Tabu kann nämlich auch als „Zwecksetzung" angesehen werden. An welcher Stelle soll zwischen diesen Begriffen differenziert werden können? *Roxin* deutet selber mittelbar das Problem an, wenn er die Interpretation von § 86a StGB durch *Hörnle* als Tabu kritisiert und stattdessen die Gesellschaftsschädlichkeit des Verhaltens in den Vordergrund rückt.

In der Praxis ist diese Differenzierung kaum überzeugend durchzuhalten: Worin soll der Unterschied bestehen, wenn A ein T-Shirt mit der Aufschrift „Auschwitz ist eine Lüge" trägt und B ein T-Shirt mit der Parole der Hitlerjugend „Blut und Ehre"?[1435] Die Gefahr der neuerlichen

---

[1432] A. A. *Hörnle*, Grob anstößiges Verhalten, S. 336.

[1433] *Roxin,* AT/ 1 § 2 Rn 43-45 mit weit. Nachw., insb. zu z. T. divergierenden Ansichten von *Hörnle*.

[1434] S. o. Teil 1 VI. B. 4. f. und 5 sowie Teil 2 III. C. 4; vgl. auch BVerfGE 120, S. 224 (255 ff. – abweichende Auffassung von *Hassemer*)

[1435] Demgegenüber soll die Parole „Ruhm und Ehre der Waffen-SS" wiederum keine abstrakte Gefahr darstellen, weil weder eine phonetische bzw. semantische Nähe zur Parole der Hitlerjugend, noch eine solche Nähe zur Parole der Waffen-SS („Unsere Ehre heisst Treue") bestehe, vgl. BVerfG, Beschluss vom 01.06.2006, BVerfGK 8, 159 ff. Insgesamt stimmen solche Begründungen eher nachdenklich, denn der Rechtsstaat lässt sich angesichts der Vielfalt der Kennzeichen und der entsprechenden phonetischen „Umbaumöglichkeiten" an der Grenze des semantisch Zulässigen auf ein Katz-und-Maus-Spiel ein, das fast lächerliche Züge annimmt. Warum soll nach der Logik der intuitiv-offenen Sozialschädlichkeit „Ruhm und Ehre der Waffen-SS" für das Rechtsgut „öffentlicher

Implementierung nationalsozialistischer Wahnvorstellungen in die Gesellschaft dürfte vergleichbar sein; das Kriterium der „Ähnlichkeit" wirft zudem weitere Fragen auf (wobei wiederum der fremdsprachige Gebrauch einer NS-Parole („Blood & Honour") nicht unter § 86a StGB fallen soll).[1436] De lege lata machten sich sowohl A (nach § 130 Abs. 3 StGB) als auch B (nach § 86a StGB) strafbar; *Roxin* plädiert nun dafür, dass A künftig straffrei bleibt, während B weiterhin bestraft werden soll. Diese Konsequenz wirkt beliebig; die Begriffe Tabu einerseits und Gesellschaftsschädlichkeit andererseits geraten vor dem Hintergrund von *Roxins* Rechtsgutsbegriff zu austauschbaren Begriffen ohne Abgrenzungsfunktion.

Nach dem hier vertretenen materiellen Verbrechensbegriff kommt es auf den Begriff Tabu gar nicht mehr an. § 86a StGB erfasst – wie § 130 Abs. 3 StGB – keine unmittelbare Verletzung der rechtlich autonomen Wahrnehmung von Individualrechten. Die Strafnormen sind vielmehr Ausdruck eines historisch bedingten Sonderweges[1437] – das macht auch der Vergleich der deutschen Strafgesetzgebung mit den Regelungen der meisten anderen europäischen Staaten deutlich.[1438] Das Unterstrafestellen des Verwendens von Kennzeichen verfassungswidriger Organisationen gemäß § 86a StGB könnte (wie auch § 130 Abs. 3 StGB) nach entsprechendem tatbestandlichen Umbau allenfalls mit Blick auf den

---

Frieden" (vgl. *Lackner/Kühl*, § 86a Rn 1) weniger gefährlich sein als „Blut und Ehre"? (krit. auch *Lackner/Kühl*, § 86a Rn 2a). Um den angegebenen Normzweck zu erfüllen, müsste daher die tatbestandliche Fassung eigentlich noch weiter ausgebaut werden, eine Konsequenz, die dem ohnehin schon erhobenen Vorwurf vom Tabu-Strafrecht zu Recht weitere Nahrung gäbe. Das Gegenteil muss geschehen: Die Vorschrift sollte abgeschafft werden, denn sie passt systematisch schon kaum ins heutige System und dass sie irgendetwas konkret „schützt", darf ernsthaft bezweifelt werden. Man erreichte aber zumindest, dass der demokratische Rechtsstaat nicht permanent mit unseriösen semantischen oder ikonographischen Taschenspielertricks vorgeführt würde, wie zuletzt in der Keltenkreuz-Entscheidung des BGH (BGHSt 52, S. 364) geschehen; auch dieser Beschluss hinterlässt in der Sache das unbefriedigende Gefühl, dass es hier um einen aussichtslosen Kampf gegen Windmühlen geht, mit dem sich der Rechtsstaat letzten Endes mehr schadet als nutzt.

[1436] Vgl. BGH, Urteil vom 13. August 2009 – 3 StR 228/09; zum „unbefangenen Beobachter" kritisch *Horsch* JR 2008, S. 99 (101 ff.): „Gibt es eine solche Person überhaupt?".

[1437] So *Weber* ZRP 2008, S. 21 (22); zur Kritik hieran: S. 23 f.; vgl. auch *Dewitz*, S. 279 f.

[1438] *Weber* ZRP 2008, S. 21 zum „Rahmenbeschluss zur Bekämpfung von Rassismus und Fremdenfeindlichkeit" auf europäischer Ebene: „Die deutsche Strafgesetzgebung geht über diese Mindestvorschriften deutlich hinaus."

jugendgefährdenden Gehalt des inkriminierten Verhaltens legitim pönalisiert werden.

9. Limitierungshypothese *Roxins*: „Schutzobjekte von ungreifbarer Abstraktheit sind keine Rechtsgüter"

Schließlich formuliert *Roxin* die Hypothese, dass es nicht legitim sei, „Abstrakta" wie „Volksgesundheit" oder den „öffentlichen Frieden" zu Rechtsgütern zu erklären, wo es letzten Endes nur um den Schutz von Individualrechten gehen könne;[1439] stattdessen sei der Gesetzgeber gehalten, das Potenzial eines Verhaltens für die Gefährdung des Einzelnen oder die „friedliche Koexistenz" aller Gesellschaftsmitglieder möglichst konkret zu erfassen. Auch die Strafdrohungen wegen Körperverletzung oder Diebstahl schützten den „öffentlichen Frieden", nur eben „sehr viel konkreter".[1440]

Die neunte Limitierungshypothese ist, wie die zweite, Ausdruck einer lediglich formalen Grenzziehung; die Legislative soll sich die Mühe machen, statt abstrakter Oberbegriffe konkrete Gefahrpotenziale für das Individuum oder die Gesellschaft zu formulieren. Ob allerdings die Annahme trägt, das Strafrecht würde durch sprachlich konkreter gefasste Rechtsgüter signifikant begrenzt, ist fraglich; es drängen sich Parallelen zur Diskussion um die personale Rechtsgutslehre auf, deren Limitierungsgehalt sich ebenfalls eingedenk des Umstandes verflüchtigt, dass es bei „überindividuellen Rechtsgütern" nur darauf ankommt, sie sprachlich auch aus Sicht des Individuums umformulieren zu können. *Roxin* sagt jedoch gerade nicht, dass beispielsweise der „öffentliche Friede" nicht durch Strafrecht geschützt werden dürfe, sondern nur, dass der abstrakte Begriff „öffentlicher Friede" in konkreteren Rechtsgütern besser sprachlich umgesetzt werden sollte. Damit ist das begrenzende Potenzial des „kritischen" Rechtsgutsgehalts auch bei der neunten Limitierungskonsequenz ausgesprochen gering.

Beim materiellen Verbrechensbegriff nach Art. 103 Abs. 3 GG in der hier vorgeschlagenen Fassung geht es demgegenüber weniger um die semantische Perspektive. Der drohende Verlust der rechtlich autonomen Wahrnehmung von Individualrechten ist bereits die Ultima-Ratio-Konkretisierung der verfassungsrechtlichen Kernwertentscheidung und umreißt hinreichend deutlich die Außengrenzen des möglichen Anwen-

---

[1439] Kritisch zum „öffentlichen Frieden" auch *Hörnle*, Schutz, S. 268 (271): konstruiertes „Scheinrechtsgut" (ebenda, S. 280).
[1440] *Roxin,* AT/1 § 2 Rn 46-49.

dungsfeldes des Strafrechts. Das, was *Roxin* mit der *Konkretisierung* von „Abstrakta" anmahnt, ist dem autonomiebasierten materiellen Verbrechensbegriff bereits immanent.

10. Zusammenfassung

Der Vergleich von Art. 103 Abs. 3 GG in der hier vorgeschlagenen Fassung mit den neun Limitierungshypothesen *Roxins* hat zunächst einmal gezeigt, dass die Annahmen letzten Endes nicht von seinem Rechtsgutsbegriff abhängen. Die Schlussfolgerungen stehen eher als allgemeine rechtspolitische Aussagen der Vernunft, Liberalität und Toleranz im Raum. *Roxin* kann seine neun Hypothesen nicht auf der Grundlage eines klar umgrenzten Begriffs aufbauen, denn dafür ist der Rechtsgutsbegriff zu weit gefasst.[1441] Die neun Limitierungshypothesen werden eher als mit dem Rechtsgutsbegriff in Beziehung stehend behauptet.

Gegenüber diesen und vergleichbaren Ansichten über intuitiv vernünftige Kriminalpolitik entwickelt der autonomiebasierte materielle Verbrechensbegriff seinen materiellen Mehrwert in der Strukturbildung. Die Definition nach Art. 103 Abs. 3 GG lässt in materieller Hinsicht abstrakt-generell hinreichend sichere Schlussfolgerungen darüber zu, ob ein bestimmtes Verhalten unter Strafe gestellt werden darf oder nicht. Die Orientierung an einer verfassungsrechtlich begründeten idealtypisch-geschlossenen Form der Sozialschädlichkeit (rechtliche Autonomie als Kernwert nach Art. 1 GG i. V. m. 79 Abs. 3 GG) gibt zudem die Möglichkeit, dem Ultima-Ratio-Prinzip erstmals in praktischer Hinsicht zu der Geltung zu verhelfen, die ihm – theoretisch – in der modernen Kriminalwissenschaft seit jeher zukommt.

Auch für die positiv generalpräventive Wirkung von Strafrecht entfaltet die hier vorgeschlagene Fassung von Art. 103 Abs. 3 GG einen signifikanten Mehrwert: Ein solcherart reduzierter materieller Verbrechensbegriff bietet im Gegensatz zu dem atomisierten Rechtsgüterschutz-Strafrecht die realistischere Möglichkeit, dass sich ein abstraktes Bewusstsein über den zentralen Wert der Rechtsordnung bilden kann, das dann auch konkret umgesetzt wird. Auf dieser Grundlage kann das Paradigma der Prävention durch Repression (Strafrecht) überzeugender begründet werden.

[1441] Vgl. auch *Hefendehl*, GA 2007, S. 1 (3 f.), wonach *Roxins* Rechtsgutsbegriff nur „grobe Leitlinien" vorgebe; *Roxins* Rechtsgutsbegriff habe den Charakter „al fresco gemalter Pinselstriche", deren „konstruktives oder kritisches Potenzial gering" sei.

C. Weitere Konsequenzen

1. Vorsatz und Fahrlässigkeit

Der materielle Verbrechensbegriff i. S. v. Art. 103 Abs. 3 Satz 1 GG in der hier vorgeschlagenen Fassung setzt eine Handlung mit Angriffscharakter gegen die rechtliche Autonomie einer anderen Person voraus; gleiches gilt für die Ausnahmeregelung des Art. 103 Abs. 3 Satz 2 GG.[1442]

Hiergegen wäre grundsätzlich der Einwand denkbar, dass aus Sicht des Opfers das Handeln des Täters mit oder ohne Angriffscharakter unter Umständen nicht zu unterscheiden ist; die personale rechtliche Autonomie des Opfers könnte in beiden Fällen verletzt werden. Da es im Strafrecht objektiv in erster Linie auf deren Schutz ankommt, könnte die Auffassung vertreten werden, dass der Angriffscharakter der Handlung keine Rolle für das Vorliegen eines materiellen Verbrechens spielen darf.

Dass dieser Einwand letzten Endes zurückgestellt wird, ist eine Konsequenz des hier vertretenen idealtypisch-geschlossenen Sozialschädlichkeitsverständnisses. Wenn dieses im Unterschied zur intuitiv-offenen Herangehensweise an den Prozess der Kriminalisierung nachhaltige Wirkung entfalten soll, darf nicht jede beliebige Handlung, die sich irgendwann, irgendwie auf die rechtliche Autonomie von Personen auswirkt, erfasst werden; andernfalls löste sich die staatliche Strafgewalt im Ergebnis nicht von den intuitiv-offenen Pönalisierungsprozessen. Das Erfordernis des in der Handlung liegenden Angriffscharakters ist damit aus Tätersicht die idealtypisch-geschlossene subjektive Entsprechung des idealtypisch-geschlossenen objektiven Kriteriums „Verletzung der rechtlichen Autonomie einer Person“. In subjektiver Hinsicht flankiert also der Angriffscharakter die idealtypisch-geschlossene Interpretation des Ultima-Ratio-Gedankens, denn eine Handlung zum Nachteil einer Person, welcher zumindest ein Angriffscharakter immanent ist, stellt typisiert die intensivste Form von subjektivem Unrecht dar.

[1442] Vgl. auch oben die Ausführungen zur Abgrenzung von materiell verbrecherischem Handeln und den Verstößen gegen die Regeln des optimalen Zusammenlebens, Teil 2 II. H. 2. b. (2).

Diese Zielausrichtung der Handlung setzt mindestens ein bewusstes Vorgehen voraus. Verhalten mit dolus directus 1. oder 2. Grades ist unproblematisch erfasst, denn der Täter strebt entweder die Autonomieverletzung an oder weiß sicher um ihre Verwirklichung. Auch mit dolus eventualis begangene Handlungen sind (nur von der subjektiven Tatseite her gesehen) materiell verbrecherisch, denn in der Entscheidung, im Zweifel die Einbuße des anderen Menschen hinsichtlich dessen rechtlich autonomer Wahrnehmung von Individualrechten hinzunehmen, liegt zumindest die situationsabhängige Entscheidung gegen den Kernwert der Rechtsordnung.

Eine andere Frage ist, ob auch fahrlässige Handlungen materielles Verbrechen darstellen können. Dies wird man im Ergebnis zumindest für die bewusste Fahrlässigkeit (luxuria) annehmen müssen. Hierfür spricht, dass die realistische Möglichkeit der rechtlichen Autonomieverletzung erkannt und dennoch gehandelt wird. In praktischer Hinsicht wird dieses Ergebnis durch die Überlegung flankiert, dass zwischen dolus eventualis und luxuria ontologisch kaum ein wahrnehmbarer Unterschied besteht, was sich auch in der überfeinerten Theorienbildung in diesem Spannungsfeld zeigt.

Anders liegt der Fall aber bei der unbewussten Fahrlässigkeit (neglentia). Schon auf der Grundlage der gegenwärtigen intuitiv-offenen Sozialschädlichkeitsdiktion ist eine systemfremde Nähe zum Täterstrafrecht kaum zu verhehlen, wenn man an die strafrechtliche Erfassung eines Verhaltens im Kern den Vorwurf knüpft, der Täter habe seine bisherige Lebensführung nicht so gestaltet, dass zum Zeitpunkt der Tat das unbewusste sozialschädliche Fehlverhalten ausgeschlossen werden konnte.[1443] Mag die intuitiv-offene Sozialschädlichkeitsdiktion diesen Schluss noch rechtsstaatlich begründbar ermöglichen – die Erfassung der neglentia durch den autonomiebasierten materiellen Verbrechensbegriff überschritte die Grenze des Zulässigen. Der erforderliche Angriffscharakter auf die rechtliche Autonomie einer Person schließt die Zuordnung von zum Zeitpunkt der Tat unbewussten Handlungen aus. Die Gleichzeitigkeit von fehlendem Bewusstsein und einer Handlung gegen die rechtliche Autonomie einer anderen Person mit Angriffscharakter ist auf dieser Basis nicht begründbar.[1444]

[1443] Vgl. auch oben Teil 2 I. D. 5.

[1444] I. E. auch Köhler, S. 121 und 178 ff.; *Seelmann*, Strafwürdigkeitskriterien, S. 261 (265); Schlüchter, S. 93.

2. Versuch

Nach der heute überwiegend vertretenen „Eindruckstheorie“ soll die Versuchsstrafbarkeit mit Blick auf die Erschütterung des Vertrauens der Rechtsgemeinschaft in die Unverbrüchlichkeit des Rechts legitimiert sein, selbst bei grober Verkennung der Realität.[1445]

Auf der Grundlage des autonomiebasierten materiellen Verbrechensbegriffs kann die Eindruckstheorie als materielle Grundlage der Versuchsstrafbarkeit nicht überzeugen; sie ist Ausprägung eines intuitiv-offenen Sozialschädlichkeitsverständnisses. Auch im Rahmen des Versuchs ist danach zu fragen, inwieweit eine Handlung des Täters mit Angriffscharakter vorliegt, welche entweder die rechtliche Autonomie einer Person beeinträchtigt[1446] oder einen Angriff auf den Bestand der garantierten Institutionen aus Art. 20 GG bzw. die Oktroyierung einer nothilfeähnlichen Lage für den stellvertretend handelnden Staat darstellt.

Wird eine betroffene Person der Angriffshandlung auf ihre rechtliche Autonomie gewahr, kommt es gar zu einem qualifizierten Versuch,[1447] liegt bereits darin ein Angriff auf die rechtlich autonome Wahrnehmung der garantierten Individualrechte. Denn der Angegriffene ist gezwungen zu reagieren, um die vollständige Einbuße seiner rechtlichen Autonomie durch die Vollendung der geplanten Tat abzuwenden. Dem Opfer wird oktroyiert zu handeln, schon das verletzt seine rechtliche Autonomie i. S. v. Art. 103 Abs. 3 Satz 1 GG in der vorgeschlagenen Fassung.

Realisiert das Opfer die versuchte Angriffshandlung nicht, könnte eingewandt werden, dass schon dieser Umstand gegen die Strafbarkeit des Versuchs spricht, weil der Bezug zur rechtlich autonomen *Wahrnehmung* der Individualrechte fehlt. In diesen Konstellationen gelangt jedoch die hier vorgeschlagene Ausnahmevorschrift des Art. 103 Abs. 3 Satz 2 GG entsprechend zu Geltung; zwar bezieht sich die Ausnahmeregelung unmittelbar nur auf die Konstellation der Angriffshandlungen zum Nachteil nicht bestimmbarer Personen, aber die Ausgangslage des

---

[1445] Zum Ganzen statt Vieler: Walter, S. 374 ff. (insb. S. 376) mit zahlr. weit. Nachw.

[1446] Vgl. in ähnlicher Richtung auch *Jakobs* ZStW 97 (1985), S. 751 (763); ablehnend *Roxin*, Festschrift für *Küper*, S. 489 (496), mit weit. Nachw.

[1447] Beim qualifizierten Versuch werden gleichsam auf dem Weg zur geplanten Vollendung der Tat andere Straftatbestände verwirklicht (z. B. Verletzung durch einen ungenauen Gewehrschuss im Rahmen einer versuchten Tötung → §§ 223, 224 StGB); vgl. auch *Lackner/Kühl*, § 24 Rn 23.

unbemerkt bleibenden Versuchs ist zumindest aus Sicht des anvisierten Opfers vergleichbar mit der anonymen Opferrolle im Nichtvertragsbereich ohne Individualisierungsmöglichkeit. Es stellt sich dann konkret die Frage, ob die zuständigen staatlichen Institutionen bei Kenntnis der Umstände zum sofortigen Handeln zu Gunsten des potentiellen Opfers gezwungen wären (Ermessensreduzierung auf Null). Da dies nur bei besonders gravierenden Angriffen auf die rechtliche Autonomie der Person anzunehmen ist und dem Gesetzgeber bei den meisten Straftatbeständen von vornherein nicht klar sein kann, ob das Opfer einen Versuch wahrnimmt oder nicht, führt die analoge Anwendung des vorgeschlagenen Art. 103 Abs. 3 Satz 2 GG zu einem handhabbaren Maßstab für die Entscheidung, ob der Versuch einer Straftat überhaupt pönalisiert werden soll; dieser flankiert damit den Strafgrund der Autonomieverletzung: Abgesehen von den Fällen, in denen eine Verletzung der rechtlichen Autonomie des Opfers in jedem Fall bereits durch den Versuch vorliegt, weil selbiger einem Opfer schlechterdings nicht verborgen bleiben kann (z. B. bei der sexuellen Nötigung bzw. Vergewaltigung, § 177 StGB), sollte der Versuch nur dann unter Strafe gestellt werden, wenn er hypothetisch eine unmittelbare nothilfeähnliche staatliche Reaktionspflicht zum Schutz dieser Person auslösen würde. Bei Anwendung dieses Maßstabes könnte beispielsweise erörtert werden, ob es realistisch ist anzunehmen, die Polizei sei bei einer versuchten einfachen Sachbeschädigung (§ 303 Abs. 3 StGB) oder einem versuchten einfachen Diebstahl (§ 242 Abs. 2 StGB) grundsätzlich zum sofortigen Handeln gezwungen. Abgesehen von drohenden Beschädigungen oder dem versuchten Diebstahl besonders wertvoller Sachen wird bei lebensnaher Betrachtung des Strafverfolgungsalltags im Ergebnis wohl mehr dagegen als dafür sprechen; denkbar wäre daher, die Versuchsstrafbarkeit auf bestimmte Fälle zu beschränken.

Vor diesem Hintergrund löst sich auch die Streitfrage auf, ob der (absolut) untaugliche Versuch strafbewehrt sein sollte. Schießt beispielsweise jemand auf ein menschliches Skelett, kommt es nicht darauf an, ob die rechtliche Autonomie anderer Personen, die lediglich „unter dem Eindruck“ der Tat stehen, tangiert ist (was nicht der Fall sein dürfte); es ist gerade nicht geboten, das Vertrauen in die Unverbrüchlichkeit der Rechtsordnung zum Kennzeichen des Strafrechts zu erklären.[1448] Worauf es ankommt, ist die Beantwortung der Frage, ob die zuständigen staatlichen Stellen bei Kenntnis der Umstände zur nothilfeähnlichen Handlung verpflichtet wären; das ist beim absolut untauglichen Ver-

---

[1448] S. o. Teil 2 I. E. 3. c. (4).

such nicht der Fall. Entsprechende Handlungen stellen also kein materielles Verbrechen dar.

3. Unterlassen

Die Struktur der echten Unterlassungsdelikte – das bloße Nichtstun – steht grundsätzlich im Spannungsverhältnis zum Angriffscharakter des materiell verbrecherischen Handelns. Eine praktisch bedeutsame Vorschrift ist die Unterlassene Hilfeleistung nach § 323c StGB, welche gegenwärtig in materieller Hinsicht mit dem „Allgemeininteresse an solidarischer Schadensabwehr" begründet wird.[1449] Die in § 323c StGB tatbestandlich erfasste Handlung ist indes kein Ausdruck materiell verbrecherischen Handelns nach den hier entwickelten Grundsätzen.[1450] Wenn sich das Opfer in einer Notlage befindet, ist Hilfe eine moralische Verpflichtung, sofern sie gefahrlos gewährt werden kann. Unterbleibt sie, handelt der mögliche Retter zweifellos unmoralisch. Davon ist aber die Frage zu unterscheiden, ob die rechtliche Autonomie der in Gefahr befindlichen Person durch ein Angriffsverhalten des „Täters" verletzt ist. Im Ergebnis wird die personale rechtliche Autonomie des von der Notlage Betroffenen schon deshalb nicht angegriffen, weil der „Täter" zu keinem Zeitpunkt vor und während des Unglücks überhaupt irgendeine Handlung in dessen Rechtssphäre vornimmt. Die allgemeine transpersonale Erwartung, dass sich speziell auch die nicht im unmittelbaren sozialen Kontakt stehenden Menschen untereinander in Notlagen helfen sollen, ist aus ethischer Sicht zu begrüßen; sie kann aber aus dem bloßen Nichtstun schlechterdings keine Angriffshandlung gegen eine Person fingieren.[1451]

[1449] *Lackner/Kühl* § 323c Rn 1 mit zahlr. weit. Nachw.

[1450] Im Ergebnis sieht auch *Harzer* die heutige Fassung von § 323c StGB überwiegend nicht als legitime Strafnorm an; nur innerhalb einer bestimmten „Informationssituation" werde eine Rechtspflicht ausgelöst (Unterlassene Hilfeleistung, S. 240 f.). Daher plädiert sie für eine entsprechend reduzierte Fassung der Vorschrift, vgl. S. 298.

[1451] Hierzu *Joerden* ARSP 1988, S. 307 (320 f.), der die unterlassene Hilfeleistung auf der dritten Ebene des Denkens über Gerechtigkeit („Regeln, die auf einen Ausgleich der als ungerecht empfundenen relativen Benachteiligungen resp. Bevorzugungen der beteiligten Personen durch objektive, äußere Umstände abzielen.", a. a. O., S. 330) zwar offenbar als legitime Strafvorschrift ansieht, aber zumindest andeutet, dass sich in diesem Kontext die „Grenze zwischen Recht und Moral verschoben" hat.

Ähnliches gilt grundsätzlich für die Nichtanzeige geplanter Straftaten gemäß § 138 StGB. Allerdings eröffnet die Ausnahmevorschrift des Art. 26 Abs. 1 GG die Möglichkeit, jenseits des autonomiebasierten materiellen Verbrechensbegriffs die Nichtanzeige bestimmter Handlungen unter Strafe zu stellen.

Das (sog. unechte) Unterlassen ist nach § 13 StGB dem Begehen dann gleichgestellt, wenn der Täter „rechtlich dafür einzustehen hat, dass der Erfolg nicht eintritt und wenn das Unterlassen der Verwirklichung des gesetzlichen Tatbestandes durch ein Tun entspricht". Dem Täter muss dogmatisch eine Garantenstellung zukommen, die zu der Garantenpflicht führt, den tatbestandlichen Erfolg zu verhindern. Dieser Konstellation liegt die Überlegung zu Grunde, dass durch die entstandene Garantenstellung des Täters beim Opfer ein konkreter Vertrauenstatbestand geschaffen wird. Das Opfer verlässt sich in einem konkreten Fall aufgrund des vorherigen Verhaltens des späteren Unterlassungstäters (z. B. durch Vertrag oder Ingerenz) oder seiner besonderen gesetzlichen Nähe zum Opfer (z. B. unter Eheleuten) auf dessen Tätigwerden. Der Unterschied zum Vertrauen im Rahmen der Unterlassenen Hilfeleistung besteht darin, dass dieses nicht auf abstrakten transpersonalen Erwartungen beruht, sondern gerade auf die spezifische personale Interaktion mit dem Täter oder andere konkrete vertrauensbegründende Sachverhalte zurückgeht. Damit stehen die unechten Unterlassungsdelikte in keinem grundsätzlichen Widerspruch zum materiellen Verbrechensbegriff i. S. v. Art. 103 Abs. 3 GG in der hier vorgeschlagenen Fassung. Denn das in den Unterlassenden gesetzte konkrete Vertrauen hat eine Reflexwirkung auf die rechtliche Autonomie des Opfers, das bewusst (rechtlich autonom) eingedenk der erwarteten Handlung andere Vorkehrungen, die seine rechtliche Autonomie sichern würden, im Vorfeld der Tat nicht trifft. Soweit die Garantenpflicht auf einer Garantenstellung aus Vertrag beruht, ließe sich gegen die Einordnung des späteren Vertragsbruches durch das Unterlassen als materielles Verbrechen auch nicht einwenden, dies stelle ein Abweichen von dem Postulat dar, Verstöße im Vertragsbereich nicht zu pönalisieren. Denn der Vertragsbereich bezieht sich auf die Vertragsanbahnungsphase, also die Zeit bis zum Abschluss des Vertrages. Die Vertragsabwicklung selbst ist davon nicht erfasst. Wie oben bereits für das Beispiel des Kaufvertrages hervorgehoben, ist beispielsweise die vorsätzliche Nichtzahlung des Kaufpreises durchaus eine Angriffshandlung gegen die rechtliche Autonomie des Vertragspartners und damit grundsätzlich eine materiell verbrecherische Handlung.[1452] Der Gesetzgeber hat sich lediglich dazu entschieden, das Strafrecht an dieser Stelle nicht einzusetzen; entsprechende Straftatbestände fehlen also. Anders ist die Ausgangslage aber bei der Strafbarkeit wegen eines unechten Unterlassungsdeliktes (auch wegen eines Vertragsverstoßes), da es bereits einschlägige Straftatbestände und eine darauf passgenau zugeschnittene Transformationsnorm (§ 13 StGB) gibt; insofern hat der Gesetzgeber legitim von seinem Recht Gebrauch gemacht, ein materiell verbrecherisches Unterlassen auch unter Strafe zu stellen.

4. Die „Gefährdung" als materielles Verbrechen

Zur Systematisierung verschiedener Stufen von Gefährdungen hat sich eine abgestufte Semantik entwickelt. Abstrakten Gefährdungsdelikten stehen konkrete Gefährdungsdelikte gegenüber; sie werden flankiert von potenziellen Gefährdungsdelikten und abstrakt-konkreten Gefährdungsdelikten. Die Grenzen zwischen ihnen können fließend sein.[1453] Auf der Grundlage der intuitiv-offenen Sozialschädlichkeitslehre ist zuweilen unklar, welchen Nutzen diese Differenzierungen überhaupt haben; keine dieser Stufen schließt die Legitimität von Kriminalisierungsprozessen per se aus. Der materielle Verbrechensbegriff i. S. v. Art. 103 Abs. 3 GG könnte demgegenüber zur Grundlage für den Rückbau dieses überfeinerten Systems werden.

Wenn der Täter das Opfer hinreichend eindeutig individualisieren kann (eine Person also bestimmbar ist), ist zur legitimen Strafnormsetzung notwendig, dass eine Angriffshandlung auf die rechtlich autonome Wahrnehmung der verfassungsmäßig garantierten Individualrechte des Opfers vorliegt. Fehlt es daran, sollte sich der Gesetzgeber bei der Normierung von Unrechtshandlungen in erster Linie auf dem Feld des Zivilrechts bewegen.

Kann der Täter das Opfer nicht mehr hinreichend eindeutig individualisieren (ist eine Person also nicht mehr bestimmbar), setzt die Schaffung einer Strafnorm entweder einen Angriff auf den Bestand einer staatlichen Institution voraus oder, dass das als Autonomieverlängerung des Individuums hinzugedachte Handeln staatlicher Institutionen unmittelbar erzwungen würde (Quasi-Nothilfehandlung), um drohende Verletzungen der rechtlichen Autonomie Dritter abzuwenden (Ermessensre-

---

[1452] Vgl. oben Teil 2 II. H. 1. c. (*Beispiel 7*).
[1453] Vgl. *Lackner/Kühl* Vor § 13 Rn 32 mit zahlr. weit. Nachw.

duzierung auf Null). Über Art. 20 GG wird idealtypisch der verloren gegangene (entmaterialisierte) Individualbezug rematerialisiert.

Jenseits solch gravierender Handlungen agieren staatliche Institutionen auf Normverletzungen (Ungehorsam im Über-Unterordnungs-Verhältnis) nicht in erster Linie wegen eines darin typisiert liegenden Angriffs auf die rechtliche Autonomie von Personen, sondern lediglich zur Wiederherstellung der öffentlichen Sicherheit und Ordnung, wozu grundsätzlich die Einhaltung der aufgestellten Rechtsvorschriften gehört; in diesen Konstellationen liegt materiell jedoch nur Ordnungsunrecht.

Damit ergibt sich eine durchgehende Struktur des materiell verbrecherischen Handelns am Maßstab der rechtlichen Autonomie der Person (und eines etwaigen Handlungszwanges für die stellvertretend handelnden staatlichen Institutionen), die der heutigen umfangreichen Gefährdungssemantik im Strafrecht als Alternative gegenüber steht. Allgemein gefährliche Handlungen, etwa zum Nachteil einer Vielzahl nicht bestimmbarer Personen, stellen i. S. v. Art. 103 Abs. 3 Satz 2 GG nur dann materielles Verbrechen dar, wenn eine Quasi-Nothilfesituation für den Staat zum Schutz dieser Personen ausgelöst wird, die zum sofortigen Einschreiten zwingt. Diesem Kriterium ist zwar immer noch ein Beurteilungsspielraum immanent; durch den konkreten Verhältnisbezug zum Recht der Gefahrenabwehr verspricht es aber gegenüber der heutigen umfangreichen und z. T. abstrakt gebildeten Gefährdungssemantik eine nachhaltigere Strukturbildung.[1454] Die Abgrenzung der (wenigen) materiell verbrecherischen Gefährdungshandlungen von den (vielen) Gefährdungen, die nur Ordnungsunrecht und gerade kein materielles Verbrechen i. S. v. Art. 103 Abs. 3 GG in der vorgeschlagenen Fassung darstellen, könnte einheitlicher gelingen als heute.

Von dieser Konsequenz sind zahlreiche Straftatbestände betroffen. Beispielhaft bedürfte es vor diesem Hintergrund einer eingehenden Analyse des 28. Abschnitts des StGB (Gemeingefährliche Straftaten, § 306 bis § 323c StGB). Abgesehen vom Straftatbestand der Unterlassenen Hilfeleistung (§ 323c StGB), der kein materielles Verbrechen darstellt,[1455] erscheint es fraglich, ob nach den oben beschriebenen Grundsätzen alle übrigen dort aufgeführten Straftatbestände materiell verbrecherische Handlungen abbilden. Die Vorschriften zur Pönalisierung der Brandstiftung (§§ 306 ff. StGB), des Herbeiführens von Explosionen (§§ 307, 308 StGB), des unzulässigen Umgangs mit Kerntech-

---

[1454] Vgl. oben Teil 2 II. H. 3. B. (2) γ).

[1455] S. o. Teil 2 III. C. 3.

nik (§§ 309 bis 312 StGB), des Herbeiführens einer Überschwemmung (§ 313 StGB), der Gemeingefährlichen Vergiftung (§ 314 StGB) und der Gefährdungen des Bahn- Luft- Schiffs- und Straßenverkehrs (§§ 315 bis 315c StGB) stehen insofern sicherlich nicht im Mittelpunkt der notwendigen Erörterung, wenngleich auch insofern eine kritische Durchsicht der umfangreichen Tatbestände angezeigt sein dürfte. Ob allerdings die Gefährdung von Telekommunikationsanlagen in der Fassung von § 317 StGB, der Vollrausch (§ 323a StGB) oder die Gefährdung einer Entziehungskur (§ 323b StGB) für den Staat eine Quasi-Nothilfesituation zum sofortigen Schutz von Personen auslösen würde, darf bezweifelt werden; es scheint sich insofern bei den beschriebenen Tatbeständen eher um Ordnungsunrecht zu handeln.

Auch der Straftatbestand der Trunkenheit im Verkehr nach § 316 StGB müsste auf den Prüfstand gestellt werden; als praktisch ausgesprochen wichtiger (Auffang-)Straftatbestand zur Beurteilung eines massenhaft auftretenden Verhaltens sind seine tatbestandlichen Voraussetzungen nach heutigem Verständnis bereits bei der sog. relativen Fahruntüchtigkeit ohne konkrete Gefährdung einer anderen Person erfüllt. Dass in dieser Konstellation die Polizei wegen einer Quasi-Nothilfesituation gezwungen wäre, sofort zum Schutz der anderen Verkehrsteilnehmer einzugreifen, erscheint eher unrealistisch. Anders ist die Ausgangslage bei Vorliegen absoluter Fahruntüchtigkeit, also bei Überschreiten einer bestimmten Promillegrenze (oder vergleichbarer Werte beim Konsum anderer Drogen); dann ist das Führen eines Fahrzeugs im öffentlichen Straßenverkehr, wo jederzeit andere Personen involviert sein können, nach einem typisierten Kriterium so gefährlich, dass die Polizei bei entsprechender Kenntnis zum sofortigen Einschreiten zum Schutz anderer Verkehrsteilnehmer gezwungen wäre.[1456] Vor diesem Hintergrund erscheint es sachgerechter, § 316 StGB i. S. v. Art. 103 Abs. 3 GG in der vorgeschlagenen Fassung auf die Fälle der absoluten Fahruntüchtigkeit zu beschränken und die Fälle der relativen Fahruntüchtigkeit in das Ordnungswidrigkeitenrecht zu verlagern.

Einer eingehenden Revision scheinen zudem die Straftatbestände zu bedürfen, die eine teilweise erhebliche Vorfeldkriminalisierung für das Engagement im Umfeld krimineller bzw. terroristischer Vereinigungen

---

1456 Vgl. ähnlich *Heinrich* ZStW 121 (2009), S. 94 (124 f.), der den Aspekt hervorhebt, dass sich bei den § 316 StGB zu Grunde liegenden Konstellationen die Gefahr jederzeit ohne Zutun des Täters realisieren kann (anders als z. B. „bei Delikten, die an die reine Mitgliedschaft in bestimmten Vereinen anknüpfen“, vgl. §§ 129, 129a StGB).

vorsehen (§§ 129, 129a StGB). In diesem Kontext ist der Blick auch auf die neuen Strafvorschriften §§ 89a, 89b und 91 StGB zu erweitern.[1457] Danach soll beispielsweise derjenige mit einer Freiheitsstrafe von bis zu zehn Jahren bestraft werden können, der sich in einem sog. Terrorcamp ausbilden ließ (§ 89b StGB). Der Gesetzgeber geht davon aus, dass „bereits zum Zeitpunkt der Aufnahme oder des Unterhaltens von Beziehungen zu einer terroristischen Vereinigung mit dem Ziel, sich in der Begehung einer schweren staatsgefährdenden Gewalttat unterweisen zu lassen“, eine „abstrakte Gefahr für Leib und Leben der potentiellen Opfer“ begründet werde, „die eine Strafbarkeit dieses Verhaltens“ rechtfertige.[1458] Angesichts des Umstandes, dass die Gefahrrealsierung vom weiteren autonomen Verhalten der betreffenden Person abhängt, erscheint diese weite Interpretation von abstrakter Gefährdung als Grundlage der §§ 89a und 89b StGB kaum noch vertretbar.

Bei § 91 StGB, der beispielsweise auch das Anpreisen oder Verbreiten von Bauanleitungen für Bomben mit Strafe bewehrt, kann der Fall u. U. anders liegen, da z. B. nach Einstellen einer solchen Bauanleitung ins Internet keine Einflussmöglichkeit mehr auf das weitere Geschehen besteht. In besonders gelagerten Fällen, die aber tatbestandlich besser herausgearbeitet werden müssten, könnte der Staat sogar zum nothilfeähnlichen unverzüglichen Einschreiten gezwungen sein, um die rechtlich autonome Wahrnehmung der Individualrechte von nicht bestimmbaren Personen zu verteidigen. Demgegenüber erscheint die angegebene Begründung „Entstehen eines psychischen Klimas“ als „Nährboden, in dem schwere sozialschädliche Gewalttaten gedeihen können“,[1459] als akzentuierte rechtsstaatliche Grundlage für die Pönalisierung kaum tragfähig, zumal die textlichen Fassungen der §§ 89a, 89b und 91 StGB z. T. ihrerseits weiteres erhebliches Interpretationspotential in sich tragen (z. B. Geeignetheit der schweren staatsgefährdenden Gewalttat, die „Verfassungsgrundsätze der Bundesrepublik Deutschland zu untergraben“, vgl. § 89a Abs. 1).

[1457] Eingefügt durch das „Gesetz zur Verfolgung der Vorbereitung von schweren staatsgefährdenden Gewalttaten“ vom 30. Juli 2009, BGBl. 2009 I, 2437.

[1458] Vgl. Gesetzentwurf der Bundesregierung, BT-Drs. 16/12428, S. 10. Kritisch hierzu *Aden* AnwBl 2009, S. 270, die den rechtspolitischen Sprecher der Grünen, *Jerzy Montag*, zitiert, der seinerseits die Pönalisierung der „Vorbereitung der Vorbereitung“ mit der „Vision von `1984´“ vergleicht.

[1459] BT-Drs. 16/12428, S. 10.

5. Pönalisierung von Handlungen gegen die „Allgemeinheit“ bzw. entmaterialisierte überindividuelle Interessen?

Auf der Grundlage von Art. 103 Abs. 3 GG in der vorgeschlagenen Fassung gibt es keine materielle Basis, auf unspezifische Handlungen gegen „die Allgemeinheit“ oder anderer transpersonaler Konzepte mit Strafrecht zu reagieren, da das gesamte Staatswesen letzten Endes auf den Einzelnen ausgerichtet ist und diese Finalität mit dem Strafrecht als finaler Antwort auf Unrecht (*ultima ratio*) korrespondieren muss. Der Staat ist für den Einzelnen da und nicht umgekehrt. Unspezifische und von der Person entkoppelte „gesellschaftliche“ Interessen oder Auffassungen der „Allgemeinheit“ sind ebenfalls keine zulässigen Anknüpfungspunkte für einen dem Utima-Ratio-Gedanken verpflichteten *Straf*gesetzgeber in einer auf Art. 1 GG i. V. m. Art. 79 Abs. 3 GG aufbauenden anthropozentrischen Rechtsordnung;[1460] dasselbe gilt z. B. für „die Umwelt“.[1461] Welche Gefahr in transpersonalen Begründungsstrukturen liegt, hat die Zeit des Nationalsozialismus′ u. a. mit ihrer unheilvollen Konstruktion der „Volksgemeinschaft“ gezeigt; dieses Experiment transpersonalen Strafrechts ist unter jedem denkbaren Gesichtspunkt gründlich misslungen. Es hat allein durch den exzessiven Einsatz der Todesstrafe im Geiste des „gesunden Volksempfindens“ entsetzliche Verwüstungen hinterlassen und in der unmittelbaren historischen Folge gerade zur Kernwertentscheidung des Art. 1 GG geführt. Vor diesem Hintergrund erscheint es erforderlich, dass beim rechtsstaatlichen Strafrecht heute hinter jeder Strafnorm der unmittelbare Bezug zur rechtlichen Autonomie des Individuums erkennbar bleiben muss.

Allerdings ist vor diesem Hintergrund klar, dass es umso schwerer wird, den Individualbezug herzustellen, je weiter die Auswirkung einer Handlung von dem einzelnen Individuum „entfernt“ ist. Im Nichtvertragsbereich ohne Individualisierungsmöglichkeit bildet daher die Legitimität von Strafrechtssetzung den Ausnahmefall.

Ein Beispiel für diesen nur äußerst mittelbaren Bezug zwischen der Handlung des Täters und der Auswirkung auf den Einzelnen ist die sog. Steuerhinterziehung (Steuerverkürzung, § 370 AO). Dieses Verhalten hat keinen unmittelbar autonomieverletzenden Charakter. In der Steuerverkürzung liegt auch für sich genommen kein Angriff auf den Be-

---

[1460] Vgl. auch oben Teil 2 II. F.

[1461] A. A. *Schünemann*, Rechtsgüterschutzprinzip als Fluchtpunkt, S. 133 (153), der in den Umweltdelikten „geradezu das Urgestein des Verbrechens“ erkennt (mit weit. Nachw.).

stand einer institutionellen Garantie nach Art. 20 GG (als Basis für die Autonomie des Einzelnen), weil es eine Handlung im Zusammenhang mit der originären Zuständigkeit der Finanzbehörde ist. Die Finanzbehörde ist gerade dafür da, dem egoistischen Verhalten einzelner Menschen Grenzen zu ziehen, Fehlverhalten der Steuerschuldner wird erwartet und ist einkalkuliert; speziell dafür stellt die Gesellschaft ja auch Mittel bereit.[1462] Ein Angriff auf den Bestand des Rechtsstaatsprinzips liegt darin nicht. Die Steuerverkürzung ist auf der Grundlage des autonomiebasierten materiellen Verbrechensbegriffs kein materiell verbrecherisches Verhalten.

Diese Konsequenz mag zunächst intuitiv schwer erträglich erscheinen. Indes zeigen die tatsächlichen Umstände einer Steuerverkürzung im Gegensatz zu einer nach den hier aufgestellten Kriterien materiell verbrecherischen Handlung gravierende Unterschiede auf, die auch deshalb eine neue Bewertung des Fiskaldelikts sachlich gerechtfertigt erscheinen lassen.

Bei der Steuerverkürzung geht es praktisch um die Verweigerung des Einzelnen, sich selber einen materiellen Schaden zuzufügen, was „die Gesellschaft" aber von ihm erwartet: „Steuer gefährdet die individuelle Freiheit", denn „Geld ist geprägte Freiheit"[1463] Damit ist die Steuerverkürzung schon ontologisch signifikant gegenüber der autonomieverletzenden Handlung unterschieden: Während es dort um eine Angriffshandlung gegen die rechtliche Autonomie einer anderen Person in der Form eines physisch-psychischen Einbrechens in die freie Willensbildung und –ausübung geht (z. B. durch Tötung, Körperverletzung, Diebstahl), basiert die Steuerverkürzung auf dem Wunsch, staatlich oktroyiertes selbstschädigendes Verhalten zu umgehen.

[1462] Vgl. auch oben Teil 2 II. H. 3. b. (1) a.

[1463] Nur ergänzt sei in „technischer Hinsicht", dass das deutsche Steuerrecht mittlerweile so unübersichtlich geworden ist, dass es dem Normadressaten praktisch unmöglich gemacht wird, sein Verhalten an klaren Maßstäben auszurichten. Das Steuerstrafrecht bedarf insofern – wenn es nicht ganz abgeschafft wird – mindestens eines Umbaus des zugrunde liegenden Steuerrechts: „Der Staat muss sein Steuerrecht so umgestalten, dass die Maßstäbe der Besteuerung wieder zu rechtlichem Gemeingut werden (...) Dieses Steuerrecht würde auch den verfassungsrechtlichen Anforderungen eines Straftatbestandes der Steuerhinterziehung genügen, der voraussetzt, dass für den potentiellen Straftäter die Erwartungen des Rechtsstaates an sein Verhalten im Vorhinein ersichtlich sind." – vgl. *Kirchhof* FAZ vom 10. Mai 2008, S. 13, der allerdings im weiteren die Klarstellung, Steuerverkürzung sei eine „verwerfliche Straftat" für „notwendig und richtig" erachtet.

Der Täter einer Steuerverkürzung will sich um die Begleichung von Ansprüchen, auf deren Entstehen er selbst auch in der (mittelbaren) Demokratie keinen wahrnehmbaren Einfluss hat, die also seiner eigenen unmittelbaren rechtlichen Autonomie entzogen sind, herum lavieren; der Täter einer materiell verbrecherischen Handlung greift eine andere Person aktiv in ihrer rechtlichen Autonomie an. Beide handeln ethisch verwerflich, aber der „Steuerverkürzer" greift nicht in die *personale rechtliche Autonomie eines anderen Menschen* unmittelbar ein. Daher ist die Pönalisierung der Steuerhinterziehung nach den hier entwickelten Grundsätzen keine materiell verbrecherische Handlung.[1464] Es handelt sich um bloßen Ungehorsam gegen transpersonale Erwartungen im Über-Unterordnungs-Verhältnis und ist daher in das Ordnungswidrigkeitenrecht zu verlagern.

Dass die Steuerhinterziehung zudem gesellschaftlich mehr als „Kavaliersdelikt" und weniger als Straftat gilt, ist eine Konsequenz, die auch durch das Massenverhalten in der Bevölkerung getragen wird. Steuern werden in nahezu allen gesellschaftlichen Ebenen verkürzt. Damit scheint der hier vertretene Unterschied zwischen der Steuerhinterziehung und materiell verbrecherischem Verhalten ebenfalls intuitiv von der Mehrheit der Gesellschaftsmitglieder bereits vorweggenommen zu werden (obwohl „die Gesellschaft" ebenso intuitiv eklatante Einzelfälle für ganz besonders sozialschädlich und damit für „strafwürdig" hält). Wäre die Primärnorm „Führe Deine Steuern ordnungsgemäß ab" tatsächlich in ähnlicher Weise implementiert wie Primärnormen der rechtlichen Autonomie, z. B. „Töte keinen anderen Menschen" oder „Nimm keinem anderen Menschen etwas weg" etc., würden die Sekundärnormen des Steuerstrafrechts nicht millionenfach missachtet.

6. Materielle Eigenständigkeit des Ordnungswidrigkeitenrechts

Eine besonders wichtige Konsequenz aus Art. 103 Abs. 3 GG in der vorgeschlagenen Fassung ist, wie schon mehrfach angedeutet, dass zahlreiche Strafvorschriften des geltenden Rechts in das Ordnungswidrigkeitenrecht verlagert werden müssten. Neben den beschriebenen Vorteilen eines reduzierten Strafrechts für die Handlungsfreiheit der Normadressaten und den Gedanken der positiven Generalprävention, bietet die entworfene Vorschrift des Art. 103 Abs. 3 GG auch die Chance, Straf- und Ordnungswidrigkeitenrecht materiell voneinander zu trennen. Im Vordergrund steht dabei der Gedanke, dass Ordnungsun-

---

[1464] A. A. *Kirchhof* FAZ vom 10. Mai 2008, S. 13.

recht ein aliud zum materiell verbrecherischen Handeln ist. Während Strafrecht nur Konsequenz auf Handlungen gegen die personale rechtliche Autonomie im Gleichordnungsverhältnis der Menschen untereinander sein kann, sollte mit dem Ordnungswidrigkeitenrecht Verhalten gegen transpersonale Erwartungen im Über-Unterordnungs-Verhältnis sanktioniert werden.

Die hier angenommene materielle Unterscheidung zwischen Straf- und Ordnungswidrigkeitenrecht wird voraussichtlich die Frage aufwerfen, ob sie zu Wertungswidersprüchen bzw. „unerträglichen Strafbarkeitslücken" führt. Denn es kann Handlungen zum Nachteil transpersonaler Erwartungen geben, die sich objektiv kaum von Handlungen gegen die personale rechtliche Autonomie unterscheiden. Wenn etwa ein Haus mit Graffiti beschmiert wird, ist es für die Anwendung von § 303 Abs. 2 StGB entscheidend, ob sich das Gebäude im Privateigentum oder in der öffentlichen Hand befindet. Nur im ersten Fall kann auf das Verhalten mit Strafrecht reagiert werden, während in der Alternativsituation lediglich Ordungswidrigkeitenrecht zum Zuge kommen darf. Diese Konsequenz bedeutet durchaus einen spürbaren Traditionsbruch mit historisch gewachsenen Vorstellungen über das Strafrecht. Aber abgesehen davon, dass sich Traditionen verändern können, kommt es bei der Umsetzung des vorgeschlagenen Art. 103 Abs. 3 GG vor allem darauf an, Handlungen der oben beschriebenen Art (Graffiti-Beispiel) im Ordnungswidrigkeitenrecht entsprechend der transpersonalen Wertzuschreibung zu ahnden. Letzten Endes läuft dies darauf hinaus, die sachgerechten Höhen der Geldbußen möglichst genau zu justieren. Ohnehin führt die Anwendung des Strafrechts in den meisten vergleichbaren Fällen ebenfalls nur zur Verhängung einer Geldstrafe. Systematisch und dogmatisch konsequenter kommt aber durch die Zuordnung zum Ordnungswidrigkeitenrecht in der Signalfunktion der ausgesprochenen Sanktion (*Buße*) zum Ausdruck, dass der Handelnde gerade nicht die rechtliche Autonomie eines Individuums angegriffen und damit auch nicht gegen den einen zentralen Kernwert der Rechtsordnung verstoßen hat. Deshalb darf nach dem Ultima-Ratio-Grundsatz dieses Verhalten auch nicht mit *Strafe* belegt werden.

Ein solches Konzept kann aber nur dann frei von Wertungswidersprüchen aufgehen, wenn sich der Gedanke durchsetzt, dass das Ordnungswidrigkeitenrecht mehr ist als nur das quantitative Minus zum Strafrecht im Sinne eines mehr oder weniger unbedeutenden und mitunter belächelten Anhängsels, von dem der Gesetzgeber vor allem dann Gebrauch macht, wenn er sich politisch (noch) nicht traut, eine Strafnorm zu schaffen. Es muss sich demgegenüber die Überzeugung verfestigen, dass *Buße* eine eigenständige Unrechtskategorie kennzeichnet, die auf ein Verhalten gegen transpersonale Erwartungen folgt, also Konsequenz eines allgemein unsozialen Verhaltens ist. Auf dieser Grundlage kann auch ein gesellschaftlicher Tadel der Buße entstehen, der mit dem der Strafe innewohnenden gesellschaftlichen Tadel an Ernsthaftigkeit vergleichbar sein kann.

7. „Bagatellen" und „Pönalisierungspflichten"

Grundlage für des materiellen Verbrechensbegriffs i. S. d. Art. 103 Abs. 3 GG in der hier vorgeschlagenen Fassung ist das vertikale Verständnis des Ultima-Ratio-Prinzips. Der Einsatz von Strafrecht ist danach paradigmatisch nur bei Angriffshandlungen gegen die rechtliche Autonomie des Einzelnen gerechtfertigt.[1465] Der materielle Verbrechensbegriff nach Art. 103 Abs. 3 GG greift diesen Gedanken auf und setzt ihn damit in direkte Beziehung zum Ultima-Ratio-Prinzip.

In diesem Zusammenhang ist die Frage nach dem Umgang mit bagatellhaftem Verhalten bedeutungslos. Ob einem Menschen ein großer Geldbetrag gestohlen wird oder nur einige wenige Kupfermünzen, spielt für die Kennzeichnung des Angriffscharakters auf die rechtlich autonome Wahrnehmung des verfassungsrechtlich garantierten Individualrechts auf Eigentum keine Rolle. Auch die Wegnahme eines einzigen Cents stellt im Prinzip eine materiell verbrecherische Handlung dar.[1466] Darauf, dass der Verlust eines Cents auf die Lebensführung eines erwachsenen Menschen keine Auswirkung hat, kommt es bei der idealtypisch-geschlossenen Sichtweise nicht an.

Das bedeutet aber nicht, dass der Gesetzgeber grundsätzlich gehindert wäre, bagatellhafte Handlungen aus dem Strafrecht herauszunehmen, denn das Vorliegen materiell verbrecherischen Verhaltens einerseits und die Frage der *Ausübung* der staatlichen Strafgewalt sind voneinander zu trennen. Bei der vorsätzlichen Nichtleistung trotz Fälligkeit und Leistungsfähigkeit im Vertragsrecht liegt es auch nur an der paradigmatischen Entscheidung des Gesetzgebers, diese Verletzung der rechtlichen Autonomie dem Zivilrecht zuzuordnen.

[1465] Siehe auch Teil 2 II. F.

[1466] Prinzipiell auch *Wolff*, S. 214; allerdings klammert er bestimmte Bagatellen grundsätzlich aus dem autonomieverletzenden Bereich aus (S. 218).

Zur Frage, ob den Gesetzgeber grundsätzlich eine Pönalisierungspflicht, jenseits von Art. 26 Abs. 1 GG,[1467] treffen kann, kreiert das Bundesverfassungsgericht zwar keine absolute Pflicht, wohl aber eine relative, sofern andere Mittel zum Schutz (nach heutiger Diktion: des Rechtsgutes) nicht ausreichen; im Fall des Lebensschutzes für Ungeborene läuft dies nach Lesart des Gerichts *faktisch* für den Gesetzgeber auf eine Pönalisierungspflicht hinaus.[1468] Diese Auffassung lässt sich indes mit dem hier entwickelten materiellen Verbrechensbegriff nicht begründen, denn bereits der Grundannahme, mit Strafrecht könne je nach gewünschter Zielrichtung dieses oder jenes bekämpft, geschützt und bewahrt werden, ist nur sehr eingeschränkt zu folgen.[1469] Die Pönalisierungspflicht kann eher Platz greifen, wenn intuitiv-offen mit der besonderen Sozialschädlichkeit und der besonderen Schutzbedürftigkeit argumentiert wird. Die idealtypisch-geschlossene Vorstellung von der individuellen rechtlichen Autonomie als einzigem Kernwert, auf den sich das Strafrecht materiell berufen kann, begrenzt demgegenüber das Rechtsgebiet ohne Blick auf irgendein Schutz- oder Bekämpfungskonzept lediglich abstrakt in seinen äußeren Grenzen. Ein innerer Minimumstandard an „notwendigem Strafrecht" mit Blick auf einen vorgeblich ungenügenden anderweitigen „Schutz" (durch unterstrafrechtliche Reaktionen) lässt sich damit nicht begründen. Jenseits der gesetzlichen Vorgabe aus Art. 26 Abs. 1 Satz 2 GG gibt es daher – auf nationaler Ebene[1470] – gegenwärtig keine Pönalisierungs*pflicht* des Staates, weder eine absolute, noch eine relative.[1471]

8. Materieller Verbrechensbegriff und transnationales Strafrecht

Bislang existiert noch kein europäisches StGB.[1472] „Europäisches Strafrecht" im Sinne eines echten „Gemeinschaftsrechts" entwickelt sich lediglich schrittweise,[1473] aber kontinuierlich;[1474] derzeit stehen jedoch

---

1467 Zur Frage möglicher europarechtlicher Vorgaben vgl. unten Teil 2 III. C. 8.
1468 Vgl. BVerfGE 39, 1 (47); 88, 203 (299). Vgl. auch oben Teil 1 VI. B. 4. b. und c.
1469 vgl. Teil 2 I. D. 3. e.
1470 Zur Relevanz der neuen EU-Richtlinie 2008/99/EG vgl. unten Teil 2 III. C. 8.
1471 So i. E. auch das *dissenting vote* der Richter *Rupp* und *v. Brünneck* im sog. Ersten Abtreibungsurteil, vgl. BVerfGE 39, 1 (75).
1472 *Satzger*, § 7 Rn 2.
1473 *Satzger*, § 2 Rn 3.
1474 *Satzger*, § 7 Rn 2 nimmt dahinter „starke Tendenzen" wahr.

noch eher kleinteilige Zuständigkeitsfragen im Vordergrund.[1475] Ein „systematisches Gesamtkonzept oder gar ein System des Europäischen Strafrechts existiert“ aber noch nicht.[1476] Insofern gibt es auch noch keinen „europäischen“ materiellen Verbrechensbegriff bzw. eindeutige und harmonsisierte Vorstellungen darüber, wo die Grenzen der staatlichen Strafgewalt liegen. Aber schon im Jahr 2000 hat u. a. der „Corpus Juris strafrechtlicher Regelungen zum Schutze der finanziellen Interessen der EU“ gezeigt,[1477] dass die Schaffung eines systematischen Gesamtkonzepts von Strafrecht in der EU langfristig nicht vollkommen unrealistisch ist, wenngleich speziell Strafrecht immer noch als ein besonders sensibler Bereich der nationalen Gesetzgebungsbefugnis verstanden wird.

Dennoch hat der europäische Kontext schon längst die nationale Strafgesetzgebung erreicht. So ist beispielsweise die heutige Fassung von § 184b StGB (Verbreitung, Erwerb und Besitz kinderpornographischer Schriften) auch eine Folge der Umsetzung des Rahmenbeschlusses 2004/68/JI des Rates der EU vom 22.12.2003 zur Bekämpfung der sexuellen Ausbeutung von Kindern und der Kinderpornographie.[1478]

Durch den Lissaboner Vertrag soll aber nach *Sieber* künftiges Europäisches Strafrecht besser demokratisch legitimiert sein als bisher; Strafnormen entstünden durch Richtlinien und Verordnungen im Mitentscheidungsverfahren unter Einbeziehung der nationalen Parlamente, es gebe „klare Kompetenznormen“ und die „vorherrschende Regelungsform der Richtlinie“ verlange ein nationales Umsetzungsgesetz, in welchem „dem nationalen Gesetzgeber aufgrund des Subsidiaritätsprinzips auch ein bestimmter Freiraum gewährt werden“ müsse.[1479] Ob diese optimistische Einschätzung tragfähig ist, wird sich allerdings erst erweisen müssen.

[1475] Vgl. etwa *Satzger*, § 7 Rn 21 ff., u. a. „Keine Strafrechtssetzungskompetenz der EG“.

[1476] *Sieber* ZStW 121 (2009), S. 1

[1477] *Satzger*, § 7 Rn 34 ff. mit zahlr. weit. Nachw.

[1478] ABlEU L 13 vom 20.1.2004, S. 44-48. Vorgesehen ist, diesen Rahmenbeschluss abzulösen durch den am 25.03.2009 ausgefertigten, noch weitergehenden *Vorschlag* für einen neuen Rahmenbeschluss des Rates zur Bekämpfung des sexuellen Missbrauchs und der sexuellen Ausbeutung von Kindern sowie der Kinderpornographie und zur Aufhebung des Rahmenbeschlusses 2004/68/JI {SEK (2009) 355}{SEK (2009) 356}.

[1479] *Sieber* ZStW 121 (2009), S. 1 (57).

Jedenfalls wurde Ende 2008 ein deutlicher Schritt in Richtung eines harmonisierten europäischen Strafrechtsstandards getan, der unmittelbar die Fragestellung des materiellen Verbrechensbegriffs tangiert. Am 19. November 2008 haben das Europäische Parlament und der Rat der Europäischen Union die Richtlinie über den strafrechtlichen Schutz der Umwelt erlassen;[1480] sie ist seit dem 26. Dezember 2008 gültig,[1481] soll bis spätestens 26. Dezember 2010 umgesetzt sein[1482] und regelt erstmals die *Verpflichtung* der Mitgliedsstaaten, „in ihren nationalen Rechtsvorschriften strafrechtliche Sanktionen für schwere Verstöße gegen das gemeinschaftliche Umweltschutzrecht vorzusehen".[1483] Beweggrund für den Erlass der Richtlinie war, dass „die Anwendung strafrechtlicher Sanktionen, in denen eine gesellschaftliche Missbilligung von einer qualitativ anderen Art als in verwaltungsrechtlichen Sanktionen oder zivilrechtlichen Schadensersatzforderdungen zum Ausdruck kommt", zur verbesserten Durchsetzung des Umweltschutzrechts führen könne und solle;[1484] zudem besteht die Überzeugung, dass ein „ein wirksamer Umweltschutz insbesondere abschreckendere Sanktionen" erfordere.[1485]

Der in Art. 3 der Richtlinie enthaltene Katalog von zu pönalisierenden Handlungen beinhaltet in neun Abschnitten z. T. umfangreiche Verweisungen auf weitere europarechtliche Vorschriften[1486] und ist materiell weitreichend. Die Vorschrift schlägt den Bogen von unter Strafe zu stellendem missbräuchlichen Verwenden ionisierender Strahlung[1487] über eine Regelung zur Pönalisierungspflicht von „Produktion, Einfuhr, Ausfuhr, Inverkehrbringen oder Verwendung" von „Stoffen, die zum Abbau der Ozonschicht beitragen"[1488] bis hin zur Aufforderung, „jedes Verhalten, das eine erhebliche Schädigung eines Lebensraums innerhalb eines geschützten Gebiets verursacht",[1489] strafrechtlich zu ahnden. Zudem besteht für alle Mitgliedsstaaten sowohl eine Kriminalisie-

---

1480 ABlEU L 328 vom 6. Dezember 2008, S. 28-37.

1481 Vgl. Richtlinie 2008/99/EG, Art. 9 (am zwanzigsten Tag nach ihrer Veröffentlichung im ABlEU – Fristbeginn: 6. Dezember 2008).

1482 Richtlinie 2008/99/EG, Art. 8 Abs. 1.

1483 Richtlinie 2008/99/EG, Erwägungsgrund 10.

1484 Richtlinie 2008/99/EG, Erwägungsgrund 3.

1485 Richtlinie 2008/99/EG, Erwägungsgrund 5.

1486 Kritisch hierzu *Zimmermann* ZRP 2009, S. 74 (76).

1487 Richtlinie 2008/99/EG, Art. 3 lit. a).

1488 Richtlinie 2008/99/EG, Art. 3 lit. i).

1489 Richtlinie 2008/99/EG, Art. 3 lit. h).

rungspflicht für vorsätzliches und grob fahrlässiges Verhalten[1490] als auch hinsichtlich der Erfassung von Anstiftung und Beihilfe (Art. 4).

Wie die Richtlinie 2008/99/EG bis Ende des Jahres 2010 in Deutschland umgesetzt werden wird, kann noch nicht beurteilt werden. Dass es tatsächlich zu einem Anwachsen des Umweltstrafrechts kommen muss, erscheint nicht zwingend, da auch über den Begriff Strafrecht europaweit keine einheitlichen Vorstellungen gelten. Möglicherweise ließen sich allzu weit reichende Vorgaben der Richtlinie ins Ordnungswidrigkeitenrecht als „Strafrecht im weiteren Sinn“[1491] verlagern; hier könnte also der schon angesprochene „bestimmte Freiraum“[1492] für den nationalen Gesetzgeber wirken. Insofern erscheint es auch nicht unmöglich, dass die Richtlinie 2008/99/EG mit dem hier vorgeschlagenen Art. 103 Abs. 3 GG noch in Einklang zu bringen ist; allerdings besteht zwischen der Richtlinie und dem hier vorgeschlagenen materiellen Verbrechensbegriff ein deutliches Spannungsfeld.[1493]

Unabhängig davon, welche Auswirkungen die Richtlinie 2008/99/EG auf das deutsche Strafrecht haben wird oder nicht, hat sie aber zwei Dinge deutlich gemacht: Erstens sollte der nationale Diskurs über die materiellen Grenzen der staatlichen Strafgewalt weiter mit Nachdruck und auf ein akzentuiertes Ziel hin – einen konkreten, abstrakt-generellen materiellen Verbrechensbegriff – betrieben werden. Zweitens sollte dieser materielle Verbrechensbegriff auch und besonders vor dem Hintergrund der einsetzenden europäischen Dynamik auf dem Feld des Strafrechts in das Grundgesetz aufgenommen werden.

Gelingt es nicht, eindeutige Limitierungen für die staatliche Strafgewalt jenseits einer intuitiv-offenen Sozialschädlichkeitsdiktion zu formulieren, werden auch die wenigen tradierten nationalen Vorstellungen darüber, was der Strafgesetzgeber nicht darf, bald zur Disposition stehen. Wenn man sich daher nicht in einem absehbaren zeitlichen Rahmen national darüber klar wird, wo genau die Grenzen der staatlichen Strafgewalt liegen sollen, werden die Vorgaben langfristig auf europäischer Ebene gemacht. Denn es erscheint nicht unrealistisch anzunehmen, dass über ähnliche Richtlinien (Verordnungen, Rahmenbeschlüsse) als Fernziel ein Harmonisierungsgrad der europäischen Strafrechts-

---

[1490] Richtlinie 2008/99/EG, Erwägungsgrund 7; kritisch hierzu *Zimmermann* ZRP 2009, S. 74 (76).

[1491] Hierzu *Satzger*, § 10 Rn. 10.

[1492] *Sieber* ZStW 121 (2009), S. 1 (57).

[1493] Insofern wurde beim Gesetzesvorschlag davon abgesehen, in Art. 103 Abs. 3 Satz 3 GG einen Bezug zu europarechtlichen Vorgaben einzufügen.

systeme angestrebt wird, der dann in ein europäisches StGB münden könnte. Dass dabei die Bedeutung des Ultima-Ratio-Gedankens in noch größerem Umfang als heute marginalisiert werden wird, legt auch die Analyse der Richtlinie 2008/99/EG nahe.[1494] Um bei dieser Tendenz überhaupt eine akzentuierte nationale Position im europäischen Diskurs einnehmen zu können, wäre eine Legaldefinition im Grundgesetz der sachgerechte Ausgangspunkt, damit der sensible Bereich des nationalen Strafrechts mit der europäischen Entwicklung in Übereinstimmung gebracht werden kann.

Im Völkerstrafrecht ist das Problem der Bestimmung der Grenzen für die staatliche Strafgewalt ebenfalls bekannt. Das in § 1 VStGB normierte Prinzip der Weltrechtspflege führt nach herrschender Rechtsgüterschutzlehre zur Notwendigkeit, „Weltrechtsgüter" zu bestimmen – ein Unterfangen, dass sich ebenfalls im wenig akzentuierten Rahmen der intuitiv-offenen Sozialschädlichkeitsdiktion bewegt („besonderer Wert für die Staatengemeinschaft", „stärkster Schutz", „Güter, an deren Erhaltung die Menschheit ein allgemeines Interesse hat"...),[1495] weshalb die Suche nach einem „Völkerverbrechensbegriff" bis heute nicht zu befriedigenden Ergebnissen geführt hat.[1496] *Gierhake* hat jedoch jüngst zu Recht hervorgehoben, dass die Herleitung des Völkerverbrechensbegriffs einen bereits ausgearbeiteten „allgemeinen Verbrechensbegriff" voraussetzt.[1497] Auch unter diesem Aspekt wäre ein in die Verfassung aufgenommener materieller Verbrechensbegriff, der der staatlichen Strafgewalt deutliche Grenzen zieht, für die künftige Entwicklung des Völkerstrafrechts ein zumindest mittelbarer Gewinn.

[1494] Vgl. auch die kritischen Hinweise von *Zimmermann* ZRP 2009, S. 74 (75).

[1495] Vgl. die Ansätze von *Trifterer, Oehler* u. a.: Nachweise bei *Gierhake* ZStW 120 (2008), S. 375 (387).

[1496] Zum Ganzen *Gierhake* ZStW 120 (2008), S. 375 ff. (388).

[1497] *Gierhake* ZStW 120 (2008), S. 375 (388); der eigene Vorschlag für den materiellen Verbrechensbegriff orientiert sich allerdings an *Hegel*: „Das Verbrechen ist nach seinem im Kern hegelschen Unrechtsverständnis zu definieren als eine substantielle Verletzung einer interpersonalen Rechtsbeziehung, die zugleich die Geltung allgemeinen Rechts negiert." (a. a. O. S. 389). Hierzu bereits oben ablehnend: Teil 1 V. A. 2., F.

Abschlussbetrachtungen

I. Zusammenfassung der Arbeit

A. Zur kritischen Bestandsaufnahme der materiellen Begrenzungsversuche im Strafrecht

1. Der materielle Verbrechensbegriff steht in der Tradition materieller Versuche der Begrenzung der staatlichen Strafgewalt. Sein Ziel ist eine abstrakt-generelle Definition des legitim unter Strafe zu stellenden Verhaltens.
2. Die heutigen Begrenzungsversuche basieren im Wesentlichen auf einem intuitiv-offenen Sozialschädlichkeitsverständnis. Eine abstrakt-generelle Grenzziehung für die staatliche Strafgewalt gelingt vor diesem Hintergrund nicht. Die hegelianisch inspirierten Ansätze machen hiervon ebenso wenig eine Ausnahme wie der neuere Deliktstypendiskurs oder der Ansatz, nach dem die „Harm Principles“ bzw. „Mediating Principles“ im Fokus stehen. Die divergierende Auffassung, wonach jeder Normbruch bereits wegen seines immanenten Ungehorsams eine materiell verbrecherische Handlung darstellt, weist schon vom Ansatz her keinen Begrenzungsgehalt auf. Eine zweite divergierende Tendenz setzt naturrechtliche Begründungsmuster in das Zentrum der Betrachtung und ersetzt den intuitiv-offenen Sozialschädlichkeitsansatz durch bloße Behauptungen.
3. Der Begriff des Rechtsguts fügt sich in die intuitiv-offene Sozialschädlichkeitsdiktion ein. Die Möglichkeit, alle legitim denkbaren Interessen und Zwecke sprachlich gefällig zum „Rechtsgut“ zu erklären, macht diesen Begriff gleichsam zur Ursache eines kaum zu begrenzenden Strafrechts. Dabei wird dem Rechtsgut gerade die systemkritische Aufgabe zugeschrieben, das Strafrecht zu begrenzen. Dieser Grundwiderspruch und das nun schon knapp 200 Jahre andauernde Misslingen, dem Rechtsgut eine allgemein anerkannte Definition abzuringen, lässt die Bilanz zu diesem angeblichen „Stern des rechtsstaatlichen Strafrechts“[1498] ausgesprochen nüchtern ausfallen.

[1498] *Hassemer*, Straftaten ohne Rechtsgut?, S. 57 (59).

4. Der Grundsatz, Strafrecht dürfe vom Gesetzgeber nur als ultima ratio eingesetzt werden, ist in überwältigender Einmütigkeit in Wissenschaft und Rechtsprechung fast bekenntnisgleich als Grundhaltung anerkannt. Gerade vor diesem Hintergrund hält sich das Bundesverfassungsgericht aber bei der Beurteilung der materiellen Verfassungsmäßigkeit von Strafnormen auffällig zurück; stattdessen wird mit Blick auf einen sehr umfassend verstandenen judicial self restraint dem Gesetzgeber nahezu vollkommen freie Hand gelassen, vom Strafrecht Gebrauch zu machen oder nicht. Die Interpretation des Verhältnismäßigkeitsprinzips durch das Bundesverfassungsgericht auf dem Feld der Strafgesetzgebung erweckt den Eindruck, als sei dem Gesetzgeber jegliche Strafrechtssetzung erlaubt, sofern sie nur *irgendwie* begründbar ist und sich innerhalb der ausgesprochen weiten Außenlinien der verfassungsmäßigen Ordnung abspielt. Folge dieser Entwicklung ist heute eine enorme Strafrechtsausdehnung. Begrenzungstopoi wie der Ultima-Ratio-Grundsatz oder das Übermaßverbot entfalten in diesem Zusammenhang praktisch keine wahrnehmbar limitierenden Wirkungen, vom kritischen Potenzial des Rechtsgüterschutzgedankens ganz zu schweigen. In der die Rechtsprechung des Bundesverfassungsgerichts analysierenden wissenschaftlichen Literatur wird dieser Umstand zwar kritisiert, letzten Endes aber mit Blick auf das weite Feld des mit dem Grundgesetz Möglichen und Begründbaren mitgetragen.
5. Die beiden historischen Exkurse zur Entwicklung des materiellen Verbrechensbegriffs im Nationalsozialismus und in der DDR lassen schließlich den grundsätzlichen Schluss zu, dass sein kriminalpolitisches Ziel der Limitierung des Strafgesetzgebers umso schwerer zu erreichen ist, je mehr kollektivistische Anteile er in sich trägt.

B. Zur eigenen Auffassung

6. Die Suche nach dem materiellen Verbrechensbegriff ist auch heute demokratisch legitim und notwendig. Einer abstrakt-generellen Grenze für die staatliche Strafgewalt kommt die Funktion eines Korrektivs zur gegenwärtigen Praxis der Strafgesetzgebung zu; so könnte etwa die Publizität der Gesetzgebung erhöht und der Grundsatz der Gewaltenteilung widerspruchsfreier umgesetzt werden.

7. Das intuitiv-offene Verständnis von Sozialschädlichkeit ist abzulehnen, weil ihm autoritäre, moralisierende, undogmatische, täterstrafrechtliche und kollektivistische Elemente eines kaum begrenzbaren Verständnisses von staatlicher Strafgewalt innewohnen. Der Sozialschädlichkeitsgedanke ist demgegenüber idealtypisch-geschlossen zu interpretieren. Strafrecht darf nur zum Einsatz kommen, wenn das tatbestandlich zu erfassende Verhalten spiegelbildlich zum Ultima-Ratio-Prinzip auf paradigmatischer Ebene (idealtypisch) die schwerwiegendste Form des Unrechts in der Rechtsordnung darstellt.

8. Das heutige Verständnis der Prävention durch Repression als Grundlage des intuitiv-offenen Sozialschädlichkeitsgedankens geht auf der Basis des Rechtsgüterschutzkonzeptes von kaum plausibel begründbaren Thesen aus. Das Strafrecht als Gesamtsystem kann realistisch keine präventive Wirkung entfalten, wenn die Bezugsebene der Rechtsgüter in alle Richtungen atomisiert ist, d. h. die Summe der dem Strafrecht zugrunde liegenden Rechtsgüter als Anknüpfungspunkte dahinter stehender Primärnormen („Du sollst dieses oder jenes nicht tun“) in ihrem gesamten Umfang selbst für Experten nicht mehr überschaubar sind. Die Annahme der Prävention durch Strafrecht kann zwar am ehesten im Kontext der sog. positiven Generalprävention Plausibilität entfalten, dann aber nur bei deutlich reduziertem Umfang der in Bezug genommenen Primärnormebene. Abgesehen davon, dass das Rechtsgut bis heute nicht verbindlich definiert werden konnte, sollte die Rechtsgutslehre auch wegen ihrer strafrechtsausdehnenden Wirkung und der Tendenz zur Atomisierung der Primärnormebene im Ganzen überwunden werden; ein solcher Schritt befreite das Strafrecht auch von einer Phantomdebatte („systemkritischer Gehalt“ des Rechtsgutes) und erscheint mittlerweile überfällig. Stattdessen ist ein materieller Verbrechensbegriff anzustreben, der eine einheitliche und klare abstrakt-generelle Grenze für die staatliche Strafgewalt bestimmt. Diese gewährleistete eher als das mitunter beliebig wirkende rechtsgutsbasierte Zweckstrafrecht, dass die Normadressaten einen eindeutig fassbaren wertbildenden Kern in ihr individuelles Normgefüge integrieren könnten und danach handelten (positive Generalprävention).

9. Ein wichtiges (Zwischen-)Ziel des materiellen Verbrechensbegriffs zur Verwirklichung der positiven Generalprävention lautet: weniger Strafrecht. Soweit einer solchen „puristischen Auf-

fassung des Strafrechts“ entgegengehalten würde, in der Folge verlagere sich auch das schützende Strafverfahrensrecht weg vom Einzelnen,[1499] kann dies nicht greifen. Abgesehen davon, dass es möglich wäre, die Segnungen der Strafprozessordnung auch jenseits des Strafrechts in (noch) größerem Umfang, etwa im Ordnungswidrigkeitenrecht, für anwendbar zu erklären, müssen bei allen hoheitlichen Eingriffen auch die verfassungsrechtlichen Vorgaben erfüllt sein (insb. die konkrete Maßnahme den Erfordernissen der Verhältnismäßigkeit genügen). Ohnehin ist im Zuge der sog. Terrorbekämpfung auch das Strafverfahrensrecht zunehmend rechtsstaatlichen Erosionstendenzen ausgesetzt.

10. Erforderlich ist eine strikte Trennung von äußerer Rechtssphäre und innerer Moralsphäre. Der materielle Verbrechensbegriff wirkt in der Rechtssphäre und ist von moralischen Aspekten freizuhalten.

11. Nach dem idealtypisch-geschlossenen Verständnis von Sozialschädlichkeit dürfen nur Verstöße gegen den Kernwert der Rechtsordnung als materiell strafbares Verhalten eingestuft werden; auf dieser Grundlage würde das Ultima-Ratio-Prinzip praktisch umgesetzt.

12. Der gesuchte eine zentrale Kernwert der Rechtsordnung kann nur im Verfassungstext gefunden werden. Im Ergebnis weist die verfassungsrechtliche Identitätsgarantie von Art. 79 Abs. 3 GG den Weg hin zu den zentralen Vorschriften Art. 1 GG und Art. 20 GG. Im Ergebnis bildet allein Art. 1 GG das Zentrum der Rechtsordnung, denn die Vorgaben aus Art. 20 GG dienen nicht sich selbst, sondern lediglich der institutionellen Absicherung und damit als Rahmen für die Realisierung der Menschenwürde als Kernwert.

13. Die Menschenwürde kann als ethischer Großbegriff zahlreiche, insbesondere moralische Komponenten in sich vereinigen. Bezogen auf die hier im Fokus stehende Sphäre des äußeren Rechts soll die Menschenwürde daher durch den Gedanken der rechtlichen Autonomie bestimmt sein. Materielles Verbrechen setzt grundsätzlich voraus, dass eine Angriffshandlung auf die rechtlich autonome Wahrnehmung der verfassungsmäßig garantierten Rechte einer Person vorliegt.

[1499] Vgl. z. B. *Weißer* JZ 2008, S. 388 (394 f.).

14. Die Ziele und Aufgaben der Staatstätigkeit können vielgestaltig sein und sich ständig erweitern. Entscheidend ist, dass „letzter Zweck“ des Staates das Individuum bleibt. Die Aufgabe des Strafrechts folgt der Staatsaufgabenlehre. Das Strafrecht hat in diesem Zusammenhang die positiv-generalpräventive Funktion, gesellschaftliche Normbildung als Grundlage der freiwilligen Normbefolgung zu ermöglichen (positive Generalprävention). Das ist realistisch nur durch seine materielle Reduktion auf einige wenige Kernaussagen möglich.
15. Um zwischen den vielen Zielen des Staates und den wenigen Zielen des Strafrechts eine Verknüpfung zu implementieren, sollte das bislang horizontale Ultima-Ratio-Verständnis in Richtung eines vertikalen neu justiert werden: Die Frage nach der strafrechtlichen Ultima-Ratio-Reaktion des Staates wird nicht mit Blick auf die zahlreichen und immer weiter wachsenden staatlichen Aufgaben gestellt, sondern ausschließlich hinsichtlich der Handlungen, welche durch einen Angriff die rechtliche Autonomie der Person verletzen; nur letztere können materiell verbrecherisch sein.
16. Interpersonal lassen sich drei Nähestufen zwischen Tätern und Opfern bilden: der Vertragsbereich, der Nichtvertragsbereich mit Individualisierungsmöglichkeit und der Nichtvertragsbereich ohne Individualisierungsmöglichkeit.
17. Der materielle Verbrechensbegriff muss auf der Grundlage der Vorüberlegungen und Bausteine zur eigenen Lösung auf jeder der drei Täter-Opfer-Nähestufen bestimmt werden; hier werden insbesondere Anforderungen an den Selbstschutz der Person erörtert. Diese drei Teilbausteine werden zu einer einheitlichen Definition verschmolzen; der so gefundene materielle Verbrechensbegriff sollte als verbindliche, abstrakt-generelle materielle Vorgabe für die staatliche Strafgewalt in das Grundgesetz aufgenommen werden. Systematisch bietet sich hierfür Art. 103 Abs. 3 GG an. Es wird vorgeschlagen, die Vorschrift wie folgt neu zu fassen:

    Eine Handlung darf grundsätzlich nur dann unter Strafe gestellt werden, wenn sie gegen die rechtlich autonome Wahrnehmung von nach diesem Gesetz garantierten Individualrechten einer bestimmbaren Person gerichtet ist. Im Ausnahmefall darf eine Handlung auch dann gegen im Einzelnen nicht bestimmbare Personen unter Strafe gestellt werden, wenn darin ein Angriff gegen den Bestand der in

Art. 20 niedergelegten Grundsätze liegt oder durch die Handlung eine unmittelbare nothilfeähnliche staatliche Reaktionspflicht zum Schutz von Personen ausgelöst würde. Art. 26 Abs. 1 bleibt hiervon unberührt.

18. Ein materieller Verbrechensbegriff muss sich daran messen lassen können, ob er einen signifikanten Mehrwert zum gegenwärtigen Begrenzungskonzept besitzt. 2006 hat *Roxin* in einer neun Punkte umfassenden Aufzählung die derzeit kompletteste Liste von Limitierungshypothesen zusammengestellt; sie basiert auf dem Rechtsgutsbegriff. Die Analyse zeigt jedoch, dass die neun Limitierungshypothesen *Roxins* überwiegend nicht auf seinen Rechtsgutsbegriff zurückgehen. In allen neun Punkten weist der abstrakt-generelle materielle Verbrechensbegriff i. S. v. Art. 103 Abs. 3 GG in der vorgeschlagenen Fassung Vorteile inhaltlich-limitierender und systembildender Art gegenüber dem angeblich systemkritischen Gehalt der Rechtsgutslehre auf.

19. Darüber hinaus hat der hier ausgearbeitete materielle Verbrechensbegriff zahlreiche weitere Konsequenzen, sowohl im Allgemeinen Teil als auch im Besonderen Teil des Strafrechts. Beispielhaft sei hier nur auf den Wegfall der neglentia hingewiesen. Die Konsequenzen im Besonderen Teil sind vor allem durch Entkriminalisierungen aufgrund des Ausschlusses von Moralwidrigkeiten und das strikte Abstellen auf die Autonomie des Individuums gekennzeichnet; Bestrafungen von Handlungen gegen transpersonale (kollektivistische) Konzepte (z. B. die Allgemeinheit, die Natur etc.) sind nach hier vertretener Auffassung illegitim. Eine Neujustierung der Sicht auf „Gefährdungen“ lässt zudem eine bessere materielle Abgrenzung des Strafrechts insbesondere vom Ordnungswidrigkeitenrecht zu; letzterem kommt als Konsequenz des entworfenen Art. 103 Abs. 3 GG insgesamt eine weitaus bedeutendere Rolle zu als heute.

II. Schlussbewertung und Ausblick

Die Untersuchung hat gezeigt, dass die materiellen Grundlagen unseres Strafrechtssystems ausgesprochen vage sind. Die Diskrepanz zwischen strenger Dogmatik in der Strafrechtsanwendung einerseits und „lockeren“ intuitiv-offenen Sozialschädlichkeitsvorstellungen in der Strafgesetzegbung andererseits ist ebenso augenscheinlich wie unplausibel. Begrenzungskonzepte auf der Basis der Rechtsgüterschutzlehre versagen. „Ewige“ Prinzipien gelten praktisch nicht viel (ultima ratio, Fragmentarietät etc.) oder sind als Basis für staatliches Strafrecht seit jeher Ursache weiterer grundsätzlicher Fragen (Wie „funktioniert“ eigentlich im Rechtsgüterschutzstrafrecht die „Prävention durch Repression“?). Das Bundesverfassungsgericht gibt bislang zu nahezu jeder erörterten Ausdehnung des Strafrechts „grünes Licht“ oder stellt sich etwaigen Entkriminalisierungstendenzen in den Weg. Hinzu kommen neue Bedrohungsszenarien aller Art, von sog. Organisierter Kriminalität bis hin zum (fundamental-religiösen) Terrorismus. Vor diesem Hintergrund wird das Strafrecht immer weiter politisch instrumentalisiert und damit zunehmend zum unkalkulierbaren Risiko für die Freiheit des Einzelnen. Das politisierte Strafrecht dehnt sich kontinuierlich aus, wenngleich die möglichen nachteiligen Folgen für viele (noch) nicht augenscheinlich sind. Das Glück der am Beginn des 21. Jahrhunderts stehenden Gesellschaft in Deutschland ist es, dass eine ausgesprochen lange Friedensepoche immer noch anhält – im Jahr 2009 mit 64 Jahren die zweitlängste in der deutschen Geschichte.[1500]

Wenn der Blick zurück – speziell auf die erste Hälfte des 20. Jahrhunderts – etwas lehrt, dann vor allem, dass es ratsam ist, dem Strafrecht rechtzeitig Grenzen zu ziehen. Das als modern und systemkritisch zum Teil geradezu hymnisch gefeierte rationale Rechtsgüterstrafrecht war in der 60jährigen Geschichte der Bundesrepublik Deutschland objektiv noch zu keinem Zeitpunkt ernsthaft auf dem Prüfstand und musste daher noch niemals einen Beweis dafür antreten, dass es diese Lorbeeren auch verdient. Angesichts seiner bedenklichen Ausschläge als Folge des RAF-Terrors oder der Katastrophe des 11. Septembers 2001 – beide Ereignisse hatten gesamtgesellschaftlich in Deutschland *objektiv* kaum realen Schaden angerichtet – darf bezweifelt werden, dass sich das Strafrecht als rechtsstaatliches Bollwerk, als „letzte Begrenzungslinie“ zum Schutz des Einzelnen in einer wirklichen Krise bewähren würde.

[1500] Auf die bislang längste – 65jährige – Friedensepoche zwischen 1553 und 1618 (vgl. *Demandt*, S. 381) folgte unmittelbar darauf der 30jährige Krieg.

Jedenfalls nicht auf Basis der Rechtsgutslehre und auch nicht auf Grundlage der weiten „Wertordnung des Grundgesetzes“, in die alles Mögliche hineininterpretiert werden kann.

Das Strafrechtssystem benötigt daher einen materiellen Verbrechensbegriff mit abstrakt-genereller Begrenzungsfunktion, vor allem zum Schutz der rechtlichen Autonomie jedes einzelnen Grundrechtsträgers. Dafür müssen der staatlichen Strafgewalt bestimmte Handlungsoptionen entzogen werden; solange das Strafrecht im Rahmen der weiten Grenzen des Grundgesetzes wie heute in der freien Hand der Legislative ist, kann dies nicht gelingen. Analog zu anderen, die Legislative begrenzenden grundgesetzlichen Schranken im Kontext mit dem Strafrecht (z. B. Abschaffung der Todesstrafe in Art. 102 GG oder Geltung Rückwirkungsverbots in Art. 103 Abs. 2 GG), sollte ein abstrakt-generell limitierender materieller Verbrechensbegriff, aus dem deutlich hervorgeht, worum es im Strafrecht idealtypisch geht, in das Grundgesetz aufgenommen werden. Dann erst scheint die Voraussetzung dafür geschaffen zu sein, dass das Strafrecht tatsächlich nur als ultima ratio eingesetzt werden kann – eine Forderung, die bislang ebenso alt wie unerfüllt geblieben ist.

Ein etwaiger Einwand, der hier vorgeschlagene materielle Verbrechensbegriff beruhe auf anachronistischen oder zu naturalistischen Vorstellungen und behindere den Gesetzgeber bei seiner Arbeit, die schädlichen Ausprägungen der modernen Herausforderungen einer globalisierten Welt mit Strafrecht flexibel zu bekämpfen, ginge fehl. Mit Strafrecht können die vielfältigen Formen von unter Strafe gestellten Verhaltensweisen nicht unmittelbar bekämpft werden, denn Strafrecht hat in präventiver Hinsicht in erster Linie die Aufgabe, eine klare Richtschnur für künftige Normbildung zu geben. Unmittelbar vorbeugen und bekämpfen kann der Staat alles Mögliche auf polizeirechtlicher Grundlage. Das Strafrecht ist hierfür der falsche Ort.[1501]

Bei der Schaffung von Strafrecht gilt es, Farbe zu bekennen. Wer alle möglichen Zielrichtungen unter einen Hut bekommen will – den Einzelnen, die Gesellschaft, die Natur, den Staat, die Menschheit, am Schluss die ganze Welt – darf sich nicht wundern, wenn ein entsprechend entgrenztes und politisiertes Strafrecht der staatlichen Strafgewalt zum Nachteil der Freiheit der Person nahezu alles ermöglicht. Auch dann, wenn ursprünglich alles immer gut gemeint war. Um diesem vernünftelnden Paternalismus entgegentreten zu können, sollten

---

[1501] Vgl. auch jüngst *Heinrich* ZStW 121 (2009), S. 94 (123).

wir unser Strafrechtssystem insgesamt eindeutiger an der Menschenwürde nach Art. 1 GG und ihrer Realisierung in der äußeren Sphäre des Rechts – also an der *rechtlichen Autonomie des Individuums* – ausrichten und uns dazu auch in der Verfassung durch eine Legaldefinition des materiellen Verbrechensbegriffs ausdrücklich bekennen. Eine solche – hier in Art. 103 Abs. 3 GG vorgeschlagene – Regelung flankierte letzten Endes Art. 79 Abs. 3 GG i. V. m. Art. 1 GG; denn was nützt das Bekenntnis, dass die Menschenwürde und damit die rechtliche Autonomie der Person als ihrer äußeren Erscheinungsform im Zentrum der Rechtsordnung steht, wenn im Strafrecht als staatliche Ultima-Ratio-Reaktion die personale rechtliche Autonomie nicht ebenfalls der Dreh- und Angelpunkt für die staatliche Strafgewalt ist?

Damit kann nun die eingangs gestellte Frage, ob es *eine* klare und abschließende abstrakt-generelle Grenze für das Strafrecht geben kann,[1502] positiv beantwortet werden; die „große Lösung" für das Problem der Grenzbestimmung der staatlichen Strafgewalt ist möglich. Dies setzte aber den Willen voraus, den heutigen Bereich des Strafbaren an einigen Stellen zu Gunsten einer in vielerlei Hinsicht klareren Strukturbildung deutlich zu verringern.[1503] Zudem müsste sich die Legislative künftig ihrer lieb gewonnenen intuitiven Zeitgeist-Kriminalisierungs-Prozesse enthalten. Dies verlangte von allen verantwortlich Beteiligten ein hohes Maß an Veränderungsbereitschaft. Das Ziel eines krisenfesteren materiellen Strafrechts wäre diese Anstrengungen jedoch wert.

[1502] Vgl. oben Einführung I.

[1503] Vgl. auch *Harzer,* Unterlassene Hilfeleistung, S. 299.

Grundlagen Gesamte Strafrechtswissenschaft

Herausgegeben von Regina Harzer

Band 1 Thorsten Gerdes: Tierschutz und freiheitliches Rechtsprinzip. Eine strafrechtlich-rechtsphilosophische Untersuchung über Grundlagen und Grenzen modernen Tierschutzrechts. 2007.

Band 2 Tobias Mushoff: Strafe – Maßregel – Sicherungsverwahrung. Eine kritische Untersuchung über das Verhältnis von Schuld und Prävention. 2008.

Band 3 Maria-Rebecca Legat: Ältere Menschen und Sterbenskranke im Strafvollzug. Eine rechtsstaatliche Analyse des Vollzugsalltags von Gefangenen mit besonderem Pflegebedarf. 2009.

Band 4 Alexander Cappel: Grenzen auf dem Weg zu einem europäischen Untreuestrafrecht. Das Mannesmann-Verfahren und § 266 StGB als Beispiele eines expansiven Wirtschaftsstrafrechts. 2009.

Band 5 Nikolaus Wrage: Grenzen der staatlichen Strafgewalt. Überlegungen zu einer Renaissance des materiellen Verbrechensbegriffes. 2009.